해커스

무역영어 1급

4주 완성 이론+기출문제

KB141390

ⓗ 해커스금융

▌이 책의 저자

진민규

이력
관세사(제25회)
(현) 해커스 무역영어, 국제무역사 전임 교수
(현) 관세법인 패스윈 관세사
(전) 관세법인 청솔 관세사(총괄본부장)
(전) 서울본부세관 관세평가위원회 위원
(전) 관세평가분원 관세평가위원회 위원
(전) 관세평가포럼 회원
(전) 무역협회 무역아카데미 외래교수
AEO 컨설턴트 과정 수료(관세청 산하 AEO 진흥협회)
FTA 컨설턴트 과정 수료(서울산업통상진흥원/원산지정보원)
무역협회, KOTRA 아카데미, 중진공, 국민은행, 부산은행 등 다수 기업체 강의

저서
해커스 국제무역사 1급 4주 완성 이론+적중문제+모의고사
해커스 무역영어 1급 4주 완성 이론+기출문제

무역영어 1급 합격비법,
해커스가 알려드립니다.

금융·무역 전문 교육기관 **해커스금융**
fn.Hackers.com

"시험에 어떤 내용이 나오나요?"

"기출문제를 많이 풀어야 하나요?"

.

.

.

.

많은 학습자들이 무역영어 시험에 대해 위와 같은 질문을 합니다.
시험에 어떤 내용이 잘 나오는지 알기 어렵고 기출문제와 연계학습을 하기 어려운 시중 교재를 보며 고민했습니다.
본 교재는 최근 6개년(18회분)의 무역영어 1급 기출문제를 철저히 분석하고 대다수의 합격자가 원하는 것이 무엇인지, 합격자들만의 학습비법이 무엇인지를 끊임없이 연구하여 이 책 한 권에 담았습니다.

『해커스 무역영어 1급 4주 완성 이론+기출문제』은

1. 기출빈도가 높은 이론 위주의 우선순위에 따라 학습할 수 있습니다.

2. 출제유형별 학습과 빈출 내용 위주로 원문 학습할 수 있습니다.

3. 9회분 이상의 기출문제를 수록하여 실전에 확실하게 대비할 수 있습니다.

4. 다양한 부가물을 활용하여 고득점을 달성할 수 있습니다.

「해커스 무역영어 1급 4주 완성 이론+기출문제」을 통해 무역영어 시험을 준비하는 수험생 모두 합격의 기쁨을 누리시길 바랍니다.

목차

1편 무역실무

제1장 무역계약

제2장 무역운송

제3장 해상보험

제4장 무역결제

2편 무형무역

제1장 서비스무역

제2장 기술무역

제3장 해외투자

제4장 전자무역

책 속의 책 | 정답 및 해설

📑 **추가 학습 자료 [PDF]**

- 무역영어 1급/2급 기출문제(1급 10회분/2급 3회분)
- 무역실무 필수 이론 요약집
- 무역협약/규칙(CISG, UCP600) 원문+해석
- 필수 무역용어 100선/빈출 영어어휘 400선
- 데일리 학습플랜(2주/4주/6주/6주 주말)

모든 PDF는 해커스금융(fn.Hackers.com)에서 무료로 다운받으실 수 있습니다.

「해커스 무역영어 1급」 활용법

01 최근 18회분 기출문제를 철저하게 분석하여 출제경향을 파악하고 전략적으로 학습한다!

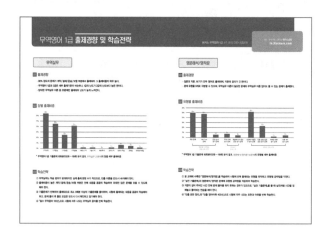

출제경향 및 학습전략

과목별 출제경향, 출제비중, 학습전략을 정리하여 무역영어 1급 출제경향 및 학습전략을 빠르게 파악할 수 있습니다.

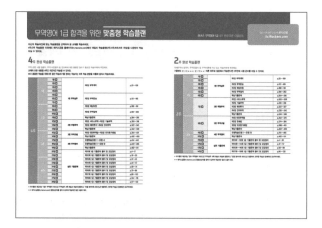

학습플랜

학습자들의 평균 학습 기간을 고려한 4주/2주 완성 학습플랜으로 이론 학습부터 문제 풀이까지 플랜에 따라 학습하면 혼자서도 시험에 충분히 대비할 수 있습니다.

해커스금융 사이트(fn.Hackers.com)에서 제공하는 데일리 학습플랜(2주/4주/6주/6주 주말 구성)을 활용하여 보다 세부적인 학습플랜을 수립할 수 있습니다.

02 다양한 요소로 핵심이론을 꼼꼼하게 학습하여 시험에 꼭 나오는 무역이론을 체계적으로 파악한다!

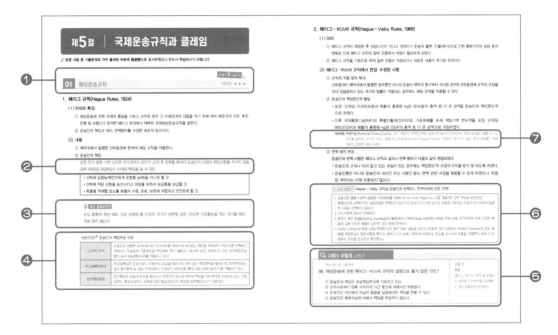

① 기출빈도 및 이론 관련 기출문제 표기

최근 18회분 기출문제를 철저히 분석하여 기출빈도(★~★★★)를 표시했습니다. 기출빈도가 높은 이론은 '시험에 꼭 나온다!'로 표시하여 중요한 이론 위주로 학습할 수 있습니다.

② 기출내용 형광펜 표시

시험에 자주 출제된 부분을 형광펜으로 표시하여 출제경향을 파악하며 학습할 수 있습니다.

③ 최신 출제포인트

최근에 출제된 내용은 강조하여 출제경향에 맞게 더욱 꼼꼼히 학습할 수 있습니다.

④ 심화PLUS

보다 심화된 내용을 학습하여 고난도 문제에 대비할 수 있습니다.

⑤ 시험에 이렇게 나온다!

기출문제를 통해 학습한 이론이 문제에 어떻게 적용되는지 파악할 수 있습니다.

⑥ 더 쉽게 이해하기

복잡한 개념이나 이론을 도표 등으로 정리하여 한눈에 이해할 수 있습니다.

⑦ 용어설명

본문 내용 중 생소한 용어를 풀어서 설명하여 쉽게 이해할 수 있습니다.

「해커스 무역영어 1급」 활용법

03 고난도 영문해석/영작문도 출제유형별로 정리하고, 빈출 표현 위주로 학습하여 고득점을 달성한다!

출제유형별 학습

영문으로 출제되는 문제를 9개의 유형으로 제시하여 체계적으로 학습할 수 있으며, 유형별 대표 문제인 '유형체크'를 통해 실제 시험에 어떻게 출제되는지 한눈에 파악할 수 있습니다.

빈출 표현 정리

시험에 자주 출제되는 영어 표현을 정리하였으며, 체크박스를 활용하여 잘 외워지지 않는 표현을 반복적으로 학습할 수 있습니다. QR코드로 제공되는 빈출 영어어휘 400선과 함께 학습하면 더욱 효과적으로 학습할 수 있습니다.

04 학습한 이론을 핵심기출문제에 적용하여 확실하게 점검한다!

핵심기출문제

편별 중요도가 높은 기출문제를 엄선하여 학습한 이론이 실제 시험에 어떻게 출제되는지 확인하고, 학습한 이론을 문제에 적용하며 이론을 확실하게 익힐 수 있습니다.

05 풍부한 기출문제로 실전에 대비한다!

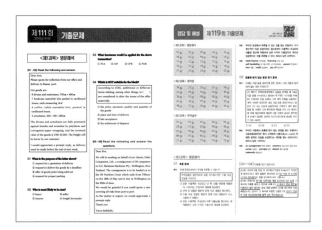

실전 기출문제

기출문제 9회분을 수록하여 실전에 대비할 수 있으며, CBT 응시서비스를 제공하여 실제 시험과 유사한 환경에서 최종 점검할 수 있습니다.

바로 채점 및 성적 분석 서비스

정답 및 해설에 있는 '바로 채점 및 성적 분석 서비스' QR코드를 스캔하여 자신의 실력을 정확하게 파악하고 취약점을 분석할 수 있습니다.

06 다양한 추가 학습 자료로 고득점을 달성한다!

추가 기출문제 10회분 PDF

무역영어 1급 과년도 기출문제 10회분과 무역영어 2급 기출문제 3회분의 문제 및 해설 PDF를 통해 무역영어 시험에 철저하게 대비할 수 있습니다.

필수 무역용어 100선 PDF

헷갈리고 생소한 무역용어를 정리하여 예습과 복습에 활용할 수 있습니다.

기출 변형 모의고사 CBT 응시서비스

기출문제 중 중요도가 높은 문제를 엄선하여 2회분의 모의고사로 구성하여 실전 감각을 극대화 할 수 있습니다.

무역영어 **자격시험 안내**

무역영어란?

무역 관련 영문서류의 작성 및 번역 등 영어구사 능력은 물론 무역 실무지식을 평가하는 국가공인자격시험입니다.

무역영어 자격시험 안내

▌시험 일정

등 급	시험일자	원서 접수일자	합격자 발표일자
1, 2, 3	5월, 11월 매주 일요일, 화요일	개설일로부터 시험 4일 전까지	익일 오전 10시

* 시험일자는 상공회의소별로 상이할 수 있으며, 자세한 시험 일정은 대한상공회의소(http://license.korcham.net)에서 확인할 수 있습니다.

▌등급안내

	등 급	검정기준 (난이도)
시험 급수	1급	4년제 대학 경상계열 졸업자 수준으로 기업의 무역실무책임자로서 갖추어야 할 영문서류작성 및 무역실무 전반에 관한 지식
	2급	전문대학 및 경상계열 재학생 수준으로 기업의 무역실무자로서 갖추어야 할 영문서류작성 및 무역실무 관련 지식
	3급	실업계 고등학교 교과과정 중심의 기본적으로 갖추어야 할 지식

▌시험과목 및 문항 수

시험과목	문항 수	과락기준	주요검정내용
영문해석	25	10문항 미만 득점자	–
영작문	25	10문항 미만 득점자	–
무역실무	25	10문항 미만 득점자	무역계약, 무역결제, 무역운송, 무역보험, 무역클레임, 서비스무역, 기술무역, 해외투자, 전자무역, 무역규범 등

▌시험 관련 세부 사항

시험주관	대한상공회의소
원서접수처	대한상공회의소 자격평가사업단 홈페이지
시험시간	90분
시험방식	CBT(컴퓨터 기반 시험)
응시자격	제한 없음
합격기준	매 과목 100점 만점에 평균 60점 이상(단, 1급은 과목당 40점 미만인 경우 불합격)

▌시험 당일 체크포인트

고사장 가기 전	• 수험표, 신분증을 반드시 준비합니다. [참고] 유효신분증은 주민등록증, 운전면허증, 여권, 공무원증, 장애인등록증, 복지카드, 국가유공자증, 국가기술자격증, 학생증, 청소년증 등입니다. • 평소 학습하였던 문제집을 준비하여, 시험 시작 전까지 최종 정리를 합니다.
고사장 도착	• 고사장에는 시험 시작 시간 전에 도착해야 합니다. • 고사장 입구에서 자신의 자리를 확인하고 자리에 있는 PC의 화면에 자신의 사진과 이름, 생년월일이 일치하는지 확인합니다. • 통신 전자기기는 모두 전원을 끄고, 감독관의 지시에 따라 보관합니다.
시험 시작 후	• 문제를 푸는 순서는 정해져 있지 않으므로 본인이 편한 순서로 문제를 풉니다. • 마우스 왼쪽 클릭은 답안 마킹이며, 오른쪽 클릭은 예비마킹입니다. • 마킹하지 않은 답은 없는지 확인하고 문제 풀이가 완료되면 퇴실합니다.

무역영어 학습자가 가장 궁금해하는 질문 BEST 4

Q 무역영어 1급 시험에 합격하기 위해서는 얼마 동안 공부해야 할까요?

A **4주 정도 공부하면 충분히 합격할 수 있습니다.**
내용을 충분히 이해하고 풍부한 기출문제 풀이를 통해 실전 감각을 키운다면 누구나 단기간에 합격 가능합니다. 본 교재는 최근 무역영어 1급 기출문제 18회분을 철저히 분석하여 시험에 출제되는 핵심이론을 풍부하게 수록하였습니다. 또한 각 이론에 기출빈도를 표시하여 단기간 전략적인 학습이 가능하므로 충분히 4주 만에 시험 대비가 가능합니다.

Q 상시 시험은 어떻게 대비해야 하나요?

A **기출문제를 많이 풀어보는 것이 좋으며, 3년치(9회분) 정도의 기출문제를 학습하는 것이 좋습니다.**
2021년부터 CBT방식(컴퓨터 기반 시험)으로 변경됨에 따라 문제은행식으로 출제됩니다. 문제은행식은 과거 기출문제가 다시 출제될 확률이 높아 기출문제 학습이 매우 중요합니다. 본 교재는 이러한 점을 고려하여 9회분의 기출문제를 수록하였고, "시험에 이렇게 나온다!"에 기출문제를 추가로 수록하여 충분한 기출문제 학습이 가능합니다. 또한 해커스금융 사이트(fn.Hackers.com)에서 총 13회분(1급 10회분, 2급 3회분)의 기출문제를 추가로 제공합니다.

Q 무역영어 시험을 독학으로 대비할 수 있을까요?

A **네, 누구나 독학으로 합격할 수 있습니다.**
본 교재로 시험에 출제된 핵심이론을 정리하고 기출문제 풀이를 통해 실전 감각을 기른다면, 독학으로도 충분히 합격 가능합니다. 다만 내용을 조금 더 쉽고 자세히 학습하기를 희망하는 경우, 본 교재에 해당하는 동영상강의(fn.Hackers.com)를 함께 수강하면 더욱 효과적으로 학습할 수 있습니다.

Q 영어에 자신이 없는데, 영문해석/영작문 시험은 어떻게 대비해야 하나요?

A **교재에 수록한 「영문해석/영작문」 및 온라인 PDF로 제공되는 무료 추가 학습 자료를 활용하여 확실하게 대비할 수 있습니다.**
해커스 무역영어 1급은 영문해석/영작문 기출문제를 9개의 유형으로 분류한 전문화된 문제 유형 공략법을 제공합니다. 이를 통해 영어 파트를 확실히 정리할 수 있어 누구나 쉽고 빠르게 고득점이 가능합니다. 또한 「빈출 영어 표현」과 온라인 PDF로 제공되는 「빈출 영어어휘 400선」으로 시험에 자주 나오는 표현과 어휘를 반복 학습하고, 「무역협약/규칙 원문+해석」을 통해 무역협약/규칙과 관련한 기출 이론을 학습하신다면 충분히 시험에 대비할 수 있습니다.

무역영어 1급 출제경향 및 학습전략

무역실무

01 출제경향

- 90% 정도의 문제가 계약/결제/운송/보험 부분에서 출제되어 그 출제비중이 매우 높다.
- 무역영어 1급과 2급은 세부 출제기준이 비슷하나, 1급의 난도가 2급의 난도보다 높은 편이다.
- 방대한 무역실무 이론 중 25문제만 출제되어 난도가 높게 느껴진다.

02 장별 출제비중

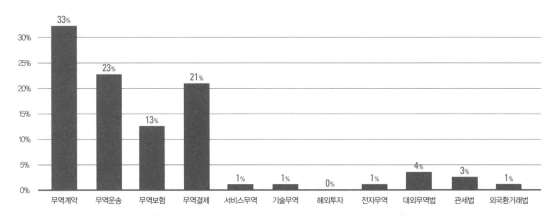

* 무역영어 1급 기출문제 18회분(102회~119회) 분석 결과, 무역실무 25문제의 장별 세부 출제비중

03 학습전략

① 무역실무는 학습 범위가 방대하지만 실제 출제 문항 수가 적으므로, 빈출 이론을 반드시 숙지해야 한다.
② 출제비중이 높은 계약/결제/운송/보험 부분은 전체 내용을 꼼꼼히 학습하여 최대한 많은 문제를 맞출 수 있도록 해야 한다.
③ 기출문제가 반복하여 출제되므로 최소 9회분 이상의 기출문제를 풀이하여, 시험에 출제되는 내용을 꼼꼼히 학습해야 하고, 문제 풀이 후 틀린 오답은 반드시 다시 확인하고 암기해야 한다.
④ 「필수 무역용어 100선」으로 시험에 자주 나오는 무역실무 용어를 반복 학습한다.

영문해석/영작문

01 출제경향

- 질문과 지문, 보기가 모두 영어로 출제되며, 지문의 길이가 긴 편이다.
- 문제 유형을 9개로 구분할 수 있으며, 무역실무 이론이 필요한 문제와 무역실무 이론 없이도 풀 수 있는 문제가 출제된다.

02 유형별 출제비중

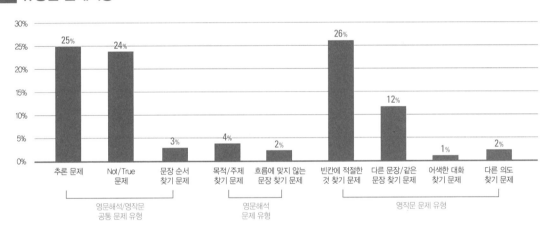

* 무역영어 1급 기출문제 18회분(102회~119회) 분석 결과, 영문해석/영작문 50문제의 유형별 세부 출제비중

03 학습전략

① 본 교재에 수록한 「영문해석/영작문」을 학습하여 시험에 반복 출제되는 유형을 파악하고 유형별 공략법을 익힌다.

② 「실전 기출문제」의 영문해석/영작문 문제에 유형별 공략법을 적용하여 학습한다.

③ 지문이 길어 주어진 시간 안에 문제 풀이를 하지 못하는 경우가 있으므로, 「실전 기출문제」를 풀 때 실전처럼 시간을 정해놓고 풀어보는 연습을 해야 한다.

④ 「빈출 표현 정리」와 「빈출 영어어휘 400선」으로 시험에 자주 나오는 표현과 어휘를 반복 학습한다.

무역영어 1급 합격을 위한 **맞춤형 학습플랜**

자신의 학습여건에 맞는 학습플랜을 선택하여 본 교재를 학습하세요.

4주/2주 학습플랜 이외에도 해커스금융 홈페이지(fn.Hackers.com)에서 데일리 학습플랜(2주/4주/6주/6주 주말)을 다운받아 학습하실 수 있어요.

4주 완성 학습플랜

무역 관련 시험 입문자, 비전공자 등 전과목에 대한 꼼꼼한 정리가 필요한 학습자에게 추천해요.

교재의 모든 내용을 4주간 차근차근 학습할 수 있어요.

보다 꼼꼼한 학습을 위해 8주 동안 학습하기를 원하는 학습자는 하루 학습 분량을 이틀에 걸쳐서 학습하세요.

4주	1주	1일 ☐	1편 무역실무	제1장 무역계약	p.20~109
		2일 ☐			
		3일 ☐			
		4일 ☐		제2장 무역운송	p.112~165
		5일 ☐			
		6일 ☐			
		7일 ☐			
	2주	8일 ☐		제3장 해상보험	p.168~191
		9일 ☐		제4장 무역결제	p.194~263
		10일 ☐			
		11일 ☐		핵심기출문제	p.264~295
		12일 ☐	2편 무형무역	제1장 서비스무역~제2장 기술무역	p.300~318
		13일 ☐		제3장 해외투자~제4장 전자무역	p.322~343
		14일 ☐		핵심기출문제	p.344~349
	3주	15일 ☐	3편 무역규범	제1장 대외무역법~제3장 외국환거래법	p.354~401
		16일 ☐		핵심기출문제	p.402~409
		17일 ☐	4편 무역영어	유형학습(유형 1~유형 4)	p.414~442
		18일 ☐		유형학습(유형 5~유형 9)	p.443~465
		19일 ☐		핵심기출문제	p.482~511
	4주	20일 ☐	실전 기출문제	제111회 1급 기출문제 풀이 및 오답정리	p.2~15
		21일 ☐		제112회 1급 기출문제 풀이 및 오답정리	p.16~28
		22일 ☐		제113회 1급 기출문제 풀이 및 오답정리	p.29~41
		23일 ☐		제114회 1급 기출문제 풀이 및 오답정리	p.42~55
		24일 ☐		제115회 1급 기출문제 풀이 및 오답정리	p.56~72
		25일 ☐		제116회 1급 기출문제 풀이 및 오답정리	p.73~87
		26일 ☐		제117회 1급 기출문제 풀이 및 오답정리	p.88~101
		27일 ☐		제118회 1급 기출문제 풀이 및 오답정리	p.102~114
		28일 ☐		제119회 1급 기출문제 풀이 및 오답정리	p.115~128

* 부가물로 제공되는 「필수 무역용어 100선」은 무역실무 과목 예습과 복습에 활용하고, 「빈출 영어어휘 400선」은 영문해석/영작문과 함께 학습하면 효과적이에요.

** 해커스금융(fn.Hackers.com) 동영상강의를 함께 수강하며 학습하면 더욱 도움이 돼요.

2주 완성 학습플랜

국제무역사 합격자, 전공자 등 무역이론에 자신 있는 학습자에게 추천해요.
기출빈도 별 3개(★★★), 별 2개(★★) 이론 위주로 집중해서 학습한다면 2주만에 시험 준비를 마칠 수 있어요.

2주	**1주**	1일 ☐	**1편 무역실무**	제1장 무역계약	p.20~109
		2일 ☐			
		3일 ☐		제2장 무역운송	p.112~165
		4일 ☐		제3장 해상보험	p.168~191
		5일 ☐		제4장 무역결제	p.194~263
		6일 ☐		핵심기출문제	p.264~295
	2주	7일 ☐	**2편 무형무역**	제1장 서비스무역	p.300~306
				제2장 기술무역	p.310~318
				제3장 해외투자	p.322~327
				제4장 전자무역	p.330~343
				핵심기출문제	p.344~349
		8일 ☐	**3편 무역규범**	제1장 대외무역법	p.354~370
				제2장 관세법	p.374~394
				제3장 외국환거래법	p.398~401
				핵심기출문제	p.402~409
		9일 ☐	**4편 무역영어**	유형학습(유형 1~유형 9)	p.414~465
		10일 ☐		핵심기출문제	p.482~511
		11일 ☐	**실전 기출문제**	제111회~112회 1급 기출문제 풀이 및 오답정리	p.2~28
		12일 ☐		제113회~114회 1급 기출문제 풀이 및 오답정리	p.29~55
		13일 ☐		제115회~116회 1급 기출문제 풀이 및 오답정리	p.56~87
		14일 ☐		제117회~119회 1급 기출문제 풀이 및 오답정리	p.88~128

* 부가물로 제공되는 「필수 무역용어 100선」은 무역실무 과목 예습과 복습에 활용하고, 「빈출 영어어휘 400선」은 영문해석/영작문과 함께 학습하면 효과적이에요.

** 해커스금융(fn.Hackers.com) 동영상강의를 함께 수강하며 학습하면 더욱 도움이 돼요.

금융·무역 전문 교육기관 **해커스금융**
fn.Hackers.com

1편

무역실무

▌ 빈출포인트

- 18회분의 기출문제를 분석하여 빈출포인트별 기출빈도(★~★★★)를 표기하였습니다.
- 기출빈도가 높아 시험 출제가능성이 높은 부분은 꼭! 으로 표기하였으니 반드시 학습하시기 바랍니다.

* 0~2회 기출 : ★   3~7회 기출 : ★★   8회 이상 기출 : ★★★ 꼭!

▌ 학습전략

무역계약은 CISG와 Incoterms®상의 전반적인 내용으로 구성되어 있으며, 그 전반적인 내용에서 골고루 문제가 출제되고 있다.
제1장 무역계약은 CISG와 Incoterms®를 근거로 기술되었으므로, 꼼꼼히 학습하여 전체 내용을 모두 숙지하여야 한다.
학습량이 다른 장에 비해 많지만, 출제 비중이 높은 만큼 반드시 고득점 하여야 한다.

해커스 무역영어 1급 4주 완성 이론+기출문제

1편 무역실무

제1장 무역계약

제**1**절 │ 무역계약 일반

✍ 본문 내용 중 기출문제로 자주 출제된 부분에 **형광펜**으로 표시하였으니 반드시 학습하시기 바랍니다.

01 무역계약의 개념
기출빈도 ★ ★

1. 무역계약의 정의

(1) 무역거래의 대상이 물품인 경우 협의의 무역 또는 유형무역이라 하고 용역, 기술, 서비스 등으로 무역거래의 범위를 확대하면 광의의 무역 또는 무형무역이라 한다.

(2) 국제물품매매계약이란 서로 다른 국가에 있는 수출자와 수입자 간의 물품을 대상으로 하는 상거래로서, 수출자는 수입자에게 물품을 인도하고 소유권을 이전하며, 수입자는 수출자에게 대금을 지급하기로 약정하는 계약을 말한다.

2. 국제물품매매계약의 특징

(1) 높은 위험성

국내거래에 비해 국제무역은 장거리의 물품 운송이 필요하므로 운송 중 사고발생의 위험인 운송 중의 위험(Transit Risk)이 더 크고 매도인과 매수인 간에 계약된 물품 또는 물품 대금을 수령하는 과정에서 발생하는 위험인 상업위험(Commercial Risk)과 신용위험(Credit Risk)도 더 크다. 또한 환율등락에 의한 환차손을 입을 환위험(Foreign Exchange Risk), 국가 간 정치적 환경과 전쟁 가능성에 의한 비상위험(Emergency Risk, Political Risk) 등 고려해야 할 대상이 더 많으므로 국내거래보다 위험도가 높다.

> **더 쉽게 이해하기** 국제무역거래의 위험

신용위험(Credit Risk)	수출자가 수입자로부터 대금을 지급받지 못하는 위험
상업위험(Mercantile Risk)	계약과 일치하는 물품이 약정된 기일 내에 인도될 수 있는지 여부에 대한 위험
환위험(Exchange Risk)	변동환율제도 하에서 외국환 시세변동으로 인한 위험
운송위험 (Transportation Risk)	운송 중 물품의 도난·손상·멸실로 인한 위험
가격변동위험(Market Risk)	상품의 국제적인 시세변동에 의한 가격변동위험
비상위험(Emergency Risk)	계약당사자가 책임질 수 없는 전쟁, 정치, 행정적인 사유로 인하여 계약을 이행하기가 불가능해지는 위험

(2) 불특정의 선물거래

국제매매의 대상물은 계약체결 후에 생산 또는 조달되는 불특정(Unascertained)의 선물(Future Goods)이 주종을 이룬다.

[용어설명] • **현물과 선물**: 현물(Present Goods)과 선물(Future Goods)은 계약 당시에 이미 제조가 완료된 물품을 거래하는지 계약 후에 제조/ 생산될 물품을 거래하는지에 따라 구분되는 개념
  • **특정**: 특정(Appropriation, 충당)이란 매도인이 동종 물품 중에서 계약물품(Contract Goods)을 구분하여 확정하는 것이며, 불특정물은 특정(충당)에 의해 특정물이 됨

3. 무역계약의 법적성질

(1) 낙성계약(Consensual Contract)

① 무역계약은 계약당사자의 합의만 있으면 그 자체로 계약이 성립하는 낙성계약의 특성을 갖는다.

② 계약당사자의 합의 이외에 물품의 인도, 소유권 이전등기 등의 행위가 이루어져야 계약이 성립하는 요물계약과 구별된다.

(2) 불요식계약(Informal Contract)

① 무역계약은 계약의 성립에 문서의 작성 등 일정한 형식이나 절차를 요하지 않는 불요식계약의 특성을 갖는다. 이는 계약의 성립에 있어 당사자 간 합의를 최우선으로 존중한다는 계약자유의 원칙(= 사적자치의 원칙)이 적용된 것이다.

② 계약당사자의 의사표시가 서면 또는 기타 일정한 형식이나 절차에 따를 것을 요하는 요식계약과 구별된다.

(3) 쌍무계약(Bilateral Contract)

① 무역계약은 계약당사자가 서로 상대방에게 채무를 부담하는 쌍무계약의 특성을 갖는다.

> [예] 매도인은 물품인도의무를 부담하고, 이에 상응하여 매수인은 대금지급의무를 부담함

② 계약당사자 한쪽만 채무를 부담하는 편무계약과 구별된다.

③ 쌍무계약의 당사자는 상대방이 그 의무를 이행할 때까지 자신의 의무 이행을 거절할 수 있는 동시이행의 항변권을 가진다.

> [용어설명] 동시이행의 항변권 : 쌍무계약에서 상대방이 채무의 이행을 제공할 때까지 자기 채무의 이행을 거절할 수 있는 권리

(4) 유상계약(Remunerative Contract)

① 무역계약은 계약당사자가 서로 대가적 의미를 가지는 재산적 가치를 지닌 급부의 제공을 목적으로 하는 유상계약의 특성을 갖는다.

② 계약당사자 급부 사이에 대가교환이 없는 무상계약과 구별된다.

③ 무역계약은 급부(給付)[1]의 제공을 목적으로 하는 약인(Consideration)[2]에 의한 계약이다.

> [1] 급부(給付) : 채무자가 계약내용을 이행하기 위해 해야 할 행위
>
> [2] 약인(約因; Consideration) : 계약으로 인해 당사자에게 발생하는 권리나 이익 또는 상대방이 부담하는 책임, 손해 등을 의미하는 영미(英美)계약법상의 개념

심화 PLUS+ 무역계약의 성립요건과 계약자유원칙

---

1. 성립요건
   - 계약의 목적과 내용이 위법이거나 실현 불가능한 것이어서는 안 된다.
   - 계약당사자의 행위능력이 있어야 한다.
   - 사기나 강박 등에 의한 것이 아니어야 한다.
   - 착오에 의한 계약은 무효이다.
2. 계약자유원칙
   - 계약체결의 자유
   - 불평등 초래 약관을 제외한 계약내용 결정의 자유
   - 계약체결방식의 자유
   - 계약 상대방 선택의 자유

---

1. 형태에 따른 구분

유형무역 (Visible Trade)	물리적 외형을 갖춘 물품을 수출입하는 무역
무형무역 (Invisible Trade)	자본, 기술, 노동, 소프트웨어, 서비스 등의 간접생산지원요소나 용역을 수출입하는 무역

2. 거래방식에 따른 구분

(1) 직접무역(Direct Trade)

제3자의 개입 없이 수출자와 수입자의 직접거래로 이루어지는 무역을 말한다.

(2) 간접무역(Indirect Trade)

제3자가 중개하거나 개입하여 이루어지는 무역을 말하며, 간접무역에는 중계무역, 중개무역, 스위치무역, 통과무역이 있다.

① 중계무역(Intermediate Trade)

- 중계업자가 수출할 것을 목적으로 물품을 수입한 후 가공이나 변형 없이 또는 경미한 가공 후 다시 제3국으로 수출하여 이에 따른 매매차익을 얻는 무역을 말한다.
- 중계업자는 수출입의 주체로서, 수출자(실제공급자) 및 수입자(최종구매인)와 각각 거래를 함으로써 수출액과 수입액의 차액을 획득하게 된다.
- 대외무역법상 수출입거래에 해당한다.

② 중개무역(Merchandising Trade)

- 수출자와 수입자 간의 무역거래에 제3자가 개입하여 이루어지는 무역을 말하며, 제3자는 중개업자의 역할을 수행한다.
- 중개업자는 수출입의 주체가 아니며 수출자와 수입자의 무역거래 과정에 개입하여 중개수수료만을 취득하게 된다.
- 대외무역법상 수출입거래에 해당하지 않는다.

더 쉽게 이해하기 중계무역과 중개무역의 비교

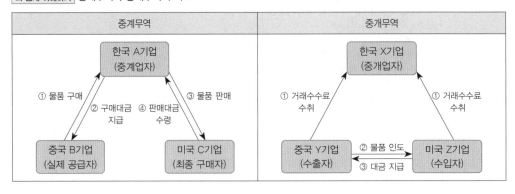

③ 스위치무역(Switch Trade)
- 수출입업자 사이에 직접 매매계약이 체결되고 물품도 직접 수입국에 직송되지만, 대금결제는 제3국에서 이루어지는 무역을 말한다.
- 스위치무역에 개입하는 제3국의 상인을 스위처(Switcher)라고 하며, 스위처는 스위치에 따른 수수료를 수취한다.

④ 통과무역(Transit Trade)
- 수출품이 수입국으로 직송되지 않고 제3국을 경유하여 이루어지는 무역을 말한다.
- 물품이 경유하는 제3국은 물품의 환적과정에서 발생하는 운송료, 보관료, 보험료 등의 수익을 얻을 수 있다.

3. 수출입의 균형에 따른 구분(연계무역)

(1) 연계무역의 정의

연계무역(Counter Trade)이란 국가 간 또는 당사자 간 무역불균형을 해소할 목적으로 수출품에 해당하는 액수 또는 일정 비율만큼을 상대방이 수입할 것을 약정하는 무역 방식을 말하며, 대응무역 또는 조건부무역이라고도 한다.

(2) 연계무역의 종류

물물교환 (Barter Trade)	• 금전의 거래 없이 물품의 교환이 이루어지는 무역
구상무역 (Compensation Trade)	• 수출입하는 물품대금의 전부 또는 일부를 그에 상응하는 수입 또는 수출로 상계하는 무역 • 수출대금의 전부를 수입품으로 상계하는 경우 물물교환과 동일함 • 구상무역은 하나의 계약서에 의해 거래가 이루어지고(One-Way Trade), 환거래가 발생하며 대응수입의무를 제3국에 전가할 수 있음
대응구매 (Counter Purchase)	• 수출품의 대가로 수입국으로 하여금 수출금액의 일정비율에 해당하는 상품을 구매하게 하는 무역 • 대응구매는 환거래가 발생하며, 대응수입의무를 제3국에 전가할 수 있다는 점에서 구상무역과 유사하나 수출입이 별도의 계약서에 의해 이루어진다는 점에서 차이가 있음
제품환매 (Buy Back)	• 수출업자가 플랜트, 기술, 기계 등을 수출하고 동 설비에서 생산되는 제품을 구매하는 무역

4. 위·수탁 무역

(1) 위·수탁 판매무역(Consignment Trade)

위탁자(Consignor)가 수탁자(Consignee)에게 무상으로 물품을 수출하여 수탁자가 물품을 판매한 후 수수료와 경비를 제외한 대금을 위탁자에게 송부하는 형태의 무역이다.

(2) 위·수탁 가공무역(Processing Trade)

임가공(賃加工) 무역이라고도 한다. 위탁자가 물품의 가공을 위하여 원자재나 부품을 송부하면 가공시설·설비·노동력을 보유한 수탁자가 가공을 완료하여 위탁자에게 다시 수출하거나 위탁자가 지정하는 3자에게 송부하는 형태의 무역이다.

5. 기타 무역의 종류

(1) 보세창고도 거래(BWT, Bonded Warehouse Transaction)

매도인이 수입국의 보세창고에 매수인이 결정되지 않은 상태에서 물품을 먼저 반입하여 두고 수입통관이 되지 않은 상태로 매수인을 찾아 매매계약을 체결하는 형태이다. 매매계약이 체결되지 않은 상태에서 과정이 진행되므로 매도인의 위험부담이 큰 방식일 수 있다. 매수인의 입장에서는 물품을 직접 점검한 후 거래하는 점검매(Sale by Inspection)가 가능하다.

(2) 주문자상표부착방식(OEM, Original Equipment Manufacturing)

주로 유통 및 마케팅 능력이 뛰어난 기업이 생산자에게 제조를 의뢰하고 생산자의 상표가 아닌 주문자 자신의 브랜드나 상표를 붙여 판매하는 방식이다.

(3) 제조업자 개발생산(ODM, Original Development Manufacturing system)

일종의 하청생산에 해당하는 OEM과 달리, 제조업체의 기술로 제품을 개발해 유통업체에 공급하는 ODM(Original Design Manufacturing)의 형태로 주문 및 생산이 이루어지기도 한다. 수입업자가 특정 품질의 제품을 요청하면 수출업자는 그러한 품질에 맞춰 자체적으로 제품을 생산하여 수입업자에게 공급하는 무역방식을 말하며 수출 시 공급가격에 개발비용을 추가할 수 있어 OEM보다 부가가치가 높다.

(4) KD(Knock-Down)

완성품이 아닌 미조립·분해된 상태로 수출되어, 수입국 내에서 최종 조립과정을 거쳐 완제품이 되는 형태를 말한다.

---

03 무역계약의 준거법   기출빈도 ★

1. 준거법의 필요성

국제물품매매계약의 당사자들은 법체계와 상관습이 상이한 서로 다른 국가에 소재하고 있으므로 해당 거래에 적용할 법률을 미리 결정하여 두지 않는다면 큰 혼란이 생길 수 있다. 국제무역계약과 관련된 분쟁을 방지하고 분쟁이 발생한 경우 이를 해결하기 위해 준거법을 합의하고 결정해 두는 것이 중요하다.

2. 준거법의 정의

당사자 간의 합의 또는 국제사법에 의하여 계약 당사자 사이에서 계약의 성립, 효력, 해석 등 법률문제에 적용하기로 정한 법률을 준거법(Governing Law, Applicable Law, Proper Law)이라 한다.

3. 무역계약의 법원(Source of Law, 法源)

(1) 무역계약법의 강행규정

주로 국내법상 강행규정(관세법, 대외무역법 등)을 의미한다.

(2) 국제물품매매계약에 적용되는 협약(Convention)

CISG (Vienna Convention)	• 국제물품매매계약에 관한 UN협약으로 청약과 승낙, 매도인과 매수인의 의무, 계약위반에 대한 구제 등 국제물품매매에 있어서의 통일된 법적 근거를 제공한다. • 당사자 간 명시적인 적용규정이 없어도 협약의 적용 범위에 해당하는 계약인 경우에는 적용되나, 당사자 간 배제의 의사가 없어야 한다.
뉴욕협약 (New York Convention)	• 외국에서 내려진 중재판정을 승인 및 집행할 수 있도록 마련된 UN국제협약이다.
헤이그 – 비스비 규칙 (Hague – Visby Rules)	• 정식명칭은 'Protocol to Amend the International Convention for the Unification of Certain Rules of Law Relating to Bills of Lading'이다.

(3) 무역규칙과 상관습법

① 무역거래에서 오랜 기간에 걸쳐 나타난 거래의 상행위들이 상관습으로 발달되고, 이를 적용시키기 위한 국제상관습법으로 발전하였다.

② 국제상관습법은 19세기 후반 이후로 영국의 환어음법 및 물품매매법, 미국의 통일매매법 등의 성문법으로 법전화가 이루어졌다.

③ 무역규칙

Incoterms®	• 정형거래조건의 해석에 관하여 국제상업회의소(ICC)가 제정한 국제규칙으로 주로 매도인이 매수인에게 물품을 인도하는 데 포함되는 업무, 비용, 위험 등을 다루고 있다. • 적용을 명시적으로 의도한 경우에만 적용된다.
UCP 600 / URC 522	• UCP는 신용장에 대한 국제통일규칙으로, 무역거래에서 신용장 관련 업무를 할 경우 준수사항과 해석기준을 정하고 있다. URC는 추심업무의 국제통일규칙이다. • 적용을 명시적으로 의도한 경우에만 적용된다.

(4) 조리(條理)

법에는 기술되어 있지 않지만 보편타당한 방법으로 적용 가능한 판단기준을 말한다.

4. 준거법의 적용 순서

국제무역계약법의 강행규정 ⇨ 당사자 간 합의 ⇨ 국제무역계약법의 임의규정 ⇨ 상관습법 ⇨ 조리

계약당사자 간의 약정에 따라 일방 당사자가 속한 국가의 국내법이 계약의 준거법이 되기도 한다.

참고 국제사법(Private International Law)과 준거법의 결정
- 준거법에 대한 당사자 간의 합의가 없는 경우, 법정지의 법원이 국제사법(Private International Law)에 따라 준거법을 결정하게 됨
- 국제사법이란 외국과의 법률관계 즉, 섭외(涉外)적 법률관계에 있어 국내법과 외국법이 충돌하는 경우 법률의 저촉(Conflict)을 규율하기 위한 법률로서, 법정지의 법원이 일정한 기준에 따라 실질적 법률의 적용을 지시하는 법률을 말함
- 국제사법은 섭외사법 또는 저촉법(Conflict of Law)이라고도 하며, 우리나라의 국제사법은 제1조의 목적에서 외국적 요소가 있는 법률관계에 관하여 국제재판관할에 관한 원칙과 준거법을 정함을 목적으로 한다고 규정하고 있음

① 국제사법이란 섭외적 법률관계(외국적 요소를 포함한 법률관계)에 적용될 준거법을 지정하는 법을 말한다.
② 우리나라의 국제사법에서는 준거법의 지정과 관련하여 다음과 같이 정하고 있다.
- 이 법은 외국적 요소가 있는 법률관계에 관하여 국제재판관할에 관한 원칙과 준거법을 정함을 목적으로 한다.
- 당사자가 둘 이상의 국적을 가지는 경우, 그와 가장 밀접한 관련이 있는 국가의 법을 그 준거법으로 한다. 다만, 그 국적 중 하나가 대한민국인 때에는 대한민국 법을 준거법으로 한다.
- 준거법에 관계없이 해당 법률관계에 적용되어야 하는 대한민국의 강행규정은 외국법이 준거법으로 지정되는 경우에도 이를 적용한다.
- 국제사법에 의하여 외국법(A국)이 준거법으로 지정되고, 그 A국의 법에 의하여 대한민국 법이 적용되어야 하는 때에는 대한민국의 법에 의한다. 다만, 당사자가 합의에 의하여 준거법을 선택하거나 국제사법에 의하여 계약의 준거법이 지정되는 경우에는 그 준거법에 의한다.

04 국제물품매매계약에 관한 UN협약(CISG) 기출빈도 ★★

1. CISG의 개요

국제물품매매계약에 관한 UN협약(CISG)은 국제무역거래의 혼란을 방지하고, 국제물품매매계약에 적용되는 준거법을 명확히 하기 위한 목적으로 탄생하였다. CISG는 국제적 통일법으로서의 역할을 수행하고 있으며, 법적 분쟁이 발생하면 그 분쟁을 신속히 해결하여 원활한 국제무역거래가 이루어질 수 있도록 한다.

2. CISG의 적용범위

(1) CISG의 적용원칙

① CISG는 다음과 같은 경우에 영업소가 서로 다른 국가에 있는 당사자 간의 물품매매계약에 적용된다.

> CISG §1 적용의 기본원칙
> (1) This Convention applies to contracts of sale of goods between parties whose places of business are in different States:
> (a) when the States are Contracting States; or
> (b) when the rules of private international law lead to the application of the law of a Contracting State.
> → (1) 이 협약은 다음의 경우에, 영업소가 서로 다른 국가에 있는 당사자 간의 물품매매계약에 적용된다.
> (a) 해당 국가가 모두 체약국인 경우, 또는 (b) 국제사법 규칙에 의하여 체약국법이 적용되는 경우

② 계약체결 전 또는 계약체결 시 당사자 간에 이루어진 거래에서 또는 당사자가 밝힌 정보로부터 양 당사자가 서로 다른 국가에 영업소를 가지고 있다는 사실이 드러나지 않은 경우에는 CISG가 적용되지 않는다.

③ 당사자의 국적, 당사자 또는 계약의 민사상 또는 상사상의 성격은 CISG의 적용을 결정하는 데 고려되지 않는다.

> 예 매도인은 캐나다 국적이고, 매수인은 한국 국적인 양 당사자 간의 물품매매 거래이더라도, 양 당사자의 영업소가 모두 한국에 있는 경우에는 CISG가 적용되지 않음

> CISG §1 적용의 기본원칙
> (3) Neither the nationality of the parties nor the civil or commercial character of the parties or of the contract is to be taken into consideration in determining the application of this Convention.
> → (3) 당사자의 국적 또는 당사자나 계약의 민사적·상사적 성격은 이 협약의 적용 여부를 결정하는 데에 고려되지 아니한다.

(2) CISG의 적용제외

① CISG는 다음의 매매계약에는 적용되지 않는다.

> ### CISG §2 적용 제외 매매
>
> This Convention does not apply to sales:
>
> (a) of goods bought for personal, family or household use, unless the seller, at any time before or at the conclusion of the contract, neither knew nor ought to have known that the goods were bought for any such use;
>
> (b) by auction;
>
> (c) on execution or otherwise by authority of law;
>
> (d) of stocks, shares, investment securities, negotiable instruments or money;
>
> (e) of ships, vessels, hovercraft or aircraft;
>
> (f) of electricity.
>
> → 이 협약은 다음의 매매에는 적용되지 아니한다.
>
>   (a) 개인용, 가족용 또는 가정용으로 구입된 물품의 매매. 다만, 매도인이 계약체결 전이나 그 체결 시에 물품이 그와 같은 용도로 구입된 사실을 알지 못하였고, 알았어야 했던 것도 아닌 경우에는 그러하지 아니하다.
>
>   (b) 경매에 의한 매매
>
>   (c) 강제집행 그 밖의 법령에 의한 매매
>
>   (d) 주식, 지분, 투자증권, 유통증권 또는 통화의 매매
>
>   (e) 선박, 소선, 부선, 또는 항공기의 매매
>
>   (f) 전기의 매매

② CISG는 완성된 물품의 매매계약 이외에 물품을 제조 또는 생산하여 공급하는 계약에도 적용되나, 다음의 예외가 있다. (서비스계약 등의 제외)

> ### CISG §3 서비스계약 등의 제외
>
> (1) Contracts for the supply of goods to be manufactured or produced are to be considered sales unless the party who orders the goods undertakes to supply a substantial part of the materials necessary for such manufacture or production.
>
> (2) This Convention does not apply to contracts in which the preponderant part of the obligations of the party who furnishes the goods consists in the supply of labor or other services.
>
> → (1) 물품을 제조 또는 생산하여 공급하는 계약은 이를 매매로 본다. 다만, 물품을 주문한 당사자가 그 제조 또는 생산에 필요한 재료의 상당부분을 공급하는 경우에는 그러하지 아니하다. (= 임가공무역은 제외됨)
>
>   (2) 이 협약은 물품을 공급하는 당사자의 의무의 주된 부분이 노무 그 밖의 서비스의 공급에 있는 계약에는 적용되지 아니한다.

(3) CISG의 규율범위

① CISG는 매매계약의 성립과 그러한 계약으로부터 발생하는 매도인과 매수인의 권리와 의무만을 규율한다.

② 규율하지 않는 대상

> **CISG §4 협약의 규율 및 제외 대상**
>
> This Convention governs only the formation of the contract of sale and the rights and obligations of the seller and the buyer arising from such a contract. In particular, except as otherwise expressly provided in this Convention, it is not concerned with:
>
> (a) the validity of the contract or of any of its provisions or of any usage;
>
> (b) the effect which the contract may have on the property in the goods sold.
>
> → 이 협약은 매매계약의 성립 및 그 계약으로부터 발생하는 매도인과 매수인의 권리의무만을 규율한다. 이 협약에 별도의 명시규정이 있는 경우를 제외하고, 이 협약은 특히 다음과 관련이 없다.
>
> (a) 계약이나 그 조항 또는 관행의 유효성
>
> (b) 매매된 물품의 소유권에 대하여 계약이 미치는 효력

(4) 제조물배상책임 적용 제외

CISG는 물품으로 인하여 발생한 사람의 사망 또는 상해에 대한 매도인의 책임에는 적용되지 않는다. 즉 제조물 배상 책임(P/L, Product Liability)과 관련된 문제에는 적용되지 않는다.

(5) 합의에 의한 적용 배제

① 당사자가 서로 합의하여 CISG의 적용을 배제하거나, CISG의 어떠한 규정의 효력을 변경할 수 있다.

② CISG는 계약자유의 원칙을 수용하여, 당사자 간의 합의가 CISG의 규정에 우선함을 인정하고 있다.

3. CISG의 해석원칙

(1) CISG 규정의 해석원칙

① CISG는 협약의 국제적인 성격, 그 적용상의 통일성 증진의 필요성, 국제무역상의 신의성실의 준수를 고려하여 해석하여야 한다.

- 국제적인 성격과 그 적용상의 통일성을 고려하는 것은 양 당사자가 해당 계약을 자국의 국내법에 근거하여 자의적으로 해석하는 것을 방지하기 위함이다.
- CISG는 신의성실의 준수를 고려하여 해석하여야 하는 것은 신의성실의 원칙(신의칙)을 고려해야 함을 의미한다.

  [용어설명] 신의성실의 원칙: 권리의 행사와 의무의 이행을 신의에 좇아 성실히 이행하여야 한다는 계약의 기본원칙

② CISG에 의하여 규율되는 사항으로서 협약에서 명시적으로 해결되지 않는 문제는 협약이 기초하고 있는 일반원칙에 따라 해결되어야 하며, 그러한 원칙이 없는 경우에는 법정지의 국제사법에 의해 결정되는 법에 따라 해결하는 것을 원칙으로 한다.

(2) 당사자의 진술 또는 행위의 해석원칙

① 당사자의 진술 또는 기타의 행위는 상대방이 그 의도를 알았거나 또는 알 수 있었던 경우에는 당사자의 의도에 따라 해석되어야 한다.

② 상대방이 그 의도를 알 수 없었던 경우에는 상대방과 같은 종류의 합리적인 자가 동일한 상황에서 가질 수 있는 이해력에 따라 해석되어야 한다.

- 당사자의 의도 또는 합리적인 자가 가질 수 있는 이해력을 결정함에 있어서는 당사자 간의 교섭, 당사자 간에 확립되어 있는 관습, 관행 및 당사자의 후속하는 행위를 포함하여 일체의 관련된 사정에 대한 상당한 고려가 있어야 한다.

(3) 관습 또는 관행의 구속력

① 당사자는 그들이 합의한 모든 관행(Usage)과 당사자 간에 확립되어 있는 모든 관례(Practice)에 구속된다.

② 별도의 합의가 없는 한, 당사자가 알았거나 또는 당연히 알았어야 하는 관행으로서 국제무역에서 해당되는 특정무역에 관련된 종류의 계약당사자에게 널리 알려져 있고, 통상적으로 준수되고 있는 관행은 계약에 묵시적으로 적용한 것으로 본다.

4. 영업소의 정의

(1) 어느 당사자가 둘 이상의 영업소를 갖고 있는 경우, 영업소는 계약체결 전 또는 계약체결 시에 당사자들에게 알려졌거나 또는 예견되었던 사정을 고려하여 계약 및 그 이행과 가장 밀접한 관계가 있는 장소를 말한다.

(2) 당사자가 영업소를 갖고 있지 않은 경우에는 당사자의 일상적인 거주지를 영업소로 본다.

5. 계약의 형식

> **CISG §11 계약의 형식**
>
> A contract of sale need not be concluded in or evidenced by writing and is not subject to any other requirement as to form. It may be proved by any means, including witnesses.
>
> → 매매계약은 서면에 의하여 체결되거나 입증될 필요가 없고, 형식에 관한 그 밖의 어떠한 요건도 요구되지 아니한다. 매매계약은 증인을 포함하여 어떠한 방법에 의하여도 입증될 수 있다.

심화 PLUS⁺ 국제물품매매계약에 관한 UN협약(CISG)과 국제상사계약에 관한 UNIDROIT 원칙(PICC)의 비교

구 분	국제물품매매계약에 관한 UN협약(CISG)	국제상사계약에 관한 UNIDROIT 원칙(PICC)
정 의	• 국제물품계약에 관하여 국제적으로 통일 또는 용인되는 법칙 내지 상관습 등을 성문화하여 국제상거래 시 국가 간 법률장벽을 제거하고, 국제무역의 발전을 증진시키기 위한 협약 • 1964년 헤이그 협약의 ULIS와 ULF를 기초로, 1980년 비엔나 UN 외교 회의에서 정식으로 채택되고, 1988년 부터 발효	• 국제상사계약의 일반원칙을 모아 집적한 것으로 국제사법통일협회(UNIDROIT)에서 제정한 원칙
적용 대상	• 국제물품매매계약에만 적용	• 일반적인 상사계약에 적용
구속력	• 구속력 있음 • 민·상법에 우선하는 특별법	• 구속력 없음
적용 범위	• 당해 국가가 모두 체약국이거나, 국제사법의 규칙에 따라 어느 체약국의 법률을 적용하게 되는 국제물품매매계약 등으로 적용이 제한됨 • 종전의 ULIS와 ULF는 계약당사자가 체약국과 관련이 없는 국제매매에도 적용될 수 있어, 그 적용범위가 지나치게 광범위하였음	• 상사계약에 관한 준거법으로 적용 가능 • 준거법에 대한 당사자 간의 정함이 있으면 그에 따르고, 당사자의 정함이 없는 경우 재판부 또는 중재판정부가 적절하다고 판정하는 저촉법원칙 또는 재량에 따라 적용 가능

🔍 시험에 이렇게 나온다!

제118회 1급 기출문제

51. UN 국제물품매매에 관한 협약(CISG)의 적용 대상인 것은?

① sales of goods bought for personal, family and household use
② sales by auction
③ sales of ships, vessels, hovercraft or aircraft
④ contracts for the supply of goods to be produced

정답 ④
해설
CISG는 계약체결 후 제조/생산되어 공급될 물품(선물)의 매매계약에도 적용되나, 개인용, 가정용, 가사용 물품, 경매나 강제집행에 의한 매매, 선박/항공기 등의 매매에는 적용되지 않는다.

제2절 | 무역계약의 성립

✐ 본문 내용 중 기출문제로 자주 출제된 부분에 **형광펜**으로 표시하였으니 반드시 학습하시기 바랍니다.

01 무역계약의 성립과정

기출빈도 ★

무역계약은 일반적으로 거래당사자 간에 다음과 같은 단계를 거쳐 성립한다.

> 해외시장조사 및 거래처 발굴 ⇨ 거래제의 ⇨ 조회와 회신 ⇨ 신용조회 ⇨ 청약과 승낙 ⇨ 계약의 성립

1. 해외시장조사 및 거래처 발굴(Overseas Market Research and Selection of Partners)

(1) 해외시장조사란 무역거래 진행과정의 최초 단계로서, 해외시장을 연구하여 특정 물품에 대한 해외시장의 정보를 조사·수집하는 것을 말한다.

(2) 매도인은 특정 물품에 대한 판매가능성을 조사하고, 매수인은 특정 물품의 구매가능성을 조사하여 관련 정보를 수집한다.

(3) 해외시장조사를 위해 고려할 사항

> - 해당 지역의 정책환경 및 정부정책, 거시경제지표, 국내외 경쟁사 파악
> - 무역계약조항별 거래당사자의 관행과 계약불이행 시 대처방안 조사
> - 대한무역투자진흥공사 및 대외경제정책연구원의 해당 지역 조사자료 확인

(4) 자체 홍보물을 제작하여 배포하거나 해외 광고, 각국의 상공인명부 등을 이용하여 거래처를 발굴한다.

2. 거래제의(Business Proposal)

(1) 거래제의란 거래 상대방에게 제시하는 거래를 희망하는 의사표시를 말한다.

(2) 거래제의 시 매도인은 일반적으로 거래물품 및 상대방을 알게 된 경위, 자사의 규모, 영업상태, 신용상태, 희망하는 거래내용 등을 포함하여 판매조건을 제시하는 서신을 보내게 된다.

3. 조회와 회신(Trade Inquiry and Response)

(1) 조회는 거래제의를 받은 자가 그 물품에 대한 거래의사가 있는 경우 그 물품의 거래조건에 대해 문의하는 것을 말하고, 회신은 이와 같은 조회에 대한 답변을 말한다.

(2) 조회의 내용은 물품가격 및 수량, 선적시기, 포장방법, 결제방법, 보험조건 등을 포함한다.

4. 신용조회(Credit Inquiry)

(1) 신용조회란 거래제의가 있은 후 거래관계가 성립되기 전, 거래대상 업체에 대한 신용상태를 확인하는 것을 말한다.

(2) 신용조회의 내용

> • 신용조회 3요소(3C) : 성격(Character), 능력(Capacity), 자본(Capital)
> • 신용조회 5요소(5C) : 위 3C에 조건(Condition), 담보(Collateral), 통화(Currency), 국가(Country) 중 2개를 추가

(3) 신용조회의 방법

① 한국무역보험공사(K-SURE), 대한무역투자진흥공사(KOTRA), 신용보증기금(KODIT) 등의 국내 기관을 이용하는 경우 신용조회의 정확성이 높다.

② 상업흥신소, 은행, 동업자 등을 통한 신용조회도 가능하나, 상업흥신소의 경우 비용이 많이 들고, 은행 및 동업자의 경우 이해관계에 따라 신용조회의 정확성이 낮다.

[용어설명] 상업흥신소(Commercial Agency) : 의뢰인으로부터 일정한 보수를 받고 특정 회사의 신용상태(성실성, 평판, 재정상태 등) 또는 그 회사의 객관적인 조건에 대한 조사를 전문적으로 수행하는 기관

5. 청약과 승낙

(1) 청약이란 일정한 내용의 계약을 성립시킬 목적으로 1인 이상의 특정한 자에게 통지된 일방적·확정적·구속력 있는 의사표시를 말하고, 승낙이란 청약의 상대방이 청약에 응하여 계약을 성립시킬 것을 목적으로 청약자에게 행하는 동의의 의사표시를 말한다.

(2) 청약자의 청약이 있는 경우 대부분은 가격, 수량 등의 거래조건을 수정하는 피청약자의 반대청약(Counter Offer)이 행해지는 경우가 많고, 이에 대해 청약자가 거래조건의 수정을 받아들여 승낙하면 계약이 성립한다.

6. 계약의 성립

(1) 계약의 성립은 청약자의 청약에 따른 피청약자의 승낙이 이루어짐으로써 완성된다.

(2) 무역계약은 낙성·불요식계약이므로 반드시 서면으로 체결하지 않더라도 성립하지만, 추후 분쟁이 발생하는 경우 책임소재를 명확히 하기 위해서는 구체적인 거래조건을 명시한 계약서를 작성하는 것이 바람직하다.

02 청약(Offer)

1. 계약의 성립시점

계약은 당사자 간 의사의 합치가 있는 때에 성립한다. 이러한 의사의 합치의 과정은 계약을 체결하고자 하는 일방이 조건을 제시하며 거래를 제의하는 '청약'(Offer)과 그 청약을 조건 없이 받아들이겠다는 의사표시인 '승낙'(Acceptance)의 형태로 나타난다. 이하에서는 주로 '국제 물품매매계약에 관한 UN협약'(CISG, Vienna 협약)의 규정을 중심으로 청약과 승낙에 대해 알아본다.

> CISG §23 계약성립의 시기
>
> A contract is concluded at the moment when an acceptance of an offer becomes effective in accordance with the provisions of this Convention.
>
> → 계약은 청약에 대한 승낙이 이 협약에 따라 효력을 발생하는 시점에 성립된다.

2. 청약이란

청약이란 매매계약을 체결하고자 하는 일방의 상대방에 대한 제안으로, 청약자(Offerer)가 구체적인 계약의 조건을 제시하며 이에 대한 피청약자(Offeree)의 승낙이 있으면 청약의 조건대로 계약을 체결하겠다고 하는 일방적·확정적이며 구속력 있는 의사표시를 말한다.

3. 청약의 요건

ⓐ계약체결을 위한 의사표시로서 ⓑ1인 또는 수인(數人)의 특정인에 대한 것이고 ⓒ충분히 확정적(물품, 가격, 수량 등 표시)이며 ⓓ승낙이 있는 경우, 이에 구속된다는 의사표시를 포함해야 한다.

> CISG §14 청약의 기준
>
> A proposal for concluding a contract addressed to one or more specific persons constitutes an offer if it is sufficiently definite and indicates the intention of the offeror to be bound in case of acceptance.
>
> A proposal is sufficiently definite if it indicates the goods and expressly or implicitly fixes or makes provision for determining the quantity and the price.
>
> → 1인 또는 그 이상의 특정인에 대한 계약체결의 제안은 충분히 확정적이고, 승낙 시 그에 구속된다는 청약자의 의사가 표시되어 있는 경우에 청약이 된다.
>
> 제안이 물품을 표시하고, 명시적 또는 묵시적으로 수량과 대금을 지정하거나 그 결정을 위한 조항을 두고 있는 경우에, 그 제안은 충분히 확정적인 것으로 한다.

4. 청약의 방법

당사자 간에 미리 특정 방법을 합의한 경우를 제외하고는, 청약은 표시방법에 특별한 제한이 없는 불요식성을 가진다. 따라서 청약의 방법은 원칙적으로 제한이 없어 정식의 청약서(Offer Sheet)의 송부 이외에도 이메일, 팩스 또는 구두에 의해서도 가능하다.

또한, 청약을 위해 사용되는 문서의 제목으로서 반드시 Offer Sheet만을 사용해야 하는 것은 아니며, 매도인의 매도청약(Selling Offer) 시에는 Proforma Invoice를, 매수인의 매수청약(Buying Offer) 시에는 P/O(Purchase order) 등도 빈번하게 사용한다.

5. 청약의 효력

(1) 청약자 구속

청약은 승낙이 있는 경우 청약의 조건대로 계약을 성립시키므로 구속력을 가진다. 즉, 청약자는 승낙이 있는 경우 청약의 조건대로 계약을 이행하여야 한다.

(2) 청약의 효력발생시기

청약은 피청약자에게 도달한 때로부터 효력이 생긴다.

> **CISG §15 청약의 효력발생**
> An offer becomes effective when it reaches the offeree.
> → 청약은 상대방에게 도달한 때에 효력이 발생한다.

[참고] CISG상 도달의 정의

- 상대방에게 구두로 통보된 때 또는 기타의 방법으로 상대방의 영업소나 우편송부처에 전달된 때 상대방에게 도달한 것으로 본다.
- 다만 상대방이 영업소나 우편송부처를 가지지 않은 경우, 상대방의 일상적인 거주지에 전달되었을 때 상대방에게 도달한 것으로 본다.

(3) 청약의 유효기간(Term of Validity)

청약의 유효기간이란 청약의 효력이 존속하는 기간을 말하며, 청약의 유효기간 내에 승낙이 있어야 계약이 성립한다.

청약에 유효기간이 명시된 경우	그 명시된 기간
그 외의 경우	청약이 있은 때로부터 합리적인(상당한) 기간(Within a Reasonable Time)

6. 청약의 종류

(1) 매도청약과 매수청약

매도청약 (Selling Offer)	• 매도인이 매수인에게 판매의사를 표시하는 청약으로 매수청약보다 매도청약이 다수를 이룬다. • 매수인의 물품조회에 회신하는 경우 견적송장(Proforma Invoice)을 사용하기도 한다.
매수청약 (Buying Offer)	• 매수인이 매도인에게 구매의사를 표시하는 청약으로 통상 구매주문서(P/O, Purchase Order)에 의해 이루어진다.

(2) 확정청약과 불확정청약

확정청약, 취소불능청약 (Firm Offer, Irrevocable Offer)	• 확정청약의 경우 청약자가 일방적으로 청약의 조건을 취소 또는 변경을 할 수 없다. • 청약자가 승낙회신의 유효기간을 정하고 있는 청약은 확정청약으로 본다. 예 We are glad to make the following offer subject to your acceptance reaching us by Aug 31, 20XX. • 승낙회신의 유효기간을 정하지 않은 경우라도 확정적(Firm) 또는 취소불능(Irrevo-cable)이라는 표시가 있으면 확정청약으로 본다. 예 We are glad to make the following firm offer ~
불확정청약, 자유청약 (Free Offer, Revocable Offer)	• 피청약자가 승낙을 발송하기 전까지는 피청약자의 동의 없이 그 내용을 변경하거나 취소할 수 있다. • 청약자가 승낙회답의 유효기간을 정하지 않거나, 확정적(Firm)이라는 표시를 하지 않은 청약을 말한다.

(3) 청약의 유인(Invitation to Make Offers)

① 청약의 유인이란 타인을 권유하여 자기에게 청약을 하게 하려는 행위를 말한다.

예 상품목록(Catalogue) 배부, 신문광고

② 청약의 유인은 상대방에게 청약할 것을 권유하는 행위일 뿐 유효한 청약으로 인정되지 않으므로, 상대방이 승낙을 하더라도 계약이 성립하지 않고 승낙을 의도한 당사자의 의사표시가 청약이 된다.

③ CISG에서는 불특정인에 대한 제안, 즉 특정성이 없는 청약은 원칙적으로 청약의 유인으로 본다.

> **CISG §14 청약의 기준**
>
> A proposal other than one addressed to one or more specific persons is to be considered merely as an invitation to make offers, unless the contrary is clearly indicated by the person making the proposal.
>
> 1인 이상의 특정한 자에게 통지된 것 이외의 어떠한 제의는 그 제의를 행한 자가 반대의 의사를 명확히 표시하지 아니하는 한, 이는 단순히 청약을 행하기 위한 유인으로 본다.

(4) 반대청약(Counter Offer)

① 피청약자가 청약조건을 추가 또는 변경하여 제시하는 청약을 말한다.

② 승낙의 의도가 있다 하더라도 반대청약은 원청약에 대한 거절이며, 동시에 원청약자에게 하는 새로운 청약이 된다.

(5) 교차청약(Cross Offer)

① 서로가 동시에 서로 청약을 하였는데 그 청약의 내용이 완전히 일치하는 경우를 말한다.

② 우리나라, 독일, 일본 등의 대륙법계 국가에서는 교차청약이 있는 경우 계약의 성립을 인정하고 있으나 CISG에는 별도의 언급이 없다.

[용어설명] • 대륙법계 : 독일·프랑스 등의 국가의 법체계를 근간으로 하는 법률체계로서 Civil law라고도 한다. 우리나라는 대륙법계로 분류되며, 추상적인 법을 제정하여 효력을 부여하는 성문법주의라는 점에서 영·미법계와 구분된다.
　　　　　• 영·미법계 : 영국에서 근원하여 식민지 국가로 퍼져 나간 불문법, 판례법 주의의 법체계를 말한다. 보통법, Common law라고도 한다.

(6) 조건부청약(Conditional Offer)

청약자의 청약내용에 일정한 조건을 부가한 청약을 말하며, 조건에 따라 청약의 유효성이나 성격이 결정된다.

승인 조건부청약 (Offer on Approval)	• 점검 후 구매조건 청약이라고도 한다. • 청약자가 청약과 함께 대상 물품을 송부하여 피청약자가 직접 물품을 확인해 보고 이에 만족하면 승낙할 것을 조건으로 하는 청약으로, 이를 거절하는 경우 물품을 반송한다. • 주로 신제품이나 판매가 부진한 물품의 판매를 위해 사용된다.
반품허용 조건부청약 (Offer on Sale or Return)	• 대상 물품을 구매하여 일정 기간 판매 후 미판매된 재고의 반품을 허용하는 조건을 붙인 청약을 말한다.
재고잔류 조건부청약 (Offer Subject to Being Unsold) 선착순판매 조건부청약 (Offer Subject to Prior Sale)	• 피청약자의 승낙만으로 계약이 성립되지 않고, 물품의 재고가 남아 있을 경우에 한해 계약이 성립하는 조건을 붙인 청약이다. • 한정된 수량의 상품을 여러 피청약자에게 청약하여 선착순으로 판매하고 매진과 동시에 청약의 효력을 소멸시키고자 하는 경우에 이용된다. [예] An offer subject to the goods being available when the order is given. → 주문 당시에 재고가 있어야 하는 것을 조건으로 하는 청약.
무확약 청약 (Offer without Engagement) 시황 조건부청약 (Offer Subject to Market Fluctuation)	• 청약에서 제시한 가격 등의 일부 조건이 시장상황(Market Fluctuation)에 따라 변경 가능하다는 조건(유동조항)을 붙인 청약을 말한다. [예] With this type of offer, the price can be changed at any time without prior notice according to market fluctuations. → 이러한 종류의 청약에서는 시장상황에 따라 사전 통지 없이 가격이 변경될 수 있다.
최종확인 조건부청약 (Offer Subject to Final Confirmation, Sub-con Offer)	• 피청약자가 승낙했어도 청약자의 최종확인이 있어야만 계약이 성립하는 조건부청약이다. • 청약이라는 명칭이 붙어 있으나, 사실상 청약의 효력은 인정되지 않으며 청약의 유인에 해당한다. [예] An offer which, even though the offeree accepts the offer, needs the offeror's recognition on the acceptance for the conclusion of a contract. → 피청약자가 청약을 승낙하더라도, 계약 성립에 있어서 청약자의 확인(승인)을 필요로 하는 청약. All orders shall be subject to the Seller's final confirmation. → 모든 주문은 매도인의 최종확인을 조건으로 한다.

7. 청약의 효력소멸

청약은 도달 전에는 철회가 가능하며, 청약의 취소, 거절, 승낙, 반대청약, 유효기간의 경과 등에 의해 효력이 소멸한다.

(1) 청약의 철회(Withdrawal)

① 철회란 어떤 의사표시의 효력이 발생하기 이전에 자신의 의사표시를 다시 거두어들이는 것을 말한다.

② 청약이 상대방에게 도달하여 청약의 효력이 발생한 이후에는 철회할 수 없다. 다만, 철회의 의사표시가 청약의 도달 전 또는 청약과 동시에 피청약자에게 도달하는 경우 청약을 철회할 수 있다.

> **CISG §15 청약의 효력발생**
>
> An offer, even if it is irrevocable, may be withdrawn if the withdrawal reaches the offeree before or at the same time as the offer.
>
> → 청약은 취소불능이더라도, 철회(withdrawal)의 의사표시가 청약의 도달 전 또는 그와 동시에 상대방에게 도달하는 경우에는 철회될 수 있다.

(2) 청약의 취소(Revocation, Cancellation)

① 취소란 이미 효력이 발생한 계약 등의 효력을 소멸시키는 것을 말한다.

② 계약이 체결되기까지 청약은 취소될 수 있다. 다만, 이 경우에 취소의 통지는 피청약자가 승낙을 발송하기 전에 피청약자에게 도달하여야 한다.

③ 청약을 취소할 수 없는 경우 : ⓐ청약이 승낙을 위한 지정된 기간을 명시하거나 또는 기타의 방법으로 청약이 취소불능임을 표시하고 있는 경우, ⓑ피청약자가 청약을 취소불능이라고 신뢰하는 것이 합리적이고, 피청약자가 그 청약을 신뢰하여 행동한 경우

> **CISG §16 청약의 취소**
>
> (1) Until a contract is concluded an offer may be revoked if the revocation reaches the offeree before he has dispatched an acceptance.
>
> (2) However, an offer cannot be revoked:
>
>   (a) if it indicates, whether by stating a fixed time for acceptance or otherwise, that it is irrevocable; or
>
>   (b) if it was reasonable for the offeree to rely on the offer as being irrevocable and the offeree has acted in reliance on the offer.
>
> → (1) 청약은 계약이 체결되기까지는 취소(Revocation)될 수 있다. 다만, 상대방이 승낙의 통지를 발송하기 전에 취소의 의사표시가 상대방에게 도달되어야 한다.
>
>   (2) 그러나 다음의 경우 청약은 취소될 수 없다.
>
>   (a) 승낙기간의 지정 그 밖의 방법으로 청약이 취소불능임이 청약에 표시되어 있는 경우, 또는
>
>   (b) 상대방이 청약이 취소불능임을 신뢰하는 것이 합리적이고, 상대방이 그 청약을 신뢰하여 행동한 경우

(3) 청약의 거절(Rejection)

① 청약의 거절이란 청약자의 청약에 대해 승낙하지 않는다는 의사표시를 말한다.

② 청약은 상대방이 거절하면 그 효력이 상실된다. 따라서 한번 거절한 청약에 대해 추후에 승낙하더라도 계약은 성립하지 않는다.

> **CISG §17 청약의 거절**
>
> An offer, even if it is irrevocable, is terminated when a rejection reaches the offeror.
>
> → 청약은 취소불능이더라도, 거절의 의사표시가 청약자에게 도달한 때에는 효력을 상실한다.

(4) 승낙

청약에 대해 피청약자가 승낙하면 해당 청약의 내용대로 계약이 성립되며 원청약은 소멸한다.

(5) 반대청약

청약의 조건을 변경하거나 추가한 승낙은 승낙이 아닌 새로운 청약이 되며, 원청약의 효력은 소멸한다.

(6) 유효기간의 경과

청약에서 회신 기간을 정한 경우에는 해당 유효기간의 경과로 청약은 소멸하고, 유효기간이 없는 경우 상당한(합리적) 기간(Reasonable Time)이 경과하면 소멸한다.

(7) 당사자 간의 합의

계약이 의사의 합치로 성립되듯, 어떠한 청약은 취소불능 여부에 관계없이 당사자 간 합의에 의해 취소될 수 있다.

심화 PLUS✚ 당사자의 사망과 청약의 효력

주로 영·미법계에서는 당사자의 사망을 효력 소멸의 사유로 보나, 대륙법계에서는 그렇지 않다. 우리 민법의 경우 당사자가 사망하거나 제한능력자가 되더라도 의사표시의 효력에는 영향을 미치지 않는다고 본다.

심화 PLUS✚ 법제별 청약의 취소가능성

1. 영미법계
   • 원칙 : 영국과 미국의 경우에는 확정청약의 경우에도 원칙적으로 승낙 전까지는 취소 가능한 것으로 본다.
   • 취소가 불가능한 경우:
     – 영국 : 청약이 날인증서에 의한 것이거나 피청약자가 이미 약인을 제공한 경우에는 승낙 전이라도 취소할 수 없다.
     – 미국(UCC) : 청약이 서명된 문서로, 상인에 의해 발행되어야 하며 그 유효기간은 3개월을 초과하지 아니하였거나, 피청약자가 제공한 서식에 유효기간이 있고 해당 부분에 청약자가 별도 서명한 경우 등에는 취소할 수 없도록 하고 있다.

2. 대륙법계 (우리 민법, 일본, 독일)
   확정청약의 경우에는 취소할 수 없는 것으로 하고 있다. 우리 민법은 '계약의 청약은 철회(Cancellation의 의미)할 수 없다'고 규정하고 있다.

3. CISG
   취소불능 청약의 경우는 취소가 불가능하고 이외의 청약은 피청약자가 승낙을 발송하기 전에 취소가 도달할 것을 조건으로 취소 가능함을 명시하고 있다.

03 승낙(Acceptance)

1. 승낙이란

승낙이란 피청약자가 청약에 응하여 계약을 성립시킬 것을 목적으로 청약자에게 행하는 확정적이며 무조건적인 동의의 의사표시를 말한다.

2. 승낙의 요건

경상(鏡像)의 원칙 (Mirror Image Rule)	• 승낙은 원칙적으로 청약의 내용과 완전히 일치하여야 한다. • 승낙을 의도하고 있더라도 원청약의 조건을 변경(변경승낙), 추가(부가조건부승낙)하는 경우 원칙적으로 반대청약이 된다. • 청약 전체가 아닌 일부만을 승낙하는 일부승낙(부분승낙)은 승낙으로 인정되지 않는다.
승낙기간	• 승낙은 청약에서 정한 회신기간 또는 합리적 기간 내에 이루어져야 한다.
승낙의 방법	• 승낙은 청약에 대한 동의를 표시하는 피청약자의 진술 또는 기타의 행위를 말한다. • 별도의 의사표시 없이 청약의 조건을 이행하는 것(의사실현)으로도 승낙할 수 있다. • 단, 침묵 또는 부작위는 그 자체만으로는 승낙이 아니다. • 승낙의 의사표시는 절대적(Absolute), 무조건적(Unconditional)이어야 한다.

3. 승낙의 방법

당사자 간 별도의 합의나 청약에서 요구한 것이 없다면 원칙적으로 승낙의 방법이나 형식은 피청약자의 자유이며, 특별한 제한이 없다. 따라서 승낙은 서면뿐 아니라 구두로도 가능하며 물품의 송부나 대금의 지급과 같은 행위에 의한 승낙(의사실현에 의한 방식)도 인정된다. 단, CISG에서도 침묵(Silence)이나 부작위(무위; Inactivity) 그 자체로는 승낙이 되지 않는다.

> CISG §18 승낙의 시기와 방법
>
> A statement made by or other conduct of the offeree indicating assent to an offer is an acceptance. Silence or inactivity does not in itself amount to acceptance.
>
> → 청약에 대한 동의를 표시하는 상대방의 진술 그 밖의 행위는 승낙이 된다. 침묵 또는 부작위는 그 자체만으로 승낙이 되지 아니한다.

4. 승낙 기간

청약에 지정 기간이 있는 경우	그 지정 기간 내에 청약자에게 도달하여야 한다.
청약에 지정 기간이 없는 경우	거래의 사정을 충분히 고려한 합리적인(상당한) 기간 내에 청약자에게 도달하여야 한다.
구두 청약(Oral Offer)	특별한 사정이 없는 한 즉시 승낙하여야 한다.

CISG §18 승낙의 시기와 방법

An acceptance of an offer becomes effective at the moment the indication of assent reaches the offeror. An acceptance is not effective if the indication of assent does not reach the offeror within the time he has fixed or, if no time is fixed, within a reasonable time, due account being taken of the circumstances of the transaction, including the rapidity of the means of communication employed by the offeror.

An oral offer must be accepted immediately unless the circumstances indicate otherwise.

→ 청약에 대한 승낙은 동의의 의사표시가 청약자에게 도달하는 시점에 효력이 발생한다. 동의의 의사표시가 청약자가 지정한 기간 내에, 기간의 지정이 없는 경우에는 청약자가 사용한 통신수단의 신속성 등 거래의 상황을 적절히 고려하여 합리적인 기간 내에 도달하지 아니하는 때에는, 승낙은 효력이 발생하지 아니한다.

구두의 청약은 특별한 사정이 없는 한 즉시 승낙되어야 한다.

심화 PLUS + CISG상의 승낙기간

1. 청약의 유효기간의 기산점
   • 전보(Telegram) 또는 서신(Letter)
     청약자가 전보 또는 서신에서 지정한 승낙기간은 전보가 발송을 위하여 교부된 시점 또는 서신에 표시되어 있는 일자, 서신에 일자가 표시되지 아니한 경우에는 봉투에 표시된 일자로부터 기산한다.
   • 동시적 통신수단(Instantaneous Communication)
     청약자가 전화, 텔렉스 그 밖의 동시적(同時的) 통신수단에 의하여 지정한 승낙기간은 청약이 상대방에게 도달한 시점으로부터 기산한다.
   [용어설명] 기산점(起算點) : 기간의 계산이 시작되는 기준 시점
2. 공휴일 또는 비영업일의 처리
   • 승낙 기간 중의 공휴일 또는 비영업일 : 기간 계산에 산입한다.
   • 승낙 기간의 마지막 날이 공휴일 또는 비영업일 : 승낙 기간 마지막 날 이후의 최초 영업일까지 승낙 기간이 연장된다.

5. 승낙의 효력

(1) 승낙의 효력발생시기

① 승낙은 동의의 의사표시가 청약자에게 도달한 때 그 효력이 발생한다.

② 행위에 의한 승낙의 경우 행위 시에 효력이 발생한다.

(2) 승낙의 철회(Withdrawal)

승낙을 발송한 경우라도 그 승낙의 효력이 발생하기 이전 또는 그와 동시에 승낙 철회의 의사표시가 청약자에게 도달하는 경우 승낙의 효력이 소멸한다.

CISG §22 승낙의 철회

An acceptance may be withdrawn if the withdrawal reaches the offeror before or at the same time as the acceptance would have become effective.

→ 승낙은 그 효력이 발생하기 전 또는 그와 동시에 철회의 의사표시가 청약자에게 도달하는 경우에는 철회될 수 있다.

6. 변경된 승낙

(1) 원칙

① 승낙은 경상의 원칙에 따라 청약의 내용에 완전히 일치하는 무조건적인 동의(Assent)의 의사표시여야 한다.

② 청약에 대한 회답이 청약의 내용을 추가, 제한 또는 기타의 변경을 포함하고 있는 경우, 청약의 거절이면서 또한 반대청약(Counter Offer)이 된다.

③ 원청약의 조건을 변경하여 승낙하는 변경승낙, 피청약자가 새로운 조건을 추가한 부가조건부승낙, 원청약의 일부만을 승낙하는 부분승낙 등은 반대청약이 된다.

④ 반대청약은 승낙이 아니므로 계약을 성립시킬 수 없고, 반대청약에 대해 청약자가 다시 승낙하여야 계약이 성립된다.

(2) CISG의 예외규정

① 피청약자가 부가하는 조건이 청약조건을 실질적으로 변경(Materially Alter)하는 승낙인 경우 이는 반대청약이 되어 계약은 성립하지 않으며, 피청약자가 부가하는 조건이 청약조건을 실질적으로 변경하지 아니하는 경우 승낙으로 인정되어 계약이 성립된다.

② 청약조건을 실질적으로 변경하지 않은 승낙은 청약자가 이의를 제기하지 않는 경우 청약자의 청약조건에 피청약자의 변경사항을 추가한 내용으로 계약이 성립하는 것으로 본다. 단, 이에 대해 청약자가 이의를 제기하는 경우 계약이 성립하지 않는다.

③ CISG상 실질적 변경의 예시

> - 대금(Price) 또는 대금의 지급(Payment) 방법
> - 물품 인도의 장소 및 시기
> - 분쟁의 해결에 관한 조건
> - 물품의 품질 및 수량
> - 상대방에 대한 당사자 일방의 책임의 범위

> **CISG §19 변경된 승낙**
>
> (1) A reply to an offer which purports to be an acceptance but contains additions, limitations or other modifications is a rejection of the offer and constitutes a counteroffer.
>
> (2) However, a reply to an offer which purports to be an acceptance but contains additional or different terms which do not materially alter the terms of the offer constitutes an acceptance, unless the offeror, without undue delay, objects orally to the discrepancy or dispatches a notice to that effect. If he does not so object, the terms of the contract are the terms of the offer with the modifications contained in the acceptance.
>
> (3) Additional or different terms relating, among other things, to the price, payment, quality and quantity of the goods, place and time of delivery, extent of one party's liability to the other or the settlement of disputes are considered to alter the terms of the offer materially.
>
> → (1) 승낙을 의도하고 있으나, 부가, 제한 그 밖의 변경을 포함하는 청약에 대한 응답은 청약에 대한 거절이면서 또한 새로운 청약이 된다.
>
>   (2) 청약에 대한 승낙을 의도하고 있으나, 청약의 조건을 실질적으로 변경하지 아니하는 부가적 조건 또는 상이한 조건을 포함하는 응답은 승낙이 된다. 다만, 청약자가 부당한 지체없이 그 불일치(상위; 相違)에 대해 구두로 이의를 제기하거나 그러한 취지의 통지를 발송하는 경우에는 그러하지 아니하다. 청약자가 이의를 제기하지 아니하는 경우에는 승낙에 포함된 변경이 가하여진 청약조건이 계약 조건이 된다.
>
>   (3) 부가적 또는 다른 조건 중, 대금, 대금지급, 물품의 품질과 수량, 인도의 장소와 시기, 당사자 일방의 상대방에 대한 책임범위 또는 분쟁해결에 관한 조건은 청약의 조건을 실질적으로 변경하는 것으로 본다.

7. 지연 승낙(Late Acceptance)

(1) 원칙

원칙적으로 지연(연착)된 승낙은 청약의 유효기간이 경과한 후 도달한 승낙이므로 승낙으로서 효력이 없다.

(2) CISG의 예외규정

- 지연된 승낙에 대해 청약자가 지체 없이 피청약자에게 유효하다는 취지의 통지를 한 경우 승낙으로서 효력이 있다.
- 지연된 승낙이 통상적으로 전달되었다면 적시에 청약자에게 도달할 수 있었던 사정이 보여지는 경우, 그 지연된 승낙은 승낙으로서 효력을 갖는다. 다만, 청약자가 지체 없이 피청약자에게 청약이 효력을 상실한 것으로 본다는 취지의 통지를 하면 효력이 없다.

🔍 시험에 이렇게 나온다!

제116회 1급 기출문제

60. 다음은 청약의 취소(Revocation)와 철회(Withdrawal)에 대한 설명이다. (   ) 안에 들어갈 내용이 옳게 나열된 것은?

(a))가 청약의 효력발생 후 효력을 소멸시키는 반면, (b))는 청약의 효력이 발생되기 전에 그 효력을 중지시키는 것이다. 비록 청약이 (c))이라도 청약의 의사 표시가 상대방에 도달하기 전에 또는 도달과 동시에 (d))의 의사표시가 피청약자에게 (e))한/된 때에는 (d))가 가능하다.

① a) 청약의 취소, b) 청약의 철회, c) 취소불능, d) 철회, e) 도달
② a) 청약의 철회, b) 청약의 취소, c) 철회불능, d) 취소, e) 도달
③ a) 청약의 취소, b) 청약의 철회, c) 취소불능, d) 철회, e) 발송
④ a) 청약의 철회, b) 청약의 취소, c) 철회불능, d) 취소, e) 발송

정답 ①
해설
a) 청약의 취소
b) 청약의 철회
c) 취소불능
d) 철회
e) 도달

제3절 | 계약서

✎ 본문 내용 중 기출문제로 자주 출제된 부분에 **형광펜**으로 표시하였으니 반드시 학습하시기 바랍니다.

01 무역계약의 종류

기출빈도 ★

1. 개별계약(Case by Case Contract)

(1) 개별계약은 어떤 특정 물품을 거래할 때마다 매번 거래조건에 상호 합의하는 계약을 말한다.

(2) 주로 거래상대방과 초기에 거래하거나 1회만 거래할 경우, 중장기연불방식에 의한 수출입 등 거래내용이 복잡할 경우에 이용된다.

2. 포괄계약(Master Contract)

(1) 포괄계약은 동일 당사자 간 유사한 거래가 반복되는 경우 공통으로 적용되는 기본적, 일반적인 거래조건을 합의한 계약을 말한다.

(2) 주로 동일한 상대방과 장기간 지속적으로 거래할 경우에 이용된다.

(3) 정형화된 계약조항을 가리켜 일반거래약관이라고 하며, 계약서상 표제로 An Agreement on General Terms and Conditions 또는 General Terms and Conditions라 쓴다.

(4) 매매계약서는 일반거래조건협정서(Agreement on General Terms and Conditions of Business)를 기본으로 작성하며 일반거래조건협정서는 일반적으로 매매계약서의 이면에 또는 별도참조로 첨부된다.

① 일반거래조건협정서란 매 거래 시마다 거래조건을 합의해야 하는 번거로움을 없애기 위해 거래 시마다 구체적으로 약정해야 하는 사항을 제외하고 어느 경우에도 공통으로 적용되는 기본적, 일반적인 거래조건을 합의하여 정한 후 이를 문서화한 협정서이다.

② 일반거래조건협정서의 주요 내용

거래형태(당사자)에 관한 조건	본인 대 본인의 거래인지, 본인 대 대리인의 거래인지 또는 대리인 간의 거래인지를 기재
계약성립에 관한 조건	일반적으로 청약에 대한 승낙으로 계약이 성립된다는 등의 계약성립 조건을 기재
계약물품에 관한 조건	물품의 품질, 수량, 가격, 포장 등에 관한 일반적인 기준 등을 정하여 기재
계약이행에 관한 조건	계약을 이행하는 과정에서 선적, 결제, 보험 등에 관한 기본적인 사항을 기재
분쟁해결에 관한 조건	당사자 간 분쟁이 발생하였을 때 이를 해결하기 위한 방법, 형식, 절차 등에 관한 사항을 기재

1. 판매점계약과 대리점계약

판매점계약 (Distributorship Agreement)	• 특약판매점계약이라고도 한다. • 특약판매점은 독립적 상인 즉, 본인(Principal)으로서 상행위를 하며 자신의 계산으로 위험이나 책임을 부담하고 이익도 자신에게 귀속되어 대리점계약과 구분된다. • 하나의 특약판매점에 특정 국가 또는 지역 전체의 판매를 맡기는 경우 독점/한정적 특약판매점(Sole/Exclusive Distributor)계약이 된다.
판매대리점계약 (Sales Agent Agreement)	• 해외의 매도인과 그의 대리인과의 계약으로 대리인은 해당 물품의 판매와 관련된 업무를 제공하고 그에 대한 수수료(Commission)를 받는 계약을 말한다. • 대리점(Agent)은 본인(Principal)의 책임과 위험으로, 본인의 이익을 위하여, 본인을 대리(Sales Representative)하여 영업활동을 하며 대리점 스스로는 자신의 자금으로 물품을 구매하지 않으며 재고에 대한 책임 등을 부담하지도 않는다.

심화 PLUS Del Credere Agent(지급보증 대리인)

위탁판매거래(Sales on Consignment)에서 판매자인 본인(Principal)을 대리하여 물품을 신용(on Credit)으로 판매하면서 구매자의 대금지급을 보증(Guarantee the solvency of buyers)하는 대리인을 말한다. 통상적인 위탁 수수료에 추가하여 지불보증 수수료(Del Credere Commission)을 추가로 수령한다.

2. 기타 계약의 종류

독점계약 (Exclusive Contract)	• 계약대상 물품을 취급함에 있어 매도인은 수입국의 지정 수입자 외에는 동일한 품목을 청약하지 않으며, 매수인 역시 수출국의 다른 수출자로부터 같은 품목을 수입하지 않는다는 조건으로 이루어지는 계약을 말한다. • 독점 수입자는 해당국 또는 지역에서 해당 물품에 대한 권리를 매도인으로부터 위임받으며, 최소 수입물량, 사후관리 등의 의무를 부담하는 경우도 있다. • 일반적으로 독점계약의 매수인은 계약물품과 동일·유사 물품 또는 경쟁관계에 있는 물품을 제조하거나 유통하지 않으며, 독점권을 인정받는 영역(Contract Territory) 외에서 고객을 유치하거나 지사를 설립하지 않을 것을 요구받는다. • 독점특약점(Exclusive Distributor)이나 독점/한정판매대리점(Exclusive/Semi-Exclusive Agent)계약이 여기에 속한다.
프랜차이즈 계약 (Franchise Agreement)	• 프랜차이즈의 본사(Franchiser)가 가맹점(Franchisee)에 영업전반에 대한 지식이나 기술 등을 공급하는 계약을 말한다. • 본사는 큰 투자 없이 판매망을 확보할 수 있으며 가맹점은 해당 브랜드 및 고유한 영업방식을 사용할 수 있다. • 가맹점은 프랜차이즈 계약에 의해 일정 범위 내에서 본사의 통제에 따라야 하지만, 독립적인 상인이다.
기 타	• 위·수탁판매(Consignment)계약, 임대차무역(Lease)계약, 임가공무역(Processing)계약, 라이센스(Licence)계약, 지식재산권이나 기술 등의 사용료(Royalty)계약, 합작투자(Joint Venture)계약 등 여러 무역거래 형태에 따라 계약서의 표제를 달리 하거나, 표제에 관계없이 세부조항에 이러한 내용을 표시하기도 한다.

1. 매매계약서(Sales Contract)

(1) 계약체결을 위한 청약과 승낙에 사용된 서류도 계약서로 인정될 수 있다.

(2) 매도인이 작성할 경우 매도계약서(약정서, 확인서)라 하고, 매수인이 작성할 경우 구매계약서(약정서, 확인서)라 한다.

(3) 일반적으로 매매계약서에는 품질·수량·가격·결제·선적조건 등의 무역계약 기본조건과 무역클레임 해결을 위한 분쟁해결조항(중재조항), 불가항력과 같은 면책조항 등의 계약조건이 포함된다.

2. 매도확약서(Sales Note)

(1) 매도인이 청약 시 주로 사용하는 문서이다.

(2) 매도확약서는 매도인이 특정 물품을 일정한 거래조건으로 매도하겠다는 의사를 담고 있다.

3. 구매주문서(Purchase Order)

(1) 매수인이 주문 시 주로 사용하는 문서이다.

(2) 매도인이 발행한 매도확약서에 의거하여 매수인이 물품의 구매수량, 거래조건 등을 포함하여 매도인 앞으로 발행하는 주문서이다.

4. 견적송장(Proforma Invoice)

(1) 매도인이 잠재적 고객에게 작성하는 특정 물품에 대한 견적서를 송장의 형식으로 작성한 문서이다.

(2) 매수인으로부터 특정 물품을 구매하겠다는 구매문의(Inquiry)를 받게 되면 주문품의 최종 가격, 수량, 거래조건 등에 대해 매수인의 확인을 받기 위해 견적송장을 발행한다.

제4절 | 무역거래조건

✎ 본문 내용 중 기출문제로 자주 출제된 부분에 **형광펜**으로 표시하였으니 반드시 학습하시기 바랍니다.

01 무역계약의 기본조건

시험에 꼭 나온다!

기출빈도 ★★★

1. 개요

(1) 계약조건 합의의 필요성

무역계약은 서로 다른 국가 간에 이루어지는 상거래이므로 각 국가마다 상관습이 상이하여 무역분쟁이 발생할 여지가 크기 때문에, 이를 예방하기 위하여 품질·수량·선적 등 무역계약의 기본조건에 대해 상세한 사전합의가 필요하다.

(2) 계약 조건의 구성 형태

명시조건 (Express Terms)	• 당사자 간에 구체적으로 합의하여 약정한 사항을 말한다. • 일반적으로 품질·수량·가격·결제·선적·보험·포장·분쟁해결 조건 등의 사항을 합의한다.
묵시조건 (Implied Terms)	• 세부적인 내용을 구체적으로 합의한 것은 아니나 거래관행에 의해 암묵적으로 적용되는 사항을 말한다. • 국제적인 상관행(거래관습)으로서 매매계약에 명시되지 않았다 하더라도 당사자들이 적용할 것으로 인정되는 묵시조건은 무역계약을 보완하며 계약체결을 간편하게 한다. 예 FOB, CIF와 같은 정형거래조건(Trade Terms)
준거법 (Governing Law)	• 일정 법률관계에 있어 당사자 간에 적용될 법규를 말한다. • 무역계약의 준거법은 성립요건, 당사자의 의무, 계약위반에 대한 권리구제 등 계약의 전반에 걸쳐 적용되는 실질법으로서 계약 당사자를 구속한다. 예 CISG, 중재규칙 등

(3) 주요 계약조건의 내용

무역계약의 기본조건(8대조건)에는 품질조건, 수량조건, 가격조건, 결제조건, 포장조건, 선적조건, 보험조건, 분쟁해결조건 등이 있다.

2. 품질조건(Quality Terms)

(1) 품질조건이란 품질로 인한 분쟁을 예방하기 위하여 품질의 결정방법, 결정시기, 증명방법 등을 사전에 협의하여 정하는 조건을 말한다.

(2) 품질의 결정방법

① 견본에 의한 매매(Sales by Sample)

• 실제로 인도되는 물품의 품질은 당사자가 제시한 견본의 품질과 동일하도록 약정하는 거래방식이다.
• 매매계약 시 견본과 완전히 동일한 품질(Quality to be fully equal to sample)의 물품을 인도하는 것으로 표현하는 것은 분쟁의 소지가 크므로, 견본과 대체로 비슷한 품질(Quality to be about equal to sample)의 물품을 인도하는 것으로 완곡하게 표현하는 것이 좋다.

② 상표에 의한 매매(Sales by Trade Mark)

국제적으로 소비자에게 인지도가 높은 상품의 경우 상표나 브랜드를 품질기준으로 삼는 거래방식이다.

③ 규격에 의한 매매(Sales by Type or Grade)

국제적으로 통일된 규격이 있거나, 각 국가마다 표준화된 규격이 있는 경우 그 규격을 품질기준으로 삼는 거래방식이다.

[예] 국제표준화기구(ISO) 인증규격, 한국공업규격(KS)

④ 명세서에 의한 매매(Sales by Specification)

선박, 철도차량, 의료기구, 중대형 기계류 등 견본제시가 불가능한 경우에 설명서(Description), 명세서(Specification) 등의 내용을 품질기준으로 삼는 거래방식이다.

⑤ 표준품에 의한 매매(Sales by Standard)

- 농림수산물, 광산물과 같은 1차 상품의 거래 시 사용되며, 표준품을 정하고 그 표준품의 품질을 기준으로 거래를 하는 방식이다.
- 표준품에 의한 품질의 결정방법

평균중등품질조건 (FAQ, Fair Average Quality)	– 매도인이 인도하는 물품의 품질은 선적 시, 선적장소에서 당해 계절의 출하품 중 평균적인 중등품질일 것을 조건으로 하는 방식이다. – 주로 곡물류, 과일류의 선물거래에 이용된다.
판매적격품질조건 (GMQ, Good Merchantable Quality)	– 매도인이 인도하는 물품은 양륙 시 판매적격성(Merchantability)을 지닌 것임을 매도인이 보증하는 품질조건을 말한다. – 주로 원목, 냉동어류, 광석류 등 외관상으로는 내부의 품질을 알 수 없는 물품의 거래에 이용된다.
보통표준품질조건 (USQ, Usual Standard Quality)	– 공인검사기관 또는 공인표준기준에 의하여 보통품질로서 인정된 물품을 표준품의 품질로 결정하는 조건이다. – 주로 원사(原絲), 면제품 등 거래에 이용된다.

(3) 품질의 결정시기

무역거래는 장거리 해상운송을 필요로 하는 경우가 많으므로 물품의 품질은 수출항에서의 선적시점과 수입항에서의 양륙시점 간에 차이가 발생할 가능성이 있다. 따라서, 인도물품의 품질이 계약과 일치하는지의 여부를 선적시점을 기준으로 할 것인지, 양륙시점을 기준으로 할 것인지는 매우 중요한 문제이다.

① 곡물류의 품질결정시기

TQ (Tale Quale)	• 'As it is', 'As it arrives'의 의미로 매도인이 물품의 품질을 선적시점까지만 책임을 지는 조건이다.
RT (Rye Terms)	• 호밀(Rye), 광산물 등의 거래에 활용되며, 매도인이 양륙시점의 손상에 대해 책임을 지는 조건이다.
SD (Sea Damaged)	• 운송 중 해수(Seawater) 또는 응결(Condensation)로 인해 화물에 발생하는 손해를 매도인이 부담하는 조건이다. • 선적지품질조건과 양륙지품질조건을 절충한 조건으로 원칙적으로 선적품질조건에 해당한다.

② 선적품질조건과 양륙품질조건

선적품질조건 (Shipped Quality Terms)	• 품질결정시기를 선적시점으로 하는 조건이다. • 선적품질조건에 의할 경우 매도인은 운송 중 변질된 물품에 대해서는 책임이 없다. • EXW, FCA, FAS, FOB, CFR, CIF, CPT, CIP 및 FAQ, TQ, SD 등이 선적품질조건에 해당한다.
양륙품질조건 (Landed Quality Terms)	• 품질결정시기를 도착지의 양륙시점으로 하는 조건이다. • 양륙품질조건에 의할 경우 매도인은 운송 중 변질된 물품에 대해서 책임이 있다. • DAP, DPU, DDP 및 GMQ, RT 등이 양륙품질조건에 해당한다.

(4) 품질의 증명방법

① 품질에 대한 검사는 계약 당시 당사자 간에 누가 할 것인가를 미리 합의하여 정한다.

② 원칙적으로 품질의 입증책임은 선적품질조건에서는 매도인에게 있으며, 양륙품질조건인 경우에는 매수인에게 품질의 기준미달 또는 운송 중의 변질에 대한 입증책임이 있다.

③ 입증은 객관적인 입장에서 권위있는 검사기관 또는 감정인(Surveyor)의 감정보고서(Survey Report)에 의한다.

🔍 시험에 이렇게 나온다!

제100회 1급 기출문제

57. 품질조건 중 선적지품질조건으로 볼 수 없는 것은?

① FAQ
② TQ
③ RT
④ SD

정답 ③
해설
RT(Rye Terms)는 양륙품질조건에 해당한다.

3. 수량조건(Quantity Terms)

(1) 수량조건이란 수량에 대한 분쟁을 예방하기 위해 수량단위, 수량결정시기, 과부족 용인조건 등에 대해 약정하는 조건을 말한다.

(2) 수량단위

① 수량단위는 성질에 따라 중량(Weight), 길이(Length), 용적(Measurement), 포장(Package), 개수(Piece) 등으로 표시한다.

② 중량의 단위에는 Kg, Pound, Ton 등이 있는데, 특히 Ton은 영국계의 L/T(Long Ton, 1,016kg), 프랑스계의 M/T(Metric Ton, 1,000kg), 미국계의 S/T(Short Ton, 907kg)이 있으므로 어떤 Ton으로 할 것인지 명확히 해야 한다.

③ 용적을 표시하는 용어는 CBM(Cubic Meter, ㎥), Liter 등이 있다.

(3) 중량의 측정기준

총중량(Gross Weight)	포장을 포함한 중량
순중량(Net Weight)	포장이 없는 상태의 상품의 무게
법적순중량 (Legal Net Weight)	상품의 겉포장(Tare)은 중량에서 제외하고 상품의 소매용 포장은 포함하는 조건으로 비누, 성냥갑 등에 적용
정미순중량(Net)	순중량에서 함유잡물(Dust)의 중량을 제외하거나 부자재의 중량을 제외한 중량단위 조건으로 농산물, 섬유류 등에 적용

(4) 수량의 결정시기

선적수량조건 (Shipped Quantity Terms)	• 선적시점에 검사한 수량이 계약서에 명시된 수량과 일치하면 운송 중 감량이 있더라도 매도인이 책임을 부담하지 않는 조건이다. • 정형거래조건 중 E, F, C규칙에 의한 거래는 선적지수량조건에 속한다.
양륙수량조건 (Landed Quantity Terms)	• 도착지의 양륙시점에 검사한 수량이 계약서에 명시된 수량과 일치하여야 하는 조건이다. • 정형거래조건 중 D규칙에 의한 거래는 양륙지수량조건에 속한다.

(5) 과부족 용인조건(Tolerance)

① 과부족 용인조건이란 휘발성이 있는 유류 또는 광물이나 곡물과 같은 산적화물, 산물(Bulk Cargo)의 경우 운송 중 감량이 생길 우려가 있으므로, 일정한 과부족 한도를 정해두고 그 범위 내에서 인도가 이루어지면 수량부족에 대한 클레임을 제기하지 않기로 약정하는 수량표시방법을 말한다.

② 개산수량조건

신용장 거래 시 과부족이 생기기 쉬운 산적화물에 대해 신용장의 금액, 수량, 단가 앞에 'about', 'approximately' 라는 단어를 사용하여 10%를 초과하지 않는 범위 내에서 과부족을 허용할 수 있다.

③ 과부족 용인약관(M/L, More or Less Clause)

신용장 거래 시 산물(Bulk)의 경우에는 수량의 과부족 용인조건이 없더라도 과부족 금지조건이 없는 한 5%를 초과하지 않는 범위 내에서 수량의 과부족을 허용한다. 다만, 포장단위나 개별물품의 수량을 기준으로 하는 거래에서는 적용되지 않는다.

4. 선적조건(Shipment Terms)

(1) 선적조건이란 선적시기, 분할선적과 환적의 허용 여부, 선적지연의 처리, 선적일자의 해석기준 등을 약정하는 조건을 말한다.

(2) 선적시기

① 선적시기는 특정 월로 지정하거나 일정한 기간을 정하여 그 기간 내에 선적하는 것으로 약정하는 것이 일반적이다.

② 선적시기와 관련한 용어의 해석(UCP 600 '일자해석' 기준)

> • from, to, until, till, between, by : 선적(shipment)을 위해 사용된 경우 언급된 일자 포함
>
> • before, after : 선적을 위해 사용된 경우 언급된 일자 제외
>
> • from, after : 만기(Maturity)를 정하기 위해 사용된 경우 언급된 일자 제외
>
> • first half of a month, second half of a month : 각각 해당 월의 1일~15일까지, 16일~말일까지를 의미함
>
> • beginning of a month, middle of a month, end of a month : 각각 해당 월의 1일~10일까지, 11일~20일까지, 21일~말일까지를 의미함
>
> • on or about : 지정일자로부터 양 끝의 일자를 포함하여 5일 전후까지의 기간(총 11일)을 의미함
>   [예] Shipment shall be made on or about March 20
>   [선적은 3월 15일부터 3월 25일 사이에 이루어져야 함]
>
> • prompt, immediately, as soon as possible : 즉시 선적의 의미로 이와 같은 용어가 사용되었을 경우 은행은 이를 무시함
>
> • on or before : 최종선적일(= by)을 의미함

(3) 분할선적(Partial Shipment), 할부선적(Instalment Shipment) 및 환적(Transhipment)의 허용 여부

① 분할선적이란 물품 전량을 한꺼번에 선적하지 않고 2회 이상으로 나누어 선적하는 것을 말한다.
  • 신용장거래에서 명시적으로 분할선적을 금지하는 문언이 없다면, 분할선적은 허용되는 것으로 본다.
  • 2건 이상의 운송서류가 제시된 경우 다른 선적일자 또는 다른 선적항을 표시하더라도 동일 선박에 적재하여 동일 항로로 동일 목적지가 표시된다면 분할선적으로 보지 않는다.
  • 여러 통의 선하증권이 제시될 경우, 마지막 선하증권 일자를 기준으로 판단한다.
  • 신용장에서 분할선적을 금지하고 있는 경우에는 신용장의 분할매입과 분할양도 모두 불가능하다.

② 할부선적이란 계약에서 정해진 선적기간 또는 수량에 따라 여러 회차에 걸쳐 물품을 나누어 선적하는 것을 말한다. 매도인이 할부선적분 중 어느 부분에 대해 일정기간 내에 선적을 이행하지 못하는 경우 불이행한 부분뿐만 아니라 그 이후의 모든 할부선적분에 대해서도 신용장은 무효가 된다.
  > [참고] 분할선적은 할부선적과 구별해서 알아두어야 할 개념으로 둘 다 물품을 여러 번 나누어 선적한다는 점에서 동일하지만, 분할선적은 매도인이 임의대로 물품을 나누어 선적함

③ 환적이란 선적지로부터 도착지까지 가는 도중에 운송수단을 바꿔 물품을 옮겨 싣는 것을 말한다.
  • 전체 운송이 하나의 동일한 운송증권에 의하여 포괄된다는 것을 전제로 물품이 환적될 것이라거나 환적될 수 있다는 것을 표시할 수 있다.
  • 신용장에서 환적을 금지하는 경우에도 둘 이상의 상이한 운송수단에 의해 도착지까지 운송되는 복합운송서류와 항공운송서류는 환적을 표시하고 있다면 수리된다.
  • 선하증권(B/L), 해상화물운송장(SWB)의 경우 신용장에서 환적이 금지되었다 하더라도 전 운송이 하나의 운송서류에 의해 커버되고 물품이 컨테이너, 트레일러, Lash Barge에 선적된 것이 운송증권에 기재되면 수리한다.
  • 운송인이 환적할 권리를 유보(Reserve)한다는 표시가 있더라도 이는 무시되고 수리가 가능하다.
  • Feeder선이 이용될 경우 환적에 포함되지 않는다.

(4) 선적지연의 처리

① 선적지연이란 약정된 기간 내에 선적이 이루어지지 않은 것을 말한다.

② 선적지연이 매도인의 고의, 과실, 태만으로 발생한 경우 매도인이 책임을 부담한다.

③ 선적지연이 천재지변, 전쟁 등의 불가항력(Force Majeure)에 의한 경우 매도인은 면책된다.

- 매도인이 불가항력에 의한 면책을 받기 위해서는 불가항력이 발생한 사실을 증명하는 통지를 매수인에게 해야 한다.

(5) 선적일자의 해석기준

① 선적일자는 통상 운송서류의 일자를 기준으로 판단한다.

② 해상선하증권의 경우 발행일과 본선적재일이 기준이 되는데, UCP 600에서는 발행일을 기준으로 하며, 만일 본선적재일이 추가로 기재(부기, Notation)된 경우 해당 적재일을 선적일자로 간주한다.

Q 시험에 이렇게 나온다!

제110회 1급 기출문제

72. UCP 600 제3조 해석에 대한 내용으로 옳지 않은 것은?

① "On or About"은 시작일과 끝나는 일자를 포함하여 특정일자 전 5일부터 후 5일까지의 기간 중에 발생해야 하는 것으로 해석한다.

② 선적기간(Period of Shipment)을 결정하기 위해 사용되는 "Before"와 "After"는 언급된 일자를 제외한다.

③ 만기(Maturity Date)를 정하기 위하여 "From"과 "After"라는 단어가 사용된 경우에는 명시된 일자를 포함한다.

④ 어느 월의 "Beginning", "Middle", "End"라는 단어가 사용된 경우에는 각 해당 월의 1일부터 10일, 11일부터 20일, 21일부터 해당 월의 마지막 날까지로 해석하면 된다.

정답 ③

해설

만기를 정하기 위하여 "From"과 "After"가 사용된 경우 명시된 일자는 제외한다.

---

5. 가격조건(Terms of Price)

(1) 가격조건이란 가격으로 인한 분쟁을 예방하기 위해 가격의 산출근거, 원가요소, 가격표시통화 등을 미리 약정하는 조건을 말한다.

(2) 가격의 산출근거

가격은 물품의 제조원가, 운송비, 보험료 등을 종합적으로 고려하여 정해지게 된다. 이러한 가격요소를 계약서에 일일이 언급하는 것은 번거로우므로, 통상 무역거래관습으로 형성된 정형거래규칙을 기초로 산출되고 있다.

(3) 원가요소

① 가격을 결정하는 원가요소에는 제조원가, 포장비, 운송·보관비용, 보험료, 수출입통관 등의 부수적 비용이 있다.

② Incoterms® 규칙별 가격구성요소(예시)

구 분	누적비용	주요 가격구성요소
EXW	제조원가·이익 및 출고비용	• 제조원가(Manufacturing Cost) • 이익(Profit) • 포장비(Packaging Charge) • 검사비(Checking·Inspection Fee) • 검량비용(Measuring·Weighing Charge)
FOB	수출절차 등	• 수출허가 등 공적절차 이행 비용(Export License and other Authorization Fee) • 수출통관 비용(Customs Clearance Cost)
	수출국 내륙운송 및 선적비용	• 수출국의 내륙운송 및 보험료(Inland Transport Charge & Insurance) • 선적항의 항만처리비용(THC), 부두사용료(Wharfage), 창고료(Storage), 선적비용(Shipping Charge), 서류발급비(Document Fee) 등
CIF	해상운임 및 보험료	• 해상운임(Ocean Freight) • 해상보험료(Marine Insurance Premium)
DDP	수입국 내륙운송비	• 양하항의 항만처리비용(THC), 부두사용료(Wharfage), 창고료(Storage), 양륙비용(Unloading Cost), 서류발급비(Document Fee) 등 • 수입국의 내륙운송 및 보험료(Inland Transport Charge & Insurance)
	수입통관 비용	• 수입허가 등 공적절차 이행 비용(Import License and other Authorization Fee) • 수입통관 비용(Customs Clearance Fee) • 관세 및 제세(Duties & Taxes)

(4) 가격표시통화

① 무역거래 시 당사자 간에 어떠한 통화를 사용할 것인지를 약정하여야 한다.

② 달러(Dollar)를 사용하는 국가는 미국, 캐나다, 홍콩, 싱가포르 등 여러 국가가 있으므로, 미국 달러라면 USD, 캐나다 달러라면 CAD, 홍콩 달러라면 HKD와 같이 통화를 구체적으로 표시하여야 한다.

6. 대금결제조건(Payment Terms)

(1) 대금결제조건이란 결제시기, 결제방식 등에 대해 약정하는 조건을 말한다.

(2) 결제방식

송금방식 (Remittance Basis)	• 수입자가 수출자에게 물품대금을 송금해주는 방식이다. • 송금방식에는 송금수표(D/D, Demand Draft), 우편송금환(M/T, Mail Transfer), 전신송금환(T/T, Telegraphic Transfer) 등이 있다.
추심방식 (Collection Basis)	• 은행의 대금지급에 대한 확약 없이 오로지 수입자의 신용에 근거하여 대금지급을 약속하는 방식이다. • 추심방식에는 D/P방식, D/A방식이 있다.
신용장방식 (L/C Basis)	• 수출자가 신용장의 조건에 일치하는 서류를 은행에 제시하면, 은행이 수출자 또는 그 지시인에게 대금을 지급하거나, 수출자가 발행한 환어음에 대하여 지급·인수를 약속함으로써 대금을 결제하는 방식이다.

(3) 결제시기

선지급방식
(Advanced Payment)
	• 물품이 선적 또는 인도되기 전에 미리 대금을 지급하는 방식
	• 종류
	  – 주문시지급방식(CWO, Cash With Order)
	  – 단순송금방식(Remittance Basis)으로 주문과 동시에 송금수표, 우편송금환, 전신송금환 등에 의하여 송금되는 방식
	  – 선대신용장방식(Red Clause L/C) : 은행에 대한 선적서류의 제시 이전에도 일정 신용장 금액이 지급되도록 조건을 붙인 신용장 방식

동시지급방식
(Concurrent Payment)
	• 물품 또는 결제서류의 인도와 동시에 대금을 지급하는 방식
	• 종류
	  – 현품인도지급방식(COD, Cash On Delivery) : 물품과 상환하여 대금지급이 이루어지는 방식
	  – 서류상환지급방식(CAD, Cash Against Document) : 선적서류와 상환하여 대금지급이 이루어지는 방식
	  – D/P(Documents against Payment)방식 : 수출자가 물품을 선적하고 선적서류에 일람출금환어음을 발행·첨부하여 수출자의 거래은행을 통해 수입자의 거래은행에 대금을 추심하면 은행은 수입자에게 어음을 제시하고 어음금액을 지급받는 조건으로 선적서류를 교부하는 방식
	  – 일람출급 신용장방식(At Sight L/C) : 은행이 선적서류를 검토하여 불일치가 없으면 즉시 대금을 지급하는 방식

후지급방식
(Later / Deferred Payment)
	• 물품 또는 결제서류의 인도가 있은 후 대금지급이 이루어지는 방식으로서, 단기연지급(1년 이내), 중장기연지급(1년 이상)으로 구분
	• 종류
	  – O/A(Open Account)방식 : 결제만기일을 약정한 후 수출자가 먼저 선적을 완료하면 수입자가 만기일에 송금하는 방식
	  – D/A(Documents against Acceptance)방식 : 추심과정은 D/P와 동일하나, D/P와 달리 수출자는 기한부 환어음을 발행하고, 수입자는 대금의 지급 없이 어음을 인수(Acceptance)하면서 서류를 교부받은 후 어음의 만기일에 대금을 지급하는 방식
	  – 기한부 신용장방식(Usance L/C) : 일치하는 제시에 대해 신용장 개설은행이 일정기간 경과 후 환어음 만기일에 대금을 결제하는 방식

7. 보험조건(Insurance Terms)

(1) 보험조건이란 국제운송 중 발생할 수 있는 여러 가지 위험에 대비해 적하(Cargo)보험계약을 체결하고, 보험부보의무자, 보험금액, 보상범위 등을 미리 약정하는 조건을 말한다.

(2) 기본 보험용어

보험자 (Insurer, Assurer)	보험자는 보험계약자로부터 보험료를 받고 그 대가로 보험기간 중에 생긴 담보위험에 의해 발생한 손해에 대하여 보험금을 지급할 것을 약속한 자로서, 보험계약을 인수하는 주체인 보험회사(Insurance Company) 또는 보험업자(인수업자, Underwriter)를 의미한다.
보험계약자(Policy Holder) · 피보험자(Insured, Assured)	보험계약자는 보험자와 보험계약을 체결하고 보험료를 납입하는 당사자이고, 피보험자는 피보험이익을 갖는 자로서 보험사고 발생 시 보험자에게 보험금의 지급을 청구할 수 있는 자를 말한다.
피보험목적물 (Subject-Matter Insured) · 피보험재산(Insured Property)	피보험목적물이란 화물, 선박 등과 같이 보험의 대상이 되는 객체를 말한다. 적하보험(Cargo Insurance)은 무역거래의 대상이 되는 화물을 피보험목적물로 하는 손해보험의 일종이다.
보험료 (Insurance Premium)	보험자가 위험을 담보하는 대가로 보험계약자가 보험자에게 지급하는 대금을 말한다.
보험금 (Claim Amount)	담보위험에 의하여 손해가 발생하는 경우 보험자가 보험금액의 한도 내에서 피보험자에게 실제 지급하는 금액을 말한다.
보험가액 (Insurable Value)	피보험이익의 금전적 평가액으로서 보험계약자가 보험에 가입할 수 있는 최고한도액을 말한다.
보험금액 (Insured Amount)	보험사고 발생 시 보험자가 그 손해를 보상하기 위해 피보험자에게 지급하기로 약정한 최고한도액으로서 보험계약 체결 시 보험가액 내에서 자유롭게 정할 수 있는 금액을 말한다.
피보험이익 (Insurable Interest)	피보험자가 피보험목적물에 대해 가지는 경제적인 이해관계를 말한다. 해상보험은 실손보상의 원칙에 따라 피보험이익을 가진 피보험자에게만 보험금을 지급한다.

(3) 정형거래조건상 보험부보의무자

CIF, CIP의 경우 매도인이 매수인을 위해 보험을 부보해야 할 의무를 부담하나, 그 외의 정형거래조건에서는 부보의무가 없고 위험부담의 당사자 임의로 자신을 위해 스스로 보험을 부보한다.

(4) 보험금액(Insured Amount)

① 보험금액이란 보험사고가 발생한 경우 보험자가 지급하기로 약정한 최대한도를 말하며, 보험금액은 보험가액의 한도 내에서 결정된다.

② 보험금액은 CIP 또는 CIF를 기준으로 송장금액의 110% 이상으로 부보하는 것이 일반적이다.

(5) 보상범위

① 적하보험의 보상범위는 보험계약에서 정한 원인(담보위험)으로 발생한 손해에 한하므로, 약관에서 제외된 원인(면책위험)에 의한 손해의 경우에는 보상받지 못한다.

② 해상적하보험의 보상범위(적하보험약관)

- 해상적하보험에 적용되는 약관에는 협회적하약관(ICC, Institute Cargo Clause)이 있으며 1982년을 기준으로 이전의 약관을 구협회적하약관, 이후의 약관을 신협회적하약관으로 구분한다.
- 구약관과 신약관의 보험조건은 다음과 같으며, 해상적하보험에서 보험자의 보상범위는 보험조건에 따라 달라진다.

구협회적하약관	신협회적하약관(1982, 2009)
ICC(A/R, All Risks)	ICC(A)
ICC(WA, With Average)	ICC(B)
ICC(FPA, Free from Particular Average)	ICC(C)

8. 포장조건(Packaging Terms)

(1) 포장조건이란 물품을 보호하고 가치를 유지시키기 위해 물품의 포장방법, 포장종류, 화인(Shipping Marks) 등에 대해 미리 약정하는 조건을 말한다.

(2) 포장방법

개장(Unitary Packing)	개개의 물품 또는 최소의 묶음으로 개별포장하는 방법
내장(Interior Packing)	개장된 물품을 운송 또는 취급이 편리하도록 내부결속 등을 하여 포장하는 방법
외장(Outer Packing)	운송 중 물품의 파손을 방지하기 위해 상자 등에 넣는 최종적인 포장방법

(3) 포장종류

종이상자(Carton), 베일(Bale), 부대(Bag), 각종 용기(Drum, Basket etc.) 등으로 포장이 가능하다.

(4) 화인(Shipping Marks)

① 화인이란 수출물품 각 포장의 외장에 특정한 기호, 번호, 원산지, 목적지 등을 표시하여 물품을 쉽게 식별할 수 있도록 하는 것을 말한다.

② 화인은 매수인의 요청이 있는 경우 그에 따르고, 매수인의 요청이 없는 경우 매도인이 임의로 표시한다.

③ 화인에는 주화인(Main Mark), 목적지, 화물번호, 원산지, 중량, 주의사항, 품질 등이 표시된다.

④ 화인의 필수 표시

주화인 (Main Mark)	다른 화물과 식별을 용이하게 하기 위해 특정한 기호를 표시하고 그 안에 수입자의 상호 등 약자를 표시
착항표시 (Port Mark)	화물의 오송을 방지하기 위한 필수적인 화인으로서 복수항로의 경우 "New York via Seoul" 등으로 표시
포장번호 (Case Number)	상업송장 및 운송서류와 대조하여 식별하기 위해서 외장에 표시하는 일련번호

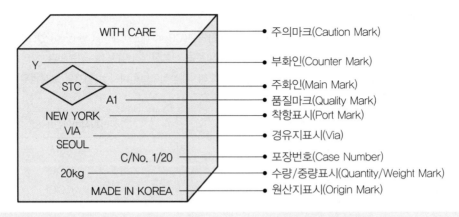

WITH CARE	● 주의마크(Caution Mark)
Y	● 부화인(Counter Mark)
STC	● 주화인(Main Mark)
A1	● 품질마크(Quality Mark)
NEW YORK	● 착항표시(Port Mark)
VIA	● 경유지표시(Via)
SEOUL	
C/No. 1/20	● 포장번호(Case Number)
20kg	● 수량/중량표시(Quantity/Weight Mark)
MADE IN KOREA	● 원산지표시(Origin Mark)

최신 출제포인트 화인의 기재사항

화인의 필수 기재사항	화인의 임의 기재사항
• 주화인(Main Mark) • 화번(Case Number) • 항구표시(Port Mark)	• 부화인(Counter Mark) • 중량표시(Weight Mark) • 주의표시(Attention Mark) • 기타의 표시 등

🔍 시험에 이렇게 나온다!

제113회 1급 기출문제

51. 화인(Shipping Marking) 가운데 표시되어야 할 필수사항으로 옳지 않은 것은?

① 주화인(Main Mark)
② 화번(Case Number)
③ 항구표시(Port Mark)
④ 주의표시(Attention Mark)

정답 ④
해설
주의표시는 화인의 필수 기재사항이 아니다.

02 분쟁해결조항(Settlement of Dispute Clause)   기출빈도 ★ ★

1. 분쟁해결조항의 필요성

무역분쟁이 발생할 경우 준거법 및 그 처리절차에 관하여 각 국가 간의 입장차가 상당하여 원만한 해결이 어려울 수 있다. 따라서 거래당사자는 무역계약의 기본조건 외에도 계약서에 미리 분쟁의 해결에 관한 불가항력조항, 클레임조항, 중재조항 등을 삽입해두는 것이 좋다.

2. 분쟁해결조항의 종류

준거법조항 (Governing Law Clause)	계약의 해석 및 이행과 관련하여 어떤 법률에 의거하여야 하는지 약정하는 조항이다.

불가항력조항 (Force Majeure Clause)	거래당사자의 귀책사유가 아닌 당사자들의 통제를 넘어서는 천재지변 등의 사태, 동맹파업 등 불가항력으로 인하여 의무이행이 불가능하게 된 경우 이를 계약불이행으로 보지 않고 당사자의 책임을 면하게 하는 조항이다.
이행가혹조항, 사정변경조항 (Hardship Clause)	계약체결의 기초가 되었던 사정이 변경되어 그대로 계약을 이행하는 것이 일방 당사자에게 현저한 불평등을 초래하는 경우 계약내용의 변경을 요구할 수 있고 상대방은 반드시 이에 응해야 함을 규정한 조항이다.
클레임조항 (Claim Clause)	일방 당사자의 계약불이행으로 인해 손해를 입은 상대방이 구제수단을 청구하는 구체적 행위를 정한 조항으로 클레임조항에는 클레임 제기기간, 제기방법 및 입증방법 등에 대해 명시해야 한다.
중재조항 (Arbitration Clause)	계약과 관련한 분쟁 발생 시, 법원의 소송절차에 의하지 않고 제3자인 중재인을 선임하여 중재인의 판단에 의해 분쟁을 해결하겠다고 약정하는 중재합의에 대한 조항으로 중재조항에는 중재지, 중재기관, 준거법 등을 명시해야 한다.
재판관할조항 (Jurisdiction Clause)	계약서에 중재조항을 규정하지 않은 경우 또는 중재조항이 존재하여도 중재에 회부할 범위를 초과하는 경우 최종적인 분쟁해결은 한 국가의 법정에서 재판에 의해서 이루어지게 되는데, 이 경우 소송을 제기할 재판관할지를 당사자 간에 미리 약정하여 놓는 조항이다.
완전합의조항 (Entire Agreement Clause)	해당 완전합의 조항을 담고 있는 계약서가 유일한 합의서이고 이것 이외의 합의사항은 인정하지 않음을 약정하는 조항이다.
권리불포기조항 (Non Waiver Clause)	당사자 일방이 계약을 위반하는 경우 상대방이 이에 대해 이의를 제기하지 않았다는 것이 곧 어떠한 권리를 포기하는 것으로 해석되어서는 안 되며 권리의 포기는 서면으로 승인·확인한 경우에만 포기한 것으로 간주한다는 조항이다.
가분조항, 분리가능조항 (Severability Clause)	계약의 일부 조항이 중재 또는 법원판결에 의해 효력을 상실하였더라도 이외 조항은 유효하다는 것을 명시한 조항이며 일부 조항의 하자로 계약 전체가 실효 또는 무효화되는 것을 방지하기 위하여 설정되는 조항이다.
신축조항 (Escalation Clause)	외환시세, 국제상품가격의 급등락에 대비해 계약상의 상품가격 등을 조정할 수 있도록 기재하는 조항이다.
권리침해조항 (Infringement Clause)	계약물품이 지식재산권 등 제3자의 권리를 침해하는 경우 이에 대한 책임을 규정하는 조항이다.
전매조항 (Product Release Clause)	현지 수입업자의 고의적인 상품인수 거절이나 저작권 및 상표권 등의 분쟁이 발생하는 것을 예방하기 위해 계약체결 시 이러한 분쟁이 발생하는 경우 현지에서 상표권 등과 관계없이 수출상품을 제3자에게 전매할 수 있도록 계약상에 명시하는 조항이다.
보증조항 (Warranty Clause)	해당물품의 품질유지, 안정성 또는 기능 등에 대해 보장하는 조항이다.
보증면책조항 (Warranty Disclaimer Clause)	명시적으로 약속한 것 이외에는 통상적으로 요구되는 정도의 안정성 또는 기능이라 하더라도 보장하지 않는다는 내용을 명시하는 조항이다.

제115회 1급 기출문제

23. What situation is being explained in the letter below?

As we wrote you previously about the delays in the delivery of your order, the situation is still the same, the trade union strike is on-going. We apologize for this occurrence, but there is not much that we can do to rectify this, as it is out of our hands.
We again apologize and regret the delay in delivery of your order.

① negotiation with union
② force majeure
③ nonpayment
④ early delivery

정답 ②
해설
노동조합 파업 진행으로 인도가 지연되고 있는데, 자신들의 소관 밖이므로, 할 수 있는 일이 없다고 했으므로, 불가항력에 대한 설명임을 추론할 수 있다.

제5절 | 무역계약의 이행

✎ 본문 내용 중 기출문제로 자주 출제된 부분에 **형광펜**으로 표시하였으니 반드시 학습하시기 바랍니다.

01 개요   기출빈도 ★

무역계약의 이행은 매도인과 매수인 상호 간의 의무이행으로 이루어진다. 매도인의 의무에는 물품인도의무, 서류교부의무, 소유권 이전의무가 있고, 매수인의 의무에는 대금지급의무, 물품수령의무가 있다. 이하에서는 CISG의 규정을 중심으로 이를 살펴본다.

02 매도인의 의무   기출빈도 ★

매도인은 계약과 CISG에 따라 물품을 인도하고, 관련 서류를 교부하며 소유권을 이전하여야 한다.

> CISG §30 매도인의 의무
> The seller must deliver the goods, hand over any documents relating to them and transfer the property in the goods, as required by the contract and this Convention.
> → 매도인은 계약과 이 협약에 따라 물품을 인도하고 관련 서류를 교부하며 물품의 소유권을 이전하여야 한다.

1. 물품인도의무

(1) 매도인은 매수인에게 물품을 인도해야 할 의무가 있다.

(2) 물품인도장소

① 매매당사자 간에 특정의 인도장소가 지정되어 있을 경우에는 그 지정된 장소에서 물품을 인도하여야 한다.

② 특정의 인도장소가 지정되지 않은 때에는 다음과 같은 경우에 인도의무를 이행한 것으로 본다.

> • 매매계약이 운송을 포함하는 경우 : 최초의 운송인에게 전달하는 것
> • 계약이 특정물, 특정한 재고품으로부터 만들어지거나 제조·생산되는 불특정물이고, 당사자 쌍방이 계약 체결 시에 물품이 존재하는 장소 또는 그 제조장소를 알고 있었던 경우 : 그 장소에서 물품을 매수인의 처분 하에 두는 것
> • 기타의 경우 : 계약체결 시 매도인의 영업소에서 물품을 매수인의 처분 하에 두는 것

(3) 운송의 수배

① 매도인이 물품을 운송인에게 인도할 때 물품이 화인(Shipping Marks), 선적서류, 기타의 방법에 의하여 명확히 특정되어 있지 않은 경우 매도인은 물품을 특정하는 탁송통지서를 매수인에게 송부하여야 한다.

② 매도인이 물품의 운송을 수배(Arrangement)하여야 할 의무가 있는 경우 매도인은 상황에 맞는 적절한 운송수단 및 그 운송에서의 통상의 조건으로 운송계약을 체결하여야 한다.

③ 매도인이 물품의 운송에 관련한 보험에 부보해야 할 의무가 없는 경우에도 매수인의 요청이 있다면 매도인은 매수인이 부보하는 데 필요한 모든 입수 가능한 정보를 매수인에게 제공하여야 한다.

(4) 물품인도시기

① 인도 기일(Date)을 약정한 경우 : 그 기일

② 인도 기간(Period)을 약정한 경우 : 그 기간 내의 어떠한 시기

③ 기타의 경우 : 계약체결 후 합리적인 기간 내

(5) 물품 적합성

① 물품 적합성이란 매도인이 계약의 내용과 일치하는 물품을 제공하여야 할 의무가 있음을 의미한다.

② 매도인은 계약에서 요구되는 수량, 품질 및 상품명세와 일치하고, 계약에서 정한 방법으로 용기에 담거나 또는 포장된 물품을 인도하여야 한다.

③ 물품부적합으로 보는 경우

> • 물품이 그 동일한 명세의 물품의 통상적으로 사용되는 목적에 적합하지 않은 경우
> • 물품이 계약체결 시에 명시적 또는 묵시적으로 매도인에게 알려져 있는 어떠한 특정한 목적에 적합하지 않은 경우
> 예외 사정으로 보아 매수인이 매도인의 기술과 판단을 신뢰하지 않거나 또는 신뢰하는 것이 불합리한 경우에는 물품부적합으로 보지 않음
> • 물품이 매도인이 매수인에게 견본 또는 모형으로서 제시한 물품의 품질을 갖추지 못한 경우
> • 물품이 통상적인 방법 또는 그러한 방법이 없는 경우에는 그 물품을 보존하고 보호하는 데 적절한 방법으로 용기에 담거나 또는 포장되어 있지 않은 경우

④ 매도인의 면책 : 매수인이 계약체결 시에 물품의 부적합을 알았거나 또는 알 수 있었던 경우 매도인은 물품의 부적합에 대하여 책임을 지지 않는다.

⑤ 일치성의 결정시점

• 매도인은 매수인에게 위험을 이전하는 때에 존재하는 물품의 부적합에 대하여 책임을 진다. 이는 위험이전 당시 존재하였던 물품의 부적합이 위험이 매수인에게 이전된 후 드러난 경우에도 같다.

• 매도인은 위험이전 이후에 발생하는 물품의 부적합에 대해서도 그것이 매도인의 의무위반에 기인하고 있는 경우에는 책임을 진다. 매도인의 의무위반에는 일정한 기간 동안 물품이 통상적인 목적 또는 특정한 목적에 적합할 것이라는 보증의 위반 또는 특정한 품질이나 특질을 보유할 것이라는 보증의 위반도 포함된다.

⑥ 물품부적합의 보완

• 매도인이 인도기일 이전에 물품을 인도한 경우 매수인에게 불합리한 불편이나 비용을 발생시키지 않는 한 매도인은 그 기일까지 인도된 물품의 모든 부적합을 보완할 수 있다.

• 물품부적합의 보완방법 : 물품의 누락분 인도, 수량부족의 보충, 대체물품의 인도, 인도된 물품의 부적합 치유 등

• 매도인이 물품부적합을 보완하는 것과는 별도로 매수인은 매도인에 대한 손해배상청구권을 갖는다.

⑦ 물품의 검사의무 및 검사시기

• 매수인은 그 사정에 따라 실행가능한 단기간 내에 물품을 검사하거나 또는 제3자로 하여금 물품을 검사하도록 하여야 한다.

• 계약이 물품의 운송을 포함하고 있는 경우에, 검사는 물품이 목적지에 도착한 이후까지 연기될 수 있다.

• 물품이 매수인에 의한 검사의 합리적인 기회도 없이 매수인에 의하여 운송 중에 목적지가 변경되거나 또는 재운송되고 또한 계약체결 시에 매도인이 그러한 변경이나 재운송의 가능성을 알았거나 또는 알았어야 하는 경우에는, 검사는 물품이 새로운 목적지에 도착한 이후까지 연기될 수 있다.

⑧ 물품부적합의 통지의무

- 매수인이 물품부적합을 발견하였거나 또는 발견하였어야 한 때부터 합리적인 기간 내에 매도인에게 부적합의 통지를 하지 않은 경우에는, 매수인은 물품부적합을 주장할 권리를 상실한다.

- 물품이 매수인에게 현실적으로 인도된 날로부터 늦어도 2년 이내에 매수인이 매도인에게 부적합의 통지를 하지 않은 경우에는, 매수인은 물품부적합을 주장할 권리를 상실한다.

  [예외] 물품부적합 통지기간의 제한이 계약상의 보증기간과 모순된 경우

- 매수인이 통지의무를 불이행한 경우라도 불이행에 대한 합리적인 이유가 있는 경우에는 대금을 감액하거나 또는 이익의 손실을 제외한 손해배상을 청구할 수 있다.

⑨ 매도인의 악의

- 매수인이 물품부적합의 통지의무 및 물품검사의무를 위반하였더라도, 매도인이 물품부적합을 알았거나 또는 알 수 있었고 매도인이 매수인에게 이를 고지하지 않은 경우에는, 매도인은 매수인의 부적합통지의무위반을 주장할 수 없다.

(6) 권리상 하자가 없는 물품의 이전

① 매도인이 매수인에게 인도하는 물품은 매수인이 제3자의 권리 또는 클레임의 대상이 되는 물품을 수령하는 것에 동의한 경우를 제외하고, 제3자가 물품에 대한 권리를 주장하거나 클레임을 제기할 수 없는 것이어야 한다.

② 산업재산권(공업소유권) 또는 지식재산권(지적소유권)의 경우

- 매도인은 계약체결 시에 매도인이 알았거나 또는 알 수 있었던 공업소유권(산업재산권) 또는 지적소유권(지식재산권)에 기초한 제3자의 권리 또는 클레임으로부터 자유로운 물품을 인도하여야 한다.

- 산업재산권 또는 지식재산권에 기초한 제3자의 권리 또는 클레임은 다음의 법률에 근거한 경우에 한한다.

  > – 당사자 쌍방이 계약체결 시에 물품이 어느 국가에서 전매되거나 또는 기타의 방법으로 사용될 것이라는 것을 예상한 경우 그 물품이 전매되거나 또는 기타의 방법으로 사용되는 국가의 법률
  > – 기타의 경우에는 매수인이 영업소를 갖고 있는 국가의 법률

- 매도인은 다음의 경우에 산업재산권 또는 지식재산권에 기초한 제3자의 권리 또는 클레임에 대한 책임이 없다.

  > – 계약체결 시에 매수인이 제3자의 권리 또는 클레임을 알았거나 또는 알 수 있었던 경우
  > – 매수인에 의하여 제공된 기술적 설계, 디자인, 방식 또는 기타의 명세를 매도인이 따른 결과 제3자의 권리 또는 클레임이 발생한 경우

③ 매수인의 통지의무

- 매수인이 제3자의 권리 또는 클레임을 알았거나 또는 알았어야 하는 때로부터 합리적인 기간 내에 매도인에게 그 제3자의 권리 또는 클레임의 내용을 통지하지 아니한 경우 매수인은 매도인에게 물품의 불일치를 주장할 수 없다.

- 매수인이 통지의무를 불이행한 경우라도 불이행에 대한 합리적인 이유가 있는 경우에는 대금을 감액하거나 또는 이익의 손실을 제외한 손해배상을 청구할 수 있다.

2. 위험이전

(1) 위험이란 물품의 멸실 또는 손상의 가능성을 의미하며, 위험이전이란 위험에 대한 책임 주체가 매도인에서 매수인으로 변경되는 것을 말한다.

(2) 위험이전의 일반원칙

위험이 매수인에게 이전된 후 물품이 멸실 또는 손상된 경우에는 매수인은 대금지급의무로부터 면제되지 않는다. 다만, 그 멸실 또는 손상이 매도인의 행위에 의한 경우는 제외한다.

(3) 위험이전의 시기

① 운송조건부 물품계약의 위험이전
- 매매계약이 물품의 운송을 포함하고 있고, 매도인이 특정한 장소에서 인도할 의무가 없는 경우에는 최초의 운송인에게 물품을 인도한 때 매수인에게 위험이 이전된다.
- 매매계약이 물품의 운송을 포함하고 있고, 매도인이 특정한 장소에서 인도할 의무가 있는 경우에는 그 특정한 장소에서 운송인에게 물품을 인도한 때 매수인에게 위험이 이전된다.
- 매도인이 물품의 처분을 지배할 수 있는 서류를 보유할 권한이 있는지 여부는 위험의 이전에 영향을 미치지 않는다.
- 위험은 물품이 화인, 선적서류, 매수인에 대한 통지 등의 방법에 의해 명확히 특정되기 전까지는 매수인에게 이전되지 않는다.

② 운송 중 매매물품의 위험이전
- 물품이 운송과정 중 매각되는 경우, 위험은 계약체결 시에 매수인에게 이전한다.
- 특별한 사정이 있는 경우, 위험은 운송계약을 표시하고 있는 서류를 발행한 운송인에게 물품이 인도된 때 매수인에게 이전한다. 다만, 매도인이 계약체결 시에 물품이 이미 멸실 또는 손상되었다는 사실을 알았거나 또는 알았어야 했고, 이를 매수인에게 밝히지 아니한 경우는 제외한다.

③ 기타 경우의 위험이전
- 위 ①, ②를 제외한 경우에 위험은 매수인이 물품을 수령한 때 또는 매수인이 적시에 이를 수령하지 않은 경우 물품이 매수인의 처분 하에 놓이고, 매수인이 이를 수령하지 않아 계약위반을 범하게 된 때에 매수인에게 이전한다.
- 매수인이 매도인의 영업소 이외의 장소에서 물품을 수령하여야 하는 경우, 위험은 인도기일이 도래하고 물품이 그 장소에서 매수인의 처분 하에 놓인 사실을 매수인이 안 때에 이전한다.
- 불특정물에 관한 계약인 경우에는, 물품은 계약의 목적물로서 명확히 특정되기까지는 매수인의 처분 하에 놓이지 않은 것으로 본다.

3. 서류교부의무

매도인은 계약에서 정한 시기, 장소, 형식에 따라 매수인에게 서류를 교부하여야 할 의무가 있다.

4. 소유권 이전의무

(1) 소유권이란 물품을 법률의 범위 내에서 자유로이 사용, 수익, 처분할 수 있는 권리로서 매도인은 매수인에게 물품매매계약의 이행으로서 물품의 소유권을 이전하여야 할 의무가 있다.

(2) CISG는 매도인의 소유권 이전의무를 제30조에서 간단히 언급하고 있을 뿐, 소유권 이전에 관한 구체적인 규정은 두고 있지 않다. 따라서 소유권 이전의 문제는 국제사법의 원칙에 따라 국내법에 의해 해결하여야 한다.

03 | 매수인의 의무   기출빈도 ★★

1. 대금지급의무

(1) 매수인은 계약과 CISG에 따라 물품의 대금을 지급하고 물품의 인도를 수령하여야 한다.

> **CISG §53 매수인의 의무**
> The buyer must pay the price for the goods and take delivery of them as required by the contract and this Convention.
> → 매수인은 계약과 이 협약에 따라, 물품의 대금을 지급하고 물품의 인도를 수령하여야 한다.

(2) 매수인은 매도인의 어떠한 요구가 없는 경우에도, 대금을 지급하기 위한 절차나 규정에 따라 계약 및 CISG에 의하여 지정되었거나 또는 이로부터 결정될 수 있는 기일에 대금을 지급하여야 한다.

(3) 대금지급을 위한 준비조치

① 매수인의 대금지급의무는 지급을 위하여 계약 또는 어떠한 법률 및 규정에서 요구하는 조치를 취하고, 관련 절차를 준수하는 것을 포함한다.

② 대금지급의무에 포함되는 대금지급을 위한 준비조치는 물품대금지급을 위해 계약에서 요구되는 준비조치를 의미하며, 신용장개설, 은행의 지급보증 등이 이에 해당한다.

(4) 대금의 결정

① 계약의 내용으로 대금이 정해지지 않은 대금불확정계약의 경우에는 해당 물품의 통상적인 거래가격으로 대금을 정한다.

• 계약이 유효하게 성립되었으나 그 대금을 명시적 또는 묵시적으로 정하지 않거나 또는 이를 결정하기 위한 규정을 두지 않은 경우, 당사자는 반대의 의사표시가 없는 한 계약체결 시에 관련 거래와 유사한 상황에서 매각되는 동종의 물품에 대하여 일반적으로 청구되는 대금을 묵시적으로 정한 것으로 본다.

② 대금이 물품의 중량에 따라 지정되는 경우 이에 의심이 있을 때에는, 그 대금은 순중량(Net Weight)에 의하여 결정되어야 한다.

(5) 대금지급장소

① 매수인이 특정한 장소에서 대금을 지급할 의무가 있는 경우 : 그 특정한 장소

② 매수인이 특정한 장소에서 대금을 지급할 의무가 없는 경우

- 매도인의 영업소
- 대금지급이 물품 또는 서류의 교부와 상환으로 이루어져야 하는 경우에는 그 물품 또는 서류의 교부가 이루어지는 장소

③ 매도인은 계약체결 후에 영업소 변경으로 인한 부수적인 비용의 증가액을 부담하여야 한다.

(6) 대금지급시기

① 매수인이 특정한 시기에 대금을 지급할 의무가 있는 경우 : 그 특정한 시기

② 매수인이 특정한 시기에 대금을 지급할 의무가 없는 경우 : 매도인이 계약 및 이 협약에 따라 물품 또는 그 처분을 지배하는 서류를 매수인의 처분 하에 인도한 때

③ 계약이 물품의 운송을 포함하는 경우, 매도인은 매수인이 대금지급과 상환하여 물품 또는 그 처분을 지배하는 서류를 매수인에게 인도한다는 조건으로 물품을 발송할 수 있다.

④ 매수인은 물품을 검사할 기회를 가질 때까지는 대금지급의무가 없다. 다만, 당사자 간에 합의된 인도 또는 지급의 절차가 매수인이 물품을 검사할 기회를 가지는 것과 모순되는 경우에는 그러하지 아니하다.

2. 물품수령의무

(1) 매수인은 매도인의 물품인도의무에 대응하여 매도인이 인도한 물품을 수령할 의무가 있다.

(2) 매수인의 물품수령의무는 다음과 같다.

> - 매도인의 인도를 가능하게 하기 위하여 매수인에게 합리적으로 기대될 수 있었던 모든 행위를 하는 것
> - 물품을 수령하는 것

심화 PLUS⁺ 물품보관의무

1. 매도인의 물품보관의무
   - 매수인이 물품인도의 수령을 지체하거나 대금의 지급과 물품의 인도가 동시에 이행되어야 함에도 대금을 지급하지 않는 등 매수인의 계약불이행으로 인하여 매도인이 물품을 점유하고 있거나 또는 그 밖의 방법으로 물품의 처분을 지배할 수 있는 경우에는 매도인은 물품을 보관하기 위해 그 상황에서 합리적인 조치를 취해야 한다.
   - 매도인은 물품을 보관하기 위한 합리적인 비용을 매수인에게 청구할 수 있으며, 매수인으로부터 합리적인 비용을 상환받을 때까지 물품을 보유할 수 있다.

2. 매수인의 물품보관의무
   ① 매수인이 물품수령 후 물품거절권을 행사하는 경우
   > - 매수인이 물품을 수령한 후 물품의 하자 등의 사유로 물품을 거절할 권리를 행사하고자 하는 경우 매수인은 물품을 보관하기 위해 그 상황에서 합리적인 조치를 취해야 한다.
   > - 매수인은 물품을 보관하기 위한 합리적인 비용을 매도인에게 청구할 수 있으며, 매도인으로부터 합리적인 비용을 상환받을 때까지 물품을 보유할 수 있다.

   ② 매수인에게 발송된 물품이 목적지에서 매수인의 처분하에 놓인 후에 매수인이 물품거절권을 행사하는 경우
   > - 매수인에게 발송된 물품이 목적지에서 매수인의 처분하에 놓인 후 매수인이 물품을 거절할 권리를 행사하고자 하는 경우 매수인은 매도인을 위하여 그 물품을 점유해야 한다.
   >   - 단, 대금지급 및 불합리한 불편이나 경비 소요 없이 점유할 수 있는 경우에 한한다.
   >   - 단, 매도인 또는 매도인을 위하여 물품을 관리하는 자가 목적지에 있는 경우에는 적용되지 않는다.
   > - 매수인이 물품을 점유한 후에는 매수인의 권리와 의무에 대해서는 매수인의 보관의무규정이 적용되어 매수인은 물품을 보관하기 위한 합리적인 조치를 취해야 하며, 매도인으로부터 합리적인 비용을 상환받을 때까지 물품을 보유할 수 있다.

3. 제3자 창고임치와 매각

- 제3자 창고에 임치 물품을 보관하기 위한 조치를 취해야 하는 당사자는 그 비용이 불합리하지 않는 한, 상대방의 비용으로 물품을 제3자의 창고에 임치할 수 있다.

  [용어설명] 임치 : 다른 사람에게 돈이나 물건 따위를 맡겨 둠

- 매각

  - 물품의 보관의무에 따라 물품을 보관해야 하는 당사자는 상대방이 물품을 점유하거나 반환받거나 또는 대금이나 보관비용을 지급하는 데 불합리하게 지체하는 경우 상대방에게 매각의사를 합리적으로 통지하는 한 적절한 방법으로 물품을 매각할 수 있다.
  - 물품이 급속히 훼손되기 쉬운 것이거나 또는 그 보관에 불합리한 비용이 요구되는 경우 물품을 보관해야 하는 당사자는 이를 매각하기 위한 합리적인 조치를 취해야 한다. 이 경우 가능한 범위에서 상대방에게 매각의사를 가능한 한 통지해야 한다.
  - 물품을 매각하는 당사자는 매각대금으로부터 물품의 보관과 그 매각에 소요된 합리적인 비용과 동등한 금액을 보유할 권리가 있으며 그 차액은 상대방에게 반환되어야 한다.

제6절 | 무역계약의 종료와 계약위반

✎ 본문 내용 중 기출문제로 자주 출제된 부분에 **형광펜**으로 표시하였으니 반드시 학습하시기 바랍니다.

01 무역계약의 종료

기출빈도 ★ ★

1. 무역계약의 종료의 의의

무역계약의 종료(Termination of Contract)란 매매당사자 간 유효하게 성립되었던 계약의 효력이 소멸되고 그 계약이 처음부터 없었던 상태로 돌아가는 것을 말한다.

2. 무역계약의 종료사유

(1) 계약이행에 의한 종료

양 당사자가 계약상 약정한 모든 의무사항을 이행하고 그 목적을 달성함으로써 계약이 종료되는 것으로, 가장 이상적으로 무역계약이 종료되는 경우이다.

(2) 상호합의에 의한 종료

양 당사자의 단순한 합의에 의해 계약이 종료될 수 있다.

(3) 계약위반에 의한 종료

매매당사자 중 어느 일방이 계약상 약정한 의무사항을 이행하지 않은 경우, 그 위반이 중대한 계약위반이라면 상대방은 채무자에게 해제의 의사표시를 함으로써 계약을 종료시킬 수 있다.

(4) Frustration(계약목적의 달성불능, 이행불능, 계약의 좌절)에 의한 종료

① 계약이 체결된 후 불가항력적인 상황의 발생으로 당사자의 의지와 무관하게 계약의 이행이 불가능하게 되는 경우로서, 이 계약은 자동적으로 효력이 소멸되고 당사자는 이행의무로부터 면책된다.

② Frustration의 성립요건

• 계약목적물의 멸실	• 후발적 위법(전쟁의 발발, 정부의 수출입금지조치와 간섭 등)
• 사정의 본질적 변화	• 수출입승인과 수입 할당

③ Frustration에 대한 대비
- Frustration이 성립할 경우 계약 자체가 소멸되지만, 불가항력조항이 적용되는 경우 계약이 소멸되지 않고 불가항력으로 인한 계약불이행에 따른 면책이 인정된다.
- 매매당사자는 Frustration이 성립되는 경우를 대비하여 계약체결 시 불가항력조항을 명시적으로 삽입하여 대비하는 것이 좋다.

02 계약위반

1. 계약위반의 의의

계약위반(Breach of Contract)이란 매매당사자가 자신의 귀책사유로 인하여 매매계약의 내용과 일치된 이행의무를 하지 않는 것으로 계약내용의 불이행을 의미한다.

2. 계약위반의 유형

(1) 이행지체(Delay in Performance)

이행기가 도래한 때에 채무자가 이행이 가능함에도 불구하고 채무를 이행하지 않고 지연하는 것을 말하는 것으로, 상대방은 의무이행을 청구할 수 있고 이에 응하지 않는 경우 계약을 해제하고 손해배상을 청구할 수 있다.

예 물품의 인도 지연, 대금지급의 지연 등

(2) 이행거절(Renunciation)

이행기 전후를 불문하고 채무자가 명확하게 자신의 채무를 이행할 의사가 없음을 표명하는 것을 말하며, 이행기 전 이행거절의 의사표시가 있을 경우 상대방은 이행기를 기다리지 않고 바로 계약을 해제하고 손해배상을 청구할 수 있다.

(3) 이행불능(Impossibility of Performance)

① 원시적 불능

어느 한 당사자의 귀책사유 없이, 계약체결 당시 이미 계약의 이행이 불가능하거나 계약의 목적물이 소멸되어 계약 자체가 무효가 되는 경우로서 양 당사자는 법률상의 어떠한 의무도 부담하지 않는다.

② 후발적 불능

계약체결 당시에는 이행이 가능한 것이었으나 추후 어느 당사자의 귀책사유 없이 계약의 이행이 불가능하게 된 경우를 말한다.

(4) 불완전이행(Incomplete Performance)

채무자가 채무의 이행은 하였으나 그 이행의 내용이 불완전한 경우를 말하는 것으로, 상대방은 대체품의 인도, 대금감액 등을 청구할 수 있으나 불완전이행이 보완이 불가능한 본질적 계약위반에 해당하는 경우 계약을 해제하고 손해배상을 청구할 수 있다.

예 하자 있는 제품의 인도, 대금 미완납 등

(5) 본질적 계약위반(Fundamental Breach, CISG 25조)

A breach of contract committed by one of the parties is fundamental if it results in such detriment to the other party as substantially to deprive him of what he is entitled to expect under the contract, unless the party in breach did not foresee and a reasonable person of the same kind in the same circumstances would not have foreseen such a result.

→ 당사자 일방의 계약위반은, 그 계약에서 상대방이 기대할 수 있는 것을 실질적으로 박탈할 정도의 손실을 상대방에게 주는 경우에 본질적인 것으로 한다. 다만, 위반 당사자가 그러한 결과를 예견하지 못하였고 동일한 부류의 합리적인 사람도 동일한 상황에서 그러한 결과를 예견하지 못하였을 경우에는 그러하지 아니하다.

03 계약위반에 대한 구제(CISG의 규정)

1. 구제의 정의

구제(Remedy)란 당사자 일방이 계약의 이행사항을 지키지 못하여 일정한 권리를 침해하는 경우에 그러한 침해를 방지하거나 보상하게 하는 것을 말한다.

2. 매도인과 매수인의 구제 구분

매수인의 계약위반에 따른 매도인에 대한 배상을 매도인의 구제(Seller's Remedy)라고 하고, 매도인의 계약위반에 따른 매수인에 대한 배상을 매수인의 구제(Buyer's Remedy)라고 한다.

구 분	매도인의 구제	매수인의 구제

공통적
구제책
	• 특정이행청구권
	  – 인도수령청구권
	  – 대금지급청구권
	• 추가기간설정권
	• 계약해제권
	• 손해배상청구권
		• 특정이행청구권
		  – 대체품인도청구권
		  – 하자보완청구권
		• 추가기간설정권
		• 계약해제권
		• 손해배상청구권

고유의 구제책	• 물품명세확정권 • 하자보완권	• 대금감액권 • 인도기일 전 수령거절권 및 초과인도수량 거절권

🔍 시험에 이렇게 나온다!

제99회 1급 기출문제

75. 다음 보기에서 매수인의 계약위반에 대한 매도인이 선택할 수 있는 구제방법만으로 묶은 것은?

㉠ 계약이행청구권	㉡ 하자보완청구권
㉢ 추가기간설정권	㉣ 대금감액권
㉤ 대체품인도청구권	㉥ 물품명세확정권
㉦ 계약해제권	㉧ 손해배상청구권

① ㉠, ㉡, ㉢, ㉤, ㉦
② ㉠, ㉡, ㉢, ㉣, ㉧
③ ㉡, ㉢, ㉣, ㉤, ㉥
④ ㉠, ㉢, ㉥, ㉦, ㉧

정답 ④

해설

㉠, ㉢, ㉥, ㉦, ㉧은 매수인의 계약위반에 대해 매도인이 선택할 수 있는 구제방법에 해당한다.
㉠, ㉡, ㉢, ㉣, ㉤, ㉦, ㉧은 매도인의 계약위반에 대해 매수인이 선택할 수 있는 구제방법에 해당한다.

04 매도인과 매수인의 공통 구제책

1. 특정이행청구권(Right to require specific performance)

(1) 특정이행청구권(이행청구권, 계약대로의 이행청구)이란 법원에 상대방의 계약 이행을 청구하여 강제할 수 있는 권리를 말한다.

(2) 매도인은 매수인에게 대금의 지급, 인도의 수령 또는 그 밖의 의무의 이행을 청구할 수 있고, 매수인은 매도인에게 대체물의 인도나 부적합의 치유 등 의무의 이행을 청구할 수 있다.

매도인의 이행청구권	• 대금지급청구권 • 인도수령청구권
매수인의 이행청구권	• 대체품인도청구권(Right to require substitute goods) : 부적합이 본질적 계약위반을 구성하는 경우에 한하여 행사할 수 있으며, 원칙적으로 수령 시와 동일한 상태로 물품을 반환 가능하여야 한다. • 하자보완청구권(Right to require lack of conformity) : 모든 상황을 고려하여 불합리한 경우를 제외하고, 매도인에게 수리에 의한 부적합의 치유를 청구할 수 있다. • 매수인의 이행청구는 부적합의 통지와 동시에 또는 그 후 합리적인 기간 내에 행하여진 경우에 한한다.

(3) 이행청구권은 계약을 유지하려는 목적으로 청구하는 권리이므로 그 청구와 상충되는 구제를 구한 경우에는 행사할 수 없다. 따라서 계약해제권과 함께 행사할 수는 없으나 손해배상청구권은 선택적으로 또는 병행하여 청구할 수 있다.

2. 추가/부가기간설정권(Right to fix an additional period of time)

(1) 매도인과 매수인은 상대방의 의무이행을 위해 합리적인 추가기간을 설정할 수 있다.

(2) 추가이행기간 중에는 상대방이 이행거절의 통지를 하지 않는 한 다른 구제수단을 청구할 수 없다. 단, 추가기간의 설정으로 이행지체에 대한 손해배상청구권이 상실되지는 않는다.

3. 계약해제권(Right to declare contract avoided)

(1) 계약의 해제

① 계약의 해제란 한 당사자 일방이 계약을 그 성립시기로 소급하여 소멸시켜 애초에 계약이 성립되지 않았던 것과 같은 법적효과를 발생시키는 것을 말한다.

② 계약해제권이란 일방의 의무불이행 등 일정한 요건에 해당하는 경우 상대방이 계약을 종료시킬 수 있는 권리를 말한다.

③ 계약해제에는 원상회복의무가 따르므로 해지와 구분된다.

(2) 행사요건

① 상대방의 의무불이행이 본질적 계약위반에 해당하는 경우

② 다음과 같이 추가이행기간이 경과한 경우

- 매도인 : 추가기간 내에 매수인이 대금지급, 물품수령 의무를 이행하지 않거나 이행하지 않겠다고 선언한 경우
- 매수인 : 추가기간 내에 매도인이 계약물품인도의무를 이행하지 않거나 이행하지 않겠다고 선언한 경우

③ 반환(Restitution)의 의무

계약이 해제되면 계약의 전부 또는 일부가 이행된 경우 상대방이 제공한 것을 반환하여야 하며, 특히 매수인의 경우 물품을 반환할 수 없는 경우에는 원칙적으로 계약해제권을 행사할 수 없다.

- 매도인 : 매수인으로부터 수령한 대금과 대금이 지급된 날로부터의 이자를 함께 반환하여야 한다.
- 매수인 : 매도인으로부터 수령한 물품을 원칙적으로 수령 시와 동일한 상태로 반환하여야 한다.

④ 통지

- 계약해제의 의사표시는 상대방에 대한 통지로 행하여진 경우에만 효력이 있다. 따라서 계약해제의 요건을 갖추었다고 해서 자동해제를 인정하고 있지는 않다.
- 계약해제의 효력은 상대방에게 계약해제의 의사를 발신한 때 발생(발신주의)한다.

⑤ CISG는 계약유지의 원칙에 기초하여 계약해제의 요건을 엄격하게 규정하고 있다고 평가된다.

(3) 계약해제의 효과

① 계약의 종료로 당사자들은 계약상의 의무에서 벗어나나, 손해배상과 분쟁해결에 대한 내용, 비밀유지 조항 등의 효력은 유지된다.

② 계약이 해제되면 상대방에게 자신이 계약상 공급한 것의 반환을 청구할 수 있다. 양 당사자 모두 반환하여야 하는 경우에 반환의무는 동시이행조건이다.

CISG §81 계약의무의 소멸과 반환청구

(1) Avoidance of the contract releases both parties from their obligations under it, subject to any damages which may be due. Avoidance does not affect any provision of the contract for the settlement of disputes or any other provision of the contract governing the rights and obligations of the parties consequent upon the avoidance of the contract.

(2) A party who has performed the contract either wholly or in part may claim restitution from the other party of whatever the first party has supplied or paid under the contract. If both parties are bound to make restitution, they must do so concurrently.

→ (1) 계약의 해제는 손해배상의무를 제외하고 당사자 쌍방을 계약상의 의무로부터 면하게 한다. 해제는 계약상의 분쟁해결조항 또는 해제의 결과 발생하는 당사자의 권리의무를 규율하는 그 밖의 계약조항에 영향을 미치지 아니한다.

(2) 계약의 전부 또는 일부를 이행한 당사자는 상대방에게 자신이 계약상 공급 또는 지급한 것의 반환을 청구할 수 있다. 당사자 쌍방이 반환하여야 하는 경우에는 동시에 반환하여야 한다.

더 쉽게 이해하기 매수인의 계약해제권과 대체품인도청구권

두 권리 모두 본질적 계약위반이 있는 경우에 행사 가능하며, 원칙적으로 수령한 물품을 반환할 수 있는 경우에만 행사할 수 있는 구제수단이다. 즉 본질적 계약 위반의 경우에도 매수인이 물품을 수령한 상태와 실질적으로 동등한 상태로 반환할 수 없는 경우 원칙적으로는 계약을 해제하거나 대체품의 인도를 청구할 수 없다.

심화 PLUS✚ 분할인도(할부)계약(Instalment Contract)과 계약해제

1. 원칙적으로 물품을 분할하여 인도하는 계약에서 어느 분할 부분에 관한 상대방의 의무불이행이 본질적 계약위반에 해당하는 경우 그 분할 부분에 한정하여 계약을 해제할 수 있다.
2. 단, 어느 분할 부분에 관한 상대방의 의무불이행이 장래의 분할 부분에 관한 본질적 계약위반의 발생을 추단하는 충분한 근거가 되는 경우 장래의 분할 부분에 관하여 계약을 해제할 수 있다.
3. 어느 인도에 대해 계약해제를 선언하는 매수인은 이미 행하여진 인도와 장래의 인도에 대해 계약해제를 선언할 수 있다. 다만, 그 인도는 상호 의존 관계로 인해 계약체결 시 당사자 쌍방이 예상한 목적으로 사용될 수 없는 경우에 한한다.

4. 손해배상청구권(Right to claim damage)

(1) 매도인과 매수인은 계약위반에 따른 손해에 대해 손해배상을 청구할 수 있다.

(2) 손해배상청구권은 계약이행청구권, 계약해제권 등 다른 모든 구제수단과 병행하여 행사할 수 있고 선택적, 단독적으로도 행사할 수 있다. 또한 계약의 해제 이후에도 행사할 수 있는 권리로서 최종적인 피해보상의 수단으로 사용된다.

심화 PLUS✚ CISG상 손해배상액

1. 손해배상액
   • 손해배상액의 산정
     − 손해배상액은 당해 계약으로 얻을 수 있었던 이익의 상실(Loss of Profit)을 포함하여 상대방이 입은 손실과 동등한 금액으로 한다.
     − 손해배상액은 계약체결 시 위반당사자가 알았거나 알 수 있었던 사정에 비추어 계약위반의 가능한 결과로서 발생할 것을 예견하였거나 예견할 수 있었던 손실을 초과할 수 없다.
   • 손해경감의 의무와 손해배상액의 감액
     − 계약위반을 주장하는 자는 상대방, 즉, 계약을 위반한 자의 손실을 경감하기 위해 그 상황에서 합리적인 조치를 취해야 한다.
     − 계약위반을 주장하는 자가 합리적인 조치를 취하지 않은 경우 위반당사자는 경감되었어야 할 손실액만큼 손해배상액의 감액을 청구할 수 있다.
2. 손해배상책임의 면책
   • 면책요건
     − 불이행이 불이행당사자가 통제할 수 없는 장애(Impediment)에 기인할 것
     − 계약체결 시에 그 장애를 고려하거나 또는 그 장애나 그로 인한 결과를 회피하거나 극복하는 것이 합리적으로 기대될 수 없을 것
     − 불이행당사자가 위의 요건들을 모두 증명하고 상대방에게 이를 통지할 것
   • 장애발생의 통지
     − 불이행당사자는 장애가 존재한다는 것과 그 장애가 자신의 이행능력에 미치는 영향을 상대방에게 통지해야 한다.
     − 불이행당사자가 장애를 알았거나 알았어야 했던 때부터 합리적인 기간 내에 상대방이 그 통지를 수령하지 못한 경우 불이행당사자는 불수령으로 인한 손해에 대한 책임이 있다.
   • 면책기간
     면책은 장애가 존재하는 기간 동안에만 효력을 가지므로, 장애가 없어지면 면책을 주장할 수 없다.
   • 면책범위
     의무불이행에 대해 면책요건이 충족된 경우 불이행당사자의 면책범위는 오직 손해배상책임에만 적용되며 계약위반을 당한 상대방은 손해배상청구권 외의 계약이행청구권, 계약해제권, 대금감액권 등의 권리는 행사할 수 있다.
3. 이자
   • 한 당사자가 대금이나 그 밖의 연체금액을 지급하지 않는 경우 상대방은 그 금액에 대한 이자를 청구할 수 있다.
   • 이자청구권은 손해배상청구권과 별개로 청구할 수 있다.

(3) 손해배상책임의 면책

면책(Exemption)이란 일정한 사유의 발생 또는 일정한 조건의 충족으로 당사자의 책임이 면제되는 것을 말한다.

① 면책요건

다음의 요건이 충족되는 경우 불이행의 당사자와 계약의 전부 또는 일부의 이행을 위해 제3자를 사용한 경우, 당사자 및 제3자에게 모두 면책요건이 충족된 경우에 당사자는 책임을 면한다.

- 불이행이 불이행당사자의 통제할 수 없는 장애에 기인할 것
- 계약체결 시에 그 장애를 고려하거나 또는 그 장애나 그로 인한 결과를 회피하거나 극복하는 것이 합리적으로 기대될 수 없을 것
- 불이행당사자가 위의 요건들을 모두 증명하고 상대방에게 이를 통지할 것

② 장애발생의 통지

- 불이행당사자는 장애가 존재한다는 것과 그 장애가 자신의 이행능력에 미치는 영향을 상대방에게 통지해야 한다.
- 불이행당사자가 장애를 알았거나 알았어야 했던 때로부터 합리적인 기간 내에 상대방이 그 통지를 수령하지 못한 경우 불이행당사자는 불수령으로 인한 손해에 대한 책임이 있다.

③ 면책범위

의무불이행에 대해 면책요건이 충족된 경우 불이행당사자의 면책범위는 오직 손해배상책임에만 국한되므로 불이행당사자에 대해 손해배상청구권 외 계약이행청구권, 계약해제권, 대금감액권 등의 권리는 행사할 수 있다.

④ 면책기간

면책은 장애가 존재하는 기간 동안에만 효력을 가지므로, 장애가 없어지면 면책을 주장할 수 없다.

5. 이행기일 이전에도 행사가능한 권리

CISG에서는 아직 이행기가 도래하지 않은 경우에도 사전 계약위반의 가능성에 대해 이행정지권과 이행기 전 계약해제권을 규정하고 있다.

이행정지권	• 상대방이 자신의 의무 중 실질적 부분(Substantial Part)을 이행하지 않을 것이 판명된 경우 자신의 의무이행을 정지(Suspension)할 수 있는 권리를 부여하고 있다. • 우리 민법에서도 쌍무계약의 당사자 일방은 상대방이 그 채무이행을 제공할 때까지 자기의 채무이행을 거절할 수 있다고 규정(동시이행의 항변권)하는 것과 같은 취지이다.
이행기 전 계약해제권	• 이행기일 전이라고 하더라도 상대방이 장차 본질적 계약위반을 할 것임이 명백한 경우 이행기일이 도래하기 전이라도 계약을 해제할 수 있다.
통지와 적절한 보장	• 이 권리들을 행사하고자 하는 경우 채무자가 이행에 대해 적절한 보장을 제공할 수 있는 기회를 주기 위해 합리적인 통지를 하여야 한다. • 이후 채무자가 적절한 보장을 제공하는 경우에는 계약을 계속하여 이행해야 하거나 해제권이 소멸된다.

6. 이자 청구권

(1) 한 당사자가 대금이나 그 밖의 연체금액을 지급하지 않는 경우 상대방은 그 금액에 대한 이자를 청구할 수 있다.

(2) 이자청구권은 손해배상청구권과 별개로 청구할 수 있다.

> ### 🔍 시험에 이렇게 나온다!
>
> 제113회 1급 기출문제
>
> **70. 국제물품매매계약에 관한 협약(CISG)상 매도인의 계약위반에 따른 매수인의 구제권에 대한 설명으로 옳지 않은 것은?**
>
> ① 대체물품인도청구권 – 물품이 계약과 불일치하고 그 불일치의 정도가 근본적 계약위반에 해당하는 경우에 매수인은 매도인에게 대체물품의 인도청구를 할 수 있다.
> ② 하자보완청구권 – 물품이 계약과 불일치하고 그 불일치의 정도가 근본적 계약위반에 해당되고 매수인이 모든 사정을 고려하여 자신에게 불리하지 않는 한 매도인에게 그 불일치의 보완을 청구할 수 있다.
> ③ 추가기간지정권 – 매수인은 매도인의 의무이행을 위하여 상당한 추가기간을 지정할 수 있는데 추가 기간의 허용은 매수인의 의무가 아니라 재량에 따라 행사가 가능하다.
> ④ 계약해제권 – 매도인의 인도 불이행의 경우 근본적 계약위반이 아니더라도 매수인이 정한 최고기간 이내에 인도의 의무를 이행하지 않겠다는 의사를 명백히 한 경우에는 계약해제가 가능하다.
>
> 정답 ②
>
> 해설
> CISG상 매수인은 인도된 물품의 부적합이 본질적(근본적) 계약위반에 해당하는지에 관계없이, 모든 상황을 고려하여 불합리한 경우를 제외하고, 매도인에게 하자 보완을 청구할 수 있다.

1. 매도인 고유의 구제책

하자보완권	인도된 물품이나 서류의 부적합에 대해 매도인은 자신의 비용으로 그 하자를 보완할 수 있다.
물품명세확정권	계약에서 매수인이 형태, 규격 등 물품의 명세를 지정하도록 정하였음에도 불구하고 매수인이 물품의 명세를 지정하지 않은 경우 매도인은 자신이 알고 있는 매수인의 필요에 따라 물품의 명세를 지정(Make Specification)할 수 있다. 이때 매도인은 자신이 작성한 명세를 매수인에게 통지하고 상당한 기간(Reasonable Time)을 설정하여 매수인이 이를 변경할 수 있도록 해야 한다.

심화 PLUS⁺ 하자보완청구권 vs 하자보완권

구 분	공통점	차이점
매수인의 하자보완 청구권	• 하자의 치유를 목적으로 함 • 치유된 하자에 대해서는 매수인이 대금감액권을 행사할 수 없음	• 계약과 불일치한 물품을 수령한 매수인이 매도인에게 부적합의 치유를 요구할 수 있는 권리
매도인의 하자보완권		• 불일치한 물품을 인도한 매도인이 스스로 하자를 치유할 수 있는 권리 • CISG에는 물품과 서류에 대한 하자보완권과 인도기일 전 하자보완권 및 인도기일 후의 하자보완권도 규정되어 있음

2. 매수인 고유의 구제책

대금감액권	• 인도된 물품의 부적합이 있는 경우 이미 대금을 지급하였는지 여부와 관계없이 매수인은 계약물품과 실제 인도된 물품의 가치의 비율만큼 대금을 감액(Reduce the price)할 수 있다. • 매도인이 하자를 치유한 경우에는 대금감액권을 행사할 수 없으나, 실질적으로 발생한 손해가 있다면 손해배상 청구권을 행사할 수 있다.
매수인의 거절권	• 이행기 전 인도수령 거절권 매도인이 이행기 전에 물품을 인도한 경우 매수인은 이를 수령하거나 거절할 수 있는 선택권을 가진다. • 초과인도분에 대한 거절권 매도인이 계약에서 정한 것을 초과하여 인도한 경우 매수인은 초과분에 대해서는 수령하거나 거절할 수 있으며, 초과분의 일부 또는 전부를 수령한 경우 계약금액의 비율에 따라 그 대금을 지급해야 한다.

심화 PLUS⁺ 물품의 일부불이행 또는 일부부적합

1. 물품의 일부불이행 또는 일부부적합이 있는 경우 특정이행청구권, 추가기간설정권, 계약해제권, 대체품인도청구권, 하자보완청구권 등 매수인의 구제수단은 불이행 또는 부적합한 부분에 한하여 인정된다.
2. 단, 일부불이행 또는 일부부적합이 본질적 계약위반이 되는 경우 계약 전체를 해제할 수 있다.

제7절 | 인코텀즈(Incoterms®) 2020

✎ 본문 내용 중 기출문제로 자주 출제된 부분에 **형광펜**으로 표시하였으니 반드시 학습하시기 바랍니다.

01 Incoterms® 2020의 개요   기출빈도 ★ ★

1. 정형거래조건

(1) 명시조건으로 합의되지 않은 계약 내용은 대부분 국제상관습에 따르며, 정형거래조건은 대표적인 무역거래 관습이다.

(2) 정형거래조건(Trade Terms, 거래조건)이란 국제물품매매거래에 요구되는 매도인과 매수인의 의무를 정형화한 상관행으로서 무역거래에 사용되는 조건들을 말한다.

2. Incoterms®

(1) 개념

① Incoterms®는 International Commercial Terms의 약칭으로, '국내 및 국제정형거래조건의 사용에 관한 국제상업회의소(ICC, International Chamber of Commerce) 규칙'이다.

② Incoterms®는 무역계약의 내용을 구성하는 정형거래조건에 대한 표준화된 거래규칙을 말한다.

③ Incoterms® 2020 규칙은 FOB, CIF와 같이 가장 일반적으로 사용되는 세 글자로 이루어진, 물품매매계약상 기업 간의 거래관행(Business to Business Practice)을 반영하는 11개의 거래조건을 설명한다.

> The Incoterms® rules explain a set of eleven of the most commonly-used three-letter trade terms, e.g. CIF, DAP, etc., reflecting business–to–business practice in contracts for the sale and purchase of goods.
> → 인코텀즈 규칙은 예컨대 CIF, DAP 등과 같이 가장 일반적으로 사용되는 세 글자로 이루어지고 물품매매계약상 기업 간 거래관행(Business-To-Business Practice)을 반영하는 11개의 거래조건(Trade Term)을 설명한다.

(2) 제정배경

① 무역계약은 매도인과 매수인의 다양한 의무를 발생시키고, 이를 계약할 때마다 일일이 계약서에 나열하는 것은 상당히 번거로운 일이다. 또한 각 국가마다 상관습이 다르므로 같은 무역계약을 해석하는 데 있어서도 국가마다 해석이 달라 무역분쟁이 발생할 가능성이 높다.

② Incoterms®는 계약체결상의 번거로움을 없애고 국가 간 정형거래조건의 해석상의 차이에서 오는 무역분쟁을 사전에 예방하기 위해, 정형거래조건의 표준화 내지 통일화된 규칙을 제공할 목적으로 제정되었다.

(3) Incoterms®의 제정 및 개정

Incoterms®는 국제상업회의소가 1936년에 처음 제정하였고, 최근 Incoterms® 2010에서 현재 시행되고 있는 Incoterms® 2020으로의 개정을 포함하여 총 8차례 개정이 이루어졌다.

3. Incoterms® 2020의 적용

(1) Incoterms®는 유형(Tangible)의 물품인도계약에 한하여 적용되고 서비스, 기술, 전자매체를 통한 무체물 전송 등 무형(Intangible)의 매매거래에는 적용되지 않는다.

(2) Incoterms®는 매매당사자에게 부과되는 각종 의무 중 주로 물품인도와 관계된 위험이전, 비용부담, 이외에도 수출 및 수입의 통관의무, 운송 및 보험계약 체결의무 등을 규정하고 있다.

(3) Incoterms® 2020은 강행규정이 아니며 당사자들이 이를 적용하기로 합의한 경우에만 적용된다.

(4) 현재 Incoterms® 2020이 사용되고 있으나, Incoterms® 2010과 같은 이전 규칙이 더 현실적이고 명확하다고 생각할 경우 이전 버전의 규칙을 사용할 수 있으며 이를 준거문구로 명확히 기재해야 한다.

(5) 전통적으로 Incoterms®는 국제물품매매거래에 사용되어 왔으나 최근에는 국내거래에도 활용되고 있다. 이에 따라 Incoterms® 2000까지의 부제는 "정형거래조건의 해석에 관한 ICC규칙(ICC Rules for the Interpretation of Trade Terms)"였으나, 2010부터는 "국내 및 국제 정형거래조건의 사용에 관한 ICC규칙(ICC Rules for the Use of Domestic and International Trade Terms)"으로 변경하여 국내거래에도 사용 가능함을 나타내고 있다.

02 Incoterms® 2020의 개관

기출빈도 ★★★

1. E 조건(EXW)과 F 조건(FCA, FAS, FOB)

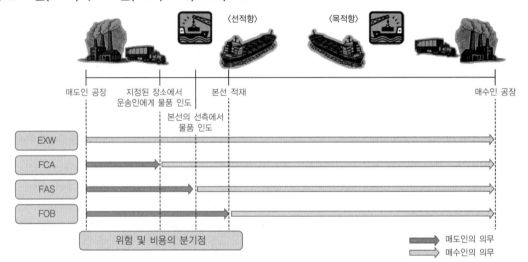

(1) EXW(EX Works)

① 인도와 위험

> "Ex Works" means that the seller delivers the goods to the buyer
> ▶ when it places the goods at the disposal of the buyer at a named place (like a factory or warehouse), and
> ▶ that named place may or may not be the seller's premises.
> For delivery to occur, the seller does not need to load the goods on any collecting vehicle, nor does it need to clear the goods for export, where such clearance is applicable.
> → "공장인도"는 매도인이 다음과 같이 한 때 매수인에게 물품을 인도하는 것을 의미한다.
> ▶ 매도인이 물품을 (공장이나 창고와 같은) 지정장소에서 매수인의 처분 하에 두는 때, 그리고
> ▶ 그 지정장소는 매도인의 영업구내일 수도 있고 아닐 수도 있다.
> 인도가 일어나기 위하여 매도인은 물품을 수취용 차량에 적재하지 않아도 되고, 물품의 수출통관이 요구되더라도 이를 수행할 필요가 없다.

② EXW는 매도인에게 최소의 일련의 의무(Minimum Obligation)를 지우는 인코텀즈 규칙이다.

③ EXW는 국내거래에 더 적합하다.

(2) FCA(Free CArrier)

"Free Carrier" means that the seller delivers the goods to the buyer in one or other of two ways.

▶ First, when the named place is the seller's premises, the goods are delivered

   ▶ when they are loaded on the means of transport arranged by the buyer.

▶ Second, when the named place is another place, the goods are delivered

   ▶ when, having been loaded on the seller's means of transport,

   ▶ they reach the named other place and

   ▶ are ready for unloading from that seller's means of transport and

   ▶ at the disposal of the carrier or of another person nominated by the buyer.

Whichever of the two is chosen as the place of delivery, that place identifies where risk transfers to the buyer and the time from which costs are for the buyer's account.

→ "운송인인도"는 매도인이 물품을 매수인에게 다음과 같은 두 가지 방법 중 어느 하나로 인도하는 것을 의미한다.

   ▶ 첫째, 지정장소가 매도인의 영업구내인 경우, 물품은 다음과 같이 된 때 인도된다.

      ▶ 물품이 매수인이 마련한 운송수단에 적재된 때

   ▶ 둘째, 지정장소가 그 밖의 장소인 경우, 물품은 다음과 같이 된 때 인도된다.

      ▶ 매도인의 운송수단에 적재되어서

      ▶ 지정장소에 도착하고

      ▶ 매도인의 운송수단에 실린 채 양하준비된 상태로

      ▶ 매수인이 지정한 운송인이나 제3자의 처분 하에 놓인 때

그러한 두 장소 중에서 인도장소로 선택되는 장소는 위험이 매수인에게 이전하는 곳이자 또한 매수인이 비용을 부담하기 시작하는 시점이 된다.

더 쉽게 이해하기 | EXW와 FCA의 차이점

매도인의 적재의무	• EXW에서 인도는 물품이 적재된 때가 아니라 매수인의 처분 하에 놓인 때 일어난다. • 따라서 매도인의 영업구내에서 일어나는 적재작업 중의 위험을 피하고자 하는 경우에 매수인은 FCA 규칙을 선택하는 것을 고려하여야 한다. • FCA 규칙에서는 물품이 매도인의 영업구내에서 인도되는 경우에 매도인이 적재의무를 부담하고 적재작업 중에 발생하는 물품의 멸실 또는 훼손의 위험 또한 매도인이 부담한다.
수출통관의 의무	• EXW에서 매도인은 수출통관이나 운송 중에 물품이 통과할 제3국의 통관을 수행할 의무가 없고 수출통관에 관한 매도인의 참여는 물품수출을 위하여 매수인이 요청할 수 있는 서류와 정보를 취득하는 데 협력을 제공하는 것에 한정된다. • 따라서 EXW는 물품을 수출할 의사가 전혀 없는 국내거래에 적절하다. • 매수인이 물품을 수출하기를 원하나 수출통관을 하는 데 어려움이 예상되는 경우에, 매수인은 수출통관을 할 의무와 그에 관한 비용을 매도인이 부담하는 FCA 규칙을 선택하는 것이 더 좋다.

(3) FAS(Free Alongside Ship), FOB(Free On Board)

"Free Alongside Ship" / "Free On Board" means that the seller delivers the goods to the buyer
- ▶ [FAS] when the goods are placed alongside the ship (e.g. on a quay or a barge)
  [FOB] on board the vessel
- ▶ nominated by the buyer
- ▶ at the named port of shipment
- ▶ or when the seller procures goods already so delivered.

The risk of loss of or damage to the goods transfers when the goods are [FAS: alongside the ship] [FOB: on board the vessel], and the buyer bears all costs from that moment onwards.

→ "선측인도" / "본선인도"는 다음과 같이 된 때 매도인이 물품을 매수인에게 인도하는 것을 의미한다.
- ▶ 지정선적항에서
- ▶ 매수인이 지정한 선박의
- ▶ [FAS] 선측에 (예컨대 부두 또는 바지(barge)에) 물품이 놓인 때
  [FOB] 선박에 적재한 때
- ▶ 또는 이미 그렇게 인도된 물품을 조달한 때.

물품의 멸실 또는 훼손의 위험은 [FAS : 물품이 선측에 놓인 때] [FOB : 선박에 적재된 때]에 이전하고, 매수인은 그 순간부터 향후의 모든 비용을 부담한다.

2. C 조건(CPT, CIP, CFR, CIF)

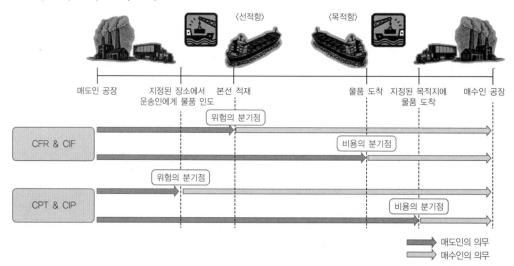

(1) CPT(Carriage Paid To), CIP(Carriage and Insurance Paid to)

① 인도와 위험

"Carriage Paid To" / "Carriage and Insurance Paid To" means that the seller delivers the goods – and transfers the risk – to the buyer

▶ by handing them over to the carrier

▶ contracted by the seller

▶ or by procuring the goods so delivered.

▶ The seller may do so by giving the carrier physical possession of the goods in the manner and at the place appropriate to the means of transport used.

→ "운송비지급인도" / "운송비·보험료지급인도"는 매도인이 다음과 같이 매수인에게 물품을 인도하는 것을 – 그리고 위험을 이전하는 것을 – 의미한다.

　▶ 매도인과 계약을 체결한 운송인에게

　▶ 물품을 교부함으로써

　▶ 또는 그렇게 인도된 물품을 조달함으로써.

　▶ 매도인은 사용되는 운송수단에 적합한 방법으로 그에 적합한 장소에서 운송인에게 물품의 물리적 점유를 이전함으로써 물품을 인도할 수 있다.

② CIP의 보험부보

CPT와 CIP의 차이는 매도인의 보험부보의무이다.

The seller must also contract for insurance cover against the buyer's risk of loss of or damage to the goods from the point of delivery to at least the point of destination. The buyer should also note that under the CIP Incoterms® 2020 rule the seller is required to obtain extensive insurance cover complying with Institute Cargo Clauses (A) or similar clause, rather than with the more limited cover under Institute Cargo Clauses (C). It is, however, still open to the parties to agree on a lower level of cover.

→ 매도인은 또한 인도지점부터 적어도 목적지점까지 매수인의 물품의 멸실 또는 훼손 위험에 대하여 보험계약을 체결하여야 한다. 또한 매수인은 인코텀즈 2020 CIP 하에서 매도인은 협회적하약관의 C-약관에 의한 제한적인 담보조건이 아니라 협회적하약관의 A-약관이나 그와 유사한 약관에 따른 광범위한 담보조건으로 부보하여야 한다는 것을 유의하여야 한다. 그러나 당사자들은 여전히 더 낮은 수준의 담보조건으로 부보하기로 합의할 수 있다.

(2) CFR(Cost and FReight), CIF(Cost Insurance and Freight)

① 인도와 위험

"Cost and Freight" / "Cost Insurance and Freight" means that the seller delivers the goods to the buyer

▶ on board the vessel

▶ or procures the goods already so delivered.

The risk of loss of or damage to the goods transfers when the goods are on board the vessel, such that the seller is taken to have performed its obligation to deliver the goods whether or not the goods actually arrive at their destination in sound condition, in the stated quantity or, indeed, at all.

→ "운임포함인도" / "운임·보험료포함인도"는 매도인이 물품을 매수인에게 다음과 같이 인도하는 것을 의미한다.

　▶ 선박에 적재함

　▶ 또는 이미 그렇게 인도된 물품을 조달함.

물품의 멸실 또는 훼손의 위험은 물품이 선박에 적재된 때 이전하고, 그에 따라 매도인은 명시된 수량의 물품이 실제로 목적지에 양호한 상태로 도착하는지를 불문하고 또는 사실 물품이 전혀 도착하지 않더라도 그의 물품인도의무를 이행한 것으로 된다.

② CIF의 보험부보

CFR과 CIF의 차이는 매도인의 보험부보의무이다.

> [CFR] In CFR, the seller owes no obligation to the buyer to purchase insurance cover: the buyer would be well-advised therefore to purchase some cover for itself.
>
> [CIF] The seller must also contract for insurance cover against the buyer's risk of loss of or damage to the goods from the port of shipment to at least the port of destination. The buyer should also note that under the CIF Incoterms® 2020 rule the seller is required to obtain limited insurance cover complying with Institute Cargo Clauses (C) or similar clause, rather than with the more extensive cover under Institute Cargo Clauses (A). It is, however, still open to the parties to agree on a higher level of cover.
>
> → [CFR] CFR에서 매도인은 매수인에 대하여 부보의무가 없다. 따라서 매수인은 스스로 부보하는 것이 좋다.
> [CIF] 매도인은 또한 선적항부터 적어도 목적지까지 매수인의 물품의 멸실 또는 훼손 위험에 대하여 보험계약을 체결하여야 한다. 또한 매수인은 인코텀즈 2020 CIF 하에서 매도인은 협회적하약관의 A-약관에 의한 보다 광범위한 담보조건이 아니라 협회적하약관의 C-약관이나 그와 유사한 약관에 따른 제한적인 담보조건으로 부보하여야 한다는 것을 유의하여야 한다. 그러나 당사자들은 여전히 더 높은 수준의 담보조건으로 부보하기로 합의할 수 있다.

(3) C규칙의 특징

매도인의 운송계약 체결 의무	• C규칙에서 매도인은 물품을 인도지로부터 합의된 목적지까지 운송하는 계약을 체결하여야 한다.
위험의 이전	• 그러나 물품이 매수인에게 인도되면 매도인은 그 물품이 목적지에 양호한 상태로 그리고 명시된 수량 또는 그 전량이 도착할 것을 보장하지 않는다. • 왜냐하면 물품이 운송인에게 교부되거나 본선에 적재됨으로써 매수인에게 인도된 때 물품의 멸실 또는 훼손의 위험은 매도인으로부터 매수인에게 이전하고, 만일 물품이 도착하지 않더라도 그의 물품인도의무를 이행한 것으로 되기 때문이다.
인도지와 목적지	• C규칙에서는 두 장소가 중요하다. 물품이 인도되는 장소(위험이 이전되는 장소)가 그 하나이고, 물품의 목적지로서 합의된 장소 또는 지점이 다른 하나이다. • 즉, 위험부담과 비용부담의 분기점이 서로 다르다.
목적지만 기재	• 계약에서 항상 목적지 또는 항구를 명시할 것이지만, 위험이 매수인에게 이전하는 장소인 인도지 또는 선적항은 명시하지 않을 수도 있다. • 만일 당사자들이 특정한 인도장소나 인도지점을 합의하지 않는 경우에 위험은 물품이 매도인이 전적으로 선택하고 그에 대하여 매수인이 전혀 통제할 수 없는 지점에서 첫 번째 운송인에게 인도된 때 이전한다. 따라서 어느 특정 장소에서 위험이 이전되길 원한다면, 당사자들은 이를 매매계약에 명시하여야 한다.

3. D 조건(DAP, DPU, DDP)

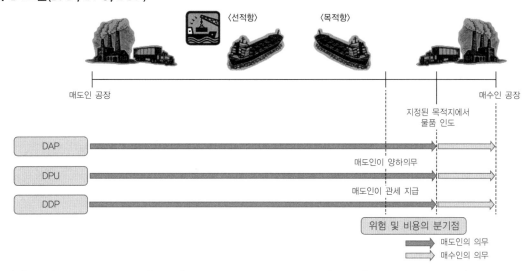

(1) DAP(Delivered At Place), DPU(Delivered at Place Unloaded), DDP(Delivered Duty Paid)

"Delivered at Place" / "Delivered at Place Unloaded" / "Delivered Duty Paid" means that the seller delivers the goods—and transfers risk—to the buyer

▶ when the goods are placed at the disposal of the buyer

▶ [DDP만] cleared for import,

▶ [DAP, DDP] on the arriving means of transport ready for unloading

▶ [DPU] once unloaded from the arriving means of transport

▶ at the named place of destination or

▶ at the agreed point within that place, if any such point is agreed.

The seller bears all risks involved in bringing the goods to [DPU : and unloading them at] the named place of destination or to the agreed point within that place. In this Incoterms® rule, therefore, delivery and arrival at destination are the same.

→ "도착지인도" / "도착지양하인도" / "관세지급인도"는 다음과 같이 된 때 매도인이 매수인에게 물품을 인도하는 것을 – 그리고 위험을 이전하는 것을 – 의미한다.

　▶ 물품이 지정목적지에서 또는

　▶ 지정목적지 내에 어떠한 지점이 합의된 경우에는 그 지점에서

　▶ [DDP만] 수입통관 후

　▶ [DAP, DDP] 도착운송수단에 실어둔 채 양하준비된 상태로

　▶ [DPU] 도착운송수단으로부터 양하된 상태로

　▶ 매수인의 처분 하에 놓인 때

매도인은 물품을 지정목적지까지 또는 지정목적지 내의 합의된 지점까지 가져가는 [DPU : 가져가서 그곳에서 물품을 양하하는] 데 수반되는 모든 위험을 부담한다. 따라서 본 인코텀즈 규칙에서 인도와 목적지의 도착은 같은 것이다.

(2) DPU와 양하의무

① DPU에서의 매도인의 양하의무
- DPU는 매도인이 목적지에서 물품을 양하(Unloading)하도록 하는 유일한 인코텀즈 규칙이다.
- 따라서 매도인은 자신이 그러한 지정장소에서 양하를 할 수 있는 입장에 있는지를 확실히 하여야 한다.

② DAP와 DDP의 양하비용
- DAP와 DDP의 매도인은 도착운송수단으로부터 물품을 양하할 필요가 없다.
- 그러나 매도인이 자신의 운송계약에서 인도장소/목적지에서 양하에 관하여 비용을 부담한 경우 매도인은 당사자 간에 달리 합의되지 않은 한 그러한 비용을 매수인으로부터 별도로 상환받을 권리가 없다.

③ 기존의 DAT를 DPU가 대체
- Incoterms® 2020으로 개정되면서 이전 Incoterms® 2010상의 DAT(Delivered At Terminal) 규칙이 삭제되고 DPU로 명칭이 변경되었다.
- 이로써 인도장소가 터미널로 제한되지 않음을 분명히 하였으나, DAT와 DPU 간의 본질적인 차이는 없다.

(3) 수입통관 의무

① DDP에서 매도인의 수입통관

> DDP requires the seller to clear the goods for export, where applicable, as well as for import and to pay any import duty or to carry out any customs formalities. Thus if the seller is unable to obtain import clearance and would rather leave that side of things in the buyer's hands in the country of import, then the seller should consider choosing DAP or DPU, under which rules delivery still happens at destination, but with import clearance being left to the buyer.
>
> → DDP에서는 해당되는 경우에 매도인이 물품의 수출통관 및 수입통관을 하여야 하고 또한 수입관세를 납부하거나 모든 통관절차를 수행하여야 한다. 따라서 매도인은 수입통관을 완료할 수 없어서 차라리 이러한 부분을 수입국에 있는 매수인의 손에 맡기고자 하는 경우에 인도는 여전히 목적지에서 일어나지만 수입통관은 매수인이 하도록 되어 있는 DAP나 DPU를 선택하는 것을 고려하여야 한다.

② Maximum Obligation

D규칙에서는 인도가 도착지에서 이루어지고, 특히 DDP에서는 매도인이 수입통관의 의무 및 수입관세와 수입시 납부해야 할 모든 세금을 부담하여야 하므로 DDP는 11개의 모든 인코텀즈 규칙 중에서 매도인에게 최고 수준의 의무(Maximum Obligation)를 부과하는 규칙이다.

(4) D규칙의 특징

① D규칙은 목적지에서 인도가 이루어지는 양륙지 인도조건으로 운송 중의 위험과 비용을 모두 매도인이 부담한다.
② D규칙들은 목적지의 지정장소에서 인도가 일어나는 공통점을 가지며, 매도인이 양하준비된 상태에서 인도(DAP, DDP), 양하하여 인도(DPU) 또는 수입통관 후 인도(DDP)의 의무 부담 여부에 따라 선택하여 사용할 수 있다.

03 매도인과 매수인의 의무

1. 매도인과 매수인의 기본 의무

인코텀즈의 11가지 모든 규칙에서 매도인과 매수인은 다음과 같은 의무를 부담한다.

매도인	• 매매계약에 일치하는 물품 및 상업송장과 그 밖에 계약에서 요구될 수 있는 일치성에 관한 증거(서류) 제공 • 인도를 위한 점검작업(품질점검, 용적측량, 중량측정, 수량계수) 및 포장·화인
매수인	• 매매계약에 따라 물품의 대금 지급

2. 인도·위험 및 비용

(1) 인도와 위험

모든 인코텀즈 규칙에서 원칙적으로 위험이전과 인도시점은 동일하다. 즉 인도란 위험이 이전하는 것을 의미한다.

(2) 인도와 비용

① E, F, D규칙

C규칙을 제외한 E, F, D규칙에서 인도와 위험 및 비용의 분기점은 일치한다.

② C규칙

C규칙에서는 인도지(위험의 이전지)와 물품의 목적지로서 합의된 장소가 다르다. 즉, 위험부담과 비용부담의 분기점이 서로 다르다.

더 쉽게 이해하기 인도·위험 및 비용의 관계

E, F, D규칙	• 인도지 = 위험이전 = 비용이전 • 기재된 장소에서 인도가 이루어지며, 위험과 비용도 이전
C규칙	• (인도지 = 위험이전) ≠ 비용이전 • C규칙에서는 비용의 이전지가 기재됨 (인도 및 위험의 이전 장소는 나타나지 않음) 예 CIF Busan의 경우 부산은 인도지가 아니라 운송계약과 보험계약이 체결되어야 하는 목적지 임 • 인도·위험의 이전 및 비용의 이전 시점이 다름 (두 개의 분기점)

(3) 지정장소 내에 정확한 지점(Point)의 지정

① 단순히 지정장소만 명시하는 것보다는 지정장소 내에 정확한 지점을 가급적 명확하게 명시(Specify as clearly as possible the precise point within the named place)하는 것이 좋다. 그러한 정확한 지정지점은 양 당사자에게 언제 물품이 인도되는지와 언제 위험이 이전하는지 명확하게 하거나 비용부담 또는 운송계약이 체결되어야 하는 장소의 기준점을 확정한다.

② 당사자들이 인도지점이나 목적지의 지점을 정하지 않는 경우에는 원칙적으로 매도인이 그 목적에 가장 적합한 지점을 선택할 수 있다.

(4) 조달하여 인도

EXW를 제외한 모든 인코텀즈 2020의 규칙들에는 물품의 인도방식에 조달(Procure)하여 인도하는 방법이 추가적으로 규정되어 있다.

> or procuring the goods so delivered
> The reference to "procure" here caters for multiple sales down a chain(string sales), particularly common in the commodity trades.

→ 또는 그렇게 인도된 물품을 조달하여 인도

여기에서의 "조달한다"(Procure)는 의미는 특히 일차산품거래(Commodity Trades)에서 일반적인 수차에 걸쳐 연속적으로 이루어지는 매매(연속매매; 'String Sales', 운송 중 전매(轉賣))에 대응하기 위함이다.

3. 운송

(1) 운송방식

모든 운송방식 사용가능	• EXW, FCA, CPT, CIP와 D규칙은 어떠한 운송방식이 선택되는지를 불문하고 사용할 수 있고 둘 이상의 운송방식이 이용되는 경우에도 사용할 수 있음 • 해상운송만이 이용되는 경우에도 사용 가능함
해상·내수로 전용	• FAS, FOB, CFR, CIF는 해상운송이나 내수로운송(Sea or inland waterway transport)에만 사용되어야 함 • 따라서 이 규칙들은 물품이 선측 적치 또는 본선 적재 전에 운송인에게 교부되는 경우, 예컨대 물품이 컨테이너터미널에서 운송인에게 교부되는 경우에는 적절하지 않음 • 이러한 경우에 당사자들은 FAS/FOB 규칙 대신에 FCA 규칙을, CFR이 아니라 CPT, CIF가 아니라 CIP를 사용하는 것을 고려하여야 함

(2) 운송계약의 체결주체

E, F규칙	• 매수인이 운송계약을 체결하고 비용을 부담 • 매도인은 매수인의 요청에 따라 매수인의 위험과 비용으로, 운송 관련 보안요건을 포함하여 매수인이 운송을 마련하기 위하여 필요로 하는 정보로써 매도인 자신이 가지고 있는 정보를 매수인에게 제공하여야 함
C, D규칙	• 매도인이 목적지 까지 운송계약을 체결하고 비용을 부담

4. 수출입 통관 및 PSI

규칙별 의무부담주체는 다음과 같으며 의무가 없는 당사자도 상대방에 대해 서류나 정보 등을 취득하는 데 협력하여야 한다.

EXW	• 매수인이 모든 통관 및 선적전 검사(PSI; Pre-Shipment Inspection)[1]를 이행
원칙 (EXW, DDP 제외)	• F, C, DAP, DPU규칙에서 이른바 '거주자 통관 원칙'을 적용 • 매도인이 수출국에서의 수출통관을 이행하고 비용을 부담 • 매수인은 수입국[2]의 수입통관을 이행하고 비용 및 수입관세와 제세를 부담 • 수출국에 의해 부과되는 PSI의 이행은 매도인이 부담하며, 수입국에서 부과하는 PSI는 매수인이 부담
DDP	• 매도인이 모든 통관 및 PSI를 이행 • 매도인은 수입통관절차의 이행과 관련 비용 및 수입 관세뿐 아니라 부가가치세(VAT) 등의 수입 시 납부해야 하는 조세 및 기타 부과금 모두를 부담

[1] 선적전 검사 : 당사자 간의 합의 또는 수출·입국의 법률에 의해 지정된 검사 기관이 수출국에서 물품을 선적하기 전에 물품을 검사하는 것을 말한다. 인코텀즈에 규정된 PSI는 수출국 또는 수입국에 의해 강제적으로 요구되는 PSI에 대한 의무부담 주체를 규정하는 것이다.
[2] 매도인의 물품인도 이후 통과(Transit)하게 되는 국가가 있는 경우 통과통관 및 수입허가(Import Licence)도 매수인이 부담한다.

5. 보험

임의 부보 원칙	• CIP와 CIF를 제외한 규칙들에서는 적하보험의 부보는 위험부담자의 선택사항으로서, 자신의 선택에 따라 보험에 부보할지 여부를 선택할 수 있음
CIP, CIF	• 특정한 거래에서 다른 합의나 관행이 없는 경우에 매도인은 자신의 비용으로 [CIP : (A)] [CIF : (C)] 약관에서 제공하는 담보조건 또는 그와 유사한 약관에 따른 적하보험을 취득하여야 함 • 보험계약은 평판이 양호한 보험인수업자나 보험회사(Underwriter or Insurance Company)와 체결하여야 함 • 보험은 매수인이나 물품에 피보험이익(Insurable Interest)을 가지는 자가 보험자에 대하여 직접 보험금의 지급을 청구할 수 있도록 하는 것이어야 함 • 매수인의 요청이 있는 경우에 매도인은 그가 요청하는 필요한 정보를 매수인이 제공하는 것을 조건으로 매수인의 비용으로, 가능하다면 협회전쟁약관(IWC) 및/또는 협회동맹파업약관(ISC) 그 밖에 그와 유사한 약관에 의한 담보조건과 같은 추가보험을 제공하여야 함 • 보험금액은 최소한 매매계약에 규정된 대금에 10%를 더한 금액(즉 매매대금의 110%)이어야 하고, 보험의 통화는 매매계약의 통화와 같아야 함 • 보험은 인도지점부터 적어도 [CIP : 지정목적지] [CIF : 지정목적항]까지 부보되어야 함 • 매도인은 매수인에게 보험증권이나 보험증명서(Insurance Policy or Certificate) 그 밖의 부보의 증거를 제공하여야 함 (매도인이 보험서류를 제공하지 않는 경우 보험사고 발생 여부에 관계없이 매수인은 물품 인수 거절 가능) • 또한 매도인은 매수인에게, 매수인의 요청에 따라 매수인의 위험과 비용으로 매수인이 추가보험을 조달하는 데 필요한 정보를 제공하여야 함

6. 양하비용

DPU를 제외하고 매도인은 도착운송수단으로부터 물품을 양하(Unload)할 의무가 없다. 그러나 C규칙과 DAP, DDP에서 매도인은 자신의 목적지·인도장소에서 양하에 관하여 비용을 발생시킨 경우 당사자 간에 달리 합의되지 않은 한 그러한 비용을 매수인으로부터 별도로 상환받을 권리가 없다.

> **더 쉽게 이해하기** 인코텀즈 규칙들의 또 다른 분류 방법

1. 인도 방법

운송인 인도 규칙	• FCA, CPT, CIP
선적항 본선인도 규칙	• FOB, CFR, CIF
선적지 인도 규칙	• E, F, C • 운송중의 위험을 매수인이 부담
양륙지 인도 규칙	• D • 운송중의 위험을 매도인이 부담

2. 기재 장소/항구의 의미

E, F, D규칙	• 기재장소/항구 = 인도지 = 위험이전 = 비용이전
C규칙	• 기재장소/항구 = 운송/보험계약 체결의 목적지 = 비용이전 • 기재장소/항구 ≠ (인도지 = 위험이전) • 별도로 합의하지 않은 경우, 인도지(위험이전 장소)는 기재되지 않음
E, F규칙	• 선적지의 지명을 기재 • 예 국내업체 기준 FOB Busan = 수출계약
C, D규칙	• 목적지의 지명을 기재 • 예 국내업체 기준 CIF Busan = 수입계약

심화 PLUS⁺ Incoterms® 2020의 세부내용

인코텀즈 규칙은 A1/B1 등의 번호가 붙은 일련의 10개의 조항에서 매도인과 매수인의 의무 사항들을 다루는데, A 조항은 매도인의 의무를, B 조항은 매수인의 의무를 지칭한다.

1. 매도인과 매수인의 일반의무 (A1/B1 : General Obligations)

A1 매도인의 일반의무	B1 매수인의 일반의무
• 매도인은 매매계약에 일치하는 물품 및 상업송장과 그 밖에 계약에서 요구될 수 있는 일치성에 관한 증거를 제공하여야 한다. • 매도인이 제공하여야 하는 서류는 합의에 따라, 합의가 없는 경우에는 관행에 따라 종이서류 또는 전자적 방식으로 제공될 수 있다.	• 매수인은 매매계약에 규정된 바에 따라 물품의 대금을 지급하여야 한다. • 매수인이 제공하여야 하는 서류는 합의에 따라, 합의가 없는 경우에는 관행에 따라 종이서류 또는 전자적 방식으로 제공될 수 있다.

2. 인도 및 인도의 수령 (A2 : Delivery / B2 : Taking Delivery)

구 분	A2 인도	B2 인도의 수령
EXW	• 매도인은 지정인도장소에서, 그 지정인도장소에 합의된 지점이 있는 경우에는 그 지점에서 물품을 수취용 차량에 적재하지 않은 채로 매수인의 처분 하에 둠으로써 인도하여야 한다. • 지정인도장소 내에 합의된 특정한 지점이 없는 경우에 그리고 이용가능한 복수의 지점이 있는 경우에 매도인은 그의 목적에 가장 적합한 지점을 선택할 수 있다. • 매도인은 합의된 기일에 또는 합의된 기간 내에 물품을 인도하여야 한다.	• 매수인은 물품이 A2에 따라 인도되고 A10에 따른 통지가 있는 때에 그 물품의 인도를 수령하여야 한다.
FCA	• 매도인은 물품을 지정장소에서, 그 지정장소에 지정된 지점이 있는 경우에는 그 지점에서 매수인이 지정한 운송인 또는 제3자에게 인도하거나 그렇게 인도된 물품을 조달하여야 한다. • 합의된 기일 또는 매수인으로부터 통지받은 합의된 기간 중의 어느 시기 또는 그러한 시기가 통지되지 않은 경우에는 합의된 기간의 만료일에 인도하여야 한다. • 지정장소가 매도인의 영업구내인 경우에는 물품이 매수인이 제공한 운송수단에 적재되는 때 또는 그 밖의 경우에는 물품이 매도인의 운송수단에 실린 채 양하준비된 상태로 매수인이 지정한 운송인 또는 제3자의 처분 하에 놓인 때에 인도가 완료된다. • 지정인도장소 내에 매수인이 B10(d)에 따라 통지한 특정한 지점이 없고 또한 이용가능한 복수의 지점이 있는 경우에 매도인은 그의 목적에 가장 적합한 지점을 선택할 수 있다.	• 매수인은 물품이 A2에 따라 인도된 때에 그 물품의 인도를 수령하여야 한다.
FAS FOB	• 매도인은 물품을 지정선적항에서, 그 지정선적항에 매수인이 표시하는 적재지점이 있는 경우에는 그 지점에서 매수인이 지정하는 [FAS : 선박의 선측에 두거나] [FOB : 선박에 적재하거나] 그렇게 인도된 물품을 조달함으로써 인도하여야 한다. • 합의된 기일에 또는 매수인으로부터 통지받은 합의된 기간 중의 어느 시기에 또는 그러한 시기의 통지가 없는 경우에는 합의된 기간의 만료일에 그리고 그 항구에서 관행적인 방법으로 인도하여야 한다. • 매수인이 특정한 적재지점을 표시하지 않은 경우에 매도인은 지정선적항 내에서 목적에 가장 적합한 지점을 선택할 수 있다.	• 매수인은 물품이 A2에 따라 인도된 때에 그 물품의 인도를 수령하여야 한다.

구분		
CPT CIP	• 매도인은 물품을 A4에 따라 운송계약을 체결한 운송인에게 교부하거나 그렇게 인도된 물품을 조달함으로써 인도하여야 한다. • 각각의 경우에 매도인은 합의된 기일에 또는 합의된 기간 내에 인도하여야 한다.	• 매수인은 물품이 A2에 따라 인도된 때에 그 물품의 인도를 수령하여야 하고 지정목적지에서 또는 합의된 경우에는 지정목적지 내의 지점에서 운송인으로부터 물품을 수령하여야 한다.
CFR CIF	• 매도인은 물품을 선박에 적재하거나 또는 그렇게 인도된 물품을 조달함으로써 인도하여야 한다. • 각각의 경우에 매도인은 합의된 기일에 또는 합의된 기간 내에 당해 항구에서 관행적인 방법으로 물품을 인도하여야 한다.	• 매수인은 물품이 A2에 따라 인도된 때에 그 물품의 인도를 수령하여야 하고 지정목적항에서 운송인으로부터 물품을 수령하여야 한다.
DAP DPU DDP	• 매도인은 물품을 [DPU : 도착운송수단으로부터 양하하여야 하고 또한 물품을] 지정목적지에서, 그 지정목적지에 합의된 지점이 있는 때에는 그 지점에서 [DAP/DDP : 도착운송수단에 실어둔 채 양하준비된 상태로] 매수인의 처분 하에 두거나 그렇게 인도된 물품을 조달함으로써 인도하여야 한다. • 각각의 경우에 매도인은 합의된 기일에 또는 합의된 기간 내에 물품을 인도하여야 한다.	• 매수인은 물품이 A2에 따라 인도된 때에 그 물품의 인도를 수령하여야 한다.

3. 위험의 이전 (A3/B3 : Transfer of Risks)

구 분	A3 위험의 이전	B3 위험의 이전
EXW		• 매수인은 물품이 A2에 따라 인도된 때부터 물품의 멸실 또는 훼손의 모든 위험을 부담한다. • 매수인이 B10에 따른 통지를 하지 않은 경우에 매수인은 합의된 인도기일 또는 합의된 인도기간의 만료일로부터 물품의 멸실 또는 훼손의 모든 위험을 부담하되, 다만 물품은 계약물품으로 명확히 특정되어 있어야 한다.
FCA		• 매수인은 물품이 A2에 따라 인도된 때부터 물품의 멸실 또는 훼손의 모든 위험을 부담한다. • 만약, 매수인이 A2상의 운송인이나 제3자를 지정하지 않거나 B10에 따른 통지를 하지 않는 경우, 또는 매수인이 지정한 운송인이나 제3자가 물품을 수령하지 않는 경우 매수인은 물품의 멸실 또는 훼손의 모든 위험을 부담한다. 다만 물품은 계약물품으로 명확히 특정되어 있어야 한다.
FAS FOB	• 매도인은 물품이 A2에 따라 인도된 때까지 물품의 멸실 또는 훼손의 모든 위험을 부담한다. • 단, B3에 규정된 상황에서 발생하는 멸실 또는 훼손은 예외로 한다. (위험의 조기이전)	• 매수인은 물품이 A2에 따라 인도된 때부터 물품의 멸실 또는 훼손의 모든 위험을 부담한다. • 만약 매수인이 B10에 따른 통지를 하지 않는 경우, 또는 매수인이 지정한 선박이 매도인이 A2를 준수할 수 있도록 정시에 도착하지 아니하거나 물품을 수령하지 않거나 일찍 선적을 마감하는 경우, 매수인은 물품의 멸실 또는 훼손의 모든 위험을 부담한다. 다만 물품은 계약물품으로 명확히 특정되어 있어야 한다.
CPT CIP		• 매수인은 물품이 A2에 따라 인도된 때부터 물품의 멸실 또는 훼손의 모든 위험을 부담한다. • 매수인이 B10에 따른 통지를 하지 않은 경우에 매수인은 물품의 멸실 또는 훼손의 모든 위험을 부담하여야 하되, 다만 물품은 계약물품으로 명확히 특정되어 있어야 한다.
CFR CIF		• 매수인은 물품이 A2에 따라 인도된 때부터 물품의 멸실 또는 훼손의 모든 위험을 부담한다. • 매수인이 B10에 따른 통지를 하지 않는 경우에 매수인은 합의된 선적기일이나 선적기간의 만료일로부터 물품의 멸실 또는 훼손의 모든 위험을 부담한다. 다만 물품은 계약물품으로 명확히 특정되어 있어야 한다.

구 분		A4 운송 설명	B4 운송
DAP DPU DDP		• 매수인은 물품이 A2에 따라 인도된 때부터 물품의 멸실 또는 훼손의 모든 위험을 부담한다. • 만약 매수인이 B7에 따른 의무(수입통관 또는 조력)를 이행하지 않는 경우, 또는 매수인이 B10에 따른 통지를 하지 않은 경우에 매수인은 물품의 멸실 또는 훼손의 모든 위험을 부담한다. 다만 물품은 계약물품으로 명확히 특정되어 있어야 한다.	

4. 운송 (A4/B4 : Carriage)

구 분	A4 운송	B4 운송
EXW	• 매도인은 매수인에 대하여 운송계약을 체결할 의무가 없다. • 그러나 매도인은 매수인의 요청에 따라 매수인의 위험과 비용으로, 운송 관련 보안요건을 포함하여 매수인이 운송을 마련하기 위하여 필요로 하는 정보로써 매도인 자신이 가지고 있는 정보를 매수인에게 제공하여야 한다.	• 자신의 비용으로 물품을 지정인 도장소로부터 운송하는 계약을 체결하거나 그러한 운송을 마련하는 것은 매수인의 몫(Up to the Buyer)이다.
FCA	• 매도인은 매수인에 대하여 운송계약을 체결할 의무가 없다. • 그러나 매도인은 매수인의 요청에 따라 매수인의 위험과 비용으로, 운송 관련 보안요건을 포함하여 매수인이 운송을 마련하기 위하여 필요로 하는 정보로써 매도인 자신이 가지고 있는 정보를 매수인에게 제공하여야 한다.	• 매수인은 자신의 비용으로 물품을 지정인도장소로부터 운송하는 계약을 체결하거나 그러한 운송을 마련하여야 한다. • 다만 A4에 규정된 바에 따라 매도인이 운송계약을 체결하는 경우에는 예외이다.
FAS FOB	• 합의가 있는 경우에 매도인은 매수인의 위험과 비용으로 통상적인 조건으로 운송계약을 체결하여야 한다. (운송특약부 조건) • 매도인은 인도가 있을 때까지 운송 관련 보안요건을 준수하여야 한다.	
CPT CIP	• 매도인은 인도장소로부터, 그 인도장소에 합의된 인도지점이 있는 때에는 그 지점으로부터 지정목적지까지 또는 합의가 있는 때에는 그 지정목적지의 어느 지점까지 물품을 운송하는 계약을 체결하거나 조달하여야 한다. • 운송계약은 매도인의 비용으로 통상적인 조건으로 체결되어야 한다. • [CPT/CIP] 매매물품과 같은 종류의 물품을 운송하는 데 사용되는 통상적인 항로로 관행적인 방법으로 운송하는 내용이어야 한다.	
CFR CIF	• [CFR/CIF] 매매물품과 같은 종류의 물품을 운송하는 데 통상적으로 사용되는 종류의 선박으로 통상적인 항로로 운송하는 내용이어야 한다. • 특정한 지점이 합의되지 않거나 관례에 의하여 결정되지 않는 경우에 매도인은 그의 목적에 가장 적합한 인도지점 및 지정목적지의 지점을 선택할 수 있다. • 매도인은 목적지까지 운송하는 데 요구되는 운송 관련 보안요건을 준수하여야 한다.	• 매수인은 매도인에 대하여 운송계약을 체결할 의무가 없다.
DAP DPU DDP	• 매도인은 인도장소로부터, 그 인도장소에 합의된 인도지점이 있는 때에는 그 지점으로부터 지정목적지까지 또는 합의가 있는 때에는 그 지정목적지의 어느 지점까지 물품을 운송하는 계약을 체결하거나 조달하여야 한다. • 특정한 지점이 합의되지 않거나 관례에 의하여 결정되지 않는 경우에 매도인은 그의 목적에 가장 적합한 인도지점 및 지정목적지의 지점을 선택할 수 있다. • 매도인은 목적지까지 운송하는 데 요구되는 운송 관련 보안요건을 준수하여야 한다.	

5. 보험 (A5/B5 : Insurance)

구 분	A5 보험	B5 보험
EXW FCA FAS FOB CPT CFR	• 매도인은 매수인에 대하여 보험계약을 체결할 의무가 없다. • 그러나 매도인은 매수인의 요청에 따라 매수인의 위험과 비용으로 매수인이 부보하는 데 필요한 정보로써 매도인 자신이 가지고 있는 정보를 매수인에게 제공하여야 한다.	• 매수인은 매도인에 대하여 보험계약을 체결할 의무가 없다.

구분		
CIP CIF	• 특정한 거래에서 다른 합의나 관행이 없는 경우에 매도인은 자신의 비용으로, 사용되는 당해 운송수단에 적절한 협회적하약관이나 그와 유사한 약관의 [CIP : (A)] [CIF : (C)]약관에서 제공하는 담보조건에 따른 적하보험을 취득하여야 한다. • 보험계약은 평판이 양호한 보험인수업자나 보험회사(Underwriter or Insurance Company)와 체결하여야 하고, 보험은 매수인이나 물품에 피보험이익(Insurable Interest)을 가지는 제3자가 보험자에 대하여 직접 청구할 수 있도록 하는 것이어야 한다. • 매수인의 요청이 있는 경우에 매도인은 그가 요청하는 필요한 정보를 매수인이 제공하는 것을 조건으로 매수인의 비용으로, 가능하다면 협회전쟁약관(IWC) 및/또는 협회동맹파업약관(ISC) 그 밖에 그와 유사한 약관에 의한 담보조건과 같은 추가보험을 제공하여야 한다. • 보험금액은 최소한 매매계약에 규정된 대금에 10%를 더한 금액(즉 매매대금의 110%)이어야 하고, 보험의 통화는 매매계약의 통화와 같아야 한다. • 보험은 A2에 규정된 인도지점부터 적어도 [CIP : 지정목적지] [CIF : 지정목적항]까지 부보되어야 한다. • 매도인은 매수인에게 보험증권이나 보험증명서(Insurance Policy or Certificate) 그 밖의 부보의 증거를 제공하여야 한다. • 또한 매도인은 매수인에게, 매수인의 요청에 따라 매수인의 위험과 비용으로 매수인이 추가보험을 조달하는 데 필요한 정보를 제공하여야 한다.	• 매수인은 매도인에 대하여 보험계약을 체결할 의무가 없다. • 그러나 매수인은 요청이 있는 때에는 매도인이 A5에 따라 매수인이 요청한 추가보험을 조달하는 데 필요한 정보를 제공하여야 한다.
DAP DPU DDP	• 매도인은 매수인에 대하여 보험계약을 체결할 의무가 없다.	• 매수인은 매도인에 대하여 보험계약을 체결할 의무가 없다. • 그러나 매수인은 매도인의 요청에 따라 매도인의 위험과 비용으로 매도인이 부보하는 데 필요한 정보를 매도인에게 제공하여야 한다.

6. 인도/운송서류 (A6/B6 : Delivery/Transport Document)

구분	A6 인도/운송서류	B6 인도/운송서류
EXW	• 매도인은 매수인에 대하여 의무가 없다.	• 매수인은 매도인에게 인도를 수령하였다는 적절한 증거를 제공하여야 한다.
FCA	• 매도인은 자신의 비용으로 매수인에게 물품이 A2에 따라 인도되었다는 통상적인 증거를 제공하여야 한다. • 매도인은 매수인의 요청에 따라 매수인의 위험과 비용으로 매수인이 운송서류를 취득하는 데 협력을 제공하여야 한다. • 매수인이 B6에 따라 매도인에게 운송서류를 발행하도록 운송인에게 지시한 경우에 매도인은 그러한 서류를 매수인에게 제공하여야 한다.	• 매수인은 물품이 A2에 일치하게 인도되었다는 증거를 인수하여야 한다. • 당사자들이 합의한 경우에 매수인은 물품이 적재되었음을 기재한 (본선적재표기가 있는 선하증권과 같은) 운송서류를 자신의 비용과 위험으로 매도인에게 발행하도록 운송인에게 지시하여야 한다.
FAS FOB	• 매도인은 자신의 비용으로 매수인에게 물품이 A2에 따라 인도되었다는 통상적인 증거를 제공하여야 한다. • 이러한 증거가 운송서류가 아닌 경우에 매도인은 매수인의 요청에 따라 매수인의 위험과 비용으로 매수인이 운송서류를 취득하는 데 필요한 협력을 제공하여야 한다.	• 매수인은 A6에 따라 제공된 서류를 인수하여야 한다.

CPT CIP	• [CPT/CIP : 관행이 있거나 매수인의 요청이 있는 경우에] 매도인은 자신의 비용으로 매수인에게 운송에 관한 통상적인 운송서류들을 제공하여야 한다. • 이 운송서류는 계약물품에 관한 것이어야 하고 합의된 선적기간 이내로 일부(日附, Dated)되어야 한다. [CPT/CIP : 합의나 관행이 있는 경우에] 그 운송서류는 매수인이 지정목적지에서 운송인에 대하여 물품의 인도를 청구할 수 있도록 하는 것이어야 하고 또한 매수인이 후속매수인에게 운송서류를 양도함으로써 또는 운송인에 대한 통지로써 운송 중에 물품을 매각할 수 있도록 하는 것이어야 한다. • 그러한 운송서류가 유통가능(Negotiable)한 형식으로 복수의 원본으로 발행된 경우에 그 원본의 전통(全通, Full–set)이 매수인에게 제공되어야 한다.	• 매수인은 A6에 따라 제공된 운송서류가 계약에 일치하는 때에는 이를 인수하여야 한다.
CFR CIF		
DAP DPU DDP	• 매도인은 자신의 비용으로 매수인이 물품을 수령할 수 있도록 하는 데 필요한 서류를 제공하여야 한다.	• 매수인은 A6에 따라 제공된 서류를 인수하여야 한다.

7. 수출/수입 통관 (A7/B7 : Export/Import Clearance)

구 분	A7 수출/수입통관	B7 수출/수입통관
EXW	해당되는 경우에 매도인은 매수인의 요청에 따라 매수인의 위험과 비용으로 다음과 같은 수출국/통과국/수입국에 의하여 부과되는 모든 수출/통과 수입통관절차에 관한 서류 및/또는 정보를 취득하는 데 매수인에게 협력하여야 한다. • 수출/통과(Transit)/수입허가(Import Licence) • 수출/통과/수입을 위한 보안통관(Security Clearance) • 선적전검사(Pre – shipment Inspection) 및 • 그 밖의 공적 인가(Official Authorisation)	해당되는 경우에 다음과 같은 수출국/통과국/수입국에 의하여 부과되는 모든 수출/통과 수입통관절차를 수행하고 그에 관한 비용을 부담하는 것은 매수인의 몫(Up to the Buyer)이다. • 수출/통과/수입허가 • 수출/통과/수입을 위한 보안통관 • 선적전검사 및 • 그 밖의 공적 인가
FCA FAS FOB CPT CIP CFR CIF	• 수출통관 해당되는 경우에 매도인은 다음과 같은 수출국에 의하여 부과되는 모든 수출통관절차를 수행하고 그에 관한 비용을 부담하여야 한다. – 수출허가 – 수출을 위한 보안통관 – 선적전검사 및 – 그 밖의 공적 인가 • 수입통관에 관한 협력 해당되는 경우에 매도인은 매수인의 요청에 따라 매수인의 위험과 비용으로, 보안요건 및 선적전검사를 포함하여 통과국 또는 수입국에 의하여 필요한 모든 통과/수입통관절차에 관한 서류 및/또는 정보를 취득하는 데 매수인에게 협력하여야 한다.	• 수출통관에 관한 협력 해당되는 경우에 매수인은 매도인의 요청에 따라 매도인의 위험과 비용으로, 보안요건 및 선적전검사를 포함하여 수출국에 의하여 필요한 모든 수출통관절차에 관한 서류 및/또는 정보를 취득하는 데 매도인에게 협력하여야 한다. • 수입통관 해당되는 경우에 매수인은 다음과 같은 통과국 및 수입국에 의하여 부과되는 모든 절차를 수행하고 그에 관한 비용을 부담하여야 한다. – 수입허가 및 통과를 위하여 필요한 허가 – 수입과 통과를 위한 보안통관 – 선적전검사 및 – 그 밖의 공적 인가
DAP DPU	• 수출통관 해당되는 경우에 매도인은 다음과 같은 수출국과 통과국(수입국 제외)에 의하여 부과되는 모든 수출통관 및 통과통관절차를 수행하고 그에 관한 비용을 부담하여야 한다. – 수출/통과 허가 – 수출을 위한 보안통관 – 선적전검사 및 – 그 밖의 공적 인가	• 수출통관 해당되는 경우에 매수인은 매도인의 요청에 따라 매도인의 위험과 비용으로, 보안요건 및 선적전검사를 포함하여 수출국과 통과국(수입국 제외)에 의하여 필요한 모든 수출/통과통관절차에 관한 서류 및/또는 정보를 취득하는 데 매도인에게 협력하여야 한다.

	• 수입통관에 관한 협력 　해당되는 경우에 매도인은 매수인의 요청에 따라 매수인의 위험과 비용으로, 보안요건 및 선적전검사를 포함하여 수입국에 의하여 필요한 모든 수입통관절차에 관한 서류 및/또는 정보를 취득하는 데 매수인에게 협력하여야 한다.	• 수입통관 　해당되는 경우에 매수인은 다음과 같은 수입국에 의하여 부과되는 모든 절차를 수행하고 그에 관한 비용을 부담하여야 한다. 　－ 수입허가 　－ 수입을 위한 보안통관 　－ 선적전검사 및 　－ 그 밖의 공적 인가
DDP	해당되는 경우에 매도인은 다음과 같은 수출국, 통과국 및 수입국에 의하여 부과되는 모든 수출/통과/수입통관절차를 이행하고 그에 관한 비용을 부담하여야 한다. • 수출/통과 수입허가 • 수출/통과/수입을 위한 보안통관 • 선적전검사 및 • 그 밖의 공적 인가	해당되는 경우에 매수인은 매도인의 요청에 따라 매도인의 위험과 비용으로 다음과 같은 수출국/통과국/수입국에 의하여 부과되는 모든 수출/통과/수입통관절차에 관한 서류 및/또는 정보를 취득하는 데 매도인에게 협력하여야 한다. • 수출/통과 수입허가 • 수출/통과/수입을 위한 보안통관 • 선적전검사 및 • 그 밖의 공적 인가

8. 점검/포장/하인표시 (A8/B8 : Checking/Packaging/Marking)

A8 점검/포장/하인표시		B8 점검/포장/하인표시
• 매도인은 물품을 인도하기 위한 목적에서 필요한 점검작업(예컨대 품질점검, 용적측량, 중량측정, 수량계수)에 드는 비용을 부담하여야 한다. • 매도인은 자신의 비용으로 물품을 포장하여야 하되, 다만 특정한 거래에서 통상적으로 포장되지 않은 채 매매되어 운송되는 형태의 물품인 경우에는 그러하지 아니하다. • 매도인은 당해 운송에 적절한 방법으로 물품을 포장하고 하인을 표시하여야 하되, 다만 당사자들이 특정한 포장요건이나 하인요건에 합의한 경우에는 그러하지 아니하다.		• 매수인은 매도인에 대하여 의무가 없다.

9. 비용분담 (A9/B9 : Allocation of costs)

구 분	A9 비용분담	B9 비용분담
FCA FAS FOB	매도인은 다음의 비용을 부담하여야 한다. • 물품이 인도된 때까지 물품에 관한 모든 비용. 다만 B9에 따라 매수인이 부담하는 비용은 제외한다. • 물품이 인도되었다는 통상적인 증거를 매수인에게 제공하는 데 드는 비용 • 해당되는 경우에 따른 수출통관에 관한 관세, 세금 그 밖의 비용 및 • 서류와 정보를 취득하는 데 매수인이 협력을 제공하는 것과 관련한 모든 비용	매수인은 다음의 비용을 부담하여야 한다. • 물품이 인도된 때부터 물품에 관한 모든 비용. 다만 A9에 따라 매도인이 부담하는 비용은 제외한다. • 서류와 정보를 취득하는 데 매도인이 협력을 제공하는 것과 관련한 모든 비용 • 해당되는 경우에 통과통관 또는 수입통관에 관한 관세, 세금 그 밖의 비용 • 다음의 경우에 발생하는 추가비용 • 매수인이 B10에 따른 운송인이나 제3자를 지정하지 않는 경우 또는 • [FCA] B10에 따라 매수인이 지정한 운송인이나 제3자가 물품을 수령하지 않는 경우 • [FAS/FOB] B10에 따라 매수인이 지정한 선박이 정시에 도착하지 않거나, 물품을 수령하지 않거나 일찍 선적을 마감하는 경우. 다만 물품은 계약물품으로 명확히 특정되어 있어야 한다.
CPT CIP	매도인은 다음의 비용을 부담하여야 한다. • 물품이 인도된 때까지 물품에 관한 모든 비용. 다만 B9에 따라 매수인이 부담하는 비용은 제외한다. • 물품적재비용과 운송 관련 보안비용을 포함하여, 운송비용 및 그 밖의 모든 비용 • 합의된 목적지의 양하비용 중에서 운송계약상 매도인이 부담하기로 된 비용 • 운송계약상 매도인이 부담하기로 된 통과비용(Costs of Transit)	매수인은 다음의 비용을 부담하여야 한다. • 물품이 인도된 때부터 물품에 관한 모든 비용. 다만 A9에 따라 매도인이 부담하는 비용은 제외한다. • 통과비용(Costs of Transit). 다만 그러한 비용이 운송계약상 매도인이 부담하는 것으로 된 경우는 제외한다. • [CIF 부선료와 부두사용료를 포함한] 양하비용. 다만 그러한 비용이 운송계약상 매도인이 부담하는 것으로 된 경우는 제외한다. • 서류와 정보를 취득하는 데 매도인이 협력을 제공하는 것과 관련한 모든 비용

CFR CIF	•물품이 인도되었다는 통상적인 증거를 매수인에게 제공하는 데 드는 비용 •해당되는 경우에 수출통관에 관한 관세, 세금 그 밖의 비용 및 •서류와 정보를 취득하는 데 매수인이 협력을 제공하는 것과 관련한 모든 비용 •[CIP/CIF] 보험비용	•해당되는 경우에 통과통관 또는 수입통관에 관한 관세, 세금 그 밖의 비용 및 •매수인이 B10에 따른 통지를 하지 않는 경우에 발생하는 추가비용. 다만 물품은 계약물품으로 명확히 특정되어 있어야 한다. •[CIP/CIF] 매수인의 요청에 따라 조달된 추가보험에 드는 비용
DAP DPU DDP	매도인은 다음의 비용을 부담하여야 한다. •물품이 [DPU : 양하되어] 인도된 때까지 물품과 그 물품의 운송에 관한 모든 비용. 다만 B9에 따라 매수인이 부담하는 비용은 제외한다. •[DAP/DDP] 목적지의 양하비용 중에서 운송계약상 매도인이 부담하기로 된 비용 •인도/운송서류를 제공하는 데 드는 비용 •해당되는 경우에 수출통관 및 통과[DDP : 및 수입]통관에 관한 관세, 세금 그 밖의 비용 •서류와 정보를 취득하는 데 매수인이 협력을 제공하는 것과 관련한 모든 비용	매수인은 다음의 비용을 부담하여야 한다. •물품이 인도된 때부터 물품에 관한 모든 비용 •[DAP/DDP] 지정목적지에 도착운송수단으로부터 물품의 인도를 수령하는 데 필요한 모든 양하비용. 다만 그러한 비용을 운송계약상 매도인이 부담하기로 한 경우는 제외한다. •[DAP/DPU] 서류와 정보를 취득하는 데 매도인이 협력을 제공하는 것과 관련한 모든 비용 •[DAP/DPU] 해당되는 경우에 수입통관에 관한 관세, 세금 그 밖의 비용 및 •매수인이 수입통관/협조 의무를 이행하지 않거나 B10에 따른 통지를 하지 않는 경우에 매도인에게 발생하는 추가비용. 다만 물품은 계약물품으로 명확히 특정되어 있어야 한다.

10. 통지 (A10/B10 : Notices)

구 분	A10 통지	B10 통지
EXW	•매도인은 매수인이 물품의 인도를 수령할 수 있도록 하는 데 필요한 통지를 하여야 한다.	•매수인은 자신이 합의된 기간 중의 어느 시기 및/또는 지정장소 내에 인도를 수령할 지점을 결정할 권리를 가지는 것으로 합의된 경우 매도인에게 충분한 통지를 하여야 한다.
FCA	•매도인은 물품이 인도된 사실 또는 매수인이 지정한 운송인 또는 제3자가 합의된 시기 내에 물품을 수령하지 않은 사실을 매수인에게 충분히 통지하여야 한다.	매수인은 매도인에게 다음을 통지하여야 한다. •지정된 운송인 또는 제3자의 이름. 이는 매도인이 물품을 인도할 수 있도록 하는 정도의 충분한 기간 전에 통지되어야 한다. •운송 관련 보안요건을 포함하여, 지정된 운송인 또는 제3자가 사용할 운송방식 및 •지정인도장소 내에서 물품을 수령할 지점 •합의된 인도기간 내에서 운송인이나 제3자가 물품을 수령할 것으로 선택된 시기가 있는 경우 그 선택된 시기
FAS FOB	•매도인은 물품이 인도된 사실 또는 매수인이 지정한 선박이 합의된 시기 내에 물품을 수령하지 않은 사실을 매수인에게 충분히 통지하여야 한다.	•매수인은 매도인에게 운송 관련 보안요건, 선박명, 적재지점 및 합의된 인도기간 내에서 인도일자가 있는 경우 그 일자를 충분히 통지하여야 한다.
CPT CIP	•매도인은 매수인에게 물품이 인도되었음을 통지하여야 한다. •매도인은 매수인에게 매수인이 물품을 수령할 수 있도록 하는 데 필요한 통지를 하여야 한다.	•매수인은 자신이 물품의 발송시기 및/또는 [CPT/CIP : 지정목적지] [CFR/CIF : 지정목적항] 내에 물품을 수령할 지점을 결정할 권리를 갖는 것으로 합의된 경우 매도인에게 충분한 통지를 하여야 한다.
CFR CIF		
DAP DPU DDP	•매도인은 매수인에게 매수인이 물품을 수령할 수 있도록 하는 데 필요한 통지를 하여야 한다.	•매수인은 자신이 물품의 발송시기 및/또는 지정목적지 내에 물품을 수령할 지점을 결정할 권리를 갖는 것으로 합의된 경우 매도인에게 충분한 통지를 하여야 한다.

1. Incoterms® 2020의 구조

구 성			주요 내용과 특징
소개문 (Introduction)			• 인코텀즈 2020의 역할, 편입방법, 사용과 기본원칙, 올바른 인코텀즈 규칙의 선택방법, 인코텀즈 2010과의 주요한 변경사항 • 소개문의 견해들은 인코텀즈 2020 규칙 자체의 일부를 구성하지는 않음
모든 운송방식에 적용되는 규칙	EXW FCA CPT CIP DAP DPU DDP	각 규 칙 별	사용자를 위한 설명문 (Explanatory Notes for Users) • 각 규칙이 어떤 경우에 사용되어야 하는지, 위험이전, 비용분담 등 개별 규칙의 기초를 설명 • 적합한 인코텀즈 규칙을 정확하고 효율적으로 찾도록 돕기 위함과 동 규칙이 적용된 계약상의 분쟁해결 등에 대한 해석 지침의 제공이 목적
해상·내수로 운송에 적용되는 규칙	FAS FOB CFR CIF		본 문 • 매도인의 의무 A1 ~ A10 • 매수인의 의무 B1 ~ B10

2. 소개문의 목적

(1) 인코텀즈 2020 규칙이 무슨 역할을 하고 또 하지 않는지, 그리고 어떻게 인코텀즈 규칙을 가장 잘 편입시킬 수 있는지를 설명하는 것이다.

(2) 다음과 같은 인코텀즈 규칙의 중요한 기초들을 기술하는 것이다.

매도인과 매수인의 기본적 역할과 책임, 인도, 위험 및 인코텀즈 규칙과 계약들(전형적인 수출·수입매매계약 및 해당되는 경우 국내매매계약을 둘러싼 계약들) 사이의 관계

(3) 어떻게 당해 매매계약에 올바른 인코텀즈 규칙을 가장 잘 선택할지를 설명하는 것이다.

(4) 인코텀즈 2010과 인코텀즈 2020의 주요한 변경사항들을 기술하는 것이다.

즉, 소개문은 인코텀즈 2020 규칙의 사용과 그 기본원칙에 관한 지침을 제공한다.

3. 인코텀즈 규칙의 역할

(1) 인코텀즈 규칙은 예컨대 CIF, DAP 등과 같이 가장 일반적으로 사용되는 세 글자로 이루어지고 물품매매계약상 기업 간 거래관행(Business – to – Business Practice)을 반영하는 11개의 거래조건(Trade Term)을 설명한다.

(2) 인코텀즈 규칙은 매도인과 매수인 사이의 의무, 위험, 비용(Tasks, Risks, Costs)에 대해 다룬다.

그러나 인코텀즈 규칙 그 자체는 매매계약이 아니며 매매계약을 대체하지도 않는다. 인코텀즈 규칙은 어떤 특정한 종류의 물품이 아니라 모든 종류의 물품에 관한 거래관행을 반영하도록 고안되어 있다.

(3) 인코텀즈 규칙은 다음의 사항을 다루지 않는다.

- 매매계약의 존부
- 대금지급의 시기, 장소, 방법 또는 통화
- 계약상 의무이행의 지체 및 그 밖의 위반의 효과
- 관세부과(Imposition of Tariffs)
- 불가항력 또는 이행가혹(Force Majeure or Hardship)
- 의무위반의 경우 분쟁해결의 방법, 장소 또는 준거법
- 특히 매매물품의 소유권/물권(Property/Title/Ownership)의 이전
- 매매물품의 성상(性狀)(Specifications)
- 매매계약 위반에 대하여 구할 수 있는 구제수단
- 제재의 효력(Effect of Sanctions)
- 수출 또는 수입의 금지(Prohibitions)
- 지식재산권(Intellectual Property Right)

위와 같은 사항들은 당사자들이 매매계약에서 구체적으로 규정할 필요가 있다. 요컨대 인코텀즈 2020 규칙 자체는 매매계약이 아니다. 즉, 인코텀즈 규칙은 이미 존재하는 매매계약에 편입되는 때 그 매매계약의 일부가 될 뿐이다. 인코텀즈 규칙은 매매계약의 준거법을 정하지도 않는다. 매매계약에 적용되는 법률체계(Legal Regimes)가 있으며, 이는 국제물품매매협약(CISG)과 같은 국제적인 것이거나 예컨대 건강과 안전 또는 환경에 관한 국내의 강행법률일 수 있다.

▶ The Incoterms® rules explain a set of eleven of the most commonly – used three – letter trade terms, e.g. CIF, DAP, etc., reflecting business – to – business practice in contracts for the sale and purchase of goods.

→ 인코텀즈 규칙은 예컨대 CIF, DAP 등과 같이 가장 일반적으로 사용되는 세 글자로 이루어지고 물품매매계약상 기업 간 거래 관행(Business – to – Business Practice)을 반영하는 11개의 거래조건(Trade Term)을 설명한다.

▶ The Incoterms® rules describe :
- Obligations : Who does what as between seller and buyer, e.g. who organizes carriage or insurance of the goods or who obtains shipping documents and export or import licenses ;
- Risk : Where and when the seller "delivers" the goods, in other words where risk transfers from seller to buyer ; and
- Costs : Which party is responsible for which costs, for example transport, packaging, loading or un-loading costs, and checking or security – related costs.

The Incoterms® rules cover these areas in a set of ten articles, numbered A1/B1 etc., the A articles representing the seller's obligations and the B articles representing the buyer's obligations.

→ 인코텀즈 규칙은 다음 사항을 규정한다.
- 의무 : 매도인과 매수인 사이에 누가 무엇을 하는지, 즉 누가 물품의 운송이나 보험을 마련하는지 또는 누가 선적서류와 수출 또는 수입허가를 취득하는지
- 위험 : 매도인은 어디서 그리고 언제 물품을 "인도"하는지, 다시 말해 위험은 어디서 매도인으로부터 매수인에게 이전하는지
- 비용 : 예컨대 운송비용, 포장비용, 적재 또는 양하비용 및 점검 또는 보안 관련 비용에 관하여 어느 당사자가 어떤 비용을 부담하는지

인코텀즈 규칙은 A1/B1 등의 번호가 붙은 일련의 10개의 조항에서 위와 같은 사항들을 다루는데, 여기서 A 조항은 매도인의 의무를, 그리고 B 조항은 매수인의 의무를 지칭한다.

4. 어떻게 인코텀즈 규칙을 가장 잘 편입시킬 수 있는가

(1) Incoterms®의 적용

당사자들이 인코텀즈 2020 규칙이 계약에 적용되도록 하고자 하는 경우에 가장 안전한 방법은 계약에서 다음과 같은 문구를 통하여 그러한 의사를 명백하게 표시하는 것이다.

> ("[선택된 인코텀즈 규칙] [지정항구, 장소 또는 지점] Incoterms® 2020")
>
> 따라서 예컨대,
>
> CIF Shanghai Incoterms® 2020, 또는 DAP No 123, ABC Street, Importland Incoterms® 2020.

연도를 빠트리면 해결하기 어려운 문제가 발생할 수 있다. 당사자, 판사 또는 중재인이 어떤 버전의 인코텀즈 규칙이 계약에 적용되는지 결정할 수 있어야 한다.

(2) 선택된 인코텀즈 규칙의 기명 장소

① C규칙을 제외한 모든 인코텀즈 규칙 : 그러한 지정장소는 물품이 어디서 "인도"되는지, 즉 위험이 어디서 매도인으로부터 매수인에게 이전하는지를 표시한다.

② D규칙에서 지정장소 : 인도장소이자 목적지이고 매도인은 그 지점까지 운송을 마련하여야 한다.

③ C규칙에서 지정장소 : 매도인이 운송을 마련하고 그 비용도 부담하여야 하는 물품운송의 목적지이지만 인도장소나 인도항구는 아니다.

선택된 인코텀즈 규칙에서 해당되는 항구나 장소 또는 지점의 지리적 위치를 가급적 구체적으로 지정하여야 한다.

5. 인코텀즈 규칙 변용(Variant) 시 유의점

때때로 당사자들은 인코텀즈 규칙을 조금 고쳐서 사용하길 원한다. 인코텀즈 2020 규칙은 그러한 변경을 금지하지 않으나 그렇게 하는 데에는 위험이 따른다. 의외의 결과를 피하기 위하여 당사자들은 그러한 변경으로 의도하는 효과를 계약에서 매우 분명하게 표시하여야 한다. 따라서 예컨대 인코텀즈 2020 규칙상의 비용분담을 계약에서 변경하는 경우에 당사자들은 또한 인도가 이루어지고 위험이 매수인에게 이전하는 지점(Point)까지도 바꾸기로 의도하는 것인지 여부를 명백하게 기술하여야 한다.

예 "EXW Export Cleared", "DDP VAT unpaid"

6. 인코텀즈 2020의 변경 사항

(1) 본선적재표기가 있는 선하증권과 FCA 규칙

① 물품이 FCA 규칙으로 매매되고 해상운송되는 경우에 매도인 또는 매수인(또는 신용장이 개설된 경우에는 그들의 은행이 그럴 가능성이 더 크다)은 본선적재표기가 있는 선하증권을 원할 수 있다. 그러나 FCA 규칙에서 인도는 물품의 본선적재 전에 완료된다. 매도인이 운송인으로부터 적재선하증권(On – Board Bill of Lading)을 취득할 수 있는지는 확실하지 않다. 운송인은 자신의 운송계약상 물품이 실제로 선적된 후에야 비로소 선적선하증권을 발행할 의무와 권리가 있다.

② 이러한 상황에 대비하여 매수인과 매도인은 매수인이 선적 후에 선적선하증권을 매도인에게 발행하도록 그의 운송인에게 지시할 것을 합의할 수 있고, 매도인은 전형적으로 은행들을 통하여 매수인에게 선적선하증권을 제공할 의무가 있다.

(2) 비용 규정

① 인코텀즈 2020 규칙들 내의 새로운 조항순서에 따라 이제 비용은 각 인코텀즈 규칙의 A9/B9에 나타난다. 그러나 이러한 위치 변경 외에도 사용자들이 금방 알 수 있는 다른 변경이 있다. 인코텀즈 규칙의 여러 조항에 의하여 각 당사자에게 할당되는 다양한 비용은 전통적으로 개별 인코텀즈 규칙의 여러 부분에 나뉘어 규정되었다. 그러나 이제 인코텀즈 2020 규칙에서는 그러한 A6/B6에 상당하는 조항, 즉 A9/B9에서 당해 인코텀즈 규칙상의 분담비용을 모두 열거한다. 따라서 인코텀즈 2020 규칙의 A9/B9은 인코텀즈 2010 규칙의 A6/B6보다 더 길다.

② 그 목적은 사용자들에게 비용에 관한 일람표(One – stop List)를 제공하는 데 있으며, 그에 따라 이제 매도인과 매수인은 당해 인코텀즈 규칙상 자신이 부담하는 모든 비용을 한 곳에서 찾아볼 수 있다. 비용 항목은 또한 그 항목의 본래 조항(Home Article)에도 언급되어 있고, 따라서 예컨대 FOB에서 서류를 취득하는 데 드는 비용은 A9/B9 뿐만 아니라 A6/B6에도 여전히 나타난다.

(3) CIF와 CIP 간 부보수준의 차별화

① 인코텀즈 2010 규칙에서는 CIF 및 CIP의 A3에서 매도인에게 "자신의 비용으로 (로이즈시장협회/국제보험업협회의) 협회적하약관이나 그와 유사한 약관의 (C)약관에서 제공하는 최소담보조건에 따른 적하보험을 취득할 의무를 부과하였다. 협회적하약관의 (C)약관은 항목별 면책위험(Itemised Exclusions)의 제한을 받는 다수의 담보위험을 열거한다. 한편 협회적하약관의 (A)약관은 항목별 면책위험의 제한 하에 "모든 위험"("All Risks")을 담보한다.

② 인코텀즈 2020 규칙은 상당한 논의를 거친 후 CIF 인코텀즈 규칙과 CIP 인코텀즈 규칙에서 최소부보에 관하여 다르게 규정하기로 결정되었다. 전자 즉 CIF 규칙은 일차산품의 해상무역에서 사용될 가능성이 매우 높으므로 CIF 규칙에서는 현상유지, 즉 협회적하약관 (C)약관의 원칙을 계속 유지하되, 다만 당사자들이 보다 높은 수준의 부보를 하기로 달리 합의할 수 있도록 길을 열어 두었다. 후자 즉 CIP 규칙의 경우에 이제 매도인은 협회적하약관의 (A)약관에 따른 부보를 취득하여야 한다. 물론 당사자들은 원한다면 보다 낮은 수준의 부보를 하기로 합의할 수 있다.

(4) FCA 및 D규칙에서 자신의 운송수단에 의한 운송 허용

① 인코텀즈 2010 규칙에서는 물품이 매도인으로부터 매수인에게 운송되어야 하는 경우에 사용된 당해 인코텀즈 규칙에 따라 매도인 또는 매수인이 운송을 위하여 사용하는 제3자 운송인(Third – party Carrier)이 물품을 운송하는 것으로 전반적으로 가정되었다. 그러나 인코텀즈 2020 초안의 논의과정에서 물품이 매도인으로부터 매수인에게 운송될 때 상황에 따라서는 제3자 운송인의 개입이 전혀 없이 운송될 수도 있는 경우가 있다는 것이 명백해졌다.

② 예컨대 D규칙에서 매도인이 운송을 제3자에게 아웃소싱하지 않고 즉 자신의 운송수단을 사용하여 운송하는 것을 못하도록 하는 그 어떤 것도 없다. 마찬가지로 FCA 매매에서 매수인이 물품을 수취하기 위하여 나아가 자신의 영업구내까지 운송하기 위하여 자신의 차량을 사용하는 것을 금지하는 그 어떤 것도 없다.

(5) DAT에서 DPU로의 명칭 변경

① 인코텀즈 2010 규칙에서 DAT(Delivered At Terminal)와 DAP의 유일한 차이점은, DAT의 경우에 매도인은 물품을 도착운송수단으로부터 양하한 후 "터미널"에 두어 인도하여야 하였고 DAP의 경우에 매도인은 물품을 도착운송수단에 실어둔 채 양하를 위하여 매수인의 처분 하에 두었을 때 인도를 한 것으로 되었다는 점이다. 인코텀즈 2010의 DAT 사용지침(Guidance Note)에서는 "터미널"이라는 용어를 넓게 정의하여 "~ 지붕의 유무를 불문하고 모든 장소"가 포함되도록 하였다는 점도 기억할 것이다.

② ICC는 DAT와 DAP에서 두 가지를 변경하기로 결정하였다. 첫째, 이러한 두 인코텀즈 2020 규칙의 등장순서가 서로 바뀌었고(양하 전에 인도가 일어나는 DAP가 이제는 DAT 앞에 온다), 둘째, DAT 규칙의 명칭이 DPU(Delivered at Place Unloaded)로 변경되었고, 이는 "터미널"뿐만 아니라 어떤 장소든지 목적지가 될 수 있는 현실을 강조하기 위함이다. 그러나 그러한 목적지가 터미널에 있지 않는 경우에 매도인은 자신이 물품을 인도하고자 하는 장소가 물품의 양하가 가능한 장소인지 꼭 확인하여야 한다.

(6) 운송의무 및 비용조항에 보안관련요건 삽입

인코텀즈 2010 규칙에서는 보안관련요건(Security – related Requirements)이 다소 얌전하게 들어가 있었다. 인코텀즈 2010 규칙은 21세기 초반에 들어 보안관련 우려가 널리 확산된 후 시행된 인코텀즈 규칙의 최초 개정이었다. 그러한 우려 및 그에 관하여 초기에 그러한 우려 때문에 성립된 선적관행은 이제 상당히 정립되었다. 그러한 우려는 운송요건과 관련되기 때문에 이제 보안관련의무의 명시적 할당이 개별 인코텀즈 규칙의 A4(운송)와 A7(통관)에 추가되었다. 그러한 요건 때문에 발생하는 비용도 또한 이제는 더 현저한 위치 즉 비용조항인 A9/B9에 규정된다.

(7) 사용자를 위한 설명문

① 2010 버전에서 개별 인코텀즈 규칙의 첫머리에 있던 사용지침(Guidance Note)은 이제는 "사용자를 위한 설명문"(Explanatory Notes for Users)이 되었다. 이러한 설명문은 각 규칙이 어떤 경우에 사용되어야 하는지, 위험은 언제 이전하는지 그리고 매도인과 매수인 사이에 비용분담은 어떠한지와 같은 개별 인코텀즈 2020 규칙의 기초를 설명한다.

② 설명문의 목적은 (a) 사용자들이 당해 거래에 적합한 인코텀즈 규칙을 정확하고 효율적으로 찾도록 돕는 것과 (b) 인코텀즈 2020이 적용되는 분쟁이나 계약에 관하여 결정을 내리거나 조언하는 사람들에게 해석이 필요한 사항에 관하여 지침을 제공하는 것이다. 물론 인코텀즈 2020 규칙 전반을 관통하는 보다 기초적인 쟁점들에 관한 지침에 관하여, 보다 일반적으로는 본 소개문(Introduction)을 참조할 수 있다.

심화 PLUS⁺ 인도의 유형

1. 현실적 인도(Actual Delivery)
   매도인이 매수인 혹은 대리인에게 물품의 점유를 이전하여 계약을 이행하는 것을 말한다.

2. 추정적 인도
   실제로 물품을 인도·인수하지 않고 물품의 인도가 이루어진 것으로 추정하는 인도로서 양도승인에 의한 인도와 상징적 인도가 있다.
   - 양도승인에 의한 인도
     - 점유개정 : 매도인이 물품을 점유하고 있다가 매매 후에도 점유권의 양도인인 매도인이 매수인의 대리인으로서 물품을 계속 점유하는 경우
     - 간이인도 : 매매가 이루어지기 전에 물품을 매수인이 점유하고 있어 당사자의 의사표시로서 인도가 이루어지는 것으로 추정하는 경우
     - 목적물 반환청구권의 양도 : 물품은 매도인의 수탁자인 제3자에 의해 점유되어 있고 매매 후 매수인에게 물품을 양도하였다는 취지를 매도인이 제3자에게 통지하면 제3자가 매수인의 권리를 승인하고 그 수탁자로서 계속 물품을 보유하는 경우
   - 상징적 인도(Symbolic Delivery)
     C 규칙에서처럼 물품은 일반적으로 수탁자인 운송인이 점유하고 있고 매도인은 물품을 상징하는 선하증권과 같은 권리증권을 매수인에게 인도함으로써 물품이 인도된 것으로 추정하는 것을 말한다.

제119회 1급 기출문제

23. The following is on Incoterms® 2020. Select the right ones in the blanks.

> The Incoterms® rules explain a set of (A) of the most commonly-used three-letter trade terms, e.g. CIF, DAP, etc., reflecting (B) practice in contracts for the (C) of goods.

① (A) twelve, (B) business-to-consumer, (C) sale and purchase
② (A) eleven, (B) business-to-business, (C) sale and purchase
③ (A) eleven, (B) business-to-consumer, (C) sales
④ (A) twelve, (B) business-to-business, (C) sales

정답 ②
해설
인코텀즈 2020은 물품매매계약상 기업 간의 거래 관행을 반영하는 총 11개의 규칙을 포함하고 있다.

제107회 1급 기출문제

52. 다음 공란에 들어갈 정형거래조건을 올바르게 나열한 것은?

> 매매물품이 컨테이너에 적입되어 복합운송으로 운송되거나, 항공운송으로 신속하게 운송되어야 하는 경우에는 FOB, (Ⓐ), CIF가 아니라 FCA, CPT, (Ⓑ)를 사용하여야 한다. 매수인이 수출국의 항구나 공항의 사정을 잘 알지 못하여 스스로 운송계약을 체결할 수 없는 경우에는 (ⓒ)나 CIP, CFR, CIF를 사용해야 한다. 또한 매수인이 직접 부보하고자 하는 경우에는 CIP나 (ⓓ)를 피하여야 한다.

① Ⓐ DAP, Ⓑ CIP, ⓒ DAT, ⓓ FCA
② Ⓐ FAS, Ⓑ CFR, ⓒ CPT, ⓓ DAT
③ Ⓐ CFR, Ⓑ CIP, ⓒ CPT, ⓓ CIF
④ Ⓐ CIP, Ⓑ CFR, ⓒ DAT, ⓓ CIF

정답 ③
해설
Ⓐ Ⓑ 복합운송, 항공운송으로 운송되어야 하는 경우에는 EXW, FCA, CPT, CIP, D조건이 적합하다. FAS, FOB, CFR, CIF 조건은 해상운송 전용조건이다.
ⓒ 매수인이 운송계약을 체결할 수 없는 경우에는 매도인이 운송계약을 체결해야하는 조건인 CPT, CIP, CFR, CIF 조건이 적합하다.
ⓓ 매수인이 직접 부보하고자 하는 경우 매도인에게 보험 계약체결 의무가 있는 CIP, CIF 조건은 피해야 한다.

제8절 | 무역클레임과 처리방안

✎ 본문 내용 중 기출문제로 자주 출제된 부분에 **형광펜**으로 표시하였으니 반드시 학습하시기 바랍니다.

01 무역클레임의 개요   기출빈도 ★ ★

1. 무역클레임의 의의

(1) 무역클레임이란 매매당사자 간의 어느 일방이 고의나 과실로 매매계약상의 계약내용을 불이행함으로써 상대방에게 손해를 입힐 때 손해를 입은 당사자가 상대방에 대하여 권리의 회복이나 손해배상 등을 청구하는 것을 말한다.

(2) 클레임은 광의의 의미에서는 단순한 불평이나 불만 등을 포함시킬 수 있으나 불평이나 불만은 어느 일방의 주관적인 색채가 짙은 반면, 클레임은 객관적인 측면을 지닌 무역분쟁의 청구(Claim for Trade Dispute)라고 할 수 있다.

(3) 품질불량은 클레임의 건수와 금액 면에서 가장 많은 비중을 차지하고 있다.

2. 무역클레임의 발생원인 및 예방책

(1) 발생원인

① 직접적인 원인

무역계약 성립 과정상 성립 여부나 문언해석 등에 관한 해석의 차이, 계약서 내용의 미비, 품질불량, 수량부족, 포장불량, 선적불이행, 선적지연, 불완전 보험계약체결, 대금의 지급지연 또는 지급거절, 신용장의 미개설 또는 개설지연, 거래알선에 따른 수수료 미지급 등

② 간접적인 원인

사용하는 언어의 상이, 각국의 법과 상관습의 상이, 신용조사의 불비, 운송 중의 위험, 나라에 따라 서로 다르게 사용되는 도량형, 상대국의 식품위생법이나 독과점법 등

(2) 예방책

① 거래상대방에 대한 신용조사를 철저히 실시한다.

② 매매계약서의 작성을 철저히 하고 계약서상에 당사자의 의무와 책임을 명시한다.

③ 신용장 조건의 세심한 검토가 필요하며 신용장 개설 통지 시, 계약서의 내용과 일치하는지 면밀히 검토한다.

④ 국제 상관습에 대한 이해가 필요하다.

3. 무역클레임의 종류

일반적 클레임	매매당사자의 과실이나 태만에 의하여 계약이 완전히 이루어지지 못하였을 때 발생하는 가장 일반적인 클레임이다.
마켓 클레임	매수인에게 거의 손해를 입히지 않는 정도이거나 그 손상이 경미하여 평소 같으면 클레임이 되지도 않을 정도의 작은 과실을 구실로 하여 제기하는 클레임이다. 예 무역계약이 성립된 후 가격의 하락으로 손해가 발생할 우려가 있는 경우 사소한 트집을 잡아 대금의 인하를 요구하거나 물품의 인수를 거부하는 것
의도적 클레임	매매당사자의 순전한 악의에 의한 것으로, 처음부터 교묘한 계획으로 계약서나 신용장에 함정을 설정하여 계약의 이행을 방해하여 제기하는 클레임이다.

4. 무역클레임의 내용

(1) 금전의 청구 : 대금지급의 거절, 손해배상금의 청구, 대금감액의 청구 등

(2) 금전 이외의 청구 : 잔여계약의 해제, 계약이행의 청구, 물품의 인수거절, 대체품의 청구 등

(3) 금전의 청구와 금전 이외의 청구를 합하여 청구

예 대체품 송부와 함께 인도지연에 따른 과징금으로서 손해배상금 청구

5. 무역클레임의 제기

(1) 클레임은 규정된 기간 내에 클레임 통지를 발송하고 클레임의 내용이 확정되는 대로 필요서류를 제시하여 클레임의 정당성을 입증해야 한다.

(2) 클레임의 제기기한

① 무역계약 체결 시에 계약서상에 클레임을 제기하는 시기를 약정하였을 경우에는 그 기간 내에, 약정이 없을 경우에는 클레임의 사유가 발생한 즉시 또는 합리적인 기간 내에 클레임을 제기해야 한다.

② 클레임조항의 예문

> Any claim by buyer, must be made by cable within fifteen(15) days after arrival of goods at destination.
> [구매자의 클레임은 화물이 목적지에 도착한 후 15일 이내에 전신으로 알려야 한다.]

🔍 시험에 이렇게 나온다!

제102회 1급 기출문제

62. 평소에는 무역클레임의 대상이 되지 않을 경미한 과실을 감가의 구실로 제기하는 클레임으로 가장 적합한 것은?

① 일반적 클레임
② 마켓 클레임
③ 계획적 클레임
④ 간접적 클레임

정답 ②

해설
마켓 클레임은 매수인에게 거의 손해를 입히지 않는 정도이거나 그 손상이 경미하여 평소에는 무역클레임의 대상이 되지도 않을 정도의 경미한 과실을 구실로 하여 제기하는 클레임을 말한다.

02 무역클레임의 처리방안

1. 매매당사자 간의 해결

(1) 청구권의 포기(Waiver of Claim)

피해자가 상대방에 대하여 손해배상을 받을 수 있는 권리인 청구권을 행사하지 않는 것으로서 경미한 클레임에 대하여 클레임을 포기하고 단순경고를 함으로써 차후 주의를 촉구하는 방법이다.

(2) 타협(Compromise)과 화해(Amicable Settlement)

당사자 간 합리적인 선에서 타협과 화해를 통해 클레임 청구내용을 합의하는 방법으로 분쟁해결을 위한 가장 바람직한 해결방법으로 볼 수 있다.

2. 제3자를 통한 해결

(1) ADR(Alternative Dispute Resolution)

① 알선(Intercession, Recommendation)
- 당사자 일방 또는 쌍방의 의뢰에 의해 공신력 있는 제3자적 기관(대한상사중재원, 한국무역협회 등)이 개입하여 해결방안을 제시하거나 조언으로써 원만한 해결을 강구하는 방법이다.
- 알선은 중재, 소송과는 달리 형식적인 절차가 없으며, 법적 구속력을 갖지 않으므로 당사자 쌍방의 협력을 얻지 못하면 실패하게 된다.

② 조정(Mediation, Concilation)
- 알선에 의해 클레임이 해결되지 않을 경우 당사자 쌍방이 공정한 제3자를 조정인으로 선정하여 조정인이 제시하는 조정안에 대하여 합의함으로써 클레임을 해결하는 방법이다.
- 조정안의 수락여부는 당사자의 자유의사에 속하되, 당사자가 일단 조정안을 수락하면 법적 구속력을 갖는다.

③ 중재(Arbitration)
- 조정에서와 같이 사인(私人)인 공정한 제3자를 중재인으로 하여 중재인의 판정에 절대 복종함으로써 클레임을 해결하는 방법이다.
- 중재로 분쟁을 해결하겠다는 서면상의 중재합의가 있어야 절차가 개시되고 중재인이 판정을 내리며 단심으로 종결된다.
- 조정에서 조정안의 수락여부는 당사자의 자유의사에 속하는 반면, 중재의 경우 중재인의 판정을 거부할 수 없으며, 중재판정은 법원의 확정판결과 동일한 효력을 갖는다.
- 중재는 소송과 유사하나 중재판정의 경우에는 상소의 여지가 없고, 중재에 위탁된 사건에 대해서는 소송에 의하여 다툴 수 없다.

(2) 소송(Litigation)

① 국가기관인 법원의 판정에 의하여 분쟁을 국가의 공권력으로 해결하는 방법이다.
② 무역거래의 경우 상대방은 다른 국가의 법을 적용받기 때문에 당사자 상호 간에 외국판결의 승인 및 집행을 약정한 경우를 제외하고는 자국의 재판권이 상대국에 미치지 못하는 한계점이 있다.

[참고] Forum shopping

소송을 제기하는 때에 여러 국가 또는 법역의 법원 중에서 가장 유리할 것으로 기대되는 법원이나 법정지를 선택하는 것을 말한다.

(3) 중재와 소송의 비교

구 분	상사중재	소 송
대 상	• 개인·기업 간 상사분쟁	• 민사·상사·형사·행정 등 모든 분쟁
요 건	• 당사자 간 서면에 의한 중재합의가 필요함	• 당사자의 행위능력이 필요함
판정자	• 상거래와 관습에 정통한 중재인이 판정 • 각각의 분쟁에 따라 합리적 해결이 가능함 (유연성)	• 법관이 판결(경직성)
효 력	• 국내:법원의 확정판결과 동일한 효력 • 국외:뉴욕협약에 의거하여 국제적 집행이 가능함	• 국내:법적 구속력 • 국외:국제적 집행이 어려움
공개성	• 비공개주의 • 당사자 및 기업의 비밀 준수	• 공개주의
신속성	• 절차가 간단하고 단심제로 분쟁이 종료되어 매우 신속함	• 복잡한 소송절차와 3심제로 인해 오래 걸림
비 용	• 소송에 비해 저렴함	• 변호사 보수, 인지대 등 많은 비용 발생

🔍 시험에 이렇게 나온다!

제116회 1급 기출문제

58. 제3자 개입에 의한 무역클레임 해결방법에 대한 설명으로 옳지 않은 것은?

① 조정안에 대하여 당사자가 수락할 의무는 없으며 어느 일방이 조정안에 불만이 있는 경우에는 조정으로는 분쟁이 해결되지 못한다.
② 알선은 형식적 절차를 거치며, 성공하는 경우 당사자 간에 비밀이 보장되고 거래관계를 계속 유지할 수 있다.
③ 중재는 양 당사자가 계약체결 시나 클레임이 제기된 후에 이 클레임을 중재로 해결할 것을 합의하는 것이 필요하다.
④ 소송은 사법협정이 체결되어 있지 않는 한, 소송에 의한 판결은 외국에서의 승인 및 집행이 보장되지 않는다.

정답 ②

해설
알선은 형식적인 절차가 없으며, 법적 구속력을 갖지 않으므로 당사자 쌍방의 협력을 얻지 못하면 실패하게 된다.

제9절 │ 상사중재

✎ 본문 내용 중 기출문제로 자주 출제된 부분에 **형광펜**으로 표시하였으니 반드시 학습하시기 바랍니다.

01 상사중재의 개요

기출빈도 ★★

1. 중재의 정의

중재란 계약당사자 간의 중재합의에 의하여 당사자 간에 현존하는 분쟁 또는 발생 가능한 분쟁을 법원의 소송절차에 의하지 않고 제3자를 중재인으로 선정하여 중재인에게 판정을 맡기고 그 판정에 복종함으로써 분쟁을 해결하는 자주법정제도를 말하며 상사중재는 사법상의 분쟁을 중재의 대상으로 한다.

2. 중재의 장단점

(1) 장점

중재계약의 자율성	분쟁의 당사자가 법원의 판결에 의존하지 않고, 당사자 간의 중재합의에 따라 자신이 선임하는 중재인에게 판정을 맡기고 그 판정 결과에 복종하기로 하는 자주적인 분쟁 해결방법이다.
신속성	소송은 3심제로서 오랜 시간이 지체되지만 중재는 단심제로서 분쟁이 신속히 종결된다.
중재인의 전문성	상거래는 상관습에 영향을 받는 경우가 많으므로 법률에 따라 재판하는 법관보다는 상거래와 관습에 정통한 중재인의 판정이 보다 현실적이고 합리적이다.
비공개	소송은 재판절차와 판결이 모두 공개되어 기업의 기밀이 외부에 누설될 위험이 있으나 중재의 심리절차는 비공개를 원칙으로 하므로 대외의 신용유지가 보장된다.
저렴한 비용	분쟁을 신속하게 해결함으로써 비용이 절감되며, 소송을 하지 않으므로 변호사의 보수 및 인지대 등에 대한 비용이 들지 않기 때문에 소송에 비해 비용이 저렴하다.
중재판정의 국내 및 국제적 효력	소송은 국제적으로는 효력을 미칠 수 없으나 중재의 경우 중재법에 따라 국내에서 법원의 확정판결과 동일한 효력이 인정될 뿐만 아니라 뉴욕협약에 의해 외국에서도 중재판정의 효력 및 강제집행이 보장된다. **[용어설명]** 뉴욕협약이란 외국중재판정의 승인 및 집행에 관한 유엔협약의 약칭으로, 이 협약의 체약국 간에는 외국에서 내려진 중재판정에 대한 국내의 승인 및 집행이 보장되어 국제 상사분쟁의 해결을 용이하게 하고 있다.

(2) 단점

법률문제	중요한 법률문제가 포함되어 있을 경우 중재인의 판단 능력이 미흡할 수 있다.
예측가능성의 결여	중재인의 자의와 주관이 판정에 개입될 위험이 있으며 동종의 사건도 중재인에 따라 각각 다른 판정이 내려질 수 있다.
상소제도의 결여	판정에 대한 중대한 결함이 없는 한, 불복신청이 인정되지 않아 중재를 이용하려는 자에게 불안요인이 된다.

02 중재합의   기출빈도 ★ ★

1. 중재합의의 정의

(1) 중재합의(Arbitration Agreement)란 분쟁을 중재에 의하여 해결하도록 하는 당사자 간의 합의를 말하며, 중재합의가 없는 경우 일방이 중재를 거부하면 중재는 성립되지 않는다.

(2) 중재합의는 하나의 개별합의일 수도 있고 계약에서 중재조항이 될 수도 있다.

(3) 중재조항

중재조항은 중재합의의 한 형태로서 매매계약서상에 삽입되며, 중재조항은 계약에 대해 독립적으로 존재하는 것으로 계약의 변경·연장·무효 등은 중재조항의 효력에 영향을 주지 않는다. 즉, 계약서가 무효가 되더라도 중재조항은 유효하다.

2. 중재합의의 방법

(1) 서면주의

중재의 합의에는 계약자유의 원칙이 적용되나, 그 체결방법에 있어서는 계약자유의 원칙이 일부 제한되어 서면에 의한 합의만을 인정한다. 중재합의는 서면에 의한 문서에 중재합의가 포함되어 있거나 서신·전보·전신 및 문서전송 기타 통신수단에 의해 교환된 문서에 중재합의가 포함되어 있어야 한다.

(2) 사전중재합의와 사후중재합의

① 사전중재합의

계약 체결 시 중재조항을 삽입하여 장차 그 계약에서 분쟁이 발생하였을 경우 법원의 재판에 의하지 않고 중재에 의해 해결할 것을 사전합의한다.

② 사후중재합의

당사자의 합의에 의해 사전에 중재조항을 설정하지 못한 상태에서 분쟁이 발생하였을 경우 이의처리를 위해 중재를 이용할 것을 사후합의하는 것으로, 현실적으로 사후합의는 이해관계에 얽매여 어려운 경우가 많다.

3. 중재합의의 내용

중재합의가 유효하게 성립되어 중재절차가 순조롭게 진행되기 위해서는 중재지, 중재기관, 준거법 등이 반드시 포함되어야 한다.

중재지	• 중재절차 또는 중재판정이 행해지는 국가나 지역을 말한다.
중재기관	• 중재절차과정에 대한 전반적 관리를 수행하는 상설기관을 말한다.
준거법 (중재규칙)	• 중재기관이 중재가 진행되는 방법과 형식을 정한 것으로 중재신청절차, 중재인 선정절차, 중재판정절차 등에 관하여 규정하고 있는 규칙을 말한다. • 대한민국 외의 곳에 영업소를 두고 있거나 중재합의에서 정한 중재지가 대한민국 외의 지역인 국제중재의 경우 당사자들이 달리 합의하지 않는 한 원칙적으로 국제중재규칙이 적용된다.

4. 중재합의의 효력

중재합의가 있는 경우에는 법원에 직접 소송제기가 불가능하며, 이를 직소금지의 원칙이라고 한다.

Q 시험에 이렇게 나온다!

제95회 1급 기출문제

65. 중재제도의 특징에 관한 설명으로 틀린 것은?

① 중재합의가 있어야만 중재신청이 가능하다.
② 중재는 분쟁당사자 간에 있어서 법원의 확정판결과 동일한 효력이 있다.
③ 중재는 공개를 원칙으로 한다.
④ 대한민국 외의 곳에 영업소를 두고 있는 경우 당사자들이 달리 합의하지 않는 한 원칙적으로 국제중재규칙이 적용된다.

정답 ③
해설
중재는 비공개를 원칙으로 한다.

03 중재의 절차

기출빈도 ★ ★

중재합의 ⇨ 중재신청 ⇨ 중재 전 조정 ⇨ 중재지의 합의 ⇨ 중재인 선정 및 중재판정부 구성 ⇨ 심리 ⇨ 중재판정

1. 중재합의

(1) 당사자 간 중재합의가 있어야만 중재신청이 가능하며, 반드시 서면으로 이루어져야 한다.

(2) 주요 내용으로 중재지, 중재기관, 준거법을 포함해야 한다.

2. 중재신청

(1) 중재계약서에서 정한 중재기관에 중재를 신청한다.

(2) 중재신청을 받은 중재기관은 쌍방 당사자에게 신청접수내용을 통지하며, 접수등록 통지를 받은 피신청인은 답변서를 제출한다.

3. 중재 전 조정

(1) 중재절차를 밟기에 앞서서 당사자 상호의 양보 아래 분쟁을 해결하기 위해 조정인을 개입시켜 조정을 시도한다.

(2) 조정절차 및 효력

① 우리나라의 경우 조정이 개시되면 대한상사중재원에서 조정인을 선정하게 되고, 조정인은 당사자 쌍방의 의견을 듣고 조정안을 제시한다.

② 조정안은 강제력이 없지만 일단 성립하면 법원의 확정판결과 동일한 효력을 갖는다.

③ 조정인이 선정된 날로부터 30일 이내에 조정이 성립되지 않으면 조정절차가 종료되고 중재절차가 개시된다.

4. 중재지의 합의

(1) 중재지는 당사자 간 합의에 의해 결정되며, 합의가 없는 경우 중재판정부는 당사자 간 편의와 모든 사정을 고려하여 중재지를 결정한다.

(2) 국제중재에서 중재지 선택은 다음과 같은 의미에서 특히 중요하다.

① 중재지는 중재절차의 준거법(Lex Arbitri)을 결정하는 기준이 된다.

② 중재지는 중재판정의 국적을 결정하는 요인으로서 뉴욕협약의 적용여부를 판단하는 기준이 된다.

③ 중재지는 중재판정의 취소사유가 있는 경우 관할법원의 결정기준이 된다.

5. 중재인 선정 및 중재판정부 구성

(1) 중재인의 선정방법은 당사자에 의한 직접 선정방법과 중재기관에 의한 선정방법이 있으며 중재인의 수는 당사자 간 합의에 의하되 합의가 없는 경우 통상 1인 또는 3인으로 정한다.

(2) 중재판정부는 1인 또는 수인의 중재인으로 구성되어 중재절차를 진행하고 중재판정을 내리게 된다.

6. 심리

(1) 중재판정부는 심리의 일시·장소와 방식을 결정하여 당사자에게 심리개시 10일(국제중재는 20일) 전까지 통지한다.

(2) 당사자 간 다른 합의가 없는 경우 중재판정부는 중재지 외의 적절한 장소에서 중재인들 간 협의, 증인·감정인 및 당사자 본인에 대한 신문(訊問), 물건·장소의 검증 또는 문서열람을 할 수 있다.

7. 중재판정

(1) 중재판정부는 분쟁의 해결을 위한 최종적 결정을 내린다.

(2) 중재판정부는 당사자 간 합의 또는 법률의 규정 중 다른 정함이 없는 한 심리종결일로부터 30일 이내에 중재판정을 내려야 한다.

04 중재판정

1. 중재판정의 근거

(1) 중재판정부는 당사자들이 지정한 준거법에 따라 판정을 내려야 한다.

(2) 중재판정부는 당사자들이 명시적으로 권한을 부여하는 경우에 한하여 기존의 법원칙을 엄격히 적용시키기보다는 형평과 선에 근거하여 판정을 내릴 수 있다.

[용어설명] 형평과 선: 일반적으로 정해진 법원칙의 불공정성·엄격성의 단점에서 벗어나 타당하고 합리적인 분쟁해결을 이끌 수 있는 융통성의 기준

(3) 중재판정부는 계약에서 정해진 바에 따라 판단하고 해당 거래에 적용될 수 있는 상관습을 고려해야 한다.

2. 임시적 처분

중재판정부는 중재절차를 진행하는 동안 중재의 판정 시까지 현상유지, 자산보전 등에 대한 조치로써 당사자들의 지위를 보호하고 중재판정의 결과를 기다리는 동안 목적물의 처분이나 재산 도피 등을 제한하고 그 상태를 유지하기 위한 임시적 처분(Interim Measure) 결정을 내릴 수 있다.

3. 중재판정의 효력

(1) 국내적 효력

① 중재판정은 법원의 확정판결과 동일한 효력을 가지며 판정내용에 불복하여 다시 중재를 신청할 수 없으며 소송을 제기할 수도 없다.

② 중재판정이 성립한 경우에는 법률적으로 확정되어 중재인이라 하더라도 자기가 내린 중재판정을 철회하거나 변경할 수 없다.

(2) 국제적 효력

① 외국중재판정의 승인 및 집행에 관한 국제연합협약(뉴욕협약)에 의거하여 뉴욕협약의 체약국 간에는 중재판정의 국제적 효력이 인정되어 우리나라에서 내려진 중재판정에 대한 외국에서의 승인 및 집행이 보장되며, 외국에서 내려진 중재판정에 대한 우리나라의 승인 및 집행이 보장되고 있다.

② 뉴욕협약의 체약국은 외국에서 내려진 중재판정의 승인 및 집행이 신청되면 외국중재판정의 승인 및 집행의 거부사유에 해당하지 않는 한 반드시 이를 승인 및 집행해야 한다.

4. 중재판정의 취소

(1) 중재판정에 대한 불복은 원칙적으로 불가능하나 중재절차상의 하자가 있거나 중재판정 집행국의 사회질서에 위반되는 경우 등에 한하여 중재판정 취소의 소를 제기할 수 있다.

(2) 중재판정 취소의 소의 관할법원은 중재합의에서 지정한 법원이, 그 지정이 없는 경우에는 중재지를 관할하는 법원이 된다.

1. 중재판정의 승인 및 집행

(1) 중재판정의 승인 및 집행은 확정된 중재판정에 대하여 우리 법원의 확정판결과 같은 효력을 승인하고 중재의 당사자가 중재판정을 따르도록 강제하는 것을 말한다.

(2) 중재판정을 집행하기 위해서는 중재판정의 승인 및 집행절차를 거쳐야 하는데, 중재판정의 승인 및 집행절차는 집행국가의 법원의 승인 및 집행판결에 의하도록 하고 있다.

(3) 집행국가의 법원은 중재판정이 국내중재판정인지, 외국중재판정인지 구분하여 승인 및 집행절차를 규정하고 있다.

2. 외국중재판정의 승인 및 집행

(1) 중재지가 뉴욕협약이 적용되는 국가인 외국중재판정의 경우 뉴욕협약에 규정된 외국중재판정의 승인 및 집행 거부 사유에 해당하지 않으면 집행국가의 국내법규와 절차에 따라 승인 및 집행이 이루어진다.

(2) 외국중재판정의 승인 및 집행 거부 사유(중재법상 중재판정 취소사유)

당사자의 무능력 또는 중재합의의 무효	중재합의의 당사자가 해당 준거법에 따라 무능력자로 확정된 경우 또는 중재합의의 당사자가 지정한 준거법이나 중재판정이 내려진 국가의 법률에 따라 중재합의가 무효인 경우
방어권의 침해	당사자가 중재인 선정이나 중재절차와 관련하여 적절한 통지를 받지 못했거나 기타 이유에 의하여 방어할 수 없었던 경우
중재판정부의 권한 유월 또는 중재합의의 범위 일탈	중재판정이 중재합의 대상이 아닌 분쟁을 다루거나 중재판정이 중재합의의 범위를 벗어나는 경우
중재판정부의 구성 또는 절차상의 하자	중재판정부의 구성 또는 중재절차가 당사자 간의 합의와 다르거나 합의가 없었던 경우에는 중재를 행하는 국가 법령에 합치하지 않는 경우
구속력 없는 중재판정 또는 중재판정의 취소·정지	중재판정이 당사자에 대한 구속력을 발생시키지 않았거나 중재판정이 내려진 국가 또는 중재판정의 기초된 법이 속하는 국가의 권한 있는 기관에 의해 중재판정이 취소·정지된 경우
중재가능성의 결여	중재판정의 대상이 된 분쟁이 중재판정의 승인 및 집행이 구하여진 국가의 법률 하에서 중재로 해결될 수 없는 경우
공서양속 위반	중재판정의 승인 및 집행이 중재판정의 승인 및 집행이 구하여진 국가의 선량한 풍속이나 그 밖의 사회질서에 위배되는 경우

제102회 1급 기출문제

53. 우리나라에서 외국중재판정의 승인 및 집행거부 사유가 될 수 없는 것은?

① 당사자 간에 중재합의가 없는 경우
② 중재인 선임이나 중재절차와 관련하여 당사자가 적절한 통지를 받지 못한 경우
③ 중재인이 법적용을 잘못하여 중재판정을 내린 경우
④ 중재판정이 대한민국의 공서양속에 반하는 경우

정답 ③

해설
중재인이 법적용을 잘못하여 중재판정을 내린 경우는 외국중재판정의 승인 및 집행 거부 사유에 해당하지 않는다.

▋ 빈출포인트

- 18회분의 기출문제를 분석하여 빈출포인트별 기출빈도(★~★★★)를 표기하였습니다.
- 기출빈도가 높아 시험 출제가능성이 높은 부분은 꿀 으로 표기하였으니 반드시 학습하시기 바랍니다.

* 0~2회 기출 : ★   3~7회 기출 : ★★   8회 이상 기출 : ★★★ 꿀

구 분	빈출포인트	기출빈도	페이지
제1절 국제운송의 개관	01 국제운송의 형태	★	p.112
	02 운송인과 운송서류	★	p.113
	03 운송계약의 당사자	★	p.114
제2절 국제해상운송	01 해상운송의 개요	★	p.116
	02 해상운송과 계약의 형태	★★	p.116
	03 해운동맹과 편의치적	★	p.117
	04 해상운송계약	★★	p.120
	꿀 05 컨테이너(정기선) 운송	★★★	p.123
	06 선박의 종류와 적재방식 등	★	p.129
	꿀 07 해상운임	★★★	p.131
	꿀 08 선하증권(B/L)	★★★	p.136
제3절 국제항공운송	01 항공운송의 개요	★	p.146
	02 항공운송대리업	★★	p.146
	03 항공운송의 수출입절차	★	p.147
	04 항공화물운송장(AWB)	★★	p.148
	05 항공화물 운임	★★	p.150
제4절 국제복합운송	01 복합운송의 개요	★★	p.152
	02 복합운송인	★★	p.152
	03 복합운송증권	★★	p.153
	04 복합운송인의 책임	★	p.155
	05 국제복합운송의 형태	★★	p.156
제5절 국제운송규칙과 클레임	01 해상운송규칙	★★	p.158
	02 항공운송규칙	★	p.161
	03 육상 및 복합운송규칙	★	p.162
	04 운송인에 대한 클레임	★	p.164

▋ 학습전략

무역운송에서는 송하인으로부터 수하인에게 화물이 운송되는 전 과정을 학습한다.
국제운송의 개관을 학습하여 국제해상운송과 국제항공운송, 국제복합운송의 운송과정을 이해하고, 각 운송과정에서 사용되는 선적서류와 운송규칙을 연관지어 학습하여야 한다.
또한 운송용어의 정의와 특징을 묻는 문제가 자주 출제되므로 용어 중심으로 학습해야 한다.

해커스 무역영어 1급 4주 완성 이론+기출문제

1편 무역실무

제2장 무역운송

제1절 | 국제운송의 개관

✎ 본문 내용 중 기출문제로 자주 출제된 부분에 **형광펜**으로 표시하였으니 반드시 학습하시기 바랍니다.

01 국제운송의 형태

기출빈도 ★

1. 해상운송

해상운송은 화물선에 의하여 바다를 통해 화물을 운송하는 방식을 말하며 주로 대량화물이나 긴급을 요하지 않는 화물을 저렴한 운임으로 운송하고자 하는 경우에 이용된다. 정해진 운송경로로 공시된 운임에 따라 운송되는 정기선과 운송수요에 따라 임의로 운항되는 부정기선으로 구분한다. 정기선운송의 경우 대부분이 규격화된 컨테이너를 사용하는 컨테이너운송이 일반적이다.

2. 항공운송

항공운송은 항공기에 의하여 항공로를 통해 화물을 운송하는 방식으로 주로 긴급물품이나 소량화물, 고부가가치제품, 신선도를 유지하여야 하는 물품 등의 운송에 이용된다. 항공운송도 해상화물의 운송처럼 정기항공화물운송 및 부정기항공화물운송의 방식이 있는데 통상 정기항공운송이 이용된다.

3. 기타 운송

기타 운송 형태로 육상운송 수단인 화물트럭 및 화물열차에 의한 육상운송과 강이나 운하와 같은 내륙수로를 통한 내수로운송이 있다.

4. 복합운송

복합운송은 둘 이상의 운송방법(Mode of Transport)을 결합하여 이루어지며 송하인과 운송계약을 체결한 복합운송인이 운송의 전 구간에 대해 책임을 부담하는 운송을 말한다. 국제복합운송은 매도인의 영업소에서 매수인의 영업소까지의 일관운송(문전 간 운송, Door – to – Door)이 가능하다는 장점이 있는데 이는 규격화된 컨테이너를 사용하는 컨테이너운송의 보편화와 함께 발전하였다.

5. 운송방법별 특징

구 분	해상운송	항공운송	육상운송	
			철도운송	도로운송
대상화물 및 운송거리	• 대량·중량화물 • 장거리 운송에 적합	• 경량·소량 고부가가치 화물 • 장거리 운송에 적합	• 대량·중량화물 • 장거리 운송에 적합	• 중·소량화물 • 장거리 운송에 적합

운 임	• 저운임 • 비교적 탄력적	• 고운임 • 비탄력적	• 중거리 운송에 적합한 운임체계 • 비탄력적	• 단거리 운송에 적합한 운임체계 • 탄력적
운송속도	• 가장 느림	• 가장 빠름	• 다소 느림	• 보통
안전성	• 상대적으로 높음	• 비교적 안전	• 비교적 안전	• 가장 위험
복합 일관운송	• 육상운송과 연계 필요 • 복합운송의 주운송구간	• 해상, 육상운송과 연계 필요	• 도로운송과 연계 필수적	• 해상, 항공운송과 연계 필요
기후의 영향	• 악천후에 영향받음	• 악천후 시 운항 중지	• 전천후 운송	• 악천후에 약간 영향 받음
중량제한	• 영향 없음	• 크게 영향 미침	• 거의 영향 없음	• 제한 있음
포 장 보 관 하역비	• 고비용	• 포장비 저렴 • 하역비 부담	• 비교적 저렴	• 포장, 보관비용 비교적 저렴 • 하역비 가장 저렴
운송수배	• 용이한 편은 아님	• 간혹 불편	• 다소 불편	• 매우 용이함
화물의 인수	• 복잡한 절차	• 복잡한 절차	• 다소 불편	• 매우 용이함

02 운송인과 운송서류

기출빈도 ★

1. 국제물품매매계약과 운송인

국제물품매매계약의 매도인은 계약에서 정한 물품을 계약에서 정한 방법에 따라 매수인에게 인도하고 물품과 관련된 서류를 교부하여야 한다.

국제물품매매거래의 당사자들 간의 물품의 운송은 매도인과 매수인 간 직접 물품을 운송하여 인도하는 경우보다는, 운임을 대가로 전문적인 운송 서비스를 제공하는 운송인에게 물품의 운송을 의뢰하여 간접 인도의 형태로 이행되는 것이 일반적이다.

2. 운송서류의 역할

(1) 운송인은 송하인으로부터 운송물품을 수령하면 선하증권(B/L)과 같은 운송서류(Transport Document)를 발행한다.

(2) 매매계약의 당사자들이 계약에서 정한 내용 또는 합의된 정형거래조건의 내용에 따라 당사자 중 일방이 운송계약을 체결하고, 매도인이 운송계약의 내용대로 운송인에게 물품을 인도하고 운송서류를 입수하여, 기타 선적서류와 함께 은행을 통해 또는 매수인에게 직접 서류를 제시하고 그와 상환으로 대금을 회수하는 화환취결 방식에서도 운송서류는 중요한 역할을 차지한다.

1. 운송인(Carrier)

송하인과 운송계약을 체결하는 당사자를 말한다. 물품을 목적지까지 운송하는 대가로 운임을 수취하며 운송 중 화물의 멸실 손상에 대해 일정 범위의 책임을 부담한다.

2. 송하인(Consignor, Shipper)

송하인이란 ① 운송인과 운송계약을 체결하는 당사자 또는 ② 운송될 화물을 운송인에게 인도하는 당사자를 말한다.

①은 운송계약상의 지위를 기준으로, ②는 선적지에서 운송인에게 화물의 물리적 인도를 행하는 행위를 기준으로 지위를 부여한 것이다.

> 참고 화주와 송하인
> • 화주(貨主)
>   화주(貨主)라는 용어를 Shipper 또는 Consignor로 번역하기도 한다. 통상 화주는 화물의 소유권자를 지칭할 때 사용하는데, 수출국에서의 수출자나 수입국에서의 수입자를 의미하며 관세법에서도 관세의 원칙적 납세의무자를 화주로 규정하고 있다.
> • 송하인(送荷人) vs 송화인(送貨人)
>   한자 荷(짐 하)와 貨(재화 화)는 동일한 의미로 여러 무역용어에서 혼용되어 사용되고 있다. 의미의 차이는 전혀 없으므로 둘을 구분해야 하는 것은 아니다.
> 예 Shipper : 송하인/송화인, 하주/화주, Consignee : 수하인/수화인, Cargo : 하물/화물, Cargo Mark : 하인/화인, Bill of Lading : 선하증권/선화증권 등

3. 수하인(Consignee)

운송의 목적지에서 물품을 수령할 권한을 가진 당사자를 말한다.

4. 운송주선업자(Freight Forwarder)

(1) 해상운송주선인, 항공운송주선인, Forwarding Agent, Shipping Agent, Shipping & Forwarding Agent 등을 포괄하여 실무상 포워더로 통칭한다.

(2) 국제운송물품의 운송 및 물류 전반에 대한 전문적인 지식을 바탕으로 화주에게 관련 분야의 자문을 제공하고 운임과 운송·물류 관련 비용의 견적, LCL화물의 집하·혼재, 선복예약 및 운송계약의 체결, 운송 서류의 작성 및 취급, 보험 수배, 포장 및 보관, 통관절차 및 유통의 주선 등의 서비스를 제공하는 자를 말한다.

(3) 대부분의 경우 자신이 운송수단을 보유하고 있지 않고, 실제 운송인에 대해서는 화주의 지위를 가지며 실제 화주에 대해서는 운송인의 역할을 한다. 특히 복합운송에 있어서는 스스로 운송계약의 주체가 되어 복합운송인으로서 복합운송증권을 발행한다.

(4) 우리나라의 운송주선인

① 국제물류주선업을 경영하려는 자는 국토해양부령으로 정하는 바에 따라 국토해양부장관에게 등록하여야 한다.

② 우리나라의 해상화물운송주선업과 항공운송주선업은 물류정책기본법상 국제물류주선업으로 일원화되었다.

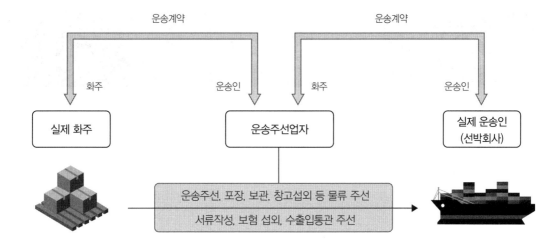

심화 PLUS⁺ 3자 물류(3PL, Third Party Logistics)

3자 물류란 배송·보관·유통 등 두 가지 이상의 물류기능을 종합적으로 제공하는 물류서비스를 말하는데, 관련 비용을 절감하기 위해 제품 생산을 제외한 물류 전반을 특정 물류전문업체에 위탁하는 형태를 말한다. 물류전문업체에 원자재 수급, 재고관리, 보관 및 제품의 배송 등 제품 생산을 제외한 물류와 관련된 전 분야를 위탁하는 것을 말한다.

제2절 | 국제해상운송

✐ 본문 내용 중 기출문제로 자주 출제된 부분에 **형광펜**으로 표시하였으니 반드시 학습하시기 바랍니다.

01 해상운송의 개요
기출빈도 ★

1. 해상운송의 의의

(1) 해상운송(Shipping)이란 해상에서 선박을 이용하여 사람이나 재화의 장소적·공간적 이전을 목적으로 운송하는 해상서비스이며, 그 대가로 운임을 획득하는 경제활동을 의미한다.

(2) 해상운송은 운송인(Carrier)이 송하인(Shipper, Consignor)으로부터 물품을 인수받아 수하인(Consignee)에게 운송해줄 것을 약정하고 송하인은 그 대가로 운송인에게 운임을 지급할 것을 약정함으로써 성립되는 해상운송계약에 의해 이행된다.

2. 해상운송의 장단점

장 점	단 점
• 국제성	• 운송속도가 느림
• 대량 운송이 가능함	• 기후에 민감함
• 장거리 운송에 적합함	• 상대적으로 운송 중 멸실 손상의 위험이 높음
• 운송비가 저렴함(자유로운 운송비)	• 항만시설이 필요함

02 해상운송과 계약의 형태
기출빈도 ★ ★

1. 개요

해상운송은 크게 지정된 항구 사이를 일정한 일정에 의해 정기적으로 운항하는지 여부에 따라 정기선운송(Liner)과 부정기선운송(Tramper)으로 형태가 나누어지며, 이들은 주요 운송화물, 운송조직, 계약방법이 다르다.

2. 정기선운송(Liner)

(1) 일반에게 공시(Published to Public)된 운항계획(Schedule)에 따라 지정된 항로와 항구를 규칙적으로 왕복 운항(기항)하는 선박에 의한 운송형태를 말한다.

(2) 정기선이란 정기항로에 취항하고 있는 선박을 지칭하며, 주로 컨테이너선을 사용하기 때문에 공산품의 포장화물과 일반화물(General Cargo) 등을 주로 운송한다.

(3) 일반적으로 해운동맹이 제정한 공통 운임요율표(Freight Tariff)에 따라 운송서비스를 제공한다.

[용어설명] 해운동맹 : 특정 항로에 취항하고 있는 선박회사들이 상호 독립성을 유지하면서 과당경쟁을 배제하고 독점력을 강화하여 회원사 상호 간의 경제적 지위를 향상·유지시킬 목적으로 결성된 국제카르텔(Cartel)을 말하며, 정기선운송 선사들의 운임을 공동으로 결정하기 위한 동맹이라 하여 정기선동맹(Liner Conference) 또는 운임동맹(Freight Conference)이라고도 함

3. 부정기선운송(Tramper)

(1) 화주의 요구에 따라 계약을 체결하고 부정기적으로 운항하는 운송형태를 말한다.

(2) 부정기선은 통상 화물의 종류를 가리지 않는 재래선(Conventional Ship)에 의한 벌크(Bulk)화물을 운송한다. 또한 화물의 성질 또는 형태에 따라 특수한 시설과 구조를 갖춘 선박 또는 특수전용선이 사용될 수 있으며, 주로 원유, 철광석, 곡물 등 저가의 비포장 대량화물을 운송한다.

(3) 운임은 계약체결 당시 수요와 공급에 따라 수시로 변동되며, 단위당 운송비는 정기선 운임에 비해 상대적으로 저렴하다.

(4) 선박은 화물의 수요에 따라 수시로 항로를 변경하기 때문에 특정 업체의 시장점유율이 높지 않으므로 정기선과 달리 해운동맹을 결성하지 않는다.

[더 쉽게 이해하기] 정기선운송과 부정기선운송의 비교

구 분	정기선	부정기선
성 격	• 정기적 운행	• 수시 운행
운송화물	• 컨테이너 또는 단위화물의 공산품 등 잡화(General Cargo)	• 벌크(Bulk) 형태 원재료 등 1차산품
운 임	• 운임요율표에 공시된 운임 + 추가요금과 할증료 • 상대적으로 운임의 변동폭이 크지 않고 비탄력적	• 수요와 공급에 의해 변동 • 일반적으로 단위운임은 정기선 대비 저렴하며 변동폭은 탄력적
운송인	• 공중 일반운송인(Public Common Carrier)	• 사적 계약운송인(Private Carrier)
운송조직규모	• 대규모, 해운동맹	• 소규모로 가능
운송계약의 체결	• 선하증권(B/L)상의 운송조건에 의한 개품운송계약	• 용선계약서(C/P, Charter Party)에 의한 용선계약

03 해운동맹과 편의치적

기출빈도 ★

1. 해운동맹(Shipping Conference)

(1) 해운동맹이란 특정 항로에 취항하고 있는 선박회사들이 상호 독립성을 유지하면서 과당경쟁을 배제하고 독점력을 강화하여 회원사 상호 간의 경제적 지위를 향상·유지시킬 목적으로 결성된 국제카르텔(Cartel)을 말하며, 정기선운송 선사들의 운임을 통제하기 위한 동맹이라 하여 정기선동맹(Liner Conference) 또는 운임동맹(Freight Conference)이라고도 한다.

(2) 해운동맹에 대한 독점금지법 면제

① 카르텔은 경쟁제한에 의하여 독점 또는 과점의 형성을 목적으로 하는 것이므로 독점금지법에 의해 제한을 받게 된다.

② 해운동맹은 국제적 성격을 가지며 해운동맹을 금지하면 결국 선사 간에 경쟁을 격화시켜 선복공급이나 운임에서의 불안정을 일으켜서 오히려 원활한 국제운송을 저해하게 된다는 점에서 독점금지법을 면제해왔다.

③ 해운동맹의 수요가 줄고 비동맹선사가 늘어남에 따라 유럽연합(EU)에서는 해운동맹에 부여한 독점금지법 면제를 철폐하였으나 미국을 비롯하여 많은 국가에서는 해운동맹에 대해 독점금지법 적용 면제를 유지하고 있다.

(3) 해운동맹의 구분

해운동맹에는 가입이 자유로운 개방식 동맹(Open Conference)과 가입에 엄격한 조건을 부여하여 가입을 제한하는 폐쇄적 동맹(Closed Conference)이 있다.

(4) 해운동맹의 대내적 운영방식

운임협정 (Rate Agreement)	화물의 등급·운임률·최저운임·할인 등에 관한 협정
배선협정 (Sailing Agreement)	적취량·운송구역의 분할·항해빈도·운행 선박 수에 관한 협정
운임공동계산협정 (Pooling Agreement)	일정 기간 운임수입에 대하여 미리 정한 비율에 의해 배분함
투쟁선 (Fighting Ship)	특정항로에서 타 선사보다 저렴한 운임으로 운항하는 선박을 해운동맹의 공동 비용 부담으로 운영

(5) 해운동맹의 대외적 구속수단

계약운임제도 (Contract rate, Dual rate System)	해운동맹에 가입된 선사를 이용하겠다는 화주에게는 할인된 운임을 책정하는 이중 운임제도
운임(성실)할려제도 (충실보상제도) (Fidelity Rebate System)	일정 기간 화물을 해운동맹에 가입한 선사만을 이용한 화주에게 그 기간 지급한 운임의 일정비율을 할인해주는 제도
운임연환급제도 (운임연환불제도) (Deferred Rebate System)	일정 기간 화물을 해운동맹 가입 선사만을 이용한 화주에게 그 기간 지급한 운임의 일정비율을 환급받기 위해서 그 다음 일정 기간에도 해운동맹 가입 선사만을 이용해야 하는 제도

심화 PLUS ✛ 해운동맹의 독점금지법 적용과 면제

자유로운 경쟁을 유지하기 위하여 전 세계적으로 카르텔 등의 독점금지법을 제정하여 시행하고 있으나 유독 해운동맹에 대해서는 이러한 독점금지법을 면제해왔다. 최근 각 국가별 업계 및 입장에 따라 해운동맹의 독점금지법 적용에 대한 태도가 다르다.

유럽연합(EU)	유럽연합(EU) 출범과 함께 카르텔, 독점 등을 금하는 EC경쟁법이 회원국에 적용되었으나 해운동맹에 대해서는 이를 면제하였다. 유럽연합(EU)은 2008년 이들 해운동맹에 부여했던 '독점법 면제특권'을 더 이상 부여하지 않기로 결정했다.
미 국	미국 개정해운법(1998)에서는 해운동맹은 독점금지법 적용을 면제하면서 불공정거래의 성격을 갖는 부분에 대하여는 이를 금지하는 규정을 가지고 있다.

2. 해운동맹의 운항형태

전략적 제휴 (Strategic Alliance)	• 둘 이상의 경쟁선사가 제휴를 맺고 마케팅, 운항, 구매 및 통제를 공동으로 수행 • 규모의 경제를 통하여 원가를 절감
단독운항 (Independent Operation)	• 개별선사가 정기선 항로에 선단을 단독으로 구성 • 운항스케줄, 기항지, 영업정책 등을 개별선사가 단독으로 결정 • 단독 선단구성으로 대규모 자본투자가 필요 • 운항거리가 짧은 항로에서 주로 이용
공동운항 (Joint Service)	• 특정 정기선 항로를 둘 이상의 선사가 공동으로 선단을 구성하여 운영 • 운항스케줄은 공동으로 작성하나 운임, 요율, 서비스는 각자의 선박명을 가지고 독자적으로 결정 가능
해운컨소시엄 (Shipping Consortium)	• 정기선 항로의 채산성 유지를 위해 여러 선사가 하나의 컨소시엄을 구성 • 각기 자사선을 운항하지만 선박의 공동스케줄의 작성, 스페이스의 상호교환, 운송장비의 공동 사용, 사무국 운영, 터미널의 공동 사용, 운임수입과 화물 수송량의 공동배분 등은 컨소시엄에서 통합적으로 관리

3. 편의치적

(1) 편의치적(Flag of Convenience)은 선주가 자국에 선박을 등록하지 않고 세금과 선원의 노동비 절감을 위해 타국의 선박으로 등록하는 것을 말한다.

(2) 목적

세금절감	• 선박으로 얻는 수익에 대한 세금을 절감하기 위해 세금이 낮거나 없는 국가에 선박을 등록 • 라이베리아, 파나마 등 조세피난처(Tax Haven)에 선박을 등록
노동력 수용	• 자국의 선원만을 고용해야 하는 선원법을 피해 타국의 선원을 고용할 수 있는 국가에 선박을 등록 • 노동비가 저렴한 국가의 선원을 고용하여 선박운영비용을 상당히 절감할 수 있음
규제회피	• 선박 건조 및 금융에 대한 정책적 규제가 최소화된 국가에 선박을 등록하여 해운 경영상 경쟁력을 확보하기 위한 목적

1. 개품운송계약(Contract of Affreightment, Affreightment in a General Ship)

(1) 개별화물을 대상으로 운송인과 화주 간에 운송계약을 체결하는 것을 말한다.

(2) 주로 컨테이너선이 이용되며, 컨테이너운송의 경우 컨테이너를 단위로 계약을 체결하거나 동일한 목적지로 향하는 서로 다른 화주들의 소량화물들을 하나의 컨테이너에 혼적(Consolidation)하여 운송하는 형태로 이루어진다.

(3) 주로 대형선박을 이용하여 다수의 화주와 운송계약을 체결해야 하므로 정형화된 약관에 의한 부합계약의 방식으로 별도의 운송계약서를 작성하지 않고 선하증권(B/L)상의 운송조건에 의해 운송계약이 체결된다.

   [용어설명] 선하증권(B/L, Bill of Lading) : 송하인으로부터 운송할 화물을 수령한 해상운송인이 발행하는 운송서류로서, ⓐ 화물의 수취를 증빙하며, ⓑ 정기선운송에서는 운송계약의 증거가 되고 ⓒ 화물에 대한 권리를 나타내는 권리증권이다. 원칙적으로 목적지에서 선적시 발행된 선하증권의 원본을 운송인에게 제출하여야 화물을 수령할 수 있기 때문에 국제물품매매계약의 핵심 서류라 할 수 있다.

2. 용선계약(C-P, Charter Party)

(1) 보수를 주고 선박을 빌리는 선박의 임대차를 용선(Chartering, 傭船)이라 한다.

(2) 용선계약이란 용선자(Charterer)가 임차인으로서 임대인인 선주(Ship Owner)로부터 선복의 전부 또는 일부를 빌리기로 약정하고 이에 대해 용선료(Hire)를 지급할 것을 체결하는 계약을 말한다.

   [용어설명] 선복(Shipping Space) : 화물을 운송하는 데 사용되는 선박의 공간

(3) 주로 곡물·석탄·원목 등 대량의 벌크(Bulk)화물 운송에 이용되며, 부정기선(Tramper)을 사용하는 것이 일반적이다.

(4) 개품운송계약과 달리 계약체결 시 표준화된 용선계약서(C/P, Charter Party)를 작성한다.

| 더 쉽게 이해하기 | 개품운송계약과 용선계약의 비교

구 분	개품운송계약	용선계약
목 적	개별화물의 운송	선복의 일부 또는 전부
운송방법	정기선(Liner)	부정기선(Tramper)
계약당사자	운송인과 송하인	선주와 용선자
화 주	불특정 다수	특정 화주
주대상 화물	포장된 잡화(General Cargo)의 Container 화물	비포장의 벌크(Bulk)화물(원유, 철강, 석탄, 곡물 등)
운송계약 증빙	선하증권(B/L)	용선계약서(C/P)
운임률	공표된 운임(Tariff Rate)	수요공급에 따른 시세(Open Rate)
하역비 부담조건	운임에 포함	항해 용선 시 FIO 등 별도 약정

3. 용선계약의 종류

(1) 용선범위에 따른 분류

일부용선계약(Partial Charter)	선복의 일부만을 빌리는 계약
전부용선계약(Whole Charter)	선복의 전부를 빌리는 계약

(2) 용선계약 형태에 따른 분류

① 나용선계약(선체용선계약, Bareboat Charter, Demise Charter)

- 용선자가 선주로부터 항해준비가 되어 있지 않은 선박 자체만을 빌려 일정 기간 동안 사용하는 계약이다.
- 선박 이외에 선원의 고용 및 운항에 관한 일체의 모든 감독 및 관리 권한까지 용선자가 행사하므로 일체의 인적요소 및 항해에 필요한 물적요소를 모두 용선자가 부담한다.
- 일반적으로 10 ~ 20년의 장기간에 걸쳐 계약이 이루어지는 장기 임대차 계약의 성격을 가지고 있다.

② 정기용선계약(기간용선계약, Time Charter)

- 일정 기간을 정하여 선박을 용선하는 계약이며, 용선계약기간에 따른 용선료를 지불한다.
- 선주는 선박의 설비를 갖추고 선원을 승선시킨 상태의 선박을 용선자에게 제공한다.
- 용선자는 운항 준비된 배를 선주에게 빌리되, 운항 시 필요한 연료비, 항비 등은 용선자 본인이 부담한다.
- 용선기간 동안 선박의 사용에 관한 권한은 용선자에게 있다.
- 정기선사가 일시적으로 선복이 부족할 경우에, 타선사의 선박을 일정 기간 동안 빌려 운항할 때 사용하는 경우도 있다.
- 용선자가 다시 제3자에게 정기용선 또는 항해용선을 주어 운임의 차액을 얻으려는 재용선(Sub-charter) 목적으로 정기용선을 활용할 수도 있다.
- 선박의 고장이나 해난으로 선박을 사용할 수 없는 기간은 용선기간에서 제외되며 용선료 지급도 중지되는 것으로 간주된다. 불가항력에 의한 것인지의 여부 등에 의해 환불보험료 계산은 물론, 손해배상을 할 경우가 있으므로 휴항조항(Off-hire Clause)을 약정한다.
- 정기용선계약의 주요 내용은 다음과 같다.

> – 선박의 명세(Description of the Vessel)
> – 인도지(Delivery Point)
> – 선박의 연료소모량(Vessel's Speed and Consumption)
> – 용선료의 지급(Payment of Hire)
> – 감항능력담보(Seaworthiness of Vessel)
> – 휴항조항(Off-Hire Clause)

③ 항해용선계약(Voyage Charter, Trip Charter)

- 특정 항구 간의 운송을 의뢰하는 용선자와 선주 간의 용선계약이다.
- 선주는 계약한 선박에 의한 항구 간 운송을 용선자에게 제공하고 이에 대한 보수로 용선료(운임)를 받는다.
- 일반적으로 계약 시 운송거리나 화물의 종류 및 수량을 고려하여 운임을 책정하고 계약 체결 이후에는 실제 적재량에 관계없이 계약된 항해에 대해 미리 포괄적으로 약정한 총괄운임(Lump Sum Freight)이 적용된다.
- 주로 GENCON 1994 서식을 이용하고 있다.
- 항해용선계약의 주요 내용은 다음과 같다.

> – 화물의 종류와 수량
> – 선적항(POL, Port Of Loading), 양하항(POD, Port Of Discharge)
> – 정박기간(Laydays)
> – 하역비 부담조건(FI, FO, FIO 등)
> – 조출료(Despatch Money), 체선료(Demurrage)
> – 부적운임(Dead Freight), 유치권 등

참고 선복임차 (Slot Charter)
- 개별선사들이 독자적으로 선박을 보유 운항하면서 타 선사에 일정 컨테이너 공간을 제공받고 반대로 일정 컨테이너 공간을 제공하는 계약
- 타 선사 컨테이너 공간사용에 대한 임대료를 지불함

더 쉽게 이해하기 | 용선계약의 비교

구 분	나용선계약	기간용선계약	항해용선계약
선주 역할	• 선박만 제공	• 운송서비스 제공 • 선장(선주의 대리인) 및 선원 고용	• 운송서비스 제공 • 선장(선주의 대리인) 및 선원 고용
용선자 역할	• 선장(용선자의 대리인) 및 신원 고용 • 선박 운용	• 선복 이용	• 선복 이용
운임결정	• 기간에 따라 결정	• 기간에 따라 결정	• 항해거리, 기간, 화물량, 선복에 따라 결정
선주부담	• 선박의 감가상각비만 부담	• 선원급료, 식료, 유지비, 수선비, 보험료, 상각비 등의 고정비	• 고정비와 운항비 모두 부담
용선자부담	• 용선료 지불 • 감가상각비와 선박 보험료를 제외한 모든 고정비·운항비 지불	• 용선료 지불 • 연료비, 항비, 하역비 등 수수료, 예선료, 도선료 등의 운항비 지불	• 용선료만 지불 • 용선자 비용부담항목 없음 • F.I.O 등 하역비 부담조건에 의해 하역비 지불

Q 시험에 이렇게 나온다!

제99회 1급 기출문제

74. 정기용선계약에 관한 설명으로 옳은 것은?

① 용선자가 선주에게 지불하는 용선료는 예상항해기간 및 화물량에 의해 결정된다.
② 선주는 약정된 운임을 보장받기 위해 만선의무약관을 둔다.
③ 용선기간 중 선장이나 선원은 모두 용선자가 고용한다.
④ 용선기간 동안 선박의 사용에 관한 권한은 용선자에게 있다.

정답 ④
해설
① 정기용선계약(기간용선계약)은 용선계약기간에 의해 용선료(운임)가 결정된다.
② 화물량은 운임에 영향을 미치지 않으므로 만선의무약관이 필요하지 않다.
③ 용선자가 선장과 선원을 고용하는 계약은 나용선계약이다.

05 컨테이너(정기선) 운송

1. 컨테이너 운송의 개요

(1) 컨테이너와 컨테이너 운송

① 컨테이너(Container)란 내구성을 가지고 있어 반복 사용이 가능하고 육상 및 해상 운송방법을 연계하여 Door – to – Door(문전 간 운송, 복합운송)에 이용될 수 있도록 규격화(ISO 표준 규격)된 운송용구를 말한다.

② 컨테이너 운송이란 컨테이너를 단위로 하는 운송을 말하며, 주로 정기선에 의해 이루어지는데, 포장·운송·양하· 보관 등 화물이동의 전 과정을 하나의 운송용구를 통해 이용할 수 있다는 장점이 있다.

(2) 컨테이너 운송의 장단점

장점	신속성	• 하역(Loading and Unloading)과정의 표준화 및 기계화로 시간 단축 • 해상운송과 육로운송의 환적이 용이하여 복합운송의 운송기간 단축
	안전성	• 컨테이너 자체가 견고한 외장의 역할을 하여 운송물을 보호하며 멸실·손상 및 도난 등의 위험 감소 • 컨테이너 운송의 안전을 위해 고정장치인 트위스트락(Twistlock)으로 트레일러나 선박 등에 고정하여 운송
	경제성	• 포장비와 보관비의 절감 • 해상운송의 위험요소 감소로 인한 보험료의 절감
단점	비용	• 컨테이너 운송에 필요한 시설 및 장비 등이 규격화되어야 하므로 대규모의 초기자본 투자와 기술 필요
	화물의 제한	• 종류나 성질상 컨테이너에 적입할 수 없는 화물을 운송하기 어려움

(3) 컨테이너 운송 적합화물

적합화물	• 고부가가치의 상품과 규격화된 포장 물품 • 의류, 의약품, 전자제품 등 일반 공산품(잡화, General Cargo)
부적합 화물	• 단가가 낮고 비포장 상태로 대량운송하는 물품 • 곡물, 자갈, 석탄, 광석 등 1차산품

(4) 컨테이너의 크기별 분류

TEU (Twenty feet Equivalent Unit)	• 20FT (20' × 8' × 8'6") • 선박의 최대적재능력이나 물동량 등의 기준으로 사용
FEU (Forty feet Equivalent Unit)	• 40FT (40' × 8' × 8'6") • 2TEU = 1FEU • 우리나라의 경우 TEU보다 FEU의 사용 비중이 더 높음

2. 컨테이너 화물의 운송

(1) 컨테이너 터미널의 구조

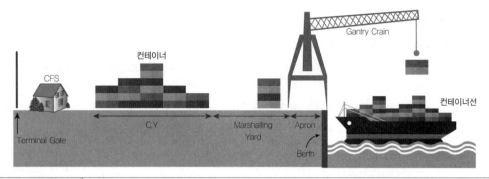

CFS (Container Freight Station) 컨테이너 화물 집화장	• LCL(Less than a Container Load) 화물의 경우 여러 화주의 화물이 하나의 컨테이너에 혼적(Consolidation)되거나, 혼적되어 운송된 각 화주의 물품이 적출되는 작업장 • 선적지에서는 CFS에서 혼적된 컨테이너가 CY로 반입되며, 양륙지에서는 적출 작업을 위해 컨테이너가 CFS로 반입됨
CY (Container Yard) 컨테이너 야적장	• 선적될 컨테이너, 양하된 컨테이너, 빈 컨테이너들을 장치 및 보관하기 위해 지정된 장소 • 컨테이너가 인수·인도되는 장소이기도 하며, 컨테이너 터미널의 가장 넓은 면적을 차지함 • 부두 내에 설치된 CY를 On Dock CY라 하고 부두 밖에 설치된 것을 ODCY(Off - Dock CY)라 함
마샬링 야드 (Marshalling Yard)	• 컨테이너를 선박에 선적하거나 양륙하기 위하여 정렬시켜 놓기 위한 공간
에이프런 (Apron)	• 부두의 안벽을 따라 일정한 폭으로 포장된 부분으로, 하역작업을 하거나 크레인이 주행할 수 있도록 레일을 설치하는 데 필요한 공간
선석(Berth)	• 컨테이너선이 계류할 수 있도록 마련된 바다와 면한 부두의 안벽에 마련된 접안시설로 컨테이너선 1척별로 나누어져 있음

(2) FCL과 LCL

FCL (만재화물)	• FCL(Full Container Load)은 하나의 컨테이너에 단일화주의 화물이 적입되어 운송하는 화물 • 일반적으로 FCL은 화주가 직접 공장 또는 창고에서 적입을 완료하여 터미널 내의 컨테이너 야적장(CY, Container Yard)에 반입됨
LCL (혼재화물)	• LCL(Less than Container Load)은 하나의 컨테이너에 여러 화주의 화물을 혼적(Consolidation)하여 운송하는 화물 • 선적지에서는 CFS에서 여러 화주의 화물을 하나의 컨테이너에 적입(Stuffing, Vanning)하는 혼적이 완료된 후 CY로 반입됨 • 양륙지에는 CFS에서 각 화주별로 LCL화물을 적출(Unstuffing, Devanning)하여 인도함 • LCL화주는 주로 운송주선업자(Forwarder)에게 혼적작업을 의뢰함

(3) 유형별 운송형태

FCL/FCL CY/CY Door to Door	• 수출항 CY에서 수입항 CY까지 운송 • 단일 송하인의 화물을 단일 수하인에게 보내는 운송형태 • 컨테이너의 개폐 없이 송하인에서 수하인에게 운송 가능
FCL/LCL CY/CFS	• 수출항 CY에서 수입항 CFS까지 운송 • 수입항의 CFS에서 화물이 적출되어 각각의 수하인들에게 인도됨 • Shipper's Consolidation : 단일 송하인의 화물을 다수의 수하인에게 보내는 운송형태
LCL/FCL CFS/CY	• 수출항 CFS에서 수입항 CY까지 운송 • 다수의 송하인 화물을 단일의 수하인에게 보내는 운송형태 • Buyer's Consolidation : 수입자(수하인)가 한 국가에서 다수의 수출자(송하인)에게 여러 화물을 구매하여 운송할 경우 포워더에게 위탁하여 혼적
LCL/LCL CFS/CFS Pier to Pier	• 수출항 CFS에서 수입항 CFS까지 운송 • 다수의 송하인 화물을 다수의 수하인에게 보내는 운송형태 • Forwader's Consolidation : 포워더가 수출국의 여러 송하인의 화물을 혼재하여 수입국의 여러 수하인에게 운송하는 형태

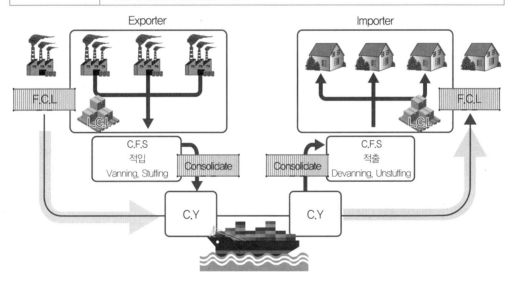

🔍 시험에 이렇게 나온다!

55. 다음 중 연관성이 있는 것끼리만 연결된 것을 고르시오.

> ㉠ Container B/L
> ㉡ Consolidation
> ㉢ Container Freight Station
> ㉣ Less than Container Loaded Cargo
> ㉤ House B/L

① ㉠, ㉡, ㉢, ㉣
② ㉠, ㉡, ㉢, ㉤
③ ㉠, ㉡, ㉣, ㉤
④ ㉡, ㉢, ㉣, ㉤

정답 ④

해설

'㉡, ㉢, ㉣, ㉤'은 '혼재화물'과 연관성이 있다.

㉠ Container B/L(컨테이너 선하증권)은 컨테이너에 적입된 화물에 대해 발행되는 선하증권이다.

3. 컨테이너화물의 선적과 인수절차

(1) 선적(수출)절차

> 선박수배 및 선복예약 ⇨ 화물인도 ⇨ 선하증권 입수 ⇨ 선적통지 및 서류송부

① 선박수배(Inquiry)

- 매매계약의 이행을 위해 송하인이 운송계약을 체결하는 경우 선사(대리점) 또는 운송주선업자(Forwarder)를 통해 Shipping Schedule을 문의하여 선복(Ship's Space)을 수배한다.
- 선박의 출항예정시간(ETD, Estimated Time of Departure)과 도착예정시간(ETA, Estimated Time of Arrival)을 감안하여 매매계약상의 선적일에 알맞은 선편을 선택한다.
- FOB 규칙 등의 매도인은 Nomination된 선적지의 운송인(수입자가 지정한 운송인)이 있다면 운송인이 매도인에게 먼저 연락해 오는 것을 기다려 선적협의를 하고, 연락이 없는 경우 매수인에게서 통지받은 운송인에게 직접 연락하여 선적협의를 한다.

② 선적예약(Booking)

- 송하인은 선하증권(B/L)상 표기되어야 할 운송정보를 선적요청서(S/R, Shipping Request)에 기재하여 해당화물의 상업송장(Invoice) 및 포장명세서(Packing List) 등과 함께 운송인(선사)에게 제출한다.
- 운송인은 송하인에 대한 예약확인으로서 Booking No.를 부여하고 선복예약서(B/N, Booking Note)를 발급한다.
- Booking 완료 사항은 입항 전/후와 관계없이 서면 또는 구두로 변경이 가능하다.
- Booking 완료 이후에도 CY 화물수취 마감시간, ETD, ETA 등의 스케줄은 사전통지 없이 변경될 수 있으므로 확정된 스케줄을 확인하고 변경사항에 주의하여야 한다.

③ 화물인도

- 송하인은 수출선적에 필요한 각종 서류를 준비하고 수출신고를 완료한다.
- 운송인은 선적요청서(S/R)에 따라 화물을 확인한 후, 선적지시서(S/O, Shipping Order)를 발행한다.
- FCL(Full Container Load)의 경우
  - 육상운송을 해상운송의 선사에 의뢰하는 경우 송하인의 Traffic Order에 따라 CY Operator가 빈 컨테이너를 송하인이 지정한 창고로 보낸다.(Spotting, Positioning)
  - 송하인은 빈 컨테이너를 검수하고 이상 유무를 기기인수도증(EIR, Equipment Interchange Receipt)에 기재하고 서명 후 수령한다.
  - 송하인이 직접 컨테이너에 물품을 적입(Stuffing, Vanning)한 후 봉인(Sealing)하여 컨테이너 적치표(CLP, Container Load Plan)를 컨테이너별로 작성하고, 기기인수도증에 서명 후 수출신고서를 첨부하여 선사의 CY로 보낸다.
- LCL(Less Container Load)의 경우
  - 송하인은 운송인(포워더)이 지정한 CFS에 Packing List 등 서류와 함께 화물을 인도한다.
  - 포워더 등 혼재업자(Consolidation)가 CFS에 반입된 화물에 대하여 검수(Tally), 검량(Measuring), 계량(Weighing)의 준비를 마친 후 컨테이너 적치표(CLP, Container Load Plan)에 따라 여러 송하인의 화물을 한 개의 컨테이너에 혼재하고 CY로 보낸다.
- 컨테이너의 외관 및 봉인(Seal) 검사 후 D/R(Dock Receipt : 부두수취증)이 교부된다.
- 검수인(Tallyman)은 화물에 대해 검수를 진행하고, 검수결과를 검수표(Tally Sheet)에 기록한다.
- 본선상에서 인도되는 경우 일등항해사(Chief Mate)가 화물을 수취한 증거로 M/R(Mate's Receipt : 본선수취증)을 발행한다.
- 운송인은 적하목록(M/F, Manifest)을 작성하고 적하계획(Stowage Plan)에 따라 선적한다.

④ B/L 입수

- 인도가 완료되면 D/R 또는 M/R을 운송인에게 제출한다.
- 선사가 세관 등 당국에 적하목록(Manifest)을 제출하는 시기에 B/L No.가 부여된다.
- 송하인은 Full Set의 B/L 발행통수와 그 기재내용을 확인(Check B/L)하고 운임선불인 경우 운임을 지급한 후 B/L(Bill of Lading : 선하증권)을 발급받는다.

⑤ 선적통지 및 서류송부

송하인이 수하인(Consignee)에게 선적통지 후 운송서류와 계약상 제공하여야 할 서류를 매매계약에서 합의한 방법으로 송부한다.

(2) 화물수령(수입) 절차

> 운송서류 입수 ⇨ 도착예정 통보 ⇨ 선하증권 제출 ⇨ 화물수령

① 운송서류 입수

목적지의 수하인은 송부된 운송서류 등을 매매계약에서 합의한 절차(신용장의 경우 은행에 대금지급)에 따라 입수한다.

② 도착예정 통보

운송인은 목적항에 입항 전에 B/L에 기재된 착화통지처(Notify Party)에 A/N(Arrival Notice : 도착예정통지)을 발송한다.

③ 선하증권 제출

선박의 입항 및 하역이 완료되면 수하인은 원본 B/L을 선사(대리점)에 제출하고 비용을 정산한 후 D/O(Delivery Order : 화물인도지시서)를 수령한다.

④ 화물수령

수하인은 수입신고필증과 비용정산서 및 D/O를 물품 교부장소(항구나 창고 등)에 제출하고 화물을 인도받는다. FCL의 경우 화주의 창고에서 컨테이너 적출 작업 후 빈 컨테이너를 선사에 반환한다.

> **더 쉽게 이해하기** 해상화물의 인도와 수령

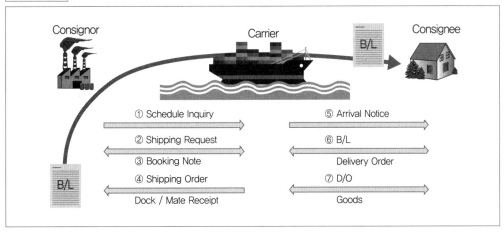

1. 컨테이너의 용도별 분류

드라이 컨테이너(Dry Container)	• 액체나 온도조절이 필요치 않은 일반잡화를 운송 • 가장 보편적인 형태의 컨테이너
배고 컨테이너(High Cube Container)	• 일반 컨테이너보다 높이가 1피트 높은 9.6피트의 컨테이너 • 높이가 높기 때문에 내륙운송을 제한하는 국가도 있음
냉동 컨테이너(Reefer Container)	• 컨테이너 내에 냉동설비가 설치되어 냉동식품 등을 운송 • 운송 중 온도조절을 위해 별도의 전원공급이 필요함
천장 개방형 컨테이너 (Open Top Container)	• 컨테이너 천장을 개방할 수 있어, 화물을 적입·적출 시 크레인을 이용하여 컨테이너 상부에서 하역 가능 • 기계, 철강, 판유리 등 대형의 중량물 운송에 적합함 • 표준 컨테이너 규격을 초과한 중량화물 등, 이른바 OOG(Out Of Gauge)화물의 선적에 적합함(단, OOG 화물에는 Dead Space에 대한 추가운임이 부과됨)
측면 개방형 컨테이너 (Flat Rack Container)	• 드라이 컨테이너의 천장과 양 측면의 벽을 제거한 모양으로 전후좌우 및 상부에서 화물을 하역할 수 있음 • 기계, 강재, 목재 등 무겁고 흔들리더라도 지장이 없는 화물의 운송에 적합 • 표준 컨테이너 규격을 초과한 중량화물 등, 이른바 OOG(Out Of Gauge)화물의 선적에 적합함
탱크 컨테이너(Tank Container)	• 액체화물의 해상수송용기로 다른 컨테이너선에 선적하기 위해 드라이 컨테이너와 같은 사양의 용기 내에 원주형의 용기를 설치한 컨테이너 • 술, 유류, 화학품 등 액체화물 운송에 적합함
통기 컨테이너(Ventilated Container)	• 드라이 컨테이너와 외관이 비슷하나 컨테이너 위쪽과 아래쪽에 구멍이 있어 환기가 될 수 있음 • 커피, 곡물, 농산물 운송에 적합함
분체용 벌크 컨테이너 (Solid Bulk Container)	• 천장에 구멍이 뚫려 있어 콩, 쌀, 옥수수, 소맥분, 가축사료 등과 같은 가루형 화물의 운반에 적합한 컨테이너

2. 컨테이너의 크기

구 분	길 이	폭	높 이	최대용적[1]
TEU	20ft	8ft	8.6ft	약 33CBM
FEU	40ft	8ft	8.6ft	약 67CBM
40ft High Cube	40ft	8ft	9.6ft	약 76CBM

[1] 화물적입을 위한 Pallet이나 내부 화물의 고정을 위해 필요한 자재 등에 의한 Dead Space가 발생하므로 최대용적 모두를 활용하기는 어렵다.

3. 컨테이너 적재중량 표시

자체중량(Tare Weight)	• 빈 컨테이너 자체의 무게
최대적재중량(Payload)	• 컨테이너 내부에 실을 수 있는 실제 화물의 총 무게
최대허용중량 (Max Gross Weight)	• Tare Weight와 Payload를 합한 총 무게 • 컨테이너가 하중을 견딜 수 있는 최대적재중량(안전하중)은 20FT는 약 20톤, 40FT는 약 30톤

4. Break Bulk 화물

화물의 크기가 컨테이너의 크기를 초과하여 컨테이너 내에 적재할 수 없거나 포장이 불가능한 화물을 말한다. 특히 대형포장 또는 포장이 필요 없는 대형 구조물/설비 등 화물을 말하며, 화물 자체를 Open Rack 컨테이너 등에 결박할 수 있다. 컨테이너선의 경우 Flat Rack Container를 이용하고 기타 선박의 경우 화물보호를 위해 통상 갑판 아래에 적입하여 운송한다.

06 선박의 종류와 적재방식 등

1. 선박의 종류

(1) 컨테이너선(정기선)의 종류

풀(Full) 컨테이너선	컨테이너만 전문적으로 운송하는 특수한 구조의 선박
세미(Semi) 컨테이너선	선창(Hold)의 일부를 컨테이너 전용으로 만든 선박

(2) 부정기선의 종류

재래선(Conventional Ship)	일반적인 산물(Grain, Wheat, Ores 등)을 운송하기 위한 선박(Bulk Carrier)
특수선(Specialized Carrier)	원유, 가스(Tanker), 냉동물품, 자동차(PCTC) 등의 특수화물을 운송하기 위하여 특별히 건조된 선박

(3) 기타 선박

피더(Feeder)선	• 서로 다른 국가의 대형 항구 간을 운항하는 모선(Mother Vessel)이 기항하는 항구에 물품을 공급하기 위해 단거리 운송에 사용되는 선박 • 피더선과 본선 간의 화물이동은 환적으로 보지 않음
부선(Lighter)	• 항구의 수심이 낮거나 선박이 많이 몰리는 경우 본선이 부두에 직접 접안하지 못하고 외항에 머무르는 경우가 있는데, 이러한 경우 부두에서 본선까지 화물을 이동시키는 데 사용되는 운송수단
바지(Barge)선	• 바닥이 평평하고 동력이 없는 뗏목과 같은 형태의 수상운송수단
LASH선 (Lighter Aboard SHip)	• 화물을 적재한 상자형 부선을 그대로 본선에 적재하여 운송하는 선박 • 일반적인 Lighter를 사용하는 것보다 하역작업이 용이하고 시간이 단축됨

2. 화물 적재방식에 따른 분류

RO/RO 방식 (Roll-on/Roll-off)	• 선복으로 연결되는 램프(Ramp)를 통하여 트럭이나 트레일러를 직접 적재 및 양하하는 방식 • 승객과 화물을 동시에 수송하는 페리(Ferry)선이나 자동차 운송 전용선 등의 형태
LO/LO 방식 (Lift-on/Lift-off)	• 선박 또는 항구의 기중기로 컨테이너를 들어서 하역하는 방식 • 대부분의 컨테이너 하역 시에 사용되는 일반적인 형태
FO/FO 방식 (FLO/FLO, Float On/Float Off)	• LASH System과 같이 부선을 이용하여 선박에 장착된 크레인 등의 하역용구로 하역하는 방식 • 또는 수면에 부유(Float)된 상태의 운송물(선박 등)을 본선을 가라앉혀 적재 및 양하하는 방식

3. 컨테이너와 다른 운송방식의 결합

Piggy Back	컨테이너 또는 트레일러를 철도로 운송하는 방식
Fishy Back	육상운송과 해상운송의 결합으로 트레일러 채로 선박에 적재하여 운송하는 방식
Birdy Back	트레일러와 항공운송을 결합한 운송방식

4. 선박의 톤수

용적톤수 (Space Tonnage)	총톤수 (GT : Gross Tonnage)	선박내부의 총용적으로 상갑판하의 적량과 상갑판상의 밀폐된 적량을 합한 것으로 100 CFT를 1톤으로 계산하고, 선박의 안전과 위생 등에 이용되는 장소는 제외 된다. 선박의 크기를 표시하고 각국의 해운능력 자료로 활용되는 등 각종 통계, 등록세, 도선료, 계선료 등의 과세 또는 수수료의 산출기준이 된다.
	순톤수 (NT : Net Tonnage)	총톤수에서 기관실, 선원실 등의 선박의 운항과 관련된 장소의 용적을 제외한 것으로 순수하게 여객이나 화물의 운송에 사용되는 용적이다. 항구세, 운하통과료, 항만시설사용료 등의 제세금과 수수료의 산출기준이 된다.
	재화용적톤수 (MT : Measurement Tonnage)	선박의 재화의 적재능력을 용적으로 표시한 것으로, 적재용적을 톤수로 표시하지 않고 CFT로 표시하는 경우도 있다.
중량톤 (Weight Tonnage)	배수톤수 (DT : Displacement Tonnage)	선박의 중량은 수면 아래 선체의 배수용적에 상당하는 물의 중량과 같으며, 이 물의 중량을 배수량 또는 배수톤수라 한다. 배수량은 화물의 적재상태에 따라 다르므로 배수톤수를 말할 때 보통 만재상태의 선체의 중량을 말한다.
	재화중량톤수 (DWT : Dead Weight Tonnage)	화물선의 최대적재능력을 표시하는 기준으로 상업적으로 가장 중요시되는 톤수이며, 국제관습상 Long Ton이 사용되는데, 선박의 매매 및 용선료의 산출기준이 된다. 재화중량톤수에서 연료, 물, 식량 및 선용품과, 선원과 승객 및 이들의 소지품 등을 제외한 중량을 순재화중량(Net Dead Weight)이라고 하고 이것이 실제 적재화물의 중량이 된다.
	운하톤수 (CT : Canal Tonnage)	수에즈운하, 파나마운하 등에서 사용하는 특유의 적재량 측정 기준으로 운하통과료의 산정기준이 된다.

07 해상운임

1. 해상운임의 종류

운임은 선사가 제공하는 운송서비스에 대하여 화주가 지급하는 대가로서 다음과 같이 구분할 수 있다.

(1) 지급시기에 따른 분류

선불운임 (Freight Prepaid, Freight in Advance)	선적지에서 송하인이 지불하는 운임
후불운임 (Freight to Collect, Freight Payable)	목적항에서 수하인이 지불하는 운임

(2) 부과방법에 따른 분류

중량운임 (Freight by Weight)	• 화물의 중량 즉, 1Ton을 1중량톤(WT, Weight Ton)과 같이 정하는 운임
용적운임 (Freight by Measurement)	• 화물의 부피 즉, 1CBM(CuBic Meter : m³)을 1용적톤(MT, Measurement Ton)과 같이 정하는 운임
운임톤 (Freight / Revenue Ton)	• 중량톤과 용적톤 중 높은 운임을 적용하는 운임 책정 기준 • 정기선운송의 경우 1WT과 1MT 중 큰 것을 기준으로 운임을 부과함
종가운임 (Ad Valorem Freight)	• 화물의 가격을 기준으로 운임을 산정하는 방법
최저운임 (Minimum Rate)	• 부피나 중량이 일정기준 이하인 경우 정해진 최저운임을 부과하는 방법
비례운임 (Pro Rata Freight)	• 거리당 운임(Distance Freight)이라고도 하며, 운송거리에 비례하여 부과되는 운임
반송운임 (Back Freight)	• 운송된 화물이 인수거절 등의 사유로 다른 항구로 반송되거나 사고 등으로 예정된 목적항이 아닌 곳에서 운송이 종료된 경우 목적항까지의 운송에 부과되는 운임
차별운임 (Discrimination Rate)	• 화물, 화주 등에 따라 운임을 차별적으로 부과하는 방법
품목무차별운임(FAK, Freight All Kinds rate)	• 화물의 품목과 관계없이 컨테이너 등의 운송용구 하나를 기준으로 일률적으로 부과하는 운임

2. 정기선의 운임

(1) 개요

① 정기선의 운임은 기본운임에 할증료와 부대비용을 합산하여 산정하는 체계로 구성되어 있다.

② 해운동맹에서 결정한 운임률표는 일정 절차에 따라 공시되어 일정기간 동안 적용되며 원가요소의 변동에 따라 수시로 변경하기 어렵기 때문에 할증료와 부대비용을 가감하여 실제운임을 수시로 조정한다.

③ 컨테이너의 선적 및 양하에 소요되는 하역비는 별도로 청구되지 않고 운임에 포함(Berth Term, Liner Term)되어 있다.

(2) 기본운임(Basic Freight)

① 정기선운임은 일반적으로 해운동맹의 운임률표(Freight Tariff)에 기초하여 용적톤, 중량톤, 운임톤, 종가, 최저운임 등의 적용기준에 따라 산정되는데, 이를 기본운임이라 한다.

② 정기선 기본운임의 종류

경쟁운임 (Open Rate)	• 비동맹 선사와 가격경쟁에 우위를 점하기 위해 특정 화물에 대하여 해운동맹에서 정한 운임을 따르지 않고 가맹선사 임의로 결정하는 운임
특별운임 (Special Rate)	• 해운동맹을 이용하며 일정 요건을 만족한 화주에게 정상요율을 인하한 특별요율을 적용한 운임
우대운송계약운임 (Service Contract Rate)	• 선사가 계약기간 중 일정량의 화물선적을 약속한 화주(포워더 포함)에게 운임표상의 일반운임보다 저렴한 수준으로 적용하는 운임
기간별 물량별 운임 (Time Volume Rate)	• 기간이나 화물의 양에 따라 다른 운임률을 부과할 수 있도록 승인된 운임
품목별 운임 (Commodity Rate)	• 해운동맹에서 정한 운임요율표에 유형별로 명시된 품목에 적용된 운임
박스운임 (Box Rate)	• 컨테이너 화물의 경우, 컨테이너 내에 적입된 화물의 양과는 관계없이 TEU와 FEU 등을 기준으로 컨테이너 1개당 설정되는 운임 • 상품의 종류와 관계없이 설정되는 품목 무차별 박스운임, 상품을 수 종류의 클래스로 분류하고 그에 따라 설정하는 품목 클래스별 박스운임, 그리고 동맹의 요율표에 따라 분류된 품목별로 부과하는 운임별 박스운임 등이 있음

(3) 할증료(Surcharge)

유류할증료 (BAF, Bunker Adjustment Factor)	• 선박연료인 벙커유 가격변동에 따른 운송인의 손실을 보전하기 위한 할증료 • 통상 컨테이너 단위로 일정액이 부과됨
통화할증료 (CAF, Currency Adjustment Factor)	• 운임표시통화의 가치하락에 따른 운송인의 손실을 보전하기 위한 할증료 • 운임에 일정 Percentage로 부과
중량할증료 (Heavy Cargo Charge, Heavy Lift Charge)	• 일정기준 이상의 중량화물에 부과하는 할증료

용적/장척할증료 (Bulky/Lengthy Charge)	• 일정기준 이상의 부피나 길이의 화물에 부과되는 할증료
체선할증료 (Congestion Surcharge)	• 양륙항이 혼잡하여 양하하는 데 오랜 시간이 걸릴 경우 항구정박기간이 늘어남에 따른 손실을 보전하기 위한 할증료
성수기 할증료 (Peak Season Surcharge)	• 선박용선료, 기기확보비용 등 성수기 비용상승을 보전받기 위해 적용되는 할증료
환적할증료 (Transhipment Charge)	• 송하인이 환적을 요청하는 경우 그에 따른 추가비용을 보전하기 위하여 부과하는 할증료
운하할증료 (Canal Surcharge)	• 항로상 운하를 이용하는 경우 부과되는 할증료

(4) 부대비용(Additional Charge)

터미널화물처리비 (THC, Terminal Handling Charge)	• 화물이 터미널에 입고되어 본선의 선측에서 선적준비가 되기까지 또는 본선에서 양하된 화물이 터미널을 나올 때까지 화물의 이동 및 취급에 부과되는 비용
부두사용료 (입항료, Wharfage)	• 항만시설 사용에 대하여 항만 당국이 부과하는 비용
CFS 작업료 (화물조작료, CFS Charge)	• LCL화물을 CFS에서 혼적 또는 적출하는 데 발생하는 비용
지체/경과 보관료 (Over Storage Charge)	• 화물이 Free Time을 초과하여 장치되는 경우 CY나 CFS 등의 운영인이 관리 책임에 따른 보관료의 명목으로 운송인에게 징수하는 금액 • 운송인은 이를 화주에게 체화료로 부과
체화료 (Demurrage Charge)	• 정기선운송에서 화물이 정해진 기간(Free Time)을 초과하여 장치되는 경우 지체된 기일에 비례하여 화주가 운송인에게 지불해야 하는 비용 • c.f. 항해용선 계약상의 체선료
지체료 (컨테이너 지체료, Detention Charge)	• 화주가 대여한 컨테이너 또는 트레일러를 정해진 기일 내에 정해진 장소로 반납하지 않는 경우 운송인에게 지급하는 벌과금
양륙항 선택료 (Optional Charge)	• 출항 시 양륙항을 복수로 하였다가 목적항에 입항 전에 양륙항을 선택하는 옵션에 대해 부과되는 비용
양륙항 변경료 (Diversion Charge)	• 선적 시 지정했던 양륙항을 선적한 후 변경할 경우 추가로 부과하는 운임
서류발급비 (D/F, Documentation Fee)	• 선적지(수출국)에서 선사나 포워더가 선하증권(B/L) 등을 발급해 줄 때 징수하는 비용(B/L Charge) • 양륙지(수입국)에서 선사나 포워더가 화물인도지시서(D/O)를 발급해 줄 때 징수하는 비용(D/O Charge)

3. 용선계약의 용선료(Charter Hire)

(1) 용선료의 결정기준

선사에 의해 일방적으로 책정되는 정기선운송의 운임과 달리 용선계약에서는 수요와 공급의 수급에 따라 용선자와 선주의 계약으로 용선료가 결정된다.

(2) 나용선과 기간용선의 용선료

나용선이나 기간용선의 경우에는 계약기간에 따라 용선료가 책정되며 선박운항에 부수되는 하역비용이나 입·출항 관련 비용 등은 모두 용선자가 부담한다.

(3) 항해용선 계약의 형태

① 항로나 화물 등은 선주와 용선자가 협의하여 결정하며 일체의 항해 관련 경비는 원칙적으로 선주가 부담한다.

② 정기선과 같은 해운동맹이 없고 용선료는 정해진 Tariff 없이 시황에 따라 수시로 등락하며 화물의 운임톤(R/T)당 금액으로 표시된다. 중량톤수의 산정 시 L/T, M/T, S/T의 기준이 사용될 수 있다.

③ 용선계약 시 선박운항비용의 변동에 대비하여 Escalation Clause(우발비용 조항)를 기재하기도 한다.

④ 항해용선계약의 형태

Gross Term과 Net Term(Form)	• Gross/Net Terms는 미국식의 용선계약방법에 이용되는 용어 • Gross Term은 용선료에 하역비와 항비 등 일체의 경비가 용선료에 포함되어 있어 선주가 이를 부담하는 방식 • Net Term은 용선자가 하역비를 부담할 뿐 아니라 선적 준비 완료 시부터 양하 종료 시까지의 항구비 등 부수비용을 부담
선복용선계약 (Lump Sum Charter)	• 포괄운임용선계약이라고도 하며 가장 보편적인 형태 • 용선자가 선박을 사용한 대가로서 포괄운임을 지급하고 선주는 선복을 제공하여 화물의 최대운송이 가능하도록 보장 • 용선료(운임)는 주로 적재량, 거리 등을 기준으로 사전에 계약에서 결정된 항해단위(Lump Sum Charter)를 기준으로 함 • 약정된 용선료는 실제 선적량, 즉 만선 여부에 관계없이 한 항해 또는 선복에 대해 계약된 운임 전액을 선주에게 지불
일대용선계약 (Daily Charter)	• 용선료를 합의된 1일 요율에 따라 지정 선적항에서 화물을 적재한 날로부터 양륙항에서 화물을 인도 완료할 때까지 1일(24시간)당 용선기간에 대해 지급하는 계약
1항해 용선계약 (Single Voyage Charter, Spot Charter)	• 정해진 항구 간 한 번의 항해에 대한 용선계약
연속항해 용선계약 (CVC, Consecutive Voyage Charter)	• 정해진 항구 간을 여러 번 운항하는 항해에 대한 용선계약

장기용선계약 (COA, Contract Of Affreightment)	• 장기운송계약운임(Long Term Contract Freight)이라고도 함 • 주로 원자재와 같은 1차산품을 장기적·반복적으로 운송하기 위해 장기간의 운송을 계약 체결할 때 체결되며 '00년간 00항차' 및 '00년간 00만톤'의 운임톤 단위로 계약 • 스팟운임(Spot Tariff, 특별한 기간에 한하여 한정적으로 진행되는 특별운임)으로 계약을 체결하는 경우 시장상황 등에 의하여 계약내용이 항해마다 변경됨
F.I.O. Charter	• 선주와 용선자 간의 적재 및 양륙비 부담을 명시한 용선계약

(4) 하역비와 정박기간

항해용선계약에서는 원칙적으로 선주가 선박의 운항에 관련된 비용을 부담하게 되어 있지만 하역비나 정박기간과 관련한 비용에 대하여는 다음의 기준을 적용한다.

① 하역비의 부담 조건

Liner Term(L.T.) Berth Term(B.T.)	• 선적비용과 양륙비용 모두 용선료에 포함 • 하역비용이 운임에 포함되어 있는 정기선과 유사한 조건
Free In(F.I.)	• 선적비용은 용선료에 포함되어있지 않아 선주의 부담이 아니며 용선자·화주가 추가로 부담 • 양륙비용은 선주가 부담
Free Out(F.O.)	• 양륙비용은 용선료에 포함되어 있지 않아 용선자·화주가 추가로 부담 • 선적비용은 용선료에 포함되어 있어 선주가 부담
Free In & Out(F.I.O.)	• 선적비용과 양륙비용 모두 용선료에 포함되어 있지 않아 선주가 부담하지 않음
Free In & Out, Stowed, Trimmed(F.I.O.S.T.)	• 선적·양하와 본선 내부의 적부, 선창 내 화물 정리비 모두가 용선료에 포함되어 있지 않은 조건

② 정박기간(Laydays) 관련 조건

• 정박기간이란 선박이 적재·양하의 하역작업을 위해 항구에 머무르는 기간을 의미하는데 정박기간에 따라 선주의 수익이 좌우되므로 용선계약 시 약정된 정박기간의 준수 여부에 따라 체선료와 조출료를 약정한다.

• 체선료와 조출료

체선료 (Demurrage)	• 정해진 정박기간을 초과한 경우 용선자가 선주에게 지급하는 금액
조출료 (Despatch Money)	• 약정된 정박기간보다 빨리 출항하게 되면 선주가 용선자에게 지급하는 금액 • 주로 조출료는 체선료의 1/2 수준에서 결정(DES is 1/2 DEM)

C.Q.D. (Customary Quick Dispatch)	• 관습적 조속하역, 즉 해당 항구의 관습적인 하역방법 및 하역량에 따라 가능한 한 신속하게 하역하는 조건 • 일요일과 공휴일 등의 제외 여부는 그 항구의 관습에 의해 결정
Running Laydays	• 연속 정박기간 또는 연속 24시간 조건으로 불리며 일요일과 휴일, 악천후 등의 상황에도 모두 정박일로 계산 • 일반적으로 하루 작업량을 정하여 결정
W.W.D. (Weather Working Days)	• 호천하역일, 청정작업일 또는 호천 24시간 조건으로 불리며 하역작업이 가능한 기상 조건인 날만 계산하는 방법 • 공휴일을 포함하는지 여부에 따라 SHEX(Sundays and Holidays are EXcepted, 일요일과 휴일 제외), SHEXUU(Sundays and Holidays EXcepted Unless Used, 일요일과 공휴일에 하역작업을 진행하면 정박기간에 포함시키는 조건) 등이 있음

(5) 부적/공적운임(Dead Freight)

계약 당시에 선적하기로 했던 화물량보다 실제 선적량이 적을 경우에도 예약 선복에 부과하는 운임이다. 용선자의 만선의무 위반에 대한 일종의 위약배상금의 성격을 가진다.

Q 시험에 이렇게 나온다!

제112회 1급 기출문제

68. 운임에 관한 설명으로 옳지 않은 것은?

① Port Congestion Surcharge – 도착항에 체선(滯船)이 있어 선박의 가동률이 저하되는 경우에 발생하는 선사의 손해를 화주에게 전가하기 위하여 부과하는 할증요금
② Bunker Adjustment Factor – 선박의 연료인 벙커유의 가격변동에 따른 손실을 보전하기 위하여 부과하는 할증요금
③ Lump Sum Charge – 선적할 때에 지정하였던 양륙항을 선적 후에 변경할 경우에 추가로 부과되는 운임
④ Transhipment Charge – 화주가 환적을 요청하는 경우에 선사가 그에 따른 추가비용을 보전하기 위하여 부과하는 운임

정답 ③
해설
Lump-Sum Charge(총괄운임)는 선복 또는 항해를 단위로 하여 포괄적으로 적용하는 운임으로, 용선자는 공적운임에 대해서도 계약운임의 전액을 지급해야 한다.

시험에 꼭 나온다!

08 선하증권(B/L)

기출빈도 ★ ★ ★

1. 운송서류와 선적서류

(1) 운송서류(Transportation Document)

① 운송서류란 운송인이 화주로부터 운송될 물품을 인수하고 그 사실을 증빙하기 위하여 발행하는 서류를 말한다.
② 운송방법에 따라 해상운송에서 발행되는 선하증권(B/L, Bill of Lading) 및 해상화물운송장(SWB, Sea Waybill), 항공운송의 항공화물운송장(AWB, Air Waybill) 및 항공화물수탁증(Air Consignment Note) 그리고 복합운송증권(MTD, Multimodal Transport Document) 등 각각의 운송방법별로 특징을 가지는 운송서류들이 사용된다.
③ 운송서류는 물품의 운송을 운송인에게 의뢰한 후 선적서류를 구비하고 환어음을 발행하여 이를 은행을 통하여 대금을 회수하는 화환취결의 관행에서 대금지급의 담보 역할을 하는 서류로 상업송장 및 보험서류와 함께 필수 무역서류가 된다.

(2) 선적서류(Shipping Document)

① 선적서류란 매도인이 매매계약에 따라 의무를 이행하고 매수인에게 대금의 지급을 청구하기 위하여 매수인에게 직접 또는 은행을 통해 송부하는 서류를 통칭하는 용어이다.

② 운송인이 운송물품을 수취 또는 운송수단에 적재한 후에 입수하는 ⓐ 운송서류는 물론 매도인이 선적한 물품이 계약상의 명세와 일치한다는 것을 나타낸 ⓑ 상업송장과 운송 중 물품의 멸실이나 손상에 대비하여 보험을 부보한 증거로서 보험자에 의하여 발행되는 ⓒ 보험서류가 대표적이다.

③ ISBP745(국제표준은행관행)에서는 매도인이 인도하는 서류 중 ⓐ 서류의 송부를 증빙하는 서류와 ⓑ 환어음 등 대금지급을 청구하는 서류를 제외한 일체의 서류를 선적서류라고 정의하고 있다.

2. 선하증권의 개요

(1) 선하증권은 운송인이 송하인에게 발행하는 해상운송의 증거서류로 실무에서는 B/L(Bill of Lading)이라는 용어로 통칭한다.

(2) 운송할 물품을 수령한 후 운송인은 송하인에게 선하증권을 발행하며, 송하인은 선하증권을 수하인에게 인도하여 목적지에 도착한 화물을 인수할 때 이를 운송인에게 제출하여야 한다.

(3) 선하증권의 기능

운송계약의 증빙 (Proof of contract)	정기선운송에서는 별도의 운송계약서가 없고, B/L상에 운송계약의 내용이 상세히 기재되어 있어 운송계약의 추정적인 증거서류(Prima Facie Evidence)로 인정됨
화물수취증 (Receipt of Cargo)	운송인이 송하인으로부터 화물을 인수 또는 선적하였음을 추정적으로 증명함
권리증권 (Document of title)	목적항에서 증권이 지시하는 정당한 소지인에게 물품을 인도할 것을 약정하고 있으므로 선하증권에 기재된 화물을 대표(표창)하며 선하증권의 양도는 물품의 양도와 동일한 효력을 가짐

(4) 선하증권의 법적 성질

요식증권	법에서 정한 법적 기재사항을 선하증권에 모두 기입해야 효력이 인정됨
유가증권	표시된 물품에 대한 권리를 선하증권에 표창한 것으로 재산권이 표시된 증서이며, 해당 선하증권의 인도는 표시된 물품을 인도하는 것과 같은 효력을 가짐
유통증권	타인에게 선하증권의 권리를 양도할 수 있음
요인증권	화물이 선적되었음을 원인으로 하여 선하증권이 발행됨
문언증권	증권상 권리나 의무가 증권에 기재된 내용에 의해 정해짐
상환증권	목적지에서 운송인에게 운송된 물품의 인도를 요구하기 위해서는 선하증권의 원본을 제출하여야 함
인도증권	선하증권의 인도는 화물의 인도와 동일한 효력을 가짐
처분증권	선하증권에 기재된 화물의 처분은 선하증권에 의해 이루어짐
지시증권	선하증권에 지정된 자를 권리자로 하며, 권리자를 지정하는 배서에 의해 양도가능

(5) 선하증권의 기재사항

법적(필수) 기재사항	• 선하증권의 정보(작성지, 작성일자, 발행부수, 서명권자의 기명날인) • 선박의 정보(국적, 명칭, 톤수 등) • 운송품의 정보(종류, 중량, 용적, 포장의 종류, 개수와 기호) • 송하인, 수하인, 운송인의 정보(성명, 상호) • 선적항, 양륙항, 운송구간, 운임의 표시 등
임의(부가적) 기재사항	• 항해번호(항차, Voyage No), 운임지불지, 운임지불증권, 선하증권 번호 등 • 부지약관(Unknown Clause) 등 운송인의 면책약관

[용어설명] 부지약관(부지조항, Unknown Clause)
  FCL 화물에서 컨테이너 내에 적입된 화물에 대해 이를 운송할 선박회사가 일일이 그 내용물을 확인할 수 없으므로 운송인은 이러한
  화물의 종류, 수량 등 기재사항의 정확성에 대해서는 책임을 부담하지 않는다는 면책을 위한 특약의 문구로 "Said to contain(STC)",
  "Said quantity", "Said by Shipper to contain", "Shipper's load and count" 등을 기입

3. 선하증권의 발행과 양도

(1) 선하증권의 발행 시기

운송인은 송하인으로부터 물품을 수령한 후 송하인의 청구에 의해 선하증권을 발행하여 교부하여야 한다.

(2) 발행 통수와 효력

① B/L은 분실에 대비하기 위해 통상 3통의 원본이 발행되나, 발행 통수가 일률적으로 정해진 것은 아니므로 반드시 3통이 발행되어야 하는 것은 아니다.

② 선하증권 원본에는 각각 First original, Second original, Third original과 같이 발행된 전체 통수와 함께 표시되며 발행된 매수 전부를 전통(Full – Set)이라 한다.

③ 원본 선하증권은 어느 것이나 그 내용과 효력은 동일하며 그중 어느 한 통을 운송인에게 제출함으로써 화물의 인도를 청구할 수 있고, 화물의 인도와 동시에 나머지 원본은 무효가 된다.

(3) 수하인의 지정 방법

기명식 (Straight B/L, Special B/L)	• 수하인(Consignee)란에 특정 수하인의 명칭이 기입되어 발행된 B/L로 원칙적으로 B/L의 유통의사가 없는 경우에 사용
지시식 (Order B/L)	• 수하인을 "Order", "Order of XX"등으로 표시하여 발행된 B/L로 배서에 의한 유통이 편리하여 가장 보편적으로 사용되는 방식
무기명식, 소지인(지참인)식 (Blank, Bearer B/L)	• 수하인란에 특정인이나 지시인을 표시하지 않은 경우 무기명식 • 수하인란에 "Bearer(소지인)"을 기재한 경우 소지인식 • 배서 없이 양도가 가능하나, 소지인에게 그 권리가 있어 분실 등의 위험에 주의해야 함

(4) 선하증권의 배서

① 배서(Endorsement)란 선하증권과 같은 유통증권 원본의 이면에 배서인(Endorsor)이 피배서인(Endorsee)을 지정하고 서명하는 것을 말한다.

② 선하증권은 배서에 의해 이후의 소지인에게 그 권리가 이전됨으로써 유통되며 최초의 발행 시에 기재된 수하인으로부터 최종적으로 운송인에게 물품의 인도를 청구하는 자에게로 권리가 수여되었음이 일련의 배서를 통해 표시되는데, 이를 배서의 연속이라 한다.

③ 배서의 방식에는 다음과 같이 피배서인을 표시하는 방식에 따라 기명식, 지시식, 백지식, 소지인식이 있다.

기명식 배서 (Full Endorsement, Special Endorsement)	"Deliver to 'XX'(Endorser, Signature)"와 같이 피배서인의 명칭을 기재하고 배서인이 서명하는 방법
지시식 배서 (Order Endorsement)	"To order 또는 Order of 'XX'(Endorser, Signature)"와 같이 배서하는 방법
백지식 배서 (Blank Endorsement)	"Deliver to _____ (Endorser, Signature)"와 같이 피배서인의 명칭을 기재하지 않고 배서인이 서명하는 방법

4. 선하증권의 종류

(1) 선적 여부의 표시에 의한 구분

선적식 선하증권 (Shipped B/L, On Board B/L)	• 운송인이 송하인으로부터 수령한 화물을 전량 본선 선적 후 발행 • 선하증권에 선적되었다는 문구(Shipped)와 선적일자 등이 인쇄됨 • 발행일이 선적일로 간주됨
수취식 선하증권 (Received B/L)	• 운송인이 화물 전량을 CY 등에서 수령하고 화물이 선박에 선적되기 전에 발행 • 지정된 선박에 화물의 선적이 완료된 후 선적일과 화물이 적재되었다는 문언을 기입하고 운송인이 서명(본선적재부기, On board notation)한 경우를 본선적재선하증권 (On Board B/L)이라고 구분하여 부르기도 하는데 "선적식 선하증권"과 동일한 효력을 가짐 • 본선적재 부기에 나타난 일자가 선적일로 간주됨 • 신용장에 별도의 명시가 없다면 본선적재가 확인되지 않은 수취식 선하증권은 은행에서 수리하지 않음(UCP 규정)

(2) 유통가능 여부에 따른 구분

유통성 선하증권 (Negotiable B/L)	• 양도가 가능한 지시식, 무기명식 등의 원본 선하증권(OBL, Original B/L) • 선하증권에 유통가능(Negotiable)이라는 문언이 기재되고 수하인을 지시식(To order) 또는 소지인식(To bearer)으로 발행·유통되는 선하증권
비유통성 선하증권 (Non-Negotiable B/L)	• 양도가 불가능한 기명식 선하증권 • 원본이 아닌 사본은 유통이 불가능하며 선하증권에 유통불가(Non-Negotiable)라고 표시됨

(3) 유통방식에 따른 구분

기명식 선하증권 (Straight B/L)	• 선하증권 내 수하인란에 특정 수하인의 상호 및 주소가 기재된 선하증권 • 선하증권에 지정된 수하인에게만 화물을 인도 • 유통 및 배서양도가 불가능한 비유통성으로 봄 • 송금방식(T/T)에서 주로 사용되며 신용장 거래 시 일반적으로 "기명식 선하증권"은 사용되지 않음
지시식 선하증권 (Order B/L)	• 선하증권 내 수하인란에 특정 수하인명이 기재되지 않고 "To order"와 같이 백지 지시식으로 사용하거나, "To order of ABC Bank"와 같이 지시인을 기재하여 발행 • 배서(Endorsement)에 의해 양도가 용이하여 신용장 거래 방식에서는 통상 은행 지시식 선하증권이 사용됨 • 송하인이 피배서인을 기재하지 않고 본인서명만 하여 백지배서(Blank Endorsement)를 하기도 함 • 개설은행 지시식인 경우 개설의뢰인은 B/L의 착화통지처(Notify Party)란에 기재하는 것이 관행
소지인식 선하증권 (Bearer B/L)	• 수하인란에 특정인을 표시하지 않고 "Bearer" 또는 "Of bearer"를 기재하여 그 누구라도 선하증권을 소지하고 있는 자에게 화물을 인도함

(4) 사고 유무 표시방법에 따른 구분

무사고 선하증권 (Clean B/L)	• 운송화물이 선박에 정상적인 상태로 적재되어 선하증권 내 적요란(Remarks)에 사고 문언이 기재되지 않고 깨끗한 상태로 발행되는 선하증권 • 선하증권 내 "Shipped on board apparent good order and condition" 문구가 기재되거나 아무런 하자 표시가 없는 선하증권 • "Clean"이라는 단어가 나타날 필요는 없음
사고부 선하증권 (Dirty B/L, Foul B/L, Claused B/L, Unclean B/L)	• 선박에 화물 적재 시 물품수량이나 포장 등에 이상이 있음이 선하증권 내 적요란에 기재된 선하증권 • 은행에서 사고부 선하증권은 수리하지 않음 • 송하인이 파손화물보상장(L/I, Letter of Indemnity)을 제출하여 무사고 선하증권을 발급받는 경우도 있음 **[용어설명]** 파손화물보상장 : 운송인에게 무사고 선하증권 발행을 요청하며, 그로 인해 발생하는 문제에 대하여 모든 책임을 송하인이 부담하겠다는 내용의 약정서

(5) 발행 주체에 따른 구분

집단 선하증권 (Master B/L)	포워더가 LCL 화물을 모아 단위화물로 집화하여 선적하는 경우 운송인이 포워더에게 발행하는 1개의 선하증권으로 Groupage B/L, Line B/L이라고도 함
혼재 선하증권 (House B/L)	포워더가 자신과 계약을 맺은 화주에게 Master B/L을 근거로 발행해주는 선하증권으로 Forwarder's B/L이라고도 함

(6) 운송조건의 기재방식에 따른 구분

정식 선하증권 (Long Form B/L)	• 일반적으로 B/L에는 운송인과 송하인 사이에 적용될 운송조건이 기재되는데 이를 전부 기재한 선하증권을 Long Form B/L이라고 함
약식/이면백지 선하증권 (Short Form B/L, Blank Back B/L)	• Long Form B/L처럼 B/L상에 모든 운송조건을 기재하지 않고 일부만 기재하거나 전체를 생략하고 원본 약관은 참조(Reference)에 의해 따로 확인하도록 한 선하증권 • Long Form B/L과 효력의 차이는 없으며, UCP에서도 운송계약이 직접 또는 참조를 통해 B/L에 포함되어 있어야 한다고 규정하고 있으므로 은행도 서류심사 시 Long Form B/L과 동일하게 보아 수리함

(7) 기타 선하증권

통선하증권 (Through B/L)	• 해상, 육상, 항공 등 두 가지 이상의 방법을 이용하여 운송할 경우 개별적으로 운송계약을 맺는 절차 및 비용을 절약하기 위해 주 운송업자가 전 구간의 운송(통운송)에 대해 발행하는 선하증권 • 하나의 선하증권이 발행되었더라도 운송의 책임은 각 구간별로 실제 운송인(Actual Carrier)이 개별적으로 부담함 • 복합운송선하증권을 통선하증권이라 하기도 함
스위치 선하증권 (Switch B/L)	• 원수출자의 원본 선하증권을 회수하여 운송인에게 제출하고 중계무역상이 자신을 송하인으로 하여 선하증권을 다시 발급받는 선하증권 • 중계무역 등에서 중계무역상이 수입자에게 원수출자를 공개하지 않기를 원할 때 사용 • 삼국 간 무역 시 발행되는 선하증권으로, 발행과 관련된 국제규정이 없어, 선사의 내부규정에 따라 발급됨 • 변경(Switch) 가능한 항목은 송하인, 수하인, 착화통지처 등이며 선적항, 양륙항 등은 수정할 수 없음
제3자 선하증권 (Third Party B/L)	• 선하증권에 송하인이 신용장의 수익자(Beneficiary)가 아닌 제3자로 기재된 선하증권 • 실제 물품의 공급을 신용장상의 수익자가 아닌 제3자가 이행하는 하청계약이나 중계무역에서 나타남
서렌더 선하증권 (권리포기선하증권, Surrendered B/L, Express B/L)	• 수하인은 B/L 원본이 있어야 운송인으로부터 화물을 수령할 수 있으나, 화주가 선적지에서 애초에 원본 B/L을 발행받지 않거나 발행받은 원본 B/L을 운송인에게 제출하여 "Surrendered" 도장을 찍으면 선하증권 원본이 없더라도 화물을 인도받을 수 있음 • 서렌더된 선하증권은 권리증권성을 상실(비유통성)하게 되며 물품인수를 위해 선하증권을 제출할 필요 없이 자신이 수하인임을 입증하기만 하면 됨 • 수하인의 신속한 화물 인수를 위해 수출국 운송인에게 Surrender를 신청하는 것이 관례이며, 이때 송하인과 수하인 간의 합의가 있어야 함 • 송하인이 B/L을 Surrender한 사실을 팩스나 이메일을 통해 사본을 송부함으로써 통지(Telex Release)하면 수하인은 물품 도착 즉시 수령 가능함 • Surrendered B/L은 신용장 방식보다는 T/T 방식에서 주로 사용함 • 신용장 방식의 경우 개설은행이 화물에 대한 담보권을 확보하려 하므로 은행이 신용장 대금에 대한 채권을 보전하는 조치를 취하고 나서 승인이 있어야 수하인이 화물을 인도받을 수 있음 • 화물이 도착했으나 선하증권이 도착하지 않았을 때, L/G(수입화물선취보증서)의 사용 없이 수하인의 신속한 인수를 위해 활용 가능

기간경과 선하증권 (Stale B/L)	• 선적일 후 은행 제시일까지의 기간이 일정기일을 초과한 선하증권으로, UCP에서는 원본 운송서류를 포함한 제시는 선적일 후 21일 이내에 이루어질 것을 요건으로 함 • 서류 제시기간이 경과한 선하증권은 은행에서 수리를 거절하나, 신용장에 "Stale B/L acceptable"이란 문언이 있다면 은행에서 수리함
선(일자) B/L (Back Date B/L)	• 실제 선적일보다 일자를 앞당겨 발행받거나 아예 물품의 인도 전에 발행받은 B/L로, 송하인이 선적일을 지키지 못한 경우 편법적으로 사용되는 경우가 있으나 이는 불법 적인 관행이므로 법적으로 인정받지 못함
적색 선하증권 (Red B/L)	• 운송인이 송하인의 요청에 따라 적하보험계약을 체결한 경우 해당 보험부보의 사실 을 기재한 선하증권
용선계약부 선하증권 (Charter Party B/L)	• 용선계약 하에 발행된 선하증권 • 용선계약 선하증권상에 운송조건이 기재되어 있더라도 선주와 용선자 사이에서는 용 선계약서의 내용이 우선됨
환적 선하증권 (Transhipment B/L)	• 선적항에서 도착항 사이의 운송 중 한 선박으로부터 다른 선박으로 물품을 양하하여 재선적하는 환적이 발생하는 경우 이를 표시한 선하증권 • 같은 운송방법(Same Mode of Transport)을 사용하는 단순통운송에서 발행된 통선 하증권은 환적 선하증권이 됨
전자식 선하증권 (Electronic B/L)	• 전통적인 종이 선하증권이 아닌 전자적으로 발행되어 EDI(Electronic Data Interchange) 방식으로 전송되고 유통되는 선하증권 • BOLERO(Bill Of Lading Electronic Registry Organization) B/L과 같이 종이서류에 의 한 선하증권의 원본 제시에 따른 불편을 해소하고자 시도되고 있는 선하증권의 형태

제102회 1급 기출문제

74. 선하증권의 종류 중 일부를 설명하고 있다. 올바르게 연결된 것은?

> a) 선하증권과 보험증권을 결합한 형태의 선하증권으로, 선하증권에 기재된 화물에 사고가 발생하면 선사가 이를 보상해 주는 선하증권
> b) 신용장상 서류제시기한을 경과하여 그 유효성에 의문이 있는 선하증권
> c) 송하인의 요청에 따라 권리증권으로서의 기능을 배제하여 선하증권 원본 없이 수하인(수입상)이 물품을 인수할 수 있도록 하기 위해 업계의 편의상 이용되는 선하증권

① a) Red B/L   b) Surrender B/L   c) Stale B/L
② a) Switch B/L   b) Stale B/L   c) House B/L
③ a) Red B/L   b) Stale B/L   c) Surrender B/L
④ a) Switch B/L   b) Red B/L   c) Short Form B/L

정답 ③
해설
a) Red B/L
b) Stale B/L
c) Surrender B/L

제114회 1급 기출문제

70. 선하증권에 대한 설명으로 옳지 않은 것은?

① 운송계약의 추정적 증거(prima facie evidence)이다.
② 운송인이 물품을 수취했다는 물품의 수령증이다.
③ 'said by shipper to contain'과 같은 부지약관이 있어도 신용장 거래에서 수리된다.
④ 권리증권으로 유통이 가능하며 'consignee'란에 수화인이 기재되어 유통될 수 있다.

정답 ④
해설
수하인(consignee)란에 특정 수하인의 상호 및 주소가 기재된 기명식 선하증권은 특정 수하인에게 제공되어 유통의 의사가 없는 경우에 사용되며, 유통 및 배서·양도가 불가능한 비유통성 증권으로 간주된다.

5. 수입화물선취보증서

(1) B/L의 위기(Crisis)

① 해상운송기간의 단축으로 인해 근거리해상운송에서 원본 B/L의 송부가 늦어져 물품의 인도가 지연되는 상황을 'B/L의 위기(Crisis of B/L)'라 한다.

② B/L의 위기를 극복하기 위해 전자식전하증권(eB/L) 또는 Surrendered B/L이나 SWB와 같은 비유통성의 운송서류를 사용하거나 수입화물선취보증서(L/G)를 이용하여 물품을 수령(보증도)할 수 있다.

(2) 수입화물선취보증서(L/G, Letter of Guarantee)

① 수입화물선취보증서란 수입화물이 수입지에 도착했음에도 원본 선하증권이 도착하지 않아 수하인이 화물의 인수가 불가능한 경우 수하인이 은행에 요청하여 발행받아 운송인에게 제출한 후 D/O를 발급받음으로써 화물을 인수할 수 있는 일종의 보상장이다.

② 수입화물선취보증서는 이미 도착한 화물에 대하여 선하증권 원본 없이도 수하인이 화물을 인도받을 수 있도록 하기 위해 은행이 선사 앞으로 발행하는 수하인과 은행의 연대보증서이다.

③ 수입화물선취보증서에는 ⓐ 원본 B/L이 도착하는 즉시 운송인에게 제출하겠다는 내용, ⓑ 운송인이 L/G와 상환으로 화물을 인도하는 데 따르는 모든 손해와 비용은 일체 보증인이 부담하고 운송인에게 어떠한 책임도 묻지 않겠다는 취지의 내용, ⓒ 수하인과 거래은행이 연대하여 보증하는 취지 등이 나타나 있다.

④ 은행은 수하인의 L/G 발행 신청서 및 관련 서류를 검토하고 수수료를 수령한 후 L/G에 서명하여 매수인에게 교부한다.

더 쉽게 이해하기 L/I와 L/G의 비교

구 분	파손화물 보상장 (L/I, Letter of Indemnity)	수입화물선취보증서 (L/G, Letter of Guarantee)
작성 및 제출자	• 송하인	• 수하인과 거래은행(연대보증)
이용 장소	• 선적(수출)지	• 양륙(수입)지
목 적	• 운송인에게 Dirty B/L의 문구를 삭제한 Clean B/L의 발급을 요청	• 운송인에게 원본 B/L 없이 화물의 인도를 요청
공통점	• 운송인에 대한 요청사항으로 인해 발생하는 손해에 대해 보상하겠다는 약정서 • 문제 발생 시 1차적으로는 운송인이 책임을 부담하고 추후에 약정서를 기초로 구상 가능 • 법률로 보장되는 송하인 또는 수하인의 당연한 권리가 아닌 실무상 관행으로 운송인은 거절할 수 있음	

6. 선하증권 대체서류

(1) 해상화물운송장(SWB, Sea Waybill)

① 해상운송에서 선하증권 대신 사용하는 물품의 수령 및 운송계약의 증빙 서류로서, 물품의 신속한 인도를 위해 유통성 선하증권 대신에 도착지에서 화물을 인도받을 때 원본 서류의 제시가 필요 없는 비유통성 서류를 말한다.

② 특징

- 기명식으로만 발행되는 단순 화물수취증이자 운송계약의 추정적 증거로서 권리증권성이 없다.
- 수하인으로 기재된 자가 화물의 인도청구권을 가지므로 운송인에게 서류를 제출하지 않고 화물을 인도받을 수 있어, 선하증권의 입수가 화물의 도착보다 지연되어 발생하는 문제(선하증권의 위기)를 해소할 수 있다.
- 권리증권이 아니므로 서류 분실에 대한 위험이 없다.
- 화물의 통관, 수령을 신속하게 할 수 있다.
- 서식을 표준화, 전자화할 수 있어 합리적인 사무처리가 가능하다.
- "SWB에 관한 CMI 규칙"과 같은 국제규칙과 우리나라 상법 등에 관련 규정이 마련되어 있다.

③ 선하증권과 차이점

구 분	선하증권	해상화물운송장
유통성	유통증권	비유통성 서류
원본 요구	화물의 인도를 위해서 원본 선하증권의 제시가 필요함	해상화물운송장 원본의 제시 없이도 기명된 수하인이 물품을 수령
발행형식	다른 방법으로도 발행되나 일반적으로 지시식	기명식

(2) 전자식 선하증권(Electronic B/L)

종이 선하증권이 아닌 전자 문서로 발행되는 선하증권으로 운송인이 그 내용을 컴퓨터에 입력시켜 보존하고, 전자적 방법으로 송하인 또는 수하인에게 전달하는 방식이다.

🔍 시험에 이렇게 나온다!

제105회 1급 기출문제

58. 해상화물운송장(SWB)에 관한 설명으로 옳지 않은 것은?

① 목적지에서 화물인도청구를 위해 제시할 필요가 없다.
② 해상화물운송장에 관한 CMI 규칙상 송하인은 수하인이 화물인도를 청구할 때까지 화물처분권을 유보할 수 있다.
③ 유가증권이다.
④ 물품이 운송서류보다 먼저 도착지에 도달할 때 유용하다.

정답 ③

해설
선하증권(B/L)은 수하인이 화물을 인도받을 때 운송인에게 제출해야 하는 유가증권이지만, 해상화물운송장(SWB)은 수하인이 화물을 인도받을 때 운송인에게 제출할 필요가 없으므로, 유가증권성을 가지지 않는 비유통성 서류이다.

제**3**절 | 국제항공운송

✎ 본문 내용 중 기출문제로 자주 출제된 부분에 **형광펜**으로 표시하였으니 반드시 학습하시기 바랍니다.

01 항공운송의 개요
기출빈도 ★

1. 항공운송의 의의

항공운송(Air Transport)이란 항공기를 이용하여 사람, 우편물, 재화의 장소적·공간적 이전을 목적으로 운송하는 서비스이며, 그 대가로 운임을 획득하는 경제활동을 의미한다.

2. 항공운송의 특징

① 타 운송수단보다 신속·정시에 운송할 수 있어 납기가 촉박한 긴급물품이나 즉시성을 요하는 고가의 물품, 경박단소(輕薄短小)한 물품 등에 적합하다.

② 운송기간의 단축으로 창고료, 보험료 등 재고 관련 물류비용을 절감할 수 있다.

③ 충격에 의한 화물 손상 및 원형 변경, 침식 또는 부식의 가능성이 낮아 안전하다.

④ 타 운송수단보다 운임이 고가이나 항공기의 대형화 등으로 운항비용이 낮아져 운임 부담은 점차 낮아지고 있다.

⑤ 중량, 규격의 제한에 의해 중량물이나 부피가 큰 화물은 운송에 어려움이 있다.

⑥ 다품종 소량생산의 추세로 인해 항공운임 부담력이 큰 상품이 증가하는 현상이 나타나고 있고, 이는 항공운송의 성장 요인이 되고 있다.

02 항공운송대리업
기출빈도 ★★

1. 항공운송주선인(Air Freight Forwarder)

① 본인이 직접 항공기를 운항하지 않고, 화주와 운송계약을 맺고 내륙운송, 세관의 수출입 수속, 창고업무 등 항공화물의 운송과 관련된 일체의 서비스를 주선 또는 수행하는 자를 말하며, "포워더"라고 부르기도 한다.

② 항공운송주선인은 자신과 계약한 개별화주의 화물을 다시 본인의 명의로 항공사와 계약하여 운송한다.

③ 항공사의 운임과 다르게 송하인에게 자체적인 운임(Tariff)을 적용한다.

④ 항공운송주선인은 항공사와 운송계약을 맺고 Master AWB를 발행받으며, 자신과 송하인 사이의 운송계약에 따라 House AWB를 발행한다.

2. 항공화물대리점(Air Cargo Agents)

① 항공사를 대리하여 송하인과 화물운송계약을 체결하고 대리점은 계약에 대한 수수료를 취득한다.

② 국제항공운송협회(IATA, International Air Transport Association)에서 항공화물대리점의 수수료를 정하고 있다.

③ 항공사의 명의로 송하인에게 Master AWB를 발행한다.

④ 통상적으로 수출 및 수입화물에 대해 내륙운송과 세관의 수출입수속, 창고(보관) 관련 업무를 대행하는 등 항공물류의 흐름을 원활하게 하는 역할을 수행하기도 한다.

더 쉽게 이해하기 항공운송주선인과 항공화물대리점의 비교

구 분	항공운송주선인	항공화물대리점
운 임	항공운송주선인 자체적 요율에 의한 운임	항공사의 운임
송하인에 발급하는 항공운송장	운송주선인 명의 House Air Waybill	항공사 명의 Master Air Waybill
운송 중 책임	항공운송주선인	항공사
운송약관	자체적 운송약관	항공사의 운송약관

🔍 시험에 이렇게 나온다!

제103회 1급 기출문제

58. 항공화물대리점과 항공운송주선인에 대한 설명으로 옳지 않은 것은?

① 항공화물대리점은 항공사의 운송약관을 사용하지만, 항공운송주선인은 자신의 운송약관을 사용한다.

② 항공화물대리점은 항공사를 대리하여 운송계약을 체결하지만, 항공운송주선인은 자신이 당사자로서 화주와 운송계약을 체결하므로 화주에 대하여 직접 운송계약상의 책임을 부담한다.

③ 운송계약을 체결할 때 항공화물대리점은 항공사가 정한 운임률표를 사용하지만, 항공운송주선인은 자신이 정한 운임률표를 사용한다.

④ 항공화물대리점은 운송사 명의의 House AWB를 발행하지만, 항공운송주선인은 자기 명의의 Master AWB를 발행한다.

정답 ④
해설
항공화물대리점은 운송사(항공사) 명의의 Master AWB를 발행하고 항공운송주선인은 자기 명의의 House AWB를 발행한다.

---

03 항공운송의 수출입절차

기출빈도 ★

1. 수출절차

> 예약 ⇨ 수출통관 ⇨ 화물 인도 ⇨ 운송장 발행 ⇨ 적재

(1) 예약

① 송하인과 운송주선인이 운송계약을 맺으면 운송주선인은 화물의 출고시간에 맞추어 적정 항공사를 선정하고 해당 항공사에 예약을 한다.

② 화물운송 예약 시 출발지, 도착지, 물품명, 화물의 중량 및 부피, 항공화물운송장(Air Waybill) 번호 등의 정보를 항공사에 제공해야 한다.

(2) 수출통관

포장이 완료된 화물을 보세구역에 반입하고 상업송장, 포장명세서 등 서류와 수출신고서를 첨부하여 관할세관에서 수출신고수리(수출면장)를 받는다.

(3) 화물 인도

항공사는 화물을 인도받아 공항 장치장에 입고시키고 화물의 부피 및 중량 측정과 함께 보안 검색을 한 후 화물 정보 표식을 붙인다.

(4) 운송장 발행

항공사(대리점)는 운송주선인에게 Master AWB를 발행하고, 운송주선인은 송하인에게 House AWB를 발행한다.

(5) 적재

① 항공기에 탑재가 결정된 화물은 적하목록(M/F, ManiFest)에 기재하고 이를 세관장에게 제출하여 화물 반출허가를 받는다.
② 행선지별로 항공화물컨테이너에 화물을 적입하고 해당 항공기에 적재하여 이륙을 준비한다.

2. 수입절차

> 양하 ⇨ 운송장 인수 ⇨ 수입신고 ⇨ 화물 인도

(1) 양하

① 기내에서 검역작업이 이루어지고, 항공기가 도착하면 하기지시서(Unloading Instruction)에 의해 하기작업이 이루어진다.
② 하기된 화물은 대조확인 및 파손유무를 점검 후 분류작업장에서 분류되고 화주가 요청한 보세창고로 반입된다.
③ 화주가 별도의 지시를 하지 않는 경우 항공사가 지정하는 장소에 하기한다.

(2) 운송장 인수

운송주선인은 항공사로부터 항공운송장을 인수하여, 각 화주에게 수하인용 항공운송장을 교부한다.

(3) 수입신고

① 수입통관 업무는 수하인이 직접 행하거나 수하인으로부터 지정받은 통관업자(관세사)가 행한다.
② 항공운송장을 인수받은 수하인 또는 통관업자는 세관에 수입신고서를 제출하여 통관을 진행한다.

(4) 화물 인도

수하인은 수입신고필증, 항공운송장, 항공화물인도승낙서(L/G), 화물인도지시서(D/O)를 보세창고업자에게 제출하고 화물을 인도받는다.

---

04 | 항공화물운송장(AWB)   기출빈도 ★★

1. 개요

① 항공운송에서 화주와 운송인의 운송계약에 의해 화물이 수취되었음을 증명하기 위해 발행하는 서류로 AWB(Air Waybill) 또는 항공화물수탁증(Air Consignment Note)이라고도 한다.
② 해상운송에서 발행되는 운송서류에 선하증권(B/L), 해상화물운송장(SWB)이 있다면 항공운송에서는 해상운송의 B/L에 해당하는 항공화물운송장이 발행된다.
③ 국제항공운송협회(IATA)에서 정한 표준화된 양식과 발행 방식에 의해 전 세계 모든 항공사에서 사용하도록 의무화되어 있다.
④ 항공사(대리점)에서 발행하는 Master AWB와 포워더가 발행하는 House AWB로 나누어진다.

더 쉽게 이해하기	선하증권과 항공화물운송장의 비교	
구 분	선하증권(B/L)	항공화물운송장(AWB)
유통성	유통가능	유통불가
성 격	유가증권	비유가증권
발행형식	지시식(무기명식)으로 발행가능	기명식
발행양식	B/L과 SWB는 공통양식 없이 선사별로 다양	IATA의 통일양식 사용
발행시점	화물을 선박에 선적 후(선적식)	운송인이 화물을 수취 후(수취식)

2. 항공화물운송장 기능

운송계약의 증거	운송계약의 내용이 상세히 기재되어 있어 운송계약의 증거서류로 사용됨
화물인수증	항공운송인이 송하인에게 화물을 인수하였음을 증명함
세관신고서	세관에 대한 수출입신고자료 및 통관자료로 사용됨
보험계약 증명	항공운송장에 보험금액 및 보험가액을 기재하여 보험에 부보한 것을 표시한 경우 보험가입의 증명서류로 사용됨
운임계약서	화물과 함께 목적지로 보내어진 항공화물운송장에는 운임과 요금이 기재되어 있어 수하인이 운임 및 요금을 계산하는 근거자료로서 사용됨
화물운송 지시	항공화물운송장에는 출발지, 경유지, 목적지, 화물의 취급과 인도에 관한 사항이 기재됨

3. 항공화물운송장 구성

(1) 항공화물운송장은 3통의 원본(Triplicate)과 여러 장의 사본으로 이루어진다.

제1원본 (For Carrier)	• 녹색으로 "운송인용"으로 기재되고 운송인이 발행하여 보관함 • 송하인과 운송인 간에 운송계약이 성립되었음을 증명하는 서류 • 운임과 회계처리에 사용됨
제2원본 (For Consignee)	• 적색으로 "수하인용"으로 기재되고 화물과 함께 도착지로 보내저 수하인에게 인도됨 • 세관에 대한 수입통관자료로 사용됨
제3원본 (For Shipper)	• 청색으로 "송하인용"으로 기재되고 운송인이 화물을 인수 후 송하인에게 교부 • 운송인이 화물을 수령했다는 수령증 및 운송계약의 증거서류로 사용됨 • 신용장 거래에서 AWB의 전통이 요구된 경우에도 송하인용 원본만 제시하면 됨
사 본	• 운송인의 대리점 보관용, 세관 및 공항당국 제출용 등으로 사용

(2) 항공화물운송장의 작성

항공화물운송장은 송하인이 작성하여 항공운송인에게 교부하는 것이 원칙이지만, 항공운송인이 송하인의 명시 또는 묵시의 의사표시에 의하여 이를 작성한 경우 반증이 없는 한 송하인을 대신하여 작성한 것으로 인정되며 실무상 주로 항공대리점에 의해 작성된다.

(3) 항공화물운송장의 내용을 수정하거나 추가할 경우 원본과 사본 전체에 대하여 수정 또는 추가하여야 한다.

1. 항공화물요율

(1) 일반화물요율(GCR, General Cargo Rates)

보통 일반화물요율에 의해 운임이 결정되고 특정품목요율이나 품목분류요율에 해당되는 경우 일반화물운임에 우선하여 적용한다.

최저운임 (M, Minimum Charge)	한 건의 화물에 적용할 수 있는 가장 적은 운임
기본요율 (N, Normal Rate)	45kg 미만의 화물에 적용되는 기본적인 요율
정량요율 (Q, Quantity Rate)	45kg 이상의 화물에 적용되는 요율로 화물의 중량이 높아질수록 요율이 낮게 설정됨

(2) 품목분류요율(CCR, Commodity Classification Rates)

① 특정품목에만 적용되며, 품목에 따라 일반화물요율에 할인요율이나 할증요율을 적용한다.

② 품목분류요율 적용대상 품목

할인품목(R)	• 신문, 잡지, 정기간행물 등의 서적류 • 화물로 운송되는 개인의류 및 개인용품 등
할증품목(S)	• 금괴, 화폐, 유가증권, 보석류 등 귀중화물 • 시체, 살아있는 동물, 자동차

(3) 특정품목할인요율(SCR, Specific Commodity Rates)

① 특정구간에서 특정품목에 대해 설정되는 요율로 특정구간에 동일품목이 반복해서 운송되는 품목에 대하여 일반품목보다 요율을 낮게 설정하여 항공운송 이용의 촉진을 목적으로 한다.

② 다량의 화물을 수송하기 위하여 최저중량에 제한이 있어 그 이하 중량의 화물은 특정품목할인요율을 적용할 수 없다.

③ 일반화물요율이나 품목분류요율을 적용할 경우보다 낮은 요율이 산출된다면 특정품목할인요율을 적용할 수 있다.

(4) 혼합화물요율(Mixed Consignment Rates)

① 운임요율이 다른 수종의 화물이 하나의 운송장으로 운송될 경우 혼합화물이라 한다.

② 운송용구 하나에 혼합화물이 적입되는 경우 가장 높은 화물의 운임률을 적용한다.

③ 각 화물의 중량과 품목을 별도로 신고하면 각각의 화물의 별도 운임률이 적용가능하다.

(5) 종가요금(Valuation Charge)

운송 중 사고발생에 대한 항공사의 최대배상한도액을 초과하는 금액을 배상받기 위해서 종가요금을 지불해야 한다.

(6) 단위탑재용기운임(BUC, Bulk Unitization Charge)

항공사가 송하인이나 대리점에게 컨테이너 또는 팔레트 단위로 판매할 경우 적용되는 요금으로, IATA에서 규정한 단위탑재용기(ULD, Unit Load Device)별로 상이한 운임이 적용된다.

(7) 기타 요금

운송에 관련한 부수적인 업무에 관한 대가나 추가수수료로, 수출항공화물 취급수수료(Handling Charge), 수입화물 AWB Fee, Pick up service Charge, 위험품 취급수수료 등이 있다.

(8) 운임 산출중량(C/W, Chargeable Weight)

- IATA에서 정한 부피를 고려한 무게 계산방법
  - 1CBM = 약 167kg으로 환산(100cm x 100cm x 100cm/6,000)
  - 6,000cm³ = 무게 1kg으로 환산
- 무게와 용적 중 큰 쪽의 무게를 적용요율에 곱해 운임을 산출
- 계산 예시
  - 화물의 Gross Weight : 8kg
  - 포장의 크기 : 50cm x 50cm x 120cm
  - 10kg 미만 적용운임(Minimum) : $ 100/kg
  - 50kg 이상 60kg 미만 적용운임 : $ 10/kg
    - → 50cm x 50cm x 120cm = 300,000cm³
    - → 300,000cm³/6,000 = 50kg (화물의 실제무게 8kg이 아닌 50kg을 적용)
    - → 운임 = 50kg x $ 10 = $ 500

(9) 항공운임의 통화

주로 출발지의 통화를 적용(우리나라도 원화로 결제)하고 있으나 예외적으로 USD를 사용하는 경우도 있다.

제**4**절 | 국제복합운송

✏ 본문 내용 중 기출문제로 자주 출제된 부분에 **형광펜**으로 표시하였으니 반드시 학습하시기 바랍니다.

01 복합운송의 개요
기출빈도 ★ ★

1. 복합운송의 의의

(1) 복합운송(Multimodal Transport, Combined Transport, Intermodal Transport)이란 해상, 항공, 육상 등 복수의 운송방법(Mode)을 사용하여 화물을 운송하는 것을 의미한다.

[용어설명] 운송수단과 운송방법

운송수단(Means of Conveyance)이란 운송인이 사용하는 특정 선박, 항공기, 차량, 철도 등의 운송용 차량(Vehicle)을 말하며 운송방법(Mode of Transport)이란 해상운송, 항공운송, 육상운송 등의 운송형태를 말한다. 같은 운송방법 내에서 복수의 운송수단이 사용된 경우는 복합운송이 아니라 환적에 해당한다.

(2) 컨테이너를 통한 육·해·공의 복합된 운송으로 문전 앞 배송(일관운송, Door to Door)에 의해 운송을 가능하게 한다.

(3) 복합운송은 전통적인 해상운송의 Tackle to Tackle 운송이 CY to CY로 확장되고 최종적으로 Door to Door 운송으로 발전한 것이라 할 수 있다.

2. 복합운송의 특징

단일운송계약	하나의 복합운송증권에 의해 전 구간에 대해 하나의 계약이 이루어진다.
단일운임	운송수단별로 각각 운임을 계산하지 않고 복합운송에 포함되는 전체구간을 통틀어 하나의 운임으로 계산된다.
단일운송인 책임	각 운송수단의 실제운송인(Actual Carrier)이 책임을 부담하는 것이 아니라 복합운송인이 전 운송구간에 대해 책임을 진다.
복합운송증권의 발행	복합운송인이 복합운송의 전 구간에 대하여 복합운송증권(MTD, Multimodal Transport Document, CTD, Combined Transport Document)을 발행한다.

02 복합운송인
기출빈도 ★ ★

1. 복합운송인의 정의

UN 국제복합운송조약(MT조약)에 의하면 복합운송인(MTO, Multimodal Transport Operator)이란 스스로 운송계약을 체결하고, 송하인이나 운송인의 대리인이 아닌 운송계약의 주체로서 계약이행에 대해 책임을 지는 자로 정의하고 있다.

2. 복합운송인의 유형

(1) 실제운송인(Actual Carrier)형

자신이 보유한 선박, 항공기, 기차 등의 운송수단을 이용하여 복합운송인의 역할을 수행하는 운송인을 말한다.

(2) 운송주선인(계약운송인, Contract Carrier, Forwarder)형

① 자신이 선박, 항공기, 기차 등의 운송수단을 직접 보유하지 않으나 운송주체로서 자기 명의로 화주와 계약을 맺어 그 역할과 책임을 다하는 운송인을 말한다.

② 화주에게는 운송인의 입장으로, 실제운송인에게는 화주의 입장으로 그 의무를 수행한다.

③ 우리나라의 국제물류주선인이 이러한 유형에 속하며 해상화물운송주선업과 항공운송주선업은 물류정책기본법상 국제물류주선업으로 일원화되었다.

④ 무선박공중운송인(NVOCC, Non – Vessel Operating Common Carrier) : 계약운송인을 미국 신해운법에서 법제 화시킨 개념으로 직접 선박을 소유하지 않으나 화주와 운송계약을 맺어 선박회사 등의 실제운송인을 하도급인으로 하여 자신의 이름으로 운송하는 자를 말한다.

---

03 복합운송증권 기출빈도 ★ ★

1. 개요

(1) 복합운송증권(MTD, Multimodal Transport Document)이란 복합운송에 의하여 물품이 인수된 사실과 계약상의 조항에 따라 물품을 인도할 것을 약속한 복합운송계약을 증명하는 증권이다.

(2) 1980년 UN에서는 국제복합운송조약을 채택함으로써 복합운송에 관한 통일조약을 마련하였으며, UCP 600에서도 복합운송서류의 수리에 대한 별도의 규정을 명시하고 있다.

2. 복합운송증권의 특징

물품수령 및 운송계약의 증거	복합운송증권은 발행자인 운송인이 운송품의 수령을 증명하는 운송계약의 증거가 된다.
전 운송구간을 커버	육·해·공 운송수단별로 운송인이 상이하더라도 복합운송증권으로 화물의 멸실, 손상에 대하여 전 운송구간을 커버한다.
계약운송인에 의한 발행	복합운송증권은 실제운송인뿐만 아니라 운송주선인에 의해서도 발행된다.
본선적재 전 발행	원칙적으로 복합운송증권은 본선적재 전에 복합운송인이 수탁 또는 수취한 상태에서 발행된다.
유통증권성	UN복합운송협약상 복합운송증권 발행 시 송하인이 유통성/비유통성을 선택할 수 있으며, 지시식 또는 무기명식으로 발행될 경우 유통증권으로 기능을 가진다.

3. 복합운송증권의 형태

(1) 국제규칙에 따른 복합운송증권

MTD (Multimodal Transport Document)	• UN에서 1980년에 제정한 UN 국제화물복합운송조약(MT조약)에서 규정하는 복합운송증권을 말한다. • 화주를 우선으로 하여 복합운송인에 대하여 엄격한 책임원칙을 정하고 있다.
CTD (Combined Transport Document)	• 국제상업회의소(ICC)에서 1975년에 제정한 ICC 복합운송증권통일규칙에서 규정하는 복합운송증권을 말한다. • CTD는 모든 복합운송구간을 포괄하기 때문에 각 운송구간에 대한 별도의 운송서류가 필요하지 않으며, 유통가능 형태와 유통불가한 형태로도 발행된다.

(2) 선하증권 형식의 복합운송증권

① 해상에서 사용되는 선하증권을 복합운송에 맞게 변형한 형태로, Combined Transport B/L, FIATA B/L 등 선하증권 형식의 복합운송증권이 사용되고 있다.

② 선하증권 형식의 복합운송증권은 증권의 명칭에 복합운송을 의미하는 문언이 기재되어 있다.

③ 현재 실무에서 사용되는 선하증권 형식의 복합운송증권은 국제운송주선업협회(FIATA)가 제정한 FIATA B/L이 보편적으로 사용되고 있다.

(3) FIATA B/L(KIFFA B/L)

① F B/L이라고도 하며, FIATA(국제운송주선업협회)에서 제정하고 ICC(국제상업회의소)에 의해 승인된 표준약관에 의한, 운송주선업자가 발행하는 복합운송증권을 말한다.

② 운송인의 책임에 있어서는 '복합운송증권에 관한 UNCTAD/ICC통일규칙'에 근거하고 있으며 대부분의 복합운송에 사용되고 있어 실질적으로 복합운송에서 가장 보편적인 운송증권으로 볼 수 있다.

③ 유통성이 인정되는 B/L의 형태로 발행되고 있다.

④ 실제로는 해상운송, 항공운송 등 단일운송만이 이루어지는 경우에도 발행된다.

⑤ 우리나라의 경우 KIFFA(한국국제물류협회)에서 공인한 KIFFA Multimodal Transport Bill of Lading 양식이 사용된다.

Q 시험에 이렇게 나온다!

제107회 1급 기출문제

46. Below explains multimodal transport bill of lading. Choose the one which is NOT correct.

(가) The multimodal transport B/L is mostly printed on FIATA standard pre – printed B/L forms. (나) The multimodal B/L is used whenever there are at most two different modes of transport, and (다) while the ocean B/L is usually issued when goods have been shipped, (라) the multimodal B/L is issued when the goods are received.

① (가)　　　　② (나)　　　　③ (다)　　　　④ (라)

정답 ②

해설

복합운송선하증권은 최소한(at least) 둘 이상의 서로 다른 종류의 운송방법에 의한 복합운송에 대하여 발행하는 선하증권을 말한다.

---

1. 책임원칙

(1) 복합운송은 준거법을 달리하는 여러 운송방법의 결합이며 운송수단별 여러 운송인이 관계된다.

(2) UN 국제물품복합운송조약에 의하면 복합운송을 인수한 계약당사자로서 복합운송인이 전 운송구간에 대한 책임의 주체가 된다. 다만 복합운송인이 손해를 방지하기 위해 필요한 모든 조치를 취했거나 취할 수 없었다면 면책된다.

(3) 과실의 유무는 복합운송인이 입증해야 한다.

심화 PLUS⁺ 복합운송인의 책임

1. 복합운송인의 책임체계
   (1) 동일책임제도(Uniform Liability System, 단일책임제도)
       ① 단일의 복합운송인이 책임발생장소나 운송수단에 관계없이 동일한 원칙에 의해 책임을 부담하는 책임체계이다.
       ② 손상·멸실·지연에 대한 책임이 복합운송인에게 있고 손해를 방지하기 위해 필요한 조치를 취했다는 사실을 증명한 경우에만 면책될 수 있다.
       ③ 화주에게는 간편하나 복합운송인의 구상권 행사는 복잡한 책임체계이다.
   (2) 이종책임제도(Network Liability System)
       ① 책임의 내용이 손해가 발생한 각 운송구간에 적용되는 고유의 조약 또는 법규에 따라 결정되는 책임체계이다.
       ② 손해구간이 확인되는 경우 해당 구간의 조약 또는 법규를 적용하나 어느 구간에서 손해가 발생했는지 확인할 수 없는 경우에는 주로 해상구간에서 손해가 발생한 것으로 간주하여 해상운송의 헤이그 규칙을 적용한다.
   (3) 수정동일책임체계(Modified Uniform Liability System, 수정단일책임체계)
       ① 원칙적으로 전 운송구간 단일책임체계를 채택하나, 예외적으로 각 운송구간의 책임원칙을 적용하는 이종책임체계를 가미한 절충체계이다.
       ② 손해가 어느 구간에서 발생했는지 관계없이 동일한 원칙에 의해 책임규정을 적용한다.
       ③ 예외적으로 손해발생구간이 확인되고 규정된 책임한도액이 UN 국제복합운송조약에서 정한 책임한도액보다 높은 경우 손해발생구간에 해당되는 고유의 규정상 책임한도액을 적용한다.

2. 운송구간별 복합운송인의 책임원칙

해상운송구간	• 과실책임원칙으로 운송인의 과실에 의해 손해가 발생한 경우에만 운송인이 책임을 진다. • 불가항력이었거나 포장불비, 통상의 누손은 면책된다.
육상운송구간	• 무과실책임원칙으로 운송 중 손해가 발생한 경우 과실여부와 관계없이 운송인이 책임을 진다. • 불가항력이었거나 포장불비, 통상의 누손은 면책된다.
항공운송구간	• 엄격책임으로 과실 여부, 원인과 관계없이 운송인이 책임을 지며 면책되지 않는다. • 운송구간별 책임 중 운송인에게 가장 엄격한 책임을 부여한다.

1. 컨테이너 복합운송

(1) 송하인이 발송한 컨테이너를 수하인의 문전 앞(Door to Door)으로 운송하기 위하여 육상운송수단 중 도로망을 활용하는 컨테이너 트럭과 육·해·공 여러 운송수단이 결합되어 활용된다.

(2) ICD(Inland Container Depot, 내륙컨테이너기지)

① 일반적으로 철도운송과 육상운송의 접점인 내륙에 위치하며 항구의 컨테이너 터미널 역할을 일정 수준 대체한다.

② 항만지역의 혼잡을 피하여 시간을 절감할 수 있고, 항구와 내륙 ICD 사이의 철도운송으로 운송비를 절감할 수 있다.

③ ICD에서는 화물의 장치, 보관, 집화, 통관, 수취 선하증권 발행 등의 업무가 가능하다.

④ 우리나라에서는 경기도 의왕 ICD와 경상남도 양산 ICD가 국내의 대표적 ICD로 손꼽힌다.

2. 랜드브리지(Land Bridge)

(1) 예를 들어 미국 동해안으로 해상운송하는 경우 파나마 운하를 경유하는 AWS(All Water Service)를 이용하는데, 이와 달리 해상과 육상의 복합운송방식으로 해상과 해상 사이의 대륙의 육로를 다리(Bridge)처럼 사용하여 해상과 해상을 연결하는 운송방식 또는 해상과 육상을 연결하는 운송방식을 랜드브리지라 한다. 해상운송만을 사용하여 운송하는 것보다 시간과 비용이 절감되는 경우가 있다.

(2) 랜드브리지 주요 경로

SLB (Siberian Land Bridge)	• 극동지역과 유럽지역 사이의 운송에 있어 해상운송보다 육상운송을 이용하는 것이 시간과 경비 측면에서 유리하다. • 러시아 극동에서 러시아 서부국경지역까지 시베리아 횡단철도(TSR, Trans Siberian Railroad)를 이용하는 방식이다. • 러시아 극동까지는 컨테이너선을 이용하고 러시아 국경에서 유럽까지는 철도, 선박, 트럭 등의 운송수단이 사용된다. • 중국(TCR, Trans China Railroad)과 러시아의 시베리아(TSR, Trans Siberian Railroad) 등 철도체계를 연계하여 극동아시아에서 유럽까지 이르는 철도를 유라시아 횡단철도(TAR, Trans Asia Railroad)라 하며, 한반도(TKR, Trans Korea Railroad)도 추후 이와 연계하여 개통될 계획이 있다.
ALB (American Land Bridge)	• 극동지역과 유럽 사이를 미국의 육상로를 거쳐 운송하는 방식이다. • 극동지역에서 선적된 화물을 미국 서해안 항구까지 해상운송 후 미국 동부항구까지 대륙횡단철도로 운송하고, 이를 다시 유럽의 목적지까지 해상운송한다.
MLB & IPI	• 극동지역과 미국 동해안 또는 멕시코만 사이를 운송하는 방식이다. • Mini Land Bridge : 극동지역에서 미국 서해안 항구까지 해상운송 후 미국 동해안의 항구지역까지 철도운송을 한다. • Micro Land Bridge, IPI(Interior Point Intermodal) : 극동지역과 미국의 내륙지역 목적지 사이를 철도와 기타 도로망을 이용하여 운송하는 것으로, MLB의 목적지가 항구까지로 한정되는 데 비해 내륙의 문전까지 서비스가 가능하다. • Reverse IPI : IPI와 반대로 미 동해안까지 AWS를 이용하여 운송하고 내륙지점까지 육상운송하는 것을 말한다.

3. Sea & Air

(1) 해상과 항공의 복합운송방식으로 해상운송의 저비용과 항공운송의 신속성의 장점을 결합한 운송방식이다.

(2) 일반적으로 출발지에서 중계지(Tranship Point)까지는 해상운송으로, 중계지에서 최종목적지까지는 항공운송이 이루어진다.

심화 PLUS⁺ 우리나라의 컨테이너 내륙운송과 운임

1. FCL 화물을 CY로 운송하기 위해서 해상운송인과 계약된 육상운송인을 사용(Line 운송)할 수도 있고 스스로 운송(자가 운송)할 수도 있다.
2. LCL 화물의 경우도 자가 운송이 가능하나 통상 운송주선인에게 위탁하는 경우가 많다.
3. 20' Container 화물 운임은 40' 운임의 약 90%를 적용하고, 20' 2대를 동시에 운송하는 경우(Combine) 40' 운임의 약 108%가 적용된다.
4. 내륙운송료는 왕복운임이 원칙이나 운송이 잦은 지역에 대해서는 편도운임을 적용하기도 한다.
5. 위험물이나 중량물 등의 운송의 경우 내장화물의 종류에 따라 할증률이 가산된다.

🔍 시험에 **이렇게** 나온다!

제101회 1급 기출문제

67. 국제복합운송의 주요 형태에 대한 설명으로 옳지 않은 것은?

① Land Bridge는 해상운송과 도로운송을 결합시킨 해륙복합운송방식이다.
② Mini Land Bridge는 3국간 Land Bridge에 해당한다.
③ 유라시안 횡단철도(TAR)는 한반도(TKR) – 중국(TCR) – 러시아(TSR)를 경유하여 유럽까지 연결되는 새로운 철도망이다.
④ Sea & Air 복합운송을 이용하면 전 구간 해상운송에 비해 운송기간을 단축하고 전 구간 항공운송에 비해 운임을 절감할 수 있다.

정답 ②
해설
Mini Land Bridge는 극동지역과 미국의 내륙지역 간 복합운송방식으로 2국간 Land Bridge에 해당한다.

✎ 본문 내용 중 기출문제로 자주 출제된 부분에 **형광펜**으로 표시하였으니 반드시 학습하시기 바랍니다.

---

01 해상운송규칙   기출빈도 ★ ★

1. 헤이그 규칙(Hague Rules, 1924)

(1) 의의와 특징

① 해상운송에 관한 국제적 통일을 기하고 선주와 화주 간 이해관계의 대립을 막기 위해 여러 해운국의 선주, 화주, 은행 및 보험사가 참석한 헤이그 회의에서 채택된 국제해상운송규칙을 말한다.

② 운송인의 책임과 권리, 면책범위를 규정한 최초의 법규이다.

③ 운송인의 상업과실에 대해서는 면책특약이 없으나 항해과실에 대해서는 면책한다.

상업과실	화물의 선적·적부·운송·보관·양륙 등에서 발생한 과실
항해과실	운항 중 선장, 선원 등 사용인의 항해기술상 발생한 과실

(2) 내용

① 체약국에서 발행한 선하증권에 한하여 해당 규칙을 적용한다.

② 운송인의 책임

발항 전과 발항 시에 상당한 주의의무가 있으며 선적 후 양륙할 때까지 운송인이 다음의 책임사항을 지키지 않을 경우 1포장당 100파운드 이내의 책임을 질 수 있다.

- 선박에 감항능력(안전하게 운항할 능력)을 지니게 할 것
- 선박에 적당 선원을 승선시키고 의장을 갖추며 보급품을 보급할 것
- 화물을 적재할 장소를 화물의 수령, 운송, 보존에 적합하고 안전하게 할 것

심화 PLUS➕ 운송인의 책임부담 유형

과실책임주의	운송인이 선량한 관리자로서의 주의의무를 태만하여 야기되는 책임을 부담해야 하며 이를 면책받기 위해서는 무과실의 거증책임을 부담해야 한다. 헤이그 – 비스비 규칙, 함부르크 규칙, 유엔복합운송협약 등이 과실책임주의를 적용하고 있다.
무과실책임주의	무과실책임은 운송인이나 사용인의 과실을 요건으로 하지 않는 책임원칙을 말하는데, 엄격책임과는 달리 불가항력 등 일부 면책사유는 인정된다. 몬트리올 협약, CIM, CMR 등이 이를 적용하고 있다.
엄격책임주의	엄격책임은 과실의 유무를 불문하고 운송인은 결과에 대하여 책임을 지며 면책을 인정하지 않는 것을 말한다. 항공운송에서 여객에 대한 항공운송인의 책임에 엄격책임주의가 적용된다.

③ 운송인의 면책사항

다음 사유로 인하여 발생하는 멸실 또는 손상에 대하여 운송인은 책임을 지지 않는다.

- 선박의 항해 또는 선박의 관리에 있어서 선장이나 선원의 태만 또는 과실로 생긴 손해
- 화재(단, 운송인의 과실이나 고의에 의한 경우를 제외)
- 항해 중 수면에서의 위난 및 사고
- 천재지변, 전쟁, 내란, 재판상 압류 등
- 포장이나 화인의 불충분성
- 해상에서의 인명 또는 재산의 구조
- 기타 운송인의 사실상의 과실이나 고의에 의하지 않은 사유

2. 헤이그 – 비스비 규칙(Hague – Visby Rules, 1968)

(1) 의의

① 헤이그 규칙이 제정된 후 상당시간이 지나고 컨테이너 운송의 출현, 인플레이션으로 인한 통화가치의 상승 등의 변화로 인해 헤이그 규칙의 일부 조항에서 개정이 필요하게 되었다.

② 헤이그 규칙을 기본으로 하여 일부 조항이 개정되거나 새로운 내용이 추가된 조약이다.

(2) 헤이그 – 비스비 규칙에서 변경·수정된 사항

① 규칙의 적용 범위 확대

선하증권이 체약국에서 발행한 경우뿐만 아니라 운송이 체약국 항구부터 개시된 경우와 선하증권에 규칙의 규정을 국내 입법화하고 있는 국가의 법률이 적용되는 경우에도 해당 규칙을 적용할 수 있다.

② 운송인의 책임한도액 통일

- 포장·단위당 10,000프랑과 화물의 총중량 kg당 30프랑의 총액 중 더 큰 금액을 운송인의 책임한도액으로 하였다.
- 이후 국제통화기금(IMF)의 특별인출권(SDR)으로 기준화폐를 바꿔 책임가액 한도액을 포장·단위당 666.67SDR과 화물의 총중량 kg당 2SDR의 총액 중 더 큰 금액으로 개정하였다.

[용어설명] 특별인출권(Special Drawing Rights) : IMF 가맹국이 규약에 정해진 일정 조건에 따라 IMF로부터 국제유동성을 인출할 수 있는 권리를 말하며, SDR의 가치는 현재 바스켓 방식(Standard Basket System), 5개(미국·영국·EU·일본·중국) 통화를 가중평균하는 방법에 의해 표시함

③ 면책 범위 변경

운송인의 면책 사항은 헤이그 규칙과 같으나 면책 범위가 다음과 같이 변경되었다.

- 운송인의 고의나 미리 알고 있는 과실이 있는 경우에는 책임한도액 규정의 이익을 받지 못 하도록 하였다.
- 운송인뿐만 아니라 운송인의 대리인 또는 사용인 등도 면책 관련 규정을 원용할 수 있게 하였으나, 독립된 계약자는 이에 포함되지 않는다.

| 더 쉽게 이해하기 | Hague – Visby 규칙상 운송인의 면책(B/L 면책약관에 의한 면책)

1. 운송인은 발항 시까지 상당한 주의의무를 지며(Exercise Due Diligence), 이를 게을리한 경우 책임을 부담한다.
2. 항해과실은 면책이지만 상업과실은 면책되지 않으므로 운송인의 CY에 입고된 화물을 적부 및 취급하는 과정이 부주의하여 발생한 피해는 면책되지 않는다.
3. 인도지연에 대하여 면책이다.
4. 화주가 행한 포장(Shoring, Dunnage)의 불충분이나 화인(Cargo Mark)의 미비로 인한 손해, 부지약관에 의해 기재된 화물과 실제 인도된 화물이 상이한 경우 등에 면책된다.
5. Reefer Container(냉장/냉동 컨테이너)의 경우 냉장, 냉동을 요하는 화물의 경우 사용되는 Reefer Container의 경우 화물별 권장온도는 참조사항일 뿐이고, 화주가 S/R 등에 기재하여 요청하는 온도를 준수하여 화물을 적재한다. (화주가 요청하는 온도를 운송인이 확인한다.)

3. 함부르크 규칙(Hamburg Rules, 1978)

(1) 의의

① 헤이그-비스비 규칙이 개발도상국에 불리하게 적용되는 점이 많아 이를 보완하기 위해 1978년 함부르크에서 개최된 UN 대표회의에서 채택되고 1992년 발효된 규칙으로, "UN 해상물품운송협약"이 공식적인 명칭이다.

② 헤이그-비스비 규칙보다 운송인의 책임이 강화되었고 화주의 권리가 신장되었다.

(2) 함부르크 규칙에서 변경·수정된 사항

① 운송인 책임구간 확대
운송인의 책임구간을 화물의 수취 시점부터 수하인에게 화물을 인도하는 시점까지 기간을 확대하였다.

② 규칙의 적용범위 확대
선적항 또는 양륙항 중 하나라도 체약국 내에 있다면 해당 조약을 적용할 수 있다.

③ 운송인의 책임범위 확대
- 운송인의 관리 하의 화물에서 발생한 멸실, 손상, 인도 지연에 대한 손해에 대해서는 운송인이 책임을 부담한다.
- 항해과실에 대한 면책을 폐지하였고, 화재에 의한 손해의 경우 운송인의 부주의와 태만을 송하인이 증명할 경우에만 운송인이 책임을 부담한다.

④ 운송인의 책임한도액 상향
포장·단위당 835SDR과 화물의 총중량 kg당 2.5SDR 중 더 큰 금액을 운송인의 책임한도액으로 하였다.

4. 로테르담 규칙(Rotterdam Rules, 2009)

(1) 의의

① 현대의 운송기술과 물류환경의 반영 및 기존의 해상운송규칙을 대체하기 위하여 국제해법회의(CMI)가 주도하여 제정한 해상규칙으로, 2009년 로테르담에서 미국, 프랑스, 덴마크, 네덜란드 등의 국가가 이에 서명하였다.

② 20개국 이상의 비준 1년 후 발효되어 시행되나 아직 요건이 충족되지 않아 발효되지 않은 상태이며, 우리나라 역시 가입하지 않았다.

③ 헤이그-비스비와 함부르크 규칙을 기반으로 해상구간이 포함된 복합운송에 적용할 수 있으며, 전자 선하증권 등 현대 운송기술과 물류시스템이 반영되었다.

(2) 적용구간

① 선적항 또는 양륙항 중 하나라도 체약국 내에 있다면 해당 조약을 적용할 수 있다.

② 해상구간과 결합된 복합운송계약에 한해서 적용할 수 있다.

③ 손해발생구간이 해상구간일 경우 해당 규칙을 적용하고 손해발생구간을 확인할 수 없는 경우 해상구간에서 손해가 발생한 것으로 간주하여 해당 규칙을 적용한다.

④ 운송계약자는 규칙의 적용구간을 해상구간으로 한정할 수 있다.

(3) 로테르담 규칙에서 변경·수정된 사항

① 전자 선하증권 등에 대하여 전통적 선하증권 등과 동일한 기능을 인정한다.

② 감항능력에 대한 주의의무를 해상구간과 복합된 항공, 육상구간까지 책임을 인정하여 실질적인 Door to Door가 가능하게 하였다.

③ 면책 카탈로그 규정

- 항해과실에 대해서는 면책될 수 없다.
- 화재, 화물, 인도지연, 감항능력 주의의무의 경우 운송인에게 과실이 없음을 증명하면 면책될 수 있다.

④ 운송인의 책임한도액 상향

포장·단위당 875SDR과 화물의 총중량 kg당 3SDR 중 더 큰 금액을 운송인의 책임한도액으로 하였다.

⑤ 운송인뿐만 아니라 송하인의 의무와 책임에 대하여도 규정하고 있다.

02 항공운송규칙

기출빈도 ★

1. 바르샤바 체제(Warsaw System)

(1) 국제항공운송법규의 일련의 체제로, 바르샤바 협약(1929)과 이를 개정한 헤이그 의정서(1955), 과달라하라 협약(1961), 몬트리올 협정(1966), 과테말라 의정서(1971), 몬트리올 추가의정서(1975)를 모두 총칭하여 바르샤바 체제라 한다.

(2) 최초 항공운송인과 여객 및 화물의 송하인 간의 관계에 관한 각국의 법체계를 통일하기 위하여 바르샤바에서 "국제항공운송에 관한 일부 규칙의 통일을 위한 협약"을 맺게 되고 이후 항공기술과 항공기업의 점진적인 발달에 따라 바르샤바 조약에서 일부 조항이 개정된 조약이 채택되어 왔다.

(3) 바르샤바 체제의 주요 협약

바르샤바 협약 (Warsaw Convention)	• 최초로 항공운송인의 책임에 대하여 통일된 규칙으로 정함 • 항공운송인의 고의나 과실에 의한 손해는 항공운송인에게 책임이 있음 • 항공운송인의 책임한도액을 여객 1인당 125,000프랑, 화물 1kg당 250프랑으로 정함
헤이그 의정서 (Hague Protocol)	• 항공기술과 항공기업의 발달에 따라 바르샤바 협약에서 일부 조항이 개정됨 • 항공운송인의 책임한도액을 여객 1인당 250,000프랑, 화물 1kg당 500프랑으로 상향함 • 헤이그 의정서와 바르샤바 협약은 단일문서로 본다고 규정하고 있으므로, 헤이그 의정서에 가입하였다면 바르샤바 협약에도 구속됨
몬트리올 협정 (Montreal Agreement)	• 미국을 취항하는 항공사 간의 협정으로 여객의 인신배상에 대한 운송인의 책임제한에 대한 협정 • 항공운송인의 여객 1인당 책임한도액을 상향시켰음 • 화물운송에 관한 규정은 바르샤바 체제를 적용함
몬트리올 추가의정서 (Montreal Protocol)	• 기존 협약 및 의정서에서 사용하던 통화 단위를 "프랑"에서 "SDR"로 변경

2. 몬트리올 협약(Montreal Convention, 1999)

(1) 잦은 개정에 의해 복잡해진 바르샤바 체계와 각국의 차이를 통일하기 위하여 1999년 몬트리올 협약이 성립되었다.

(2) 몬트리올 협약은 바르샤바 체제에서 독립된 새로운 협약으로 제정되었으며, 여객의 부상·사망에 대한 면책을 폐지하여 운송인의 책임을 강화시켰다.

더 쉽게 이해하기 규칙/협약별 운송인의 책임구간

헤이그 – 비스비	선적 시부터 양하 시까지	Tackle to Tackle 원칙
함부르크	(부두 간)수취 시부터 인도 시까지	Port to Port 원칙
로테르담, UN복합운송 협약	(내륙지에서)수취 시부터 인도 시까지	Door to Door 원칙
몬트리올	(공항 간)수취 시부터 인도 시까지	Airport to Airport 원칙

03 육상 및 복합운송규칙

기출빈도 ★

1. 육상운송법규

(1) CMR 협약(1956)

① 자동차운송인의 책임에 관한 국제도로물품운송협약이다.

② 선적지·양륙지 양 당사국 중 하나라도 체약국이라면 협약을 적용할 수 있다.

③ 엄격책임주의에 입각하여 면책사유 이외의 사유로 인한 손해는 운송인이 책임을 진다.

(2) CIM 협약(1970)

① 철도운송인의 책임에 관한 국제철도물품운송협약이다.

② 적어도 둘 이상의 체약국 간 운송에 협약을 적용할 수 있다.

③ 불가항력에 의해 발생하였고 운송인이 입증할 수 있다면 면책된다.

2. ICC 복합운송증권 통일규칙(1975)

(1) 컨테이너에 의한 해상, 항공, 육상의 복합운송이 활발해지면서 여러 운송체계를 포괄하는 국제협약의 제정이 필요하게 되었다.

(2) UN 복합운송조약이 선진국과 개도국 간의 경제적인 영향에 관한 의견 대립 등으로 지연되자, 민간기구인 국제상업회의소(ICC)에 의해 복합운송서류에 관한 통일규칙이 제정되어 1975년부터 시행되었다.

(3) 복합운송인은 물품의 수령에서부터 인도할 때까지 본인의 과실에 대하여 책임을 진다.

(4) 복합운송인의 책임한도는 손해발생구간이 불명확할 경우 kg당 30프랑으로 제한되며, 손해발생구간이 확인되는 경우 각 구간에 적용되는 국제규칙 또는 국내법을 따른다. (이종책임체계)

(5) 운송사고와 관련하여 소송제기 기한은 물품인도 후 9개월, 물품이 전부 멸실된 경우에는 1년 이내이다.

3. UN 국제복합운송조약(1980)

(1) 국제연합무역개발회의(UNCTAD)에서 1980년 채택한 복합운송조약으로 해상운송의 "함부르크 협약과 ICC 복합운송증권 통일규칙" 등을 기초로 하여 제정되었다.

(2) 복합운송인은 화물의 멸실, 손상 또는 인도지연에 따른 손해발생에 대해 자신의 과실이 없음을 입증하지 못할 시 손해에 대하여 책임을 진다.

(3) 손해가 어느 구간에서 발생했는지 관계없이 동일한 원칙에 의해 책임규정을 적용하며, 예외적으로 손해 발생구간이 확인되고 규정된 책임한도액이 UN 국제복합운송조약에서 정한 책임한도액보다 높은 경우에는 손해발생구간에 해당되는 법의 책임한도액을 적용한다. (수정단일책임체계)

(4) 운송사고와 관련하여 소송제기기한은 물품인도 후 2년이다.

4. 복합운송서류에 관한 UNCTAD/ICC 규칙(1992)

(1) 국제연합무역개발회의(UNCTAD)와 국제상업회의소(ICC)가 공동으로 제정한 복합운송서류에 관한 규칙으로, 강행법규가 아니라 복합운송계약에서 이 규칙을 채택한 경우에만 적용된다.

(2) UN 국제복합운송조약과 같이 수정단일책임체계에 의해 운송인이 책임을 진다.

(3) 운송사고와 관련하여 소송제기기한은 물품인도 후 9개월이다.

(4) FIATA B/L의 준거법으로 사용된다.

5. 우리나라 상법

어떤 운송구간에서 손해가 발생하였는지 불분명한 경우 운송거리가 가장 긴 구간에 적용되는 법에 따르며, 운송거리가 동일한 경우 운임이 가장 비싼 구간에 적용되는 법에 따른다.

1. 운송 클레임

(1) 운송 중에 화물이 멸실 또는 손상되거나 인도가 지연된 경우 운송인을 상대로 하여 화물의 이해관계자가 손해배상을 청구할 수 있다. 대리인이 청구하는 경우 위임장이 요구된다.

(2) 클레임의 제기 주체는 원칙적으로 그 화물의 소유자(수하인)이지만 배상청구권을 대위(Subrogation)받은 보험회사도 클레임을 제기할 수 있다.

(3) 운송인의 면책사항에 대해서는 보상받을 수 없기 때문에 화물에 대한 적하보험을 부보하여 보험자로부터 보상받을 수 있도록 대비한다.

(4) 클레임 제기 시 제출서류로는 운송서류, 손해배상청구서, 상업송장, Survey Report(손실계산서) 등이 있다.

2. 해상운송 클레임

(1) 수하인이 운송물 일부의 멸실 또는 훼손을 발견한 때는 수령 후 지체 없이 그 개요에 관하여 운송인에게 서면에 의한 통지를 발송해야 한다. 다만, 그 멸실 또는 훼손이 즉시 발견할 수 없는 것일 때는 수령한 날부터 3일 이내에 통지를 발송해야 한다.

(2) 소송의 제기기한은 화주가 운송인에게 사고 통지를 하고 운송물을 수령한 날부터 1년 이내이다.

3. 항공운송 클레임

(1) 클레임의 제기

일부손실을 포함, 파손에 대한 클레임은 화물인수일로부터 14일 이내에, 지연에 대한 클레임은 물품이 수하인의 처분에 놓이게 된 날, 즉 화물의 도착통보를 받은 날로부터 21일 이내에, 분실에 대한 클레임은 AWB 발행일로부터 120일 이내에 서면으로 제기해야 한다.

(2) 제소기한

항공기 도착일 또는 운송 중지일로부터 2년이다.

(3) 클레임과 운임

화물이 분실, 손상, 또는 목적지에 도착하지 못하더라도 운임, 수수료 및 기타 항공사에 지불해야 할 금액은 선불 또는 후불에 관계없이 전적으로 항공사의 수입으로 간주되며, 화물의 분실 및 손상에 대한 클레임은 모든 운임이 지불되어야 손해배상을 청구할 수 있다. 또한 손해배상청구액은 해당 운송요금으로 공제할 수 없으며 손실의 보상은 오직 클레임에 의해서만 해결할 수 있다. 단, 화물이 완전히 분실된 경우에는 운임의 지불과 관계없이 그 클레임을 제기할 수 있다.

심화 PLUS⁺ 운송협약별 운송인의 책임

구 분	Hague-Visby	Hamburg 규칙	Rotterdam 규칙	UN 복합운송 협약 (MT조약)	FIATA B/L	Montreal 협약 (항공)
지연 손해	–	•지연화물의 운임의 2.5배 제한 (총운임의 한도 내)	•운임의 2.5배를 최고한도(책임 제한액의 범위 내)	•지연화물의 운임의 2.5배 제한 (총운임의 한도 내)	•총 운임한도 내 (단, 적기인도에 대해 승낙한 경우만 보상)	
포장당 책임 제한	•(100 pound) 포장당 666.67 SDR[1) 또는 2 SDR/kg 중 높은 금액	•포장당 835 SDR 또는 2.5 SDR/kg 중 높은 금액	•포장당 875 SDR 또는 3 SDR/kg 중 높은 금액 (해상이외의 손해 구간이 판명된 경우 해당 규칙/강행법 따름)	•포장당 920 SDR 또는 2.75 SDR/kg 중 높은 금액 (단, 해상운송을 포함하지 않은 경우 8.33 SDR/kg (높은 쪽 선택권))	•포장당 666.67 SDR 또는 2 SDR/kg 중 높은 금액 (단, 해상운송을 포함하지 않은 경우 8.33 SDR/kg 한도(선택권 없음))	•22 SDR/kg (5년마다 재검토 가능)
이의 제기 기간	•외관상 명백한 하자 : 인도 시 •멸실이나 손상이 외관상 분명치 않은 경우(잠재하자) : 인도일로부터 3일	•명백한 하자 : 다음 영업일 •잠재하자 : 인도일로부터 15일 •지연손해 : 60일	•명백한 하자 : 인도 시 •잠재하자 : 인도일로부터 7영업일 •지연손해 : 21일	•인도일의 다음 영업일까지 •잠재하자 : 인도일로부터 6일 •지연손해 : 60일	•인도 시 •잠재하자 : 인도된 날부터 6일	•손상발견 후 즉시 또는 수령일로부터 14일 •연착 : 21일
제소 기간	•1년	•2년	•2년	•2년	•9개월	•2년

[1) 국제통화기금(IMF)에 의하여 정의된 특별인출권(SDR : Special Drawing Unit)

▌ 학습전략

해상보험은 해상보험계약의 기초개념부터 협회적하약관상 담보위험 및 무역보험제도에 대해 다루고 있다.

해상보험은 접해보지 못했던 낯선 용어들로 인해 어렵게 느껴질 수 있으나, 용어에 익숙해지고 보험제도의 틀을 이해한 후 기출빈도가 2개(★★) 이상인 빈출포인트 내용을 암기하면 수월하게 정답을 맞출 수 있다.

제3장 해상보험

제1절 | 해상보험계약

✐ 본문 내용 중 기출문제로 자주 출제된 부분에 **형광펜**으로 표시하였으니 반드시 학습하시기 바랍니다.

01 해상보험계약의 개요

기출빈도 ★ ★

1. 해상보험계약의 의의

(1) 영국 해상보험법(MIA) 제1조에서는 해상보험계약이란 보험자가 그 계약에 의하여 합의한 방법과 범위 내에서 해상손해, 즉 해상사업에 수반되는 손해에 대하여 피보험자에게 손해보상을 약속하는 계약이라고 규정하고 있다.

(2) 피보험자에게 해상위험에 기인한 손해가 발생할 경우 이에 대한 보상을 이행할 것을 약정하는 보험자와 손해보상의 대가로 보험료를 지불하는 피보험자 간 이루어지는 손해보상계약이다.

2. 해상보험계약의 성질

낙성계약	보험계약자의 청약과 보험자의 승낙에 의한 합의만 있으면 보험계약이 성립한다.
불요식계약	보험계약의 성립에 대하여 아무런 형식을 요구하지 않는다. 보험계약은 불요식계약이므로 보험증권 발행도 보험계약 성립의 전제요건이 되지는 않는다.
유상계약	보험자의 보상약속에 대한 대가로 보험계약자는 보험료를 납입할 것을 약정한다.
쌍무계약	보험자는 보험사고에 따른 보험금 지급의무를 부담하고 보험계약자는 이에 대하여 보험료 지급 의무를 부담한다.
부합계약	보험계약은 보험자가 작성한 보험약관에 대해 보험계약자가 이를 포괄적으로 승인함으로써 효력이 발생한다.
사행계약	보험자의 보험금 지급의무는 보험계약자가 보험료를 모두 지급하였음에도 불구하고 우연한 사고가 생긴 때에만 발생한다.
최대선의계약	보험계약은 보험계약자가 자기가 알고 있는 중요한 사항에 대해 최대의 선의로 보험자에게 알려주어야 하는 최대선의에 기초한 계약이다.
유한책임계약	보험자는 보험계약에서 합의된 금액인 보험금액을 한도로 보험금을 지급한다.

3. 해상보험과 보험증권(Insurance Policy)의 종류

(1) 개요

① 보험증권이란 보험계약을 증거하는 서류를 말한다. MIA에서는 보험계약은 보험증권의 발행여부에 관계없이 피보험자의 청약이 보험자에 의해 승낙된 때 성립한 것으로 간주한다. 또한 보험증권은 보험계약이 성립된 때 혹은 그 이후에 발급될 수 있다고 하고 있다.

② 그러나 해상보험계약은 보험증권에 구현되어(Embodied) 있어야 증거로 인정됨을 또한 규정하고 있다. 보험증권에는 해당 보험계약의 세부사항으로 피보험자, 보험자, 피보험목적물, 부보위험, 보험기간, 보험금액 등이 명시되고, 보험자가 서명하여야 한다.

(2) 해상보험의 종류

보험목적물에 따른 구분	적하보험 (Cargo Insurance)	해상운송 중에 있는 화물을 보험의 목적물로 하는 보험
	선박보험 (Hull Insurance)	운송수단인 선박 그 자체를 보험의 목적물로 하는 보험
보험기간에 따른 구분	기간보험 (Time Policy)	1년간 등의 형태로 시간상의 일정 기간을 기준으로 가입하는 보험
	항해보험 (Voyage Policy)	특정한 항해를 기준으로 가입하는 보험
	혼합보험 (Mixed Policy)	기간과 항해를 혼합한 보험 예 "인천에서 뉴욕까지로 하되 단 양륙 후 30일을 한도로 함" 등

> **심화 PLUS ✚** P&I Insurance(선주책임상호보험)
>
> 통상 P&I(Protection and Indemnity)보험이라 불리는 선주책임상호보험은 선박보험이 보상하지 않는 비용손해 및 제3자에 대한 배상책임을 담보 받기 위하여 선주들이 운영하는 비영리의 상호보험을 말하며, P&I보험은 선주들의 상호보험조합인 P&I Club에 의해 인수된다.

(3) 보험증권의 종류

기평가증권 (Valued Policy)	• 피보험목적물의 협정보험가액(Agreed Value of the Subject-Matter Insured)을 기재한 보험증권을 말한다.
미평가증권 (Unvalued Policy)	• 피보험목적물의 가액(Value)을 기재하지 않고 보험금액의 한도 내에서 추후 확정(to be Subsequently Ascertained)되도록 한 보험증권을 말한다. • 이때의 보험가액을 법정보험가액이라 한다.
확정보험증권 (Definite Policy)	• 보험계약의 내용이 결정되어 모두 기재된 증권이다.
미확정보험증권 (Floating / Provisional Policy)	• 일부 보험계약의 내용이 결정되지 않은 상태에서 발급된 증권이다. • 우리 상법에서는 '선명미확정의 적하예정보험'에 대한 규정을 두고 있다. MIA에서는 Floating Policy(부동 / 선명미상 보험증권)을 계약의 내용을 포괄적(in General Terms)으로 기술하고, 선박명(Name of Ship)이나 다른 세부사항(Other Particulars)을 추후의 확정통지(Declaration)로 결정(Define)하는 보험증권으로 정의하고 있다. • 포괄예정보험과 대비되는 개념에서 개별예정보험이라고도 한다.
개별보험 (Specific Policy)	• 특정 선적분 1회에 대하여 보험계약을 체결하는 것을 말한다.

포괄예정보험 (Open Cover, Open Policy)	• 각각의 화물에 대하여 개별적으로 부보하지 않고 일정 기간 포괄적인 항로, 화물에 대하여 미리 보험자와 포괄적인 특약을 맺는 보험을 말한다. • 포괄예정보험 계약 후 피보험자는 화물을 선적할 때마다 세부사항을 보험회사에 통지하는 확정통지(Declaration)를 하고, 예정보험금액에 달할 때까지 포괄적으로 보상을 받을 수 있다. • 포괄예정보험의 최초 계약 시 보험증권이 발행되나 이후 화물 선적 시에는 보험증명서(Insurance Certificate)가 발행되며, 보험증명서와 확정통지서(Declaration) 모두 보험서류로 인정된다.

(4) 기타 보험계약의 형태

재보험 (Re-insurance)	재보험이란 보험자가 예상 밖의 큰 손해가 발생할 것을 대비하여 자신이 인수한 보험계약상 책임의 전부 또는 일부를 다른 보험자에게 다시 보험에 가입하는 것을 말한다.
공동보험 (Co-insurance)	둘 이상의 보험자가 동일한 보험 목적물을 인수하는 보험을 말한다.

02 해상보험계약의 당사자 및 용어정리 기출빈도 ★★★

1. 해상보험계약의 당사자

(1) 보험자(Insurer, Assurer)

보험자는 보험계약자로부터 보험료를 받고 그 대가로 보험기간 중에 생긴 담보위험에 의해 발생한 손해에 대하여 보험금을 지급할 것을 약속한 자로서 보험계약을 인수하는 주체인 보험회사를 의미한다.

(2) 보험계약자(Policy Holder)와 피보험자(Insured, Assured)

① 보험계약자는 보험자와 보험계약을 체결하고 보험료를 납입하는 당사자이고, 피보험자는 피보험이익을 갖는 자로서 보험사고 발생 시 보험자에게 보험금의 지급을 청구할 수 있는 자를 말한다.

② 예를 들어, FOB 계약에서는 매수인이 자신을 위해 보험계약을 체결하고 손해발생 시 보험금을 수취하므로 매수인이 보험계약자인 동시에 피보험자가 되지만, 타인을 피보험자로 하여 보험을 부보하는 CIF 계약의 경우 매도인이 보험계약자가 되며 매수인은 피보험자가 된다.

(3) 보험대리점(Insurance Agent)

특정 보험자를 대리하여 보험업무를 수행하는 자로서, 보험자의 대리인 자격으로 보험계약자와 보험계약을 체결한다.

(4) 보험중개인(Insurance Broker)

특정 보험자를 대리하여 보험계약을 체결하는 보험대리점과 달리, 특정 보험자에 종속되지 않고 독립적인 지위에서 보험계약자와 보험자의 보험계약 체결을 중개하는 자를 말한다.

2. 해상보험계약 관련 용어정리

(1) 피보험목적물(Subject-Matter Insured)

① 피보험목적물이란 화물, 선박 등과 같이 보험의 대상이 되는 객체를 말한다.

② 적하보험의 경우 화물 그 자체 이외에도 화물이 무사히 목적지에 도착함으로써 화주가 얻을 수 있는 희망이익, 운임 등 각종 비용을 보험의 대상으로 하고 있다.

(2) 보험료(Insurance Premium)

보험자가 위험을 담보하는 대가로 보험계약자가 보험자에게 지급하는 대금을 말한다.

(3) 보험가액(Insurable Value)

피보험이익의 금전적 평가액으로서 보험계약자가 보험에 가입할 수 있는 보험목적물의 최고한도액을 말한다.

(4) 보험금액(Insured Amount)

① 보험사고 발생 시 그 손해를 보상하기 위해 보험자가 지급하기로 약정한 최고한도액으로서 보험계약 체결 시 보험가액 내에서 자유롭게 정할 수 있는 금액을 말한다.

② 보험금액과 보험가액의 관계

초과보험	• 보험금액이 보험가액을 초과하는 경우의 보험을 말한다. • 선의에 의한 경우 보험자와 보험계약자는 보험료와 보험가입금액의 감액으로써 해결하는 반면, 사기에 의한 경우 그 계약 전부가 무효가 된다.
전부보험	• 보험금액과 보험가액이 동일한 경우의 보험을 말한다. • 보험자는 전손과 분손을 불문하고 발생한 손해액의 전부를 지급할 의무를 진다.
일부보험	• 보험금액이 보험가액보다 적은 경우의 보험을 말한다. • 보험계약자가 보험료 절약을 위해 의도적으로 보험가입금액을 낮게 가입하여 일부보험이 되거나 보험계약 체결 후 물가상승으로 일부보험이 될 수도 있다. • 보험자는 보험가액에 대한 보험가입금액의 비율에 따라 손해액을 비례보상한다. <div style="text-align:center">보험금 = 손해액 × (보험금액/보험가액)</div>
중복보험	• 동일한 피보험이익에 대하여 복수의 보험계약이 체결되고 그 보험금액의 합계액이 보험가액을 초과하는 경우 중복보험에 의해 초과보험 되었다고 한다.

심화 PLUS ➕ 중복보험의 보상

피보험자는 자신이 적당하다고 생각하는 순서에 따라 각 보험자에게 보험금을 청구할 수 있으며 각 보험자는 보험계약상 부담하는 금액의 비율에 따라 비례적으로 손해를 보상한다. 단, 각 보험자가 부담하는 보험금의 합계는 보험가액을 초과할 수 없다. 중복보험의 손해보상방법에는 우선책임주의, 비례책임주의, 연대책임주의 등이 있다.

(5) 보험금(Claim Amount)

담보위험에 의하여 손해가 발생한 경우 보험자가 보험금액의 한도 내에서 피보험자에게 실제 지급하는 금액을 말한다.

(6) 피보험이익(Insurable Interest)

① 보험의 대상인 보험목적물에 보험사고가 발생함에 따라 피보험자가 경제적 손해를 입을 가능성이 있는 경우 보험목적물에 대하여 피보험자가 갖는 경제적 이해관계를 말하며 보험계약의 목적으로 볼 수 있다.

② 피보험이익이 없으면 보험금청구권을 행사할 수 없다.

③ 실무에서 CIF 계약의 경우 해상운송구간에서 손해가 발생하면 그 구간에서 피보험이익을 매수인이 가지므로 매수인이 보험금을 청구할 수 있다.

(7) 보험기간(Duration of Risk)

보험자가 보험사고에 대해 보상책임을 질 것을 약정한 일정 기간을 의미하며 보험자의 위험부담책임의 존속기간이 되기 때문에 책임기간 또는 위험기간이라고도 한다.

(8) 보험계약기간(Duration of Policy)

보험기간의 개시여부와 관계없이 보험계약이 유효하게 존속하는 기간을 말하며, 보험기간과 보험계약기간은 일반적으로 일치하지만 다음과 같이 일치하지 않는 경우도 있다.

소급보험	• 보험기간이 계약이 성립하기 이전의 시점으로부터 개시되어 보험기간이 보험계약기간보다 더 긴 형태의 보험을 말한다. • 일반보험에서는 소급보험이 인정되기 어려우나 타 운송수단에 비해 오랜 시간이 소요되어 선박이 출항하여 상당기간이 지난 후에 보험가입이 이루어질 수 있는 해상운송의 경우 보험자의 책임시기를 계약 체결시점이 아닌 출항 당시로 보는 소급보험의 형태가 인정되고 있다.
예정보험	• 보험기간이 보험계약 성립 후 일정한 시점으로부터 개시되어 보험계약기간이 보험기간보다 더 긴 형태의 보험을 말한다.

(9) 보험증권(Insurance Policy)과 약관(Clause)

보험증권은 보험에 가입하였다는 증빙으로 계약의 내용을 기재하고 보험자가 기명날인하여 보험계약자에게 발급하는 증서이고, 약관은 보험증권에 기재된 보험계약의 내용을 구성하는 조항들을 말한다.

🔍 시험에 이렇게 나온다!

제115회 1급 기출문제

62. 해상보험에 대한 설명으로 옳지 않은 것은?

① 일부보험은 보험금액이 보험가액보다 많은 경우를 말한다.
② 전부보험은 보험금액과 보험가액이 같은 경우를 말한다.
③ 초과보험은 실제로 초과보험이 인정된다면 도덕적 위태가 발생할 수 있으므로 고의에 의한 초과보험은 무효로 우리나라 상법에서 규정하고 있다.
④ 병존보험은 동일한 피보험목적물에 수개의 보험계약이 존재하는 경우이다.

정답 ①
해설
일부보험은 보험금액이 보험가액보다 적은 경우를 말한다.

03 해상보험계약의 주요원칙

1. 손해보상의 원칙(Principle of Indemnity)

손해보상의 원칙은 해상보험에서 보험사고에 의해 손해가 발생하는 경우 실제의 손해 이상의 금액을 받을 수 없는 원칙으로, 해상보험에서는 보험금액 범위 내에서 실제로 발생한 손해액만을 보상하는 실손보상의 원칙이 적용된다.

2. 피보험이익의 원칙(Principle of Insurable Interest)

(1) 피보험이익의 원칙은 피보험이익이 있어야 해상보험이 성립할 수 있다는 원칙으로, 피보험자에게 피보험이익이 없으면 보험상의 보험금을 수령할 수 없다.

(2) 보험계약이 유효하게 성립하기 위해 피보험이익이 반드시 갖춰야 할 요건은 다음과 같다.

적법성	피보험이익은 법률적으로 하자가 없는 적법한 것이어야 하며 강행법과 공서양속 및 사회질서에 반하지 않는 것이어야 한다.
경제성	피보험이익은 재산상의 가치를 가지고 있어야 하며 금전적으로 평가될 수 있는 경제적 이익이어야 한다.
확정성	피보험이익은 반드시 계약 체결 당시에 현존하고 그 귀속이 확정되어 있어야 하는 것은 아니지만 늦어도 보험사고가 발생할 때까지는 확정될 수 있는 것이어야 하며, 피보험이익이 현재 확정되어 있지 않더라도 장래에 확정될 것이 확실하다면 보험계약의 대상이 될 수 있다. 예 수입자가 보험계약을 체결하는 FOB 조건의 경우 보험목적물이 확정되지 않은 선적 전에 보험계약을 체결하는 경우가 있다.

🔍 시험에 이렇게 나온다!

제 109회 1급 기출문제

52. 해상보험계약이 유효하게 성립하기 위한 피보험이익의 요건에 해당하지 않는 것은?

① 피보험이익은 적법성을 가져야 한다.
② 피보험이익은 금전적으로 환산 가능한 경제성을 가져야 한다.
③ 피보험이익은 귀속 당사자 관련 확정성이 있어야 한다.
④ 피보험이익의 확정성은 보험계약 체결 시에 적용된다.

정답 ④

해설
피보험이익은 반드시 계약 체결 시에 확정되어야 하는 것은 아니지만, 보험사고가 발생할 때까지는 확정될 수 있는 것이어야 한다.

3. 최대선의의 원칙(Principle of Utmost Good Faith)

(1) 최대선의의 원칙

일반적인 성의성실보다 높은 정도의 성실의무를 최대선의라고 하며, 보험계약에서는 계약 당사자가 최대선의에 의거하여 계약의 내용을 거짓 없이 사실 그대로 고지(Disclosure) 또는 표시(Representation)하여야 한다.

(2) 보험계약자에게 요구되는 최대선의

① 고지의무(Duty of Disclosure, 계약 체결 전 알릴 의무)

보험계약 체결 당시 보험계약자는 보험자에게 보험계약의 인수 여부 또는 담보조건이나 보험료를 산정하는데 영향을 줄 수 있는 일체의 중요한 사항에 대해 고지해야 하며, 고지의무 위반 시 보험자는 계약을 취소하거나 해지할 수 있다.

② 통지의무(Duty of Notification, 계약 체결 후 알릴 의무)

보험계약 체결 이후에 보험계약의 존부 여부 또는 보험료에 영향을 줄 수 있는 위험의 변경·증가 사항에 대해 통지해야 하며, 통지의무 위반 시 보험자는 보험계약을 해지하거나 보험료를 증액시킬 수 있다.

4. 근인주의(Proximate Cause)

(1) 영국 해상보험법(MIA)은 보험자는 담보위험에 근인하여 발생한 손해에 대해 보상하지만, 담보위험에 근인하여 발생하지 않는 손해에 대해서는 보상하지 않는다는 근인주의를 채택하고 있다.

(2) 근인주의에서 근인이란 손해를 야기시킨 가장 지배적이고 직접적인 원인을 말하며 보험사고 발생 시 근인이 담보위험에 속하는지, 면책위험에 속하는지에 따라 보험자의 보상 여부가 결정된다.

5. 담보(Warranty)

(1) 담보란 피보험자가 보험자에게 반드시 지켜야 할 약속을 말하며 담보는 중요성불문의 원칙에 따라 그 종류나 중요성을 불문하고 엄격하게 문자 그대로 충족되어야 한다.

(2) 담보의 종류

① 명시담보(Express Warranty)

보험증권에 담보내용이 구체적으로 명시되어 있거나, 담보내용이 포함된 서류를 보험증권에 첨부하여 담보내용을 육안으로 식별이 가능한 담보를 말하며 다음과 같은 종류가 있다.

안전담보	선박이 특정일에 물리적으로 안전한 상태에 있다는 담보로, 보험자가 특정일 이전에 발생된 손해에 대한 책임을 면하기 위해 명시한다.
협회담보	전보험기간 또는 일정 기간 동안에 일정한 지리적 범위 내로 선박의 운행을 제한하거나, 일정한 항해 또는 해역을 제외시키는 담보이다.

② 묵시담보(Implied Warranty)

보험증권에 담보내용이 명시되지는 않았으나 묵시적으로 보증하는 담보를 말한다. 보험증권에 명시하지 않더라도 계약 체결의 행위 자체에 의해 효력이 발생하여 피보험자가 당연히 지켜야만 하는 담보로 다음과 같은 종류가 있다.

감항성담보	통상적으로 선박이 항해를 완수할 수 있고, 항구 내에 있을 때에도 통상적인 위험을 견딜 수 있는 능력을 갖춘 상태여야 한다는 것을 묵시적으로 담보하는 것을 말한다.
적법성담보	해상사업은 적법한 사업이어야 하고, 피보험자가 사정을 지배할 수 있는 한 그 해상사업은 적법한 목적에 사용되어야 한다는 것을 묵시적으로 담보하는 것을 말한다.

(3) 담보위반의 효과

① 피보험자의 담보위반 시 보험자는 담보위반의 시점부터 보상책임을 면하게 되며, 담보위반 이전에 발생한 손해에 대해서만 보험자가 보상하면 된다.

② 최근 영국 해상보험법(MIA)의 개정으로 인하여 담보위반과 손해 사이에 인과관계가 요구되며, 담보위반이 있을 경우 피보험자가 손해발생 이전에 담보위반을 시정하는 것이 인정된다.

제2절 | 해상위험과 해상손해

✎ 본문 내용 중 기출문제로 자주 출제된 부분에 **형광펜**으로 표시하였으니 반드시 학습하시기 바랍니다.

01 해상위험

기출빈도 ★ ★

1. 해상위험의 개요

(1) 의의

① 해상위험(Maritime Perils)이란 항해에 기인 또는 부수되는 모든 위험을 말하며, 영국 해상보험법(MIA) 제3조에서는 해상위험을 해상고유의 위험, 화재, 강도, 투하, 선원의 악행, 해적행위, 각종 전쟁위험 그리고 앞서 열거된 위험과 동종의 위험 또는 보험증권에 기재되는 기타 일체의 위험으로 규정하고 있다.

② 해상위험은 침몰, 좌초 등 항해 중에만 발생할 수 있는 해상 고유의 위험만을 의미하지 않으며 화재, 강도 등 항해를 하지 않더라도 발생할 수 있는 일반적인 위험을 포함하고, 또한 해상항해에 수반되는 육상이나 내수 항해에 관한 사고까지도 모두 포함한다.

(2) 해상위험의 범위

① 해상고유의 위험(Perils of the Seas)

항해가 원인이 되어 해상에서만 유일하게 발생하는 우연한 사고 또는 재해를 의미하며 침몰(Sinking), 좌초(Stranding), 교사(Grounding), 충돌(Collision), 악천후(Heavy Weather) 등이 있다. 단, 악천후에는 통상적인 바람이나 파도에 의한 손상, 자연소모 등은 포함되지 않는다.

② 해상위험(Maritime Perils)

항해를 하지 않더라도 발생할 수 있는 위험으로 화재(Fire), 투하(Jettison), 선장 또는 선원의 악행(Barratry of Master or Mariners), 해적(Piracy), 강도(Thieves) 등이 있다.

③ 전쟁위험(War Perils) 및 기타 일체의 위험(All Other Perils)

적국에 의한 포획, 적대행위, 내란 등 전쟁위험과 보험증권에 기재되는 기타 일체의 위험을 포함한다.

2. 담보위험과 면책위험

해상보험계약에서 보험자는 상기의 모든 해상위험에 대해 담보하는 것은 아니며, 보험자의 담보 여부에 따라 해상위험은 담보위험과 면책위험으로 구분된다.

(1) 담보위험(Perils Covered)

① 보험자가 그 위험으로 인하여 발생한 손해에 대해서 보험자가 보상책임을 부담하는 위험으로서 피보험위험(Peril Insured Against) 또는 보험사고라고 한다.

② 실제로 어떤 위험을 담보위험으로 할 것인가는 계약당사자의 의사에 달려 있으며, 상기 영국 해상보험법에서 규정하고 있는 해상위험 이상으로 또는 제한적으로 보험증권 및 보험약관을 통해 정하게 된다.

(2) 면책위험(Perils Excluded)

① 보험자가 그 위험으로 인하여 발생한 손해에 대해서 보험자가 보상책임을 부담하지 않는 위험을 말한다.

② 보험자가 담보하지 않는 면책위험에는 영국 해상보험법(MIA)에서 규정하고 있는 법정면책위험과 보험약관에서 정하고 있는 약정면책위험이 있다.

③ 영국 해상보험법(MIA)에서 규정하고 있는 법정면책위험

• 피보험자의 고의에 의한 불법행위	• 지연에 의한 손해
• 통상의 자연소모, 통상의 누손과 파손	• 보험목적물 고유의 하자나 성질
• 쥐나 해충에 의한 손해 등	

3. 해상위험의 담보원칙

(1) 포괄책임주의

보상하는 위험을 구체적으로 열거하지 않고 면책위험을 제외한 일체의 보험목적물에 발생하는 모든 위험을 담보하는 방식으로 일반책임주의라고도 한다.(A/R, ICC(A))

(2) 열거책임주의

보상하는 위험을 약관에 구체적으로 열거하고 그 위험만을 담보하는 방식으로 제한책임주의 또는 개별책임주의라고도 한다.(W/A, F.P.A, ICC(B), ICC(C))

심화 PLUS ✛ 해상위험의 변동

1. 보험자는 계약을 체결할 때에 피보험자가 고지한 위험사정을 바탕으로 위험을 측정하고 이에 따라 보험의 인수 여부를 결정하게 되는데 계약 성립 후 보험자의 위험인수의 전제가 된 위험사정이 변동되는 것을 위험의 변동이라고 하며 위험의 변경과 위험의 변종으로 구분된다.

2. 위험의 변경(Variation of Risk)
   • 위험률 정도의 변경을 일으키는 위험사정의 변경을 의미하는 것으로 위험의 변경이 발생한 이후에는 보험자의 책임이 면책된다.
   • 위험의 변경 종류

이로 (Deviation)	• 선박이 출발항과 도착항을 변경하지 않았지만 보험증권에 지정된 또는 관습상의 항로를 이탈하는 것과 정당하지 않은 항구에 기항하는 것을 의미한다. • 이로는 실질적인 항로의 변경이 있어야 하며 그 발생이 일시적·계속적인지의 여부를 불문한다.
항해의 지연 (Delay in Voyage)	• 정당한 이유 없이 항해가 지연되는 것으로 항해의 지연은 항해개시의 지연, 항해계속의 지연, 항해종료의 지연까지 포함한다.
임의의 환적 (Transshipment)	• 보험증권에 지정된 선박에 화물을 적재하여 운송하던 중 다른 선박에 화물을 옮겨 싣는 것을 말하며, 환적은 화물의 멸실, 손상 또는 항해를 지연시키는 원인이 되어 위험의 증가를 초래한다.
화물의 갑판적재 (Cargo Shipped on Deck)	• 선창에 적재하기로 했던 화물을 갑판에 적재하는 것으로 갑판에 적재한 화물은 선창에 적재한 화물에 비해 풍랑, 파도 등에 의한 유실위험이 많다.
강제하역 (Forced Discharge)	• 당해 계약과 관계없는 제3자에 의해 화물이 강제적으로 하역된 것을 말한다.

3. 위험의 변종(Alteration of Risk)
   • 위험률 정도의 변동은 없지만, 위험사정의 동일성이 상실되고 완전히 다른 종류의 위험사정으로 바뀌는 것으로서 위험의 변종이 발생한 이후에는 보험자의 책임이 면책된다.
   • 위험의 변종 종류

선박의 변경 (Change of Vessel)	• 보험계약상 약정된 선박이 다른 선박으로 변경된 것을 말한다. • 선적항에서 화물이 약정된 선박이 아닌 다른 선박에 적재되는 경우와 운송 도중 다른 선박에 환적되는 경우를 포함한다.
항해의 변경 (Change of Voyage)	• 보험증권에 명시된 출발항이나 도착항이 임의로 변경된 것을 말한다.

1. 해상손해의 의의

(1) 해상손해(Marine Loss)란 항해 중 적하, 선박 등 피보험목적물이 해상위험으로 인하여 피보험이익의 전부 또는 일부가 멸실 또는 손상됨으로써 피보험자가 입게 되는 재산상·경제상 불이익을 말한다.

(2) 해상손해는 피보험목적물의 물적손해, 비용손해 등을 포함하고, 반드시 해상에서 발생한 손해만을 의미하지 않으며, 항해에 부수하는 육상 또는 내수의 손해까지도 포함된다.

2. 해상손해의 유형

물적손해 (Physical Loss)	전손 (Total Loss)	현실전손(Actual Total Loss)
		추정전손(Constructive Total Loss)
	분손 (Partial Loss)	단독해손(Particular Average)
		공동해손(General Average)
비용손해 (Expense Loss)		구조비(Salvage Charge)
		손해방지비용(Sue and Labor Charge)
		단독(특별)비용(Particular Charge)
배상책임손해 (Liability Loss)		선하증권상의 쌍방과실충돌약관(Both to Blame Collision Clause)에 의한 화주의 배상책임으로 발생하는 손해

3. 물적손해

담보위험에 의한 피보험목적물 자체에 대한 직접적인 멸실 또는 손상을 의미하며, 손해의 정도가 전부인지 일부인지에 따라 전손과 분손으로 구분한다.

(1) 전손(Total Loss)

① 현실전손(Actual Total Loss)

• 피보험목적물이 현실적으로 완전히 멸실된 경우를 말하며, 현실전손의 경우에는 피보험자가 보험자에게 위부를 통지할 필요 없이 바로 손해보상을 위한 보험금을 청구할 수 있다.

[용어설명] 위부의 통지: 피보험자가 보험회사에 보험목적물에 대한 일체의 권리를 이전시키는 의사표시

• 현실전손의 유형

> – 적하, 선박 등 피보험목적물이 완전히 파괴되어 멸실된 상태인 경우
> – 적하, 선박 등 피보험목적물이 심한 손상을 받아 고유의 성질이나 기능을 발휘할 수 없는 경우
> – 적하, 선박 등 피보험목적물의 소유권을 박탈당하여 회복이 불가능한 경우
> – 적하, 선박 등 피보험목적물의 존재가 행방불명 상태인 경우

[예] 물품이 화재로 인해 완전 소실된 경우, 식용유에 폐기름이 섞여 판매할 수 없게 된 경우, 운송 도중 물품이 적국에 의해 몰수당한 경우 등

② 추정전손(Constructive Total Loss)

- 피보험목적물의 현실적인 전멸은 아니지만 그 손해의 정도가 심하여 수선 및 회복의 비현실성 또는 비용의 문제로 현실전손으로 추정하는 경우를 말하며, 추정전손의 경우에는 피보험자의 위부의 통지가 있어야만 전손으로서 보험금을 청구할 수 있다. 추정전손을 보험자에게 위부하지 않을 경우 분손으로 처리된다.
- 추정전손의 유형

> – 적하, 선박 등 피보험목적물의 점유를 박탈당한 경우로 피보험자가 회복할 가망이 없거나 회복비용이 회복 후의 가액을 초과할 것이 예상되는 경우
> – 선박의 수선비가 수리 후의 선박비용을 초과할 것이 예상되는 경우
> – 화물의 수리비와 목적지까지의 운반비가 도착 후의 화물가액을 초과할 것이 예상되는 경우

(2) 분손(Partial Loss)

① 단독해손(Particular Average)

- 피보험목적물의 일부가 멸실 또는 손상된 경우 손해를 입은 자가 단독으로 부담하는 손해를 말하며, 공동해손이 아닌 분손은 모두 단독해손으로 처리한다.
- 단독해손의 예

> – 악천후에 의한 선박에 해수의 유입
> – 선박의 장애물과 접촉
> – 악천후에 의한 화물의 파손
> – 선내 화재로 선박장비의 멸실

② 공동해손(General Average)

- 적하, 선박을 공동위험으로부터 구조할 목적으로 공동의 안전을 위해 고의적이고 합리적으로 이례적인 공동해손 행위를 취하는 과정에서 발생하는 공동손해를 말하며, 이해당사자가 공동으로 부담하는 손해이다.
- 공동해손의 성립요건

> – 통상적인 희생이나 비용이 아닌 이례적인 희생이나 비용일 것
> – 우연이 아닌 의도적이고 자발적으로 발생시킨 희생이나 비용일 것
> – 의도적으로 발생시킨 비용이나 희생은 합리적인 수준 이내에서 발생된 것일 것
> – 개별위험이 아닌 공동위험을 벗어나기 위한 희생이나 비용일 것
> – 공동해손에 의한 손해는 현실적인 손해로서 공동해손 행위에 의한 직접적인 손해일 것

- 공동해손의 구분

공동해손 희생손해	공동해손 행위의 결과로서 발생하는 물적손해를 말한다. [예] 좌초된 선박의 중량을 감소시키기 위한 화물의 투하와 이로 인한 손해, 선박화재에 의한 소화작업 시 물에 의한 손해, 임의좌초에 의한 손해 등
공동해손 비용손해	공동위험을 회피하기 위해 지출된 비용을 말한다. [예] 구조비용, 피난항비용, 대체비용, 자금조달비용, 정산비용, 인양비용, 임시 수리비 등

- 공동해손의 정산
  - 공동해손희생 및 공동해손비용 발생으로 인하여 위험을 면한 이해관계자들은 그들이 받은 이익의 정도에 따라 그 손해액을 공평하게 분담하게 된다. (공동해손분담금)
  - 공동해손의 정산은 공동해손의 성립 및 정산에 관한 국제통일규칙인 요크-앤트워프규칙(York-Antwerp Rules)을 따르고 있다.

51. 공동해손의 구성요건으로 옳은 것은?

① 공동해손이 성립하기 위해서는 통상적인 희생이나 비용이 아닌 이례적인 희생이나 비용이 있어야 한다.

② 희생이나 비용이 타발적으로 발생된 것이어야 한다.

③ 고의로 발생시킨 비용이나 희생이 피보험자 자신의 위험을 회피하기 위한 것이어야 한다.

④ 공동해손손해는 공동해손행위에 의한 간접적 손해이어야 한다.

정답 ①

해설

② 희생이나 비용이 자발적으로 발생된 것이어야 한다.

③ 고의로 발생시킨 비용이나 희생이 공동의 위험을 위해 발생한 것이어야 한다.

④ 공동해손손해는 공동해손행위에 의한 직접적인 손해이어야 한다.

4. 비용손해

피보험목적물에 대한 직접적인 멸실 또는 손상의 결과로 비용이 지출되는 경우의 간접적인 손해를 의미하며, 구조비, 손해방지비용, 특별비용 등이 있다. 보험자는 원칙적으로 직접손해보상의 원칙에 따라 피보험목적물 자체에 생긴 물적손해만을 보상하고 비용손해에 대해서는 보험자의 보상책임이 없으나, 법률 및 약관에 의해 예외적으로 구조비, 손해방지비용 등 일정한 간접손해 등에 대해서도 보상하고 있다.

(1) 구조비(Salvage Charge)

담보위험에 처한 피보험목적물을 피보험자 또는 대리인 등을 제외한 제3자가 계약에 의하지 않고 임의로 구조한 경우 해상법상 구조자가 취득하는 보수를 말한다.

(2) 손해방지비용(Sue and Labor Charge)

① 담보위험으로 인한 손해를 방지하거나 경감시키기 위해 피보험자 또는 그의 대리인이 지출한 비용으로 보험자가 보험목적물의 손해 이외에 추가로 보상하는 비용이다.

② 손해방지비용은 피보험목적물의 손해액과의 합계액이 보험금액을 초과한 경우에도 전액 보상한다.

③ 손해방지비용은 손해방지행위가 실패한 경우에도 보상한다.

(3) 단독(특별)비용(Particular Charge)

① 피보험목적물의 안전이나 보존을 위하여 피보험자 또는 그의 대리인이 지출한 비용으로 공동해손비용과 구조비용 이외의 비용을 말한다.

② 단독비용은 손해방지비용과 성격이 유사하지만, 단독비용에는 검사비용과 판매비용 등과 같이 손해방지비용에 포함될 수 없는 순수비용이 포함되어 있다.

③ 손해방지비용은 보험금액을 초과한 경우에도 보상되는 반면, 단독비용은 피보험목적물의 손해액과 합산하여 보험금액 한도 내에서 보상된다.

03 대위와 위부

기출빈도 ★★

1. 대위(Subrogation)

(1) 대위의 의의

① 보험자가 손해를 입은 피보험자에게 보험금을 지급한 경우에 피보험자의 피보험목적물 및 제3자에 대한 권리를 보험자가 법률상 당연히 취득하는 제도로서 모든 손해보험에서 인정하는 제도이다.

② 대위는 피보험자가 보험자로부터 보험금을 지급받고도 피보험목적물에 잔존하고 있는 권리나 제3자에 대한 손해배상청구권까지 소유하는 이중의 혜택을 받는 것을 방지하는 데 목적이 있는 것으로 손해보험계약의 실손보상의 원칙에 따른 부당이득금지의 원칙에 의거한 제도이다.

(2) 대위의 유형

① 보험의 목적에 대한 대위(목적물대위)
- 피보험목적물이 전부 멸실한 경우 보험금액의 전부를 지급한 보험자가 피보험목적물에 대한 피보험자의 권리를 취득한다.
- 보험자의 권리 취득은 피보험목적물이 전부 멸실한 경우에 보험자가 보험금액의 전부를 지급한 경우에만 인정된다.

② 제3자에 대한 대위(청구권대위)
- 피보험자의 손해가 제3자의 행위에 의해 발생하여 피보험자에게 제3자에 대한 손해배상청구권이 생긴 경우 보험금을 지급한 보험자가 그 지급금액의 범위 내에서 제3자에 대한 피보험자의 권리를 취득한다.
- 보험자의 권리 취득은 전손이든 분손이든 상관없이 보험자가 보험금을 지급하면 자동으로 승계된다.
- 목적물대위가 보험금액의 전부를 지급해야 권리를 행사함에 비해, 청구권대위는 보험자가 보험금액의 일부를 지급해도 그 지급금액의 범위 내에서 대위권의 행사가 가능하다.

2. 위부(Abandonment)

(1) 위부의 의의

① 추정전손이 발생한 경우 현실전손에 준하여 처리하기 위해 피보험자가 피보험목적물 및 제3자에 대한 권리를 보험자에게 이전하고 보험금액의 전액을 청구하는 제도로서 해상보험에만 존재하는 특유의 제도이다.

② 위부는 전손에 상당하는 피해가 있는 경우 위부를 신청하여 전손과 같이 손해를 보장받을 수 있게 하고, 보험회사의 입장에서 손해를 조기에 관리하여 재산가치를 보존하는 데 목적이 있다.

(2) 위부의 요건

① 위부가 성립하려면 피보험자가 상당한 기간 내에 피보험목적물에 대한 일체의 권리를 보험자에게 이전시키는 의사표시 즉, 위부의 통지를 해야 하며 보험자가 이를 수락해야 한다.

② 현실전손의 경우에는 위부의 통지가 불필요하나 추정전손의 경우에는 위부의 통지 없이는 추정전손이 성립되지 않으며 분손으로 처리된다.

③ 위부는 무조건적(Unconditional)이어야 하며, 피보험목적물의 전부에 대해 불가분적으로 이루어져야 한다.

3. 대위와 위부의 비교

구 분	대 위	위 부
적용보험	해상보험을 포함한 모든 손해보험	해상보험
적용대상	전손, 분손에 대하여 모두 인정됨	추정전손에 한하여 인정됨
보험자의 권리취득	보험자가 보험금을 지급함으로써 이루어지는 당연한 권리취득	피보험자의 의사표시에 의한 권리취득
인정범위	보험자는 보험금액 이상으로 대위가 불가함	위부된 목적물의 가액이 피보험자에게 지급한 보험금액을 초과하더라도 보험자의 소유가 됨

제3절 │ 해상보험증권과 협회적하약관

✎ 본문 내용 중 기출문제로 자주 출제된 부분에 **형광펜**으로 표시하였으니 반드시 학습하시기 바랍니다.

01 해상보험증권 기출빈도 ★

1. 해상보험증권의 의의

(1) 해상보험증권(Marine Insurance Policy)이란 보험계약의 내용 및 조건인 해상보험약관이 기재되어 있는 증서로서 보험을 가입하였다는 증빙으로 보험자가 기명날인하여 보험계약자에게 교부하는 서류이다.

(2) 해상보험증권에는 보험자와 보험계약자 간 체결되는 보험계약 내용을 사전에 정형화시킨 해상보험약관이 삽입·첨부되어 사용되며, 해상보험약관 중 가장 대표적인 약관으로는 런던보험자협회가 제정한 협회적하약관이 있다.

2. 해상보험증권의 양식

(1) 로이즈 보험증권(Lloyd's S.G.Policy Form, 구보험증권)

① 1779년 로이즈 보험자협회가 제정한 것으로 해상보험이 시작된 초기부터 사용된 해상보험증권의 모체이다.

② 구보험증권은 보험증권상의 본문규정만으로는 해상무역발달의 흐름상 미비한 부분이 많았기 때문에 각종 특별약관이 증권에 첨부되어 사용되는 것이 관습화되었으며, 이를 표준화한 것이 협회적하약관이다.

③ 구보험증권은 앞면에는 본문약관, 이탤릭서체약관, 난외약관, 뒷면에는 협회적하약관 및 기타 특별약관으로 구성된다.

(2) 신해상보험증권(New Lloyd's Marine Policy Form, 신보험증권)

① 구보험증권 약관의 내용과 표현방법이 어려워 그 해석이 난해함에 따라 1981년 런던보험자협회(ILU)와 로이즈 보험자협회가 공동으로 제정한 표준 해상보험증권 양식이다.

② 신보험증권은 보험계약의 성립을 증명하기 위한 최소한의 사항만을 기재하고 보험조건을 규정하는 본문약관을 협회적하약관에 통합시키고 이탤릭서체약관 등 주요 약관을 대부분 삭제시킴으로써 그 양식이 매우 간결해졌다.

③ 신보험증권은 단지 보험계약이 성립되었음을 확인하는 기능에 불과할 뿐 협회적하약관이 중심을 이루게 되었으므로 협회적하약관이 반드시 첨부되어야 보험증권으로서의 역할을 다할 수 있게 되었다.

3. 해상보험증권의 해석원칙

(1) 수기문언(Handwriting Wording)의 우선원칙

보험증권에서 동일한 보험목적물에 대하여 여러 약관의 내용이 서로 다른 경우 수기문언을 가장 우선하여 적용한다는 원칙으로 인쇄되어 있는 약관보다 보험자와 피보험자가 추후 합의에 의해 수기로 기재한 문언이 우선 시됨을 의미한다. 구체적인 약관의 적용순위는 다음과 같다.

> 수기문언 ⇨ 타자문언 ⇨ 인쇄문언 ⇨ 스탬프약관 ⇨ 특별약관 ⇨ 난외약관 ⇨ 이탤릭서체약관 ⇨ 본문약관

(2) 판례 및 계약당사자의 의사 존중의 원칙

보험증권은 동일 또는 유사사건의 판례에 의해 내려진 해석 및 계약당사자의 의사를 존중하여 해석되어야 한다는 원칙을 말한다.

(3) POP(Plain, Ordinary, Popular) 해석의 원칙

보험증권상의 약관이나 문언은 학문적 또는 이론적으로 해석하는 것이 아니라 평이하게(Plain), 특수한 상황이 아닌 일반적인 상황에서 통상적으로(Ordinary), 모든 사람들이 평소에 생각할 수 있는 통속적인(Popular) 관점에서 해석해야 한다는 원칙으로 피보험자가 보험의 내용이나 약관을 이해하기 쉽게 작성되어야 함을 의미한다.

(4) 동종제한의 원칙

① 보험증권의 약관이나 문언에 "기타 이와 유사한"으로 표시한 경우나 비슷한 단어들이 열거되어 있을 경우 이 단어들을 앞서 열거된 단어와 유사한 뜻을 가지는 것으로 제한하여 해석해야 한다는 원칙을 말한다.

② 보험증권에 담보하는 위험이 모두 열거되고 부가적으로 "기타 일체의 위험"이 기술되어 있는 경우 이 "기타 일체의 위험"은 앞서 열거된 위험과 전혀 다른 종류의 위험이 아니라 동종의 위험으로 제한하여 해석해야 한다는 원칙이다.

(5) 작성자불이익의 원칙

보험증권은 보험자가 일방적으로 작성하여 교부하는 것이기 때문에, 애매모호한 문언이 있는 경우 보험자에게 불리하게 해석해야 한다는 원칙이다.

(6) 합리적 해석의 원칙

보험증권의 해석은 계약당사자의 일방에게 예외적이고 불공평한 부담을 줄 만큼 불합리한 결과를 초래해서는 안 되며, 보험증권 내용의 전체를 기준으로 합리적으로 해석해야 한다는 원칙이다.

Q 시험에 이렇게 나온다!

제 105회 1급 기출문제

61. 해상보험증권의 해석원칙에 따라 우선적 효력을 갖는 순서대로 나열한 것은?

① ICC 약관 → 난외약관 → 본문약관 → 특별약관 → 스탬프약관 → 타자약관 → 수기약관

② 특별약관 → ICC 약관 → 난외약관 → 본문약관 → 스탬프약관 → 타자약관 → 수기약관

③ 수기약관 → 타자약관 → 스탬프약관 → 특별약관 → ICC 약관 → 본문약관 → 난외약관

④ 수기약관 → 타자약관 → 스탬프약관 → 특별약관 → ICC 약관 → 난외약관 → 본문약관

정답 ④

해설

'수기약관 → 타자약관 → 스탬프약관 → 특별약관 → ICC 약관 → 난외약관 → 본문약관' 순이다.

1. 협회적하약관의 의의

(1) 협회적하약관(ICC, Institute Cargo Clauses)이란 해상보험증권에 첨부되는 특별약관들을 표준화·일반화한 것을 말한다.

(2) 협회적하약관은 운송 중인 화물의 해상위험에 대한 보험조건과 담보범위 등을 규정하고 있으며 국제보험시장에서 사실상의 표준약관으로 사용되어지고 있다.

2. 협회적하약관의 구분

협회적하약관은 1912년 최초로 제정되어 국제 해상운송 및 보험환경의 변화에 따라 지속적으로 개정되어왔으며, 1963년에 개정된 구협회적하약관(구약관)과 1982년, 2009년에 개정된 신협회적하약관(신약관)이 있다. 1982년 개정된 신약관과 2009년 개정된 신약관 간에는 면책범위 축소, 보험기간 확장 등 일부 변화만 있을 뿐 큰 차이는 없다.

구 분	구협회적하약관(1963)	신협회적하약관(1982 / 2009)
적용대상	구보험증권에 삽입되어 사용됨	신보험증권에 삽입되어 사용됨
보험조건	ICC(A/R) ICC(WA) ICC(FPA)	ICC(A) ICC(B) ICC(C)

1. 구협회적하약관의 개요

구약관은 담보범위에 따라 전위험담보조건, 분손담보조건, 단독해손부담보조건으로 구분된다. 이 세 가지 조건은 각각 14개의 조항으로 구성되어 있으며 담보위험에 관한 제5조 담보약관을 제외하고는 그 외의 조항이 모두 동일하다.

2. 구협회적하약관의 보험조건별 담보범위

(1) 전위험담보조건(A/R, All Risks)

① 다음의 면책위험을 제외하고는 보험목적물의 멸실이나 손상의 일체의 위험을 담보한다.

- 지연 또는 보험목적물의 고유의 하자 또는 성질
- 피보험자의 고의에 의한 불법행위
- 통상의 자연소모, 통상의 누손과 파손
- 쥐나 해충에 의한 손해
- 전쟁위험(해적위험 포함) 및 동맹파업위험

② 포괄책임주의를 따르며 구약관 중 담보범위가 가장 넓다.

(2) 분손담보조건(WA, With Average)

① 보험목적물의 전손과 공동해손은 물론이고, ICC(FPA)조건에서 담보하지 않는 단독해손 가운데 보험증권에 기재된 면책률을 초과하는 손해를 보상하는 조건이다.

② 일반적으로 WA3%와 WAIOP조건으로서 사용된다.

WA3%	손해액이 3% 미만일 경우 보상하지 않고 3% 이상일 경우 손해를 전부 보상한다는 조건
WAIOP(With Average Irrespective Of Percentage)	소손해 면책률 없이 손해액의 전부를 보상하는 조건

③ ICC(FPA)조건에서 담보하지 않는 단독해손으로서는 현실적으로 악천후에 의한 풍랑손해가 있으며, 일반적으로 ICC(WA)조건과 ICC(FPA)조건의 차이는 풍랑으로 발생한 단독해손의 보상여부에 있다.

④ 열거책임주의를 따른다.

(3) 단독해손부담보조건(FPA, Free from Particular Average)

① 보험목적물의 전손과 공동해손만을 담보하고 단독해손은 담보하지 않는 조건이었으나, 현재는 일부 단독해손에 대해 보상하고 있다.

[예외] 본선 또는 부선의 침몰, 좌초, 대화재로 인한 단독해손에 대해서는 보상함

② 열거책임주의를 따르며 구약관 중 담보범위가 가장 좁다.

3. 구협회적하약관의 보험조건별 담보범위표

담보위험	ICC(A/R)	ICC(WA)	ICC(FPA)
부보화물의 전손(현실전손 및 추정전손)	담 보	담 보	담 보
공동해손희생손해 및 공동해손비용			
본선 또는 부선의 침몰, 좌초, 대화재로 인한 단독해손			
적재, 환적, 양하작업 중의 포장단위당의 전손			
피난항에서 양하작업에 기인된 손해			
화재, 폭발, 충돌, 접촉			
중간의 기항지 또는 피난항에서의 특별비용			
상기 이외의 풍랑으로 인해 발생한 단독해손			면 책
상기 이외의 모든 외부적 우발원인에 대한 손해		면 책	

04 신협회적하약관(2009)의 내용

1. 신협회적하약관(2009)의 개요

(1) 신약관은 담보범위에 따라 ICC(A), ICC(B), ICC(C)로 구분된다. 이 세 가지 조건은 각각 19개의 조항으로 구성되어 있으며 제1조 담보위험약관, 제4조 일반면책약관 및 제6조 전쟁면책약관을 제외하고는 그 외의 조항은 모두 동일하다.

(2) 구약관의 면책규정은 지연 또는 보험목적의 고유의 하자나 성질만을 규정하고 있을 뿐 면책위험을 법률과 관습에 위임하고 구체적으로 명시하고 있지 않았으나, 신약관에서는 보험자의 면책위험을 제4조에서 제7조까지 구체적으로 명사규정하고 있다.

2. 신협회적하약관(2009)의 보험조건별 담보범위와 면책범위

(1) ICC(A)

① 구약관의 보험조건 중 ICC(A/R)조건에 상응하는 조건으로 약관상 규정된 면책위험을 제외하고는 보험목적물의 멸실이나 손상의 전 위험을 담보한다.

② ICC(A/R)조건과 달리 일반면책, 선박의 불내항 및 부적합면책, 전쟁면책 및 동맹파업면책 등 면책위험을 구체적으로 열거하고 있다.

③ ICC(A/R)조건에서는 해적위험을 전쟁위험에 포함시켜 이를 담보하지 않았지만, ICC(A)조건에서는 해적위험에 대해서 담보하고 있다.

④ 포괄책임주의를 따르며 신약관 중 담보범위가 가장 넓다.

(2) ICC(B)

① 구약관의 보험조건 중 ICC(WA)조건에 상응하는 조건으로 화재, 폭발, 좌초, 지진, 분화, 낙뢰, 해수, 호수, 강물의 침입 등 약관상 열거된 위험에 의한 손해를 전손분손의 구분 없이 보상한다.

② ICC(WA)조건의 담보위험이 불명확했던 점을 보완한 것으로 담보위험을 구체적으로 열거함으로써 피보험자가 담보위험의 범위를 명확히 구분할 수 있도록 하였다.

③ 열거책임주의임에도 불구하고 일반면책, 불감항/부적합면책, 전쟁면책, 동맹파업면책 등의 면책조항이 있다.

(3) ICC(C)

① 구약관의 보험조건 중 ICC(FPA)조건에 상응하는 조건으로 ICC(B)조건과 마찬가지로 약관상 열거된 위험에 의한 손해를 전손분손의 구분 없이 보상한다.

② ICC(B)조건에서 보상하는 위험 중 지진, 분화, 낙뢰, 갑판유실, 강물의 침입, 하역작업 중 추락한 포장단위당 전손 등에 대해서는 담보하지 않는다.

③ ICC(B)조건과 같이 열거책임주의임에도 불구하고 면책위험을 열거하고 있으며, 신약관 중 담보범위가 가장 좁다.

3. 신협회적하약관(2009)의 보험조건별 담보범위·면책범위표

담보위험			ICC(A)	ICC(B)	ICC(C)
1조	화재 또는 폭발 (Fire or Explosion)		담 보	담 보	담 보
	본선 또는 부선의 좌초, 교사, 침몰, 전복 (Vessel / Craft Being Stranded, Grounded, Sunk, or Capsized)				
	육상운송용구의 전복, 탈선 (Overturning or Derailment of Land Conveyance)				
	본선, 부선, 운송용구의 타 물체와의 충돌, 접촉 (Collision or Contact of Vessel, Craft or Conveyance with External Object Other than Water)				
	피난항에서의 화물의 양하 (Discharge of Cargo at a Port of Distress)				
	공동해손의 희생 (General Average Sacrifice)				
	투하 (Jettison)				
	지진, 분화, 낙뢰 (Earthquake, Volcanic Eruption and Lightning)				면 책
	갑판 유실 (WOB ; Washing OverBoard)				
	본선, 부선, 선창, 운송용구, 컨테이너 또는 보관장소에서의 해수, 호수, 강물의 침입 (Entry of Sea, Lake or River Water into Vessel, Craft, Hold, Conveyance, Container, Liftvan or Place of Storage)				
	선적 또는 양하작업 중 바다에 떨어지거나 갑판에 추락한 포장단위당 전손 (Total Loss of Any Package Lost Overboard or Dropped Whilst Loading on to or Unloading from Vessel or Craft)				
	상기 이외의 일체의 위험			면 책	
2조	공동해손 및 구조비 (General Average and Salvage Charges)			담 보	담 보
3조	쌍방과실충돌손해 (Both to Blame Collision)				

면책위험		ICC(A)	ICC(B)	ICC(C)
4 조	피보험자의 고의적 불법행위 (Attributable to Wilful Misconduct of the Assured)	면 책		면 책
	통상의 누손, 중량 또는 용적의 통상의 감소, 자연소모 (Ordinary Leakage, Ordinary Loss in Weight or Volume, or Ordinary Wear and Tear)			
	포장 또는 운송용구의 불완전·부적절[1] (Insufficiency or Unsuitability of Packing or Preparation)			
	화물고유의 하자 또는 성질 (Inherent Vice or Nature of the Subject-Matter Insured)			
	항해의 지연 (Loss Damage or Expense Caused by Delay)			
	선주, 관리자, 용선자 또는 운항자의 지급불능 또는 채무불이행[2] (Insolvency or Financial Default of the Owners Managers Charterers or Operators of the Vessel)			
	제3자의 불법행위에 의한 고의적인 손상 또는 파괴 (Deliberate Damage to or Deliberate Destruction of the Subject-Matter Insured or any Part Thereof by the Wrongful Act of any Person or Persons)	담 보		
	원자핵무기에 의한 손해 (Loss Damage or Expense Caused by the Use of any Weapon or Device Employing Atomic or Nuclear Fission and Fusion)			
5 조	피보험자 또는 사용인이 사전에 인지한 선박, 부선의 불감항과 선박, 부선 등의 부적합 (Unseaworthiness of Vessel or Craft or Unfitness of Vessel or Craft for the Safe Carriage of the Subject-Matter Insured, at the Time the Subject-Matter Insured is Loaded Therein)	면 책		
6 조	전쟁위험 (Loss Damage or Expense Caused by War)			
7 조	동맹파업위험[3] (Loss Damage or Expense Caused by Strikers, Locked-out Workmen, or Persons Taking Part in Labour Disturbance, Riots or Civil Commotions)			

[1] 단, 포장 또는 준비가 피보험자 또는 그의 피고용인에 의하여 수행되거나 보험의 개시 전에 수행되는 경우에 한하여 보험자의 보상책임이 면책된다.

[2] 단, 보험목적물을 본선에 적재할 때 피보험자가 선주, 용선자 등의 파산 또는 재정상의 궁핍이 항해의 정상적인 수행을 방해할 수 있다는 사실을 알고 있었거나, 통상의 업무상 당연히 알고 있었을 경우에 한하여 보험자의 보상책임이 면책된다.

[3] 추가로 전쟁 및 동맹파업 특별약관을 첨부하면 담보가 가능하다.

제 106회 1급 기출문제

66. 해상보험에서 2009년 협회적하약관 (Institute Cargo Clause : ICC)에 관한 내용으로 옳지 않은 것은?

① 원칙적으로 ICC(B) 약관과 ICC(C) 약관은 모두 선박의 좌초와 침몰, 전복위험을 담보한다.
② 원칙적으로 ICC(B) 약관은 지진위험을 담보하지만, ICC(C) 약관은 이를 담보하지 않는다.
③ 원칙적으로 ICC(B) 약관은 갑판유실위험을 담보하지만, ICC(C) 약관은 이를 담보하지 않는다.
④ 원칙적으로 ICC(A) 약관은 전쟁위험을 담보한다.

정답 ④
해설
원칙적으로 ICC(A), (B), (C) 약관 모두 전쟁위험과 파업위험을 담보하지 않으며, 별도로 전쟁 및 동맹파업 특별약관을 첨부해야 담보가 가능하다.

4. 신협회적하약관(2009)의 보험기간

(1) 보험기간의 개시시점

운송개시를 위하여 운송차량 또는 기타 운송용구에 보험목적물을 곧바로 적재할 목적으로 보험계약에 명시된 장소의 창고 또는 보관장소에서 보험목적물이 최초로 움직인 때에 보험기간이 개시된다.

(2) 보험기간의 종료시점

다음과 같이 보험기간의 종료시점을 규정하고 있으며, 이 중 어느 것이든 하나가 먼저 도래하는 때에 보험기간이 종료된다.

- 보험계약상 약정된 목적지의 최종창고 또는 보관장소에서 화물의 양하가 완료된 때
- 보험계약상 약정된 목적지로 가는 도중이든 목적지든 불문하고, 피보험자 또는 그 사용인이 통상의 운송과정상의 보관이 아닌 보관, 할당 또는 분배를 위하여, 임의의 창고 또는 보관장소에서 화물의 양하가 완료된 때
- 피보험자 또는 그 사용인이 통상적인 운송과정의 범주에서 벗어나는 보관을 목적으로 운송차량 또는 기타 운송용구 또는 컨테이너를 사용하기로 선택한 때
- 최종양하항에서 외항선으로부터 화물이 양하된 후 60일이 경과한 때

제100회 1급 기출문제

60. 2009년 개정 협회적하약관상 보험기간의 종료시점으로 부적절한 것은?

① 보험계약상 약정된 최종목적지의 매수인 창고에서 보험목적물의 양하가 완료된 시점
② 통상적인 운송과정에서 벗어나는 보관을 목적으로 피보험자가 선택한 임의의 보관장소에서 화물의 양하가 완료된 시점
③ 통상적인 운송과정의 범주에서 벗어나는 보관을 목적으로 피보험자가 보관장소로서 컨테이너를 사용하기로 선택한 시점
④ 최종양하항에서 외항선으로부터 화물이 양하된 후 30일이 경과한 시점

정답 ④
해설
30일 → 60일

5. 신협회적하약관(2009)의 기타 약관

(1) 포기유보약관(Waiver Clause)

보험목적물의 회복·구조 또는 보존을 위한 피보험자 또는 보험자의 조치는 위부의 포기나 승인으로 간주하지 않고 각 당사자의 권리를 침해하지도 않음을 규정하는 약관이다.

(2) 피보험자 의무약관(Duty of Assured Clause)

해상사고가 발생한 경우 피보험자가 취해야 하는 행동에 대하여 규정한 약관으로, 피보험자와 그 사용인 및 대리인은 해상사고 발생 시 손해의 방지 또는 경감을 위해 합리적인 조치를 취해야 하며, 운송인이나 수탁자 및 기타 제3자에 대한 일체의 권리가 적절히 보존되고 행사되도록 확보해야 한다.

(3) 지연의 회피(Avoidance of Delay)

보험계약 체결 후 피보험자는 자신이 통제할 수 있는 모든 여건 하에서 신속하게 행동해야 함을 규정하는 약관이다.

(4) 계반비용약관(Forwarding Charge Clause)

보험에서 담보하는 위험의 발생으로 피보험운송이 보험에서 담보되는 보험목적물 목적지 이외의 항구 또는 지역에서 종료될 경우, 보험자는 보험목적물을 양륙·보관하고, 부보된 목적지로 계속 운반함에 따라 적절하고 합리적으로 발생한 추가비용을 피보험자에게 보상해야 함을 규정하는 약관이다.

(5) 피보험이익(Insurable Interest)

보상을 받기 위하여 피보험자는 손해발생 시에 피보험목적물에 대한 피보험이익을 가지고 있어야 한다.

(6) 법률과 관습(Law and Practice)

이 보험은 영국의 법률과 관습에 준거된다.

---

05 부가위험담보조건 및 확장담보조건 기출빈도 ★

1. 부가위험담보조건

필요한 위험만을 선택하여 보험조건을 추가하여 부보함으로써 저렴한 보험료로 보험에 부보할 수 있다.

TPND (Theft, Pilferage and Non-Delivery)	도난, 포장내용물의 일부가 없어지는 발하 및 포장단위의 화물이 전부 목적지에 도착하지 않은 불도착손해를 담보한다.
RFWD (Rain and/or Fresh Water Damage)	빗물 또는 담수에 의한 손해(우담수손)를 담보한다.
COOC (Contact with Oil and/or Other Cargo)	유류에 침투되거나 다른 화물과 접촉하여 오염되었을 때의 손해를 담보한다.
JWOB (Jettison and Washing Over Board)	해난사고 시 부보화물을 투하하거나 풍랑으로 갑판적화물이 유실된 손해를 담보한다.
Breakage	파손으로 인한 손해를 담보한다.
Leakage and/or Shortage	누손 및 수량 또는 중량 부족으로 인한 손해를 담보한다.

Sweat and / or Heating	선창 및 컨테이너 내벽에 응결된 수분에 접촉함으로써 생기는 손해를 담보한다.
Hook & Hole	하역작업용 갈고리에 의한 손해를 담보한다.
Rats or Vermin	쥐나 벌레에 의한 곡물이나 목재의 손해를 담보한다.

2. 확장담보조건

추가적인 보험료를 납부하고 담보할 수 있는 확장담보조건은 다음과 같다.

내륙운송 확장담보조건 (ITE; Inland Transit Extension)	• 육상운송 중의 위험을 적하보험증권에서 추가로 담보하는 조건을 말한다. • 적하보험약관에서 육상운송을 제외한 항구간요율(Port to Port)을 사용하는 국가에서는 도착 공항으로부터 내륙에 위치한 매수인의 보관장소까지 내륙운송 중 발생하는 위험에 대해서는 부보할 수 없으므로 이를 부보하기 위해 추가적인 보험료를 납부하고 내륙운송 확장담보조건을 약정한다.
내륙보관 확장담보조건 (ISE; Inland Storage Extension)	• 통상의 운송과정에서 통관 지연 등의 이유로 중간창고나 보세창고에 화물을 보험증권에 명시된 보험기간 이상으로 보관해야 할 경우 보험기간을 연장하여 담보하는 조건을 말한다. • 우리나라의 경우 보험증권에 명시된 기간은 수출은 양륙 후 60일, 수입은 양륙 후 30일로서 명시된 기간이 지나면 보험기간이 종료되므로 이를 초과하여 물품을 보관해야 할 경우에 추가적인 보험료를 납부하고 내륙보관 확장담보조건을 약정한다.

■ 빈출포인트

- 18회분의 기출문제를 분석하여 빈출포인트별 기출빈도(★∼★★★)를 표기하였습니다.
- 기출빈도가 높아 시험 출제가능성이 높은 부분은 [꼭!] 으로 표기하였으니 반드시 학습하시기 바랍니다.

* 0∼2회 기출 : ★   3∼7회 기출 : ★★   8회 이상 기출 : ★★★ [꼭!]

구 분	빈출포인트	기출빈도	페이지
제1절 무역결제 일반	01 무역대금의 결제	★	p.194
	02 무역결제방식의 분류	★★	p.194
	03 무역결제 관련 국제규칙	★	p.195
제2절 송금결제방식	[꼭!] 01 송금결제방식의 개요	★★★	p.196
	02 송금방식(송금환)의 종류	★	p.197
	03 송금 시기에 따른 분류	★	p.197
제3절 환어음	01 환과 어음	★	p.200
	02 환어음의 개요	★★	p.201
제4절 추심결제방식	01 추심결제방식의 정의	★★	p.206
	02 추심결제의 당사자	★★	p.206
	[꼭!] 03 추심결제방식의 종류	★★★	p.207
	04 추심지시서(추심의뢰서, Collection Instruction)	★	p.209
	05 추심업무에 참여하는 은행의 의무 및 면책	★★	p.210
제5절 신용장결제방식	01 신용장의 개요	★★	p.212
	02 신용장의 특성 및 거래원칙	★★	p.213
	03 신용장 관련 기본용어	★★	p.215
	04 신용장의 이용	★★	p.217
	[꼭!] 05 신용장 거래의 당사자	★★★	p.218
	[꼭!] 06 신용장의 종류	★★★	p.223
	[꼭!] 07 신용장의 서류심사기준	★★★	p.229
	[꼭!] 08 신용장 조건의 해석	★★★	p.232
	[꼭!] 09 개별서류의 심사	★★★	p.234
	10 신용장의 조건변경	★★	p.246
	[꼭!] 11 양도가능신용장	★★★	p.247
	12 UCP상 은행의 면책	★	p.249
	[꼭!] 13 신용장 업무의 관행	★★★	p.250
제6절 기타특수결제방식	01 기타특수결제방식의 개요	★	p.253
	[꼭!] 02 국제팩토링방식	★★★	p.253
	[꼭!] 03 포페이팅방식	★★★	p.255
	04 국제팩토링방식과 포페이팅방식의 비교	★★	p.257
제7절 무역보험	01 무역보험의 개요	★	p.258
	02 수출보험	★	p.260
	03 수입보험	★	p.261
	04 환변동 보험	★	p.261

■ 학습전략

무역결제는 신용장 및 UCP 600상의 전반적인 내용으로 구성되어 있으며, 내용 전반의 흐름과 용어에 대한 꼼꼼한 학습이 필요하다.

해커스 무역영어 1급 4주 완성 이론+기출문제

1편 무역실무

제4장 무역결제

제**1**절 | 무역결제 일반

✎ 본문 내용 중 기출문제로 자주 출제된 부분에 **형광펜**으로 표시하였으니 반드시 학습하시기 바랍니다.

01 무역대금의 결제
기출빈도 ★

1. 대금의 결제란

매도인의 물품인도에 대한 매수인의 대금지급을 결제(Payment)라 한다. 대금의 결제는 매수인의 계약상 가장 중요한 의무로서 매수인은 계약에서 정한 날짜 또는 기간 내에 정해진 방법으로 대금을 지급하여야 하며 이를 불이행하거나 지연하면 계약위반이 되어 매도인은 계약과 준거법에서 정한 구제책을 사용할 수 있다.

2. 무역거래에서의 결제의 특징

국제물품매매계약은 서로 다른 국가에 위치하는 당사자 간의 물품매매로서, 매도인과 매수인은 격지자 간의 거래라는 특성에서 발생하는 상업위험 즉, 매도인은 대금 회수불능의 위험에, 매수인은 계약과 일치하는 물품의 입수불능의 위험에 노출된다.

또한 결제통화와 자국통화가 일치하지 않는 경우가 많으므로, 계약체결시점과 실제 대금수취시점까지 환율 등락에 따른 환위험에 노출되므로 이 또한 고려해야 한다.

3. 결제방식의 결정 기준

국제물품매매거래에서 결제방식은 거래자들의 신용도나 신뢰도, 안정성, 상품이나 업종의 특성, 상대방 국가의 비상·외환 위험, 외환에 대한 규제, 금융 수수료 등을 기준으로 결정하게 되며, 주요 결제방식(Method of Payment)으로 송금, 추심, 신용장 등이 사용된다.

02 무역결제방식의 분류
기출빈도 ★ ★

1. 결제방법에 따른 분류

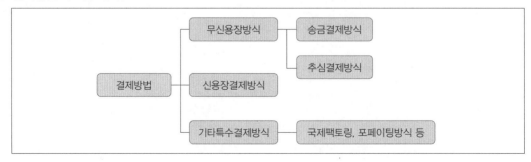

2. 결제시기에 따른 분류

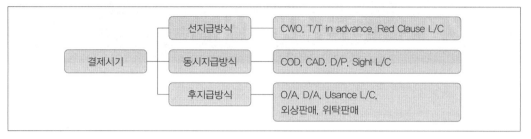

더 쉽게 이해하기 결제방법별 특징 비교

특 징	송금결제방식	추심결제방식	신용장결제방식
국제규칙	없 음	URC 등	UCP, ISBP 등
대금지급자	수입자	수입자	은 행
환어음발행여부	환어음을 발행하지 않음	일반적으로 환어음을 발행함	신용장에 따라 다름
은행의 지급확약 (보증)여부	지급확약 없음	지급확약 없음	은행이 지급을 확약하므로 추심보다 안전한 결제방식
수수료 부담	가장 낮은 은행수수료 부담	신용장결제방식보다 낮은 수수료 부담	대금지급확약 등의 조건으로 비교적 높은 수수료 부담

---

03 무역결제 관련 국제규칙

기출빈도 ★

1. 결제 관련 국제규칙

국제규칙이란 무역거래에 있어서 제반사항을 규정한 국제거래에 적용 가능한 규칙을 말하며, 무역결제에서는 주로 국제상업회의소(ICC)를 통해 다양한 국제규칙이 제정되어 사용되고 있다.

[용어설명] 국제상업회의소(ICC, International Chamber of Commerce) : 세계경제 부흥을 위하여 조직된 국제기관으로, Incoterms, 신용장통일규칙 (UCP), 추심통일규칙(URC) 등을 제정하여 안정적인 무역결제시스템을 구축하고 무역결제의 활성화를 위해 노력하고 있다.

2. 결제 관련 국제규칙의 종류

신용장 관련	• 신용장통일규칙(UCP 600, Uniform Customs and Practice for documentary credits) • 국제표준은행관행(ISBP, International Standard Banking Practice) • 보증신용장통일규칙(ISP, International Standby Practices) • 전자신용장통일규칙(eUCP, UCP supplement for electronic presentation) 등
추심결제 관련	• 추심통일규칙(URC, Uniform Rules for the Collections)
O/A방식 및 전자적거래 관련	• 은행지급보증통일규칙(URBPO, Uniform Rules for Bank Payment Obligations)
청구보증 관련	• 청구보증통일규칙(URDG, Uniform Rules for Demand Guarantees)
포페이팅 관련	• 포페이팅통일규칙(URF, Uniform Rules for Forfaiting)

제2절 | 송금결제방식

✎ 본문 내용 중 기출문제로 자주 출제된 부분에 **형광펜**으로 표시하였으니 반드시 학습하시기 바랍니다.

시험에 **꼭** 나온다! •

01 송금결제방식의 개요

기출빈도 ★★★

1. 송금(Remittance)결제방식이란

송금결제방식이란 제3자(은행)의 개입 없이 수입자가 수출자에게 직접 물품대금을 송부하는 결제방식을 말한다. 국제무역대금이 직접 실물의 현금으로 결제되는 경우는 매우 드물고, 일반적으로 현금결제란 송금결제방식을 의미한다.

2. 송금결제방식의 특징

은행의 직접적 개입 없음	• 단순히 외환취급, 계좌이체, 송금수표 등을 이용하기 위해 은행·우체국의 계좌를 통해 대금이 결제될 뿐 복잡한 금융·결제 서비스가 필요 없다. • 매도인이 직접 매수인에게 서류를 송부하고, 매수인은 매도인에게 직접 물품대금을 송금한다. • 은행 등 제3자에게 거래내용이 노출되지 않아 비밀유지가 가능하다.
신속하고 간편	• 신속한 외국환 업무 처리 및 결제가 가능하다. • 환어음이 사용되지 않으며, 어음법이나 추심/신용장 통일규칙 등 적용되는 국제규칙이 없다. • 추심이나 신용장 거래에서 발생하는 수수료가 절감되고, 간편하여 최근 사용비중이 가장 높은 결제 방법이다.
높은 위험	• 은행의 지급보증이 없고 매도인과 매수인의 신용에만 의지하므로 신용위험과 상업위험이 높다. • 신뢰관계가 돈독한 당사자 간이나 본지사 간의 거래 또는 샘플거래와 같은 소액거래 등에 적합하다.

02 송금방식(송금환)의 종류   기출빈도 ★

1. 전신송금방식(T/T, Telegraphic Transfer, 전신환)

매수인(송금인)의 지시에 따라 수입국의 송금은행이 수출국의 지급은행 앞으로 매도인(수취인)에게 송금 대금을 지급하여 줄 것을 위임하는 지급지시서(Payment Order)를 전신(SWIFT 등)으로 발송하는 방법이다. 전신으로 지급 지시가 송부되어 Wire Transfer라고도 한다. 송금과정이 신속하고 안전하여 가장 많이 이용되고 있는 방식이다.

> **[용어설명]** • SWIFT(Society for Worldwide Inter-bank Financial Telecommunication) : 해외송금, 대금결제, 추심, 신용장업무 등에 이용되는 국제적인 은행 간 정보통신망을 말한다. 업무의 표준화, 보안성, 신속성, 저렴한 비용 등이 장점으로, 1973년에 설립되어 우리나라는 1992년에 가입하였다. 은행 간 전문(電文)은 정형화된 MT(Message Type)라는 형식으로 이용된다.
> 예 추심업무 관련 전문 : MT 4xx, 신용장 관련 전문 : MT 7xx
>
> • 환거래은행(Correspondent Bank) : 외국환은행(Foreign Exchange Bank)이 외국에 있는 은행과 외국환업무를 위한 약정을 맺고 각종 문서를 교환하는 것을 환거래계약이라고 하며, 환거래계약을 체결한 은행을 환거래은행(Correspondent Bank, 코레스은행) 이라고 한다.

2. 우편송금방식(M/T, Mail Transfer, 우편환)

매수인의 요청에 따라 송금은행이 우편환(일정금액의 지급을 지급은행에게 위탁하는 지급지시서)을 지급은행 앞으로 직접 우편을 통해 보내는 방식이다.

3. 송금수표(D/D, Demand Draft)

매수인이 은행 등으로부터 수표 발행받아 매도인에게 우편으로 송부하면, 매도인이 수출국소재 은행을 통해 수표를 현금화하는 방식이다.

> 참고 일반적으로 수표는 영어단어 Check(Cheque)로 표현하는 경우가 더 많다. 본래 D/D(Demand Draft)는 일람불 환어음을 의미하는데, 송금 시에 수표를 대신하여 환어음이 사용된 경우가 많아 관행적으로 송금수표를 D/D로 통칭한다.

03 송금 시기에 따른 분류   기출빈도 ★

1. 사전송금방식

사전송금방식이란 물품 대금을 물품이 선적이나 인도되기 전에 미리 결제하는 방식(선지급)을 말하며, 선지급방식, 단순송금방식, 주문시지급방식(CWO, Cash With Order) 등으로 불린다.

2. 동시송금방식

(1) 동시지급방식

물품 또는 선적서류(선하증권 등)를 받음과 동시에 대금지급이 이루어지는 방식을 말한다.

(2) 동시송금방식의 종류

① 현물상환지급방식(상품인도결제방식, COD, Cash On Delivery)

- 수입자가 물품을 확인한 후 인도받으면서 대금을 송금하여 결제하는 방식이다.

- 수입국에 소재하고 있는 수출자의 대리인이 수입자에게 물품을 인도하면서 대금을 결제받는 경우가 많다.

② 서류상환지급방식(CAD, Cash Against Documents)

수출자가 물품을 선적한 후 증명서류를 제시하거나 송부하여 서류와의 상환으로 대금을 송금하여 결제하는 방식이다.

심화 PLUS⁺ European D/P

- CAD의 변형으로 매도인이 물품을 송부하고 수입국의 매수인의 거래은행에 서류를 송부하여 대금을 결제받는 방식이다.
- 송금방식의 일종이나, 매도인이 매수인의 거래은행 앞으로 서류를 송부하고 지급과의 상환으로 서류를 인도하게 되므로 추심의 D/P와 유사한 면이 있다.
- D/P와는 달리 수출국의 추심의뢰은행 없이 매도인이 수입국의 은행으로 서류를 직송하며, 환어음이 발행되지 않아 환어음 발행에 대한 인지세를 절감할 수 있다.

[용어설명] 인지세: 정부가 재산의 이전 유통 등에 세금을 부과하는 경우 이를 납부하였다는 증명으로서 일정금액의 인지(印紙)를 붙이도록 하는 경우가 있는데, 이러한 인지대금을 인지세라 한다.

3. 사후송금(후지급)방식

(1) 사후지급방식

물품의 선적이나 물품·운송서류의 인도 후 일정한 기간이 경과되어야 대금결제가 이루어지는 방식(후지급)을 말한다.

[예] "T/T 60 Days after(T/T방식으로 60일 이후 결제)"의 조건이 붙는다면 이를 사후송금방식으로 보게 된다.

(2) O/A(Open Account)방식

① 선적통지부결제방식

수출자가 물품을 선적한 후에 서류를 송부하면, 수입자가 약정된 기일에 대금을 송금하여 결제하는 방식이다.

② 청산계정

- 동일 당사자 간에 거래가 빈번하게 발생하는 경우에 사용하는 방식으로, 각각의 거래대금을 당장 결제하지 않고 청산계정에 서로의 수출액과 수입액을 기록하였다가 일정 기간마다 미리 정한 결산시기에 양자 간의 채권·채무를 상계한 후 차액만을 송금하여 결제하는 방식이다.

- 결제시기가 선적 이후이므로 사후송금방식으로 볼 수 있다.

(3) O/A방식의 특징

① 송금방식의 일종으로 서류는 수출자가 수입자에게 직접 송부하며, 대금은 수입자가 수출자에게 직접 송금한다.

② 사후송금방식은 물품이나 서류가 수입자에게 인도되어야 수출채권이 성립하는 데 반해, O/A방식에서 수출채권의 성립시기는 물품 선적 후 선적완료 사실을 수입자에게 통보하는 시점이며, 수출자는 선적완료 후 외상수출채권을 거래은행에 Nego(수출채권 매도요청)함으로써 수출대금을 조기에 현금화할 수 있다.

③ 국제무역 흐름이 신용장 등의 전통적인 방식에서 O/A방식 등으로 변화함에 따라 ICC는 URBPO(은행지급보증통일규칙)를 제정하여 O/A방식에 적용하게 되었다.

(4) O/A방식의 장단점

장 점	• 거래가 매우 단순하며, 은행에 대한 서류의 작성·심사에 따른 불필요한 수고와 은행수수료 등의 비용을 절감할 수 있음 • 수출자: 선적완료 후 외상수출채권을 거래은행에 Nego(수출채권 매도요청)함으로써 수출대금을 조기에 현금화할 수 있음(O/A Nego) • 수입자: 대금결제의 유예를 통해 현금유동성을 확보할 수 있음
단 점	• 대금결제를 수입자의 신용에만 의존하게 되므로 대금회수와 관련하여 매도인이 모든 신용위험을 부담함

[용어설명] 매입(Negotiation)
- 주로 은행이 매도인의 매출채권 등의 대금을 지급받을 권리 또는 환어음 등의 증권을 구매하여 그 대금을 만기일 전에 선지급하는 것으로, 실무상 네고(Nego) 또는 할인(Discount)이라고도 한다.
- 은행은 이자와 수수료를 수취할 수 있고, 매도인은 약정된 결제일 이전에 현금을 확보할 수 있다.
- 국제물품매매에서의 대표적인 활용 형태인 '매입신용장'에 의한 매입 이외에도, 'O/A Nego'나 '추심 전 매입'과 같은 형태로도 활용된다.

[더 쉽게 이해하기] 결제시기별 수출자, 수입자의 입장

선지급방식	• 수출자에게 유리하고 수입자에게 불리한 방식 • 수입자는 수출자에게 대금을 미리 지급하였지만 물품을 받지 못할 수 있어 계약과 일치하는 물품이 약정된 기일 내에 인도되지 못할 상업위험(Mercantile Risk)에 노출됨
후지급방식	• 수출자에게 불리하고 수입자에게 유리한 방식 • 수출자가 수입자로부터 대금을 지급받지 못하는 신용위험(Credit Risk)에 노출됨

🔍 시험에 이렇게 나온다!

제108회 1급 기출문제

56. 다음 특징을 가진 결제방식은?

> • 대금결제방식 중 은행수수료가 가장 저렴하다.
> • 환어음을 사용하지 않으므로 어음법의 적용을 받지 않는다.
> • 대금결제의 위험을 수출자가 지게 된다.
> • 이 결제방식에 적용되는 국제규칙이 없다.

① O/A
② D/A
③ L/C
④ D/P

정답 ①
해설

송금방식에서 선적서류와 대금은 당사자 간에 직송되며, 환어음이 사용되지 않는다. 적용되는 국제규칙이 없으면 무역결제방식 중에서 가장 낮은 은행수수료를 부담한다는 특징이 있다.

제114회 1급 기출문제

46. Choose a correct one in O/A payment.

① It is dangerous to use when the importer has favorable payment history.
② It is safe to use if the freight forwarder has been deemed to be creditworthy in order for the trade transaction.
③ O/A is the most advantageous option to the importer in terms of cash flow and cost, but it is consequently the highest risky option for an exporter.
④ O/A means Opening Applicant.

정답 ③
해설

①, ② O/A에서는 매도인이 신용위험을 부담하므로 신용도가 높은 매수인에 대해서만 고려될 수 있다.
④ O/A는 Open Account를 의미한다.

제3절 | 환어음

✎ 본문 내용 중 기출문제로 자주 출제된 부분에 **형광펜**으로 표시하였으니 반드시 학습하시기 바랍니다.

01 환과 어음

기출빈도 ★

1. 환(換, Exchange)

(1) 환이란

환이란 결제의 매개로서 현금을 사용하지 않고 대체하여 처리하는 매개를 말하는데 수표, 송금환, 어음 등이 이에 속하며, 환은 지급수단(예 수표)으로서와 신용수단(예 약속어음, 환어음)으로서의 효용을 가진다.

(2) 환의 종류

순환(順換) (송금환)	송금의 경우와 같이 대금의 결제흐름이 채무자(매수인)로부터 채권자(매도인)에게로 이동하는 경우
역환(逆換) (추심환)	환어음과 같이 채권자(매도인)로부터 채무자(매수인)에게 이동하여 대금의 결제흐름과 반대되는 경우
내국환거래	동일 국가 내에서의 환거래
외국환거래	서로 다른 국가 간에 다른 통화를 대상으로 하는 환거래

2. 어음

어음이란 화폐제도 아래에서 발생한 대금지급을 위한 법적 기술로서, 그 발행인이 지급을 약속하거나 제3자에게 지급을 위탁하는 유가증권을 말한다.

약속어음 (Promissory Note)	• 발행인(Maker)이 지급을 약속하며 발행하는 증권 • 주로 국내거래에 사용
환어음 (Bill of Exchange, Draft)	• 발행인(Drawer)이 지급인(Drawee)에게 발행하여 지급을 위탁하는 증권 • 주로 국제무역거래에서 추심이나 신용장결제방식에서 사용

1. 정의

(1) 환어음(Bill of Exchange, Bill, Draft)이란 발행인(Drawer)이 그 수취인(Payee)에게 일정한 날짜에 일정한 금액을 지불할 것을 지급인(Drawee)에게 위탁하는 어음(증권)을 말하며, 무역결제의 기반이 되는 결제수단이다.

(2) 환어음은 한 사람이 제3자에게 서면으로 서명과 함께 송부하여 그 받는 자가 요구불로 또는 확정일 또는 확정 가능한 장래에 일정 금액을 지정된 자 또는 그의 지시 또는 소지인에게 지급할 것을 요구하는 무조건적인 지시이다.

> ▶ A bill of exchange is an unconditional order in writing, addressed by one person to another, signed by the person giving it, requiring the person to whom it is addressed to pay on demand or at a fixed or determinable future time a sum certain in money to or to the order of a specified person, or to bearer.
> → 환어음은, 한 사람으로부터 다른 사람에게 송부된, 송부하는 사람의 서명이 기재되어 있고, 그 받는 사람에게 요구불 또는 정해진 때에 또는 정해질 수 있는 장래에 일정한 금액을 명시된 사람 또는 그의 지시에 따라, 또는 그 소지인에게 지급할 것을 요구하는 서면의 무조건적인 지시이다.
> ▶ The bill of exchange is a negotiable and formal credit instrument. It is a document by means of which the drawer instructs the drawee to pay unconditionally on the due date a certain sum to the payee.
> → 환어음은 유통 가능한 요식신용증권이다. 발행인이 수취인에게 지급기한까지 무조건적으로 지급하라고 지급인에게 지시하는 수단이 되는 서류이다.

(3) 환어음은 반드시 일정한 형식을 갖춰야 하는 요식증권(Formal Instrument)이자 유통증권(Negotiable Instrument)이다.

(4) 환어음은 분실위험에 대비하여 보통 2통이 발행되는데, 그중 하나를 행사하여 지급받게 되면 나머지는 자동적으로 효력을 상실한다.

(5) 환어음은 추심과 신용장 결제방법에서 수출자가 수입자 또는 개설은행에 대금을 청구하는 수단으로 사용된다.

2. 환어음의 당사자

발행인 (Drawer)	• 환어음을 발행하고 서명하여 환어음 금액의 지급을 요구(지시)하는 자 • 추심이나 신용장결제방식에서 환어음의 발행인은 수출자(Exporter)임
지급인 (Drawee)	• 환어음의 지급을 지시(요구)받은 자 • 추심의 경우 은행이 지급을 확약하지 않으며, 환어음의 지급인은 수입자(Importer)임 • 신용장의 경우 환어음의 지급인은 은행임
수취인 (Payee)	• 지급인에게 어음 금액을 지급받는 자 • 추심의 경우 일반적으로 환어음의 수취인은 수출자(Exporter)가 되지만, 추심 전 매입한 경우 수취인은 매입은행(Negotiating Bank)임 • 매입신용장의 경우 수취인은 수출자로부터 환어음을 매입한 매입은행(Negotiating Bank)임

3. 환어음의 발행과 양도

(1) 환어음의 발행

국제물품매매거래에서 환어음이 사용되는 경우 발행인은 매도인이며, 지급인은 매수인(추심) 또는 은행(신용장)이 된다. 환어음 대금의 만기에 따라 일람지급 또는 기한부환어음이 발행되는데, 환어음은 유통가능한 유가증권으로 주로 기한부환어음의 경우 발행인이 환어음을 양도(유통)하기도 한다.

(2) 환어음의 양도방법

환어음은 유통가능(Negotiable)한 유가증권으로 수취인 또는 지시인이 표시되어 있는 기명식과 지시식은 배서에 의해, 소지인식 또는 백지식은 교부에 의해 양도 가능하다.

(3) 배서(Endorsement)

배서란 어음에 일정한 사항을 기재(배서)하고 기명날인 또는 서명하여 유통하는 것을 말한다.

기명식 배서 (Full/Special Endorsement)	피배서인(Endorsee 즉, 이후의 수취인)의 명칭을 기재하는 방식
지시식 배서 (Order Endorsement)	피배서인의 "지시에 따라(To the order of ~)"라는 문구를 기재하는 방식
소지인식 배서 (Bearer Endorsement)	피배서인 또는 지시인을 지정하지 않고 소지인에게 지급하도록 하는 방식
백지식 배서 (Blank Endorsement)	피배서인란을 공란으로 두고 기명날인하는 방식

4. 환어음의 종류

(1) 발행지와 지급지에 따른 구분

내국환어음 (Domestic / Inland Bill)	발행지와 지급지가 같은 국가 내에서 사용되는 환어음이다.
외국환어음 (Foreign Bill of Exchange)	무역거래에서 사용되는 발행지와 지급지가 다른 국가인 환어음이다.

(2) 상업서류의 동반여부에 따른 구분

무화환어음 (Clean Bill of Exchange)	환어음 이외의 운송서류와 같은 선적서류 없이 발행된 환어음으로 무담보어음이라고도 한다.
화환어음 (Documentary Bill of Exchange)	어음에 선적서류가 첨부되는 경우를 말한다. 환어음의 지급(Payment) 또는 인수(Acceptance)와 상환으로 선적서류를 교부하도록 한 경우 이러한 서류가 어음의 담보역할을 한다. 대부분의 무역대금결제에는 화환어음이 사용된다.

(3) 만기일(Maturity)에 따른 구분

일람불/요구불어음 (Sight/Demand Draft)	어음이 제시(Present)되면 즉시 지불되는 조건으로 제시일이 만기일이 된다.

기한부어음
(Tenor/Usance/Time/
Term Draft)
	어음의 제시일 또는 기준일로부터 일정기간 후에 지불되는 어음으로 다음과 같이 나뉜다.
	• 일람 후 정기출급(After Sight) : 어음이 제시되면 지급인이 해당 환어음의 만기일에 지급할 것을 약속하는 취지의 날인을 한다.
	  – 이를 인수(Acceptance)라고 하며 이 인수일로부터 일정일 후가 만기일이 된다.
	  – "30 D/S(Days After Sight)"로 표시된 경우 제시일에 인수하고 30일 후에 지급한다.
	• 발행일자(일부)후 정기출급(After Date) : 발행일로부터 일정기일 경과 후 지급되는 방식으로 "30 Days after Date (30 D/D)"와 같이 표기된다.
	• 기타 : 선적일(Date of Shipment) 등의 특정일을 만기일로 하거나 이를 기준으로 일정기일 후 지급되도록 발행될 수 있다.

(4) 상환청구권의 유무에 따른 구분

상환청구/소구(遡求) 가능어음 (Recourse Bill)	환어음에 대한 인수·지급거절이 있을 경우, 해당 환어음의 선의의 소지인(Bona fide Holder)이 어음발행인 또는 이전 배서인(Endorsor)에게 대금의 상환을 청구할 수 있는 어음을 말한다. 우리 어음법상 모든 어음은 상환청구가 가능한 것으로 본다.
상환청구/소구(遡求) 불능어음 (Without Recourse Bill)	지급인의 인수·지급거절이 있어도 상환청구가 불가능한 어음이다.

(5) 개인어음과 은행어음

환어음의 지급인(Drawee)이 은행인 어음을 은행어음(Bank Bill)이라고 하며 개인이 지급인인 어음을 개인어음(Private Bill)이라고 한다. 신용장의 경우 은행어음이 사용되며, 신용장 통일규칙(UCP 600)에서는 개설의뢰인(Applicant)을 환어음의 지급인으로 하는 신용장을 금지하고 있다. 한편, 추심에서 사용되는 어음은 지급인이 매수인으로 개인어음이다.

(6) 추심과 신용장에 사용되는 화환어음

화환추심어음 (Bill of Documentary Collection)	화환추심방식에서 발행되는 환어음으로, 매수인이 지급인이 되며 기본적으로 지급인도(D/P)의 경우 'Sight Bill'이, 인수인도(D/A)의 경우에는 'Tenor Bill'이 발행된다.
신용장부화환어음 (Documentary Bill under L/C)	화환신용장의 조건에 의해 발행되는 환어음으로, 주로 개설은행을 지급인으로 발행된다.

5. 환어음의 기재사항

신용장거래에서 사용되는 환어음 샘플을 통해 환어음의 기재사항을 살펴본다.

```
                              BILL OF EXCHANGE
                              └ 환어음의 표시

NO. 654321                                    May 7, 202X, SEOUL, KOREA
      └ 어음번호                                          └ 발행일, 발행지

FOR USD 22,000.00
         └ 어음금액(숫자표기)

AT 30 DAYS AFTER SIGHT OF THIS FIRST BILL OF EXCHANGE (SECOND OF THE SAME TENOR AND DATE
        └ 어음의 지급만기일

BEING UNPAID)

PAY TO ABC BANK OR ORDER THE SUM OF SAY US DOLLARS TWENTY – TWO THOUSANDS ONLY.
        └ 수취인                              └ 어음금액(문자표시)


VALUE RECEIVED AND CHARGE THE SAME TO ACCOUNT OF SINA GARMENT.LTD
                                                    └ 개설의뢰인

DRAWN UNDER XYZ BANK NEW YORK L/C NO. IM99277 DATED 202X/03/24
             └ 신용장 개설은행              └ 신용장 번호    └ 신용장 개설일


TO : XYZ BANK NEW YORK MANHATTAN OFFICE              H Trading Co.
            └ 지급인, 지급지                              └ 발행인 및 서명
```

(1) 필수기재사항

환어음이 성립하는 데 반드시 기재되어야 하는 사항으로, 어느 하나라도 누락되면 환어음으로서의 법적 효력이나 구속력을 갖지 못하게 된다.

환어음의 표시문구	• 환어음임을 표시하기 위한 문구를 기재해야 한다. • 환어음상 표시 : "Bill of Exchange"
발행일 및 발행지의 표시	• 어음이 발행된 날과 어음이 발행된 지역을 기재해야 한다. • 어음의 발행일은 신용장의 유효기일 이내여야 하며, 발행지의 표시는 어음법 적용의 근거가 된다.

지급만기일의
표시
	• 어음금액이 지급될 날을 기재해야 한다.
	• 환어음상 표시 : "AT ~"
	  – 일람출급 환어음 : 환어음이 지급인에게 제시되는 즉시 지급하라는 것으로 "AT SIGHT"로 표시한다.
	  – 기한부 환어음 : 만기가 장래의 특정일, 즉 일정한 기간이 경과되면 지급되는 환어음으로 "AT ~ DAYS AFTER SIGHT" 또는 "AT ~ DAYS AFTER DATE", "AT ~ DAYS AFTER B/L DATE" 등으로 표시하며, 일람후 지급되는 환어음이 제시되면 지급인은 인수일자를 표시하고 기명날인해야 한다.

무조건 지급위탁문구	• 일정한 금액을 지급할 것을 뜻하는 무조건인 위탁문구를 기재해야 한다. • 환어음상 표시 : "PAY TO (수취인)"
어음금액 (문자표시)	• 어음금액을 "THE SUM OF ~" 이하에 문자로 기재한다. • 숫자표시 금액과 문자표시 금액이 상이한 경우 문자표시 금액을 어음금액으로 간주한다.
지급인의 표시	• 환어음의 지급을 위탁받은 지급인의 명칭을 기재해야 한다. • 환어음상 표시 : "TO (지급인)"

지급지의 표시	• 어음금액이 지급될 지역을 기재해야 한다. • 환어음상 표시 : "TO (지급인), (지급지)"
발행인의 기명날인	• 발행인의 기명과 날인이 있어야 한다.

(2) 임의기재사항

어음번호	• 특별한 형식은 없으며 발행인이 임의의 번호를 기재한다.
정본 또는 부본에 관한 문구	• 환어음은 보통 2통이 발행되는데, 2통이 각각 독립적으로 지급에 사용되는 것은 아니므로 정본 또는 부본에 관한 문구를 기재한다. • 정본 또는 부본으로 발행된 환어음은 동일한 효력을 가지므로 1통에 의해 지급이 완료되면 나머지 1통은 자동적으로 효력을 상실한다. • 환어음상 표시 : FIRST BILL OF EXCHANGE (SECOND OF THE SAME TENOR AND DATE BEING UNPAID)
대가수취 문구	• 어음 발행인이 어음의 대가를 수취했음을 표시하는 문구를 기재한다. • 환어음상 표시 : VALUE RECEIVED
Account of 문구	• 어음의 지급인에 의해 결제되면 해당 자금은 "ACCOUNT OF ~" 이하에 기재되는 자의 계정으로 청구하라는 문구를 기재한다. • "ACCOUNT OF ~" 이하에는 신용장상의 개설의뢰인(ACCOUNTEE)이 기재된다.
신용장에 관한 문구	• 신용장거래에 의해 발행된 환어음인 경우 신용장의 종류, 신용장 번호, 신용장 개설일 등을 기재한다. • 환어음상 표시 : DRAWN UNDER ~ L/C NO. ~ DATED ~

🔍 시험에 이렇게 나온다!

제114회 1급 기출문제

74. 환어음의 필수기재사항에 해당되는 것만으로 옳게 나열된 것은?

① 지급인, 지급기일, 수취인, 발행일 및 발행지
② 환어음표시문자, 지급인, 지급지, 신용장 번호
③ 금액, 지급지, 어음번호, 발행인의 서명
④ 상환불능문언, 환어음표시문자, 발행인의 서명, 환율문언

정답 ①

해설
환어음의 필수기재사항으로는 환어음의 표시문구, 일정한 금액을 지급할 것을 뜻하는 무조건적인 위탁 문구, 지급인, 수취인의 명칭(지급을 받을 자 또는 지급 받을 자를 지시할 자의 명칭), 지급만기일, 지급지, 발행일 및 발행지의 표시, 발행인의 기명날인이 있다.

제4절 │ 추심결제방식

✎ 본문 내용 중 기출문제로 자주 출제된 부분에 **형광펜**으로 표시하였으니 반드시 학습하시기 바랍니다.

01 추심결제방식의 정의
기출빈도 ★ ★

1. 추심(Collection, 광의의 추심)

수표나 어음 등을 가진 사람이 은행에 대금 회수를 위임하고, 위임을 받은 은행이 수표나 어음의 지급의무자에게 대금지급을 요청하는 절차를 말한다.

2. 추심결제방식

(1) 정의

수출자(추심의뢰인)가 물품선적 후 수출지 거래 외국환은행(추심의뢰은행)을 통해 수입자(지급인)에게 대금을 청구하고 수입지 추심은행을 통해 수출대금을 회수하는 결제방식을 말한다.

(2) 특징

① 국제규칙으로 ICC에서 추심통일규칙(URC 522, Uniforn Rules for the Collection)을 제정하였으며, 추심지시서(Collection Instruction)상에 URC의 준거문언이 있는 경우 추심업무에 적용된다.

② 통상 환어음을 사용하므로 어음법이 적용된다.

③ 신용장과 달리 은행의 지급확약이 없어 본사와 지사 간의 거래나 신용이 높은 당사자 간의 거래에서 사용된다.

④ 환어음의 지급인은 은행이 아닌 수입자가 된다.

⑤ 수출자의 입장에서는 물품을 선적한 후 선적서류가 은행을 통해 제시되어 대금이 회수되기까지의 추심기간 동안 대금회수가 지연 된다.

⑥ 신용장 거래보다 수수료가 낮다.

02 추심결제의 당사자
기출빈도 ★ ★

추심의뢰은행			추심은행 제시은행
추심의뢰인			지급인
A국(수출지)			B국(수입지)

1. 추심의뢰인(Principal)

(1) 자신의 거래은행(추심의뢰은행)에 추심을 의뢰하는 수출자로, 수출대금을 청구하는 채권자이다.

(2) 매도인, 수출자, 채권자로 불리며 환어음의 발행인(Drawer)이 된다.

2. 추심의뢰은행(Remitting Bank)

보통 수출자의 거래은행으로서, 수출자로부터 어음 등의 추심을 의뢰받은 은행을 말한다.

3. 추심은행(Collecting Bank)

추심의뢰은행 이외에 추심과정에 참여하는 모든 은행을 말한다.

4. 제시은행(Presenting Bank)

추심은행 중 지급인에게 추심서류를 제시하는 은행을 말하며, 보통 수입자의 거래은행이다.

5. 지급인(Drawee)

(1) 추심의뢰에 대한 최종지급을 하는 수입자로, 추심지시서(추심의뢰서)에 따라 환어음과 서류의 제시를 받는다.

(2) 매수인, 수입자, 채무자로 불린다.

시험에 꼭 나온다!

03 추심결제방식의 종류

기출빈도 ★★★

1. 서류지급인도조건(D/P, Documents against Payment)

(1) D/P방식에서는 수출자가 물품을 선적한 후 일람불환어음(At Sight Bill)을 발행하여 추심의뢰은행(수출자 거래은행)에 추심을 의뢰한다. 추심의뢰은행은 환어음을 추심은행(수입자 거래은행)에게 송부하여 추심을 의뢰한다.

(2) D/P방식의 거래절차

2. 서류인수인도조건(D/A, Documents against Acceptance)

(1) D/A방식에서는 수출자가 물품을 선적한 후 기한부환어음(Usance Bill)을 발행하여 추심의뢰은행(수출자 거래은행)에 추심을 의뢰한다. 추심의뢰은행은 환어음을 추심은행(수입자 거래은행)에게 송부하여 추심을 의뢰한다.

(2) D/A방식의 거래절차

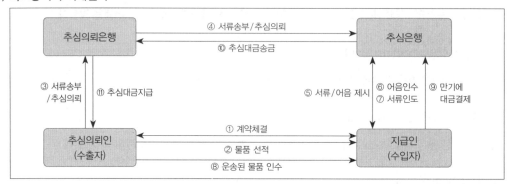

3. D/P방식과 D/A방식의 비교

D/P방식과 D/A방식은 서류의 인도에 대한 대금지급시기의 차이가 있다.

구 분	D/P방식	D/A방식
구 조	물품을 선적하거나 대금지급의 근거가 되는 서류를 받으면 즉시 대금을 지급(결제)하는 방식(=일람지급)	물품을 선적하거나 대금지급의 근거가 되는 서류를 받은 후 일정 기간이 경과한 후에 대금을 지급하는 방식(=연지급, 기한부)
환어음 발행	일람불환어음(At Sight Bill) 발행 (일람 후 즉시 지급해야 하는 환어음)	기한부환어음(Usance Bill) 발행 (일람 후 일정 기간 후 지급하는 환어음)
거래 당사자의 부담	수입자부담:수입한 물품을 처분하기 전에 대금을 지급해야 하는 자금부담	수출자부담:물품 인도 후 바로 대금지급을 받을 수 없기 때문에(Usance 조건) 수입자의 신용만을 믿고 거래해야 하는 위험

심화 PLUS⁺ D/P Usance(기한부 D/P)

1. 일반적으로 D/P방식은 일람 후 즉시 지급하지만 서류나 어음의 발행 후 일정 기간 후에 서류를 인도하기로 계약에서 약정한 경우 D/P Usance방식이 활용된다.

2. D/A방식과 D/P Usance방식의 차이점
   D/A방식과 D/P Usance방식은 서류가 도착하고 일정 기간 지난 후에 대금을 지급한다는 측면에서 비슷하지만, 서류인수 시 대금지급 의무의 유무에 차이가 있다.

D/A	서류도착 즉시 서류인수 후 일정 기간 후(물품인수) 대금지급
D/P Usance	서류도착 후 만기일에 서류인도 및 대금지급

3. D/P Usance방식의 장점
   D/A방식에 따른 수출자의 위험부담과 D/P방식에 따른 수입자의 자금부담을 덜어준다.

4. 기한부 환어음의 처리
   추심서류에 기한부 환어음이 포함되어 있으나 추심지시서에 D/P방식인지 D/A방식인지 명확하게 명시되어 있지 않을 경우 은행은 D/P로만 서류를 인도한다.

04 추심지시서(추심의뢰서, Collection Instruction) 기출빈도 ★

1. 추심지시서의 정의

- 추심지시서는 추심의뢰은행이 추심의뢰인의 지시(의뢰)에 따라 추심조건을 나열한 서류이다.
- 추심지시서는 추심결제당사자들에게 추심서류처리에 관한 기준을 제시한다.

2. 추심지시서에 의한 서류제시

- 추심업무에 참여하는 은행은 추심지시서에 기재된 지시와 규칙에 따라 업무를 수행해야 하며, 은행의 임의양식에 따라 첨부서류를 변경하여 제시해서는 안 된다.
- 은행은 지시를 취득한다는 등의 이유로 서류를 심사하지 않는다.
- 은행은 추심지시서에 별도의 수권이 없을 경우, 추심결제당사자의 어떠한 지시도 무시한다.
- 추심의뢰은행이 특정 제시은행을 지정하지 않은 경우에는 추심은행은 자신이 선택한 제시은행을 이용할 수 있다.
- 추심된 금액은 추심지시서의 조건에 따라 추심지시서를 송부한 당사자에게 지체 없이 지급되어야 한다.

3. 추심지시서에 포함되어야 할 정보

- 추심결제당사자의 완전한 이름, 주소(SWIFT 주소) 또는 제시가 행해질 주소 등
- 서류 인도·인수 조건
- 수수료, 이자
- 지급방법과 지급통지의 형식 등

1. ICC의 추심통일규칙(URC)에서는 추심업무에 참여하는 은행의 의무 및 면책사항을 규정하고 있다.

2. 추심업무에 참여하는 은행의 의무와 책임

(1) 은행은 신의성실 원칙에 따라 상당한 주의를 다하여야 한다.(Banks will act in good faith and exercise reasonable care.)

(2) 은행은 서류가 추심지시서에 열거된 것과 외관상 일치하는지 확인해야 하며, 누락된 사항이 있을 경우 추심의뢰한 상대방에게 통지해야 한다.

(3) 은행은 서류의 내용을 심사할 의무가 없다.(Banks will not examine documents in order to obtain instructions.)

(4) 은행은 추심 또는 추심지시 또는 관련된 후속지시를 취급해야 할 의무를 지지 않는다.

3. 추심업무에 참여하는 은행의 면책

(1) 물품에 대한 면책

① 은행은 추심과 관련된 물품에 대하여 수령, 보관, 보험부보를 포함한 어떠한 조치도 취할 의무가 없으며, 만약 물품의 보관, 부보 등에 대해 특별한 지시를 받았더라도 이에 따를 의무가 없다.

② 위와 같은 조건에도 불구하고 은행이 물품을 보관할 경우, 물품을 보관함으로써 발생한 손해와 비용에 대하여 책임을 지지 않는다.

(2) 지시받은 제3의 당사자의 이용에 대한 면책

① 추심의뢰은행이 추심의뢰인의 지시를 이행하기 위해 다른 은행을 이용하는 비용은 최종적으로 추심의뢰인이 부담한다.

② 은행은 자신이 선정한 타은행의 지시불이행에 대한 책임이 없다.

(3) 서류에 대한 면책

① 은행은 접수된 서류가 추심지시서에 열거된 것과 외관상 일치하는지를 확인하며, 만약 열거된 것과 다른 서류가 있다면 지체 없이 전신 등의 수단으로 통지해야 한다.

② 은행은 서류의 내용에 관해선 심사할 의무가 없으며 서류의 형식, 충분성, 위조, 법적 효력, 진정성, 서류에 표시된 물품의 명세, 수량, 중량, 포장, 가치, 품질, 상태, 모든 당사자의 신의성실, 신용상태, 이행 등에 대하여 책임이 없다.

(4) 불가항력 등에 대한 면책

은행은 천재, 소요, 폭동, 반란, 전쟁 또는 기타 불가항력의 사유 또는 동맹파업이나 직장폐쇄로 발생하는 결과에 대하여 책임이 없다.

(5) 송달 중 지연 및 멸실에 대한 면책

은행은 서류나 통보의 송달 중 지연 및 멸실로 인하여 발생하는 결과 또는 모든 통신의 송신 중에 발생하는 지연, 훼손 등에 대하여 책임이 없다.

(6) 번역오류에 대한 면책

은행은 전문용어의 번역이나 해석상의 오류에 대하여 어떠한 의무나 책임이 없다.

제100회 1급 기출문제

65. 추심업무에 참여하는 은행의 의무와 책임에 대한 설명으로 틀린 것은?

① 물품이 추심은행 앞으로 송부된 경우 이를 인수할 책임이 없다.
② 은행은 지급확약을 하지 않으므로 상당한 주의의무가 없다.
③ 은행은 서류의 형식, 충분성, 위조, 법적 효력 등에 대하여 면책이다.
④ 추심금액은 추심의뢰서를 송부한 당사자 앞으로 지급하여야 한다.

정답 ②
해설
은행은 신의성실 원칙에 따라 상당한 주의의무가 요구된다.

제5절 │ 신용장결제방식

✎ 본문 내용 중 기출문제로 자주 출제된 부분에 **형광펜**으로 표시하였으니 반드시 학습하시기 바랍니다.

01 신용장의 개요   기출빈도 ★ ★

1. 신용장의 정의

(1) 신용장(L/C, Letter of Credit)이란 은행이 수입자의 요청에 의해 발행하는 조건부 지급약정을 말한다.

(2) 일반적으로 수입자의 요청에 의해 개설(발행)은행이 개설(발행)하고 신용장에서 규정한 모든 조건과 일치하는 서류 제시의 상환으로 수출자(수익자)에게 대금지급을 약속(확약)하는 개설은행의 조건부 지급확약서이다.

(3) 신용장(Credit)은 그 명칭과 상관없이 개설은행이 일치하는 제시에 대해 결제하겠다는 확약으로서 취소가 불가능한 모든 약정이다. (UCP의 정의)

> Credit means any arrangement, however named or described, that is irrevocable and thereby constitutes a definite undertaking of the issuing bank to honour a complying presentation.

2. 신용장의 발생배경

(1) 국제무역거래는 상품의 인도와 대금의 결제에 있어 신용위험, 상업위험 등의 많은 위험을 내포하고 있다.

(2) 예를 들어 물품 선적 전 수입자가 대금을 지급한다면, 수출자는 유리하지만 수입자는 불리해진다. 반대로 물품 선적 후 수입자가 대금을 지급한다면, 수입자는 유리하지만 수출자는 수입자의 신용만 믿고 거래하는 위험이 발생하게 된다.

(3) 위와 같은 국제거래의 위험은 신용장결제방식에서 은행이 대금지급을 확약함으로써 경감될 수 있다.

3. 신용장의 유용성

수출자	• 은행이 대금지급을 확약하기 때문에 안전한 대금회수가 가능하다. (신용위험을 줄여줌) • 상품 선적 후 신용장 조건과 일치하는 서류를 은행에 제시하면 대금회수가 가능하다. • 신용장을 근거로 하여 무역금융을 지원받을 수 있다.
수입자	• 수입자는 수입자 자신의 신용을 은행의 신용으로 대체하므로, 안전한 은행의 신용을 바탕으로 수출자와의 계약을 유리하게 체결할 수 있다. • 수출자는 신용장에 명시된 선적기일과 유효기일 등 제시기한을 지켜야만 수출대금을 회수할 수 있다. 이러한 이유로 수출자는 반드시 명시된 기일을 지키기 위해 노력할 것이고, 수입자는 명시된 기일 내에 안전하게 물품을 인수할 수 있게 된다.

4. 신용장 관련 주요 국제규칙

UCP 600 (신용장통일규칙)	• UCP 600(Uniform Customs and Practice for Documentary Credit, 2007 Revision, ICC Publication no.600)은 국제상업회의소(ICC)가 제정한 신용장 거래 시 해석의 기준과 지켜야 할 제반 사항 등을 규정한 국제규칙이다. • UCP는 모든 화환신용장(Documentary Credit)과 적용가능한 범위 내에서 보증신용장(Standby Credit)에 대하여 신용장에 그 적용을 명시적으로 표시한 경우에 적용된다. UCP는 신용장에서 명시적으로 수정 또는 배제되지 않는 한 모든 당사자를 구속한다.
ISBP (국제표준은행관행, International Standard Banking Practice)	• ISBP 745는 신용장통일규칙에서 서류심사 시 적용되어야 할 서류심사기준을 구체적으로 설명하고 있는 국제상업회의소(ICC)의 간행물이다. • ISBP는 UCP의 효력을 변경하는 목적으로 발행된 것이 아니라, UCP의 서류심사기준을 실무적으로 좀 더 명확하게 제시하기 위해 제정된 것이다.

02 신용장의 특성 및 거래원칙

기출빈도 ★ ★

1. 신용장의 특성

(1) 독립성의 원칙(Principle of Independence, Autonomy)

독립성의 원칙의 핵심은 신용장과 수출자·수입자 간의 매매계약은 별개의 거래라는 것이다.

> • 신용장은 그 발행의 근거가 되는 매매계약과는 별개의 거래이며 일단 발행되면 그 매매계약과는 독립된 별도의 법률관계가 형성된다.
> • 신용장에 그 매매계약과 관련된 어떠한 참조사항이 포함되어 있다 하더라도 은행은 그 계약과는 어떠한 관계도 없으며, 그에 구속되지 않는다.
> • 수입자는 신용장 조건과 실제 인도된 계약물품이 서로 다르다는 이유로 대금지급을 미루거나 취소할 수 없다.
> • 개설은행은 신용장 개설 이후 개설의뢰인의 부도로 신용장 대금의 회수가 불가능하게 된다 하여도 수익자의 일치하는 제시에 대해서 결제하여야 한다.

(2) 추상성의 원칙(Principle of Abstraction)

추상성의 원칙의 핵심은 은행이 신용장의 서류만으로 모든 것을 판단한다는 것이다. (서류거래 원칙)

> • 신용장은 계약물품의 인도나 계약의 실제 이행 여부와는 관계없이 서류에 의해서만 거래된다.
> • 은행은 서류가 문면상 일치하는지 여부를 서류만으로 심사하여 대금지급 여부를 판단한다.
> • 은행은 서류와 원인관계에 있는 물품과 그 품질에 대하여 면책되며, 개설의뢰인(수입자)은 물품의 하자를 이유로 대금지급을 거절할 수 없다.
> • 추상성의 원칙에 의해 신용장은 서류의 매매라고도 할 수 있다.

2. 은행의 서류심사 원칙

(1) 엄격(엄밀)일치 원칙(Doctrine of Strict Compliance)

은행이 신용장 조건과 엄격하게 일치하지 않는 서류를 거절하는 서류심사상 원칙을 말하며, 은행은 모든 신용장에서 지시사항을 엄격하게 심사하여 일치하는 제시인지의 여부를 결정한다는 원칙이다.

(2) 상당일치 원칙(Doctrine of Substantial Compliance)

① 엄격일치 원칙을 지킬 경우 국제거래가 원활하게 이루어지지 않을 수 있고 서류와 엄격하게 일치하지 않는다는 것이 서류의 수리(대금지급)를 거절하는 방편으로 악용될 수 있다. 이러한 이유로 단순오류 등은 하자처리하지 않고 실질적으로 일치하는 서류의 경우 서류를 수리해야 한다는 상당일치 원칙이 대두되고 있다.

② 제시 서류가 신용장 조건과 글자 하나 틀리지 않을 정도로 완벽하게 일치하여야 한다는 것을 의미하는 것이 아니며, 은행이 상당한 주의를 기울여 서류를 검토하는 과정에서 그 차이가 경미하여 신용장 조건을 해치지 않는 것임을 쉽게 알 수 있는 경우에는 신용장 조건과 일치하는 것으로 보아야 한다는 완화된 심사 원칙을 말한다.

더 쉽게 이해하기 상당일치 원칙에 따른 판례 예시

상당일치 원칙에 따라 단순오타, 약자 사용 등의 경우 지급거절사유에 해당하지 않으나 상품명이나 수하인 명칭이 잘못 기재된 경우 지급거절사유에 해당한다.

지급거절사유(하자)에 해당하지 않는 경우	지급거절사유(하자)에 해당하는 경우
• [model]을 [modle]로 기입 : 단순오타 • [street]를 [st.]로 기입 : 널리 알려진 약자 사용 • [Model]을 [model]로 기입 : 소문자, 대문자 차이	• [model 234]를 [model 432]로 기재 • [samuel duran]을 [samuel dufan]로 기재

03 신용장 관련 기본용어

신용장 (Letter of Credit, Credit, L/C)	• 신용장은 그 명칭이나 서술에 관계없이 개설은행이 일치하는 제시에 대하여 결제하겠다는 확약으로서 취소가 불가능한 모든 약정을 의미한다. Credit means any arrangement, however named or described, that is irrevocable and thereby constitutes a definite undertaking of the issuing bank to honour a complying presentation.
수익자 (Beneficiary)	• 수익자는 신용장 개설(의 이익)을 받는 당사자를 의미한다. Beneficiary means the party in whose favour a credit is issued.
개설의뢰인 (Applicant)	• 개설의뢰인은 그의 요청에 의해 신용장이 개설되는 당사자를 의미한다. Applicant means the party on whose request the credit is issued.
개설은행 (Issuing Bank)	• 개설은행은 개설의뢰인의 신청 또는 그 자신을 위하여 신용장을 개설한 은행을 의미한다. Issuing bank means the bank that issues a credit at the request of an applicant or on its own behalf.
확인 (Confirmation)	• 확인은 일치하는 제시에 대하여 결제 또는 매입하겠다는 개설은행의 확약에 추가하여 확인은행이 하는 확약을 의미한다.
확인은행 (Confirming Bank)	• 확인은행은 개설은행의 수권 또는 요청에 의하여 신용장에 확인을 한 은행을 의미한다. Confirming bank means the bank that adds its confirmation to a credit upon the issuing bank's authorization or request.
통지은행 (Advising Bank)	• 통지은행은 개설은행의 요청에 따라 신용장을 통지하는 은행을 의미한다.

제시 (Presentation)	• 제시는 신용장에 의하여 이루어지는 개설은행 또는 지정은행에 대한 서류의 인도 또는 그렇게 인도된 그 서류 자체를 의미한다. Presentation means either the delivery of documents under a credit to the issuing bank or nominated bank or the documents so delivered.
제시자 (Presenter)	• 제시자는 제시를 하는 수익자, 은행 또는 다른 당사자를 의미한다.
일치하는 제시 (Complying Presentation)	• 일치하는 제시는 신용장 조건, 적용 가능한 범위 내에서의 이 규칙(UCP)의 규정, 그리고 국제표준은행관행에 따른 제시를 의미한다. Complying presentation means a presentation that is in accordance with the terms and conditions of the credit, the applicable provisions of these rules and international standard banking practice.

결제
(Honour)
	• UCP 600상의 Honour(결제, 지급이행)의 정의
	  – 신용장이 일람출급으로 이용 가능한 경우 일람불로 지급하는 것
	  – 신용장이 연지급으로 이용 가능한 경우 연지급 확약을 하고 만기일에 지급하는 것
	  – 신용장이 인수로 이용 가능한 경우 수익자가 발행한 환어음을 인수하고 만기일에 지급하는 것
	
	  · to pay at sight if the credit is available by sight payment.
	  · to incur a deferred payment undertaking and pay at maturity if the credit is available by deferred payment.
	  · to accept a bill of exchange ("draft") drawn by the beneficiary and pay at maturity if the credit is available by acceptance.
	
	• 즉 신용장 업무에서 결제란 일람출급 지급, 연지급 확약 후 만기 지급, 인수 후 만기 지급의 3가지 의미로 사용된다.

매입 (Nego, Negotiation)	• 매입이란 지정은행에 상환해야 하는 은행영업일에 혹은 그 이전에 수익자에게 대금지급 혹은 대금을 지급하기로 동의하여 일치하는 제시에 따라 지정은행이 (지정은행이 아닌 다른 은행 앞으로 발행된) 환어음 및/또는 서류를 구매하는 것을 의미한다. Negotiation means the purchase by the nominated bank of drafts (drawn on a bank other than the nominated bank) and/or documents under a complying presentation, by advancing or agreeing to advance funds to the beneficiary on or before the banking day on which reimbursement is due to the nominated bank.
지정은행 (Nominated Bank)	• 지정은행이란 신용장이 사용 가능한 은행을 의미하고, 모든 은행에서 사용 가능한 신용장의 경우에는 모든 은행을 의미한다. Nominated bank means the bank with which the credit is available or any bank in the case of a credit available with any bank.
상환 (Reimbursement)	• 상환이란 개설은행 또는 확인은행이 수익자에게 결제 또는 매입한 지정은행에 신용장 대금을 지급하는 것을 말한다.

1. 신용장의 이용방법(Availability)

(1) 신용장은 그 신용장이 일람지급(Sight Payment), 연지급(Deferred Payment), 인수(Acceptance) 또는 매입(Negotiation)에 의하여 이용 가능한지 여부를 명시하여야 한다.

(2) 신용장은 그 신용장이 이용 가능한 은행(지정은행)을 명시하거나 모든 은행에서 이용 가능한지 여부를 명시하여야 한다. 지정은행에서 이용 가능한 신용장은 또한 개설은행에서도 이용 가능하다.

(3) 신용장은 개설의뢰인을 지급인으로 하는 환어음에 의하여 이용 가능하도록 개설되어서는 안 된다.

2. 신용장의 거래절차

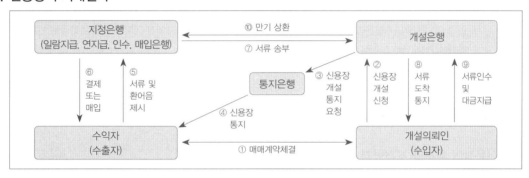

(1) 계약체결

수익자와 개설의뢰인 간의 물품매매계약을 체결한다.

(2) 신용장 개설 신청

① 개설의뢰인은 개설은행에 신용장 개설을 신청하여 신용장을 개설한다.

② 신용장 개설을 신청할 경우 외국환거래약정서를 작성하며 신용장 개설신청서, 계약서 등의 서류가 필요하다.

(3) 신용장 개설 통지 요청

개설은행은 수익자에게 신용장을 통지하기 위해 통지은행에 신용장을 통지한다.

(4) 신용장 도착 통지

통지은행은 수익자에게 신용장이 개설되어 도착하였음을 통지한다.

(5) 서류 및 환어음 제시

① 수익자는 물품을 선적하고 운송회사로부터 발급받은 선하증권 등의 운송서류를 수령하고 이외 보험증권, 상업송장 등을 신용장 조건에 일치하도록 준비한다.

② 수익자는 지정은행에 선적서류를 제시하고 필요한 경우 환어음을 발행하여 신용장 대금의 결제 또는 매입을 의뢰한다.

(6) 결제(Honour) 또는 매입(Negotiate)

지정은행은 수익자가 제시한 환어음 및 선적서류가 신용장의 내용과 일치하는지 심사(Examination)한 후, 신용장의 이용방법에 따라 결제(Honour)하거나 매입(Negotiate), 즉 자기자금으로 먼저 대금을 지급한다.

(7) 서류 송부

지정은행은 수익자로부터 수취한 선적서류와 환어음을 개설은행에 송부한다.

(8) 서류 도착 통지

개설은행은 환어음 및 선적서류가 도착하였음을 개설의뢰인에게 통지하고 대금결제를 요청한다.

(9) 서류인수 및 대금지급

개설의뢰인은 개설은행에 대금을 결제하고 물품인수를 위한 선적서류를 인수받는다.

(10) 만기 상환(Reimbursement)

① 개설은행은 서류의 일치 여부를 심사하고 일치하는 제시라고 판단되면 만기에 자기자금으로 지정은행에 대금을 상환한다.

② 개설은행에게 대금결제를 수권받은 상환은행이 있다면 개설은행의 계좌에서 대금을 출금하여 지정은행계좌로 입금한다.

③ 만약 매입은행이 개설은행으로부터 대금을 지급받지 못한다면, 수익자에게 이미 지급했던 대금을 반환청구할 수 있다.(상환청구권, 소구권)

---

05 신용장 거래의 당사자

기출빈도 ★ ★ ★

1. 신용장의 취소와 조건변경

양도가능신용장의 경우를 제외하고, 신용장은 개설은행, 확인은행(있는 경우) 그리고 수익자의 동의가 없이 조건변경 되거나 취소될 수 없다(UCP 제10조). 즉 신용장은 원칙적으로 취소불능이므로 일단 개설되고 나면 개설은행이나 개설의뢰인이 임의로 취소(Cancellation) 또는 조건변경(Amendment) 할 수 없다. 취소나 조건변경을 위해서는 개설은행과 수익자, 그리고 확인신용장의 경우 확인은행이 모두 동의하여야 하는데, 이들을 신용장 거래의 기본당사자라 한다.

2. 기본당사자

(1) 수익자(Beneficiary) = 매도인(Seller), 수출자(Exporter)

① 신용장 개설을 통해 신용장 대금의 지급을 받게 되는 자를 말한다.

② 신용장이 매도인을 위해 개설된 것이므로 수익자로 불린다.

③ 송하인(Consignor), 환어음 발행인(Drawer) 등의 지위가 된다.

(2) 개설은행(발행은행, Issuing Bank, Opening Bank)

① 개설은행은 개설의뢰인의 요청에 의해 신용장을 개설(발행)하는 은행을 말한다.

② 수익자(수출자)의 제시서류가 신용장 조건에 일치한다면 결제(Honour)하는 역할을 한다.

③ 개설은행의 의무

> • 다음과 같은 상황에서 제시된 서류가 신용장 조건에 일치할 경우 개설은행은 결제(Honour)의 의무를 부담한다.
>   - 지정은행이 대금지급, 일람지급, 연지급 인수하지 않은 경우
>   - 지정은행이 매입하지 않은 경우
> • 개설은행은 신용장의 개설시점으로부터 취소불가능한 결제(Honour)의 의무를 부담한다.
> • 개설은행은 일치하는 제시에 대하여 결제(Honour) 또는 매입을 하고, 그 서류를 개설은행에 송부한 지정은행에 대하여 신용장 대금을 상환할 의무를 부담한다. (지정은행에 대한 상환의무는 수익자에 대한 의무와 독립적임)
> • 인수신용장이나 연지급신용장의 경우 지정은행이 선지급 또는 구매하였는지 여부와 관계없이 일치하는 제시에 대응하는 대금의 상환은 만기에 이루어진다.
>
> **[용어설명] 상환**
>
> 그 의미와 영어 표현에 차이가 있는 다음의 단어들이 동일하게 우리말 '상환'으로 번역됨
> • 상환(相換, Against) : 맞바꿈, 교환
> • 상환(償還, Recourse) : 상환청구(권)(=소구, 遡求)
> • 상환(償還, Reimburse) : 자신을 위해 금품을 지출한 당사자에게 해당 비용 등을 보상하는 것(= 변제)

(3) 확인은행(Confirming Bank)

① 확인은행은 개설은행의 요청에 따라 개설은행이 개설한 신용장에 대해 추가적으로 인수, 지급, 매입을 확약하는 제3의 은행을 말한다.

② 확인은행은 수익자가 개설은행의 신용을 믿지 못하여 개설은행과는 별도로, 추가적으로 대금지급 책임을 질 은행의 확약을 요구할 때 선정된다.

③ 확인은행은 신용장에 확인을 추가하는 시점으로부터 취소가 불가능한 결제 또는 매입의 의무를 부담한다.

④ 다른 지정은행이 결제 또는 매입하지 않은 경우 확인은행이 결제(Honour)의 의무를 부담하며, 일치하는 제시에 대하여 결제 또는 매입하고 서류를 확인은행으로 송부한 지정은행에 대해 상환의 의무 또한 부담한다.

⑤ 신용장이 확인은행에서 매입의 방법으로 이용 가능하다면 확인은행은 개설은행과 동일한 지위를 가지므로 상환청구권 없이(Without Recourse) 매입하여야 한다.

⑥ 개설은행으로부터 신용장에 대한 확인의 요청을 받았음에도 불구하고 그 준비가 되지 않았다면 지체 없이 개설은행에 그 사실을 알려주어야 하고, 이 경우 신용장에 대한 확인을 추가하지 않고 통지만 할 수 있다.

⑦ 신용장금액의 일부에 대해서도 확인이 가능하다.

3. 기타당사자

개설의뢰인 (Applicant) = 매수인(Buyer), 수입자(Importer)	• 개설의뢰인은 수출자와의 매매계약에 따라 신용장 개설을 개설은행에 요청하는 자를 말한다. • 신용장통일규칙에서는 개설의뢰인으로 불리지만 그 밖에도 매수인(Buyer), 수입자(Importer), 대금결제인(Accountee), 수하인(Consignee), 채무자의 지위가 된다. • 개설의뢰인은 외국의 법과 관행에 의해 부과된 모든 의무와 책임에 대하여 은행에 보상할 의무와 책임이 있다.

통지은행
(Advising Bank)
	• 개설은행의 요청에 따라 신용장을 전달(통지)하는 수출국 내의 은행이다.
	• 필요한 경우 확인을 추가하거나 지급은행 또는 인수은행 역할을 한다.
	• 통지은행은 개설된 신용장의 외견상 진정성 여부를 확인하며, 결제나 매입에 대한 어떤 의무의 부담 없이 신용장을 통지한다.
	• 일반적으로 통지은행과 매입은행은 동일한 은행인 경우가 많다.
	• 신용장 통지 및 신용장 조건변경의 통지
	  - 신용장 및 이에 대한 조건변경은 통지은행을 통하여 수익자에게 통지될 수 있으며, 통지은행은 결제(Honour)나 매입에 대한 부담 없이 신용장 및 이에 대한 조건변경을 통지한다.
	  - 통지은행은 수익자에게 신용장 및 조건변경을 통지하기 위하여 다른 은행("제2통지은행")을 이용할 수 있다.
	  - 은행이 신용장 및 조건변경의 통지를 요청받았으나 이를 수락하지 않을 경우, 신용장, 조건변경 또는 통지를 송부한 은행에 이를 알려야 한다.
	  - 통지은행은 신용장 또는 조건변경을 통지함으로써 신용장 또는 조건변경에 대한 외관상 진위성(Apparent Authenticity)이 충족된다는 것과 통지가 신용장 또는 조건변경의 조건을 정확하게 반영한다는 것을 나타낸다.
	  - 통지은행이 신용장 및 조건변경의 통지를 요청받았으나 신용장, 조건변경의 통지가 외관상 진위성을 충족하지 못한다고 판단한 경우, 지시한 은행에 그 사실을 통지하여야 한다. 그럼에도 불구하고 통지하기로 결정할 경우, 수익자에게 외관상 진위성을 충족하지 못한다는 점을 알려야 한다.
	  - 신용장을 통지하기 위하여 통지은행 또는 제2통지은행을 이용한 은행은 그 신용장의 조건변경을 통지하기 위하여 동일한 은행을 이용하여야만 한다.

지정은행 (Nominated Bank)	• 신용장을 이용할 수 있는 은행을 말하며, 모든 은행에서 이용할 수 있는 신용장의 경우 모든 은행이 지정은행이 된다. • 신용장은 그 신용장이 이용가능한 은행(지정은행)을 명시하거나, 모든 은행에서 이용가능한지 여부를 명시하여야 한다. 지정은행에서 이용가능한 신용장은 개설은행에서도 이용가능하다. • 지정은행은 개설은행으로부터 일람지급, 연지급, 인수 또는 매입의 수권을 받거나 이를 요청받은 은행으로 신용장의 이용 방법에 따라 일람지급, 연지급, 인수, 매입은행이 지정은행이 된다. • 지정은행이 확인은행이 아닌 경우, 지정은행이 결제 또는 매입에 대해 명백히 동의하고, 이를 수익자에게 통보한 경우를 제외하고는 지정은행에게 결제(Honour) 또는 매입에 대한 어떠한 의무도 부과하지 않는다. • 지정은행은 단순히 개설은행의 위탁에 따라 수출자에게 지급을 담당할 뿐이므로 지급에 대한 궁극적인 책임은 개설은행에게 있다.

(일람)지급은행 **(Paying Bank)**	• 지급신용장에서 개설은행으로부터 수익자의 일치하는 제시에 대하여 지급을 위탁받은 지정은행이다.
연지급은행 **(Deferred Payment** **Bank)**	• 일치하는 제시에 대해 연지급을 확약하고 만기에 대금을 지급하는 지정은행이다.
인수은행 **(Accepting Bank)**	• 인수신용장에서 기한부신용장에 의거하여 발행된 기한부어음을 인수하는 지정은행이다.
매입은행 **(Negotiating Bank)**	• 매입신용장의 경우 수익자는 물품을 선적한 후 은행에 선적서류를 제시하며 환어음을 발행하여 매입을 요청하게 되는데, 이 요청에 응하는 은행을 매입은행이라 한다. • 매입은행은 신용장에서 요구된 서류/환어음을 구매(Purchase)하여 환어음의 피배서인(Endorsee), 선의의 소지인(Bona Fide Holder)이 된다. • 매입 시 매입은행은 신용장 금액에서 수수료와 이자 등을 제외한 금액을 수익자에게 지급(Shipper's Usance의 경우)하고 신용장의 만기에 개설은행으로부터 상환 받는다. • 만약 개설은행이 대금지급을 거절하면 확인은행이 아닌 매입은행은 수익자에 대해 상환청구권을 행사 할 수 있다.
상환은행 **(Reimbursing** **Bank, Settling** **Bank)**	• 매입은행을 비롯하여 수익자에게 대금을 결제한 은행이 개설은행의 본지점 또는 예치환거래은행이 아닌 경우, 개설은행이 이와 같은 은행에게 대금을 상환해주기 위해 활용하는 은행이다. • 상환은행의 수수료는 개설은행이 부담하여야 하지만 그 수수료가 수익자의 부담인 경우 개설은행은 신용장과 상환수권서에 그러한 사실을 명시할 책임을 부담한다. • UCP 600 [제13조] 은행 간 대금상환약정 　－ 신용장에 지정은행("청구은행(Claiming Bank)")이 다른 당사자("상환은행")에게 청구하여 대금상환을 받도록 명시되어 있다면, 그 신용장은 해당 상환이 신용장 발행 일자에 유효한 은행 간 상환에 대한 ICC 규칙의 적용을 받는지 여부를 명시해야 한다. 　－ 개설은행은 상환은행에게 신용장에 명시되어 있는 이용 가능성에 상응하는 상환수권을 부여해야 한다. 상환수권은 유효기일의 적용을 받지 않아야 한다. 　－ 청구은행은 신용장의 조건에 일치한다는 증명서를 상환은행에 제공하도록 요청받지 않아야 한다. • 상환업무와 관련하여 ICC에서는 상환통일규칙(URR 725, Uniform Rules for Reimbursement)을 별도로 제정하였는데, 상환업무에 URR을 적용하고자 하는 경우 신용장에 이를 명시하여야 한다.
양도은행 **(Transferring Bank)**	• 양도가능신용장의 양도절차 이행을 요청받은 은행이다. • 신용장을 양도하는 지정은행, 또는 어느 은행에서나 이용할 수 있는 신용장의 경우에는 개설은행으로부터 양도할 수 있는 권한을 특정하여 수권 받아 신용장을 양도하는 은행이다. • 은행은 자신이 명시적으로 승낙하는 범위와 방법에 의한 경우를 제외하고는 신용장을 양도할 의무가 없다.

구 분	매도인(Seller)	매수인(Buyer)
수출입	• 수출자 / 수출상(Exporter, Supplier)	• 수입자 / 수입상(Importer, Purchaser)
운 송	• 송하인(Shipper, Consignor)	• 수하인(Consignee)
대금 채권채무	• 채권자(Creditor)	• 채무자(Debtor)
환어음	• 발행인(Drawer) • 수취인(Payee) 또는 배서인(Endorser)	• 지급인(Drawee)(추심의 경우)
추 심 ·	• 추심의뢰인(Principal)	• 지급인(Drawee)
신용장	• 수익자(Beneficiary)	• 개설의뢰인(Applicant, Opener, Accountee)

🔍 시험에 이렇게 나온다!

제115회 1급 기출문제

01. Choose WRONG part of L/C explanation.

> The letter of credit is probably the most widely used method of financing for both (A) export and import shipments.
>
> In establishing a letter of credit, the buyer applies to his own bank for a specified amount (B) in favor of the buyer. The buyer stipulates the (C) documents which the seller must present, the duration of the credit, (D) the tenor of drafts which may be drawn, on whom they may be drawn, when shipments are to be made, and all other particulars in the transaction.

① (A)　　　　② (B)　　　　③ (C)　　　　④ (D)

정답 ②

해설

신용장은 수입자(매수인)의 요청에 의해 신용장 개설은행이 수출자(매도인)인 수익자에게 대금지급을 약속하는 조건부 지급 확약서이므로, 수출자(매도인)를 수익자로 하여 개설된다.

06 신용장의 종류

1. 선적서류 첨부 여부에 따른 분류

화환신용장 (Documentary L/C)	• 환어음의 지급을 담보하는 선적서류(Shipping Documents)가 첨부된 신용장 • 환어음 + 선적서류(상업송장, 선하증권, 보험증권 등)
무화환신용장 (Clean L/C)	• 환어음의 지급을 담보하는 선적서류가 첨부되어있지 않은 신용장(무담보신용장) • 은행입장에서 화환신용장과 달리 거래 물품에 대한 담보 확보 없이 지급확약을 하기 때문에 위험이 높음 • 입찰보증(Bid Bond), 이행보증(Performance Bond), 하자보증(Warranty Bond), 지급보증 등에 사용되는 보증신용장(Standby L/C)이 대표적인 무화환신용장임

2. 취소가능 여부에 따른 분류

취소가능신용장 (Revocable L/C)	• 신용장이 개설된 후 개설은행이 수익자에게 사전통지 없이 언제든지 신용장 조건을 변경하거나 신용장 자체를 취소할 수 있는 신용장
취소불능신용장 (Irrevocable L/C)	• 개설은행이 신용장 개설 후 일방적으로 신용장 조건을 변경하거나 취소할 수 없는 신용장 • 기본적으로 신용장은 취소불능이며, 신용장에 Irrevocable(취소불능) 표시가 없어도 취소불능신용장으로 간주함 • 취소불능신용장은 개설은행, 확인은행이 있는 경우에는 확인은행, 그리고 수익자 모두의 동의가 있는 경우에는 취소 또는 조건변경(Amendment)이 가능함

3. 상환청구가능 여부에 따른 분류

상환청구가능신용장 (With Recourse L/C)	• 지정은행이 일치하는 제시에 대하여 결제 또는 매입하여 수익자에게 지급한 신용장 대금이 개설은행에 의해 상환(Reimburse)이 거절되는 지정은행이 수익자에게 지급했던 신용장 대금의 반환(상환, Recourse)을 청구할 수 있는 신용장 • 확인은행이 아닌 매입은행만이 수익자에 대한 상환청구권을 갖는다.
상환청구불가능신용장 (Without Recourse L/C)	• 지정은행이 결제 또는 매입한 후, 수익자에게 상환을 청구할 수 없는 신용장

4. 개설방법에 따른 분류

전신신용장	• 전신에 의해 개설(Teletransmitted)된 신용장을 말하며, 주로 이용되는 SWIFT신용장은 SWIFT에 의해 개설하고 스위프트 인증키(SAK, SWIFT Authentication Key) 등에 의하여 신용장의 진위를 확인하는 방식의 신용장 • SWIFT는 Society for Worldwide Interbank Financial Telecommunication(국제은행 간 자금결제통신망)의 약자로 외국환은행의 국제 간 자금결제 업무를 수행하기 위해 조직한 국제은행 간 데이터통신시스템을 의미함 • 기존 우편(Letter)방식 신용장에서 메시지타입(M/T) 형태로 전신화한 방식으로 실무에서 일반적으로 사용됨
우편신용장	• 개설은행의 고유 양식으로 개설 및 프린트하여 우편을 통해 통지되는 신용장

5. 이용방법에 따른 분류

지정신용장 (Straight L/C)	일람지급신용장 (Sight Payment L/C)	• 일치하는 제시에 대해 일람불로 대금을 받을 수 있도록 하는 신용장 • 지급신용장은 서류가 제시되면 바로 지급이 이루어지기 때문에 환어음이 반드시 필요한 것은 아님
	연지급신용장 (Deferred Pay- ment L/C)	• 일치하는 제시에 대해 연지급의 확약(Deferred Payment Undertaking)을 하고 만기에 지급하는 신용장 • 환어음을 사용하지 않고 수익자가 서류를 제시할 때 만기일에 지급한다는 확약내용이 기재된 연지급확약서(Deferred Payment Undertaking)를 연지급은행이 발행하고 만기에 지급하므로 환어음이 사용되지 않는 신용장
	인수신용장 (Acceptance L/C)	• 신용장상에 "at ~days after sight"라고 기재됨 • 개설은행이 지정한 인수은행이 수익자가 발행한 기한부환어음을 인수하고 어음의 만기에 지급 • 환어음이 반드시 발행되는 신용장 • 지정신용장(Straight L/C)의 지정은행(Nominated Bank)들은 개설은행의 예치환거래은행인 경우가 일반적임
매입신용장 (Negotiation L/C)		• 서류 그리고/또는 자신이 아닌 은행 앞으로 발행된 수익자의 환어음을 할인하는 방식으로 구매(Purchase)하는 신용장 • 환어음이 매입될 것을 예상하고 환어음 발행인(Drawer)뿐만 아니라 배서인(Endorsor), 선의의 소지인(Bona Fide Holder)에 대해서도 개설은행이 지급을 확대해서 확약하는 신용장 We hereby engage with drawers, endorsers and bona-fide holder that drafts drawn and negotiated in conformity with the terms of this credit will be duly honored on due presentation. • 일람불신용장(Sight)과 기한부신용장(Usance) 모두 매입이 가능함 • 일반적으로 환어음이 사용됨 • 개설은행은 매입을 할 수 없으며, 확인은행은 자신이 매입은행인 경우 상환청구권 없이 매입함 • 신용장의 뒷면에 매입금액 등 사실의 기재가 요구되는 이면배서신용장 • 매입은행은 개설은행과 환거래은행이 아닌 경우에도 업무가 가능함

6. 매입은행 지정 여부에 따른 분류

자유매입신용장 (Open L/C, Freely Negotiable L/C, General L/C)	• 매입은행을 지정하지 않아 수익자가 임의의 은행에서 매입이 가능한 신용장 • 환어음 발행인(수익자)뿐만 아니라 배서인, 선의의 소지인도 모두 개설은행의 지급 확약을 받음 • 신용장상의 예문 : Available with/by : Any Bank by Negotiation

제한매입신용장 (Restricted L/C, Special L/C)	• 수익자가 발행하는 환어음의 매입을 어느 특정은행으로 지정한 신용장 • 수익자는 지정된 특정은행만을 이용하여야 하며, 경우에 따라 재매입(Re-nego)이 이루어지는 경우도 있다. • 신용장상의 예문 : Available with/by : ABC Bank by negotiation • 매입신용장이 아닌 지급, 연지급, 인수신용장(지정신용장, Straight L/C)은 지정은행을 특정은행으로 제한하는 것이 일반적임

7. 결제시기에 따른 분류

(1) Sight L/C와 Usance L/C

수익자의 일치하는 제시에 대해 심사 후 바로 신용장 대금을 지급하는 방식인 (일람)지급신용장과 제시 이후에 일정 기간 경과 후 대금을 지급하는 방식인 기한부신용장으로 구분된다.

(일람)지급신용장 (Sight L/C)	• 서류나 환어음을 제시했을 때 곧바로 대금을 지급하는 신용장 • 지급신용장, 일람지급매입신용장 등이 해당함
기한부신용장 (Usance L/C)	• 서류나 환어음을 일단 인수하고 일정 기간 후 대금을 지급하는 신용장 • 인수신용장, 연지급신용장, 기한부매입신용장이 해당함 • 신용공여(만기 시 까지의 비용을 부담)주체에 따라 Shipper's Usance와 Banker's Usance로 구분됨

(2) 기한부신용장의 Shipper's Usance와 Banker's Usance

① 기한부신용장의 경우 일단 매도인의 물품을 인도하고 일정 기간 후 매수인이 신용장 대금을 지급하는 신용공여가 나타나게 되는데, 이러한 신용공여의 주체가 수출자인 경우 Shipper's Usance, 은행인 경우 Banker's Usance 또는 Buyer's Usance라고 한다.

[용어설명] 신용공여 : 물품 등을 구입한 대가를 약정한 결제일까지 유예해주는 것으로, 기한부신용장의 경우 대금지급의 유예를 허용하고 이자를 부담하는 신용공여가 발생함

② 신용공여로 유예된 지급기간만큼의 이자가 발생하는데 이러한 이자는 Shipper's Usance의 경우 수출자가, Banker's Usance의 경우 수입자가 부담한다.

③ Banker's Usance에서 신용공여의 주체가 수입국의 은행인 경우 Domestic Import Usance(국내은행 인수신용장), 해외은행인 경우 Overseas Banker's Usance(해외은행 인수신용장)라 한다.

8. 확인 여부에 따른 분류

확인신용장 (Confirmed L/C)	• 개설은행 외의 제3의 은행이 개설은행의 신용장에 대한 인수 · 매입을 추가적으로 확약하는 신용장 • 신용장상의 예문 : confirm the credit and thereby undertake ~ [신용장을 확인하고 의무를 부담함~]
무확인신용장 (Unconfirmed L/C)	• 확인은행이 없는 신용장(무확인신용장) • 신용장상의 예문 : confirmation instruction : without [확인지시 : 없음]

9. 원신용장과 내국신용장

원신용장(Master L/C)	• 수입자의 개설 의뢰로 개설은행이 수출자 앞으로 개설한 원래의 신용장
내국신용장(Local L/C)	• 수출자의 개설 의뢰로 수출자의 원신용장을 담보(견질)로 하여 수출자에게 원자재 등을 공급하는 공급자 앞으로 발행하는 제2의 신용장 • Back-to-Back L/C라고도 함

10. 양도가능 여부에 따른 분류

신용장 양도(Transfer)란 신용장상 수익자(제1수익자)의 권리를 수익자가 지시하는 제2수익자에게 전부 또는 일부 양도해주는 것을 말하며, 양도가능 여부에 따라 양도가능신용장과 양도불가능신용장으로 구분된다.

양도가능신용장 (Transferable L/C)	• 신용장상 수익자의 권리를 제3자에게 양도할 수 있는 신용장 • "Transferable"이라는 문언이 있어야만 양도가능신용장으로 봄
양도불가능신용장 (Non-Transferable L/C)	• 신용장상 수익자의 권리를 제3자에게 양도할 수 없는 신용장 • "Transferable"이라는 문언이 없을 경우 양도불가능신용장으로 봄

11. 연계무역신용장

동일 당사자 간 수출계약과 수입계약이 상호 간에 이루어지는 연계무역에서는 상대방의 대응구매의무를 확실히 하기 위해 다음과 같은 신용장들이 사용된다.

기탁신용장 (Escrow Credit)	• 신용장 대금이 수익자에게 직접 지급되지 않고 별도의 약정에 따라 기탁계정(Escrow Account)에 기탁되었다가 해당 수익자가 기탁신용장의 개설의뢰인으로부터 수입하는 거래의 대금결제에만 사용하도록 하는 조건으로 개설된 신용장
동시개설 / 대응신용장 (Back-to-Back Credit)	• 거래의 일방이 신용장을 개설하면서 해당 신용장의 수익자가 일정액의 신용장을 상대방에게 개설하여야만 유효하다는 조건을 붙인 신용장 • 견질신용장이라고도 함
토마스신용장 (Tomas Credit)	• 일방이 발행한 신용장의 수익자가 개설의뢰인 앞으로 일정액의 신용장을 일정 기간 내에 개설하겠다는 보증서를 발행하도록 하는 조건의 신용장 • 동시개설신용장과 유사하나, 각 거래가 시차를 두고 발생하는 경우에 사용

12. 보증신용장(Standby L/C)과 청구보증(Demand Guarantee)

(1) 의의

보증신용장과 청구보증은 모두 보증수단으로 이용될 수 있다. 보증신용장은 미국을 중심으로, 청구보증은 주로 유럽을 중심으로 발전하였으며 관행, 관습, 용어, 적용되는 국제규칙의 차이가 있으나 내용 면에서는 동일하다.

(2) 보증신용장(Standby L/C)

① 금융의 담보 또는 채무이행의 보증을 목적으로 하여 발행되는 무화환신용장(Clean L/C)으로 주로 무역외거래나 자본거래에서 사용된다.

② 용역, 건설, 플랜트수출과 관련한 계약이행보증(P-Bond), 입찰보증(B-Bond), 하자보증이나 현지금융담보 조건 등을 목적으로 발행된다.

③ 신용장 대금의 청구를 위해 제시해야 하는 서류로는 불이행진술서(Certificate of Default), 서면청구서, 서면진술서 가 있다.

④ 국제규칙으로 UCP 또는 보증신용장통일규칙(ISP 98)을 적용한다.

> [참고] 보증신용장의 적용규칙
>
> 보증신용장(Standby L/C)도 적용가능한 범위 내에서는 화환신용장의 규칙인 신용장통일규칙(UCP 600)이 적용될 수 있으나, UCP 는 다양하고 복잡한 형태를 가진 보증신용장에 적용하는 것이 적절하지 않기 때문에 별도의 규칙인 보증신용장통일규칙(ISP 98)이 마련되어 있다. 즉, 보증신용장에는 UCP 600과 ISP 98이 적용될 수 있다.

(3) 청구보증(Demand Guarantee)

① 독립적보증(Independent Guarantee)이나 청구보증은 보증신용장과 같이 독립·추상성이 인정되며, 보증서 조건에 일치하는 청구에 대해 은행이 무조건 지급을 약속하며 요구불보증, On-Demand Bond, 은행보증(Bank Guarantee) 등으로도 불린다.

② 청구보증은 보증서의 형태를 가지고 있지만, 부종성이 없어 보증은행이 1차적인 채무를 부담하므로 보증신용장(Standby L/C)과 목적 및 기능 면에서 유사하다. (보증신용장과 동일한 내용과 기능을 가짐)

③ 보증금의 청구를 위해 제시해야 하는 서류로는 불이행진술서(Certificate of Default), 서면청구서, 서면진술서가 있다.

④ 국제규칙으로 청구보증통일규칙(URDG 758)을 적용한다.

⑤ Suretyship(보증계약)은 채무자가 지급을 하지 못할 경우 연대보증(보증인 · 채무자 · 채권자 삼자 간)하는 것으로 독립적 보증(독립보증)인 청구보증과 다르다.

더 쉽게 이해하기 화환신용장, 보증신용장, 청구보증의 비교

구 분	화환신용장	보증신용장	청구보증
의 의	환어음을 담보하는 선적서류가 첨부되어 있는 신용장	금융을 담보하거나 채무이행의 보증을 목적으로 발행하는 신용장	보증서의 형태로서 보증신용장과 동일한 내용과 기능을 가지는 은행의 보증서
용 도	물품 수출입 대금을 결제하는 용도	계약이행보증, 입찰보증, 하자보증, 현지금융담보보증 등 다양한 용도	
제시서류	선적서류	불이행진술서, 서면청구서, 서면진술서	
적용규칙	UCP 600	UCP 600, ISP 98	URDG 758

심화 PLUS 보증신용장과 은행보증의 특성과 종류

보증신용장과 은행보증		• 보증신용장이나 청구보증과 같은 은행보증은 형식적인 외형에 차이가 있을 뿐 일치하는 서류의 제시에 대하여 원인계약과는 관계없이 대금을 지급하여야 하는 1차적이고 독립적인 채무를 부담한다는 내용과 성격은 동일함
직접보증과 간접(구상)보증		• 직접보증 : 보증신청인 → 보증인 → 수익자(3자보증) • 간접(구상)보증 : 보증신청인 → 구상보증인 → 보증인 → 수익자(4자보증) • 직접보증은 수회에 걸쳐 전양도가 가능하지만 구상보증은 양도되지 않음 • 보증은 전액 양도만 가능하며 보증금액의 일부양도는 불가
매도인 측의 보증	Advance Payment Bond	• 선수금상환(환급)보증으로 선지급을 한 매수인에 대해 매도인이 제공하는 보증
	Bid Bond (B-Bond)	• 입찰보증으로 공개입찰에 참여하는 매도인이 낙찰 시 계약의 체결을 보증하기 위해 제공하는 보증
	Performance Bond(P-Bond)	• 계약이행보증으로 매도인이 계약의 이행을 보증하기 위해 제공하는 보증
	Maintenance Warranty Bond	• 하자보증으로 계약의 이행이 완료된 후에도 매도인이 일정 기간 동안의 하자를 보증하기 위해 제공하는 보증
매수인 측의 보증	Payment Bond	• 매수인이 대금지급을 보증하기 위해 제공하는 보증 • O/A로 결제방법을 약정한 경우에 매도인이 신용위험 완화를 위해 요청할 수 있음

제112회 1급 기출문제

54. 다음 설명에 해당하는 수출보증보험의 대상이 되는 보증서는 무엇인가?

> 계약체결 시에 제출하는 것으로서 낙찰자가 약정된 계약을 이행하지 않을 경우에 대비하여 상대방(발주자)이 요구하며 보증금액은 보통 계약금액의 10% 전후이다.

① bid bond
② performance bond
③ advance payment bond
④ retention payment bond

정답 ②
해설
Performance Bond(계약이행보증서)에 대한 설명이다.

13. 기타신용장의 종류

회전신용장 (Revolving L/C)	• 수출자와 수입자 간의 거래가 상당 기간 빈번하게 이루어질 것으로 예상되는 경우 발생되는 불편함과 비효율을 줄이기 위해 자동적으로 신용장 금액이 갱신되도록 하는 신용장 Revolving credit has a condition that the amount is renewed or automatically reinstated without specific amendments to the credit. • 종류 – 누적회전신용장(Cumulative Revolving Credit) : 이전 회차에서 이행되지 않은 선적분을 다음 회차의 선적 시에 사용가능한 신용장 – 비누적신용장(Non-Cumulative Credit) : 해당 기간 동안 이행되지 않은 선적분이 누적되지 않고 자동적으로 취소되어 해당 회차의 한도만 사용가능한 신용장
할부선적신용장 (Instalment Shipment Credit)	• 할부선적계약에 사용되는 신용장으로 일정 기간 동안 일정 수량의 물품을 할부로 선적하고 각 할부분(Instalment)마다 정해진 신용장 대금이 지급되는 신용장 • 수익자가 정해진 기간 내에 할부선적의무를 이행하지 못하면 당해 선적분은 물론 그 이후분까지 모두 무효가 됨
선대(전대)신용장 (Packing L/C, Advance Payment L/C, Red Clause L/C, Anticipatory L/C)	• 수출자가 해당 상품의 선적 전에 대금을 선지급받을 수 있도록 수권하고 있는 신용장 • 수익자가 계약물품을 선적하는 데 필요한 자금을 선지급하는 신용장으로 수익자는 일치하는 제시를 약속하고 정해진 선지급 금액을 수령하고 이후 선적서류를 제시하고 나머지 금액을 수령함

07 신용장의 서류심사기준

기출빈도 ★★★

1. 서류심사 일반원칙

(1) UCP 600에서는 지정은행, 확인은행, 개설은행을 서류심사의 의무가 있는 당사자로 본다.

(2) 엄밀일치, 상당일치 원칙

은행은 신용장 조건에 일치하는 제시에 대해서만 결제(Honour), 매입(Negotiation)한다. 이러한 일치하는 제시를 판단하는 근거로는 엄밀일치 원칙과 상당일치 원칙이 있고, UCP 600에서는 엄밀일치 원칙을 완화하는 상당일치 원칙의 적용을 규정하고 있다..

(3) 독립성, 추상성

은행은 오직 서류만을 기초로 서류가 문면상 일치하는 제시인지 여부를 심사해야 하며 물품이나 기초거래, 기타 거래 관련 사항들에 대해서(특히 물품매매계약서)는 심사할 필요가 없다.

2. 서류심사기준(UCP 제14조)

서류심사기준	• 서류가 문면(Face)상 일치하는 제시인지 여부를 서류만을 근거로 심사함 • 일치하는 제시(Complying Presentation)란 신용장의 조건과 적용가능한 UCP의 규정과 국제표준은행관행에 따르는 제시를 의미함
상당일치원칙	• 서류상의 정보는 신용장상이나 국제표준은행관행과 완전히 일치될 필요는 없지만, 해당 서류와 기타제시서류 및 신용장의 조건과 저촉(상충)되어서는 안 됨
서류심사기간	• 지정은행, 확인은행(있는 경우), 그리고 개설은행은 각각 제시일 다음 날부터 최장 5영업일의 기간 동안 제시의 일치 여부를 심사할 수 있음
서류의 제시기한 (P/D, Presentation Date)	• 운송서류의 원본을 포함한 제시는 신용장의 유효기일 이내, 그리고 선적일(S/D, Shipment Date) 이후 21일(21 Calendar days) 이내에 이루어져야 함 참고 신용장의 유효기간(E/D, Expiry Date)이란 신용장이 이용가능한 기간을 말한다. 신용장은 제시를 위한 유효기일을 명시하여야 하는데 신용장의 결제 또는 매입을 위한 유효기일은 제시를 위한 유효기일로 본다. 즉 신용장의 유효기간 내에 제시가 이루어지기만 하면 되므로 유효기간은 개설은행 측에서 종료되는 것이 아니다. • 신용장 유효기일 및 서류제시기일의 최종일이 불가항력의 사유 이외의 사유로 은행의 비영업일인 경우, 다음 최초의 은행영업일까지 연장되나, 최종선적일은 연장되지 않음
서류발행일자	• 제시되는 서류의 발행일은 신용장의 개설 이전 일자일 수 있으나, 어떤 경우에도 제시일 이후의 일자여서는 안 됨
서류상의 주소	• 어떠한 서류에 기록된 수익자와 개설의뢰인의 주소가 신용장이나 다른 서류상의 주소와 동일할 필요는 없으나, 각각의 주소가 동일한 국가 내에 있어야 함 • 그러나 개설의뢰인의 주소가 운송서류상의 수하인(Consignee) 또는 착화통지처(Notify Party)의 일부로서 나타나는 경우에는 신용장상의 주소와 동일하여야 함
상업송장의 명세	• 상업송장상의 물품, 서비스 등의 명세(Description)는 신용장의 명세와 일치해야 함
요구되지 않은 서류	• 신용장에서 요구되지 않은 서류는 무시되며, 제시자에게 반환될 수 있음

비서류조건 (Non- Documentary Condition)	• 조건과 일치함을 증명할 서류에 대한 명시 없이 신용장에 어떠한 조건이 요구된다면, 은행은 그러한 조건이 기재되지 않은 것으로 간주하고 무시함 • 단, 다른 제시서류에 기재된 정보는 비서류적 조건과 저촉되지 않아야 함 [예] 신용장에 "packing in wooden cases"라고 명시되어 있으나 어떤 서류에 이 정보를 기재할 것을 요구하지 않는 경우, 명시된 어떤 서류에 다른 종류로 포장되었음을 나타내는 기재가 있다면 이는 정보의 저촉으로 간주함
3자 운송서류	• 서류상의 선적인 또는 송하인은 신용장의 수익자일 필요는 없음
서류의 발행인 등	• 누가 서류를 발행하여야 하는지 또는 그 정보의 내용을 명시함 없이 상업송장, 운송서류, 보험서류 이외의 서류의 제시를 요구하는 경우, 그 내용이 요구되는 서류의 기능을 충족하는 것으로 보인다면 은행은 해당 서류를 제시된 그대로 수리함 • 운송서류는 운송인, 선장, 선주, 용선자 이외의 어느 누구에 의해서도 발행될 수 있음

3. 일치하는 제시(Complying Presentation)

(1) 지정은행은 제시가 일치한다고 판단하여 결제 또는 매입하는 경우 그 서류들을 확인은행 또는 개설은행에 송부하여야 한다.

(2) 확인은행은 제시가 일치한다고 판단할 경우 결제 또는 매입하고 그 서류들을 개설은행에 송부(Forward)하여야 한다.

(3) 개설은행은 제시가 일치한다고 판단할 경우 결제(Honour)하여야 한다.

4. 불일치 서류(Discrepant Document)

(1) 권리포기 교섭(Waiver for Discrepancy)

은행이 제시가 일치하지 않는다고 판단할 때는 결제(Honour) 또는 매입(Negotiation)을 거절할 수 있으며, 개설은행이 제시가 일치하지 않는다고 판단할 때는 자신의 독자적인 판단으로 하자에 대한 권리포기(Waiver)를 위하여 개설의뢰인과 교섭할 수 있다.

(2) 서류심사 후 수리를 거절할 경우 UCP에서 정해진 구체적인 거절통지 방식을 따라야 한다. 만약, UCP에서 정한 거절통지 방식을 따르지 않거나 거절통지를 하지 않은 경우 서류가 일치하는 제시가 아니라는 주장을 할 수 없다.

(3) 거절통지는 1번만 가능하며 1회의 거절통지에 각각의 하자를 명시해야 하고, 1회의 하자통지 이후에 중대한 하자가 발생했다 하더라도 추가적인 하자를 주장할 수 없다.

(4) 하자서류는 하자통지와 함께 서류제시를 한 은행지점에 반송하는 등 처분할 수 있다.

(5) 거절통지 방법

① 거절통지는 전신(전기통신)으로, 전신이 불가능하다면 다른 신속한 수단으로 행해져야 한다.

② 전신 이외의 방법은 전신이 불가능할 경우에만 이용할 수 있으며, 전신으로 통지 가능함에도 다른 방법으로 통지하였을 경우 서류가 일치하는 제시가 아니라는 주장을 할 권리가 없다.

(6) 거절통지 기간

제시일의 다음 날부터 기산하여 5영업일의 종료 이전에 이루어져야 한다.

(7) 거절통지서의 내용

은행이 제시가 일치하지 않는다고 판단할 때는 결제(Honour) 또는 매입(Negotiation)을 거절할 수 있으며, 이 경우 서류 제시자에게 다음의 사항을 기재하여 한 번에 통지하여야 한다.

- 은행이 결제(Honour) 또는 매입(Negotiation)을 거절한다는 사실
- 은행이 결제(Honour) 또는 매입(Negotiation)을 거절하는 각각의 하자
- 서류와 관련한 다음의 사항
  - 제시자의 추가지시가 있을 때까지 은행이 서류를 보관할 것이라는 사실, 또는
  - 은행이 개설의뢰인으로부터 권리포기를 받거나 추가지시를 받을 때까지 서류를 보관할 것이라는 사실, 또는
  - 은행이 서류를 반환할 것이라는 사실, 또는
  - 은행이 사전에 제시자로부터 받은 지시에 따라 행동할 것이라는 사실

🔍 시험에 이렇게 나온다!

제115회 1급 기출문제

51. 신용장거래 중 은행의 서류심사 기준에 관한 설명으로 옳지 않은 것은?

① 지정은행, 확인은행, 개설은행은 서류가 문면상 일치하는지 여부를 서류만으로 심사해야 한다.
② 운송서류는 신용장의 유효기일 이내, 그리고 선적일 후 21일 이내에 제시되어야 한다.
③ 신용장에서 요구되지 아니한 서류는 무시되며, 제시자에게 반환될 수 있다.
④ 서류상의 화주 또는 송화인은 수익자이어야 한다.

정답 ④
해설
UCP 규정상 어떠한 서류상의 선적인 또는 송하인은 신용장의 수익자일 필요는 없다.

제116회 1급 기출문제

73. 신용장통일규칙(UCP 600) 서류심사의 기준에 대한 설명으로 옳지 않은 것은?

① 은행은 서류의 제시일을 포함하여 최장 5은행영업일 동안 서류를 심사한다.
② 운송서류는 선적일 후 21일보다 늦지 않게 제시되어야 하고 신용장 유효기일 이전에 제시되어야 한다.
③ 일치하는 제시는 신용장, 국제표준은행관행, UCP 600에 따라 제시된 서류를 말한다.
④ 서류 발행자에 대한 내용을 명시하지 않은 채로 운송서류, 보험서류, 또는 상업송장 이외의 서류가 요구된다면 은행은 제시된 대로 수리한다.

정답 ①
해설
은행은 서류의 제시일 다음날로부터 최장 5영업일동안 제시의 일치여부를 결정할 수 있다.

08 신용장 조건의 해석

1. 신용장 조건 해석의 일반원칙

(1) 신용장은 독립·추상성의 원칙에 의거한 서류상의 거래이기 때문에 은행은 서류의 심사만으로 대금 지급 여부를 결정하며, 신용장 거래당사자 간 권리 및 의무와 대금지급 관련한 제반사항은 오직 신용장상의 조건에 의해 결정되므로 아래 원칙에 따라 신용장을 해석해야 한다.

(2) 신용장 해석과 관련한 규정의 우선순위

① 신용장 해석과 관련한 규정의 우선순위는 매매계약의 준칙인 계약자유의 원칙에 따라 신용장 통일규칙보다 당사자 간 약정이 우선 적용한다. 그러나 당사자 간 약정의 내용이 매매당사국의 강행법규에 위반될 경우에는 강행법규의 규정을 우선 적용한다.

> 수출입국 국내강행법규 > 신용장 자체 조건(약정내용) > UCP > ISBP > ICC Opinions

② 신용장에서 UCP의 규정과 다른 조건이나 문구의 서류를 요구하더라도 신용장의 조건대로 제시하면 수리된다.

2. 수량 및 금액의 해석(과부족의 허용)

(1) 개산수량조건

신용장 금액 또는 신용장에서 표시된 수량 또는 단가와 관련하여 사용된 "About" 또는 "Approximately"등의 표현은 그것이 언급하는 금액, 수량 또는 단가에 관하여 10%를 초과하지 않는 범위 내에서 많거나 적은 편차를 허용하는 것으로 해석된다.

(2) 과부족용인약관

만일 신용장이 수량을 포장단위 또는 개별단위의 특정 숫자로 기재하지 않고 청구금액의 총액이 신용장의 금액을 초과하지 않는 경우(Bulk화물)에는 물품의 수량에서 5%를 초과하지 않는 범위 내에서 많거나 적은 편차는 허용하는 것으로 해석된다.(M/L, More or Less Clause)

(3) 5% 이내 편차 허용

분할선적이 허용되지 않더라도 신용장 금액의 5% 이내의 편차는 허용된다. 단, 물품이 전량선적되어야 하고, 단가가 감액되지 않았거나 M/L Clause가 적용되지 않는 경우에 한한다.

3. 기간 및 기일의 해석

- to, until, till, from, between, by : 선적을 위해 사용된 경우 당해 일자 포함
- before, after : 선적을 위해 사용된 경우 당해 일자 제외
- from, after : 만기를 정하기 위해 사용된 경우 당해 일자 제외
- first half of a month, second half of a month : 각각 해당 월의 1일 ~ 15일까지, 16일 ~ 말일까지를 의미함
- beginning of a month, middle of a month, end of a month : 각각 해당 월의 1일 ~ 10일까지, 11일 ~ 20일까지, 21일 ~ 말일까지를 의미함
- prompt, immediately, as soon as possible : 즉시 선적의 의미로 이와 같은 막연한 용어가 사용되었을 경우 은행은 이를 무시함
- on or about : 선적이 지정일부터 양 끝의 일자를 포함하여 5일 전후까지의 기간(총 11일) 내에 선적되는 것으로 봄
  - 예 Shipment shall be made on or about March 20, 2021.
    - 선적은 2021년 3월 15일부터 3월 25일 사이에 이루어져야 함
- for one month, for six months : 신용장의 개설일을 기산일의 초일로 간주
- on or before : 최종선적일(= by)을 의미함
- not later than : 최종선적일을 의미함
- within
  - 기간을 산정할 때, 일자나 기간과 관련하여 사용된 within이라는 단어는 해당 일자나 사건발생일을 배제함
    - 예 within 2 days of 15 May
      - 5월 15일 2일 전부터 2일 후까지 5일의 기간을 의미함
  - 특정 일자 앞의 within은 해당일자를 포함함
    - 예 Shipment is to be made within 15 May
      - 5월 15일이 선적의 최종일임을 의미함
- LATEST DATE OF SHIPMENT가 지정되지 않은 경우 신용장의 유효기일이 최종선적일이 됨

4. 무시되는 표현

즉시 선적	• 특정 서류에 사용하도록 요구되지 않았다면 "신속히", "즉시" 또는 "가능한 한 빨리"와 같은 단어들은 무시된다. Unless required to be used in a document, words such as "prompt", "immediately" or "as soon as possible" will be disregarded.
서류의 발행인	• 서류의 발행자를 표현하기 위하여 사용되는 "일류의", "잘 알려진", "자격 있는", "독립적인", "공식적인", "능력 있는" 또는 "현지의" 같은 용어들은 수익자를 제외한, 어떤 발행자도 사용할 수 있다. Terms such as "first class", "well known", "qualified", "independent", "official", "competent" or "local" used to describe the issuer of a document allow any issuer except the beneficiary to issue that document.

5. 분할선적(Partial Shipment)

원칙적 허용	• 신용장에서 명시적으로 금지하지 않는 한, 분할청구(Partial Drawing) 또는 분할선적(Partial Shipment)은 허용된다.
분할선적이 아닌 경우	• 동일운송수단, 동일항로가 표시된 운송서류는 그 운송서류가 같은 목적지를 표시하고 있는 한 비록 다른 선적일자 또는 다른 선적항, 수탁지 또는 발송지를 표시하더라도 분할선적으로 보지 않는다. • 복수의 운송 서류로 제시가 이루어지는 경우 가장 늦은 선적일자를 선적일로 본다.
분할선적으로 인정되는 경우	• 같은 운송방법 내에서 둘 이상의 운송수단상의 선적을 증명하는 하나 또는 둘 이상의 운송서류는 비록 운송수단들이 같은 날짜에 같은 목적지로 향하더라도 분할선적으로 본다.
우편 및 특송	• 둘 이상의 특송배달영수증, 우편영수증 또는 우송확인서로 이루어진 제시는 만일 특송배달영수증, 우편영수증 또는 우송확인서가 같은 특송배달용역 또는 우체국에 의하여 같은 장소, 같은 날짜, 그리고 같은 목적지로 스탬프가 찍히거나 서명된 것처럼 보이는 경우 분할선적으로 보지 않는다.

09 개별서류의 심사

시험에 꼭 나온다!

기출빈도 ★ ★ ★

1. 신용장에서 요구하는 선적서류

(1) 선적서류

선적서류(Shipping Documents)란 매도인이 매매계약에 따라 의무를 이행하고 매수인에게 대금의 지급을 청구하기 위하여 매수인에게 직접 또는 은행을 통해 송부하는 서류를 통칭하는 용어이다. 이는 무역거래의 대금결제와 관련하여 사용되는 모든 서류를 의미하며 무역결제서류라고도 할 수 있다. 선적서류는 다음과 같이 구분하기도 한다.

① 기본 선적서류

기본서류란 매도인이 대금결제를 받기 위해 매수인 또는 그 대리인에게 인도하여야 하는 필수적 서류로써 이른바 3대 무역서류라 하는 ⅰ) 운송인이 운송물품을 수취 또는 운송수단에 적재한 후에 입수하는 운송서류, ⅱ) 매도인이 선적한 물품이 계약상의 물품 일치한다는 것을 나타낸 상업송장, 그리고 ⅲ) 운송 중 물품의 멸실이나 손상에 대비하여 보험을 부보한 증거로서 보험자에 의하여 발행되는 보험서류를 말한다.

② 부속서류

부속서류란 서류의 제공여부가 당사자 간 합의에 따라 결정되는 기본서류 외의 각종 증명서나 원산지증명서 등의 부속서류들을 말한다.

(2) ISBP상 선적서류의 정의

선적서류(Shipping Document)란 환어음, 전송보고서, 서류의 발송을 증빙하는 특송영수증, 우편영수증, 및 우편증명서를 제외한 신용장에서 요구하는 모든 서류로 정의하고 있다.

2. UCP와 ISBP의 규정

은행은 일치하는 제시를 판단하기 위해 UCP의 규정뿐 아니라 ISBP(국제표준은행관행, International Banking Standard) 또한 기준으로 한다. ISBP는 신용장통일규칙에서 서류심사 시 적용되어야 할 서류심사기준을 구체적으로 설명하고 있는 ICC의 간행물로서, 은행의 서류심사기준을 실무적으로 명확하게 제시하기 위해 발행되었다. 현재 UCP 600과 ISBP 745가 최신 버전으로 적용되고 있다.

3. 제시 통수 및 원본과 사본

(1) 제시 통수

① 적어도 신용장에서 요구된 각각의 서류의 원본 한 통이 제시되어야 한다.

② 신용장이 서류 사본의 제시를 요구하는 경우, 원본 또는 사본의 제시가 모두 허용된다.

③ 신용장이 "in duplicate", "in two folds" 또는 "in two copies"와 같은 용어를 사용하여 복수의 서류의 제시를 요구하는 경우, 이 조건은 그 서류 자체에 달리 정함이 없는 한 적어도 한 통의 원본과 나머지 수량의 사본의 제시로 충족된다.

[참고] 3통 : Triplicate, 4통 : Quadruplicate, 5통 : Quintuplicate

④ "photocopy of invoice" 혹은 "copy of invoice"를 요구한다면, 이는 복사본이나 사본 1부 또는 만약 금지되지 않았다면 송장 원본 1부의 제시에 의해 충족된다.

(2) 원본과 사본

① 은행은 서류 자체가 원본이 아니라고 표시하고 있지 않은 한, 외관상 서류 발행인의 원본 서명, 마크, 스탬프 또는 라벨이 된 어떤 서류도 원본으로 취급한다.

② 서류가 달리 표시하지 않는 한, 은행은 또한 다음과 같은 서류를 원본으로 수리한다.

• 서류 발행자가 직접 수기, 타이핑, 천공서명 또는 스탬프 된 것으로 보이는 것 또는

• 서류 발행자의 원본 서류용지에 작성된 것으로 보이는 것 또는

• 원본이라는 표시가 있는 것 단, 제시된 서류에 적용되지 않는 것으로 보이는 경우는 제외한다.

4. 상업송장(Commercial Invoice)

(1) 송장이란

① 송하인(수출자)이 수하인(수입자)에게 발행하는 물품명세 및 대금청구서로 세관신고 시 증빙자료로 사용되는 등 무역거래에서 기본적으로 사용되는 서류이다.

② 계약당사자의 명칭과 주소, 발행일자, 주문번호, 계약상품의 규격 및 개수, 결제 및 운송방법, 정형거래조건, 포장상태 등이 구체적으로 표시된다.

③ 상업송장의 양식은 통일되어 있지 않고 매도인이 임의로 작성한다.

(2) 송장의 기능

① 계약 당사자의 정보, 매매되는 물품의 가격, 부대비용, 할인료, 지불방식, 지불시기 등을 명기한 거래내역서 및 대금청구서 기능을 한다.

② 수출신고 시의 신고가격과 수입신고 시의 1차적인 과세표준액 산정자료로써 사용된다.

(3) 송장의 종류

상업송장 (Commercial Invoice) 선적송장 (Shipped Invoice)	가장 일반적인 매매거래의 송장을 말하며, 선적된 화물의 명세와 대금청구서 역할을 하는 송장
견본송장 (Sample Invoice)	견본 송부 시 발송되는 송장
영사송장 (Consular Invoice)	수출국에 소재하는 수입국의 영사로부터 확인을 받은 송장으로, 관세의 포탈 또는 외화를 도피하거나 덤핑 등을 위하여 사실과 다른 송장을 작성하는 것을 방지하기 위한 송장
세관송장 (Customs Invoice)	수입국 세관의 요구양식에 따라 작성된 송장으로 영사송장과 함께 공용송장(Official Invoice)에 해당함
견적송장 (Proforma Invoice) · 예비송장 (Provisional Invoice)	계약체결 전에 수입가격을 계산하거나 수입허가 또는 외화배정을 받기 위해서 수출상에게 견적을 요청하는 경우 송장의 형식으로 발행한 견적서에 불과하며 정식의 송장으로 인정되지 않고 은행도 수리하지 않음

(4) 상업송장의 수리요건

발행인 및 수령인	• 수익자가 개설의뢰인 앞으로 발행해야 한다.
통화(Currency)	• 신용장에 표시된 통화와 동일한 통화로 발행되어야 한다.
서명과 발행일자	• 신용장에서 따로 서명이나 발행일자를 요구하지 않았다면 발행자가 송장에 서명하거나 일자를 반드시 표시할 필요는 없다.
명세 (Description)	• 상업송장의 명세는 신용장의 명세와 동일해야 한다. 참고 상업송장을 제외한 다른 서류상의 명세는 신용장상의 명세와 저촉되지 않는 범위 내에서 일반적인 명세로 기재될 수 있다.
추가물품 등	• 송장은 신용장에서 요구되지 않은 물품(견본, 광고물품 포함)이나 서비스를 표시하지 않아야 한다.
할인 등	• 신용장에서 할인이나 감액이 요구된 경우 송장에도 이를 표시해야 한다. • 송장은 신용장에서 명시되지 않은 선지급이나 할인 등에 따른 공제가 표시될 수 있다.
송장의 제목	• 송장의 제목으로 신용장에서 별다른 설명 없이 송장의 제시를 요구하는 경우 상업송장(Commercial Invoice), 세관송장(Customs Invoice), 영사송장(Consular Invoice), 최종송장(Final Invoice), 세금송장(Tax Invoice) 등 여하한 종류의 송장의 제시에 의해 충족된다. • 단, 견적송장(Proforma Invoice)이나 임시송장(Provisional Invoice)은 수리되지 않는다.
초과 발행된 송장	• 신용장의 금액을 초과하여 상업송장이 발행된 경우 신용장에 달리 배제하겠다는 문구가 없는 한, 상업송장이 신용장의 금액을 초과하여 발행되었더라도 은행은 신용장 금액을 한도로 결제 또는 매입할 수 있다. • 지정은행이 신용장 금액 이내에서 결제 또는 매입했다면 개설은행은 상업송장이 신용장 금액을 초과했다는 사유로 결제 또는 매입을 거절할 수 없다.

> UCP600 §18 상업송장
>
> a. A commercial invoice:
>
>   i. must appear to have been issued by the beneficiary;
>
>   ii. must be made out in the name of the applicant;
>
>   iii. must be made out in the same currency as the credit; and
>
>   iv. need not be signed.
>
>   → a. 상업송장은,
>
>   i. 수익자가 발행한 것으로 보여져야 하고
>
>   ii. 개설의뢰인 앞으로 발행되어야 하며
>
>   iii. 신용장과 같은 통화로 발행되어야 하며
>
>   iv. 서명될 필요는 없다.
>
> c. The description of the goods, services or performance in a commercial invoice must correspond with that appearing in the credit.
>
>   → c. 상업송장상의 물품, 서비스 또는 의무이행의 명세는 신용장상의 그것과 일치하여야 한다.

5. UCP상의 운송서류

(1) 주요 운송서류의 수리요건

복합운송서류 (MTD)	• 복합운송서류(MTD, Multimodal Transport Document)는 육상, 해상 및 항공 중 두 가지 이상의 운송방법의 조합에 의한 복합운송으로 운송되는 경우 발행되는 운송증권을 말한다.
선하증권(B/L)과 비유통성 해상화물 운송장(SWB)	• 선하증권(B/L, Bill of Lading)이란 발행인(운송인)이 증권에 기재된 내용대로 운송품을 수령한 것을 확인하고 그 운송품을 지정된 목적지까지 운송하여 증권의 정당한 소지인에게 운송품을 인도한다는 것을 약속하는 권리증권이다. • 비유통성 해상화물운송장(SWB, Non-Negotiable Sea Waybill)은 운송인이 발행하는 물품의 수령 및 운송계약의 추정적 증거이나 권리증권이 아니다. UCP상의 수리요건은 선하증권과 동일하다.
용선계약부 선하증권 (C-P B/L)	• 용선계약부 선하증권(C-P B/L, Charter Party B/L)은 용선계약에 의한 부정기선의 운송에서 발행되는 선하증권을 말한다.
항공화물운송장 (AWB)	• 항공화물운송장(AWB, Air Waybill)은 항공운송에서 사용되는 비유통성의 운송서류로 항공화물탁송장(Air Consignment Note)이라고도 한다.
내륙운송서류	• 도로, 철도 또는 내수로 운송서류(Road, Rail or Inland Waterway Transport Documents)는 도로운송, 철도운송 등 육상운송에 사용되는 비유통성의 운송서류들이다.
특사수령증 (Courier Receipt)	• FedEx, DHL 등 국제특송업체를 통하여 서류나 소량의 화물을 특급운송할 경우 사용되는 운송서류이다.
우편수령증 (Certificate of Posting, Post Receipt)	• 우체국을 통하여 발송한 우편이나 소포(EMS)에 대하여 우체국이 발행한 수령증이다.

더 쉽게 이해하기 UCP상 주요 운송서류의 세부 수리요건

구 분	MTD	B/L, SWB	C-P B/L	AWB
운송인의 명칭	•표시	•표시	–	•표시
서명권자[1)	•운송인 •선장 •대리인 중 하나	•운송인 •선장 •대리인 중 하나	•선장 •선주 •용선자 •대리인 중 하나	•운송인 •대리인 중 하나
서명의 표시	•서명자와 자격을 표시해야 함			
물품의 상태표시	•발송(Dispatch), 수탁 (Taken in Charge) 또는 본선적재(On Board) 됨	•본선적재(On Board) 됨	•본선적재(On Board) 됨	•운송을 위하여 수리 (Accepted for Carriage) 됨
선적일	•발행일 •본선적재부기일(우선)	•발행일 •본선적재부기일(우선)	•발행일 •본선적재부기일(우선)	•발행일 •실제 선적부기일(우선)[2)
운송구간 표시	•신용장에 명시된 장소 에서 최종목적지까지	•신용장에 명시된 항구 에서 양륙항까지	•신용장에 명시된 항구 에서 양륙항까지(양륙 항은 지리적 명칭으로 표시 가능)	•신용장에 명시된 출발 공항에서 도착공항까지
예정된 선박	–	•본선적재표기 요구[3)	–	–
제시통수	•유일한 운송서류 원본이거나, 복수의 원본이 발행된 경우에는 해당 운송서류에 표시된 전통			•신용장이 원본 전통을 요구하더라도 송하인 용 원본의 제시만으로 수리됨
용선계약의 표시	•금지	•금지	•용선계약에 따른다는 표시	–
환적요건	•전 운송이 하나의 동일한 운송서류에 의하여 포괄		–	•전 운송이 하나의 동 일한 운송서류에 의 하여 포괄
환적금지 시	•환적표시 서류 수리됨	•조건부 허용[4)	–	•환적표시 서류 수리됨

[1) 운송주선인(Freight Forwarder)도 운송인 또는 대리인으로서 서명할 수 있다.

[2) 운항번호와 일자(Flight No and Date)와 관련하여 항공운송서류에 나타나는 그 밖의 모든 정보는 선적일을 결정할 때 고려되지 않는다.

[3) "예정선박" 또는 "선적예정"이 표시된 경우, 선적일과 실제 선박명을 표시하는 본선적재표기가 요구된다.

[4) ① 물품이 컨테이너, 트레일러 또는 래시 바지에 선적되었다는 것이 확인 되면 환적이 금지되었더라도 환적을 표시하는 B/L, SWB는 수리된다.

   ② 운송인이 환적에 대한 권리를 가진다는 조항(Carrier Reserves the Right to Tranship)은 무시(Disregarded)되며 해당 서류는 수리 된다.

도로, 철도 또는 내수로 운송서류	• 도로(Road)운송서류는 송하인 또는 선적인용 원본으로 보이거나 그 서류가 누구를 위하여 작성되었는지에 대한 표시가 없어야 한다. • "Duplicate"라고 표시된 철도운송서류는 원본으로 수리된다. • 철도 또는 내수로 운송서류는 원본 표시 여부에 관계없이 원본으로 수리된다. • 도로, 철도 또는 내수로 운송서류는 전 운송이 하나의 동일한 운송서류에 의하여 포괄된다는 전제 하에 물품이 환적될 것이라거나 환적될 수 있다는 것을 표시할 수 있다. • 신용장이 환적을 금지하더라도 환적이 될 것이라거나 될 수 있다는 표시가 된 도로, 철도 또는 내수로 운송서류는 수리될 수 있다.
특사수령증 (Courier Receipt)	• 신용장에서 선적지로 명시한 장소에서 물품을 수취한 일자를 선적일자로 함 • 신용장에서 물품이 선적되기로 기재된 장소에서 기명된 특송업체가 스탬프하거나 서명하여야 함 • 특송업체의 명의가 있고 서명란이 없다면 서명을 생략하여도 무방함 • 특송배달료의 선지급조건이 있는 경우 송하인이 선지급하였음을 표기하는 것 이외에도 "Charges for Account of Shipper"와 같이 수하인이 아닌 자가 부담함을 표기하더라도 무방함
우편수령증 (Certificate of Posting, Post Receipt)	• 신용장에서 물품이 선적되기로 기재된 장소에서 스탬프 된 일자를 선적일자로 봄 • 둘 이상의 특송화물수령증, 우편수령증 또는 우송증명서로 이루어진 제시는 만일 특송화물수령증, 우편수령증 또는 우송증명서가 같은 특송회사 또는 우체국에 의하여 같은 장소, 같은 날짜 그리고 같은 목적지로 스탬프가 찍히거나 서명된 것으로 보이는 경우에는 분할선적으로 보지 않는다.

(2) 운송서류 공통 수리요건

운송서류의 명칭	• 신용장에서 달리 명시되지 않는 한 운송서류의 명칭에 관계없이 수리한다. 예 Ocean Bill of Lading 요구 시 항구 대 항구의 선적이 나타난 "Multimodal Transport Document"를 제시(수리)
운송서류의 발행인	• 운송서류가 UCP의 요건을 충족하는 한, 해당 운송서류는 운송인, 선장, 선주 또는 용선자가 아닌 어느 누구에 의해서도 발행될 수 있다.
운송조건의 표시	• 운송조건을 모두 표시한 정식선하증권(Long Form B/L)과 같은 운송서류 뿐 아니라, 운송조건은 다른 자료나 서류를 참조하라고 표시된 경우에도 수리된다. 예 약식선하증권(Short Form B/L), 이면백지선하증권(Blank Back B/L) • 은행은 운송조건을 심사하지는 않는다. • 용선계약서의 제시가 요구되는 경우에도 은행은 용선계약을 심사하지 않는다.
무고장 서류	• 은행은 무고장(Clean) 운송서류만을 수리한다. 그러나 "Clean"이라는 단어가 서류상에 기재될 필요는 없다. • 물품이나 포장상 결함이 있다는 것을 명백히 표현하는 문구가 표시된 운송서류는 수리될 수 없다. 예 Packaging is not sufficient for the sea journey(하자) Packaging damaged, Contents Exposed, Spoiled 등(하자) Packaging may not be sufficient for the sea journey(수리) Packaged with 'Reconditioned materials'(수리)
갑판적	• 물품이 갑판에 적재되거나 적재될 것이라고 명백히 표현하는 문구는 수리될 수 없다. 예 Goods are or will be loaded on deck(하자) Goods may be loaded on deck(수리) • 운송인이 갑판적의 권리를 유보한다는 문구가 기재된 운송증권은 수리한다.

부지조항 (Unknown Clause)	• 송하인이 적재하고 검수하였다는 표현이나 선적인의 내용신고에 따른다는 표현이 있는 운송서류상의 조항(Unknown Clause)은 수리된다. [예] Shipper's load and count(수리) 　　　Said by shipper to contain(수리)
3자 운송서류	• 어떠한 서류상에 표시된 물품의 송하인 또는 탁송인(Shipper or Consignor)은 신용장의 수익자일 필요는 없다. [예] Third Party B/L
수하인의 기재	• 신용장에서 수하인으로 특정 은행을 기재하여 제시할 것을 요구하는 경우 해당 은행명이 기재되어야 함 [예] FULL SET OF CLEAN ON BOARD MARINE BILLS OF LADING MADE OUT TO THE ORDER OF US가 요구되었고 개설은행이 ABC BANK인 경우 　　－ B/L상의 수하인 : TO THE ORDER OF 'ISSUING BANK'(하자) 　　－ B/L상의 수하인 : TO THE ORDER OF 'ABC BANK'(수리) • 신용장에서 지시식으로 운송서류를 발행할 것을 요구하고 있으나 기명식으로만 발행되는 운송서류는 해당 당사자의 기명식으로 제시되면 수리된다. [예] Full-Set of Air Waybill MADE OUT TO THE ORDER OF ABC BANK가 요구된 경우 ABC BANK 기명식의 송하인용 원본 AWB 1통의 제시로 수리됨
배서 (Endorsement)	• 단순지시식(To order) 또는 송하인지시식(To order of Shipper)인 경우 별도의 요구가 없다하더라도 송하인 또는 그의 대리인에 의해 배서되어야 한다.
착화통지처 (Notify Party)	• 일반적으로 신용장에서 운송서류상의 착화통지처로 개설의뢰인(Applicant, Accountee)을 기재할 것을 요구하는 경우가 많다. • 만약 신용장에서 착화통지처의 세부정보를 명시하지 않은 경우, 어떤 통지처의 세부정보도 표시될 수 있고 누구를 기재해도 수리된다.
선적 및 양륙지	• 신용장에서 모든 항구/공항에서 선적 또는 양륙 가능함을 표시하는 경우, 제시되는 운송서류는 해당 국가의 실제 선적 또는 양륙지를 표시하여야 한다. [예] 신용장 조건이 Port of Loading/Airport of Departure : ANY KOREAN PORT인 경우 　　－ B/L의 선적항 : Port of Busan (수리) 　　－ B/L의 선적항 : Korean Port (하자) • 단 C-P B/L의 경우는 양륙항을 지리적 명칭으로 표시할 수 있다.

🔍 시험에 이렇게 나온다!

제116회 1급 기출문제	정답 ④
63. 신용장통일규칙(UCP 600)에서 규정하고 있는 선하증권의 수리요건으로 볼 수 없는 것은? ① 운송인의 명칭과 운송인, 선장 또는 지정 대리인이 서명한 것 ② 화물의 본선적재가 인쇄된 문언으로 명시되어 있거나 본선 적재부기가 있는 것 ③ 신용장에 지정된 선적항과 양륙항을 명시한 것 ④ 용선계약에 따른다는 명시가 있는 것	해설 용선계약에 따른다는 표시가 있는 선하증권은 수리되지 않는다.

제119회 1급 기출문제

36. Which of the followings in NOT correctly explaining the Charter Party Bill of Lading under UCP 600?

① The charter party B/L must appear to be signed by the master, the owner, or the charterer or their agent.

② The charter party B/L must indicate that the goods have been shipped on board at the port of loading stated in the credit by pre-printed wording, or an on board notation.

③ The date of issuance of the charter party bill of lading will be deemed to be the date of shipment unless the charter party bill of lading contains an on board notation indicating the date of shipment.

④ A bank will examine charter party contracts if they are required to be presented by the terms of the credit.

정답 ④

해설
비록 신용장의 조건이 용선계약의 제시를 요구하더라도 은행은 용선계약을 심사하지 않는다.

6. 보험서류의 수리요건

구분	내용
발행 및 서명	• 보험증권, 포괄예정보험 하의 확정통지서 또는 보험증명서는 보험회사(Insurance Company), 보험업자(Underwriter) 또는 그들의 대리인(Agents) 또는 수탁인(Proxies)이 발행하고 서명하여야 한다.
수리되는 서류	• 보험증권(Insurance Policy)은 포괄보험(Open Cover) 하의 보험증명서(Certificate)나 확정통지서(Declaration)를 대체하여 수리 가능하다. 단, 보험증명서나 확정통지서는 보험증권을 대체할 수 없다. • 보험중개인(Broker)이 발행하는 부보각서(Cover Note, 보험영수증)는 수리되지 않는다.
제시통수	• 신용장에서 보험서류의 원본 일부를 제시하라고 요구하더라도 발행된 보험서류의 원본 전부(All Originals)가 제시되어야 한다.
발행일	• 보험서류의 발행일은 선적일보다 늦어서는 안 된다. 다만, 보험서류에서 부보가 최소한 선적일자 이전에 효력이 발생하고 있음(소급보험)을 명시하고 있는 경우에는 수리된다. • 선적일 이후에 발행된 보험증명서에 운송서류 발행일 이전에 예정보험에 가입되어 있다는 표시가 있다면 수리된다.
보험의 종류	• 신용장이 "전위험(All Risks)"에 대한 부보를 요구하는 경우, 어떠한 "전위험" 표시 또는 조항을 포함하는 보험서류가 제시되는 때에는, "전위험"의 표제를 담고 있는지에 관계없이, 또한 어떠한 위험이 제외된다고 기재하는가에 관계없이 수리된다. • 신용장이 "통상의 위험(Usual Risks)"또는 "관습적 위험(Customary Risks)"과 같이 부정확한 용어를 사용한다면 보험서류는 특정 위험을 담보하지 않는지와 관계없이 수리된다. • 보험서류는 어떠한 면책조항에 대한 언급도 포함할 수 있다. (War, Strike 등)
면책률의 표시	• 보험서류는 부보범위가 소손해면책(Franchise) 또는 초과면책(Excess(Deductible))의 적용을 받고 있음을 표시할 수 있다. • 신용장상 부보범위에 "면책비율 적용금지(Irrespective of Percentage)"와 같이 표시된 경우를 제외하고, "면책비율(Franchise or Excess(Deductible))"조항이 표시될 수 있다.

부보금액 (보험금액)	• 신용장에 부보금액에 대한 명시가 없는 경우 CIF 또는 CIP 금액의 110%를 최소 부보 금액으로 하며, 최대금액에는 한도가 없는 것으로 본다. • 서류로부터 CIF 또는 CIP 가액을 결정할 수 없는 경우, 부보금액은 요구된 결제 또 는 매입금액 또는 송장에 나타난 물품에 대한 총 가액 중 더 큰 금액을 기준으로 산 출되어야 한다. • 신용장 조건이 'Insurance for exactly 110% Invoice Value'인 경우 비율대로 부보하 여야 한다. • 부보금액은 소수점 둘째 자리까지 표시하여도 무방하다
보험담보(부보)구간	• 최소한 신용장에서 명시한 운송구간이 담보되어야 한다.

UCP600 §28 보험서류와 부보범위

a. An insurance document, such as an insurance policy, an insurance certificate or a declaration under an open cover, must appear to be issued and signed by an insurance company, an underwriter or their agents or their proxies. Any signature by an agent or proxy must indicate whether the agent or proxy has signed for or on behalf of the insurance company or underwriter.

→ a. 보험증권, 포괄예정보험 하에서의 보험증명서 또는 확정통지서와 같은 보험서류는 보험회사, 보험업자 또는 그들의 대리인 또는 수임인에 의하여 발행되고 서명된 것으로 보여져야 한다. 대리인 또는 수임인에 의한 서명은 보험회사 또는 보험업자를 대리하여 서명했는지의 여부를 표시하여야 한다.

b. When the insurance document indicates that it has been issued in more than one original, all originals must be presented.

→ b. 보험서류가 복수의 원본으로 발행되었음이 표시된 경우, 모든 원본 서류가 제시되어야 한다.

c. Cover notes will not be accepted.

→ c. 부보각서는 수리되지 않는다.

d. An insurance policy is acceptable in lieu of an insurance certificate or a declaration under an open cover.

→ d. 보험증권은 포괄예정보험 하에서의 보험증명서나 확정통지서를 대신하여 수리 가능하다.

e. The date of the insurance document must be no later than the date of shipment, unless it appears from the insurance document that the cover is effective from a date not later than the date of shipment.

→ e. 보험서류의 일자는 선적일보다 늦어서는 안 된다. 단, 보험서류에서 보험부보가 최소한 선적일자 이전에 효력이 발생함을 나타내고 있는 경우는 제외한다.

f. The insurance document must indicate the amount of insurance coverage and be in the same currency as the credit

→ f. 보험서류는 부보금액을 표시하여야 하고 신용장과 동일한 통화로 표시되어야 한다.

제115회 1급 기출문제

73. 신용장 통일규칙(UCP 600)상 보험서류의 발행요건에 관한 설명 중 옳지 않은 것은?

① 보험서류는 문면상 필요하거나 요구가 있는 경우에는, 원본은 모두 정당하게 서명되어 있어야 한다.

② 보험서류는 필요한 경우 보험금을 지급하도록 지시하는 당사자의 배서가 나타나 있어야 한다.

③ 보험서류의 피보험자가 지정되지 않은 경우, 화주나 수익자 지시식으로 발행하되 배서가 있어야 한다.

④ 신용장에서 보험증권이 요구된 경우, 보험증명서나 포괄예정보험 확정통지서를 제시하여도 충분하다.

정답 ④
해설
UCP 규정상 보험증권은 보험증명서 및 확정통지서를 대체할 수 있으나 그 반대는 명시되어 있지 않다.

7. 기타서류의 수리요건

(1) 원산지증명서(C/O, Certificate of Origin)

① C/O는 거래되는 물품의 해당 국적에서 생산, 제조되었음을 증명하는 서류로 일반적으로 제조자 또는 수출자 또는 수출국의 상공회의소 등에서 발급한다.

② 발급목적

- 특혜 원산지증명서 : 수입자가 자유무역협정(FTA) 등에 의한 협정세율의 적용을 받기 위하여 발급받는다.

- 비특혜 원산지증명서 : 수입국이 덤핑방지 또는 규제물품의 관리 등을 위해서 법규에서 원산지증명서 제출을 강제하는 경우 사용된다.

- 특정국가와의 FTA에서 정한 특혜관세율을 적용받기 위해서는 해당 FTA에서 정하는 요건의 원산지증명서를 제시하여야 한다.

심화 PLUS➕ 신용장 거래에서 원산지증명서의 수리요건

- 원산지증명서가 수리되기 위해 신용장에서 요구하는 바에 따라 원산지증명서를 발행하는 발행인은 다음과 같다.

  - 신용장에서 발행인의 이름을 명시한 경우 : 신용장에 명시된 자
  - 신용장에서 발행인의 이름을 명시하지 않은 경우 : 누구든지
  - 신용장에서 수익자, 수출자, 제조업자가 발행한 원산지증명서를 요구하는 경우 : 수익자, 수출자, 제조업자 또는 상업회의소(Chamber of Commerce), 산업회의소(Chamber of Industry), 산업협회(Association of Industry), 경제단체(Economic Chamber), 세관(Customs Authorities), 무역부(Department of Trade) 등
  - 신용장에서 상업회의소에서 발행한 원산지증명서의 제시를 요구하는 경우 : 상업회의소(Chamber of Industry), 산업협회(Association of Industry), 경제단체(Economic Chamber), 세관(Customs Authorities), 무역부(Department of Trade)

- 원산지증명서에는 발행인의 서명이 있어야 한다.
- 송장에 기재된 물품과 관련된 품목이 기재되어야 하며 원산지가 증명되어야 한다.

(2) 포장명세서(P/L, Packing List)

① 계약물품의 화물목록으로 물품의 수량, 순중량, 총중량 및 용적 포장방법, 화인 등의 내용을 기재한 서류이다.

② 신용장상에 포장명세서를 요청하지 않으면 작성하지 않아도 되지만, 통관 시 포장명세서가 요구되므로 일반적으로 상업송장과 함께 기본서류로 사용된다.

③ 포장명세서는 수량과 가격을 모두 기재하는 상업송장과 다르게 내용물의 포장방법, 단위, 무게 등을 자세히 기재하고 있으나, 목록별 가격 등 상업송장에 기재된 내용은 기재하지 않는다.

> **심화 PLUS⁺** 신용장 거래에서 포장명세서의 수리요건
>
> • 별도의 지정이 없다면 수출자 또는 포장업자가 발행할 수 있다.
> • 신용장에 별도의 문구가 없다면 포장명세서의 발행일자와 서명이 없어도 수리된다.
> • 신용장에서 포장명세서를 별도 요구하더라도 포장명세서와 중량용적증명서를 통합하여 하나의 문서에 작성할 수 있다.
> • 신용장에서 포장명세서 또는 이와 유사한 명칭의 서류를 제시하도록 요구하는 경우, 신용장과 동일하거나 유사한 제목 혹은 제목 없이 발행할 수 있다.
> • 포장명세서는 신용장 또는 다른 필요서류의 기재사항과 일치할 필요는 없으며 상호 모순되는 사항만 없으면 수리된다.

(3) 환어음의 수리요건

발행과 서명	• 신용장에서 달리 요구되지 않더라도 환어음은 반드시 수익자에 의해 발행되고 서명되어야 하며, 발행일이 표시되어야 한다. • 어음을 수정하거나 변경하였다면 수익자의 확인이 있어야 한다. • 만기일 결정 등에 중요하기 때문에 발행일은 반드시 기재하여야 하는 필수기재사항이다.
만기(Tenor)	• 환어음에 기재되는 만기는 신용장조건과 일치해야 한다. • "부터(from)"나 "이후(after)"라는 용어가 환어음의 만기일과 관련하여 사용되었다면 해당 일은 지급기일 계산에서 제외한다. • 환어음의 만기는 신용장이나 다른 요구서류와 독립적으로 결정될 수 있도록 기재되어야 한다. 　예 환어음의 만기가 '30DAYS AFTER BILL OF LADING DATE'로 요구되었는데 환어음에도 "AT 30 DAYS AFTER BILL OF LADING DATE"라고 기재(하자)
금액(Amount)	• 환어음 금액은 신용장에서 요구하는 금액으로 발행되어야 하며, 신용장에 표시된 통화로 표기되어야 한다. • 환어음에 기재된 문자금액과 숫자금액이 서로 상이한 경우, 문자금액을 기준으로 심사한다.
지급인(Drawee)	• 신용장은 개설의뢰인을 지급인으로 하여 개설되어서는 안 된다. • 신용장에서 환어음의 지급은행 표시는 SWIFT주소 또는 실제 은행명칭 중 어느 것으로 기재하여도 무방하다. • 통상 신용장 하에서 환어음의 지급인은 개설은행이 되지만 개설은행의 수권 또는 요청에 따라 신용장에 기재된 지정은행이나 상환은행 등이 지급인이 되는 경우도 있다.
배서(Endorsement)	• 환어음은 필요하다면 배서되어야 한다.

선적서류 (Shipping Document)	• 환어음, 전송보고서, 서류의 발송을 증빙하는 특송영수증, 우편영수증, 및 우편증명서를 제외한 신용장에서 요구하는 모든 서류이다.
증명서, 표명서, 진술서	• 신용장에 의하여 증명서(Certificate, Certification), 표명서(Declaration), 진술서(Statement)가 요구되는 경우 서명되어야 한다. • 신용장에서 조건에 의해 나타나야 하는 경우가 아니라면 증명서, 표명서 또는 진술서를 요구하는 경우 제시된 서류에 반드시 발행일이 필요한 것은 아니다.
수익자의 증명서 (Beneficiary's Certificate)	• 수익자증명서는 수익자 또는 대리인에 의해 서명되어야 하며 신용장의 요건과 저촉되어서는 안 된다. • 신용장에서 수익자의 증명서를 제시하도록 요구하는 경우 신용장 조건에 따라 제시된 서류는 신용장과 동일한 제목 또는 유사한 제목으로 기재되어도 되고 심지어 제목이 기재되지 않아도 된다. • 물품명세나 신용장 번호, 송장번호와 같은 다른 서류의 참조번호를 기재할 필요가 없다.
중량/용적증명서 (Certificate of Weight /Measurement)	• 중량용적증명서는 선적화물의 중량용적 및 수량의 증명서류이다. • 등록검량업자에 의해 검량되어 작성된 중량용적증명서는 주로 화물운임 산정이나 선적수량의 증명에 사용된다.
검사증명서 (Certificate of Inspection)	• 수입자가 검사인을 직접 지정하거나 전문 검사기관에 의뢰할 수 있다. • 요구된 물품의 샘플만이 시험되거나 분석 또는 검사되었음을 표시할 수 있다. • 신용장이나 서류에 명시된 수량보다 많은 수량이 기재되어 있을 수 있다.
분석증명서, 검사증명서, 훈증증명서	• 분석증명서(Certificate of Analysis), 검사증명서(Inspection Certificate) 또는 훈증증명서(Fumigation Certificate)에는 선적일 이후의 발행일이 표시될 수 있다. • 단, PSI Certificate와 같이 선적 전에 일어난 사건에 대한 증빙을 요구하는 경우 해당 Event가 선적 전에 발생하였다는 내용이 나타나야 한다.
화 인	• 선적화인은 신용장 조건과 모순되지 않는다면, 신용장 조건 이외의 추가정보를 포함하거나 간략히 표시해도 하자로 보지 않는다.
발행일자 표시	• 환어음, 운송서류, 보험서류의 경우 신용장에서 일자표시를 요구하지 않았더라도 반드시 발행일자가 기록되어야 한다.
정정과 인증	• 환어음을 제외하고 수익자가 발행하는 서류상 정보의 정정과 변경이 있는 경우, 인증(Authentication)될 필요가 없다. • 수익자가 발행하는 서류 이외의 서류상 정보의 정정은 발행인이나 그의 대리인 또는 수탁인에 의해 인증된 것으로 보아야 한다. • 사본 서류의 정보의 정정은 인증될 필요가 없으며, 원본 서류에만 요구된다.

심화 PLUS✛ 기타요건

기간경과서류수리가능 (Stale Documents Acceptable)	신용장의 유효기일 이전에 제시되는 것을 전제로 서류가 선적일 후 21일 이후에도 제시될 수 있다는 의미이다.
제3자서류수리가능 (Third Party Documents Acceptable)	환어음을 제외하고 신용장이나 UCP 600에서 발행인이 명기되지 않은 모든 서류는 수익자 이외에 자가 발행하여도 무방함을 의미한다.
제3자서류수리불가 (Third Party Documents Not Acceptable)	어떠한 의미도 갖지 않으며 이는 무시되어야 한다.

8. 수입화물선취보증서와 수입화물대도

수입화물 선취보증서 (L/G, Letter of Guarantee)	• 수입화물은 도착하였으나 운송서류가 도착하지 않아 화물을 인수하지 못함으로써 발생하는 수입자의 손실을 방지하고, 추후 운송서류의 원본이 도착하면 운송회사에 제출할 것을 수입자와 연대보증 하는 수입국 은행의 보증서를 의미함 • L/G는 신용장 결제방식에서만 사용되는 것은 아니고 송금이나 추심의 경우에도 필요한 경우 수입자가 거래은행에 L/G발행 신청이 가능함 • L/G의 개설은 수입자에 대한 L/G 개설은행의 여신 행위의 일종이므로 신청인의 신용 등을 검토하여 발급함 • 신용장 거래에서 L/G가 발급되면 추후 도착한 운송서류에 하자가 있더라도 개설은행은 이를 이유로 대금지급을 거절할 수 없고 L/G상의 약정에 따라 운송서류의 원본은 운송인에게 제출하여야 함 • 항공운송의 경우 L/G와 유사한 수입화물인도승낙서를 개설은행으로부터 발급받아 항공운송인에게 제출하여 화물을 인도받음
수입화물대도 (T/R, Trust Receipt)	• 수입화물과 운송서류가 모두 도착하였으나 수입자가 대금을 결제하지 못함으로써 화물을 인수하지 못하는 경우에 사용되며 수입자가 대금을 결제하기 전에 화물을 처분할 수 있도록 하면서 개설은행은 그 담보권을 상실하지 않도록 하는 제도 • 개설은행은 수입화물을 담보로 하여 소유권만을 보유하고 수입자가 물품을 통관하여 제조, 판매할 수 있도록 처분권을 위탁함으로써 발생한 판매대금으로 수입대금을 결제하도록 하는 신탁양도방식 • 수입자는 수입화물대도 후 다시 다른 사람에게 해당 물품을 담보로 제공할 수 없음 • 일반적으로 T/R은 기한부신용장에 활용되지만, 예외적으로 일람지급신용장의 경우에도 수입자가 신용장의 대금결제를 할 수 없는 경우 이용될 수도 있음

10 신용장의 조건변경   기출빈도 ★ ★

1. 조건변경이란

신용장 조건변경(Amendment)이란 신용장을 개설한 후 그 조건을 추가하거나 삭제, 수정하는 것을 말한다.

2. 조건변경의 요건

(1) 취소불능신용장의 경우 개설은행, 확인은행, 수익자의 동의 없이는 신용장의 조건변경 또는 취소가 불가능하다.

(2) 수익자는 조건변경에 대하여 승낙이나 거절의 의사표시를 하여야 하며, 일정 기간 내에 거절의 의사표시를 하지 않았을 경우 다음과 같이 판단한다.

> • 변경된 조건대로 서류를 제시할 경우 : 조건변경을 승낙한 것으로 봄
> • 원신용장의 조건대로 서류를 제시할 경우 : 조건변경을 거절한 것으로 봄

(3) 신용장 내에 수익자가 일정 시간 내에 조건변경을 거절하지 않는다면 조건변경이 효력을 가지게 된다고 규정되어 있더라도 이는 무시된다.

(4) 조건변경의 전부를 승낙하거나 거절해야 하며, 조건변경의 일부분만 승낙하는 것은 조건변경의 거절통지로 본다.

3. 조건변경에 대한 은행의 의무부담

개설은행은 자신이 조건변경을 한 시점부터 그 조건변경에 의하여 취소불능의 의무를 부담한다. 확인은행이 있는 경우 확인은행은 조건변경에 대하여 자신의 확인을 연장(Extend)할 수 있으며, 확인을 연장하는 경우 해당 조건변경을 통지한 시점부터 조건변경된 신용장에 대해 취소불능의 의무를 부담한다.

Q 시험에 이렇게 나온다!

제116회 1급 기출문제

56. 신용장의 조건변경 시 유의사항으로 옳지 않은 것은?

① 사소한 분쟁을 사전에 예방하기 위하여 수익자는 조건변경에 대해 수락하거나 거절한다는 의사표시를 명시적으로 하는 것이 좋다.
② 수익자는 여러 개의 조건변경이 포함된 하나의 조건변경통지서에서의 일부의 조건만 선택적으로 수락할 수 있다.
③ 수익자가 조건변경에 대한 승낙 또는 거절의 통고를 해야 하지만 그런 통고를 하지 않은 경우, 신용장 및 아직 승낙되지 않은 조건변경에 일치하는 제시는 수익자가 그러한 조건변경에 대하여 승낙의 통고를 행하는 것으로 본다.
④ 조건변경을 통지하는 은행은 조건변경을 송부해 온 은행에게 승낙 또는 거절의 모든 통고를 하여야 한다.

정답 ②
해설
수익자는 조건변경의 전부를 승낙하거나 거절해야 하며, 조건변경의 일부만 수락하는 것은 조건변경의 거절로 본다.

시험에 꼭 나온다!

11 양도가능신용장

기출빈도 ★ ★ ★

1. 양도가능신용장의 특징

표시	• 양도가능신용장은 개설은행이 신용장상에 "양도가능(Transferable)"을 명시한 경우에 한하여 양도가 될 수 있다. • Fractionable, Divisible, Transmissible, Assignable 등의 유사한 표현은 인정되지 않는다.
양도 방법	• 양도는 1회에 한하여 허용되며, 제2수익자의 요청으로 인한 제3수익자로의 재양도는 불가능하다. 　- 제2수익자가 원수익자(제1수익자)에게 양도환원(Transfer Back)하는 경우에는 양도취소로 간주되어, 원수익자가 또 다른 제3자에게 양도하는 것이 가능하다. • 신용장의 전부 또는 일부를 양도할 수 있다.(전부양도, 일부양도) • 분할선적이 금지되지 않는 한 2명 이상의 제2수익자에게 분할양도 할 수 있다. 　- 신용장이 2명 이상의 제2수익자에게 분할양도된 경우, 조건변경을 거절한 제2수익자에게는 조건변경 없이 원신용장의 효력이 유지되고 조건변경을 수락한 제2수익자에게만 새로 변경된 조건이 효력을 가지게 된다. • 제2수익자에 의한 제시는 양도은행에서 이루어져야 한다. • 신용장에 별도의 명시가 없는 한 동일 국내는 물론 제3국으로도 양도가 가능하다.

양도 조건	• 양도된 신용장의 조건은 원신용장의 조건과 일치해야 한다. • 다만 다음은 예외로 한다. – 신용장 금액과 단가의 감액 – 선적기한 및 유효기간과 서류제시기일의 단축 – 보험부보비율의 증가
제1수익자의 의무와 권리	• 양도 시에 달리 합의된 경우를 제외하고, 양도와 관련하여 발생한 모든 수수료(요금, 보수, 경비 또는 비용 등)는 제1수익자가 지급해야 한다. • 제2수익자가 제1수익자 앞으로 발행한 송장을 대체하여 제1수익자 자신이 개설의뢰인 앞으로 다시 송장을 발행할 수 있다. – 제1수익자는 신용장에 명시된 금액을 초과하지 않는 범위 내에서 제2수익자의 송장과 환어 음을 대체하고 차액이 있다면 해당 차액을 수령할 권리를 가진다.

UCP600 §38 양도가능신용장

b. For the purpose of this article:

Transferable credit means a credit that specifically states it is "transferable".

A transferable credit may be made available in whole or in part to another beneficiary ("second beneficiary")
at the request of the beneficiary ("first beneficiary")

Transferring bank means a nominated bank that transfers the credit or, in a credit available with any bank, a
bank that is specifically authorized by the issuing bank to transfer and that transfers the credit.

An issuing bank may be a transferring bank.

Transferred credit means a credit that has been made available by the transferring bank to a second beneficiary.

→ b. 이 조항에서는 다음과 같이 해석한다.

양도가능신용장이란 신용장에 "양도가능"이라고 특정하여 기재하고 있는 신용장을 말한다.

양도가능신용장은 수익자("제1수익자") 의 요청에 의하여 전부 또는 일부를 다른 수익자("제2수익자")에게 이
용하게 할 수 있다.

양도은행이란 신용장을 양도하는 지정은행 또는 어느 은행에서나 이용할 수 있는 신용장의 경우에는 개설은
행으로부터 신용장을 양도하도록 특정되어 수권받고 신용장을 양도하는 은행을 말한다.

개설은행은 양도은행이 될 수 있다.

양도된 신용장이란 양도은행에 의해 제2수익자가 이용가능도록 만들어진 신용장을 말한다.

c. Unless otherwise agreed at the time of transfer, all charges (such as commissions, fees, costs or expenses)
incurred in respect of a transfer must be paid by the first beneficiary.

→ c. 양도 시에 달리 합의된 경우를 제외하고, 양도와 관련하여 발생한 모든 수수료(수수료, 요금, 경비 또는 비용
과 같은 것)는 제1수익자에 의해 지불되어야 한다.

d. A credit may be transferred in part to more than one second beneficiary provided partial drawings or ship-
ments are allowed.

A transferred credit cannot be transferred at the request of a second beneficiary to any subsequent beneficiary.
The first beneficiary is not considered to be a subsequent beneficiary.

→ d. 분할청구 또는 분할선적이 허용되는 것을 전제로, 신용장은 두 사람 이상의 제2수익자에게 분할 양도될 수 있다.

양도된 신용장은 제2수익자의 요청에 의하여 그 다음 수익자에게 양도될 수 없다.

제1수익자는 그 다음 수익자로 간주되지 않는다.

2. 신용장 대금의 양도(Assignment of Proceeds)

신용장에 양도가능하다는 문구가 기재되어 있지 않더라도 신용장 대금은 제한 없이 양도할 수 있다.

🔍 **시험에 이렇게 나온다!**

제116회 1급 기출문제

59. 신용장의 양도와 관련된 설명으로 옳지 않은 것은?

① 분할양도는 분할선적이 허용된 경우에만 가능하다.
② 양도취급 가능은행은 원신용장에 지급, 인수, 매입은행이 지정된 경우에 그 은행이 양도은행이 된다.
③ 양도는 1회에 한해서만 허용된다.
④ 양수인이 원수익자에게 양도환원(transfer back)하는 경우는 허용되지 않는다.

정답 ④

해설
양수인이 원수익자에게 양도환원(Transfer back)하는 경우는 재양도로 보지 않는다.

12 UCP상 은행의 면책

기출빈도 ★

제시시간	• 은행은 자신의 영업시간 외의 제시를 수리할 의무가 없다.
불가항력에 대한 면책	• 은행은 천재지변, 폭동, 소요, 반란, 전쟁, 테러행위 또는 어떠한 파업 또는 직장폐쇄 또는 자신의 통제 밖에 있는 여하한 원인에 의한 영업의 중단으로부터 발생하는 결과에 대하여 책임지지 않는다. 은행은 영업을 재개하더라도, 영업중단 기간에 만료된 신용장에 대해 결제 또는 매입하지 않는다.
서류의 효력에 대한 면책	• 은행은 어떤 서류의 형식, 충분성, 정확성, 진정성, 위조여부 또는 법적 효력 또는 서류에 명시되거나 위에 추가된 일반 또는 특정조건에 대하여 어떠한 책임도 지지 않으며, 어떠한 서류에 표현된 명세, 수량, 무게, 품질, 상태, 포장, 인도, 가치 또는 물품의 존재여부, 용역이나 기타 이행 또는 물품의 송하인, 운송인, 운송주선업자, 수하인 또는 보험자 또는 다른 사람의 선의 또는 작위 또는 부작위, 지급능력, 의무이행 또는 상태에 대하여도 어떠한 책임도 지지 않는다.
전송과 번역에 대한 면책	• 신용장에 기재된 방법에 따라 메시지, 서신 또는 서류가 전송 또는 송부되는 때 또는 신용장에 지시사항이 없어 한 은행이 주도하여 송달 서비스를 선정한 경우, 메시지의 전송 또는 서신이나 서류의 송부 과정에서 일어나는 지연, 전달 도중의 분실, 훼손 또는 다른 실수로 발생하는 결과에 대하여 은행은 어떠한 책임도 지지 않는다. • 비록 서류가 지정은행과 개설은행 또는 확인은행 사이 또는 확인은행과 개설은행 사이에 송부되는 도중 분실된 경우에도 그 지정은행에 상환하여야 한다. • 은행은 기술적 용어의 번역 또는 해석의 오류에 대해 책임지지 않고 그 용어를 번역하지 않고 신용장 조건을 전송할 수 있다.
지시받은 당사자의 행위에 대한 면책	• 개설은행이나 통지은행은 비록 자신의 주도로 다른 은행을 선정하였더라도 그 은행이 다른 은행에 전달한 지시가 이행되지 않은 데 대하여 책임지지 않는다.

13 신용장 업무의 관행

1. 신용장의 개설 등

신용장의 개설	• 신용장상의 개설의뢰인은 원인계약의 수입자인 경우가 일반적이나 반드시 매매계약의 수입자여야 하는 것은 아니다 • 매수인이 매도인에게 PSI를 요구하여 계약과 일치하는 물품을 선적하도록 하여 상업위험을 완화할 수 있다. • 이미 선적이 끝난 물품의 대금결제를 위해서 신용장을 개설할 수도 있다. • 개설의뢰인은 신용장 개설이나 조건변경에 대한 지시를 명확하게 하지 않은 경우에 발생하는 위험을 부담한다.
서렌더 B/L의 허용 등	• 신용장 조건에 "Surrendered B/L is acceptable" 또는 원본 B/L을 매수인에게 직접 송부한다는 조건이 기재되면 개설은행은 수입화물에 대한 담보권을 확보할 수 없어 별도의 담보를 확보해야 한다.
언 어	• 신용장에서 특정언어로 서류를 작성하도록 요구한 경우 그러한 서류는 해당 언어로 작성되어야 한다. • 신용장에서 언어에 대한 지정이 없는 경우에는 어떠한 언어로 작성되어도 무방하다.

2. 신용장의 독소조항(Poisonous Clause)

(1) 신용장을 수령한 수익자는 매매계약의 내용이 신용장에 정확하게 반영되었는지 확인하여야 한다. 만약 신용장 조건과 계약내용이 상이하다면 신용장의 조건변경을 요청하거나, 위험을 스스로 부담하고 통지된 신용장의 조건대로 이행하거나 매매계약의 위반을 사유로 하여 선적을 정지할 수 있다.

(2) 신용장은 매매계약과 별개의 거래라는 독립성의 원칙과 서류로 모든 것을 판단한다는 추상성의 원칙과 서류거래 원칙을 특성으로 하기 때문에 신용장 대금의 결제는 오로지 일치하는 제시의 여부에 달려있다. 따라서 계약서와 다른 내용이나 이행하기 어려운 문구와 같이 악의의 특수한 조건, 즉 독소조항이 신용장 조건에 포함되어 있는 경우 해당 조항의 삭제 또는 조건변경을 요청하여야 한다.

(3) 독소조항의 예시

선적서류에 특정인의 서명 요구	• Commercial Invoices must appear on their face to be signed by the applicant or their agent. 　: 상업송장에 수입자나 그 대리인의 서명을 요구하는 조건으로서, 수출자가 대금회수를 위해 필요한 서류를 준비하기에 불리하다. • Inspection Certificate approved and signed by buyer's agent required. 　: 검사증명서에 수입자 대리인의 서명을 요구하는 조건으로서, 수출자가 대금회수를 위해 필요한 서류를 준비하기에 불리하다.
추가지시 요구	• Negotiations under this credit subject to further instruction. 　: 추가지시를 받은 후 매입을 하도록 요구하는 조건으로서, 수입자의 승낙이 필요하여 수출자에게 불리하다. • Shipment subject to further instruction. 　: 추가적인 선적지시가 있어야 하는 조건으로서, 수입자의 승낙 없이는 선적이 어렵다.

수입자의 상황에 따른 조건	• L/C will be operative when the applicant obtain I/L from the authorities. : 수입자가 당국의 수입승인을 얻은 경우 신용장이 유효하다는 조건으로서, 수입자가 수입승인을 얻지 못하면 수출자는 대금회수가 어렵다. • Claims for reimbursement will be made on the L/C applicant. : 수입자에게 상환청구 할 것을 요구하는 조건으로서, 개설은행의 지급확약이 없기 때문에 신용장의 본질을 훼손시키며 수출자는 대금회수를 확신할 수 없다.
기타 조건	• Payment will be made only on realization of export proceeds against L/C No.×××. : 대금지급을 다른 신용장(No.×××)과 연계하는 조건으로서, 수출자에게 불리하다. • Bill of lading showing shipper's load and count not acceptable. : 선하증권상에 화주의 적입 및 계량이라고 기재된 서류(부지약관조항, Unknown Clause)는 인수하지 않는다는 조건으로서, 수출자에게 불리하다.

심화 PLUS⁺ 신용장 관련 수수료

신용장 개설 수수료	신용장의 개설 시에 개설은행이 부담하는 위험에 대한 수수료이다. 통상 기간 단위(3개월)로 부과하여 기간수수료라고도 한다.
확인수수료	신용장의 확인은행이 확인을 지시하는 은행(개설은행)에 부과하는 수수료이다.
코레스 비용 (환거래 수수료, Corres Charge)	신용장 개설 시에 발생하는 신용장 통지은행의 통지수수료, 지정은행의 지급, 인수, 매입 수수료, 상환은행의 상환수수료 등 개설은행이 해외 환거래 은행에 지급하는 수수료이다.
인수수수료 (Acceptance Commission)	기한부신용장 중 인수신용장에서 환어음의 인수를 담당하는 은행이 어음을 인수하고 만기지급을 약정하는 대가로 청구하는 수수료이다.
A/D Charge (Acceptance and Discount Charge)	Banker's Usance의 경우 신용공여 은행인 인수은행이 기한부환어음을 인수하고 할인하여 대금을 지급하는 데에 부과하는 수수료이다. 최종적으로는 매수인이 부담하게 된다.
(수입환어음결제)환가료 (Exchange Commission)	개설은행이 신용장 대금을 선지급하는 경우 매수인의 신용장 대금 결제일까지의 이자명목으로 징수하는 수수료이다.
대체료 (In Lieu of Exchange Commission)	자행의 고객이 환전의 과정이 없이 외화계정을 통해 수출입대금을 외화로 입·출금하는 경우 은행은 환전수수료를 얻을 수 없게 되므로 이에 대한 보상의 성격으로 청구하는 수수료이다.
연체(지연)이자 (Delay Charge)	매입은행이 개설은행에 서류를 송부하고 난 후 상환까지 시간이 경과하거나, 개설은행에 서류가 도착하고 나서 일정 기일 이내에 매수인이 대금을 지급하지 못하는 경우 개설은행이 이를 대납하고 대금 수령 시까지의 이자로서 수입자에게 부담시키는 수수료이다.
Gr. Charge (Grace Day Charge)	개설은행에 서류가 도착한 날의 다음 날부터 3영업일을 초과하여 결제되는 경우에 징수하는 수수료이다.
하자수수료 (Discrepancy Fee)	불일치 서류에 대하여 통상 하자 건당 일정액의 수수료를 부과하여 이를 차감한 금액을 지급하여 발생하는데 매도인이 최종 부담한다.
미입금수수료 (Less Charge)	매입 시 예상치 못했던 해외은행의 수수료가 발생하여 징수된 경우 매도인에게 부과하는 수수료이다.
L/G 발급 수수료	L/G 발행 시 부과하는 취급수수료이다.
L/G 보증료	L/G 발행으로 인한 은행의 신용위험에 대한 수수료이다. 통상 L/G 발급건의 금액 전액에 대해 수입보증금을 적립하는 경우 보증료는 면제한다.

3. 신용장(Letter of Credit)의 예시

52A Issuing Bank(개설은행) :

40A Form of Documentary Credit(신용장 형식) : **Irrevocable and/or Transferable**

↳ [UCP 600 제6조] 신용장 형식에 관한 명시가 없을 경우, 취소불능신용장(Irrevocable L/C)으로 간주

20 Documentary Credit Number(신용장 번호) :

31C Date of Issue(신용장 발행일) :

31D Date and Place of Expiry(신용장 유효기일 및 장소) :

50 Applicant(개설의뢰인) :

59 Beneficiary(수익자) :

32B Currency and Amount(통화 및 금액) :

41D Available With/by(환어음 매입은행 지정구분) : **AVAILABLE ~ BANK BY ~**

↳ 환어음 매입을 특정은행에 지정하는 것으로 With + 은행, by + 매입, 지급, 연지급, 인수 중 신용장의 이용방법 표시

42C Drafts at(어음) : **AT SIGHT** → 어음의 만기 표시

42A Drawee(지급인) : **ISSUING BANK**

43P Partial Shipment(분할선적) : **ALLOWED** → 분할선적의 허용 여부 표시

43T Transhipment(환적) : **PROHIBITED** → 환적의 허용 여부 표시

44E Port of Loading(선적항) :

44F Port of Discharge(양륙항) :

44C Latest Date of Shipment(선적기일) :

45A Description of Goods(물품명세) :

46A Document Required(신용장 요구 서류) :

+ **SIGNED COMMERCIAL INVOICE IN ~ COPIES** → 상업송장

+ **FULL SET OF ORIGINAL CLEAN ON BOARD BILL OF LADING** → 선하증권

  MADE OUT TO ORDER OF ~ MARKED FREIGHT PREPAID/FREIGHT COLLECT AND NOTIFY APPLICANT

    ↳ 지시식인지 기명식인지 발행방법 표시   ↳ 운임이 선불인지 후불인지 표시   ↳ 착화통지처

+ **MARINE INSURANCE POLICY/CERTIFICATE IN DUPLICATE ENDORSED IN BLANK FOR 110**

  PERCENT OF THE INVOICE VALUE INCLUDING ALL RISKS → 보험서류

+ **PACKING LIST IN 3 COPIES** → 포장명세서

48 Period of Presentation(서류 제시기일) : **DOCUMENTS MUST BE PRESENTED WITHIN ~ DAYS**
AFTER THE DATE OF SHIPMENT BUT WITHIN VALIDITY OF THIS CREDIT.

    ↳ 신용장 요구 서류가 제시되어야 하는 날짜를 표시(ex. 선적일 후 ~일까지)

47A Additional Conditions(추가 조건) :

+ **5 PERCENT MORE OR LESS ON BOTH QUANTITY AND CREDIT AMOUNT ARE ACCEPTABLE**

제6절 | 기타특수결제방식

✎ 본문 내용 중 기출문제로 자주 출제된 부분에 **형광펜**으로 표시하였으니 반드시 학습하시기 바랍니다.

01 기타특수결제방식의 개요 기출빈도 ★

특수결제방식이란 송금결제방식, 추심결제방식, 신용장결제방식 이외의 특수한 형태의 결제방식을 말한다. 국제팩토링방식과 포페이팅방식이 대표적인 특수결제방식으로서 앞서 살펴본 O/A방식, 청구보증 등도 특수결제방식에 포함될 수 있다.

시험에 꼭 나온다!

02 국제팩토링방식 기출빈도 ★★★

1. 국제팩토링방식의 정의

(1) 국제팩토링(International Factoring)이란 팩토링회사(Factor, 주로 은행)가 수출자의 매출채권을 할인하여 인수하고 매출채권의 관리, 대금회수 등의 업무를 대행해주는 종합금융서비스를 말한다.

(2) 수출자가 수입자에게 물품을 수출함에 따라 발생하는 외상매출채권(Account Receivable)을 팩토링회사(팩터)에게 양도하고 팩터는 수출자에게 신용담보, 전도금융제공, 외상매출채권관리, 추심 등의 업무를 제공하는 금융기법이다.

2. 국제팩토링방식의 발생배경

(1) 국제팩토링을 통해 수출자는 팩터의 신용보증 및 지급보증에 의한 대금회수불능의 불안을 제거할 수 있으며, 수입자는 신용장을 발행하지 않는 무신용장방식이기 때문에 신용장발행에 따른 비용과 담보설정에 따른 부담을 덜 수 있다.

(2) 수출자는 신용장 거래를 통해 대금회수불능위험을 제거하고자 하지만, 수입자가 신용장발행에 따른 비용과 담보설정에 따른 부담을 느낄 경우 이용할 수 있는 금융기법이다.

3. 국제팩토링방식의 종류

상환청구 불능 팩토링 (Factoring Without Recourse)	수입자가 대금지급을 거절하더라도 팩터가 수출자에게 상환청구할 수 없다. (Without Recourse, 무소구조건)
상환청구 가능 팩토링 (Factoring With Recourse)	수입자가 대금지급을 거절할 경우 팩터가 수출자에게 상환청구할 수 있다. (With Recourse, 소구가능조건)

4. 국제팩토링방식의 유용성

(1) 수출자의 이점

낮은 신용위험	팩터(수출팩터와 수입팩터) 간의 연계를 통해 수출대금 회수를 보증하기 때문에 대금회수 불능 위험이 낮다.
전도금융 혜택	수출자는 필요한 경우 전도금융(만기 전 대금지급)을 통해 즉각적인 자금조달이 가능하다.
절차의 간소화	추심결제방식이나 신용장결제방식과 비교하여 절차가 간편하다.

(2) 수입자의 이점

비용 절감	신용장 발행비용 및 부대비용을 절감할 수 있다.
자금부담 경감	신용장 개설 시 부담하는 담보설정에 따른 부담과 수입보증금 설정에 따른 부담을 덜 수 있다.
신용구매	수입팩터의 지급보증을 통해 수출자로부터 신용구매가 가능하다.

5. 국제팩토링방식의 거래절차

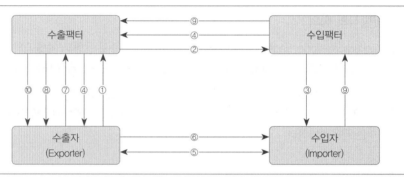

① 신용승인(Credit Approval)을 의뢰 및 요청한다.
② 수출팩터는 수입자에 대한 신용조사를 요청한다.
③ 수입팩터는 수입자의 신용을 조사한다.
④ 수출자에게 신용조사결과 및 승인내용을 통지한다.
⑤ 팩토링방식으로 무역계약을 체결한다.
⑥ 수출자는 물품을 선적한다.
⑦ 선적서류의 사본과 함께 매출채권을 수출팩터에게 양도한다.

⑧ 수출팩터는 서류 확인 후 전도금융을 제공하고 관련 수수료를 수출자에게 청구한다.
⑨ 수입자는 만기일에 수입팩터에게 대금을 지급하고 수입팩터는 수출팩터에게 대금을 송금한다.
⑩ 수출팩터가 미리 제공한 전도금융과 송금된 수출대금을 상계하여 차액을 지급한다.

제116회 1급 기출문제

66. 국제팩토링결제에 관한 설명으로 옳지 않은 것은?

① 수출팩터가 전도금융을 제공함으로써 효율적으로 운전자금을 조달할 수 있다.
② 수출자는 대금회수에 대한 위험부담 없이 수입업자와 무신용장 거래를 할 수 있다.
③ 국제팩토링결제는 L/C 및 추심방식에 비해 실무절차가 복잡하다.
④ 팩터가 회계업무를 대행함으로써 수출채권과 관련한 회계장부를 정리해 준다.

정답 ③
해설
국제팩토링결제는 신용장이나 추심결제방식과 비교하여 절차가 간단하다.

03 포페이팅방식

기출빈도 ★★★

1. 포페이팅방식의 정의

(1) 포페이팅방식(Forfaiting)이란 현금을 대가로 채권을 포기 또는 양도한다는 것을 뜻하는 것으로, 수출거래에 따른 환어음이나 약속어음을 수출자에게 소구함 없이(Without Recourse) 고정이자율로 할인 매입하는 금융기법을 말한다.

(2) 수출자는 포페이터에게 채권을 양도(포기)하고 수출대금을 지급받는다. 이후 수입자가 채권에 대한 대금지급을 거절하더라도 포페이터는 수출자에게 대금 상환청구를 할 수 없다.

2. 포페이팅방식의 특징

(1) 포페이터는 소구권이 없는 조건으로 수출자로부터 매출채권을 매입하기 때문에, 수출자는 수입자가 대금을 결제하지 않더라도 대금을 상환할 책임이 없다. (무소구 조건)

(2) 포페이팅거래에서는 환어음과 약속어음 등 유통가능한 채권을 거래대상으로 한다.

(3) 보증은행은 지급보증서나 Aval(취소불능 무조건 지급보증)을 추가하여 담보로 제공하며, 수출자에게는 별도의 보증이나 담보를 요구하지 않는다.

(4) 할인대상은 일반적으로 1~10년의 중장기 환어음과 약속어음이며, 주로 고정금리부로 할인이 이루어진다.

(5) 포페이팅은 국제규칙으로 포페이팅통일규칙(URF)이 적용된다.

3. 포페이팅방식의 유용성

위험이전	수출자의 신용위험, 비상위험, 환위험, 금리위험 등이 포페이터에게 이전된다.
신속한 현금 확보	수출대금을 조기에 회수가능하다.
별도 담보제공 없음	보증은행이 지급보증서나 Aval로 담보하기 때문에 수출자에게 별도의 담보를 요구하지 않는다.

4. 포페이팅방식의 거래절차

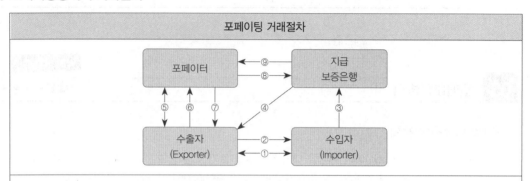

① 포페이팅결제방식으로 무역계약을 체결한다.
② 수출자는 수출물품을 수입자에게 인도한다.
③ 수입자는 지급보증은행에 지급보증을 요청한다.
④ 지급보증은행은 별도의 지급보증서를 발급하거나 환어음이나 어음상에 Aval(지급보증)을 추가하여 이를 수출자에게 인도한다.
⑤ 수출자는 포페이터와 포페이팅계약을 체결한다.
⑥ 수출자는 계약체결 시 지급보증서 또는 Aval이 포함된 어음을 포페이터에게 양도한다.
⑦ 포페이터는 수출자에게 어음을 할인하여 지급한다.
⑧ 포페이터는 어음의 만기일에 어음을 지급인에게 제시한다.
⑨ 지급인은 포페이터에게 대금을 지급한다.

제111회 1급 기출문제

40. What could best replace the underlined words?

> Forfaiting involves the purchase of trade receivables without recourse, meaning that the purchasing bank or finance company cannot claim against the original ⓐ <u>trade creditor</u> in the event that the ⓑ <u>trade debtor</u> refuses or is unable to pay its obligations when due. A frequent exception is when non-payment is due to a trade dispute between the seller and buyer, who claims the seller did not ship the right goods or otherwise committed fraud in the transaction.

① ⓐ seller – ⓑ buyer
② ⓐ bank – ⓑ seller
③ ⓐ insurer – ⓑ buyer
④ ⓐ buyer – ⓑ insurer

정답 ①
해설
채권자는 대금을 지급받는 매도인을, 채무자는 대금을 지급하는 매수인을 의미한다.

제105회 1급 기출문제

75. 포페이팅(Forfaiting) 결제방식으로 옳지 않은 것은?

① 소구권 없이 외상채권(약속어음 또는 환어음)의 할인
② 변동금리에 의한 할인
③ 현금을 대가로 외상채권 포기 또는 양도
④ 수입업자 거래은행의 지급보증서 또는 Aval(어음보증)이 필요

정답 ②
해설
포페이팅 결제방식은 주로 고정금리에 의해 할인이 이루어진다.

04 국제팩토링방식과 포페이팅방식의 비교

기출빈도 ★ ★

구 분	국제팩토링방식	포페이팅방식
대상채권의 만기	비교적 단기(약 180일 이내)	상대적으로 장기(최대 10년)
규 모	소액결제	거액결제
상환청구 가능여부	상환청구 가능한 방식과 불가능한 방식이 혼재함	상환청구 불가능
대상 결제방식	사후송금방식	신용장방식, 추심방식 등 어음이 발행되는 연지급 결제방식
대상채권	무형의 외상매출채권	환어음, 약속어음

제7절 | 무역보험

✎ 본문 내용 중 기출문제로 자주 출제된 부분에 **형광펜**으로 표시하였으니 반드시 학습하시기 바랍니다.

01 무역보험의 개요　　　　　　　　　　　　　　　　　　　　기출빈도 ★

1. 무역보험

(1) 무역보험은 무역거래의 상대방으로부터 수출대금 또는 선급금을 회수하지 못하거나 무역거래자에게 수출입금융을 제공한 금융기관이 대출금을 회수하지 못할 경우 손실을 보상하는 제도이다.

(2) 무역보험은 무역거래에 수반되는 여러 위험 가운데 해상보험으로는 담보할 수 없는 위험, 즉 수입자의 파산, 전쟁, 내란 등과 같이 민간 보험자가 인수하기 어려운 위험에 대해 무역업자와 금융기관을 보호하고자 정부 주도 하에서 운영되고 있는 비영리 정책보험이다.

(3) 우리나라의 무역보험은 한국무역보험공사가 전담하고 있으며, 무역보험은 수출보험과 수입보험으로 구분된다.

2. 무역보험의 담보위험

신용위험 (Commercial Risk)	거래당사자의 귀책사유로 인해 계약의 이행이 불가능해지거나 대금을 회수하지 못하는 위험 예 수입자의 계약파기, 파산, 지급불능, 지급거절, 지급지체 등
비상위험 (Political Risk)	거래당사자의 책임으로 귀속되지 않는 불가항력에 의해 계약의 이행이 불가능해지거나 대금을 회수하지 못하는 위험 예 전쟁, 내란, 파업, 상대국 정부의 수입 제한, 환거래의 제한 조치 등

3. 무역보험의 계약체결방식

(1) 개별보험방식

① 보험계약자가 개개의 부보대상을 청약하고, 보험자가 그 내용을 심사하여 인수여부를 결정하는 방식이다.

② 보험계약자가 자신이 부담하는 위험이 크다고 생각하는 거래에 한하여 개별적으로 부보하는 방식이기 때문에 보험계약자는 부보대상에 대한 선택의 자유가 있으나, 보험자는 위험부담이 큰 거래에 대하여 인수를 거절할 수 있기 때문에 보험계약 체결이 어려울 수 있다.

(2) 포괄보험방식

① 보험계약자와 보험자가 사전에 포괄보험계약을 체결하고 일정 기간 동안의 특정상품 또는 특정결제조건의 무역거래를 의무적으로 포괄하여 부보하고 보험자도 이를 자동적으로 포괄하여 인수하는 방식이다.

② 개별보험방식과 달리 보험계약자에게 부보대상에 대한 선택의 자유는 없으나, 포괄보험방식을 선택하는 경우 보험자가 계약의 인수를 거절할 우려가 없다.

③ 위험도가 높은 특정 위험만을 부보하는 것이 아닌 대상물품의 전부를 보험에 부보함으로써 보험자의 입장에서 역선택을 방지할 수 있으며 위험을 분산할 수 있어 저율의 보험료로 인수할 수 있다.

4. 무역보험의 역선택 문제

(1) 역선택 문제

① 일반적인 영리보험은 대수의 법칙에 입각한 통계적 확률에 의한 보험사고 발생 가능성에 따라 보험료가 산정되는 반면, 비영리보험인 무역보험은 무역거래에 대한 정부적 차원의 필요성에 따라 보험료 및 보험금액 등이 결정된다.

② 이러한 무역보험의 공익적 특수성에 의해 보험계약자가 보험사고 발생 가능성이 큰 위험만을 선택적으로 부보하는 위험(보험사고)의 역선택 문제가 발생하게 된다.

> **[용어설명] 역선택**: 보험가입자와 보험회사 간의 정보의 비대칭으로 인해 발생하는 현상으로 보험가입자의 사고 확률에 대한 정보를 가지지 않은 보험회사가 높은 사고 확률을 가진 사람을 보험에 가입시키는 것을 말함

(2) 역선택 문제를 방지하기 위한 조치

한국무역보험공사는 역선택을 방지하기 위해 다음과 같은 조치를 취하고 있다.

- 보험기간의 제한
- 보험책임 시기의 제한
- 포괄보험의 실시

1. 수출보험

수출보험은 신용위험 또는 비상위험으로 인해 적기에 물품을 선적하지 못하거나 수출대금을 회수하지 못하게 되어 수출자 또는 수출자금을 제공해준 금융기관이 입게 되는 손실을 보상함으로써 궁극적으로는 수출진흥을 도모하기 위한 수출지원제도이다.

2. 수출보험의 종류

단기성종목	단기수출보험(선적 후)		• 수출자가 수출대금의 결제기간 2년 이하의 수출계약을 체결하고 물품을 수출한 후, 수입자로부터 수출대금을 받을 수 없게 된 때에 입게 되는 손실을 보상하는 제도이다.
	수출신용보증	선적 전	• 수출기업이 수출계약에 따라 수출물품을 제조, 가공하거나 조달할 수 있도록 외국환은행 또는 수출유관기관들이 수출신용보증서를 담보로 대출 또는 지급보증을 실행함에 따라 기업이 은행에 대하여 부담하게 되는 상환채무를 한국무역보험공사가 연대보증하는 제도이다.
		선적 후	• 수출기업이 수출계약에 따라 물품을 선적한 후 금융기관이 환어음 등의 선적서류를 근거로 수출채권을 매입(Nego)하는 경우 한국무역보험공사가 연대보증하는 제도이다.
중장기성종목	중장기수출보험(선적 전)		• 수출대금 결제기간이 2년을 초과하는 중장기 수출계약에서 수출 또는 결제자금 인출불능으로 인한 수출기업의 손실을 담보하는 제도이다.
	해외공사보험		• 해외공사계약 상대방의 신용위험 발생, 해외공사 발주국 또는 지급국에서의 비상위험 발생에 따라 손실을 입게 된 경우에 그 손실을 보상하는 제도이다.
	수출보증보험		• 금융기관이 수출거래와 관련하여 수출보증서를 발행한 후 수입자(발주자)로부터 보증채무 이행청구를 받아 이를 이행함으로써 입게 되는 금융기관의 손실을 보상하는 제도이다.
기타	환변동보험		• 수출 또는 수입을 통해 외화를 획득 또는 지급하는 과정에서 발생할 수 있는 환차손익을 제거, 사전에 외화금액을 원화로 확정시킴으로써 환율변동에 따른 위험을 헤지(Hedge)하는 상품이다. • 수출거래를 예로 들면, 환율 하락 시에는 손실을 보상하지만 환율 상승 시에는 이익금을 환수한다.

[자료출처 : 한국무역보험공사(www.ksure.or.kr)]

03 수입보험

1. 수입보험

수입보험은 수입자의 자금조달을 지원하는 것은 물론 신용위험 또는 비상위험으로 인해 적기에 물품을 인도받지 못하거나 선급금을 회수하지 못하게 되어 수입자 또는 수입자금을 제공해준 금융기관이 입게 되는 손실을 보상하는 제도이다.

2. 수입보험의 종류

수입자용 수입보험	국내수입기업이 원유 등 주요물자의 수입 시 선급금 지급조건 수입거래에서 비상위험 또는 신용위험으로 인해 선급금을 회수할 수 없게 된 경우에 발생하는 손실을 보상하는 제도이다.
금융기관용 수입보험	금융기관이 주요자원 등의 수입에 필요한 자금을 수입기업에 대출(지급보증)한 후 대출금을 회수할 수 없게 된 경우에 발생하는 손실을 보상하는 제도이다.

[자료출처 : 한국무역보험공사(www.ksure.or.kr)]

04 환변동 보험

1. 환변동 보험

(1) 수출 또는 수입을 통해 외화를 획득 또는 지급하는 과정에서 발생할 수 있는 환차손익을 제거, 사전에 외화금액을 원화로 확정시킴으로써 환율변동에 따른 위험을 헤지(Hedge)하는 상품이다.

(2) 수출거래를 예로 들면, 수출기업과 무역보험공사 간 사전에 환율을 정해놓고, 결제시점 환율이 사전에 정해놓은 환율(보장환율)보다 높으면 그 기업으로부터 차액(환차익)을 환수하고, 결제시점 환율이 보장환율보다 낮으면 그 차액(환차손)만큼 그 기업에게 보험금을 지급한다.

- 보장환율 < 결제환율 : 무역보험공사가 기업으로부터 환차익을 환수
- 보장환율 > 결제환율 : 무역보험공사가 기업에게 환차손만큼 보험금을 지급

2. 수출입보험의 환변동제도 비교

구 분	수출환변동	수입환변동
가입목적	환율하락에 따른 손실방지	환율상승에 따른 손실방지
가입기업	수출기업	수입기업
보험금지급 (K-sure→기업)	환율 하락 시	환율 상승 시
이익금환수 (기업→K-sure)	환율 상승 시	환율 하락 시

제102회 1급 기출문제

52. 우리나라의 수입보험제도에 관한 설명으로 옳지 않은 것은?

① 수입보험은 수입자용 및 금융기관용 수입보험 두 가지 종류가 있다.

② 수입자용 수입보험은 국내기업이 선급금 지급조건 수입거래에서 운송위험 또는 환위험으로 인해 선급금을 회수할 수 없게 되는 경우에 발생하는 손실을 보상한다.

③ 금융기관용 수입보험은 금융기관이 주요 자원 등의 수입에 필요한 자금을 수입기업에 대출한 후 대출금을 회수할 수 없게 되는 경우에 발생하는 손실을 보상한다.

④ 수입자의 자금조달을 지원하는 것은 물론 해외 수출자의 계약불이행으로 적기에 물품을 인도받지 못하거나 선급금을 회수하지 못하는 경우의 손실을 보상하는 제도이다.

정답 ②

해설

운송위험 또는 환위험

→ 신용위험 또는 비상위험

심화 PLUS⁺ 환리스크(Foreign Exchange Risk) 관리 기법

1. 대내적 관리기법

일상적인 영업활동과 관련하여 발생하는 환위험을 관리하는 기법으로 기업이 환리스크 관리를 위한 별도의 추가적인 거래비용 없이 내부적으로 환위험을 관리하는 것을 말한다.

매칭 (Matching)	외화자금의 유입과 유출을 통화별, 만기별로 일치시킴으로써 외화자금흐름의 불일치에서 발생할 수 있는 외환리스크를 원천적으로 제거하는 기법
리딩(Leading)과 래깅(Lagging)	환율변동에 대비하여 외화자금의 결제시기를 의도적으로 앞당기거나 또는 의도적으로 지연시키는 기법
네팅 (Netting)	일정 기간 동안 본사와 지사 간 또는 지사 상호 간에 발생하는 채권·채무를 개별적으로 결제하지 않고 일정 기간 경과 후에 서로 상계한 후 그 차액만을 정기적으로 결제하는 방법
가격정책 (Pricing Policy)	판매수익을 극대화하고 구매비용을 최소화하기 위한 가격조정 및 가격표시정책으로서, 수출입 상품 가격을 환율변동에 따라 조정하거나 수출입표시 통화를 조정하는 방법
자산부채종합관리 (ALM)	환율전망에 따라 기업이 보유하고 있는 자산·부채의 규모를 조정함으로써 환위험을 관리하는 방법
포트폴리오 전략 (Portfolio Management)	1개가 아닌 다수의 통화 바스켓을 구성하여 통화 간 환율변동을 서로 상쇄하는 효과를 통해 환율변동에 따른 위험을 줄이는 전략

2. 대외적 관리기법

내부적 관리기법으로 제거되지 못하는 환위험을 관리하기 위한 기법으로 외환시장 또는 금융시장에서 금융상품을 이용하여 환위험을 관리하는 것을 말한다. 대내적 관리기법보다는 환위험 제거 효과가 크지만 거래비용이 소요된다.

선물환거래 (FX; Forward Exchange Transaction)	외화표시 자산 또는 부채의 환율변동위험을 방지하기 위하여 미리 약정한 환율로 장래의 일정 시기에 일정 금액의 외화를 매입하거나 매도할 수 있도록 약정하는 외환거래
역외 선물환(NDF)거래	만기 시 사전에 약정한 환율에 의해 특정 통화를 인도·인수하는 일반적인 선물환 거래와 달리 만기에 계약원금의 교환 없이 약정한 선물환율과 만기 시의 현물환율 간의 차액만을 미 달러화로 정산하여 결제하는 거래 (NDF; Non-Deliverable Forward)
통화선물거래 (Currency Futures)	선물환거래와 같이 일정 통화를 장래의 일정 시점에서 약정가격으로 매입·매도하기로 한 금융 선물거래
통화옵션거래 (Currency Option)	기초자산이 되는 특정 통화를 미래의 일정 시점에 미리 약정한 환율로 매입하거나 매도할 수 있는 권리(Option)를 매매하는 거래
통화스왑거래 (Currency swap)	두 거래당사자가 계약일에 약정된 환율에 따라 해당 통화를 상호 교환하는 외환거래
환변동보험	수출입거래를 통해 발생하는 환율변동에 대한 위험을 헤징하기 위해 사전에 외화금액을 원화로 확정시킴으로써 환율변동에 따른 위험을 헤징하는 한국무역보험공사의 보험 상품

01

□

제109회 1급 기출문제

청약의 효력이 발생하기 전 또는 청약의 효력과 동시에 해당 청약의 내용을 무효화시키는 행위는?

① 취소　　　　　② 철회　　　　　③ 반대　　　　　④ 회피

02

□

제119회 1급 기출문제

다음 조건부 청약(Conditional Offer) 중 성격이 다른 것을 고르시오.

① 예약불능청약(Offer without engagement)

② 통지없이 가격변동 조건부 청약(Offer subject to change without notice)

③ 시황변동조건부 청약(Offer subject to market fluctuation)

④ 승인부 청약(Offer on approval)

03

□

제108회 1급 기출문제

Which is right under the situation below?

> An exporter sent an offer on May 10 to an importer. The offer included a specified type and quantity of goods at a price which is 50% lower than the market price, adding that "This is such an attractive offer so I shall assume that you accept unless I hear from you by May 15." The importer did not reply until May 15. And the exporter shipped the goods on May 16.

① Importer should have responded to the offer immediately.

② Importer does not have to pay the goods delivered.

③ The contract will be revoked.

④ Exporter is entitled for the payment.

04 **What does Blank refer to?**

☐

> (　　　) literally means "as it arrives". It is used in contract for shipment of grain in bulk to signify that the consignor will accept the goods in whatever condition they arrive, so long as they were in good order at time of shipment, as evidenced by a certificate of quality issued by an impartial inspection agency.

① GMQ　　　　　　　　　② Tale Quale

③ Rye Term　　　　　　　④ Sea Damaged Term

05 **아래의 품질결정조건이 들어가는 매매에 해당하는 것은?**

☐

> Goods sold without sample shall be guaranteed by the seller to be almost equal to the fair average quality of the season's crop at the time and place of shipment

① 견본매매(sale by sample)

② 점검매매(sale by inspection)

③ 표준품매매(sale by standard)

④ 규격매매(sale by grade)

06 **무역계약에서 수량조건에 대한 설명으로 옳지 않은 것은?**

☐

① 수량을 표시하는 용어는 piece, length, measurement, weight, package 등이 있다.

② 용적을 표시하는 용어는 CBM, TEU, liter, square, drum 등이 있다.

③ 중량 1톤을 영국계에서는 1,016kg, 미국계는 907kg이며 유럽계는 1,000kg으로 사용한다.

④ UCP 600에는 산화물의 과부족 용인에 대해 어음발행 금액이 신용장금액을 초과하지 않는 범위 내에서 5%의 과부족을 허용하는 규정을 두고 있다.

07 **승인조건부 청약이나 보세창고도거래 등에서 품질을 결정하는 데 가장 바람직한 방법은?**

☐

① 표준품매매　　　② 상표매매　　　③ 명세서매매　　　④ 점검매매

08

☐

수출자 X가 취할 조건으로 아래 공란을 올바르게 나열한 것은?

수출자 X는 최근 수출품목을 다변화하여 농산물, 임산물 또는 광산물과 같은 1차산품으로 확대하고자 한다. 그러나 문제는 이러한 1차산품이 주로 일정한 규격이 없어 품질을 약정하기가 곤란하다는 점을 알게 되었고, 이 경우 일정한 표준품을 추상적으로 제시하여 대체로 이와 유사한 수준의 품질을 인도하면 되는 것으로 알려졌다. 이에 최근 수입자 Y는 원목이나 냉동 수산물 등을 수입하고자 하나 이러한 물품의 대부분은 외관상으로는 좋게 보이지만 그 내부가 부식되는 등 잠재하자 가능성이 높은 물품에 해당하여 수출자 X가 도착지에서 판매 적격성을 보증해주길 원하고 있다. 이에 수출자 X는 수입자 Y에게 품질결정방법으로 (a) 조건을 제시하고자 한다. 한편 또 다른 수입자 Z는 농산물 가운데 곡물류나 과일류 물품을 전년도 수확물의 평균중등품을 품질기준으로 선물거래에 의해 수입을 원하고 있어 그에게는 품질결정방법으로 (b) 조건을 제시하려고 한다. 그런데 수입자 Z는 특히 호밀의 수입을 원하며 품질검사의 기준시기를 양륙시를 선호하고 있어 품질결정시기로 (c) 조건을 제시하려고 한다.

① a : GMQ, b : FAQ, c : RT

② a : FAQ, b : USQ, c : TQ

③ a : FAQ, b : GMQ, c : RT

④ a : GMQ, b : USQ, c : TQ

09

☐

The following statement is a part of contract. What kind of clause is it?

If any provision of this Agreement is subsequently held invalid or unenforceable by any court or authority agent, such invalidity or unenforceability shall in no way affect the validity or enforceability of any other provisions thereof.

① Non-waiver clause

② Infringement clause

③ Assignment clause

④ Severability clause

10 아래 글상자는 무역계약에서 국제상관습의 의의에 관한 설명이다. 공란에 들어갈 내용을 바르게 연결한 것은?

☐

> (ⓐ)의 (ⓑ)은 극히 간결한 형태로 표현되고 있음에도 불구하고, 대량의 무역거래가 신속 안전하게 이행되는 것은 수백 년에 걸쳐서 형성된 (ⓒ)이란 형태의 (ⓓ)에 의하여 (ⓐ)을 보완하여 왔기 때문이다.

① ⓐ 국제상관습, ⓑ 명시조항, ⓒ 무역계약, ⓓ 묵시조항
② ⓐ 국제상관습, ⓑ 묵시조항, ⓒ 무역계약, ⓓ 명시조항
③ ⓐ 무역계약, ⓑ 묵시조항, ⓒ 국제상관습, ⓓ 명시조항
④ ⓐ 무역계약, ⓑ 명시조항, ⓒ 국제상관습, ⓓ 묵시조항

11 Which is NOT suitable for the blank?

☐

> According to CISG, additional or different terms relating, among other things, to ( ) are considered to alter the terms of the offer materially.

① the price, payment, quality and quantity of the goods
② place and time of delivery
③ late acceptance
④ the settlement of disputes

12 Which is NOT suitable in the blank?

☐

> The Incoterms® 2020 rules do NOT deal with ( ).

① whether there is a contract of sale at all
② the specifications of the goods sold
③ the effect of sanctions
④ export/import clearance and assistance

13 Select the term or terms which the following passage does not apply to.

> The named place indicates where the goods are "delivered", i.e. where risk transfers from seller to buyer.

① E-term ② F-terms ③ C-terms ④ D-terms

14 The following are on CIF under Incoterms® 2020. Select the wrong one.

① The insurance shall cover, at a minimum, the price provided in the contract plus 10% (ie 110%) and shall be in the currency of the carriage contract.

② The insurance shall cover the goods from the point of delivery set out in this rule to at least the named port of destination.

③ The seller must provide the buyer with the insurance policy or certificate or any other evidence of insurance cover.

④ Moreover, the seller must provide the buyer, at the buyer's request, risk and cost, with information that the buyer needs to procure any additional insurance.

15 다음 인코텀즈(Incoterms®) 2020에 대한 설명으로 적절하지 않은 것을 고르시오.

① CIF 조건에서는 협회적하약관 C 약관의 원칙을 계속 유지하였다.

② 물품이 FCA 조건으로 매매되고 해상운송 되는 경우에 매수인은 본선적재표기가 있는 선하증권을 요청할 수 없다.

③ 인코텀즈 2020 규칙에서는 물품이 매도인으로부터 매수인에게 운송될 때 상황에 따라 운송인이 개입되지 않을 수도 있다.

④ 매도인이 컨테이너화물을 선적 전에 운송인에게 교부함으로써 매수인에게 인도하는 경우에 매도인은 FOB 조건 대신에 FCA 조건으로 매매하는 것이 좋다.

제111회 1급 기출문제

16 Incoterms상 EXW(Ex Works) 조건에 대한 설명으로 옳지 않은 것은?

① 매도인은 매매계약과 일치하는 물품을 자신의 영업장 구내에서 매수인에게 인도한다.

② 당사자 사이에 합의되었거나 관습이 있는 경우에 서류는 그에 상당하는 전자적 기록이나 절차로 할 수 있다.

③ 매수인은 매도인의 영업장 구내에서 물품을 수령하고 이를 입증하는 적절한 증빙을 제공하여야 한다.

④ 매도인은 수출국에 의하여 강제적인 검사를 포함하여 모든 선적 전 검사 비용을 부담하여야 한다.

제113회 1급 기출문제

17 Choose one that is NOT correct about the remedies regulated in the CISG(United Nation Convention on Contracts for the International Sale of Goods).

① The buyer may require the delivery of substitute goods only when non-conformity constitutes a fundamental breach of contract.

② The buyer may require to repair the goods only when non-conformity constitutes a fundamental breach of contract.

③ When non-delivery of goods constitutes a fundamental breach of goods, the buyer may declare avoidance of contract.

④ The buyer may claim for damage even when non-conformity does not constitute a fundamental breach of contract.

제119회 1급 기출문제

18 다음 분쟁해결조항상 사용할 수 없는 분쟁해결방법을 고르시오.

> Dispute Resolution. The Parties agree to attempt initially to solve all claims, disputes or controversies arising under, out of or in connection with this Agreement by conducting good faith negotiations. If the Parties are unable to settle the matter between themselves, the matter shall thereafter be resolved by alternative dispute resolution.

① Amicable Settlement

② Conciliation

③ Arbitration

④ Litigation

19 중재제도에 관한 다음 설명에 해당하는 것은?

□

> 중재절차에서 중재판정부는 당사자들의 지위를 보호하고 중재판정의 결과를 기다리는 동안 중재대상의 목적물의 처분이나 재산 도피 등을 제한하고 그 상태를 유지하도록 한다.

① 임시적 처분(interim measure)

② 최종판정(final award)

③ 자기심사권한(competence-competence)

④ 보수청구(remuneration)

20 뉴욕협약(외국중재판정의 승인 및 집행에 관한 협약 : United Nations Convention on the Recognition and Enforcement of Foreign Arbitral Award) 제5조에 따라 중재판정의 승인과 집행의 거절 사유가 될 수 있는 경우가 아닌 것은?

□

① 중재합의의 당사자가 그 준거법에 의하여 무능력자이었을 경우

② 당사자가 중재인의 선정 또는 중재절차에 관한 적절한 통지를 받지 못하였을 경우

③ 중재판정이 중재합의 대상의 범위를 벗어난 사항을 다룬 경우

④ 중재판정의 내용이 그 준거법을 잘못 적용하여 내려진 경우

21 (   ) 안에 들어갈 용어를 올바르게 나열한 것은?

□

> (a)는 선박의 밀폐된 내부 전체용적을 나타내며 100ft³을 1톤으로 하되 기관실, 조타실 따위의 일부 시설물의 용적은 제외한다. 각국의 보유 선복량 표시, 관세, 등록세, 도선료 등의 부과 기준이 된다. 반면 (b)는 상행위에 직접적으로 사용되는 장소만을 계산한 용적으로 전체 내부용적에서 선원실, 갑판 창고, 통신실, 기관실 따위를 제외한 부분을 톤수로 환산한 것이며, 톤세, 항세, 항만시설사용료, 운하 통과료 등의 부과 기준이 된다.

① a : 총톤수(G/T : gross tonnage), b : 순톤수(N/T : net tonnage)

② a : 순톤수(N/T : net tonnage), b : 총톤수(G/T : gross tonnage)

③ a : 재화중량톤수(DWT : dead weight ton), b : 배수톤수(displacement ton)

④ a : 배수톤수(displacement ton), b : 재화중량톤수(DWT : dead weight ton)

22

The following explains a Bill of Lading. What kind of B/L is it?

> This B/L is issued by forwarding agents who consolidate several cargoes belonging to different owners or forming the subject—matter of different export transaction in one consignment.

① Groupage B/L   ② Red B/L   ③ Stale B/L   ④ House B/L

23

Select the wrong part in the following passage.

> (A)Sea Waybill is a transport document for maritime shipment, which serves as prima—facie evidence of the contract of carriage (B)and as a receipt of the goods being transported, and a document of title.
> (C)To take delivery of the goods, presentation of the sea waybill is not required; (D)generally, the receiver is only required to identify himself, doing so can speed up processing at the port of destination.

① (A)   ② (B)   ③ (C)   ④ (D)

24

다음 중 선하증권의 법적 성질에 대한 설명으로 옳지 않은 것을 고르시오.

① 요인증권성 : 화물의 수령 또는 선적되었음을 전제로 발행한다.

② 요식증권성 : 상법 등에서 정한 기재사항을 증권에 기재 하여야 한다.

③ 문언증권성 : 선의의 B/L 소지인에게 운송인은 B/L 문언에 대하여 반증할 수 없다.

④ 지시증권성 : 화물에 대하여 B/L이 발행된 경우, 그 화물을 처분할 때에는 반드시 B/L로써 한다.

25

B/L상에 기재된 선적일자와 관련된 사항으로 옳지 않은 것은?

① 원래 On Board B/L로 발행된 경우 B/L 발행일자가 선적일자이다.

② Received B/L의 경우 On Board Notation 일자가 선적일자이다.

③ Bulk Cargo의 경우 B/L 발행일자가 선적일자이다.

④ Container Cargo의 경우 B/L 발행일자가 선적일자이다.

26 Fill in the blank with a suitable word.

☐

> Letter of Indemnity is issued by a merchandise shipper to a steamship company as an inducement for the carrier to issue a clean bill of lading, where it might not otherwise do so, and this document serves as a form of guarantee whereby the shipper agrees to settle a claim against the line by a (   ) of the bill of lading arising from issuance of a clean bill.

① carrier   ② grantor   ③ consignor   ④ holder

27 What is the name of the surcharge?

☐

> Apart from normal freight, an additional surcharge is levied by shipping company to cover a foreign exchange loss from the fluctuation of exchange rate of the currency of its own country and US Dollars in which freight is paid.

① CAF   ② BAF   ③ IAF   ④ Currency Surcharge

28 다음 하역비부담 및 할증운임 조건에 대한 설명으로 틀린 것을 고르시오.

☐
① Berth term은 정기선조건에 사용되어 liner term이라고도 하고 선적과 양륙비용을 선주가 부담한다.

② FIO는 선적과 양륙이 화주의 책임과 비용으로 이루어지는 조건이다.

③ Bulky cargo surcharge는 벌크화물에 대하여 할증되는 운임이다.

④ Optional surcharge는 양륙지가 정해지지 않은 화물에 부가되는 할증운임이다.

29 Choose the correct match.

① Consignee − The person who makes delivery of the goods shipped from consignor and has a right to institute an action against the last carrier.

② Conference Line − An association of shipowners that operate on a specific route. Standard tariff rate are not fixed.

③ Tramper − Vessel that operates along definite route on fixed schedule, and call at any port where cargo is available.

④ Reefer Container − A type of containers to transport the goods such as fruits, vegetables, frozen fishes and meats which require refrigeration in transit.

30 함부르크규칙(Hamburg rules)상 화물인도의 지연에 따른 운송인의 책임으로 옳은 것은?

① 화물운임의 2배 반에 상당하는 금액

② 화물운임의 2배에 상당하는 금액

③ 화물운임의 3배 반에 상당하는 금액

④ 화물운임의 3배에 상당하는 금액

31 Select the best answer suitable for the blank.

Premium means the (A) or sum of money, paid by the (B) to the (C) in return for which the insurer agrees to indemnify the assured in the event of loss from an insured peril. The insurer is not bound to issue a (D) until the premium is paid.

	(A)	(B)	(C)	(D)
①	consideration	assured	insurer	policy
②	consideration	insurer	assured	policy
③	fees	insurer	assured	certificate
④	fees	assured	insured	certificate

32 What type of insurance is being sought?

> We regularly ship consignments of bottled sherry to Australia by both passenger and cargo liners of the Enterprise Shipping Line. Can you issue a comprehensive all-risks policy for these shipments and, if so, on what terms. In particular we wish to know whether you can issue a special rate in return for the promise of regular monthly shipments.

① Open policy

② Insurance Certificate

③ Insurance Policy

④ Export credit insurance

33 Select the best answer suitable for the blanks.

> Excepted perils mean the perils exempting the insurer from liability where the loss of or damage to the subject-matter insured arises from certain causes such as (A) of the assured, delay, (B), inherent vice and vermin or where loss is not (C) by perils insured against.

① (A) wilful misconduct, (B) ordinary wear and tear, (C) proximately caused

② (A) wilful misconduct, (B) wear and tear, (C) proximately caused

③ (A) misconduct, (B) wear and tear, (C) caused

④ (A) misconduct, (B) ordinary wear and tear, (C) caused

34 보험에 대한 설명으로 옳지 않은 것은?

① 일부 보험의 경우 보험금액의 보험가액에 대한 비율로 비례보상한다.

② 초과보험은 초과된 부분에 대해서는 무효이다.

③ 피보험이익은 보험계약 체결 시에 존재하여야 한다.

④ 해상적하보험의 보험가액은 보험기간 중 불변인 것이 원칙이다.

35 Which of the following BEST fits the blanks?

> A constructive total loss is a situation where the cost of repairs plus the cost of salvage equal or exceed the (ⓐ) of the property, therefore insured property has been abandoned because its actual total loss appears to be unavoidable or because as mentioned above could not be preserved or repaired without an expenditure which would exceed it's value. One example : in the case of damage to the goods, where the cost of repairing the damage and forwarding the goods to their destination would exceed their value on (ⓑ)

① ⓐ cost - ⓑ inspection

② ⓐ value - ⓑ arrival

③ ⓐ cost - ⓑ receipt

④ ⓐ value - ⓑ sales

36 다음 해상손해의 보상에 대한 설명으로 적절하지 않은 것을 고르시오.

① 공동의 해상항해와 관련된 재산을 보존할 목적으로 공동의 안전을 위하여 이례적인 희생이나 비용이 의도적으로 지출된 때에 한하여 공동해손행위가 있다.

② 구조비(salvage charge)는 구조계약과 관계없이 해법상으로 회수할 수 있는 비용이라고 정의하고 있어 구조 계약과 관계없이 임의로 구조한 경우에 해당한다.

③ 손해방지비용(sue and labor expense)은 근본적으로 보험자를 위한 활동이라고 할 수 있기 때문에 손해방지 비용이 보험금액을 초과하는 경우에도 보험자가 보상한다.

④ 특별비용(particular charge)은 피보험목적물의 안전이나 보존을 위하여 피보험자에 의하여 지출된 비용으로서 공동해손비용과 손해방지비용은 제외된다.

37 What is NOT true about the Institute Cargo Clauses?

① Only difference between ICC (B) and ICC (C) is the additional risks covered under ICC (B) cargo insurance policies.

② ICC (B) covers loss of or damage to the subject-matter insured caused by entry of sea lake or river water into vessel craft hold conveyance container or place of storage but ICC (C) does not.

③ ICC (B) covers loss of or damage to the subject-matter insured caused by general average sacrifice but ICC (C) does not.

④ ICC (C) is the minimum cover for cargo insurance available in the market.

38 Which is wrong explanation?

① Jettison - To throw goods or tackle overboard to lighten a ship in distress.

② Piracy - An assault on a vessel, cargo, crew or passengers at sea by persons and acts for personal gain.

③ Embargo - A government order to stop movements of ships and cargoes in or out of ports to safeguard the interests of the country.

④ Subrogation - A surrender of property by the owner to the insurer in order to claim a total loss, when in fact, the loss may be less than total.

39 해상보험에 대한 설명 중 옳지 않은 것은?

① 해상위험은 항해에 기인하거나 항해에 부수하여 발생되는 사고를 말한다.

② 해상손해는 피보험자가 해상위험으로 인해 보험의 목적인 선박, 적하 등에 입는 재산상의 불이익을 말하며 물적 손해, 비용손해, 책임손해가 포함된다.

③ 추정전손은 보험목적물을 보험자에게 정당하게 위부함으로써 성립되며, 만약 위부(abandonment)를 하지 않을 경우 이는 현실전손으로 처리될 수 있다.

④ 적하보험에서 사용되고 있는 ICC(B)와 ICC(C)에서는 열거책임주의 원칙을 택하고 있다.

40 Select the wrong part in the following passage.

(A)Average adjuster is an expert in loss adjustment in marine insurance, particular with regard to hulls and hull interest. (B)He is more particularly concerned with all partial loss adjustments. (C)He is usually appointed to carry out general average adjustments for the shipowner on whom falls the onus to have the adjustment drawn up. (D)His charges and expenses form part of the adjustment.

① (A)   ② (B)   ③ (C)   ④ (D)

41

☐

Choose the right word(s) for the blank below.

> (   ) in international trade is a sale where the goods are shipped and delivered before payment is due, which is typically in 30, 60 or 90 days.
> Obviously, this option is advantageous to the importer in terms of cash flow and cost, but it is consequently a risky option for an exporter.

① A COD transaction

② A CAD transaction

③ An open account transaction

④ A D/P transaction

42

☐

Which of the following is NOT acceptable as the maturity date for the draft below?

> A documentary credit is issued for an amount of USD 60,000 and calls for drafts to be drawn at 30 days from bill of lading date. Documents have been presented with a bill of lading dated 09 November. (09 November + 30 days = 09 December)

① 09 December

② 30 days from bill of lading date

③ 30 days after 09 November

④ December 9th

[43 ~ 45] Read the following and answer.

A sight draft is used when the exporter wishes to retain title to the shipment until it reaches its destination and payment is made.

In actual practice, the ocean bill of lading is endorsed by the exporter and sent via the exporter's bank to the buyer's bank. It is accompanied by the sight draft, invoices, and other supporting documents that are specified by either the buyer or the buyer's country. The foreign bank notifies the buyer when it has received these documents. As soon as the draft is paid, the (A) <u>foreign bank</u> turns over the bill of lading thereby enabling the buyer to obtain the shipment.

There is still some risk when a sight draft is used to control transferring the title of a shipment. The buyer's ability or willingness to pay might change from the time the goods are shipped until the time the drafts are presented for payment;

(B)

43 What is suitable payment method for the above transaction?

 ① D/P

 ② D/A

 ③ Sight L/C

 ④ Usance L/C

44 Who is (A)?

 ① collecting bank

 ② remitting bank

 ③ issuing bank

 ④ nego bank

45 What is a most proper sentence for blank (B)?

 ① there is no bank promise to pay on behalf of the buyer.

 ② the presenting bank is liable for the buyer's payment.

 ③ the seller shall ask the presenting bank to ship back the goods.

 ④ the carrier asks the buyer to provide indemnity for release of the goods.

46 신용장의 기능에 대한 설명으로 옳지 않은 것은?

① 개설은행의 지급 확약을 임의로 취소 또는 변경할 수 없으므로 대금회수의 확실성을 높일 수 있다.

② 수출업자는 대금지급에 대한 은행의 약속에 따라 안심하고 상품을 선적할 수 있다.

③ 수출업자는 신용장을 담보로 하여 대도(T/R)에 의해 수출금융의 혜택을 누릴 수 있다.

④ 수입업자는 선적서류를 통해 계약 물품이 선적기간 및 신용장 유효기간 내에 선적되었는지를 알 수 있다.

47 Which documentary credit enables a beneficiary to obtain pre-shipment financing without impacting his banking facility?

① Standby L/C

② Red clause L/C

③ Revolving L/C

④ Back-to-back L/C

48 Select the right words in the blanks under negotiation letter of credit operation.

> We hereby engage with (   ) that draft(s) drawn under and negotiated in (   ) with terms and conditions of this credit will be duly (   ) presentation.

① drawers and/or drawee − accordance − paid on

② drawers and/or bona fide holders − conformity −honored on

③ drawers and/or payee − conformity − accepted on

④ drawers and/or bone fide holders − accordance −accepted on

제113회 1급 기출문제

49 Which of the following statements on 'transferable credit' is NOT appropriate?

① A transferable credit may be made available in whole or in part to another beneficiary ("second beneficiary") at the request of the beneficiary ("first beneficiary").

② Transferring bank means a nominated bank that transfers the credit or, in a credit available with any bank, a bank that is specifically authorized by the issuing bank to transfer and that transfers the credit.

③ Unless otherwise agreed at the time of transfer, all charges (such as commissions, fees, costs or expenses) incurred in respect of a transfer must be paid by the issuing bank.

④ Transferred credit means a credit that has been made available by the transferring bank to a second beneficiary.

제117회 1급 기출문제

50 Select the right words in the blanks (A)~(D) under transferable L/C operation.

((A)) means a nominated bank that transfers the credit or, in a credit available with any bank, a bank that is specifically authorized by ((B)) to transfer and that transfers the credit. ((C)) may be ((D)).

① (A)Transferring bank − (B)the issuing bank − (C)An issuing bank − (D)a transferring bank

② (A)Transferring bank − (B)the negotiating bank − (C)A negotiating bank − (D)a transferring bank

③ (A)Issuing bank − (B)the transferring bank − (C)A negotiating bank − (D)an Issuing bank

④ (A)Advising bank − (B)the issuing bank − (C)A negotiating bank − (D)a transferring bank

제116회 1급 기출문제

51 신용장의 조건변경 시 유의사항으로 옳지 않은 것은?

① 사소한 분쟁을 사전에 예방하기 위하여 수익자는 조건변경에 대해 수락하거나 거절한다는 의사표시를 명시적으로 하는 것이 좋다.

② 수익자는 여러 개의 조건변경이 포함된 하나의 조건변경통지서에서의 일부의 조건만 선택적으로 수락할 수 있다.

③ 수익자가 조건변경에 대한 승낙 또는 거절의 통고를 해야 하지만 그런 통고를 하지 않은 경우, 신용장 및 아직 승낙되지 않은 조건변경에 일치하는 제시는 수익자가 그러한 조건변경에 대하여 승낙의 통고를 행하는 것으로 본다.

④ 조건변경을 통지하는 은행은 조건변경을 송부해 온 은행에게 승낙 또는 거절의 모든 통고를 하여야 한다.

52 신용장통일규칙(UCP 600) 서류심사의 기준에 대한 설명으로 옳지 않은 것은?

① 은행은 서류의 제시일을 포함하여 최장 5은행영업일 동안 서류를 심사한다.

② 운송서류는 선적일 후 21일보다 늦지 않게 제시되어야 하고 신용장 유효기일 이전에 제시되어야 한다.

③ 일치하는 제시는 신용장, 국제표준은행관행, UCP 600에 따라 제시된 서류를 말한다.

④ 서류 발행자에 대한 내용을 명시하지 않은 채로 운송 서류, 보험서류, 또는 상업송장 이외의 서류가 요구된다면 은행은 제시된 대로 수리한다.

53 신용장에서 송장(invoice)을 요구하는 경우 수리되지 않는 송장(invoice) 명칭으로 옳은 것은?

① commercial invoice

② final invoice

③ proforma invoice

④ tax invoice

54 은행이 서류심사를 할 때 신용장상의 표현과 엄격일치가 적용되는 서류는?

① 상업송장

② 원산지증명서

③ 선화증권

④ 포장명세서

55 Which is NOT a good match?

An insurance document, such as (A), (B) or (C) under an open cover, must appear to be issued and signed by an insurance company, an underwriter or their agents or their (D).

① (A) cover note

② (B) insurance policy

③ (C) insurance certificate

④ (D) proxies

56

☐

한국의 ㈜Haiyang은 베트남의 Hochimin Co., Ltd.로 Chemical 제품 15톤을 수출하기로 하였다. 거래조건은 CIP, 결제조건은 sight L/C이다. Hochimin Co., Ltd.가 거래은행을 통하여 발행한 신용장상에 다음과 같은 문구가 있다. 이에 대한 설명으로 옳지 않은 것은?

> +Insurance Policy in duplicate issued to Beneficiary's order and blank endorsed for the invoice value plus 10pct.

① 보험증권의 피보험자란에 ㈜Haiyang이 기재된다.
② 보험증권상에 Hochimin Co., Ltd.의 백지배서가 필요하다.
③ 보험부보금액은 송장금액의 110%이다.
④ 보험증권은 총 2부가 발행된다.

57

☐

Under the UCP600, which of the below shipments will be honored on presentation?

> A documentary credit for USD 160,000 calls for instalment ships of fertilizer in February, March, April and May. Each shipment is to be for about 500 tones. Shipments were effected as follows:
> a. 450 tones sent 24 February for value USD 36,000.
> b. 550 tones sent 12 April for value USD 44,000.
> c. 460 tones sent 30 April for value USD 36,800.
> d. 550 tones sent 04 June for value USD 44,000.

① a only
② a and b only
③ a, b, and c only
④ none

58

☐

Which of the following is LEAST correct about the difference between Bank Guarantee and Letter of Credit?

① The critical difference between LC and guarantees lie in the way financial instruments are used.

② Merchants involved in exports and imports of goods on a regular basis choose LC to ensure delivery and payments.

③ Contractors bidding for infrastructure projects prove their financial credibility through guarantees.

④ In LC, the payment obligation is dependent of the underlying contract of sale.

59

☐

Which of the followings is NOT suitable for the blanks below?

A factor is a bank or specialized financial firm that performs financing through the purchase of (A).

In export factoring, the factor purchases the exporter's (B) foreign accounts receivable for cash at a discount from the face value, generally (C). It sometimes offers up to 100% protection against the foreign buyer's inability to pay — with (D).

① (A) account receivables

② (B) long-term

③ (C) without recourse

④ (D) no deductible scheme or risk-sharing

60

☐

What can you infer from the sentence below?

Trade finance generally refers to export financing which is normally self-liquidating.

① All export amounts are to be paid, and then applied to extend the loan. The remainder is credited to the importer's account.

② Pre-shipment finance is paid off by general working capital loans.

③ Export financing is a bit difficult to use over general working capital loans.

④ All export amounts are to be collected, and then applied to payoff the loan. The remainder is credited to the exporter's account.

61 Below is about del credere agent. Which is NOT in line with others?

(A) An agreement by which a factor, when he sells goods on consignment, for an additional commission (called a del credere commission), (B) guaranties the solvency of the purchaser and his performance of the contract. Such a factor is called a del credere agent. (C) He is a mere surety, liable to his principal only in case the purchaser makes default. (D) Agent who is obligated to indemnify his principal in event of loss to principal as result of credit extended by agent to third party.

① (A)   ② (B)   ③ (C)   ④ (D)

62 What does the following explain?

Global communication network that facilitates 24-hour secure international exchange of payment instructions between banks, central banks, multinational corporations, and major securities firms.

① SWIFT   ② TELEX   ③ GIRO   ④ CHIPS

63 Who is doing export credit insurance agencies in Korea?

In international trade, export credit insurance agencies sometimes act as bridges between the banks and exporters. In emerging economies where the financial sector is yet to be developed, governments often take over the role of the export credit insurance agencies.

① Korea International Trade Association

② K-Sure

③ Kotra

④ Korcham

64 수출환변동과 수입환변동 두 제도의 비교 설명으로 옳지 않은 것은?

	구 분	수출환변동	수입환변동
①	가입목적	환율상승에 따른 손실방지	환율하락에 따른 손실방지
②	가입기업	수출기업	수입기업
③	보험금지급(K-sure → 기업)	환율 하락 시	환율 상승 시
④	이익급환수(기업 → K-sure)	환율 상승 시	환율 하락 시

65 What is MOST suitable for the blank (ⓐ)?

> In doing international trade, the most direct method of hedging FX risk is a forward contract, which enables the exporter to sell a set amount of foreign currency at a pre-agreed exchange rate with a delivery date from three days to normally one year into the future. In short, forward contract is an agreement to buy and sell currencies (ⓐ).

① at a specified price on a future date

② at a market price determined in future

③ for favourable price on part of exporter

④ for exporter who has an option to conclude the contract

| 정답 |

p.264

01 ②	02 ④	03 ②	04 ②	05 ③	06 ②	07 ④	08 ①	09 ④	10 ④
11 ③	12 ④	13 ③	14 ①	15 ②	16 ④	17 ②	18 ④	19 ①	20 ④
21 ①	22 ④	23 ②	24 ④	25 ④	26 ④	27 ①	28 ③	29 ④	30 ①
31 ①	32 ①	33 ①	34 ③	35 ②	36 ④	37 ③	38 ④	39 ①	40 ②
41 ③	42 ②	43 ①	44 ①	45 ①	46 ③	47 ②	48 ②	49 ③	50 ①
51 ②	52 ①	53 ③	54 ①	55 ①	56 ②	57 ①	58 ④	59 ②	60 ④
61 ①	62 ①	63 ②	64 ①	65 ①					

| 해설 |

01   정답 ②

청약의 철회에 대한 설명이다.

02   정답 ④

예약불능청약, 통지없이 가격변동 조건부청약, 시황변동 조건부청약은 모두 승낙이 있기 전에는 청약자가 청약의 조건을 변경할 수 있는 청약이다. 그러나 통상 승인(조건)부청약은 별도의 표시가 있는 경우가 아니라면 확정청약으로 간주된다.

03   정답 ②

수출자와 수입자 사이의 계약이 이루어진 것이 아니라 일방적으로 청약을 보냈으므로, 수입자에게는 대금지급의 의무가 없다.

(해석) 아래의 상황하에 맞는 것은 무엇인가?

> 수출자는 5월 10일에 수입자에게 청약을 보냈다. 그 청약은 시장 가격보다 50% 낮은 가격에서 상품들의 명시된 종류와 수량을 포함하였고, "이것은 솔깃한 청약이기에 5월 15일까지 귀하께 연락을 받지 않는다면 귀하가 승낙한 것이라고 간주할 것입니다."라는 말을 덧붙였다.
> 그 수입자는 5월 15일까지 답신하지 않았다. 그리고 그 수입자는 5월 16일에 상품들을 선적하였다.

① 수입자는 그 청약에 즉시 응답해야만 했다.
② 수입자는 선적된 그 상품들에 대해 지급할 필요가 없다.
③ 그 계약은 취소될 것이다.
④ 수출자는 대금지급을 받을 권리가 있다.

04   정답 ②

곡물의 품질에 대해 매도인이 물품의 품질을 선적 시점까지만 책임을 지는 선적지품질조건에 해당하는 것은 TQ조건이다.

빈칸이 가리키는 것은 무엇인가?

> (TQ조건)은 말 그대로 "도착하는 대로"를 의미한다. 그것은 공정한 검사 기관에 의해 발행된 품질증명서에 의해 입증된 대로, 선적 시에 양호한 상태에 있었던 한, 송하인이 어떤 조건에서도 물품을 인수한다는 것을 나타내기 위해 곡물을 대량으로 선적하는 계약에서 사용된다.

① 판매적격품질조건   ② TQ조건
③ RT조건   ④ SD조건

05   정답 ③

FAQ(Fair Average Quality, 평균중등품질조건)는 표준품에 의한 매매에 해당하며, 주로 곡물류, 과일류의 선물거래에 이용된다.

06   정답 ②

Square는 넓이를 측정할 때 사용하는 수량단위이다.

07   정답 ④

점검매매에 대한 설명이다.

08   정답 ①

a : 원목, 냉동어류, 광석류 등 외관상으로는 내부의 품질을 알 수 없는 물품의 거래에는 GMQ(판매적격품질)조건으로 거래한다.
b : 곡물류, 과일류의 선물거래에는 FAQ(평균중등품질)조건으로 거래한다.
c : 호밀, 광산물 등의 거래에 활용되며, 매도인은 양륙시의 손상에 대해 책임을 지는 조건은 RT조건이다.

09   정답 ④

분리가능조항은 계약의 일부 조항이 중재 또는 법원 판결에 의해 효력을 상실하였더라도 이외 조항은 유효하다는 것을 명시한 조항이며 일부 조항의 하자로 계약 전체가 실효 또는 무효화되는 것을 방지하기 위하여 설정되는 조항이다.

해석 다음 문장은 계약서의 일부이다. 어떤 종류의 조항인가?

> 이 계약서의 특정 조항이 이후 특정 법원 또는 정부 기관에 의해 무효가 되거나 집행이 불가능하게 될 경우, 그러한 무효성 또는 집행 불능이 다른 조항의 유효성 또는 집행에 영향을 주지 않는다.

① 권리불포기조항   ② 권리침해조항
③ 양도조항   ④ 분리가능조항

10   정답 ④

묵시조항은 상관습에 의해 계약내용을 보완하는 기능을 한다. 이로 인해 명시조항은 간단히 표시할 수 있게 된다. 예를 들어 FOB BUSAN이라는 계약내용을 계약서에 명시한 경우 이는 매우 간결한 명시조항으로서 인도의 장소와 방법, 위험 및 비용의 이전, 수출입 통관, 운송 및 보험계약 등의 주요 계약내용을 묵시적으로 합의한 것이 된다.

11   정답 ③

국제물품매매계약에 관한 UN협약(CISG) 제19조 3항에는 "대금, 대금지급, 물품의 품질과 수량, 인도의 장소와 시기, 당사자 일방의 상대방에 대한 책임범위 또는 분쟁해결에 관한 부가적 조건 또는 상이한 조건은 청약 조건을 실질적으로 변경하는 것으로 본다."라고 규정되어 있으나 지연된 승낙에 대한 규정은 없다.

해석 빈칸에 적절하지 않은 것은 무엇인가?

> CISG에 따르면, 특히 (   )에 관한 부가적 조건 또는 상이한 조건은 청약 조건을 실질적으로 변경하는 것으로 본다.

① 대금, 대금지급, 물품의 품질과 수량
② 인도의 장소와 시기
③ 지연된 승낙
④ 분쟁해결

12   정답 ④

인코텀즈 2020 규칙은 수출/수입 통관에 대한 내용을 다루고 있다.

해석 빈칸에 적절하지 않은 것은 무엇인가?

> 인코텀즈 2020 규칙은 (   )를 다루지 않는다.

① 매매계약의 존부   ② 매매 물품의 성상(性狀)
③ 제재의 효력   ④ 수출/수입 통관 및 협력

13   정답 ③

C규칙들의 기재장소는 운송의 목적지일 뿐이며 인도지가 아니고 위험이 이전하는 장소도 아니다. 즉 C규칙에서는 인도 및 위험의 이전시점과 비용의 분기점의 두 지점이 서로 다르다.

해석 다음 지문이 적용되지 않는 조건 또는 조건들을 고르시오.

> 지정된 장소는 물품의 "인도" 장소를 가리킨다. 즉, 위험이 매도인에게서 매수인에게 이전되는 곳이다.

① E 조건   ② F 조건들
③ C 조건들   ④ D 조건들

14

정답 ①

보험의 통화는 운송계약이 아닌 매매계약의 통화와 같아야 한다.

(해석) 다음은 인코텀즈 2020의 CIF 조건에 대한 것이다. 틀린 것을 고르시오.

① 보험은 최소한 계약에서 규정된 대금의 10퍼센트를 더한 금액(즉 110퍼센트)이어야 하고 보험의 통화는 운송계약의 통화와 같아야 한다.

② 보험은 물품에 관하여 이 규칙에서 규정된 인도 지점부터 지정 목적지항까지 부보되어야 한다.

③ 매도인은 매수인에게 보험증권이나 보험증명서 혹은 그 외의 부보 증거를 제공해야 한다.

④ 또한, 매도인은 매수인에게 매수인의 요청에 따라 위험과 비용으로 매수인이 추가 보험을 조달하는 데 필요한 정보를 제공해야 한다.

15

정답 ②

인코텀즈 2020의 변경사항 중 하나로, FCA 규칙에서 본선 적재표기가 있는 선하증권이 요구되는 경우, 매수인이 자신의 운송인에게 본선적재가 표시된 선하증권을 인도하도록 지시할 것을 매도인과 매수인이 합의할 수 있도록 하였다.

16

정답 ④

매도인 → 매수인

17

정답 ②

매수인의 하자보완권은 물품의 부적합이 본질적 계약위반에 해당하는지와 관계없이 행사할 수 있다.

(해석) CISG에 규정된 구제권리 중 맞지 않는 것을 고르시오.

① 매수인은 물품의 부적합이 본질적 계약위반에 해당할 경우에만 대체품 인도를 청구할 수 있다.

② 매수인은 물품의 부적합이 본질적 계약위반에 해당할 경우에만 물품의 하자보완을 요구할 수 있다.

③ 물품의 불인도가 본질적 계약위반에 해당할 경우, 매수인은 계약해제를 선언할 수 있다.

④ 매수인은 물품의 부적합이 본질적 계약위반에 해당하지 않을 때에도 손해 배상을 청구할 수 있다.

18

정답 ④

대안적 분쟁해결 방법(ADR, alternative dispute resolution)이란 소송에 의하지 않는 알선, 조정, 중재를 의미한다.

(해석) 분쟁해결. 당사자들은 이 계약으로부터 발생하거나 계약과 연관되어 발생하는 모든 클레임, 분쟁 또는 다툼을 최초에 신의성실의 협의로서 해결하기로 노력하기로 합의한다. 만약 당사자들 사이에서 문제를 해결하지 못하는 경우에 해당 문제는 그 후에 대안적 분쟁해결 방법에 의해 해결되어야 한다.

① 화해에 의한 해결   ② 조정
③ 중재   ④ 소송

19

정답 ①

임시적 처분(Interim Measure)에 대한 설명이다.

20

정답 ④

중재판정의 내용이 준거법을 잘못 적용하여 내려진 경우는 중재판정의 승인 및 집행의 거절 사유에 해당하지 않는다.

21

정답 ①

총톤수, 순톤수에 대한 설명이다.

22

정답 ④

여러 화물을 취급하는 운송주선인이 발행하는 선하증권은 혼재 선하증권(House BL)이다.

(해석) 다음은 선하증권을 설명하고 있다. 어떤 종류의 선하증권인가?

이 선하증권은 소유주가 서로 다르거나 여러 가지 수출계약이 하나의 송하물로 묶인 여러 화물을 한번에 취급하는 운송주선인에 의해 발행된다.

① 집단 선하증권   ② 적색 선하증권
③ 기간경과 선하증권   ④ 혼재 선하증권

23

정답 ②

해상화물운송장은 기명식으로 발행되어 유통성이 없으며, 물품 인도 요구 시 원본 제시가 필요치 않으므로 권리증권성을 가지지 않는다.

(해석) 다음 지문에서 잘못된 부분을 고르시오.

(A) 해상화물운송장은 해상운송을 위한 운송서류로, 운송계약의 추정적 증거로 역할을 하며, (B) 운송되는 화물의 수령증 및 권리증권의 역할을 한다. (C) 화물의 인수를 받기 위해서, 해상화물운송장의 제시가 불필요하다. (D) 일반적으로, 수령인은 자신의 신원을 증명하기만 하면 되며, 그렇게 함으로써 목적항에서의 처리를 빠르게 할 수 있다.

① (A)   ② (B)   ③ (C)   ④ (D)

24   정답 ④

화물에 대하여 B/L이 발행된 경우, 그 화물을 처분할 때에는 반드시 B/L로써 하여야 하는 것은 선하증권의 처분증권성에 대한 설명이다.

25   정답 ④

Container Cargo의 경우 수취식 선하증권으로 발행되지만 B/L의 선적일은 본선적재 부기일자이다.

26   정답 ④

파손화물보상장은 무사고 선하증권 발행을 요청하며, 그로 인해 발생하는 문제에 대하여 모든 책임을 송하인이 부담하겠다는 각서이다.

(해석) 빈칸을 적절한 단어로 채우시오.

> 파손화물보상장은 운송사가 무사고 선하증권을 발행할 것을 유도할 목적으로 물품 송하인에 의해 증기선회사에 발행되고, 달리 명시하지 않는 경우, 이 문서는 보증의 형태로서 역할을 하는데, 그것으로 인하여 송하인은 무사고 선하증권의 발행으로부터 발생한 선하증권의 (소지인)에 의한 선사에 대한 클레임에 대해 보상하는 것을 합의한다.

① 운송인   ② 양도인   ③ 송하인   ④ 소지인

27   정답 ①

환차손을 보상하기 위해 부과되는 추가할증료는 CAF(currency adjustment factor)이다.

(해석) 다음 할증료의 명칭은 무엇인가?

> 일반적인 운임 이외에, 자국의 통화와 운임이 지불되는 미국 달러의 환율 변동으로 인한 환차손을 보상하기 위해 운송회사에 의해 추가할증료가 부과된다.

① 통화할증료
② 유류할증료
③ 인플레이션 할증료
④ 통화할증료

28   정답 ③

Bulky cargo surcharge는 벌크화물에 대한 할증료가 아니라 화물의 부피가 일정기준을 초과하는 경우 부과되는 할증료이다.

29   정답 ④

냉동컨테이너는 운송 중에 냉동이 필요한 상품을 운송하는 컨테이너이므로 맞는 설명이다.

(해석) 맞는 짝을 고르시오.

> ① 수하인 – 송하인으로부터 선적되는 상품을 인도하고 마지막 운송인에게 제소할 권리가 있는 사람
> ② 동맹선사 – 특정 항로로 운항하는 선주들의 협회. 표준 운임요율은 정해져 있지 않다.
> ③ 부정기선 – 고정된 스케줄에 따라 일정한 항로를 따라 운항하고, 화물이 이용 가능한 모든 항구에 기항하는 선박
> ④ 냉동컨테이너 – 운송 중에 냉동이 필요한 과일, 채소, 냉동 생선과 고기와 같은 상품을 운송하는 컨테이너 종류

30   정답 ①

함부르크 규칙에 따르면 인도지연에 대한 운송인의 책임은 총운임의 한도 내에서 운임의 2.5배로 제한된다.

31   정답 ①

보험료는 보험자가 위험을 담보하는 대가로 보험자에게 지급하는 대금을 말하며, 보험증권은 보험에 가입했다는 증빙으로 계약의 내용을 기재하고 보험자가 기명날인하여 피보험자에게 발급하는 증서이다.

(해석) 빈칸에 알맞은 정답을 고르시오.

> 보험료는 피보험 위험으로 인한 손실이 있는 경우, 보험자가 피보험자에게 배상하기로 동의하는 대가로 (B 피보험자)가 (C 보험자)에게 지급한 (A 약인) 또는 금액을 의미한다. 보험자는 보험료가 납부되기 전에 (D 보험증권)을 발행할 의무가 없다.

	(A)	(B)	(C)	(D)
①	약인	피보험자	보험자	보험증권
②	약인	보험자	피보험자	보험증권
③	수수료	보험자	피보험자	증명서
④	수수료	피보험자	피보험자	증명서

32   정답 ①

주어진 서신에서 추론할 수 있는 것을 찾는 문제이다. 일정 기간 계속하여 수출하게 될 상품에 대하여 일괄하여 전 위험 담보로 보험에 부보할 예정이므로, 따라서 답은 ①이다.

어떤 종류의 보험을 찾고 있는가?

> 당사는 Enterprise 해운회사의 여객선 및 정기화물선을 이용하여 정기적으로 셰리주를 호주로 선적하고 있습니다. 귀사가 이 선적품에 전위험담보로 보험증권을 발행해 줄 수 있는지, 만약 그러하다면 어떤 조건으로 가능한지도 알고 싶습니다. 특히 월별 정기선적계약을 할 경우, 이에 대해 특별 요율을 줄 수 있는지 궁금합니다.

① 포괄예정보험　　　② 보험증명서
③ 보험증권　　　　　④ 수출 신용 보험

33
정답 ①

일반면책 약관상 규정된 면책위험에는 피보험자의 고의적 불법행위, 지연, 통상의 누손, 자연소모, 포장 또는 준비의 불완전, 화물 고유의 하자 또는 성질 등이 있다.

> 해석 빈칸에 가장 적절한 답을 고르시오.

> 면책위험은 보험 대상의 손실 혹은 파손이 피보험자의 (A 고의에 의한 불법행위), 지연, (B 통상의 누손), 고유의 하자나 해충과 같은 특정 이유에서 발생하거나 손실이 담보위험에 (C 근인하여 발생하지) 않은 경우에 보험자를 책임에서 면제하는 위험을 의미한다.

① (A) 고의에 의한 불법행위, (B) 통상의 자연소모, (C) 근인하여 발생된
② (A) 고의에 의한 불법행위, (B) 자연소모, (C) 근인하여 발생된
③ (A) 불법행위, (B) 자연소모, (C) 발생된
④ (A) 불법행위, (B) 통상의 자연소모, (C) 발생된

34
정답 ③

피보험이익은 적법성, 경제성, 확정성의 요건을 갖추어야 한다. 그중 확정성과 관련하여 피보험이익은 반드시 계약체결 당시에 현존하고 그 귀속이 확정되어 있어야 하는 것은 아니며 보험사고가 발생할 때까지 확정될 수 있는 것이면 족하다.

35
정답 ②

추정전손은 수리 비용과 인양 비용이 도착 시 자산의 가액과 같거나 초과하여 피보험재산이 위부되는 상황이다.

> 해석 다음 중 빈칸에 가장 적합한 것은 무엇인가?

> 추정전손은 수리 비용과 인양 작업 비용이 재산의 (ⓐ 가액)과 같거나 초과하여, 실제 전손을 피할 수 없는 것으로 보이거나 위에서 언급한 바와 같이 그 가치를 초과하지 않는 지출 없이는 보존되거나 수리될 수 없어서 피보험재산이 적절하게 위부된 상황이다. 한 가지 예는 물품 손상의 경우, 손상을 수리하고 물품을 목적지로 운송하는 비용이 (ⓑ 도착) 시의 가액을 초과한다.

① ⓐ 비용 – ⓑ 검사　　② ⓐ 가액 – ⓑ 도착
③ ⓐ 비용 – ⓑ 수령　　④ ⓐ 가액 – ⓑ 매매

36
정답 ④

영국해상보험법(MIA)에 의하면 특별비용(particular charge)은 피보험목적물의 안전이나 보존을 위하여 피보험자에 의하여 지출된 비용으로서 공동해손비용과 구조료를 제외한 비용을 말한다.

37
정답 ③

ICC(C)는 ICC(B)와 마찬가지로 공동해손을 보상한다.

> 해석 협회적하약관에 대해 사실이 아닌 것은?

> ① ICC(B)와 ICC(C) 간 유일한 차이점은 ICC(B) 적하보험증권하에서 담보되는 추가 위험이다.
> ② ICC(B)는 선박, 배, 선창, 운송수단, 컨테이너 혹은 저장 공간으로의 해수 및 호수나 강물의 침입에 의해 초래된 피보험 목적물에 대한 손해나 손상을 담보하지만 ICC(C)는 그렇지 않다.
> ③ ICC(B)는 공동해손희생에 의해 초래된 피보험목적물에 대한 손해나 손상을 담보하지만 ICC(C)는 그렇지 않다.
> ④ ICC(C)는 시장에서 이용 가능한 최소담보 적하보험증권이다

38
정답 ④

현실적으로 전손은 아니지만 전손으로 추정하여 보험의 목적물에 대한 권리를 보험회사에 양도하는 위부에 대한 설명이다.

> 해석 틀린 설명은 무엇인가?

> ① 투하 – 조난 시 선박을 가볍게 하기 위해 배 밖으로 상품이나 태클을 던지는 것
> ② 해적 행위 – 사적인 목적을 가진 개인에 의한 해상에서의 선박, 화물, 선원 또는 승객 폭행
> ③ 금수조치 – 자국의 이익을 보호하기 위해 항구 안팎으로 선박 또는 화물의 이동을 중지시키는 정부 명령
> ④ 대위 – 실제, 전손에는 못 미치지만 전손을 청구하기 위한 소유주의 보험회사에 대한 재산 양도

39   정답 ③

추정전손을 보험자에게 위부(Abandonment)하지 않거나 보험자가 위부를 승낙하지 않을 경우 분손으로 처리된다.

40   정답 ②

해손 정산인은 해난에 의해 선체 또는 적재 화물이 손상되거나 멸실되는 손해가 발생한 경우, 특히 공동해손 및 공동해손 정산금을 사정하여 이해 관계자의 부담액을 정해진 규정에 따라 공정히 산정하는 전문가이다.

(해석) 다음 지문에서 잘못된 부분을 고르시오.

> (A) 해손 정산인은 해상 보험에서 손실 정산, 특히 선체와 선체 이익에 관련한 전문가이다. (B) 그는 특히나 더욱 모든 분손 정산과 관계가 있다. (C) 그는 보통 정산을 해야 할 책임이 있는 선주들을 위한 공동해손 정산을 수행하기 위해 지명된다. (D) 그의 책임과 비용은 정산의 일부를 형성한다.

① (A)   ② (B)   ③ (C)   ④ (D)

41   정답 ③

30일에서 90일 정도의 비교적 단기의 기간을 설정하고, 물품을 먼저 인도한 후 사후에 송금을 통해 대금을 지급하기로 하는 사후송금방식(O/A)에 대한 설명이다. COD, CAD, D/P는 모두 물품이나 서류의 인도와 동시에 결제가 이루어지는 동시지급결제방식에 해당한다.

(해석) 아래 빈칸에 알맞은 단어를 고르시오.

> 국제 무역에서 (사후송금방식 거래)는 보통 30, 60 또는 90일의 지급 기일 전에 물품이 선적되고 인도되는 거래이다.
> 분명히, 이 옵션은 현금 유동성과 비용 면에서 수입자에게 유리하지만, 결과적으로 수출자에게는 위험한 옵션이다.

① COD 거래
② CAD 거래
③ 사후송금방식 거래
④ D/P 거래

42   정답 ②

환어음의 만기가 선하증권 일자 즉 선적일을 기준으로 정해지는 경우 환어음 자체로 그 만기가 결정될 수 있어야 하는데 ②의 경우에는 선하증권이 첨부되지 않고는 환어음만으로 그 만기를 알 수 없다.

(해석) 다음 중 아래의 환어음을 위한 만기일로써 인정될 수 없는 것은 무엇인가?

> 미화 60,000달러의 화환신용장이 발행되었고 선하증권 날짜로부터 30일 후를 만기로 환어음이 발행될 것을 요구한다. 서류는 11월 9일에 선하증권과 함께 제시되었다. (11월 9일 + 30일 = 12월 9일)

① 12월 9일
② 선하증권 날짜로부터 30일 후
③ 11월 9일 30일 후
④ 12월 9일

[43~45]

(해석) 다음을 읽고 답하시오.

> 일람불 환어음은 화물이 목적지에 도달하여 결제가 이루어질 때까지 수출자가 화물에 대한 권리를 보유하기를 원할 때 사용된다. 실제 관행에서, 해양선하증권은 수출자에 의해 배서되어 수출자의 은행을 거쳐 매수인의 은행으로 발송된다. 이는 매수인 또는 그 매수인의 국가에 의해 명시된 일람불 환어음, 상업송장, 그리고 다른 증빙서류를 수반한다. 그 외국은행은 이러한 서류를 받았을 때 매수인에게 통지한다. 환어음이 지급되자마자, 그 (A)외국은행은 선하증권을 넘김으로써 매수인이 화물을 획득할 수 있게 한다.
> 일람불 환어음이 화물의 소유권을 양도하는 것을 제어하는 데 사용될 때에 여전히 어떤 위험이 있다. 매수인의 능력과 결제의향이 제품이 선적되는 시점으로부터 환어음이 결제를 위해 제시되는 시점까지 변할지도 모르는데, (B).

43   정답 ①

수출자가 물품을 선적한 후 일람불 환어음을 발행하여 추심의뢰은행(수출자 거래은행)에 추심을 의뢰하고, 추심의뢰은행은 환어음을 추심은행(수입자 거래은행)에게 송부하여 추심을 의뢰하는 결제방식은 서류지급인도조건(D/P)이다.

(해석) 상기 거래를 위한 적절한 결제방식은 무엇인가?

① 서류지급인도조건(D/P)
② 서류인수인도조건(D/A)
③ 일람지급신용장(Sight L/C)
④ 기한부신용장(Usance L/C)

44   정답 ①

수출지의 추심의뢰은행(Remitting Bank)으로부터 서류를 받은 수입지의 은행을 추심은행(Collecting Bank)이라고 하므로, 외국은행은 추심은행임을 추론할 수 있다.

(해석) (A)는 누구인가?

① 추심은행   ② 추심의뢰은행
③ 개설은행   ④ 매입은행

45　　　　　　　　　　　　　　　정답 ①

서류지급인도조건(D/P)방식 추심의 한 종류이므로 매수인을 대신해서 결제를 약속하는 은행은 없다는 내용이 적절하다.

빈칸 (B)에 가장 적절한 문장은 무엇인가?
① 매수인을 대신해서 결제하겠다는 은행약속이 없다.
② 제시은행은 매수인의 결제에 대해 책임이 있다.
③ 매도인은 제시은행에 물품을 반송하기를 요청해야 할 것이다.
④ 운송인은 매수인에게 상품의 인도를 위한 보상을 제공하도록 요청한다.

46　　　　　　　　　　　　　　　정답 ③

수입화물 대도란 개설의뢰인이 신용장 대금을 개설은행에 지급하지 않고 선적서류를 먼저 수령하여 해당 물품을 처분하여 신용장 대금을 상환하도록 하는 은행의 신탁인도를 의미하므로 그러한 금융혜택을 누리는 당사자는 개설의뢰인인 수입자이다.

47　　　　　　　　　　　　　　　정답 ②

선대신용장은 수출자가 해당 상품의 선적 전에 대금을 선지급받을 수 있도록 수권하고 있는 신용장이다.

(해석) 수익자가 자신의 금융편의(혜택)에 영향을 미치지 않고 선적 전 자금조달을 받을 수 있는 신용장은 무엇인가?
① 보증신용장
② 선대신용장
③ 회전신용장
④ 동시개설신용장

48　　　　　　　　　　　　　　　정답 ②

매입신용장은 환어음의 발행인, 배서인, 선의의 소지인에게 신용장의 조건을 준수하여 발행되고 매입된 환어음이 제시되면 결제될 것임을 개설은행이 확약하는 내용을 담고 있다.

(해석) 매입신용장 업무에서 빈칸에 맞는 단어를 고르시오.

> 우리는 이로써 (발행인 / 선의의 소지인)에게 이 신용장의 조건에 (준수)하여 발행되고 매입된 환어음이 제시되면 정히 (결제)될 것을 확약한다.

① 발행인 / 지급인 – 일치 – 지급
② 발행인 / 선의의 소지인 – 준수 – 결제
③ 발행인 / 수취인 – 준수 – 인수
④ 발행인 / 선의의 소지인 – 일치 – 인수

49　　　　　　　　　　　　　　　정답 ③

양도가능신용장은 양도 시에 달리 합의된 경우를 제외하고, 양도와 관련하여 발생한 모든 수수료는 제1수익자가 지급해야 한다.

(해석) 다음 중 '양도가능신용장'에 대한 진술로 적합하지 않은 것은 무엇인가?
① 양도가능신용장은 수익자("제1 수익자")의 요청에 따라 다른 수익자("제2 수익자")에게 전부 또는 일부가 이용되도록 할 수 있다.
② 양도은행은 신용장을 양도하는 지정은행 또는 모든 은행에서 이용 가능한 신용장의 경우에는 개설은행에 의해 양도할 것을 특별히 권한을 받고 신용장을 양도한 은행을 의미한다.
③ 양도 시에 달리 합의된 경우를 제외하고, 양도와 관련하여 발생한 모든 수수료(요금, 보수, 경비 또는 비용 등)는 개설은행에 의해 지불되어야 한다.
④ 양도가능신용장은 양도은행에 의해 제2 수익자에게 이용 가능하게 만들어진 신용장을 의미한다.

50　　　　　　　　　　　　　　　정답 ①

지문은 UCP의 양도은행의 정의로 양도은행은 양도가능신용장의 양도 절차를 이행하도록 개설은행으로부터 수권받은 은행을 의미하며, 개설은행은 양도은행이 될 수 있다.

(해석) 양도가능신용장 업무에서 빈칸 (A)~(D)에 맞는 단어를 고르시오.

> ((A) 양도은행)은 신용장을 양도하는 지정은행 또는 모든 은행에서 이용 가능한 신용장의 경우에는 ((B) 개설은행)에 의해 양도할 것을 특별히 수권받고 신용장을 양도하는 은행을 의미한다. ((C) 개설은행)은 ((D) 양도은행)이 될 수 있다.

① (A) 양도은행 – (B) 개설은행 – (C) 개설은행 – (D) 양도은행
② (A) 양도은행 – (B) 매입은행 – (C) 매입은행 – (D) 양도은행
③ (A) 개설은행 – (B) 양도은행 – (C) 매입은행 – (D) 개설은행
④ (A) 통지은행 – (B) 개설은행 – (C) 매입은행 – (D) 양도은행

51　　　　　　　　　　　　　　　정답 ②

수익자는 조건변경의 전부를 승낙하거나 거절해야 하며, 조건변경의 일부만 수락하는 것은 조건변경의 거절로 본다.

52　　　　　　　　　　　　　　　정답 ①

은행은 서류의 제시일 다음날로부터 최장 5영업일동안 제시의 일치여부를 결정할 수 있다.

53
정답 ③

Invoice의 제시가 요구된 경우 견적송장, 예비송장을 제외한 어떠한 명칭의 송장도 수리된다.

54
정답 ①

상업송장상의 명세는 신용장상의 명세와 일치해야 한다.

55
정답 ①

부보각서(보험승낙서)는 보험조건 등의 명세를 약식으로 기재하여 발행한 서류로 보험서류로 인정되지 않는다.

(해석) 다음 중 좋은 짝이 아닌 것은 무엇인가?

> (A) 부보각서, (B) 보험증권 혹은 예정보험 하에서의 (C) 보험증명서와 같은 보험서류는 보험회사, 보험업자 또는 그들의 대리인 혹은 (D) 대리인에 의해 발행되고 서명된 것으로 보여야 한다.

① (A) 부보각서
② (B) 보험증권
③ (C) 보험증명서
④ (D) 대리인

56
정답 ②

주어진 조건에서 보험증권의 피보험자는 수익자인 ㈜Haiyang의 지시식으로 발행하도록 하였고 백지배서 할 것이 요구되었으므로 개설의뢰인인 Hochimin Co., Ltd.의 백지배서는 요구되지 않는다.

57
정답 ①

2, 3, 4, 5월에 분할하여 선적한다고 했으므로, 할부선적임을 알 수 있다. 또한 수량 앞에 "about"을 사용했으므로 수량에 대해 ±10%의 과부족이 허용된다. a의 경우 약(about) 500톤으로, 500의 ±10%(450~550톤)까지 선적할 수 있어 유효한 계약이행이 된다. 그러나 b의 선적은 3월에 이루어져야 하는데, 3월에 이루어지지 않고 c와 함께 4월에 2번 이루어졌기 때문에, b는 계약위반이 된다. UCP600상에서 분할선적에 대한 신용장에 대해서는 해당 위반된 할부분과 그 이후의 할부분 모두 무효가 된다고 규정하고 있으므로 b 이후의 신용장은 모두 사용할 수 없게 된다.

(해석) UCP 600에 따라, 아래 선적 중 서류 제시 시 결제될 것은 무엇인가?

> 미화 160,000달러에 대한 신용장은 2, 3, 4, 5월에 비료를 분할 선적할 것을 요구한다. 각 선적은 약 500톤이 될 예정이다. 선적은 다음과 같이 이행되었다 :
> a. 미화 36,000달러로 2월 24일 발송된 450톤
> b. 미화 44,000달러로 4월 12일 발송된 550톤
> c. 미화 36,800달러로 4월 30일 발송된 460톤
> d. 미화 44,000달러로 6월 4일 발송된 550톤

① a
② a, b
③ a, b, c
④ 해당 없음

58
정답 ④

신용장 본질상 그 기초가 되는 매매 또는 다른 계약과는 별개의 거래로 신용장에 그러한 계약에 대한 언급이 있더라도 은행은 그 계약과 아무런 관련이 없고 또한 그 계약 내용에 구속되지 않는다.

(해석) 다음 중 은행 보증과 신용장 사이의 차이점에 대해 가장 옳지 않은 것은 무엇인가?

① 신용장과 보증 간의 가장 큰 차이점은 금융서류가 사용되는 방법에 있다.
② 정기적인 물품의 수출과 수입에 관련된 상인들은 인도와 결제를 보장하기 위해 신용장을 선택한다.
③ 사회기반시설 프로젝트에 입찰하는 도급업자들은 보증을 통해 그들의 재정적 신뢰성을 증명한다.
④ 신용장에서, 결제의 의무는 원인 매매계약에 달려있다.

59
정답 ②

팩토링은 단기금융에 속한다.

(해석) 다음 중 아래 빈칸들에 적절하지 않은 것은 무엇인가?

> 팩터는 (A 외상매출금)의 구매를 통해 자금조달을 이행하는 은행 또는 전문 금융 회사이다. 수출 팩토링에서, 팩터는 일반적으로 (C 상환청구권 없이) 액면가로부터 할인된 금액으로 현금으로 받을 수 있는 수출자의 (B 장기) 해외 외상매출들을 매입한다. 이는 종종 해외 매수인의 지급 불능에 대해 (D 공제 제도나 위험 분담 없이) 100퍼센트까지의 보호를 제공한다.

① (A) 외상매출금 계정
② (B) 장기의
③ (C) 상환청구 없이
④ (D) 공제 제도나 위험 분담 없이

60 　　　　　　　　　　　　　정답 ④

자기회수적인 자금 조달이라는 점으로부터 수출액이 추심되어 대출금 청산에 적용되며 남은 수익이 수출업자의 계좌로 입금된다는 것을 추론할 수 있다.

(해석) 아래 문장으로부터 무엇을 추론할 수 있는가?

> 무역금융은 일반적으로 보통 자기회수적인 수출 자금조달을 가리킨다.

① 모든 수출액은 지급되고 난 후, 대출 연장에 적용된다. 나머지는 수입자의 계좌에 입금된다.
② 선적 전 금융은 일반적 운영 자금 대출로 청산된다.
③ 수출 자금 조달은 일반적 운영 자금 대출보다 다소 사용하기 어렵다.
④ 모든 수출액은 추심되어 이후 대출금을 청산하는 데 적용된다. 남은 수익은 수출자의 계좌에 입금된다.

61 　　　　　　　　　　　　　정답 ①

지급보증대리인은 현지 고객에게 신용으로(on credit) 판매한 금액의 지급을 보장한다는 계약을 맺는 대리인이다.

(해석) 아래는 지급보증대리인에 관한 것이다. 다른 것들과 일치하지 않는 것은 무엇인가?

> (A) 팩터가 위탁판매계약에서 상품을 판매할 때 (대금지급 보증 수수료라고 불리는) 추가적인 수수료를 위해 (B) 구매자의 지급 능력과 그의 계약 이행을 보증하는 계약. 이러한 대리인은 대금 지급 보증 대리인이라고 불린다. (C) 그는 단순히 보증인이며, 구매자가 채무 불이행을 할 시에만 그의 본인에게 책임을 진다. (D) 대리인에 의해 제삼자에게 제공된 신용 거래의 결과로 본인에게 손해가 발생한 경우에 자신의 본인에게 배상할 의무가 있는 대리인.

① (A)　　② (B)　　③ (C)　　④ (D)

62 　　　　　　　　　　　　　정답 ①

지문은 각국의 주요 은행을 묶어 컴퓨터 네트워크를 구성하고 은행 상호 간의 지급·송금업무 등을 위한 데이터 통신의 교환을 하는 SWIFT에 대한 설명이다.

(해석) 아래 내용은 무엇에 대한 설명인가?

> 은행, 중앙 은행, 다국적 기업 및 주요 증권 회사 간의 24시간 안전한 국제적 지급 지시 교환을 가능하게 하는 글로벌 통신 네트워크

① SWIFT　② TELEX　③ GIRO　④ CHIPS

63 　　　　　　　　　　　　　정답 ②

수출신용보험기관은 수입국의 신용위험과 비상위험으로 인해 수출대금을 받지 못할 자국의 수출자의 위험에 대비하는 보험상품등을 제공한다. 한국에서는 한국무역보험공사(K–Sure)에서 해당 역할을 한다.

(해석) 한국에서 수출신용보험기관 역할은 누가 하는가?

> 국제 거래에서, 수출신용기관들은 종종 은행과 수출업자 사이에서 다리와 같은 역할을 한다. 금융 부문이 아직 발달되지 않은 개발도상국에서는, 정부가 종종 이 수출신용보험기관의 역할을 맡는다.

① 한국무역협회
② 한국무역보험공사
③ 대한무역투자진흥공사
④ 대한상공회의소

64 　　　　　　　　　　　　　정답 ①

수출환 변동보험은 환율하락에 따른 손실을 방지하고, 수입환 변동보험은 환율상승에 따른 손실을 방지한다.

65 　　　　　　　　　　　　　정답 ①

선물 계약이 장래에 3일에서 보통 1년까지 정해진 금액의 외화를 팔도록 해준다고 했으므로, 미래 날짜에 명시된 가격으로 통화를 사고 팔기 위한 계약이라는 내용이 와야 적절하다.

(해석) 빈칸 (ⓐ)에 가장 적절한 것은 무엇인가?

> 국제 무역을 하는 데 있어서, 외국환 위험을 헷징하는 가장 직접적인 방법은 선물 계약인데, 이것은 수출자가 장래에 3일에서 보통 1년까지의 인도일에 따라 미리 합의된 환율로 정해진 금액의 외화를 팔도록 해준다.
> 요약하면, 선물 계약은 (ⓐ 미래 날짜에 명시된 가격으로) 통화를 사고 팔기 위한 계약이다.

① 미래 날짜에 명시된 가격으로
② 미래에 결정된 시장 가격으로
③ 수출자 측에 유리한 가격으로
④ 계약을 체결할 수 있는 선택권을 가진 수출자를 위해

fn.Hackers.com

금융·무역 전문 교육기관 **해커스금융**
fn.Hackers.com

해커스 무역영어 1급 4주 완성 이론+기출문제

2편
무형무역

■ **빈출포인트**

18회분의 기출문제를 분석하여 빈출포인트별 기출빈도(★~★★★)를 표기하였습니다.

* 0~2회 기출 : ★   3~7회 기출 : ★★   8회 이상 기출 : ★★★ 꼭!

구 분	빈출포인트	기출빈도	페이지
제1절 서비스무역의 개요	01 서비스무역의 개요	★	p.300
	02 GATS	★	p.300
	03 TRIPS	★	p.302
	04 WTO 및 FTA	★	p.302
제2절 판매점, 대리점 계약	01 판매점 계약	★	p.305
	02 대리점 계약	★	p.305
	03 판매점과 대리점의 비교	★	p.306

■ **학습전략**

서비스무역은 일반적인 재화와 다르게 형태가 없는 금융, 운송, 여행, 건설 등의 국제거래를 말하며, 이와 관련된 여러 협정 및 국제 기구와 관련된 내용을 다루고 있다.

서비스무역은 출제 비중이 높지 않으므로, 본 교재에 수록한 이론 내용과 기출문제를 위주로 빠르게 학습하는 것이 좋다.

제1장 서비스무역

제1절 | 서비스무역의 개요

✎ 본문 내용 중 기출문제로 자주 출제된 부분에 **형광펜**으로 표시하였으니 반드시 학습하시기 바랍니다.

01 서비스무역의 개요   기출빈도 ★

1. 서비스무역의 정의

서비스무역이란 일반적인 재화와 다르게 형태가 없는 금융, 운송, 여행, 건설, 보험, 정보통신 등의 국제거래를 말한다.

2. 서비스무역의 형태

(1) 서비스의 국경 이동

한 회원국의 영토로부터 다른 회원국의 영토 내로 서비스를 공급하는 것을 말한다.

　예 국제전화나 인터넷을 이용한 원격 교육·진료, 케이블이나 위성에 의한 국가 간 방송프로그램의 전송, 국제전화 등

(2) 해외소비

한 회원국의 영토 내에서 다른 회원국의 소비자에게 서비스를 공급하는 것을 말한다.

　예 해외진료, 해외유학, 해외관광 등

(3) 상업적 주재

한 회원국의 서비스 공급자가 다른 회원국 영토 내에서의 상업적 주재를 통한 서비스를 공급하는 것을 말한다.

　예 외국인의 간접투자(주식 등)를 통한 기존 국내기업의 인수, 국내에 설립된 해외기업 A/S센터 등

(4) 자연인 주재

한 회원국의 서비스 공급자가 다른 회원국 영토 내에서의 자연인의 주재를 통한 서비스를 공급하는 것을 말한다.

　예 외국의 법률회사 직원이 국내를 방문하여 제공하는 자문서비스, 외국 의료진이 국내에서 제공하는 의료서비스, 패션모델의 해외광고 출연 등

02 GATS   기출빈도 ★

1. GATS의 개요

(1) GATS(General Agreement on Trade in Services)란 서비스무역에 관한 일반협정으로서 서비스무역의 장벽을 제거하고 서비스무역의 자유화를 실현하기 위한 다자간 협정을 말한다.

(2) 1970년대 이후 서비스교역이 급격히 증가하면서 WTO(세계무역기구)의 발족과 함께 상품무역에 관한 일반협정인 GATT와 별개로 서비스무역에 관한 일반협정인 GATS가 체결되었다.

2. GATS의 성립배경

(1) GATT(General Agreement on Tariffs and Trade)의 체결

① GATT란 관세 및 무역에 관한 일반협정으로 세계 각국의 무역장벽을 제거하여 자유무역질서를 확립하기 위해 1947년에 체결된 국제무역협정이다.

② 그러나 GATT는 당초 국제무역상의 원칙을 규정한 협정에 불과했기 때문에 국제기구로서의 성격의 미약성, 법적 구속력의 제한 등의 한계가 드러나면서 1986년 우루과이에서 국제무역질서의 정립을 위한 다자간 무역협상이 개시되기에 이르렀다.

(2) WTO(World Trade Organization)의 발족

① WTO란 우루과이 라운드에서 GATT의 문제점을 해결하고 이 체제를 다자간 무역기구로 발전시키는 협상이 진행됨으로써 타결된 세계무역기구이다.

② GATT가 상품무역에만 치중한 것과 달리 WTO는 서비스, 지적재산권, 투자, 원산지 등에 관한 무역을 포괄하여 관장하고 있으며 법인격을 보유한 유일한 국제기구로서 국가 간 무역규범을 다루고 있다.

③ WTO의 주요 협정

GATT 1994	• 관세 및 무역에 관한 일반협정으로 종전의 GATT 규범에서 계속적으로 수정 및 추가되어 온 GATT가 WTO로 편입되었다. • WTO의 출범으로 종전의 GATT가 해체된 것은 아니며, GATT는 WTO 출범 이전의 'GATT 1946' 및 WTO의 한 부분으로 편입된 'GATT 1994'의 형태로 WTO 관할 하의 우루과이 라운드 최종협정에 저촉되지 않는 범위 내에서 계속 효력을 갖는다.
GATS	• 서비스무역에 관한 일반협정으로 교육, 문화, 환경, 금융, 의료, 여행 등 12개의 서비스 분야의 국제 간 교역을 다루는 다자간 협정이다.
TRIPS	• 무역 관련 지적재산권협정으로 특허권, 의장권, 상표권, 저작권 등 지적재산권에 대한 다자간 협정이다.

(3) GATS의 성립

① 우루과이 라운드 이전에는 서비스무역에 관한 국제규범이 전무했으며 GATT는 상품무역만을 대상으로 규제해왔기 때문에, 1970년대 이후 서비스무역이 급격히 증가함에 따라 서비스 교역에 대한 규범의식이 제기되기 시작했다.

② 이에 우루과이 라운드 협상의 타결로 WTO 협정의 일부로서 GATS가 체결되었다.

3. GATS의 기본원칙

(1) 최혜국대우원칙(MFNT, Most Favoured Nation Treatment)

① 최혜국대우원칙이란 특정 회원국에 부여한 가장 유리한 우대를 다른 회원국에도 부여해야 한다는 원칙으로, GATS는 GATS의 대상이 되는 모든 조치에 대하여 각 회원국은 다른 회원국의 서비스 및 서비스 공급자에게 특정 회원국에게 부여한 대우보다 불리하지 않은 대우를 부여해야 함을 규정하고 있다.

② 최혜국대우원칙은 GATT와 WTO 회원국 모두에게 적용되는 원칙으로, 상품교역에 국한되었던 GATT의 최혜국대우원칙은 WTO의 협정에 의하여 서비스 및 지적재산권분야로 확대되었다.

③ 그러나 GATS상의 최혜국대우원칙은 GATT와는 달리 최혜국대우에 대한 광범위한 예외가 인정되어 부속서상 열거된 면제조건을 충족하는 경우 최혜국대우원칙을 이탈하는 조치를 취할 수 있다.

(2) 내국민대우원칙(NT, National Treatment)

① 내국민대우원칙이란 타국의 국민을 자국민과 차별 없이 동등하게 대우해야 한다는 원칙으로, GATS는 다른 회원국의 서비스 및 서비스 공급자에게 서비스의 공급에 영향을 미치는 모든 조치에 대하여 자국의 동종 서비스 및 서비스 공급자에게 부여한 대우보다 불리하지 않은 대우를 부여해야 함을 규정하고 있다.

② 내국민대우원칙은 GATT와 WTO 회원국 모두에게 적용되는 원칙으로, 상품교역에 국한되었던 GATT의 내국민대우원칙은 WTO의 협정에 의하여 서비스 및 지식재산권분야로 확대되었다.

03 TRIPS 기출빈도 ★

1. TRIPS의 개요

(1) TRIPS(agreement on Trade-Related aspects of Intellectual Property rightS)란 범세계적 차원에서 무역 관련 지식재산권 보호의 통일된 기준을 정한 다자간 협약이다. 세계지적재산권기구(WIPO)가 개별 지식재산권 조약에 의해 규율하면서 발생했던 지식재산권 보호의 문제를 보완하였다.

(2) TRIPS는 WTO의 협정 중 하나로서 WTO의 회원국은 자국의 지식재산권 관련 국내법을 TRIPS 협정에 일치하도록 개정할 의무를 부담하며, TRIPS 협정의 위반에 대해서는 WTO 분쟁해결기구에 제소할 수 있다.

2. TRIPS의 보호대상

(1) TRIPS에서 보호하는 지식재산권의 범위

> 특허권, 상표권, 의장권, 저작권 및 저작인접권, 지리적 표시권, 반도체 집적회로 배치설계권, 영업비밀권

(2) TRIPS에서 보호하는 각 지식재산권의 최소보호기간

구 분	최소보호기간
특허권	20년
상표권	7년
의장권	10년
저작권	저작자 사후 50년

04 WTO 및 FTA 기출빈도 ★

1. WTO(세계무역기구, World Trade Organization)

(1) WTO란 국제무역을 확대하고 회원국 간의 무역분쟁을 해결하기 위해 설립된 국제기구로서, 국제상거래를 위한 법적 기본규칙을 제공하여 합의된 범위 내에서 각 정부가 자국의 무역정책을 수행해 나갈 수 있도록 하는 법적 구속력을 가진 기구이다.

(2) WTO 협정

① WTO 협정은 다자간 무역기구로서의 세계무역기구 설립에 관한 협정을 본문으로 하고 상품무역협정을 비롯하여 다음의 부속서를 포함하는 형태로 구성되어 있다.

- 상품무역에 관한 다자간 협약(MTA)
- 서비스무역에 관한 일반협정(GATS)
- 무역 관련 지식재산권협정(TRIPS)
- 분쟁해결규칙 및 절차에 관한 협정(DSU)
- 무역정책검토제도(TPRM)
- 수자간(복수국간) 무역협정(PTA)

② 다자간 무역협정과 수자간(복수국간) 무역협정의 구분

다자간 무역협정(MTA)	수자간(복수국간) 무역협정(PTA)
GATT, 농산물협정, 섬유류협정, 선적전검사협정, 원산지규정협정 등	민간항공기협정, 정부조달협정, 국제낙농협정, 국제우육협정

[용어설명] 수자간(복수국간) 무역협정: 모든 WTO 회원국에 적용되는 다자간 무역협정과 달리 해당 협정을 수락하여 가입한 WTO 일부 회원국에 대해서만 법적인 구속력을 갖는 협정

③ 분쟁해결규칙 및 절차에 관한 협정(DSU)

- WTO 회원국 간 발생하는 무역분쟁에 대하여 다자간 규정의 적용을 보장함으로써 WTO 협정의 권위를 강화하기 위한 협정이다.
- 무역분쟁에 대한 권고안만 제시할 뿐 분쟁해결과 관련한 명확한 조항이 없었던 GATT와 달리, WTO는 무역분쟁에 관한 절차를 마련하고 있으며 분쟁해결기구의 법적 구속력과 감시기능을 갖추고 있다.

(3) GATT와 WTO의 비교

구 분	GATT	WTO
형 태	무역협정	국제기구
관할범위	상품무역에 국한	무역 관련 서비스, 지식재산권, 투자를 포함하는 매우 포괄적인 관할범위
구속력	없 음	법적 구속력 있음

2. FTA(자유무역협정, Free Trade Agreement)

(1) FTA란 무역자유화의 실현을 위해 양국 간 또는 지역 간에 체결하는 특혜무역협정으로서, 협정을 체결한 양국 간 또는 지역 간에 관세 및 무역장벽을 철폐함으로써 상호 간 교역을 증진하여 경제협력을 강화하기 위한 협정이다.

(2) FTA의 주요 특징

① FTA를 체결한 나라는 상대국에 수출할 때 무관세 등의 혜택을 받을 수 있으며 1990년대 이후 체결된 대부분의 FTA는 상품뿐만 아니라 서비스, 지식재산권, 환경, 노동분야, 투자, 무역규범 등을 협상대상으로 하고 있다.

② FTA는 WTO의 모든 회원국에 최혜국대우를 보장해 주는 다자주의원칙에서 벗어나 회원국에만 무관세나 낮은 관세를 부과하는 지역주의에 기초를 두고 있는 특혜무역체제로서, FTA 비회원국에 대해서는 WTO에서 유지하는 관세를 그대로 적용하고 수출입을 제한하고 있다.

(3) WTO와 FTA의 비교

구 분	WTO	FTA
형 태	국제무역기구	무역협정
무역체제	다자주의	지역주의
내 용	모든 회원국에 최혜국대우를 보장하여 회원국 간 가장 좋은 무역조건을 차별 없이 제공	최혜국대우의 예외로서, 회원국에만 무관세 또는 낮은 관세 적용

제2절 │ 판매점, 대리점 계약

✎ 본문 내용 중 기출문제로 자주 출제된 부분에 **형광펜**으로 표시하였으니 반드시 학습하시기 바랍니다.

01 판매점 계약

기출빈도 ★

1. 판매점 계약의 정의

판매점 계약은 판매점으로 지정된 자가 판매자(공급자)로부터 특정 물품 및 용역 등을 계속적으로 공급받아 자신의 위험과 계산 하에 물품을 판매하는 계약이다.

2. 판매점 계약의 전제조건

판매점 계약은 자기자금으로 상품을 구입하여야 하므로 자본력이 있는 것을 전제로 하며, 판매자는 수출자로부터 계약에서 정해진 최소한도 이상 수량의 구매를 해야 할 의무를 부담한다.

02 대리점 계약

기출빈도 ★

1. 대리점 계약의 정의

대리점 계약은 수출자로부터 그를 대신하는 권한(대리권)을 부여받아 계속적으로 물품판매나 중개 업무를 함으로써 고객과의 거래효과를 수출자에게 귀속시키고, 이에 대한 일정한 수수료를 받는 것을 내용으로 하는 계약이다.

2. 대리점 계약상 대리점의 의무사항

(1) 본점의 이해관계에 영향을 줄 수 있는 모든 정보자료를 제공할 의무

   예 회계(Account)보고의 의무

(2) 영업과정에서 대리점 별도의 비밀이익을 추구하지 아니할 의무

(3) 업무과정에서 습득한 영업 비밀을 누설하지 아니할 의무

(4) 상당한 노력과 주의를 다하여 자신의 의무를 수행하여야 할 의무

3. 대리점 계약의 구분

(1) 독점판매대리점(Exclusive Selling Agent)계약

   ① 대리점으로 지정된 자에 대하여 특정지역에서 당해 제품의 판매에 관한 독점판매권을 부여하는 대리점 계약이다.

   ② 판매대리점을 경유하지 않은 특수주문에 대해서도 전액수수료(Full Commission) 또는 배당수수료(Split Commission)를 본점으로부터 받을 수 있다.

(2) 비독점판매대리점(Non – Exclusive Selling Agent)계약

   ① 독점판매권을 부여하지 않는 대리점 계약이다.

   ② 본점이 직접 주문을 받는 경우에는 대리점에 수수료를 지급하지 않는다.

구 분	판매점	대리점
사업형태	판매점의 위험과 계산하에 사업을 진행	수출자의 위험과 계산하에 사업을 진행
자기자금	자본력이 있다는 것이 전제됨	유력 고객 확보 시 자기자금이 많지 않더라도 사업 가능
수익구조	고객에게 전매한 판매가격과 수출자로부터 물품을 구입한 가격의 차이	수출자로부터 받는 수수료

fn.Hackers.com

■ 빈출포인트

18회분의 기출문제를 분석하여 빈출포인트별 기출빈도(★~★★★)를 표기하였습니다.

* 0~2회 기출 : ★   3~7회 기출 : ★★   8회 이상 기출 : ★★★ 책!

■ 학습전략

기술무역은 기술무역의 의의와 기술무역계약의 유형에 대하여 학습한다.

출제 비중이 높지 않으므로, 본 교재에 수록한 이론 내용과 기출문제를 위주로 빠르게 학습하는 것이 좋다.

제2장 기술무역

제1절 | 기술무역의 개요

✎ 본문 내용 중 기출문제로 자주 출제된 부분에 **형광펜**으로 표시하였으니 반드시 학습하시기 바랍니다.

01 기술무역의 의의와 특징 기출빈도 ★

1. 기술무역의 의의

(1) 기술무역은 무형의 재화인 기술이 국경을 넘어 이동하는 거래행위로서 지식재산권, 노하우의 사용을 위한 기술이전, 기술도입 등 기술협력의 전반적인 형태를 모두 포함하는 개념이다.

(2) 특정 기업이 소유하고 있는 기술을 무역상대국에 제공하고 그 대가로서 일정한 기술료를 지급받는 것을 약정하는 계약을 기술무역계약이라고 한다.

(3) 기술무역계약의 형태는 기술이전계약과 기술도입계약으로 구분된다.

기술이전계약	대한민국 국민·법인이 가진 지식재산권이나 그 밖에 기술을 외국인·외국법인에 양도하거나 그 사용에 관한 권리를 이전하는 계약을 말한다.
기술도입계약	대한민국 국민·법인이 외국인·외국법인으로부터 지식재산권이나 그 밖에 기술을 양수하거나 그 사용에 관한 권리를 도입하는 계약을 말한다.

2. 기술무역의 특징

(1) 기술무역계약의 효력은 당사자 간의 합의만으로 무조건 발생하지 않으며 정부기관의 승인을 받아야 효력이 발생하는 경우가 있다.

(2) 기술무역계약에 관한 국제협정을 제정하고자 하는 시도는 이루어지고 있으나, 아직 구체적으로 확정된 협정은 없다.

(3) 일반적으로 개별국가들은 기술무역에 관하여 일정한 규제를 가하고 있으며 우리나라의 기술무역 규제법으로는 독점규제법, 특허법, 실용신안법, 외국환거래법, 불공정경쟁방지법, 외국인투자촉진법 등이 있다.

유 형	내 용
기술양도형계약	특허권 등 지식재산권 및 기술 관련 노하우 등의 소유권을 이전시키는 형태의 계약으로 기술양수도계약, 합병계약 등이 있다.
기술대여형계약	특허권 등 지식재산권 및 기술 관련 노하우 등의 소유권의 이전 없이 사용권만 허락하는 형태의 계약으로 대표적으로 라이센스계약이 있다.
용역제공형계약	기계장비의 설치·조달, 기술지도 등 기술적 서비스 자체를 제공하는 형태의 계약으로 기술지도계약, 엔지니어링계약 등이 있다.
복합형계약	기계장비 등의 하드웨어와 기술, 노하우, 기술지도 등 소프트웨어적 요소를 결합하여 종합적으로 수출하는 플랜트수출계약과 상표사용허가계약 외 기술실시계약, 기술지도계약 등이 결합된 프랜차이즈계약 등이 있다.

제2절 | 라이센스계약

✎ 본문 내용 중 기출문제로 자주 출제된 부분에 **형광펜**으로 표시하였으니 반드시 학습하시기 바랍니다.

01 라이센스계약의 개요

기출빈도 ★

1. 라이센스계약의 의의

(1) 라이센스계약이란 기술제공자(Licensor)가 가지고 있는 특허, 노하우, 상표 등과 같은 무형자산을 외국에 있는 기술사용자(Licensee)에게 일정 기간 및 조건 하에서 사용할 수 있는 권리를 허용하고 그 대가로서 로열티나 다른 형태의 보상을 지급받기로 약정하는 계약을 말한다.

(2) 기업 특유의 우위, 내부화의 우위 및 입지 특유의 우위가 있을 경우 해외직접투자를 수행하는 것이 바람직하나, 진출예정국에 기업 특유의 우위만 있고 내부화의 우위 및 입지 특유의 우위가 없을 경우 라이센스계약이 가장 적합한 방법이다.

참고 기업의 국제경쟁력 결정요인

기업특유의 우위	현지기업이 보유하고 있지 못한 기업 특유의 자산을 소유함으로써 얻게 되는 이점
내부화의 우위	기업 특유의 우위 요소를 타국에 라이센스계약을 맺어 파는 대신 기업이 직접 내부화하여 기업 특유의 우위 요소를 사용함으로써 얻는 이점
입지특유의 우위	특정 입지가 다른 입지에 비해 지니고 있는 이점

2. 라이센스계약의 장단점

장 점	• 무역장벽의 회피가 가능함 • 현지정보의 입수가 용이함 • 현지국의 정치적 위험에 대한 노출이 적음 • 현지적응비용을 현지기업에 전가할 수 있음
단 점	• 자사 경영노하우의 기밀 유지가 어려움 • 기술사용자가 장래 경쟁상대가 될 수 있음 • 현지 직접투자에 비해 이익이 적음 • 자사 브랜드 및 기술에 대한 컨트롤이 어려움

3. 기술료의 종류

기술료란 기술사용자가 기술사용에 대한 대가로서 기술제공자에게 지불해야 하는 금액으로 다음과 같은 종류가 있다.

고정기술료 (Fixed Payment)	• 계약기술의 판매와 직결되지 않는 경우에 해당하는 것으로서, 계약제품의 제조량, 판매량 등에 관계없이 라이센스에 대한 대가를 1회에 한하여 전부 지불하는 방식
경상기술료 (Running Royalty)	• 계약기술이 판매와 직결된 경우에 해당하는 것으로서, 계약제품의 제조량이나 판매량에 따라 일정률의 기술료를 정기적으로 지불하는 방식
선급기술료 (Initial Payment)	• 계약기간 중에 발생이 예상되는 기술료에 관하여 그 일부 또는 전부를 계약발효와 동시에 또는 계약에서 정하는 지불기간의 초기에 지불하는 방식
최대기술료 (Maximum Payment)	• 기술료의 최고상한액을 설정하여 기술료의 지불 총액이 정해진 상한액을 초과하는 경우 그 초과분에 대해서는 지불이 면제되는 방식
최저기술료 (Minimum Payment)	• 전 계약기간 또는 계약기간 중 일정 기간에 대하여 기술제공자에게 지불되어야 할 기술료의 최저금액을 정하는 방식 • 실제 발생한 기술료의 지불 총액이 최저금액에 달하지 않는 경우 기술사용자가 그 차액을 보충하여 기술제공자에게 지불함에 따라 기술제공자의 위험부담이 감소

02 라이센스계약의 종류 기출빈도 ★

1. 특허라이센스계약(Patent License Agreement)

(1) 특허라이센스계약이란 특정한 발명에 대하여 배타적, 독점적 권리를 부여받은 특허권을 가진 자가 타인에 대하여 그 특허권을 실시할 수 있도록 허락하는 계약을 말한다.

(2) 특허라이센스계약의 유형

독점적 실시허락 (Exclusive License)	기술제공자가 특정인에게 특허권의 실시허락을 할 때 제3자에게는 이와 중복되는 내용을 허락하지 않을 것을 약정하는 계약으로 특허를 사용할 수 있는 자는 단독 특허사용자에 한정됨
비독점적 실시허락 (Non-Exclusive License)	기술제공자가 특정인에게 특허권의 실시허락한 것과 동일한 내용을 제3자에게도 허락할 수 있는 조건의 계약으로 여러 명의 특허사용자가 특허를 사용할 수 있는 권한을 가짐
단독 실시허락 (Sole License)	독점적 실시허락과 비독점적 실시허락의 중간적 성질을 가지고 있는 것으로 특정인에게 라이센스를 주지만 기술제공자가 한정적으로 또는 일반적으로 특허발명을 실시하는 권리를 유보하는 계약을 말함
재실시허락 (Sub-License)	기술제공자로부터 특허의 사용을 허락받은 자가 제3자에게 다시 특허를 사용할 권리에 대한 실시권을 허락할 수 있는 계약을 말하며, 특허사용자가 제3자에게 재실시권을 허락하는 데에는 반드시 기술제공자의 승낙이 있어야 함

(3) 특허라이센스계약과 특허양도계약의 비교

특허의 존속기간이 만료되었거나 만료 전에 계약이 종료 또는 해제된 후에도 특허사용자가 계속 특허권을 실시하는 행위에 대하여 특허라이센스계약에서는 이를 특허권의 침해로 보지만, 특허양도계약은 특허권의 전부를 상대방에게 이전하는 계약으로서 특허권 양도 후 기술제공자는 특허와 아무런 관계를 갖지 않는다.

2. 노하우라이센스계약(Know-How License Agreement)

(1) 노하우라이센스계약의 의의

① 노하우라이센스계약이란 기업의 생산방법·판매방법·기타 영업활동에 유용한 기술상 또는 경영상의 노하우에 대한 권리를 실시할 수 있도록 허락하는 계약을 말한다.

② 노하우가 라이센스의 대상이 되기 위한 요건은 다음과 같다.

> • 공중에게 알려지지 않은 것
> • 상당한 노력에 의하여 비밀로 유지된 것
> • 독립된 경제적 가치를 지닐 것

(2) 특허라이센스계약과 노하우라이센스계약의 비교

구 분	특허라이센스계약	노하우라이센스계약
목적물의 확인	소속국과 권리번호를 표시만으로 계약의 목적물을 확인할 수 있음	실시를 허락하는 정보의 범위를 명확히 정의하지 않으면 계약의 목적물을 확인할 수 없음
기술제공자의 급부의무	기술사용자에 대한 어떠한 급부의무도 없음	기술사용자에게 급부해야 하는 기술정보의 전달수단을 명확히 해야 함

제3절 │ 플랜트수출계약

✎ 본문 내용 중 기출문제로 자주 출제된 부분에 **형광펜**으로 표시하였으니 반드시 학습하시기 바랍니다.

01 플랜트수출계약의 개요   기출빈도 ★

1. 플랜트수출계약의 의의

(1) 플랜트수출계약(Plant Export Contract)이란 제품을 제조, 가공하는 데 필요한 각종의 설비, 기계, 장치 등 플랜트의 판매와 관련된 매매계약과 플랜트의 설치에 필요한 기술, 용역, 시공 등과 관련된 공사도급 계약이 결합된 계약형태를 말한다.

(2) 선진국의 상인인 수주자(Contractor, 계약자)가 주로 개발도상국의 발주자(Employer, 기업자)에 대하여 복수의 기기·장치·공작물 등으로 이루어진 공업시설을 공급할 것을 목적으로 하는 계약으로서 공업시설건설계약이라고도 한다.

2. 플랜트수출계약의 특수성

(1) 대규모 자금 소요

기계장비의 하드웨어와 기술노하우가 결합된 거래로 그 규모가 상당히 크며 대규모 자금이 소요된다.

(2) 장기간에 걸친 계약이행

장기간에 걸쳐 계약이 이행되는 동안 외부환경이 변할 수 있으므로 계약기간 중 환경변화에 대한 검토가 요구된다.

(3) 높은 위험성

대금결제는 통상 금융기관 및 정부의 지급보증에 따라 장기연불로 지급되어 대금의 회수기간이 장기화되는 경향이 있으며 이에 따라 대금회수불능위험과 위험관리비용이 크다.

(4) 여러 요소와 결합된 수출

플랜트를 구성하는 여러 요소들을 동반하여 수출하기 때문에 여러 요소들에 대한 산업의 생산성을 높이며, 기술과 노하우가 결합된 고부가가치 수출로 국가정책적 중요성이 부각된다.

3. 플랜트수출계약의 유형

(1) 수주자의 업무범위에 따른 분류

① FOB 계약(Supply Plus Supervise Contract)

수주자는 공업시설을 건설하기 위한 기재의 공급 및 당해 기재의 설치지도에만 그치는 계약을 말한다.

② 턴키계약(Turnkey Contract)

수주자가 공업시설의 조사, 설계, 기기조달 및 현지에서의 설치공사 등 각 과정을 전부 인수해서 시운전까지 완료한 후 수주자가 발주자에게 공업시설을 인도하는 타입의 계약으로 키만 돌리면 설비나 공장을 가동시킬 수 있는 상태로 인도한다는 데서 유래하여 턴키계약이라고 하며, 일괄수주계약이라고도 한다.

(2) 수주자 선정방식에 따른 분류

① 경쟁입찰계약(Competitive Bid Contract)

발주자가 다수의 입찰참가자들에게 동시에 발주조건을 제시하여 계약금액이 가장 적합한 자를 선정하여 계약을 체결하는 방식으로 플랜트수출계약의 특성상 플랜트수출계약은 일반적으로 경쟁입찰을 통하여 계약을 체결하고 있다.

② 수의계약(Negotiated Contract)

경쟁입찰에 의하지 않고 발주자가 수주자의 능력, 경험, 명성 등을 검토하여 임의로 수주자를 선정하여 계약을 체결하는 방식이다.

(3) 계약금액의 정산방법에 따른 분류

① 고정가격계약(Lump Sum Contract)

계약 시에 모든 비용을 하나의 덩어리(Lump)로 간주하고 총계약금액을 확정하여 특정공사를 완성할 것을 약정하는 계약으로 플랜트수출계약에서 가장 일반적으로 사용되는 방식이다.

② 실비정산계약(Cost Reimbursable Contract)

계약 시에 총계약금액을 확정하지 않고, 건설공사에 소요되는 실제비용에 수수료를 추가하여 발주자가 수주자에게 사후 지급하는 방식을 말한다.

4. 우리나라의 플랜트수출 및 승인 관련 규정

(1) 플랜트수출

다음 중 하나에 해당하는 수출을 플랜트수출이라고 한다.

> • 농업·임업·어업·광업·제조업, 전기·가스·수도사업, 운송·창고업 및 방송·통신업을 경영하기 위해 설치하는 기재·장치의 수출
> • 산업설비나 기술용역 및 시공을 포괄적으로 행하는 일괄수주방식에 의한 수출

(2) 승인

① 플랜트수출의 승인을 받으려는 자는 산업통상자원부장관에게 신청서와 관련 서류를 제출하고 승인을 받아야 하며 산업통상자원부장관은 플랜트수출 승인신청 접수일로부터 5일 이내에 이를 처리해야 한다.

② 산업통상자원부장관은 플랜트수출 승인을 하기 위해 필요한 경우에는 플랜트수출의 타당성에 관하여 관계 행정기관의 장의 의견을 들어야 하며, 일괄수주방식에 의한 플랜트수출에 대하여 승인 또는 변경승인하는 경우에는 국토교통부장관의 사전동의를 받아야 한다.

02 플랜트수출계약의 성립

기출빈도 ★

1. 플랜트수출계약의 절차

플랜트수출계약은 일반적으로 경쟁입찰방식에 의해 체결되며, 진행순서는 다음과 같다.

입찰공고 및 사전자격 심사	• 발주자가 계약의 목적, 입찰 일시 및 장소 등을 공고하는 것으로, 청약의 유인으로 볼 수 있다. • 발주자가 입찰 전 사전자격심사를 통해 시공능력 등을 심사하여 일정 수준 이상의 능력을 갖춘 자에게만 입찰에 참가할 자격을 부여한다.

⇩

입찰참가자 결정 및 초청	• 입찰에 참가할 수 있는 입찰참가자를 결정 및 초청한다.

⇩

입찰의 권유 및 입찰	• 다수의 입찰참가자가 각자의 낙찰희망 예정가격을 기입한 입찰신청서를 발주자에게 제출하는 것으로 계약의 청약으로 볼 수 있다.

⇩

낙찰자 결정	• 낙찰희망 예정가격을 제시한 입찰자 중에서 낙찰자를 최종 확정하여 결정하는 것으로 청약에 대한 승낙으로 볼 수 있다.

⇩

정식계약서 작성	• 최종적으로 정식계약서를 작성한다.

2. 플랜트수출계약의 이행에 필요한 독립보증

(1) 독립보증의 개념

독립보증(Independent Guarantees)이란 플랜트수출거래에 있어서 수주자(신청인)의 계약이행에 대한 담보
장치로 발주자(수익자)가 보증서에 기재된 조건에 따라 지급청구를 하면 보증은행은 보증서에 정해진 금액을
지급한다는 약정을 말한다.

(2) 독립보증의 특성

독립성	독립보증은 그 원인이 되는 플랜트수출계약과 독립적이므로, 수익자는 신청인이 계약위 반을 했음을 진술하는 서면을 제출하는 것만으로 지급청구가 가능하며 보증기관은 실제 보증청구 사유의 타당성에 관계없이 즉시, 무조건적으로 지급해야 한다.
추상성	보증기관은 수익자가 제출한 서류의 일치 여부만을 판단하여 대금을 지급한다.
지급의 무조건성	수익자가 신청인의 계약위반에 따라 지급청구를 하면 보증기관은 이에 대해 무조건적 으로 지급해야 하며 수익자의 사기 등 예외적인 사유가 없는 한 그 지급을 막을 방법이 없다.

3. 플랜트수출계약당사자의 이행의무

(1) 수주자의 의무

플랜트의 완성의무	수주자는 약정내용에 따른 플랜트를 완성하여 인도해야 한다.
이행기일 준수의무	수주자는 약정기간 내에 플랜트를 완성해야 한다.
하자담보책임	수주자는 플랜트 완성 이후 일정 기간 동안은 완성된 플랜트에 하자가 있을 경우 발주자에게 하자보수의 책임을 지며 손해배상 등을 부담해야 한다.

(2) 발주자의 의무

공사대금 지급의무	발주자는 약정내용에 따라 공사대금을 지급해야 한다.
이행선수금 지급의무	계약서상 선수금조항이 있는 경우 발주자는 계약체결 후 계약의 이행을 위한 선수금을 지급해야 한다.

fn.Hackers.com

▌ 학습전략

해외투자는 해외직접투자와 국제투자계약에 관한 내용으로 구성되어 있다.

해외투자는 다른 장에 비해 출제 비중이 낮으므로, 가볍게 읽고 넘어가는 것을 추천한다.

제3장 해외투자

제1절 | 해외투자의 개요

✎ 본문 내용 중 기출문제로 자주 출제된 부분에 **형광펜**으로 표시하였으니 반드시 학습하시기 바랍니다.

01 해외투자의 정의와 유형
기출빈도 ★

1. 해외투자의 정의

해외투자란 국내의 거주자가 장래의 수익창출을 달성하기 위해서 국내의 자본이나 기술, 인력, 경영기법 등의 생산요소를 외국에 투자하는 것을 말한다.

2. 해외투자의 유형

(1) 투자주체에 따른 분류

민간투자	• 영리를 목적으로 경영활동을 수행하는 기업이 해외투자의 주체가 되는 투자
공공투자	• 정부 또는 공공기관에 의해 영리 목적이 아닌 공공의 편익을 제공하기 위한 목적으로 이루어지는 투자 • 둘 이상의 국가 간 경제협력을 통해 상호이익을 얻기 위해 이루어지는 투자

(2) 투자기간에 따른 분류

단기투자	• 1년 미만의 단기간에 이루어지는 투자로서, 단기투자의 대부분은 단독투자의 형태로 이루어진다. • 소규모의 다국적기업이 투자하는 형태로서, 투자의 리스크가 비교적 적다. • 투자자금의 소요가 적기 때문에 보통 자기자본으로 조달하는 것이 일반적이다.
장기투자	• 1년 이상의 장기간 투자로서, 장기투자의 대부분은 합작투자의 형태로 이루어진다. • 투자의 규모가 크고 공공성이 강한 투자로서, 투자의 리스크가 비교적 크다. • 투자자금의 소요가 크기 때문에 타인자본의 의존도가 높다.

(3) 투자목적에 따른 분류

해외직접투자	외국법인의 주식을 취득하거나 외국에 법인을 설립 또는 인수·합병을 통해서 해당 외국법인의 경영에 참가하기 위한 목적으로 이루어지는 투자
해외간접투자	외국법인의 경영에 참가하지 않고 단순히 이자나 배당 등을 획득하기 위한 목적으로 이루어지는 투자

제2절 │ 해외직접투자

✐ 본문 내용 중 기출문제로 자주 출제된 부분에 **형광펜**으로 표시하였으니 반드시 학습하시기 바랍니다.

01 해외직접투자의 정의와 동기 기출빈도 ★

1. 해외직접투자의 정의

해외직접투자(FDI, Foreign Direct Investment)란 거주자가 다음에 해당하는 거래·행위 또는 지급을 하는 것을 말한다.

(1) 외국법인(외국법령에 따라 설립된 법인 또는 설립 중인 법인)이 발행한 증권을 취득하거나, 그 법인에 대한 금전의 대여 등을 통하여 그 법인과 지속적인 경제관계를 맺기 위하여 하는 거래 또는 행위로서 다음에 해당하는 것

- 외국법인의 경영에 참가하기 위하여 취득한 주식 또는 출자지분이 해당 외국법인의 발행주식총수에서 차지하는 비율이 10% 이상인 투자
- 위 비율이 10% 미만인 투자지만, 해당 외국법인과 다음 중 어느 하나에 해당하는 관계를 수립하는 것
  - 임원의 파견
  - 계약기간이 1년 이상인 원자재 또는 제품의 매매계약의 체결
  - 기술의 제공·도입 또는 공동연구개발계약의 체결
  - 해외건설 및 산업설비공사를 수주하는 계약의 체결

(2) 외국에서 **영업소**를 설치·확장·운영하거나 해외사업 활동을 하기 위하여 다음의 자금을 지급하는 행위

- 지점 또는 사무소의 설치비 및 영업기금
- 거주자가 외국에서 법인 형태가 아닌 기업을 설치·운영하기 위한 자금
- 해외자원개발사업 또는 사회간접자본개발사업을 위한 자금
  예외 해외자원개발을 위한 조사자금 및 해외자원의 구매자금은 제외됨

2. 해외직접투자의 동기

(1) 전략적 동기

기업이 전략적인 목적으로 해외직접투자를 수행하는 경우는 그 동기에 따라 다음과 같은 형태로 분류할 수 있다.

시장지향형 투자	기존의 시장점유율과 판매망을 유지하면서 제3국의 새로운 수출시장을 개척하기 위하여 현지에 생산설비를 구축하는 투자
생산요소지향형 투자	현지의 생산요소 가격이 상대적으로 저렴한 지역을 찾아 이윤극대화를 추구하기 위해 진출하는 것으로서 노동집약적 산업에서 이러한 유형의 투자가 많이 나타남
자원지향형 투자	천연자원의 부존도가 높은 지역을 찾아 투자하는 것
지식지향형 투자	외국의 선진 기술이나 경영관리 기법 등을 습득하기 위하여 투자하는 것
위험회피형 투자	정치, 경제적 위험이 없는 국가 또는 지역으로 진출하여 투자하는 것

(2) 행동적 동기

해외직접투자는 외부환경 또는 최고경영자의 경영철학이나 목표에 따라 실행되기도 한다.

(3) 경제적 동기

해외직접투자는 현지의 실물자산, 생산요소, 금융 등의 불완전한 시장상황 때문에 투자가 이루어지기도 한다.

---

02 해외직접투자의 유형

기출빈도 ★

1. 투자형태에 따른 구분

(1) 합작투자(Joint Venture)

① 합작투자란 해외경영 시 단독자본의 형태가 아닌 현지국 기업의 지분참여를 통한 합작기업을 설립하는 투자형태를 말한다.

② 합작투자의 장단점

장 점	단 점
• 해외진출에 대한 리스크를 줄일 수 있어 해외직접투자의 경험이 없는 기업에게 유리함 • 현지의 파트너를 통해 경영에 필요한 현지정보를 쉽게 얻을 수 있음 • 현지인들로 하여금 브랜드이미지를 향상시킬 수 있음	• 경영활동에 관한 의사결정 과정에서 투자기업과 현지 파트너 사이에서 갈등이 심화될 경우, 기업 경영의 통제가 어려워질 수 있음 • 현지국으로의 기술 유출에 대한 리스크가 존재함

(2) 단독투자(Sole Venture)

① 단독투자란 해외투자기업이 현지기업의 의결권 있는 주식의 95% 이상을 소유하는 투자형태를 말한다.

② 단독투자는 현지시장의 많은 경험을 통해 현지 정보와 네트워크를 갖춘 기업이 독자적으로 해외시장에 진출하고자 할 때에 선호되는 투자형태이다.

2. 기업의 설립방식에 따른 구분

(1) 신설투자

① 신설투자란 해외의 현지경영에 필요한 생산설비(공장 등)를 새롭게 구축하는 투자를 말한다.

② 투자의 규모에 따라 생산설비의 구축과 탄력적인 노동인력의 운용이 가능하다.

③ 신설투자를 결정한 때부터 생산설비의 가동시점까지의 기간이 상당히 소요된다는 단점이 있다.

(2) M&A(인수·합병)

① 인수란 어떤 기업이 다른 기업의 주식이나 자산을 취득하면서 경영권을 획득하는 것을 말하며, 합병이란 둘 이상의 기업들이 하나의 기업으로 합쳐지는 것을 말한다.

② 해외 현지 기업이 소유한 생산설비, 브랜드이미지, 현지 네트워킹 등을 인수함으로써 빠르게 해외시장에 진입할 수 있고, 피인수기업의 보유기술을 습득할 수 있다.

③ 막대한 인수·합병비용을 부담해야 한다는 단점이 있다.

03 해외직접투자의 경제적 효과

기출빈도 ★

1. 긍정적 효과

(1) 국제수지의 개선과 함께 해외 진출 국가의 정부수입이 증대된다.

(2) 해외투자기업이 진출한 현지 국가에 있는 소비자가 가지는 기업의 브랜드이미지를 제고시킬 수 있어 해당 기업의 다른 사업 진출과 이어지는 파급효과가 있을 수 있다.

(3) 기업의 해외 진출과 함께 해당 기업의 근로자가 해외에 근무할 수 있는 인프라가 조성될 수 있다.

2. 부정적 효과

(1) 해외투자기업 소재 국가의 생산설비나 기술 등을 해외 진출 국가에 이전시킴으로써 실업이 증가하게 되거나 국가경쟁력이 악화될 수 있다.

(2) 해외투자기업이 조세피난처(Tax Haven)에 법인을 설립하는 등의 방식으로 진출하는 경우, 이전가격을 조작하는 방법을 통해 조세의 부담을 부당하게 회피할 수 있다.

(3) 해외투자기업이 진출한 현지 국가의 정부 또는 국민과 갈등이 발생하는 경우, 해당 기업뿐만 아니라 기업의 소재 국가의 이미지에도 나쁜 영향을 미칠 수 있다.

제3절 | 국제투자계약

✎ 본문 내용 중 기출문제로 자주 출제된 부분에 **형광펜**으로 표시하였으니 반드시 학습하시기 바랍니다.

01 국제투자계약의 유형

기출빈도 ★

1. 리스계약

(1) 리스계약이란 리스제공자가 자산의 사용권을 합의된 기간 동안 리스이용자에게 이전하고, 리스이용자는 그 대가로 리스제공자에게 사용료를 지급하는 계약을 말한다.

참고 리스거래의 흐름

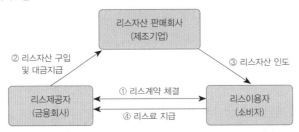

(2) 리스계약의 종류

금융리스	• 리스자산의 소유에 따른 모든 위험과 보상이 리스이용자에게 실질적으로 이전되는 리스 • 리스자산은 리스이용자(소비자)의 자산을 구성함
운용리스	• 리스자산의 소유에 따른 위험과 보상의 대부분이 리스이용자에게 실질적으로 이전되지 않는 리스 • 리스자산은 리스제공자(금융회사)의 자산을 구성함
레버리지드 리스	• 리스이용자가 신청한 자산을 리스제공자가 구입할 때 그 자산의 구입대금의 일부를 출자방식으로 차입하여 자산을 구입한 후에 리스이용자에게 대여해 주는 금융리스의 특수한 형태

2. 신디케이트론 계약

(1) 신디케이트론이란 두 개 이상의 금융기관이 차관단을 구성하여 대규모 자금을 융자해 주는 중장기 대출을 말한다.

(2) 신디케이트론 계약의 장점

① 차입자인 기업 또는 국가의 입장에서는 여러 금융기관들과 차입조건이나 대출한도 등에 대하여 별도의 협상을 거치지 않고도 대규모 자금을 조달할 수 있다.

② 채권자인 금융기관의 입장에서는 차입자의 채무불이행에 따른 위험을 다른 금융기관들과의 공동융자방식을 통해 분산시킬 수 있다.

1. 국제조세회피의 수단

조세피난처	• 조세피난처(Tax Haven)란 법인이 실제로 얻은 소득의 전부 또는 상당 부분에 대하여 조세를 부과하지 않거나, 그 법인의 부담세액이 실제발생소득의 15% 이하인 국가나 지역을 말한다. • 다국적기업은 조세피난처에 페이퍼컴퍼니를 설립하고 위장·가공거래를 통해 세금을 탈루하는 등 조세를 회피하는 역외탈세수단으로 악용할 수 있다.
이전가격의 조작	• 이전가격(Transfer Pricing)이란 다국적기업이 모회사와 외국의 자회사 간에 원재료나 제품 및 용역을 공급할 때 적용되는 가격을 말한다. • 다국적기업은 높은 세율의 국가에서 이전가격을 상향 조정하고 낮은 세율의 국가에서 이전가격을 하향 조정함으로써 조세를 회피하는 수단으로 악용할 수 있다.
과소자본	• 법인의 지급이자는 비용으로 인정되지만 배당은 비용으로 인정되지 않는다. • 다국적기업이 외국에 자회사를 설립할 때 자본금을 적게 하고 차입금을 늘려 이익을 줄임으로써 해당 외국에서의 과세소득을 최소화하여 조세를 회피하는 수단으로 악용할 수 있다.
조세협약에 편승	• 조세협약은 통상적으로 협약을 체결한 양국의 거주자 또는 법인에 한하여 적용된다. • 조세협약을 체결하지 않은 제3자 또는 제3국가의 법인이 조세협약을 체결한 국가에 페이퍼컴퍼니를 설립하여 체결상대국에 투자함으로써 부당한 방법으로 조세협약의 혜택을 받아 조세를 회피하는 수단으로 악용할 수 있다.

[용어설명] 페이퍼컴퍼니 : 물리적인 실체 없이 서류의 형태로만 존재하면서 회사의 기능을 수행하는 기업

2. 국제조세회피의 방지

(1) 해외금융계좌의 신고

① 해외금융계좌를 보유한 거주자 및 내국법인 중에서 연도의 매월 말일 중 어느 하루의 보유계좌잔액이 10억원을 초과하는 자는 납세지 관할세무서장에게 신고해야 한다.

② 위의 신고의무자가 해외금융계좌정보에 신고하지 않은 금액 또는 과소신고한 금액이 50억원을 초과하는 경우에는 징역형 또는 벌금형에 처한다.

(2) 이전가격세제(정상가격에 의한 과세조정)

거래당사자의 어느 한 쪽이 국외 특수관계인인 국제거래에서 그 거래가격이 정상가격보다 낮거나 높은 경우, 과세당국이 정상가격을 기준으로 거주자의 과세표준 및 세액을 다시 계산하여 조세를 부과할 수 있는 제도이다.

[용어설명] 정상가격 : 거주자와 국외특수관계인 간의 국제거래 상황에서 특수관계가 없는 독립된 사업자 간의 거래가격 등

(3) 과소자본세제(국외지배주주에게 지급하는 이자에 대한 과세조정)

① 특수관계가 있는 기업 간의 과도한 차입금 이자를 지급하는 경우, 이를 배당으로 간주하여 과세하는 제도를 말한다.

② 내국법인의 차입금 중 국외지배주주로부터 차입한 금액 등이 그 국외지배주주가 출자한 출자금액의 2배를 초과하는 경우에는 그 초과분에 대한 지급이자는 그 내국법인의 비용으로 인정하지 않는다.

■ 빈출포인트

18회분의 기출문제를 분석하여 빈출포인트별 기출빈도(★~★★★)를 표기하였습니다.

* 0~2회 기출 : ★   3~7회 기출 : ★★   8회 이상 기출 : ★★★ 꿀

구 분	빈출포인트	기출빈도	페이지
제1절 전자무역의 개요	01 전자무역의 정의와 특징	★★	p.330
	02 전자무역 관련 법규	★	p.331
제2절 전자무역관리	01 전자무역기반사업자 제도	★	p.333
	02 공인전자문서센터와 공인전자문서중계자	★	p.335
제3절 전자무역계약	01 전자무역계약의 개요	★	p.336
	02 전자문서의 송수신	★	p.337
제4절 전자무역결제	01 전자선하증권(e-B/L)	★	p.338
	02 전자신용장 제도	★	p.340
	03 글로벌 전자무역결제시스템	★	p.341

■ 학습전략

전자무역은 전자무역계약 및 전자무역결제와 관련된 내용으로 구성되어 있다.
전자무역은 다른 장에 비해 출제 비중이 낮으므로, 가볍게 읽고 넘어가는 것을 추천한다.

제4장 전자무역

제1절 | 전자무역의 개요

✐ 본문 내용 중 기출문제로 자주 출제된 부분에 **형광펜**으로 표시하였으니 반드시 학습하시기 바랍니다.

01 전자무역의 정의와 특징 기출빈도 ★★

1. 전자무역의 정의

전자무역이란 대외무역법에서 정하는 무역의 일부 또는 전부가 전자무역에 사용되는 전자문서에 의하여 처리되는 거래를 말한다.

2. 전자무역의 특징과 장점

(1) 특징

① 전자무역은 무역거래의 모든 프로세스를 전자무역시스템을 통하여 수행하고 있다.

② 전자무역은 '전자서명, 승인, 기밀성, 무결성, 부인방지'의 5가지 원칙이 적용되는 보안시스템을 구축하여 철저한 보안을 유지하고 있다.

> **[용어설명]** • **기밀성** : 메시지의 내용이 제3자에게 유출되지 않도록 하는 것
> • **무결성** : 정보가 전송과정에서 훼손되지 않았는지를 확인하는 것
> • **부인방지** : 정보제공자에 의한 정보제공사실의 부인을 방지하는 것

(2) 장점

① 전 세계를 대상으로 하는 마케팅 활동을 최소한의 비용으로 수행할 수 있다.

② 전자무역은 기존의 전통적 무역에서 소요되었던 거래알선수수료, 서류작성비용 등을 절감하여 수출물품의 가격경쟁력을 높일 수 있다.

③ 전자무역시스템에서 거래당사자의 모든 무역서류가 송수신되기 때문에, 전자무역사업자는 거래상황을 용이하게 조회할 수 있으며 거래상대방 간에 분쟁이 발생할 때 그 책임소재의 입증이 보다 명확해진다.

④ 전자무역은 지역에 제한 없이 전세계와 거래가능하며, B2C(Business to Customer)에 한정되지 않고 B2B(Business to Business), B2G(Business to Government), C2C(Customer to Customer) 등의 여러 유형으로 이루어진다.

3. 전통적 무역과 전자무역의 비교

구 분	전통적 무역	전자무역
거래시간	• 거래상대방의 영업시간에 따라 제약 있음	• 영업시간의 제약 없이 언제든지 거래가능
거래대상지역	• 지역에 제한이 있음	• 지역의 제한 없이 전 세계에서 거래가능
거래이용 수단	• 서신, 팩스, 전화 등	• 인터넷(Web)을 통한 전자무역시스템 예 uTradeHub 시스템
대금결제방식	• 송금결제 예 T/T in Advanced • 추심결제 예 D/P, D/A • 신용장결제(L/C)	• 전자신용장(e-L/C) • 전자무역결제시스템을 통한 결제 예 Trade Card, Bolero, SWIFTNet • 소액결제의 경우 신용카드로 결제가능 예 Paypal, KOPS, KITA ePay
무역서류	• 종이기반의 서류를 거래은행에 제시 예 선하증권(B/L)	• 전자적 방법으로 서류를 작성하고 전송함 예 전자선하증권(e-B/L)
무역통관	• 세관에 통관 관련 신고서류 제출	• 관세청의 전자통관시스템(UNI-PASS) 등을 통해 전자적 방법으로 통관 신고

02 전자무역 관련 법규

기출빈도 ★

1. 국제기구의 전자무역 법규

UNCITRAL 전자상거래법	• UNCITRAL(UN 국제무역법위원회)은 전세계 모든 국가가 전자문서의 사용을 규정하는 법률을 도입할 때에 도움을 주기 위하여 UNICTRAL Model Law on Electronic Commerce (전자상거래법)를 제정함 • 전자상거래법은 법조문의 형식을 갖고 있으나, 그 자체로는 구속력이 없음
eUCP	• ICC(국제상업회의소)는 신용장통일규칙의 전자적 제시에 관한 보칙(eUCP)을 제정함 • eUCP는 전자서류의 이용을 확대하기 위하여 서류(Documents) 중심의 신용장통일규칙 (UCP)에 전자제시를 위한 내용을 보충적으로 규정한 규칙임
e-terms 2004	• ICC는 당사자들이 전자계약으로 합의한 것을 명확히 하고자 e-terms를 제정함 • 당사자 합의에 따른 전자계약의 유효성과 전자메시지의 송신과 수신을 규정하고 있음
UN CUECIC	• UNCITRAL은 전자통신에 관한 UN협약으로서 CUECIC(전자계약협약)을 채택함 • 전자적 국제상거래에 통용되는 통일규범의 제정을 통해 협약이 발효된 국가 간 거래에 법적 구속력을 가지게 됨으로써 명확성과 예측성을 보장함

2. 우리나라의 전자무역 법규

(1) 전자문서 및 전자거래 기본법

① 전자문서 및 전자거래의 법률관계를 명확히 하고 전자문서 및 전자거래의 안전성과 신뢰성을 확보하며 그 이용을 촉진할 수 있는 기반을 조성함을 목적으로 한다.

② 전자문서 및 전자거래 기본법에서 규정하고 있는 주요사항은 다음과 같다.

- 전자문서의 효력과 송수신의 시기 및 장소
- 공인전자문서센터와 공인전자문서중계자
- 전자거래의 안정성 확보 및 소비자 보호
- 전자문서·전자거래분쟁조정위원회

(2) 전자무역 촉진에 관한 법률

① 전자무역의 기반을 조성하고 그 활용을 촉진하여 무역절차의 간소화와 무역정보의 신속한 유통을 실현하고 무역업무의 처리 시간 및 비용을 줄임으로써 산업의 국제경쟁력을 높이고 국민경제의 발전에 이바지함을 목적으로 한다.

② 전자무역 촉진에 관한 법률에서 규정하고 있는 주요 사항은 다음과 같다.

- 전자무역기반사업자
- 전자무역기반시설의 이용
- 전자무역문서의 보안 및 관리

(3) 상법의 전자선하증권 규정의 시행에 관한 규정

① 상법 제862조에서 정하는 전자선하증권의 규정에서 위임된 사항과 시행에 필요한 사항을 규정함을 목적으로 한다.

② 전자선하증권 규정의 시행에 관한 규정의 주요 사항은 다음과 같다.

- 전자선하증권의 발행 및 양도
- 운송물의 인도와 전자선하증권의 상환
- 전자선하증권에 의한 운송물 인도청구
- 서면선하증권으로의 전환

제2절 | 전자무역관리

✎ 본문 내용 중 기출문제로 자주 출제된 부분에 **형광펜**으로 표시하였으니 반드시 학습하시기 바랍니다.

01 전자무역기반사업자 제도

기출빈도 ★

1. 전자무역기반사업자의 의의와 지정

(1) 전자무역기반사업자는 '전자무역 촉진에 관한 법률'에 의거, 전자무역기반시설(uTradeHub)을 효율적이고 안정적으로 운영하는 민간사업자를 말한다.

(2) 2006년 12월, 산업통상자원부는 전자무역 전문위원회를 개최하여 전자무역기반사업자로 KTNET(한국무역정보통신)을 지정한 바 있다.

2. 전자무역기반사업자의 업무 범위

- 전자무역기반시설의 운영업무
- 전자무역기반시설과 외국의 전자무역망 간의 연계업무 및 이를 활용한 사업
- 무역 관련 업무의 전자무역기반시설을 통한 중계·보관 및 증명 등의 업무
- 전자무역문서의 중계사업
- 전자무역기반시설을 활용한 전자무역서비스 관련 사업
- 전자무역문서의 표준화에 관한 연구사업
- 전자무역문서 및 무역화물유통정보 등 무역 관련 정보를 체계적으로 처리·보관하여 검색 등에 활용할 수 있는 데이터베이스의 제작·보급과 이를 활용한 사업
- 무역업자 및 무역관계기관에 대한 전자무역문서 중계 등에 관련된 기술의 보급 및 보급한 기술에 대한 사후관리 사업
- 그 밖에 전자무역 촉진을 위한 교육·홍보 등의 사업

3. 전자무역기반시설의 이용

(1) 무역업자와 무역관계기관은 전자무역문서를 사용하여 무역 관련 업무를 하려는 경우에는 전자무역기반 시설을 이용할 수 있다.

(2) 전자문서의 방식으로 다음 중 어느 하나에 해당하는 업무를 하는 경우에는 전자무역기반시설을 통하여 야 한다.

> • 외국환업무 취급기관의 신용장 통지업무
> • 외국환업무 취급기관의 수입화물선취보증서 발급업무
> • 외국환업무 취급기관의 내국신용장 개설업무
> • 통합공고상의 수출입요건확인기관의 요건확인서 발급업무(다만, 세관장이 확인하는 경우는 제외)
> • 구매확인서 발급업무
> • 원산지증명서 발급업무(다만, 세관장이 발급한 원산지증명서는 제외)
> • 해상적하보험증권 발급업무
> • 외항화물운송사업자와 국내지사 설치신고를 한 자의 수하인에 대한 화물인도지시서 발급업무

(3) 무역업자와 무역관계기관은 전자무역기반시설을 이용하여 무역 관련 업무를 하려는 경우 표준화된 전자 무역문서를 사용하여야 한다.

4. 전자무역기반사업자가 보관하는 전자무역문서의 효력

(1) 전자무역기반사업자가 전자무역문서를 보관하는 경우에는 전자문서의 보관이 이루어진 것으로 본다.

(2) 전자무역기반사업자는 전자무역문서의 보관을 위하여 전자서명을 사용하는 경우 공인전자서명을 이용 하여야 한다.

5. 전자무역문서 및 무역정보에 관한 보안

> • 전자무역기반사업자, 전자무역문서송수신업자, 무역업자 및 무역관계기관의 컴퓨터파일에 기록된 전자무역문서 또는 데이터베이스에 입력된 무역정보를 위조·변조하거나 위조·변조된 전자무역문서 및 무역정보를 행사하여서 는 안 된다.
> • 전자무역기반사업자의 컴퓨터 등 정보처리장치에 거짓 정보 또는 부정한 명령을 입력하여 정보처리가 되게 하는 등의 방법으로 증명서가 발급되게 하여서는 안 된다.
> • 전자무역기반사업자, 전자무역문서송수신업자, 무역업자 및 무역관계기관의 컴퓨터파일에 기록된 전자무역문서 또는 데이터베이스에 입력된 무역정보를 훼손하거나 그 비밀을 침해하여서는 안 된다.
> • 전자무역기반사업자는 전자무역문서 및 데이터베이스를 3년 동안 보관하여야 한다.

6. 전자무역문서 및 무역정보의 공개 금지

전자무역기반사업자는 컴퓨터파일에 기록된 전자무역문서 및 데이터베이스에 입력된 무역정보를 공개하 여서는 안 된다.

1. 공인전자문서센터

(1) 공인전자문서센터란 타인을 위하여 전자문서의 보관 또는 증명 등의 전자문서 관련 업무를 하는 자로서 과학기술정보통신부장관으로부터 지정받은 자를 말한다.

(2) 공인전자문서센터로 지정받을 수 있는 자는 법인 또는 대통령령으로 정하는 국가기관 등으로 한정한다.

(3) 공인전자문서센터는 다음의 사항을 준수하여야 한다.

> • 정당한 사유 없이 전자문서보관 등의 서비스의 제공을 거부하여서는 안 된다.
> • 이용자를 부당하게 차별하여서는 안 된다.
> • 보관된 전자문서의 내용이 훼손되거나 변경되지 않도록 필요한 조치를 하여야 한다.
> • 해당 정보처리시스템에 보관된 전자문서나 그 밖의 관련 정보를 적법한 절차에 의하지 아니하거나 전자문서의 작성자, 수신자 및 해당 이용자의 동의 없이 타인에게 제공·공개 등을 하여서는 안 된다.
> • 전자문서보관 등을 신뢰성 있게 수행하기 위하여 이용자와의 관계에서 인적·물적 측면에서 독립성을 유지하여야 한다.

(4) 공인전자문서센터가 전자문서보관 등의 영업을 폐지하려는 경우에는 폐지하려는 날의 60일 전까지 이용자에게 통지하고 그 사실을 과학기술정보통신부장관에게 신고하여야 한다.

2. 공인전자문서중계자

(1) 공인전자문서중계자란 타인을 위하여 전자문서의 송수신 또는 중계를 하는 자로서 과학기술정보통신부장관으로부터 지정받은 자를 말한다.

(2) 공인전자문서중계자로 지정받을 수 있는 자는 법인 또는 대통령령으로 정하는 국가기관 등으로 한정한다.

제3절 | 전자무역계약

✎ 본문 내용 중 기출문제로 자주 출제된 부분에 **형광펜**으로 표시하였으니 반드시 학습하시기 바랍니다.

01 전자무역계약의 개요

기출빈도 ★

1. 전자무역계약의 정의

전자무역계약이란 계약을 성립시키기 위하여 정보처리시스템을 이용하여 전자적으로 이루어지는 거래당사자 간의 의사표시의 합치에 의하여 성립되는 무역계약의 행위를 말한다.

2. 전자무역계약의 성립

(1) 전자청약과 전자승낙

전자무역계약은 거래당사자들이 전자적 수단을 이용하여 청약과 승낙의 과정을 거쳐 성립된다.

전자청약	• 전자청약은 일반적인 구두 또는 서면에 의한 청약과 동일한 법적 효력을 가짐 • 전자청약은 청약자의 의사표시가 피청약자에게 도달한 때에 효력이 발생함
전자승낙	• 전자청약에 명시된 내용에 대해 무조건적이고 절대적으로 동의한다는 의사표시를 말함 • 전자청약에 대한 승낙자(피청약자)의 의사표시가 청약자에게 도달한 때에 효력이 발생함

(2) 계약의 성립시기

① 전자무역계약은 특별한 경우를 제외하고 거래 일방의 의사표시가 도달한 때에 성립한다.

② 의사표시의 도달시기는 거래상대방이 지정한 정보시스템에 메시지가 입력된 때이다.

(3) 전자적 의사표시에 의한 계약의 효력

① 전자적 의사표시는 다음의 법 규정과 같이 자연적 의사표시에 의한 계약의 법률행위와 동일하게 취급하여야 한다.

> • 전자문서는 다른 법률에 특별한 규정이 있는 경우를 제외하고는 전자적 형태로 되어 있다는 이유로 전자문서의 효력이 부인되지 않는다.(전자문서 및 전자거래기본법 제4조)
> • 계약 성립을 위하여 데이터 메시지가 사용되었다는 이유만으로 그 계약의 유효성과 집행력을 부인해서는 안 된다.(UNCITRAL의 전자상거래 모델법)

② 법률행위 내용의 중요 부분에 착오가 있는 때에는 그 의사표시를 취소할 수 있으나, 그 착오가 표시자의 중대한 과실에 의한 하자 있는 의사표시인 경우에는 취소할 수 없다.

③ 전자거래에서 컴퓨터의 조작 실수로 입력된 정보나 자료 등에 의한 착오는 중대한 과실로 보기 어렵기 때문에, 그 의사표시는 취소할 수 있다.

1. 전자문서의 송수신 시기와 장소 및 수신확인

(1) 송수신 시기

송신 시기	수신자 또는 그 대리인이 해당 전자문서를 수신할 수 있는 정보처리시스템에 입력한 때
수신 시기	다음에 해당하는 때에 수신된 것으로 봄 • 수신자가 정보처리시스템을 지정한 경우:지정된 정보처리시스템에 입력된 때. 다만, 전자문서가 지정된 정보처리시스템이 아닌 정보처리시스템에 입력된 경우에는 수신자가 이를 출력한 때 • 수신자가 정보처리시스템을 지정하지 않은 경우:수신자가 관리하는 정보처리시스템에 입력된 때

(2) 송수신 장소

① 전자문서는 작성자 또는 수신자의 영업소 소재지에서 각각 송수신된 것으로 보며, 영업소가 둘 이상일 때에는 해당 전자문서를 주로 관리하는 영업소 소재지에서 송수신된 것으로 본다.

② 다만, 작성자 또는 수신자가 영업소를 가지고 있지 않은 경우에는 그의 상거소(상시 거주하는 곳)에서 송수신된 것으로 본다.

(3) 수신확인

작성자가 수신확인을 조건으로 전자문서를 송신한 경우 작성자가 수신확인 통지를 받기 전까지는 그 전자문서는 송신되지 않은 것으로 본다.

2. 작성자가 송신한 것으로 보는 경우

다음 중 어느 하나에 해당하는 전자문서에 포함된 의사표시는 작성자가 송신한 것으로 본다.

- 작성자의 대리인에 의하여 송신된 전자문서
- 자동으로 전자문서를 송수신하도록 구성된 컴퓨터 프로그램이나 그 밖의 전자적 수단에 의하여 송신된 전자문서

3. 수신한 전자문서의 독립성

수신한 전자문서는 문서마다 독립된 것으로 본다.

제4절 │ 전자무역결제

✎ 본문 내용 중 기출문제로 자주 출제된 부분에 **형광펜**으로 표시하였으니 반드시 학습하시기 바랍니다.

01 전자선하증권(e - B/L)

기출빈도 ★

1. 전자선하증권의 정의

(1) 전자선하증권이란 전자문서로 작성되고 상법에 따라 전자선하증권의 등록기관에 등록된 선하증권을 말한다.

(2) 전자선하증권은 기존의 서면선하증권의 발행과 인도, 배서 및 양도 등의 방식을 전자적으로 구현한 선하증권이라 할 수 있다.

(3) 국제운송규칙 중 로테르담규칙에는 전자선하증권에 대하여 서면선하증권과 동일한 효력을 인정한다는 규정을 두고 있다.

2. 발행 및 등록기관

(1) 전자선하증권의 발행

운송인은 선하증권을 발행하는 대신에 송하인 또는 용선자의 동의를 받아 법무부장관이 지정하는 등록기관에 등록을 하는 방식으로 전자선하증권을 발행할 수 있다.

(2) 전자선하증권 등록기관

한국무역정보통신(KTNET)은 법무부로부터 전자선하증권 등록기관으로 지정받아 전자선하증권의 발행등록, 양도, 서면선하증권으로의 전환, 전자기록의 보존 및 관리 등의 업무를 수행하고 있다.

3. 전자선하증권의 효력

운송인이 전자서명을 하여 송신하고 용선자 또는 송하인이 이를 수신하여야 전자선하증권의 효력이 생기며, 이 경우 전자선하증권은 서면선하증권과 동일한 법적 효력을 갖는다.

4. 전자선하증권의 양도

(1) 전자선하증권의 권리자는 배서의 뜻을 기재한 전자문서를 작성한 후에 전자선하증권을 첨부하여 지정된 등록기관을 통하여 상대방에게 송신하는 방식으로 그 권리를 양도할 수 있다.

(2) 전자선하증권을 양도할 때 첨부할 전자문서에 포함되어야 할 정보

- 전자선하증권의 동일성을 표시하는 정보
- 양수인에 관한 정보
- 양도인의 공인전자서명

(3) 배서의 뜻을 기재한 전자문서를 상대방이 수신하면 선하증권을 배서하여 교부한 것과 동일한 효력이 있고, 전자문서를 수신한 권리자는 선하증권을 교부받은 소지인과 동일한 권리를 취득한다.

5. 전자선하증권에 의한 운송물의 인도 절차

운송물의 인도 청구	• 전자선하증권의 권리자는 운송물 인도 청구의 뜻이 기재된 전자문서를 작성한 후 전자선하증권을 첨부하고 이를 등록기관에 송신 • 등록기관은 운송인에게 전자문서로 송신

⇩

운송물의 인도	• 운송인은 청구인과 전자등록부상 전자선하증권의 권리자가 일치하는지 확인 • 운송물 인도 시 운송인은 수령인과 인도일을 등록기관에 전자문서로 통지 • 등록기관은 통지를 받은 때에 지체 없이 전자등록부에 기재하고 이에 대해 운송인과 수령인에게 전자문서로 통지

⇩

전자선하증권의 상환	• 운송물의 인도가 완료된 때에 운송인에게 전자선하증권이 상환된 것으로 봄

6. 서면선하증권으로의 전환

(1) 등록기관은 전자선하증권의 권리자로부터 전자선하증권을 서면선하증권으로 전환하여 줄 것을 요청받은 경우 그에게 서면선하증권을 교부하여야 한다.

(2) 등록기관은 서면선하증권의 뒷면에 전자선하증권의 양도에 관한 기록을 기재하여야 하며, 이 때 서면선하증권의 뒷면에 기재된 양도에 관한 기록은 배서와 동일한 효력이 있다.

(3) 등록기관은 서면선하증권을 교부한 경우 전자등록부에 서면선하증권으로의 전환 사실을 기재하여야 하며, 그 전자선하증권의 전자등록부를 폐쇄하고 그 사실을 운송인에게 전자문서로 통지하여야 한다.

7. 전자선하증권 등의 보존 기간

전자선하증권 등록기관은 전자선하증권 및 그 발행·양도와 양수·전환·변경 등에 관련된 전자기록을 다음의 기간 이상 보존하여야 한다.

- 운송물의 인도가 이루어진 경우 : 인도한 날부터 10년
- 운송물의 인도가 이루어지지 않은 경우 : 전자선하증권기록이 작성된 날부터 10년
- 서면선하증권으로 전환된 경우 : 해당 전자선하증권의 전자등록부를 폐쇄한 날부터 10년

1. 전자신용장통일규칙(eUCP)의 주요 내용

(1) UCP에 대한 eUCP의 관계

① eUCP 신용장은 UCP의 적용을 표시하지 않더라도 UCP에 따른다.

② eUCP 신용장이 수익자에게 전자기록과 종이서류의 제시를 선택할 수 있도록 허용하고, 수익자가 종이서류의 제시만을 선택한 경우에는 그 제시에 대해서 UCP만 적용된다.

③ eUCP는 신용장이 eUCP에 따른다는 명시가 있는 경우 UCP의 추록으로 적용하기 때문에, eUCP의 버전(현재는 Version 2.0)을 반드시 명시하여야 한다.

(2) eUCP에서 사용되는 주요 용어정리

전자기록
(Electronic Record)
	• 다음의 사항에 모두 해당되는 것을 의미함
	  – 전자수단에 의해 데이터가 생성, 발생, 송신, 전달, 수신 또는 저장되는 것
	  – 송신자의 신분, 전자기록에 포함된 데이터의 분명한 출처, 또한 완전하고 변조되지 않았음을 인증할 수 있는 것
	  – 신용장의 조건과 일치함을 심사할 수 있는 것

전자서명 (Electronic Signature)	• 전자기록을 인증한 사람의 신원 확인을 위해 인증한 사람이 실행하거나 채택하여 전자기록에 첨부하였거나, 전자기록과 논리적으로 연관되어 있는 데이터 프로세스
종이서류 (Paper Document)	• 전통적인 종이형태의 서류
형식(Format)	• 전자기록을 표현하거나 참고하는 데이터 구조
수신(Received)	• 전자적 기록이 eUCP 신용장에 지정된 수신자의 정보시스템에 의해 접수가 가능한 형태로 입력되는 시점 • 어떠한 수신확인도 eUCP 신용장 하에서 전자기록의 인수 또는 거절을 의미하지 않음

(3) 전자기록의 형식에 대한 명시

① eUCP 신용장은 제시되어야 할 전자기록의 형식을 명시하여야 한다.

② 전자기록의 형식을 명시하지 않은 경우, 전자기록은 어떤 형식으로든 제시될 수 있다.

(4) 제시

① 전자기록의 제시를 허용하는 eUCP 신용장은 전자기록의 제시장소를 명시하여야 한다. 전자기록과 종이서류의 제시를 모두 허용하는 경우, 전자기록과 종이서류의 제시장소를 각각 명시하여야 한다.

② 전자기록은 분리하여 제시될 수 있으며 동시에 제시될 필요는 없다.

③ eUCP 신용장이 하나 혹은 그 이상의 전자기록의 제시를 허용하는 경우 수익자는 제시가 완료된 때 은행에 제시가 완료되었음을 통지하여야 하고, 수익자의 통지가 접수되지 않은 경우에는 제시가 이루어지지 않은 것으로 본다.

(5) 전자기록의 제시 방법

하나 또는 그 이상의 원본이나 사본의 전자기록 제시를 위한 UCP 또는 eUCP 신용장을 요구하더라도 하나의 전자기록 제시에 의하여 충족된다.

(6) 발행일 및 선적일

① 전자기록이 특정 발행일을 포함하지 않는 한, 발행자로부터 송부된 날짜를 발행일로 본다.

② 운송을 명시한 전자기록에 선적일이 표기되어 있지 않다면 전자기록의 발행일을 선적일로 본다.

2. 우리나라의 e-L/C 유통관리시스템

(1) 발전과정

① 산업통상자원부는 전자무역 서비스 1차 사업(2004년 12월~2005년 6월)의 일환으로 인터넷에서 모든 신용장 거래업무를 처리하는 e-L/C 유통관리시스템의 구축을 마무리하고 2005년 9월부터 전자신용장을 세계 최초로 도입, 시행해 오고 있다.

② 2010년에는 웹기반 전자무역 통합시스템 uTradeHub를 업그레이드한 e-Nego 시스템의 구축을 완료하여 전자신용장(e-L/C) 뿐만 아니라 전자선하증권(e-B/L), 전자보험증권(e-I/P), 전자원산지증명서(e-C/O) 등 개별적인 전자무역 서비스의 제공이 개시되었다.

③ e-Nego(전자수출환어음매입) 시스템은 uTradeHub를 통하여 모든 수출서류를 전자적으로 수신한 후 신속히 해외로 발송해 수출대금을 조기 회수하는 전자무역 시스템을 말한다.

(2) e-L/C 유통관리시스템의 주요 서비스

- e-L/C의 통지·관리
- e-L/C의 양도 및 매입의 신청·관리
- e-L/C의 이력 관리
- 매입신청 및 원본의 보관·증명
- 수출업체의 신용장 결제한도에 대한 점검 및 관리

03 | 글로벌 전자무역결제시스템
기출빈도 ★

1. Trade Card 시스템

(1) Trade Card 시스템이란 전자무역거래를 기반으로 무역거래 당사자 간 대금결제업무를 신속하고 안정적으로 수행할 수 있도록 Trade Card 사(社)가 제공하는 결제수단을 말한다.

(2) 특징

① 별도의 소프트웨어 없이 Trade Card 시스템의 웹에서 모든 업무처리가 가능하다.

② Trade Card 시스템은 완벽한 온라인 거래가 가능한 솔루션을 제공하고 있으며, 서류의 일치 여부를 자동적으로 점검할 수 있는 검색엔진이 구축되어 있다.

③ Trade Card 사(社)의 제휴기관인 Coface로부터 수입상의 신용평가를 받아서 수출상에게 대금결제 서비스를 제공하고 있다.

2. 볼레로 시스템(Bolero System)

(1) 볼레로 시스템이란 무역서류의 전자화를 통해 국제무역에 관련된 기업 간의 전자상거래를 지원하는 웹 기반 글로벌 전자무역시스템을 말한다.

(2) 특징

① 권리등록기관(TR, Title Registry)과 코어 메시징 플랫폼(CMP, Core Messaging Platform)을 이용하여 전자선하증권의 발급, 조건변경 및 양도 등을 할 수 있어 서면선하증권의 기능을 완전하게 구현하고 있다.

   [용어설명] • **권리등록기관**: 볼레로 선하증권의 권리와 의무를 기록하고 이전하기 위한 애플리케이션
   • **코어 메시징 플랫폼**: 볼레로 시스템의 웹을 통해 전자서류를 안전하게 교환할 수 있도록 하는 시스템

② 볼레로 규약집(Bolero Rule Book)을 기반으로 볼레로 이용자 간 분쟁해결을 보장해준다.

③ 전자무역서류의 안전한 송수신 체계를 확보하기 위해 공개 키 기반 구조(PKI, Public Key Infrastructure)와 공개키 암호화 알고리즘을 적용하고 있다.

(3) 볼레로의 SURF(Settlement Utility for managing Risk and Finance) 시스템

① SURF는 무역서류의 결제과정을 완전하게 자동화한 볼레로의 새로운 부가가치 서비스로서, 온라인상에서 무역결제업무를 수행하는 표준화된 공유기반의 관리시스템이다.

② SURF는 수출입업자가 체결한 SURF 약정서상의 약정내용과 무역거래 관련 서류(상업송장, 선하증권 등)의 내용이 일치하는지 여부를 자동적으로 점검할 수 있게 해준다.

③ SURF의 결제 프로세스는 다음과 같이 이루어진다.

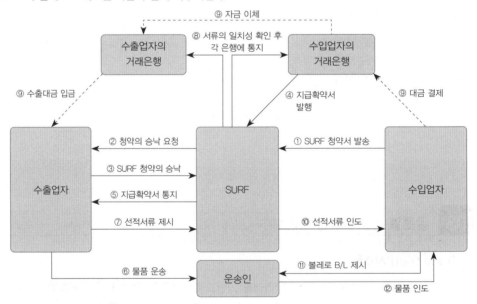

3. SWIFTNet 전자무역시스템

(1) SWIFT는 전 세계의 금융기관 간 업무처리를 위한 메시징 시스템을 제공하고 있으며, 전자무역결제시스템인 TSU(Trade Service Utility) 및 TSU BPO(Bank Payment Obligations)를 개발하여 제공하고 있다.

(2) SWIFT TSU의 제공 서비스

① 금융기관이 받은 무역서류상 데이터의 일치성 여부를 결정하는 데이터 대조 시스템(Matching Engine)을 제공한다.

② 은행 간 안전하고 정확한 정보교환을 보장하기 위해 통신 프레임워크를 갖춘 전자무역서비스 플랫폼을 제공한다.

(3) SWIFT TSU BPO

① TSU BPO는 TSU의 Open Account 방식에 은행의 지급약정을 추가한 무역결제방식으로서 URBPO에 따라 전자 데이터가 일치하면 수취은행에 대금지급이 이행된다는 취소불능한 은행의 지급약정(BPO, Bank Payment Obligations)이다.

[용어설명] URBPO(Uniform Rules for BPO) : 은행지급약정통일규칙으로서 BPO에 적용되는 규칙

② 서류의 제시가 아닌 전자제시를 기반으로 하여 전통적인 신용장방식보다 신속하고 비용을 절감할 수 있어 효율적이며 금융거래의 투명성을 높일 수 있다.

4. 그 밖의 전자무역결제시스템

Paypal	• 미국의 오픈마켓업체인 eBay가 제공하고 전 세계에서 사용가능한 온라인 결제시스템 • 이용자의 신용카드 정보는 가입할 때 한 번만 입력하고, 그 이후에는 로그인만으로 웹 또는 모바일을 통해 간편하게 거래할 수 있음
KOPS	• KOPS(KOTRA Online Payment Service)는 수출업체(주로 중소기업)의 안정적인 수출대금 회수와 소액수출거래를 활성화하고자 KOTRA가 운영하는 온라인 결제서비스 • 우리나라를 제외한 지역에서 발급된 신용카드(Visa, MasterCard, JCB)로 결제가능하며, 한도는 건당 미화 1만 달러임
KITA ePay	• 한국무역협회(KITA)와 외환은행이 제휴하여 2014년 1월부터 시행된 수출대금 온라인 해외카드 매입서비스 • 중소기업의 샘플 및 소액 수출거래의 회수 위험 해소와 활성화를 유도하기 위해 해외바이어들의 수입거래대금을 신용카드로 결제할 수 있도록 지원하는 서비스

제102회 1급 기출문제

01
서비스무역의 형태로 옳지 않은 것은?

① 외국인의 간접투자(주식 등)를 통한 기존 국내기업의 인수 형태

② 환자가 외국의 병원에서 진료를 받는 의료서비스

③ 경제적 교환에 의하여 양도 가능한 물품의 소유권을 이전하는 형태

④ 케이블이나 위성에 의한 국가 간 방송프로그램의 전송

제96회 1급 기출문제

02
WTO의 TRIPS 협정에서 다음 지식재산권의 최소보호기한을 바르게 연결한 것은?

가. 특허권 : ( )년	나. 상표권 : ( )년
다. 의장권 : ( )년	라. 저작권 : 사후 ( )년

① 10 – 50 – 7 – 20

② 20 – 7 – 10 – 50

③ 50 – 7 – 20 – 10

④ 50 – 10 – 7 – 20

제95회 1급 기출문제

03
FTA에 관한 설명 중 옳은 것은?

① WTO 최혜국대우 원칙의 예외이다.

② 서비스, 지식재산권, 환경, 노동 분야만을 협상대상으로 하고 있다.

③ WTO 분쟁해결규칙 및 절차에 관한 협정(DSU)을 반드시 포함하여야 한다.

④ FTA는 당사국의 협정이므로 이전보다 높은 관세를 부과할 수 있다.

04 거래형태의 성립에 있어 당사자 간 계약내용의 일부이다. 어떠한 종류의 계약을 말하는가?

☐

> "Supplier hereby appoints as the exclusive distributor of the Products in the Territory. The parties agree that the distributor will act at all times as a principal and independent contractor in its own name and for his own account ..., and that the distributor is not authorized to obligate or bind Supplier in any way. The distributor shall guarantee to purchase the Product from Supplier as specified below during the term of this Agreement. 600 Units in year 2015, 700 Units in year 20XX"

① 대리점계약   ② 판매점계약
③ 합작투자계약   ④ 프랜차이즈계약

05 (   ) 안에 들어갈 기술무역계약으로 옳은 것은?

☐

> (   )은 지식재산권의 소유자가 타인에게 그 권리의 사용을 허락하고 사용 허락을 받은 자가 대가로서 로열티를 지급할 것을 약속하는 모든 종류의 계약을 말한다.

① 플랜트수출계약   ② 컨소시엄계약
③ 프랜차이즈계약   ④ 라이센스계약

제97회 1급 기출문제

06 괄호 안에 들어갈 단어를 올바른 순서대로 연결한 것은?

특허라이센스는 (　　　)과 (　　　)으로 나누어진다. 전자는 기술제공자가 특정인에게 특허권의 실시허락을 할 때 제3자에게는 이와 중복되는 내용의 허락을 하지 아니할 것을 약속하는 것이고, 후자는 특정인에게 실시허락한 것과 동일한 내용을 제3자에게도 허락할 수 있다는 조건의 계약을 말한다. 이 외에 이들 간의 중간적 성질을 지니고 있는 (　　　)은 특정인에게 라이센스를 주지만 기술제공자가 한정적으로 또는 일반적으로 특허발명을 실시하는 권리를 유보하는 것이다.

① 독점적 실시허락(Exclusive License) – 비독점적 실시허락(Non-Exclusive License) – 단독 실시허락(Sole License)

② 비독점적 실시허락(Non-Exclusive License) – 독점적 실시허락(Exclusive License) – 단독 실시허락(Sole License)

③ 단독 실시허락(Sole License) – 비단독 실시허락(Non-Sole License) – 독점적 실시허락(Exclusive License)

④ 비단독 실시허락(Non-Sole License) – 단독 실시허락(Sole License) – 독점적 실시허락(Exclusive License)

제101회 1급 기출문제

07 플랜트수출계약유형 가운데 어떤 유형의 계약을 설명하고 있는 것인가?

플랜트수출에서 계약 시에 계약총액을 확정하여 특정공사를 완성할 것을 약속하는 계약이다.

① FOB Contract　　　　　　　　② Turnkey Contract

③ Lump sum Contract　　　　　　④ Competitive Bid Contract

08 다수의 금융기관이 차관단을 구성하여 단일의 계약서에 따라 공통의 조건으로 차주에게 일정한 금액을 융자하는 내용에 해당하는 계약은?

① 금융리스 계약   ② 신디케이트론 계약

③ 팩토링 계약   ④ 차주선물 계약

09 국제거래에서 조세를 회피하는 방법으로 볼 수 없는 것은?

① 다국적기업 간 이전가격조작

② 투자국 자본유입의 최대화

③ 조세피난처에 법인설립

④ 진출국가 조세협약에 편승

10 전자무역에 대한 설명으로 옳지 않은 것은?

① 무역의 일부 또는 전부가 전자무역문서로 처리되는 거래를 말한다.

② 전자무역은 글로벌B2C이다.

③ 신용장에서 전자서류가 이용될 때 eUCP가 적용될 수 있다.

④ 선하증권의 위기를 해결하기 위해 CMI에서 해상운송장과 전자선하증권에 관한 규칙을 각각 제정하였다.

| 정답 |

p.344

01 ③　　02 ②　　03 ①　　04 ②　　05 ④　　06 ①　　07 ③　　08 ②　　09 ②　　10 ②

| 해설 |

01 　　　　　　　　　　　　　　정답 ③

서비스무역은 재화(물품)의 이동을 의미하는 것이 아니라, 서비스의 국제거래를 의미한다.

02 　　　　　　　　　　　　　　정답 ②

TRIPS에서 보호하는 각 지식재산권의 최소보호기간은 아래와 같다.
- 특허권 : 20년
- 상표권 : 7년
- 의장권 : 10년
- 저작권 : 저작자 사후 50년

03 　　　　　　　　　　　　　　정답 ①

② FTA는 상품뿐만 아니라 서비스, 지식재산권, 환경, 노동 분야, 투자, 무역규범을 협상대상으로 하고 있다.
③ DSU를 반드시 포함해야 하는 것은 아니다.
④ FTA를 체결한 나라는 상대국에 수출 시 무관세 등의 혜택을 받을 수 있다.

04 　　　　　　　　　　　　　　정답 ②

공급자가 한 지역에서 물품의 독점적인 판매점을 지정하면 그 판매점으로 지정된 자는 자신의 이름과 자신의 자금으로 독립적인 계약자로서 활동한다고 하였으므로, 판매점계약에 해당한다.

05 　　　　　　　　　　　　　　정답 ④

라이센스계약에 대한 설명이다.

06 　　　　　　　　　　　　　　정답 ①

독점적 실시허락은 기술제공자가 특정인에게 특허권의 실시 허락을 할 때 제3자에게는 이와 중복되는 내용을 허락하지 않을 것을 약정하는 계약이다. 비독점적 실시허락은 기술제공자가 특정인에게 특허권의 실시 허락한 것과 동일한 내용을 제3자에게도 허락할 수 있는 조건의 계약이다.
단독 실시허락은 이들 간의 중간적 성질을 가지고 있는 것으로 특정인에게 라이센스를 주지만 기술제공자가 한정적으로 또는 일반적으로 특허발명을 실시하는 권리를 유보하는 계약이다

07 　　　　　　　　　　　　　　정답 ③

고정가격계약(Lump Sum Contract)에 대한 설명이다.

08 　　　　　　　　　　　　　　정답 ②

신디케이트론(syndicated loan)계약에 대한 설명이다.

09 　　　　　　　　　　　　　　정답 ②

투자국에 자본유입을 최대화하는 것은 조세를 회피하는 행위로 볼 수 없다.

10 정답 ②

전자무역은 지역에 제한 없이 전세계와 거래 가능하며, B2C(Business to Customer)에 한정되지 않고 B2B(Business to Business), B2G(Business to Government), C2C(Customer to Customer) 등의 여러 유형으로 이루어진다.

금융 · 무역 전문 교육기관 해커스금융

fn.Hackers.com

해커스 무역영어 1급 4주 완성 이론+기출문제

3편

무역규범

■ 빈출포인트

18회분의 기출문제를 분석하여 빈출포인트별로 기출빈도(★~★★★)를 표기하였습니다.

* 0~2회 기출 : ★   3~7회 기출 : ★★   8회 이상 기출 : ★★★ 꿀!

구 분	빈출포인트	기출빈도	페이지
제1절 무역규범의 개요	01 우리나라의 무역관련 법률체계	★★	p.354
제2절 대외무역법 총칙	01 총칙	★	p.355
	02 특정거래형태의 수출입	★★	p.356
	03 수출입거래	★★	p.358
제3절 대외무역법의 주요내용	01 수출입의 원칙과 제한	★	p.360
	02 수출입공고와 통합공고	★	p.360
	03 외화획득용 원료·기재의 수입과 구매 등	★★	p.363
	04 전략물자의 수출입	★	p.365
	05 원산지제도	★	p.367
	06 수입수량 제한조치	★	p.370

■ 학습전략

대외무역법은 무역규범 중에서는 가장 높은 비중으로 출제되고 있다. 특히 제3절 대외무역법의 주요내용과 관련하여 자주 출제되므로 이를 위주로 학습해야 한다.

해커스 무역영어 1급 4주 완성 이론+기출문제

3편 무역규범

제1장 대외무역법

✎ 본문 내용 중 기출문제로 자주 출제된 부분에 **형광펜**으로 표시하였으니 반드시 학습하시기 바랍니다.

01 우리나라의 무역관련 법률체계　　　　　　　　　　기출빈도 ★ ★

1. 우리나라의 무역관리

(1) 무역관리란 거래당사자가 국제규범에 따라 자유롭게 체결한 수출입계약을 이행할 때 국가에서 무역정책에 따라 사전적 또는 사후적으로 무역거래를 관리하거나 통제하는 것을 말한다.

(2) 우리나라의 무역관리는 기본적으로 대외무역법에 의하는데, 대외무역법은 자유롭고 공정한 무역을 조장함을 원칙으로 하되, 법률 또는 무역에 관한 조약과 일반적으로 승인된 국제법규에서 이에 관한 특별한 제한 및 의무 등을 규정하고 있는 경우에는 그 목적을 달성하기 위하여 필요한 최소한의 범위 내에서 이를 통제하고 있다.

2. 우리나라의 무역관리 법규

(1) 우리나라의 무역관리제도는 수출입행위에 대한 무역관리와 그 대금의 결제행위에 관한 외환관리를 각각 분리하여 관리하고 있다.

(2) 우리나라는 무역관리를 위하여 3대 법규로서 대외무역법, 관세법 및 외국환거래법을 갖추고 있다.

구 분	대외무역법	관세법	외국환거래법
의 의	전반적인 수출입거래를 관리하는 법규로서 무역관리에 대한 기본법이라 할 수 있음	수출입물품의 통관절차와 수입물품에 대한 과세요건 및 절차를 규정	수출입대금의 결제와 관련한 사항(지급과 수령 및 방법 등)을 규정
목 적	대외무역을 진흥하고 공정한 거래 질서를 확립하여 국제수지의 균형과 통상의 확대를 도모	관세의 부과·징수 및 수출입물품의 통관을 적정하게 하고 관세수입을 확보	외국환거래와 그 밖의 대외거래의 자유를 보장하고 시장기능을 활성화하여 대외거래의 원활화 및 국제수지의 균형과 통화가치의 안정을 도모
관리주체	산업통상자원부장관	관세청장	기획재정부장관

제2절 | 대외무역법 총칙

✎ 본문 내용 중 기출문제로 자주 출제된 부분에 **형광펜**으로 표시하였으니 반드시 학습하시기 바랍니다.

01 총칙   기출빈도 ★

1. 대외무역법의 제정 목적

대외무역법은 대외무역을 진흥하고 공정한 거래 질서를 확립하여 국제수지의 균형과 통상의 확대를 도모함으로써 국민 경제를 발전시키는 데 이바지함을 목적으로 한다.

2. 대외무역법 관련 용어정리

무 역	• 물품 등(무역거래의 객체로서 물품, 용역 및 전자적 형태의 무체물)의 수출과 수입
물 품	• 다음의 것을 제외한 동산(動産) 　– 외국환거래법에서 정하는 지급수단 　　예 정부지폐, 은행권, 주화, 수표, 신용장, 환어음, 약속어음 등 　– 외국환거래법에서 정하는 증권 　　예 채무증권, 지분증권(주식), 수익증권, 투자계약증권, 파생결합증권, 증권예탁증권 　– 외국환거래법에서 정하는 채권을 화체(化體)한 서류 　　**[용어설명]** 화체한 서류 : 서류에 표시된 채권, 증권 등의 권리가 서류와 하나가 되어 권리의 발생, 변경, 소멸이 함께 이루어지는 것. 예를 들면 선하증권은 화물의 권리를 화체한 서류이며, 선하증권의 양도는 곧 화물의 처분을 의미함
무역거래자	• 다음 중 어느 하나에 해당하는 자 　– 수출 또는 수입을 하는 자 　– 외국의 수입자 또는 수출자에게서 위임을 받은 자 및 수출과 수입을 위임하는 자 　– 물품 등의 수출행위와 수입행위의 전부 또는 일부를 위임하거나 행하는 자
정부 간 수출계약	• 정부 간 수출계약 전담기관이 외국 정부에 물품 등(방위사업법에 따른 방산물자 등은 제외)을 유상으로 수출하기 위하여 외국 정부와 체결하는 수출계약 • 정부 간 수출계약과 관련하여 정부는 경제적 이익 및 손실을 부담하지 않음 • 정부 간 수출계약의 전담기관은 KOTRA(대한무역투자진흥공사)임 • 전담기관은 정부 간 수출계약에서 당사자 지위를 수행하며, 외국 정부의 구매 요구사항을 이행할 국내 기업을 추천

3. 무역에 관한 제한 등 특별조치

다음에 해당하는 경우, 산업통상자원부장관은 물품 등의 수출과 수입을 제한하거나 금지할 수 있다.

- 교역상대국에 전쟁·사변·천재지변이 있을 경우
- 교역상대국이 조약과 일반적으로 승인된 국제법규에서 정한 우리나라의 권익을 인정하지 않을 경우
- 교역상대국이 우리나라의 무역에 대하여 부당하거나 차별적인 부담 또는 제한을 가할 경우
- 헌법에 따라 체결·공포된 무역에 관한 조약과 일반적으로 승인된 국제법규에서 정한 국제평화와 안전유지 등의 의무를 이행하기 위하여 필요할 경우
- 국제평화와 안전유지를 위한 국제공조에 따른 교역여건의 급변으로 교역상대국과의 무역에 관한 중대한 차질이 생기거나 생길 우려가 있는 경우
- 인간의 생명·건강 및 안전, 동물과 식물의 생명 및 건강, 환경보전 또는 국내 자원보호를 위하여 필요한 경우

---

02 특정거래형태의 수출입 기출빈도 ★ ★

1. 개요

산업통상자원부장관은 물품 등의 수출 또는 수입이 원활히 이루어질 수 있도록 대통령령으로 정하는 물품 등의 수출입 거래 형태를 인정할 수 있다.

2. 특정거래형태의 유형

대통령령으로 정하는 물품 등의 수출입 거래 형태란 해당 거래의 전부 또는 일부가 다음 중 하나에 해당하는 수출입 거래 형태로서 산업통상자원부장관이 정하여 고시하는 기준에 해당하는 거래를 말한다.

- 대외무역법에 의한 수출·수입의 제한을 회피할 우려가 있는 거래
- 산업 보호에 지장을 초래할 우려가 있는 거래
- 외국에서 외국으로 물품 등의 이동이 있고, 그 대금의 지급이나 영수가 국내에서 이루어지는 거래로서 대금결제 상황의 확인이 곤란하다고 인정되는 거래
- 대금결제 없이 물품 등의 이동만 이루어지는 거래

3. 특정거래형태의 수출입의 종류

위탁판매수출	물품 등을 무환으로 수출하여 해당 물품이 판매된 범위 안에서 대금을 결제하는 계약에 의한 수출
수탁판매수입	물품 등을 무환으로 수입하여 해당 물품이 판매된 범위 안에서 대금을 결제하는 계약에 의한 수입
위탁가공무역	가공임을 지급하는 조건으로 외국에서 가공(제조, 조립, 재생, 개조 포함)할 원료의 전부 또는 일부를 거래 상대방에게 수출하거나 외국에서 조달하여 이를 가공한 후 가공물품 등을 수입하거나 외국으로 인도하는 수출입
수탁가공무역	가득액(= 수출가격 – 원자재의 수입가격)을 영수하기 위하여 원자재의 전부 또는 일부를 거래 상대방의 위탁에 의해 수입해서 이를 가공한 후 위탁자 또는 그가 지정하는 자에게 가공물품 등을 수출하는 수출입
임대수출	임대(사용대차 포함)계약에 의하여 물품 등을 수출하여 일정기간 후 다시 수입하거나 그 기간의 만료 전 또는 만료 후 해당 물품 등의 소유권을 이전하는 수출
임차수입	임차(사용대차 포함)계약에 의하여 물품 등을 수입하여 일정기간 후 다시 수출하거나 그 기간의 만료 전 또는 만료 후 해당 물품의 소유권을 이전받는 수입
연계무역	물물교환(Barter Trade), 구상무역(Compensation Trade), 대응구매(Counter Purchase), 제품환매(Buy Back) 등의 형태에 의하여 수출·수입이 연계되어 이루어지는 수출입
중계무역	수출할 것을 목적으로 물품 등을 수입하여 보세구역 및 보세구역 외 장치의 허가를 받은 장소 또는 자유무역지역 이외의 국내에 반입하지 않고 수출하는 수출입
외국인도수출	수출대금은 국내에서 영수하지만, 국내에서 통관되지 않은 수출 물품 등을 외국으로 인도하거나 제공하는 수출
외국인수수입	수입대금은 국내에서 지급되지만, 수입 물품 등은 외국에서 인수하거나 제공받는 수입
무환수출입	외국환 거래가 수반되지 않는 물품 등의 수출·수입

🔍 시험에 이렇게 나온다!

제115회 1급 기출문제

67. 대외무역법상의 특정거래형태에 관한 설명으로 옳지 않은 것은?

① 위탁판매거래는 수출자가 물품의 소유권을 수입자에게 이전하지 않고 수출한 후 판매된 범위 내에서만 대금을 영수한다.
② 외국인수수입은 물품을 외국에서 조달하여 외국의 사업현장에서 인수하고 그 대금을 국내에서 지급하는 거래방식이다.
③ 중계무역의 경우 수수료를 대가로 물품과 선적서류가 최초 수출자에게서 최종수입자에게 직접 인도된다.
④ 위탁가공무역은 가공임을 지급하는 조건으로 가공 후 국내에 재수입하거나 제3국에 판매하는 수출입거래이다.

정답 ③

해설

중개무역에 대한 내용이다. 또한, 중개무역은 대외무역법상 특정거래형태로 정의되어 있지 않다.

1. 수출입의 정의

(1) 대외무역법상 수출이란 다음 중 어느 하나에 해당하는 것을 말한다.

- 매매, 교환, 임대차, 사용대차, 증여 등을 원인으로 국내에서 외국으로 물품이 이동하는 것(우리나라의 선박으로 외국에서 채취한 광물 또는 포획한 수산물을 외국에 매도하는 것 포함)
- 관세법에 따른 보세판매장에서 외국인에게 국내에서 생산된 물품을 매도하는 것
- 유상으로 외국에서 외국으로 물품을 인도하는 것으로서 중계무역, 외국인도수출, 무환수출입에 해당하는 것
- 거주자가 비거주자에게 산업통상자원부장관이 정하여 고시하는 방법으로 용역을 제공하는 것
- 거주자가 비거주자에게 정보통신망을 통한 전송과 그 밖에 산업통상자원부장관이 정하여 고시하는 방법으로 전자적 형태의 무체물을 인도하는 것

(2) 대외무역법상 수입이란 다음 중 어느 하나에 해당하는 것을 말한다.

- 매매, 교환, 임대차, 사용대차, 증여 등을 원인으로 외국에서 국내로 물품이 이동하는 것
- 유상으로 외국에서 외국으로 물품을 인수하는 것으로서 중계무역, 외국인수수입, 무환수출입에 해당하는 것
- 비거주자가 거주자에게 산업통상자원부장관이 정하여 고시하는 방법으로 용역을 제공하는 것
- 비거주자가 거주자에게 정보통신망을 통한 전송과 그 밖에 산업통상자원부장관이 정하여 고시하는 방법으로 전자적 형태의 무체물을 인도하는 것

2. 수출입실적

(1) 수출실적 인정범위

① '대외무역법상 수출' 중 유상으로 거래되는 수출(대북한 유상반출실적 포함)

[예] 중계무역, 외국인도수출, 용역 수출, 전자적 형태의 무체물 수출 등

② 수출승인이 면제되는 수출 중 다음의 수출

- 박람회 등에 출품하기 위해 무상반출하는 물품 등의 수출로서 현지 매각된 것
- 해외건설공사에 직접 공하여지는 원료·기재, 공사용 장비 또는 기계류의 수출(수출신고필증에 재반입하지 않는다는 조건이 명시된 분에 한함)

③ 외화획득용 원료 등의 공급 중 수출에 공하여지는 것으로 다음에 해당하는 공급

- 내국신용장 또는 구매확인서에 의한 공급
- 산업통상자원부장관이 지정하는 생산자의 수출 물품 포장용 골판지상자의 공급

④ 외국인으로부터 대금을 영수하고 다음과 같이 국내에 인도하거나 공급하는 경우

- 외화획득용 시설기재를 외국인과 임대차계약을 맺은 국내업체에 인도하는 경우
- 자유무역지역으로 반입신고한 물품 등을 공급하는 경우
- 외국인이 지정하는 자가 국내에 있음으로써 물품 등을 외국으로 수출할 수 없어 보세구역으로 물품 등을 공급하는 경우

(2) 수출실적의 인정금액, 인정시점, 확인 및 증명발급기관

① 원칙적으로 수출에 대한 수출실적의 인정금액, 인정시점, 확인 및 증명발급기관은 다음과 같다.

수출실적의 인정금액	수출통관액(FOB 가격)
수출실적의 인정시점	수출신고수리일
확인 및 증명발급기관	한국무역협회장 또는 산업통상자원부장관 지정 기관의 장

② 다만, 다음의 수출에 대한 수출실적의 인정금액, 인정시점 등은 다음과 같다.

구 분	인정금액	인정시점	확인 및 증명발급기관
중계무역	가득액 (수출금액(FOB) − 수입금액(CIF))	입금일	외국환은행의 장
외국인도수출	외국환은행의 입금액[1]		
용역 수출[2]	한국무역협회장 등이 외국환은행 을 통해 입금 확인한 금액		한국무역협회장 등[3]
전자적 형태의 무체물 수출			
박람회 등에 출품한 수출물품의 현지매각분	외국환은행의 입금액		외국환은행의 장
외화획득용 원료 등의 공급[4]	외국환은행의 결제액 또는 확인액	결제일[5]	
외국인으로부터 대금 영수 후 물품의 국내 공급	외국환은행의 입금액	입금일	한국무역협회장[6]

[1] 외국인도수출 중 위탁가공된 물품을 외국에 판매하는 경우, 판매액에서 원자재수출금액 및 가공임을 공제한 가득액

[2] 용역 수출에는 해외기업에 법률자문 등이 있음

[3] • 용역의 수출 : 한국무역협회장, 한국해운협회장(해운업의 경우만), 한국관광협회중앙회장 및 문화체육관광부 장관이 지정하는 업종별 관광협회장(관광사업의 경우만)
   • 전자적 형태의 무체물 수출 : 한국무역협회장 또는 한국소프트웨어 산업협회장

[4] • 내국신용장, 구매확인서에 의한 국내 공급, 산업통상자원부장관이 지정하는 생산자의 수출포장용 골판지상자의 공급이 이에 해당함
   • 구매확인서에 의한 국내 공급의 경우 전자무역기반사업자도 수출실적의 확인 및 증명 발급 가능

[5] 외국환은행을 통하지 않은 경우에는 당사자 간의 대금결제일

[6] 외화획득용 시설기재를 외국인과 임대차계약을 맺은 국내업체에 인도하는 경우에는 외국환은행의 장

(3) 수입실적의 인정범위, 인정금액, 인정시점

인정범위	'대외무역법상 수입' 중 유상으로 거래되는 수입
인정금액	수입통관액(CIF 가격) 예외 외국인수수입, 용역, 전자적 형태의 무체물 수입실적 인정금액은 외국환은행의 지급액이다.
인정시점	수입신고수리일 예외 외국인수수입, 용역, 전자적 형태의 무체물 수입실적 인정시점은 지급일이다.

🔍 시험에 이렇게 나온다!

제106회 1급 기출문제

73. 수출입실적의 인정금액으로 옳지 않은 것은?

① 수출실적은 FOB 통관가격, 수입실적은 CIF 통관가격
② 중계무역의 수출실적은 수출금액(FOB 가격)에서 수입금액(CIF 가격)을 공제한 가득액
③ 외국인수수입의 경우에는 수입통관액(CIF 가격)
④ 외국인도수출의 경우에는 외국환은행의 입금액

정답 ③

해설
외국인수수입의 수입실적 인정금액은 외국환은행의 지급액이다.

제**3**절 | 대외무역법의 주요내용

✎ 본문 내용 중 기출문제로 자주 출제된 부분에 **형광펜**으로 표시하였으니 반드시 학습하시기 바랍니다.

01 수출입의 원칙과 제한
기출빈도 ★

1. 수출입의 원칙

(1) 물품 등의 수출입과 이에 따른 대금을 받거나 지급하는 것은 대외무역법의 목적의 범위에서 자유롭게 이루어져야 한다.

(2) 무역거래자는 대외신용도 확보 등 자유무역질서를 유지하기 위하여 자기 책임으로 그 거래를 성실히 이행하여야 한다.

2. 수출입의 제한 사유

산업통상자원부장관은 다음에 해당하는 물품 등에 대해서는 수출 또는 수입을 제한하거나 금지할 수 있다.

- 헌법에 따라 체결·공포된 조약이나 일반적으로 승인된 국제법규에 따른 의무를 이행하기 위하여 산업통상자원부장관이 지정·고시하는 물품 등
- 생물자원을 보호하기 위하여 산업통상자원부장관이 지정·고시하는 물품 등
- 교역상대국과의 경제협력을 증진하기 위하여 산업통상자원부장관이 지정·고시하는 물품 등
- 방위산업용 원료·기재, 항공기 및 그 부분품, 그 밖에 원활한 물자 수급과 과학기술의 발전 및 통상·산업정책상 필요하다고 인정하여 산업통상자원부장관이 해당 품목을 관장하는 관계 행정기관의 장과 협의를 거쳐 지정·고시하는 물품 등

02 수출입공고와 통합공고
기출빈도 ★

1. 수출입 승인 제도

(1) 승인대상 물품의 관리

① 우리나라 대외무역법은 수출입거래를 원칙적으로 자유롭게 허용하고 있으나, 예외적으로 일부 품목에 대해 승인절차를 거치도록 하는 'Negative System'방식으로 운영되고 있다.

[**용어설명**] 'Negative System'과 달리 'Positive System'은 모든 품목에 대한 수출입거래를 원칙적으로 금지하지만, 예외적으로 일부 품목에 대해 허용하는 방식으로 운영되는 체계를 말한다.

② 수출입승인이란 예외적으로 제한하는 품목에 대하여 관계기관의 장에게 승인을 받게 함으로써 그 품목의 수출입을 할 수 있도록 해주는 제도를 말한다.

(2) 승인대상

① 헌법에 따라 체결·공포된 조약과 일반적으로 승인된 국제법규에 따른 의무의 이행, 생물자원의 보호 등을 위하여 지정하는 물품 등을 수출하거나 수입하려는 자는 산업통상자원부장관의 승인을 받아야 한다.

② 다만, 중계무역물품, 외국인수수입물품, 외국인도수출물품, 선용품(船用品)은 산업통상자원부장관의 승인을 요하지 않는다.

(3) 면제대상

긴급히 처리하여야 하는 물품 등과 다음에 해당하는 것의 수출 또는 수입은 그 승인을 면제한다.

> • 외교관 등이 휴대하거나 세관에 신고하고 송부하는 물품 등
> • 다음의 물품 등으로서 산업통상자원부장관이 관계 행정기관의 장과 협의를 거쳐 고시하는 물품 등
>   − 긴급히 처리하여야 하는 물품 등으로서 정상적인 수출입절차가 적합하지 않은 물품 등
>   − 주된 수출·수입에 부수된 거래로서 수출·수입하는 물품 등
>   − 공공성을 가지는 물품 등으로서 별도로 수출·수입을 관리할 필요가 없는 물품 등
>   − 그 밖에 상행위 이외의 목적으로 수출·수입하는 물품 등
> • 외국환거래 없이 수입하는 물품 등
> • 해외이주자가 해외이주를 위하여 반출하는 원자재, 시설재 및 장비

(4) 승인의 유효기간

① 수출입승인의 유효기간은 1년으로 한다.

② 다만, 다음의 경우에는 유효기간을 1년 미만으로 하거나 최장 2년의 범위에서 정할 수 있다.

> • 국내의 물가안정, 수급조정을 위하여 수출입승인의 유효기간을 1년보다 단축할 필요가 있는 경우
> • 수출입계약 체결 후 물품 등의 제조·가공기간이 1년을 초과하는 경우
> • 수출입계약 체결 후 물품 등이 1년 이내에 선적되거나 도착하기 어려운 경우

(5) 승인의 변경

수출입승인을 받은 자가 승인을 받은 사항 중 다음의 사항을 변경하려면 산업통상자원부장관의 변경승인을 받아야 한다.

> • 물품 등의 수량 또는 가격
> • 수출 또는 수입의 당사자에 관한 사항

(6) 승인의 갈음

전략물자의 수출허가 또는 플랜트수출의 승인 등을 받은 자는 수출승인을 받은 것으로 본다.

2. 수출입공고와 통합공고

(1) 수출입공고

① 수출입물품에 대한 직접적인 관리를 위하여 물품의 수출 또는 수입에 관한 승인품목, 허가품목, 금지품목 등의 구분에 관한 사항과 물품의 종류별 수량, 규격 등의 제한에 관한 조항 및 동 제한에 따른 추천 또는 확인 등에 관한 사항을 종합적으로 책정하여 산업통상자원부장관이 공고한 것을 말한다.

② 수출입공고는 우리나라의 수출입품목을 관리하기 위한 기본공고 체계로 국가경제 목표의 달성을 위한 규제이다.

③ 수출입공고의 품목분류는 HS 품목분류에 의하며, 동 분류된 품목의 세분류는 관세·통계통합품목분류표 (HSK)에 의한다.

(2) 통합공고

① 통합공고란 대외무역법 이외의 다른 법령(약사법, 전파법, 화장품법 등)에서 해당물품의 수출입 요건 및 절차 등을 정하고 있는 경우 수출입 요건 확인 및 통관 업무의 간소화와 무역질서 유지를 위하여 다른 법령이 정한 물품의 수출입 요건 및 절차에 관한 사항을 조정하고, 이를 통합 규정함을 목적으로 고시한 것을 말한다.

② 관계 행정기관의 장은 수출·수입요령을 제정하거나 개정하는 경우 그 수출·수입요령이 그 시행일 전에 공고될 수 있도록 이를 산업통상자원부장관에게 제출하여야 하며, 산업통상자원부장관은 제출받은 수출·수입요령을 통합하여 공고하여야 한다.

③ 통합공고의 요건확인품목은 HS에 따라 분류하여 지정함을 원칙으로 한다. 다만, 무역정책 목적 및 해당 법령의 목적 수행상 필요에 의해 세분류하여 표기할 수 있다.

④ 통합공고는 국민보건, 환경보호, 안정성 확보 등 경제외적 목적을 달성하기 위한 제도이다.

(3) 수출입공고와 통합공고의 관계

수출입공고에 따른 수출입승인에도 불구하고 통합공고상에 수출입하고자 하는 물품의 수출·수입요령을 정한 것이 있는 경우에는 동 요령의 요건 또한 충족하여야 한다.

[참고] HS 품목분류

1. HS Code

   WCO(World Customs Organization, 세계관세기구)에서 제정하여 1988년 발효된 HS 협약(The International Convention on the Harmonized Commodity Description and Coding System, 통일상품명 및 부호체계에 관한 국제협약)에 따라 물품별로 부여되는 품목분류번호이다.

2. 사용목적

   HS 코드는 관세, 통관, 무역통계, 운송, 보험, 원산지 결정 등과 같은 다양한 목적으로 사용될 수 있도록 만든 다목적 품목분류제도로서, 품목분류체계를 통일하여 국제무역을 원활히 하고 관세율 적용의 일관성을 유지하기 위한 것이다.

3. HS 품목분류와 세번(稅番)

   • HS 품목분류란 수출입물품에 HS 코드를 부여하는 업무를 말한다.
   • 결정된 HS 코드에 따라 수입 시 부과되는 관세, FTA 특혜세율, 내국세, 수출입 요건 등이 결정된다.
   • 특히 HS 품목분류에 의해 관세율 등이 결정되므로 해당 물품에 부여된 HS 코드를 세번(稅番)이라고도 부른다.

4. HS의 사용

HS 협약, 관세율표 (6단위)	• HS 6단위까지는 HS 협약의 체약국 내에서 세계 공통으로 사용하고 있다. • 기본세율과 잠정세율은 관세법 별표 관세율표에 따른다.
관세·통계통합 품목분류표(HSK) (10단위)	• 기획재정부장관은 '통일상품명 및 부호체계에 관한 국제협약'(HS 협약)에 따라 수출입물품의 신속한 통관, 통계파악 등을 위하여 협약 및 관세법 별표 관세율표를 기초로 하여 품목을 세분한 관세·통계통합품목분류표(HSK)를 고시할 수 있다. • 우리나라에서는 6단위 HS에 4단위를 추가하여 세분한 10단위를 사용하고 있으며, 이를 관세·통계통합품목분류표(HSK, HS of Korea)라고 한다.

제119회 1급 기출문제

57. 다음 중 수출입을 총괄하는 대외무역법의 성격에 대한 설명으로 적절하지 않은 것을 고르시오.

① 수출입공고상 상품분류방식은 HS방식을 따르고 있다.
② 통합공고는 대외무역법에 물품의 수출입요령을 정하고 있는 경우 이들 수출입요령을 통합한 공고이다.
③ 수출입공고는 우리나라 수출입품목을 관리하기 위한 기본공고체계이다.
④ 수출입공고, 통합공고, 전략물자수출입공고 등의 품목 관리는 대외무역법에서 규정하고 있다.

정답 ②
해설
통합공고란 관계 행정기관의 장이 대외무역법이 아닌 법령을 근거로 수출·수입요령을 제정하거나 개정하는 경우에는 그 수출·수입요령이 그 시행일 전에 공고될 수 있도록 이를 산업통상자원부장관에게 제출하여 산업통상자원부장관이 제출받은 수출·수입요령을 통합하여 공고한 것을 말한다.

03 외화획득용 원료 · 기재의 수입과 구매 등

기출빈도 ★ ★

1. 개요

(1) 산업통상자원부장관은 원료, 기재 등 외화획득을 위해 사용되는 물품 등의 수입에 대해서는 대외무역법 제11조 제6항(수출입금지, 승인대상물품 등의 품목별 수량·금액·규격 및 수출입지역 등에 대한 제한)을 적용하지 않을 수 있다.

(2) 외화획득용 원료·기재의 수입과 구매 절차상 제한을 완화하고 외화획득행위를 지원하기 위해 시행된 제도이다.

2. 외화획득의 범위

수출입의 제한 또는 금지 규정을 적용하지 않는 물품 등은 다음의 방법에 따라 외화를 획득하여야 한다.

- 수출
- 관광
- 주한 국제연합군이나 그 밖의 외국군 기관에 대한 물품 등의 매도
- 용역 및 건설의 해외 진출
- 국내에서 물품 등을 매도하는 것으로서 산업통상자원부장관이 정하여 고시하는 기준에 해당하는 것
- 무역거래자가 외국의 수입업자로부터 수수료를 받고 행한 수출의 알선은 외화획득행위에 준하는 행위로 봄

3. 외화획득의 이행기간

구 분	외화획득의 이행기간
외화획득용 원료·기재를 수입한 자가 직접 외화획득의 이행을 하는 경우	수입통관일 또는 공급일부터 2년
다른 사람으로부터 외화획득용 원료·기재 또는 그 원료·기재로 제조된 물품 등을 양수한 자가 외화획득의 이행을 하는 경우	양수일부터 1년

4. 구매확인서의 발급 등(물품 등을 국내에서 구매하는 경우)

(1) 구매확인서의 정의

구매확인서란 물품 등을 외화획득용 원료, 외화획득용 용역, 외화획득용 전자적 형태의 무체물 또는 물품으로 사용하기 위하여 국내에서 구매하려는 경우, 외국환은행의 장 또는 산업통상자원부장관이 지정한 전자무역기반사업자가 내국신용장에 준하여 발급하는 증서를 말한다.

(2) 구매확인서의 신청 및 발급

① 외화획득용 원료·기재를 구매하려는 자가 부가가치세법에 따른 영세율을 적용받기 위하여 확인을 신청하면 산업통상자원부장관은 외화획득용 원료·기재를 구매하는 것임을 확인하는 서류(구매확인서)를 발급할 수 있다.

② 구매확인서를 발급받으려는 자는 구매확인신청서 등 일정한 서류를 첨부하여 산업통상자원부장관에게 제출해야 한다.

③ 산업통상자원부장관은 신청인이 구매하려는 원료·기재가 외화획득의 범위에 해당하는지를 확인하여 발급여부를 결정한 후 구매확인서를 발급하여야 한다.

(3) 구매확인서와 내국신용장의 비교

① 공통점

구매확인서와 내국신용장은 모두 외화획득용 원료·기재의 국내 구매에 대하여 발급하는 증서로서 부가가치세법상 영세율(零稅率; Zero Tax Rate) 적용과 관세 환급 등 각종 무역혜택을 받을 수 있다는 유사점이 있다.

② 주요 비교점

구 분	구매확인서	내국신용장
근거법규	• 대외무역관리규정	• 무역금융 관련 규정
개설조건	• 무역금융융자한도와 관계없이 개설 가능	• 무역금융융자한도 내에서 개설 가능
발급기관	• 외국환은행 • 전자무역기반사업자	• 외국환은행
개설근거	• 수출신용장과 수출계약서 • 외화매입(예치)증명서 • 내국신용장 • 구매확인서	• 수출신용장과 수출계약서 • 외화표시 물품공급계약서 • 외화표시 건설, 용역공급계약서 • 다른 내국신용장 • 과거 수출실적에 의한 금융한도
발행차수	• 제한 없음	• 제한 없음
지급보증	• 개설은행의 지급보증 없음	• 개설은행의 지급보증 있음

시험에 이렇게 나온다!

제115회 1급 기출문제

65. 내국신용장이나 구매확인서에 대한 설명으로 옳지 않은 것은?

① 수출신용장은 Master L/C, 내국신용장은 Local L/C라고 한다.
② 원신용장이 양도신용장인 경우에 한하여 내국신용장 발급이 가능하다.
③ 내국신용장으로 국내에서 물품을 공급받는 경우 부가가치세 영세율이 적용된다.
④ 구매확인서와 달리 내국신용장은 개설은행의 지급확약이 있다.

정답 ②

해설
내국신용장은 원신용장을 담보로 하여 발행되는 별개의 신용장으로, 원신용장이 양도가능인지 여부와 관계없이 한국은행의 세칙에 의해 개설되고 이용된다.

04 전략물자의 수출입

기출빈도 ★

1. 전략물자의 고시 및 허가

(1) 전략물자의 고시

전략물자란 국제수출통제체제의 원칙에 따라 국제평화 및 안전유지와 국가안보를 위하여 수출허가 등 제한이 필요하여 지정·고시한 물품 등을 말하며, 산업통상자원부장관은 전략물자를 지정하여 고시하여야 한다.

(2) 전략물자의 허가

① 수출허가

전략물자를 수출하려는 자는 산업통상자원부장관이나 관계 행정기관의 장의 허가를 받아야 한다.

② 상황허가(Catch-All)

전략물자에 해당하지 않으나 대량파괴무기 등의 제조·개발·사용 또는 보관 등의 용도로 전용될 가능성이 높은 물품 등을 수출하려는 자는 그 물품 등의 수입자나 최종 사용자가 그 물품 등을 대량파괴무기 등의 제조·개발·사용 또는 보관 등의 용도로 전용할 의도가 있음을 알았거나 그 수출이 다음 중 어느 하나에 해당되는 의도가 있다고 의심되면 산업통상자원부장관이나 관계 행정기관의 장의 상황허가를 받아야 한다.

- 수입자가 해당 물품 등의 최종 용도에 관하여 필요한 정보 제공을 기피하는 경우
- 수출하려는 물품 등이 최종 사용자의 사업 분야에 해당되지 않는 경우
- 수출하려는 물품 등이 수입국가의 기술수준과 현저한 격차가 있는 경우
- 최종 사용자가 물품 등이 활용될 분야의 사업경력이 없는 경우
- 최종 사용자가 물품 등에 대한 전문적 지식이 없으면서도 그 물품 등의 수출을 요구하는 경우
- 최종 사용자가 물품 등에 대한 설치·보수 또는 교육훈련 서비스를 거부하는 경우
- 물품 등의 최종 수하인이 운송업자인 경우
- 물품 등에 대한 가격 조건이나 지불 조건이 통상적인 범위를 벗어나는 경우
- 특별한 이유 없이 해당 물품 등의 납기일이 통상적인 기간을 벗어난 경우
- 물품 등의 수송경로가 통상적인 경로를 벗어난 경우
- 물품 등의 수입국 내 사용 또는 재수출 여부가 명백하지 않은 경우
- 물품 등에 대한 정보나 목적지 등에 대하여 통상적인 범위를 벗어나는 보안을 요구하는 경우
- 그 밖에 국제정세의 변화 또는 국가안전보장을 해치는 사유의 발생 등으로 산업통상자원부장관이나 관계 행정기관의 장이 상황허가를 받도록 정하여 고시하는 경우

③ 수출허가 및 상황허가의 기준

산업통상자원부장관이나 관계 행정기관의 장은 수출허가 신청이나 상황허가 신청을 받으면 국제평화 및 인권유지와 국가안보 등의 기준에 따라 수출허가나 상황허가를 할 수 있다.

④ 수출허가 및 상황허가의 면제 사유

다음에 해당하는 경우에는 전략물자의 수출허가 또는 상황허가를 면제할 수 있다.

- 재외공관, 해외에 파견된 우리나라 군대 또는 외교사절 등에 사용될 공용물품을 수출하는 경우
- 선박 또는 항공기의 안전운항을 위하여 긴급 수리용으로 사용되는 기계 등을 수출하는 경우
- 그 밖에 산업통상자원부장관이 관계 행정기관의 장과 협의하여 고시하는 경우

⑤ 중개허가

전략물자 등을 제3국에서 다른 제3국으로 이전하거나 매매를 위하여 중개하려는 자는 산업통상자원부장관이나 관계 행정기관의 장의 중개허가를 받아야 한다.

⑥ 허가의 유효기간

수출허가와 상황허가, 중개허가의 유효기간은 1년으로 한다.

2. 전략물자의 판정

(1) 물품 등의 무역거래자는 산업통상자원부장관이나 관계 행정기관의 장에게 수출하려는 물품 등이 전략물자 또는 상황허가 대상인 물품 등에 해당하는지에 대한 판정을 신청할 수 있다.

(2) 전략물자 판정의 유효기간은 2년으로 한다.

3. 서류의 보관

무역거래자는 다음의 서류를 5년간 보관하여야 한다.

- 전략물자 판정을 신청한 경우에는 그 판정에 관한 서류
- 전략물자 등을 수출·경유·환적·중개한 자의 경우 그 수출허가, 상황허가, 경유 또는 환적 허가, 중개허가에 관한 서류
- 그 밖에 산업통상자원부장관이나 관계 행정기관의 장이 정하여 고시하는 서류

05 원산지제도

1. 원산지(Country of Origin) 표시

(1) 원산지 표시의 원칙

산업통상자원부장관이 공고한 원산지 표시 대상물품을 수입하려는 자는 다음의 방법에 따라 해당 물품에 원산지를 표시하여야 한다.

- 한글·한문 또는 영문으로 표시할 것
- 최종 구매자가 쉽게 판독할 수 있는 활자체로 표시할 것
- 식별하기 쉬운 위치에 표시할 것
- 표시된 원산지가 쉽게 지워지거나 떨어지지 않는 방법으로 표시할 것

(2) 원산지 표시의 예외

수입 물품이 다음에 해당되는 경우에는 원산지를 표시하지 않을 수 있다.

- 외화획득용 원료 및 시설기재로 수입되는 물품
- 개인에게 무상 송부된 탁송품, 별송품 또는 여행자 휴대품
  [용어설명] 별송품: 여행자가 이용한 항공기나 선박 이외의 운송수단을 이용하여 별도로 반입되는 물품
- 수입 후 실질적 변형을 일으키는 제조공정에 투입되는 부품 및 원재료로서 실수요자가 직접 수입하는 경우 (실수요자를 위하여 수입을 대행하는 경우 포함)
- 판매 또는 임대목적에 제공되지 않는 물품으로서 실수요자가 직접 수입하는 경우
- 연구개발용품으로서 실수요자가 수입하는 경우(실수요자를 위하여 수입을 대행하는 경우 포함)
- 견본품(진열·판매용이 아닌 것에 한함) 및 수입된 물품의 하자보수용 물품
- 보세운송, 환적 등에 의하여 우리나라를 단순히 경유하는 통과 화물
- 재수출조건부 면세 대상 물품 등 일시 수입 물품
- 우리나라에서 수출된 후 재수입되는 물품
- 외교관 면세 대상 물품
- 개인이 자가소비용으로 수입하는 물품으로서 세관장이 타당하다고 인정하는 물품
- 그 밖에 관세청장이 산업통상자원부장관과 협의하여 타당하다고 인정하는 물품

🔍 시험에 이렇게 나온다!

제100회 1급 기출문제

51. 원산지 표시 제도에 대한 설명으로 틀린 것은?

① 원산지 표시 대상물품은 산업통상자원부장관이 별도로 공고한다.
② 수출입소비재를 중심으로 하여 원산지 표시 대상품목에 대해 HS 4 단위를 기준으로 고시하고 있다.
③ 원산지 표시는 최종 구매자가 발견할 수 있도록 식별이 용이한 곳에 표시하여야 한다.
④ 수입 후 실질적 변형을 일으키는 제조공정에 투입되는 부품 및 원재료로서 실수요자가 직접 수입하는 경우는 원산지 표시 대상에서 제외된다.

정답 ②
해설
원산지 표시대상물품은 대외무역관리규정 별표에 계기된 수입물품으로, 수출물품은 제외되어 있다.

2. 원산지 판정

(1) 수출입 물품의 원산지 판정

① 수입 물품의 원산지 판정은 다음 중 어느 하나의 기준에 따라야 한다.

> • 수입 물품의 전부가 하나의 국가에서 채취되거나 생산된 물품인 경우의 원산지 : 그 국가
> • 수입 물품의 생산·제조·가공 과정에 둘 이상의 국가가 관련된 경우의 원산지 : 최종적으로 실질적 변형을 가하여 그 물품에 본질적 특성을 부여하는 활동을 한 국가

> 📍 **최신 출제포인트**
>
> 수입 물품의 생산·제조·가공 과정에 둘 이상의 국가가 관련된 경우, 단순한 가공활동을 하는 국가를 원산지로 하지 않는다.

② 수출 물품의 원산지 판정은 위 ①의 기준을 준용하여 판정하되, 그 물품에 대한 원산지 판정기준이 수입국의 원산지 판정기준과 다른 경우에는 수입국의 원산지 판정기준에 따라 원산지를 판정할 수 있다.

(2) 원산지 판정 절차

원산지 판정 요청	• 수출입 물품의 원산지 판정을 받으려는 자는 다음의 서류 등을 첨부하여 산업통상자원부장관에게 제출하여야 함
	  − 대상 물품의 관세·통계통합품목분류표상의 품목번호와 품목명(모델명 포함), 요청 사유 및 요청자가 주장하는 원산지 등을 명시한 요청서
	  − 견본 1개
	  − 그 밖에 원산지 판정에 필요한 자료

⇩

자료의 보정 요구	• 산업통상자원부장관은 제출된 요청서 등이 미비하여 수출입 물품의 원산지를 판정하기 곤란한 경우에는 기간을 정하여 자료의 보정을 요구할 수 있음

⇩

판정 결과 전달	• 산업통상자원부장관은 60일 이내에 원산지 판정을 하여 그 결과를 문서로 알려야 함

(3) 이의제기

① 통보를 받은 자가 원산지 판정에 불복하는 경우에는 통보를 받은 날부터 30일 이내에 산업통상자원부장관에게 이의를 제기할 수 있다.

② 산업통상자원부장관은 이의제기를 받은 날부터 150일 이내에 그 결정을 알려야 한다.

제96회 1급 기출문제

72. 대외무역법에서 원산지 판정에 관한 설명으로 틀린 것은?

① 수입 물품의 전부가 하나의 국가에서 채취되거나 생산된 물품인 경우 그 국가를 그 물품의 원산지로 한다.
② 수입 물품의 생산/제조/가공과정에서 둘 이상의 국가가 관련된 경우에는 최종적으로 실질적 변형을 가하여 그 물품에 본질적 특성을 부여하는 활동을 한 국가를 그 물품의 원산지로 한다.
③ 수입 물품의 생산/제조/가공과정에서 둘 이상의 국가가 관련된 경우 단순한 가공활동을 하는 국가를 원산지로 하지 않는다.
④ 산업통상부장관이 수출 또는 수입 물품의 원산지 판정을 요청받은 경우 15일 내에 원산지를 판정하여 그 결과를 통지하여야 한다.

정답 ④
해설
15일 → 60일

3. 원산지 증명

(1) 수입 물품 등의 원산지증명서의 제출

산업통상자원부장관은 원산지를 확인하기 위하여 필요하다고 인정하면 물품 등을 수입하려는 자에게 그 물품 등의 원산지 국가 또는 물품 등을 선적한 국가의 정부 등이 발행하는 원산지증명서를 제출하도록 할 수 있다.

(2) 원산지증명서의 제출시기 및 대상물품

① 제출시기

원산지를 확인하여야 할 물품을 수입하는 자는 수입신고 전까지 원산지증명서 등의 자료를 제출하고 확인을 받아야 한다.

② 제출대상물품

- 통합공고에 의하여 특정지역으로부터 수입이 제한되는 물품
- 원산지 허위표시, 오인·혼동표시 등을 확인하기 위하여 세관장이 필요하다고 인정하는 물품
- 그 밖에 법령에 따라 원산지 확인이 필요한 물품

(3) 원산지증명서의 제출 면제

다음에 해당하는 물품은 원산지증명서 등의 제출을 면제한다.

- 과세가격이 15만원 이하인 물품
- 우편물
- 개인에게 무상 송부된 탁송품, 별송품 또는 여행자의 휴대품
- 재수출조건부 면세 대상 물품 등 일시 수입 물품
- 보세운송, 환적 등에 의하여 우리나라를 단순히 경유하는 통과 화물
- 물품의 종류, 성질, 형상 또는 그 상표, 생산국명, 제조자 등에 의하여 원산지가 인정되는 물품
- 그 밖에 관세청장이 산업통상자원부장관과 협의하여 타당하다고 인정하는 물품

(4) 수출 물품의 원산지증명서 발급

① 헌법에 따라 체결·공포된 조약과 일반적으로 승인된 국제법규를 이행하기 위하여 또는 교역상대국 무역거래자의 요청으로 수출 물품의 원산지증명서를 발급받으려는 자는 산업통상자원부장관에게 원산지증명서의 발급을 신청하여야 한다.

② 수출 물품의 원산지증명서의 발급기준은 헌법에 따라 체결·공포된 조약이나 협정과 일반적으로 승인된 국제법규 또는 상대 수입국에서 정한 원산지증명서 발급기준으로 한다.

③ 원산지증명서의 유효기간은 1년으로 한다.

06 수입수량 제한조치   기출빈도 ★

1. 개요

산업통상자원부장관은 특정 물품의 수입증가로 인한 국내산업의 심각한 피해 등을 구제하기 위하여 필요한 범위에서 물품의 수입수량을 제한하는 조치를 시행할 수 있다.

2. 수입수량 제한조치

(1) 기준 수량

① 산업통상자원부장관이 수입수량을 제한하는 경우 그 제한수량은 최근의 대표적인 3년간의 수입량을 연평균수입량으로 환산한 수량 이상으로 하여야 한다.

② 산업통상자원부장관은 제한되는 수입수량을 각 국가별로 할당할 수 있다.

(2) 적용시기 및 기간

① 수입수량 제한조치는 조치 시행일 이후 수입되는 물품에만 적용한다.

② 수입수량 제한조치의 적용기간은 4년을 넘어서는 안 된다.

(3) 적용기간의 연장

① 산업통상자원부장관은 무역위원회의 건의가 있고 필요하다고 인정하면 수입수량 제한조치의 내용을 변경하거나 적용기간을 연장할 수 있다.

② 수입수량 제한조치의 적용기간을 연장하는 때에는 수입수량 제한조치의 적용기간과 긴급관세 또는 잠정긴급관세의 부과기간 및 그 연장기간을 전부 합산한 기간이 8년을 넘어서는 안 된다.

🔍 시험에 이렇게 나온다!

제94회 1급 기출문제

69. 대외무역법상 수입수량제한조치에 관한 설명으로 옳은 것은?

① 관세청 조사결과 피해구제조치가 건의된 경우에 시행된다.
② 수입수량제한은 최근 대표적 3년간의 연평균수입량 이상으로 제한한다.
③ 수입수량제한조치의 적용기간은 8년 이내로 제한된다.
④ 기획재정부장관은 수입수량을 국가별로 할당할 수 있다.

정답 ②
해설
제한수량은 최근의 대표적인 3년간의 수입량을 연평균수입량으로 환산한 수량 이상으로 하여야 한다.

fn.Hackers.com

■ 빈출포인트

■ 빈출포인트
18회분의 기출문제를 분석하여 빈출포인트별로 기출빈도(★~★★★)를 표기하였습니다.

* 0~2회 기출 : ★   3~7회 기출 : ★★   8회 이상 기출 : ★★★ 꽉!

구 분	빈출포인트	기출빈도	페이지
제1절 관세법 총칙	01 관세의 의의와 성격	★	p.374
	02 총칙	★★	p.374
제2절 관세의 부과와 징수	01 관세의 과세요건	★	p.378
	02 세액의 확정	★	p.383
제3절 통관 절차	01 보세구역	★	p.385
	02 통관	★	p.388
	03 수출 · 수입 · 반송의 신고	★★	p.391

■ 학습전략
관세법은 출제 비중에 비해 학습해야 할 내용이 많기 때문에 모든 문제를 맞추려 하기보다는 최근 시험에서 출제된 관세법 총칙을 위주로 학습하고, 기출문제를 통해 보완하는 것이 좋다.

제2장 관세법

제1절 | 관세법 총칙

✎ 본문 내용 중 기출문제로 자주 출제된 부분에 **형광펜**으로 표시하였으니 반드시 학습하시기 바랍니다.

01 관세의 의의와 성격
기출빈도 ★

1. 관세의 의의

(1) 관세(Tariff)란 국가의 관세영역을 통과하는 물품에 대하여 그 국가가 재정수입, 국내산업 보호 등을 목적으로 반대급부 없이 법률이나 조약에 따라 부과·징수하는 조세를 말한다.

(2) 이론상 물품이 관세영역을 통과하는 때는 수입, 수출, 반송하는 시점이라 할 것인데, 관세법상 실제로 관세를 부과하는 시점은 물품을 수입하는 때이다. 따라서 우리나라의 현행 관세법에서는 수입관세만을 부과·징수하고, 그 밖의 수출관세 등에 대해서는 부과·징수하지 않고 있다.

2. 관세의 성격

(1) 관세는 부과·징수의 주체가 국가인 국세이며, 세부담이 최종소비자에게 전가되는 간접세로, 다른 조세와 관계없이 부과되는 독립세이다.

(2) 관세는 납세자의 인적사항을 고려하지 않고 과세대상인 물품에 과세하는 대물세(물세)이며 소비세이다.

(3) 관세는 반대급부의 성격 없이 공권력에 의하여 강제적으로 징수하는 조세로서, 지출용도가 특정되지 않은 보통세이다.

3. 관세법의 성격

관세법은 세법으로 조세법적 성격, 관세법 규정에 따라 수출입을 집행·통제하는 통관절차법적 성격, 형법 등과는 별도의 처벌규정을 두고 있어 형사법적 성격, 그리고 WTO, WCO 등의 협약이 반영된 국제법적 성격을 가지고 있다.

02 총칙
기출빈도 ★ ★

1. 관세법의 제정 목적

관세법은 관세의 부과·징수 및 수출입물품의 통관을 적정하게 하고 관세수입을 확보함으로써 국민경제의 발전에 이바지함을 목적으로 한다.

2. 관세법 관련 용어정리

(1) 외국물품과 내국물품

외국물품	• 외국으로부터 우리나라에 도착한 물품으로서 수입신고가 수리되기 전의 것 • 외국의 선박 등이 공해(외국의 영해가 아닌 경제수역을 포함)에서 채집하거나 포획한 수산물 등으로 수입신고가 수리되기 전의 것 • 수출신고가 수리된 물품 • 보세구역에서 보수작업으로 외국물품에 부가된 내국물품
내국물품	• 우리나라에 있는 물품으로서 외국물품이 아닌 것 • 우리나라의 선박 등이 공해(외국의 영해가 아닌 경제수역을 포함)에서 채집하거나 포획한 수산물 등 • 입항전수입신고가 수리된 물품 • 수입신고 수리 전 반출승인을 받아 반출된 물품 • 수입신고 전 즉시반출신고를 하고 반출된 물품

(2) 수입과 수출

수 입	• 외국물품을 다음과 같이 반입하거나 소비 또는 사용하는 것
	  – 우리나라에 반입하는 것
	  – 보세구역을 경유하는 경우, 보세구역으로부터 반입하는 것
	  [용어설명] 보세(保稅)구역 : 관세의 징수가 유보된 상태로 보관할 수 있는 지역
	  – 우리나라에서 소비 또는 사용하는 것
	  – 우리나라의 운송수단 안에서 소비 또는 사용하는 것

수 출	• 내국물품을 외국으로 반출하는 것

(3) 수입으로 보지 않는 소비 또는 사용

외국물품의 소비 또는 사용이 다음에 해당하는 경우에는 수입으로 보지 않는다.

• 선박용품·항공기용품·차량용품을 운송수단 안에서 그 용도에 따라 소비·사용하는 경우
• 선박용품·항공기용품·차량용품을 지정보세구역에서 출국심사를 마치거나 우리나라에 입국하지않고우리나라를 경유하여 제3국으로 출발하려는 자에게 제공하여 소비·사용하는 경우
• 여행자가 휴대품을 운송수단 또는 관세통로에서 소비·사용하는 경우
• 관세법에서 인정하는 바에 따라 소비·사용하는 경우

🔍 시험에 이렇게 나온다!

제118회 1급 기출문제

54. 관세법상 외국물품으로 보기 어려운 것은?

① 수출신고 수리된 물품
② 우리나라 선박이 공해에서 채집한 수산물
③ 외국에서 우리나라에 반입된 물품으로서 수입신고 수리 되기 전의 물품
④ 보세구역으로부터 우리나라에 반입된 물품으로서 수입 신고 수리되기 전의 물품

정답 ②
해설
관세법상 우리나라의 선박 등이 공해(외국의 영해가 아닌 경제수역을 포함)에서 채집하거나 포획한 수산물 등은 내국물품으로 본다.

(4) 선박용품, 항공기용품 및 차량용품

선박용품 (선용품)	음료, 식품, 연료, 소모품, 밧줄, 수리용 예비부분품 및 부속품, 집기, 그 밖에 이와 유사한 물품으로 해당 선박에서만 사용되는 것
항공기용품 (기용품)	선박용품에 준하는 물품으로 해당 항공기에서만 사용되는 것
차량용품	선박용품에 준하는 물품으로 해당 차량에서만 사용되는 것

(5) 기타 용어의 정리

국제무역선	무역을 위하여 우리나라와 외국 간을 운항하는 선박
국제무역기	무역을 위하여 우리나라와 외국 간을 운항하는 항공기
내항선	국내에서만 운항하는 선박
내항기	국내에서만 운항하는 항공기
통 관	관세법에 따른 절차를 이행하여 물품을 수출·수입 또는 반송하는 것
환 적	동일한 세관의 관할구역에서 입국 또는 입항하는 운송수단에서 출국 또는 출항하는 운송수단 으로 물품을 옮겨 싣는 것
복합환적	입국 또는 입항하는 운송수단의 물품을 다른 세관의 관할구역으로 운송하여 출국 또는 출항하 는 운송수단으로 옮겨 싣는 것
운영인	특허보세구역의 설치·운영에 관한 특허를 받은 자, 종합보세사업장의 설치·운영에 관한 신고 를 한 자

3. 관세의 납부기한

(1) 일반적인 납부기한

① 납세의무자가 신고납부 규정에 따라 납세신고를 한 경우 : 납세신고 수리일부터 15일 이내

② 세관장이 부과고지 규정에 따라 납부고지를 한 경우 : 납부고지를 받은 날부터 15일 이내

③ 수입신고 전 즉시반출신고를 한 경우 : 수입신고일부터 15일 이내

(2) 예외적인 납부기한

① 납세의무자는 수입신고가 수리되기 전에 해당 세액을 납부할 수 있다.

② 세관장은 성실납세자가 신청을 할 때에는 납부기한이 동일한 달에 속하는 세액에 대하여는 그 기한이 속하
는 달의 말일까지 한꺼번에 납부하게 할 수 있다.

4. 신고서류의 보관기간

관세법에 따라 가격신고, 납세신고, 수출입신고, 반송신고, 보세화물반출입신고, 보세운송신고를 하거나 적하목록을 제출한 자는 신고·제출한 자료를 다음과 같이 신고수리일부터 5년의 범위 내의 기간 동안 보관하여야 한다.

5년간 보관하여야 하는 신고서류	• 수입신고필증 • 수입거래 관련 계약서 • 지식재산권의 거래 관련 계약서 • 수입물품 가격결정에 관한 자료
3년간 보관하여야 하는 신고서류	• 수출신고필증 및 반송신고필증 • 수출물품·반송물품 가격결정에 관한 자료 • 수출물품·반송물품 관련 계약서
2년간 보관하여야 하는 신고서류	• 보세화물반출입에 관한 자료 • 적하목록에 관한 자료 • 보세운송에 관한 자료

🔍 시험에 이렇게 나온다!

제98회 1급 기출문제

70. 관세법에서 통관서류의 보관기간에 관한 설명으로 틀린 것은?

① 수입신고필증 – 신고수리일로부터 5년
② 수출물품 및 반송물품 가격결정에 관한 자료 – 신고수리일로부터 3년
③ 보세화물반출입에 관한 자료 – 신고수리일로부터 2년
④ 적하목록에 관한 자료 – 신고수리일로부터 10년

정답 ④
해설
10년→2년

✎ 본문 내용 중 기출문제로 자주 출제된 부분에 **형광펜**으로 표시하였으니 반드시 학습하시기 바랍니다.

01 관세의 과세요건
기출빈도 ★

과세요건이란 납세의무의 성립에 필요한 법률상의 요건을 말하는데 일반적으로 과세물건, 과세표준, 납세의무자 및 세율로 구성된다.

1. 과세물건

(1) 과세물건

① 과세물건(課稅物件)이란 세금부과(과세)의 객체 즉, 과세대상을 말한다.

② 관세법에서는 '수입물품에는 관세를 부과한다.'고 규정하여, 관세법상의 과세물건은 수입물품으로 한정하고 있다.

(2) 과세물건의 확정시기

원칙	• 관세는 원칙적으로 수입신고(입항전수입신고 포함)를 하는 때의 물품의 성질과 그 수량에 따라 부과한다.
예외	• 외국물품인 선용품·기용품·차량용품을 허가받은 대로 적재하지 않은 경우 : 하역을 허가받은 때 • 보세구역 밖에서 보수작업의 승인기간이 경과한 경우 : 보세구역 밖에서 하는 보수작업을 승인받은 때 • 보세구역에 장치된 외국물품이 멸실되거나 폐기되는 경우 : 물품이 멸실되거나 폐기된 때 • 보세운송기간이 경과한 경우 : 보세운송을 신고하거나 승인받은 때 • 수입신고가 수리되기 전에 소비하거나 사용하는 물품 : 물품을 소비하거나 사용한 때 • 수입신고 전 즉시반출신고를 하고 반출한 물품 : 수입신고 전 즉시반출신고를 한 때

2. 과세표준

(1) 관세법상 과세표준은 수입 물품의 가격(종가세, Ad Valorem Duty) 또는 수량(종량세, Specific Duty)으로 한다.

종가세	• 물품의 가격을 기준으로 과세표준 산정 • 관세액 = 물품의 과세가격 × 관세율 • 우리나라는 대부분 종가세가 적용됨
종량세	• 물품의 수량이나 중량을 기준으로 과세표준 산정 • 관세액 = 물품의 수량 × 관세율 상당 금액 • 일부 농산물 등에 적용됨

(2) 과세가격의 결정방법

① 과세가격의 결정은 다음의 제1평가방법 내지 제6평가방법을 순차적으로 적용하여 평가하되, 납세의무자가 요청하면 제5평가방법을 제4평가방법에 우선하여 적용할 수 있다.

제1평가방법 (Transaction Value)	물품의 거래 가격을 기초로 한 과세가격 결정방법
제2평가방법 (Value of Identical Goods)	동종·동질물품의 거래 가격을 기초로 한 과세가격 결정방법
제3평가방법 (Value of Similar Goods)	유사물품의 거래 가격을 기초로 한 과세가격 결정방법
제4평가방법 (Deductive Value)	국내 판매 가격을 기초로 한 과세가격 결정방법
제5평가방법 (Computed Value)	산정 가격을 기초로 한 과세가격 결정방법
제6평가방법 (Derivative Method · Fall-back Method)	합리적 기준에 의한 과세가격 결정방법

② 과세가격 결정의 원칙 : 제1평가방법

수입 물품의 과세가격은 우리나라에 수출하기 위하여 판매되는 물품에 대하여 구매자가 실제로 지급하였거나 지급하여야 할 가격에 다음의 금액을 더하여 조정한 거래 가격으로 한다.

- 구매자가 부담하는 수수료(구매수수료 제외)와 중개료
- 구매자가 부담하는 용기비용과 포장에 소요되는 노무비와 자재비
- 수입항까지의 운임·보험료 등의 운송 관련 비용

(3) 과세환율

과세가격을 결정하는 경우 외국통화로 표시된 가격을 내국통화로 환산할 때에는 적용법령의 시기(보세건설 장에 반입된 물품의 경우에는 수입신고를 한 날)이 속하는 주의 전주의 기준환율 또는 재정환율을 평균하여 관세청장(관세평가분류원장에게 위임)이 그 율을 정한다.

- 수출환율: 수출신고를 함에 있어 수출신고가격을 산정하기 위하여 외국통화로 표시된 가격을 내국통화로 환산하는 때에는 수출신고일이 속하는 주의 전주의 기준환율 또는 재정환율을 평균하여 관세청장(관세평가분류원장에게 위임)이 정한 율로 하여야 한다.
- 수출·반송신고가격: 해당 물품을 본선에 인도하는 조건으로 실제로 지급받았거나 지급받아야 할 가격으로서 최종 선적항 또는 선적지까지의 운임보험료를 포함한 가격

3. 납세의무자

(1) 수입신고를 한 물품인 경우에는 그 물품을 수입신고 하는 때의 화주가 관세를 납부할 의무를 부담한다.

(2) 화주가 불분명한 때에는 다음 중 어느 하나에 해당하는 자를 화주로 본다.

- 수입을 위탁받아 수입업체가 대행수입한 물품인 경우 : 그 물품의 수입을 위탁한 자
- 수입을 위탁받아 수입업체가 대행수입한 물품이 아닌 경우 : 상업서류에 적힌 수하인
- 수입 물품을 수입신고 전에 양도한 경우 : 양수인

4. 세율

(1) 세율의 종류

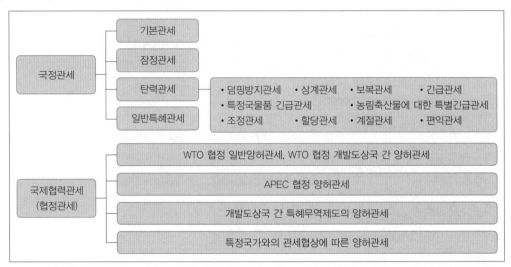

[용어설명] 양허관세: 다자간 협상을 통해 특정 품목의 관세를 일정 수준 이상으로 부과하지 않겠다는 약속으로 우리나라의 관세법(제73조 제2항)은 특정 국가와 협상할 때에 기본관세율의 50% 범위를 초과하여 관세를 양허할 수 없다고 규정하고 있음

(2) 세율적용의 우선순위

① 관세법에 따른 세율적용 우선순위

1순위	덤핑방지관세, 상계관세, 보복관세, 긴급관세, 특정국물품긴급관세, 농림축산물에 대한 특별긴급관세의 세율, 조정관세[1]
1.5순위	자유무역협정(FTA)관세
2순위[2]	국제협력관세(WTO 일반양허관세, APTA(아태무역협정양하관세) 등), 편익관세
3순위[3]	조정관세[4], 할당관세, 계절관세
4순위	일반특혜관세
5순위	잠정관세
6순위	기본관세

[1] 조정관세 부과 대상 중 공중도덕 보호, 인간·동물·식물의 생명 및 건강 보호, 환경보전, 유한 천연자원 보존 및 국제평화와 안전보장 등을 위하여 필요한 경우에는 1순위 세율을 적용한다.

[2] 2순위의 세율은 3순위 이하의 세율보다 낮은 경우에만 적용한다. 단, WTO일반양허관세 중 국제기구와의 관세에 관한 협상에서 국내외의 가격차에 상당하는 율로 양허하거나 국내시장 개방과 함께 기본세율보다 높은 세율로 양허한 농림축산물 및 아·태협정양허관세 중 녹차에 대하여 양허한 세율은 기본세율 및 잠정세율에 우선하여 적용한다.

[3] 3순위 세율 중 할당관세는 4순위 세율보다 낮은 경우에만 우선 적용한다.

[4] 조정관세 부과 대상 중 1순위 세율이 적용되는 것은 제외한다.

② 자유무역협정관세 세율의 적용

자유무역협정의 이행을 위한 관세법의 특례에 관한 법률(자유무역협정(FTA)관세법)의 규정에 따라, 협정관세율이 관세법의 규정에 따른 적용세율보다 같거나 낮은 경우에 한하여 협정관세율을 우선하여 적용한다. 다만, 덤핑방지관세, 상계관세, 보복관세, 긴급관세, 특별긴급관세 등 1순위 세율은 협정관세율보다 우선하여 적용한다.

(3) 탄력관세

① 탄력관세는 법률에서 정하는 범위 내에서 관세율을 탄력적으로 조정함으로써 급변하는 국내외의 경제상황에 따라 신속하게 대응하여 물가안정 및 국내산업을 보호하기 위한 세율이다.

② 탄력관세의 종류별 부과사유

덤핑방지관세
(Anti-dumping
Duty)
	• 외국물품이 덤핑(정상가격(Fair Market Value) 이하로 수입)되어 다음 중 어느 하나에 해당할 것
	  – 국내산업이 실질적인 피해를 받거나 받을 우려가 있는 경우
	  – 국내산업의 발전이 실질적으로 지연된 경우

상계관세
(Countervailing
Duty)
	• 외국에서 제조·생산 또는 수출에 관하여 보조금(Subsidy) 등을 받은 물품의 수입으로 인하여 다음 중 어느 하나에 해당할 것
	  – 국내산업이 실질적인 피해를 받거나 받을 우려가 있는 경우
	  – 국내산업의 발전이 실질적으로 지연된 경우

보복관세
(Retailiatory
Duty)
	• 교역상대국이 우리나라의 수출 물품 등에 대하여 다음 중 어느 하나에 해당하는 행위를 하여 우리나라의 무역이익이 침해될 것
	  – 관세 또는 무역에 관한 국제협정 등에 규정된 우리나라의 권익을 부인·제한하는 경우
	  – 그 밖에 우리나라에 대하여 부당하거나 차별적인 조치를 하는 경우

긴급관세	• 특정물품의 수입증가로 인하여 동종물품 등을 생산하는 국내산업이 심각한 피해를 받거나 받을 우려가 있을 것
조정관세	• 산업구조의 변동 등으로 물품 간의 세율 불균형이 심하여 시정할 필요가 있는 경우 • 공중도덕 보호, 인간·동물·식물의 생명 및 건강 보호, 환경보전, 유한(有限) 천연자원 보존 및 국제평화와 안전보장 등을 위하여 필요한 경우(1순위 세율) • 국내에서 개발된 물품을 일정 기간 보호할 필요가 있는 경우 • 농림축수산물 등 국제경쟁력이 취약한 물품의 수입증가로 인하여 국내시장이 교란되거나 산업기반이 붕괴될 우려가 있어 이를 시정하거나 방지할 필요가 있는 경우

할당관세	• 다음 중 어느 하나에 해당하는 경우, 일정 범위 내에서 관세를 인하하여 부과할 수 있음
	  – 원활한 물자수급 또는 산업의 경쟁력 강화를 위하여 특정물품의 수입을 촉진할 필요가 있는 경우
	  – 수입가격이 급등한 물품 또는 이를 원재료로 한 제품의 국내가격을 안정시키기 위해 필요한 경우
	  – 유사물품 간의 세율이 현저히 불균형하여 이를 시정할 필요가 있는 경우
	• 특정물품의 수입을 억제할 필요가 있을 때에는 일정한 수량 초과분에 대해서 관세를 인상하여 부과할 수 있음

계절관세	• 계절에 따라 가격의 차이가 심한 물품으로서 동종물품·유사물품 또는 대체물품의 수입으로 인하여 국내시장이 교란되거나 생산 기반이 붕괴될 우려가 있는 경우

심화 PLUS✛ 상계관세 부과대상 보조금(Subsidy)등

> 상계관세의 부과대상인 보조금등이란 정부·공공기관의 재정지원 등에 의한 보조금 또는 장려금으로서 다음과 같은 특정성이 있는 것을 말한다. 다만, 연구·지역개발 및 환경관련 보조금등은 제외된다.
>
> > • 일부 기업 등에 대하여 제한적으로 지급되는 경우
> > • 제한된 수의 기업 등에 의하여 사용되는 경우
> > • 특정한 지역에 한정되어 지급되는 경우
> > • 국제협약에서 인정하고 있는 특정성의 기준에 부합되는 경우

③ 덤핑방지관세, 상계관세, 긴급관세, 특정국물품긴급관세는 실행세율에 추가하여 부과한다.

[용어설명] 실행세율 : 적용 가능한 세율 중에서 관세법상의 세율적용의 우선순위에 따라 결정된 세율을 의미한다. 다른 관세율에 추가하여 부과하는 관세율의 경우에는 해당 관세율이 적용되지 않았을 경우 적용되는 세율을 말한다.

(4) 특정한 세율의 적용

① 간이세율

간이세율은 다음의 소액물품에 대하여 신속한 통관을 위하여 해당 물품에 부과되는 관세 및 내국세 등의 모든 세율을 통합한 하나의 세율을 적용하여 과세하는 것을 말한다.

> • 여행자 또는 외국을 오가는 운송수단의 승무원이 휴대하여 수입하는 물품
> • 우편물(수입신고를 하여야 하는 것은 제외)
> • 탁송품 또는 별송품

[예외] 관세율이 무세인 물품과 관세가 감면되는 물품, 수출용 원재료, 범칙행위에 관련된 물품, 종량세가 적용되는 물품, 고가품 및 국내 산업을 저해할 우려가 있는 수입물품 등은 간이세율 적용대상에서 제외

② 합의에 따른 세율(합의세율)

- 일괄하여 수입신고가 된 물품으로서 물품별 세율이 다른 물품에 대하여는 신고인의 신청에 따라 그 세율 중 가장 높은 세율을 적용할 수 있다.
- 합의에 따른 세율을 적용하는 경우 해당 관세에 대하여 이의신청·심사청구·심판청구를 할 수 없다.

③ 용도세율

- 용도에 따라 세율을 다르게 정하는 물품을 세율이 낮은 용도에 사용하려는 자는 세관장의 승인을 받아야 한다.
- 용도세율이 적용된 물품은 그 수입신고의 수리일부터 3년의 범위에서 관세청장이 정하는 기간에는 해당 용도 외의 다른 용도에 사용하거나 양도할 수 없다.

🔍 시험에 이렇게 나온다!

제97회 1급 기출문제 **73. 관세법에서 가장 우선적으로 적용되는 세율은?** ① 덤핑방지관세 ② 계절관세 ③ WTO 일반양허관세 ④ 기본관세	정답 ① 해설 보기의 세율 중 덤핑방지관세가 가장 우선적으로 적용되며, 그 다음으로 'WTO 일반양허관세(국제협력관세) ⇨ 계절관세 ⇨ 기본관세'의 순서로 적용한다.

1. 세액의 확정의 의의

관세의 과세요건이 충족되면 납세의무가 성립되는데, 이는 추상적인 형태에 불과하기 때문에 국가의 조세채권 및 납세의무자의 조세채무로 확정되기 위해서는 별도의 구체적인 절차가 이행되어야 한다. 이러한 납세의무의 확정절차는 그 주체에 따라 신고납부방식과 부과고지방식으로 구분된다.

2. 신고납부방식

(1) 신고납부방식이란 납세의무자가 스스로 과세표준 및 세액 등을 결정하여 신고·납부하는 방식을 말하며, 세관장이 부과고지하는 물품을 제외한 물품을 수입하려는 자는 수입신고를 할 때에 세관장에게 납세신고를 하여야 한다.

(2) 세액의 심사

① 세관장은 납세신고를 받으면 수입신고서에 기재된 사항과 관세법에 따른 확인사항 등을 심사하되, 신고한 세액에 대하여는 수입신고를 수리한 후에 심사한다.

② 다만, 다음의 물품은 수입신고를 수리하기 전에 심사한다.

> • 관세 및 내국세의 감면을 받고자 하는 물품
> • 관세의 분할납부를 하려는 물품
> • 관세의 체납 중에 있는 자가 신고하는 물품
> • 불성실신고인이 신고하는 물품
> • 물품의 가격변동이 크거나 수입신고 수리 후 세액을 심사하는 것이 부적당한 물품

(3) 세액의 납부

① 납세의무자는 납세신고가 수리된 날부터 15일 이내에 해당 세액을 납부하여야 하지만, 수입신고 수리 전에도 해당 세액을 납부할 수도 있다.

② 납세의무자가 납부기한까지 관세를 납부하지 않은 때에는 그 납부기한이 지난 날부터 체납된 관세에 대한 가산세가 부과된다.

(4) 세액의 정정

① 납세의무자의 세액정정

구 분	정정신고	보정신청	수정신고	경정청구
사 유	납세신고한 세액의 과부족	신고납부한 세액의 부족		신고납부한 세액의 과다
신고(신청) 기한	세액을 납부하기 전	신고납부한 날부터 6개월 이내 (보정기간)	보정기간이 지난 날부터 제척기간이 끝나기 전까지	최초 납세신고한 날부터 5년 이내
납부기한	당초의 납부기한	보정신청일의 다음날	수정신고일의 다음날	−
가산세	없 음	없 음 (보정이자 징수)	있 음	−

② 세관장의 세액정정

- 세관장은 납세의무자가 납세신고한 세액, 신고납부한 세액 또는 경정청구한 세액을 심사한 결과 과부족하다는 것을 알게 되었을 때에는 그 세액을 경정하여야 한다.

  [용어설명] 경정: 납세의무자가 신고한 내용 또는 과세관청이 결정한 내용에 오류가 있을 때 관할세무서장 또는 지방국세청장이 이를 시정하기 위하여 행하는 행정처분

- 부족세액에 대하여 경정을 한 경우 세관장은 가산세를 부과·징수한다.

(5) 가산세

① 미납 또는 부족세액에 대한 가산세

세관장은 납세의무자가 법정납부기한까지 납부하지 아니한 미납부세액을 징수하거나 부족세액을 징수할 때에는 다음 각 호의 금액을 합한 금액을 가산세로 징수한다.

- 부족세액의 100분의 10 (단, 부당한 방법으로 과소신고한 경우 : 100분의 40)
- 납부지연가산세
  - 미납부세액 또는 부족세액 × 법정납부기한의 다음 날부터 납부일까지의 기간 × 금융회사 등이 연체대출금에 대하여 적용하는 이자율 등을 고려하여 대통령령으로 정하는 이자율 (1일 10만분의 22)[1]
  - 법정납부기한까지 납부하여야 할 세액 중 납부고지서에 따른 납부기한까지 납부하지 아니한 세액 × 100분의 3[2]

  [1] 체납된 관세(세관장이 징수하는 내국세가 있을 때에는 그 금액을 포함)가 150만원 미만인 경우에는 적용하지 않는다.
  [2] 납부고지서에 따른 납부기한의 다음 날부터 납부일까지의 기간이 5년을 초과하는 경우에는 그 기간은 5년으로 한다.

② 기타 가산세

- 무신고가산세 : 20% (단 밀수출입죄로 처벌받거나 통고처분을 받은 경우는 40%) + 납부지연가산세
- 이사물품, 재수출이행기간, 수입신고전즉시반출의 의무를 위반한 경우 : 20%
- 여행자휴대품에 대한 신고를 하지 않은 경우 : 40% (단 반복적인 경우는 60%)
- 신고지연가산세 : 500만원 이내에서 0.5 ∼ 2%

3. 부과고지방식

(1) 부과고지방식

세관장이 과세표준 및 세액 등을 결정하여 납세의무자에게 납부고지함으로써 납세의무가 확정되는 방식을 말한다.

(2) 납부기한

납부고지를 받은 자는 그 고지를 받은 날부터 15일 이내에 세액을 세관장에게 납부하여야 한다.

🔍 시험에 이렇게 나온다!

제98회 1급 기출문제

75. 관세법에서 신고납부방식에 관한 설명으로 틀린 것은?

① 납세의무자가 납부해야 할 세액을 세관장에게 신고함으로써 관세의 채권·채무관계가 확정된다.
② 납세의무자는 수입신고가 수리된 후에 세관장에게 납부해야 할 관세를 신고하여야 한다.
③ 납세의무자는 납세신고가 수리된 날로부터 15일 내에 세관장에게 관세를 납부하여야 한다.
④ 납세의무자가 납부기한까지 관세를 납부하지 않으면 그 납부기한이 지난날로부터 체납된 관세에 대한 가산금이 부과된다.

정답 ②
해설
납세의무자는 수입신고를 할 때에 세관장에게 납부해야 할 관세를 신고하여야 한다.

제3절 | 통관 절차

✎ 본문 내용 중 기출문제로 자주 출제된 부분에 **형광펜**으로 표시하였으니 반드시 학습하시기 바랍니다.

01 보세구역   기출빈도 ★

1. 개요

(1) 보세구역이란 수입통관 절차가 완료되지 않은 상태에 있는 외국물품(보세화물)을 장치하거나 검사, 전시, 제조 및 가공, 건설, 판매할 수 있는 장소를 말한다.

[용어설명] 장치 : 통관이 완료되기 전의 수출입물품을 보세구역 안에 임시로 보관하는 것

(2) 보세구역의 종류

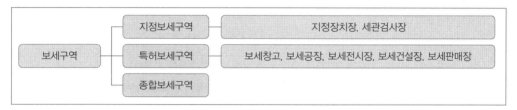

(3) 물품의 장치

① 외국물품과 내국운송의 신고를 하려는 내국물품은 보세구역이 아닌 장소에 장치할 수 없다.

② 다만, 다음의 물품은 보세구역이 아닌 장소에 장치할 수 있다.

> • 수출신고가 수리된 물품
> • 크기 또는 무게의 과다나 그 밖의 사유로 보세구역에 장치하기 곤란하거나 부적당한 물품
> • 재해나 그 밖의 부득이한 사유로 임시로 장치한 물품
> • 검역물품
> • 압수물품
> • 우편물품

③ 크기 또는 무게의 과다나 그 밖의 사유로 보세구역에 장치하기 곤란하거나 부적당한 물품을 보세구역 외 장소에 장치하려는 자는 세관장의 허가를 받아야 한다.

(4) 보세구역의 자율관리

① 보세구역 중 물품의 관리 및 세관감시에 지장이 없다고 인정하여 관세청장이 정하는 바에 따라 세관장이 지정하는 자율관리보세구역에 장치한 물품은 세관공무원의 참여와 관세청장이 정하는 절차를 생략한다.

② 자율관리보세구역의 신청

> • 보세구역의 화물관리인이나 운영인은 자율관리보세구역의 지정을 받으려면 세관장에게 지정을 신청하여야 한다.
> • 자율관리보세구역의 지정을 신청하려는 자는 보세사(보세구역에 장치된 물품을 관리하는 사람)를 채용하여야 한다.

③ 보세사의 자격 및 업무

- 보세사는 운영인의 결격사유의 어느 하나에 해당하지 않는 사람으로서 5년 이상 관세행정에 종사한 경력이 있는 일반직 공무원 또는 보세화물의 관리업무에 관한 전형에 합격한 사람이어야 한다.

- 보세사는 다음의 업무를 수행할 수 있다.

> - 보세화물 및 내국물품의 반입 또는 반출에 대한 입회 및 확인
> - 보세구역 안에 장치된 물품의 관리 및 취급에 대한 입회 및 확인
> - 보세구역출입문의 개폐 및 열쇠관리의 감독
> - 보세구역의 출입자관리에 대한 감독
> - 견본품의 반출 및 회수
> - 그 밖에 보세화물의 관리를 위하여 필요한 업무로서 관세청장이 정하는 업무

2. 지정보세구역

(1) 지정보세구역

통관을 하려는 물품을 일시장치하거나 검사하기 위한 장소로서, 지정보세구역은 지정장치장과 세관검사장으로 구분된다.

(2) 지정보세구역의 분류

① 지정장치장

- 통관을 하려는 물품을 일시장치하기 위한 장소로서 세관장이 지정하는 구역으로 한다.
- 지정장치장에 물품을 장치하는 기간은 6개월의 범위에서 관세청장이 정하되, 관세청장이 정하는 기준에 따라 세관장은 3개월의 범위에서 그 기간을 연장할 수 있다.
- 지정장치장에 반입한 물품은 화주 또는 반입자가 그 보관의 책임을 진다.

② 세관검사장

- 통관하려는 물품을 검사하기 위한 장소로서 세관장이 지정하는 지역으로 한다.
- 세관검사장에 반입되는 물품의 채취·운반 등에 필요한 비용은 화주가 부담한다. (단 중소/중견 기업의 컨테이너 화물에 대해서는 검사비 지원 가능)

3. 특허보세구역

(1) 특허보세구역

세관장의 특허를 받아 설치 또는 운영하는 장소를 말하며, 이용목적에 따라 보세창고, 보세공장, 보세전시장, 보세건설장 및 보세판매장으로 구분된다.

(2) 보세창고

① 보세창고란 외국물품이나 통관을 하려는 물품을 장치하는 장소를 말한다.

② 운영인은 미리 세관장에게 신고를 하고 보세창고에 내국물품을 장치할 수 있다.

[예외] 동일한 보세창고에 장치되어 있는 동안 수입신고가 수리된 물품은 신고 없이 계속하여 장치할 수 있음

③ 운영인은 보세창고에 1년 이상 내국물품만을 장치하려면 세관장의 승인을 받아야 한다.

(3) 보세공장

① 보세공장이란 외국물품을 원료 또는 재료로 하거나 외국물품과 내국물품을 원료 또는 재료로 하여 제조·가공하거나, 그 밖에 이와 비슷한 작업을 할 수 있는 장소를 말한다.

② 보세공장에서는 세관장의 허가없이 내국물품만을 원료로 하거나 재료로 하여 제조·가공하거나, 그 밖에 이와 비슷한 작업을 할 수 없다.

③ 보세공장 원재료

보세공장 원재료는 당해 보세공장에서 생산하는 제품에 소요되는 수량을 계산할 수 있는 물품으로서, 다음과 같이 규정되어 있다.

- 보세공장에서 생산하는 제품에 물리적 또는 화학적으로 결합되는 물질
- 보세공장에서 생산하는 제품을 제조·가공하거나 이와 비슷한 공정에 투입되어 소모되는 물품
  예외 기계 등의 작동 및 유지를 위한 물품 등 제품 생산에 간접적으로 투입되어 소모되는 물품은 제외
- 보세공장에서 생산하는 제품의 포장용품

④ 보세공장 물품의 과세

제품과세	외국물품이나 외국물품과 내국물품을 원료로 하거나 재료로 하여 작업을 하는 경우 그로써 생긴 제품은 외국으로부터 우리나라에 도착한 물품으로 보아 관세를 부과한다.
원료과세	보세공장에서 제조된 물품을 수입하여 사용신고 전에 미리 세관장에게 해당 물품의 원료인 외국물품에 대한 과세의 적용을 신청한 경우에는 사용신고를 할 때의 그 원료의 성질 및 수량에 따라 관세를 부과한다.

⑤ 보세공장 물품의 수입신고와 사용신고

- 세관장은 수입통관 후 보세공장에서 사용하게 될 물품에 대하여는 보세공장에 직접 반입하여 수입신고를 하게 할 수 있다.
- 운영인은 보세공장에 반입된 물품을 그 사용 전에 세관장에게 사용신고를 하여야 한다.

(4) 보세전시장, 보세건설장, 보세판매장

보세전시장	박람회, 전람회, 견본품 전시회 등의 운영을 위하여 외국물품을 장치·전시하거나 사용할 수 있는 장소
보세건설장	산업시설의 건설에 사용되는 외국물품인 기계류 설비품이나 공사용 장비를 장치·사용하여 해당 건설공사를 할 수 있는 장소
보세판매장	외국으로 반출하거나 관세의 면제를 받을 수 있는 자가 사용하는 것을 조건으로 외국물품을 판매할 수 있는 장소

(5) 운영인의 결격사유

다음에 해당하는 자는 특허보세구역을 설치·운영할 수 없다.

- 미성년자
- 피성년후견인과 피한정후견인
- 파산선고를 받고 복권되지 않은 자
- 관세법을 위반하여 징역형의 실형을 선고받고 그 집행이 끝나거나 면제된 후 2년이 지나지 않은 자
- 관세법을 위반하여 징역형의 집행유예를 선고받고 그 유예기간 중에 있는 자
- 특허취소 규정에 따라 특허보세구역의 설치·운영에 관한 특허가 취소된 후 2년이 지나지 않은 자

4. 종합보세구역

(1) 종합보세구역이란 보세창고·보세공장·보세전시장·보세건설장 또는 보세판매장의 기능 중 둘 이상의 기능을 수행할 수 있는 장소를 말한다.

(2) 종합보세구역의 지정

① 관세청장은 직권으로 또는 관계 중앙행정기관의 장이나 지방자치단체의 장, 그 밖에 종합보세구역을 운영하려는 자의 요청에 따라 일정한 지역을 종합보세구역으로 지정할 수 있다.

② 다음의 지역으로서 관세청장이 종합보세구역으로 지정할 필요가 있다고 인정하는 지역을 그 지정대상으로 한다.

- 외국인투자지역
- 공동집배송센터
- 산업단지
- 물류단지
- 그 밖에 종합보세구역으로 지정됨으로써 외국인투자촉진·수출증대 등의 효과가 있을 것으로 예상되는 지역

---

02 통관
기출빈도 ★

1. 통관의 정의

통관이란 관세법에 따른 절차를 이행하여 물품을 수출·수입 또는 반송하는 것을 말한다.

2. 통관의 요건

(1) 허가·승인 등의 증명

수출입을 할 때 법령에서 정하는 바에 따라 허가·승인·표시 또는 그 밖의 조건을 갖출 필요가 있는 물품은 세관장에게 그 허가·승인 등의 조건을 갖춘 것임을 증명하여야 한다.

(2) 의무이행의 요구

세관장은 다른 법령에 따라 수입 후 특정한 용도로 사용하여야 하는 등의 의무가 부가되어 있는 물품에 대하여는 문서로써 해당 의무를 이행할 것을 요구할 수 있다.

(3) 통관표지의 첨부

세관장은 관세 보전을 위하여 필요하다고 인정할 때에는 다음의 물품에 통관표지를 첨부할 것을 명할 수 있다.

- 관세의 감면 또는 용도세율의 적용을 받은 물품
- 관세의 분할납부승인을 얻은 물품
- 부정수입물품과 구별하기 위하여 관세청장이 지정하는 물품

3. 원산지의 확인

(1) 원산지의 확인 기준

관세의 부과·징수, 수출입물품의 통관, 원산지증명서의 확인요청에 따른 조사 등을 위하여 원산지를 확인할 때에는 다음 중 어느 하나에 해당하는 나라를 원산지로 한다.

- 해당 물품의 전부를 생산·가공·제조한 나라
- 해당 물품이 2개국 이상에 걸쳐 생산·가공 또는 제조된 경우에는 그 물품의 본질적 특성을 부여하기에 충분한 정도의 실질적인 생산·가공·제조 과정이 최종적으로 수행된 나라

(2) 원산지증명서

① 원산지 확인이 필요한 물품을 수입하는 자는 해당 물품의 원산지증명서를 제출하여야 한다.

② 다만, 다음의 물품에 대해서는 원산지증명서의 제출을 면제한다.

- 세관장이 물품의 종류·성질·형상 또는 그 상표·생산국명·제조자 등에 의하여 원산지를 확인할 수 있는 물품
- 우편물(수입신고를 하여야 하는 것은 제외)
- 과세가격이 15만원 이하인 물품
- 개인에게 무상으로 송부된 탁송품·별송품 또는 여행자의 휴대품
- 기타 관세청장이 관계 행정기관의 장과 협의하여 정하는 물품

(3) 원산지 허위표시물품 등의 통관 제한

① 세관장은 원산지 표시 대상물품이 다음 중 어느 하나에 해당하는 경우에는 해당 물품의 통관을 허용하여서는 안 된다.

- 원산지 표시가 법령에서 정하는 기준과 방법에 부합되지 않게 표시된 경우
- 원산지 표시가 부정한 방법으로 사실과 다르게 표시된 경우
- 원산지 표시가 되어 있지 않은 경우

② 다만, 원산지 표시에 관한 위반사항이 경미한 경우에는 이를 보완·정정하도록 한 후 통관을 허용할 수 있다.

③ 세관장은 물품의 품질, 내용, 제조 방법, 용도, 수량을 사실과 다르게 표시한 물품 또는 품질 등을 오인할 수 있도록 표시하거나 오인할 수 있는 표지를 부착한 물품으로서 품질 등의 표시에 관한 법령을 위반한 물품에 대하여는 통관을 허용하여서는 안 된다.

(4) 환적물품 등에 대한 유치

① 세관장은 일시적으로 육지에 내려지거나 다른 운송수단으로 환적 또는 복합환적되는 외국물품 중 원산지를 우리나라로 허위 표시한 물품은 유치할 수 있다.

[용어설명] 유치 : 타인의 물건 또는 유가증권을 인도받은 자가 이에 관하여 생긴 채권을 변제받을 때까지 그 물건 등을 보관하는 것

② 세관장은 외국물품을 유치할 때에는 그 사실을 그 물품의 화주나 그 위임을 받은 자에게 통지하여야 하고, 이행기간을 정하여 원산지 표시의 수정 등 필요한 조치를 명할 수 있다.

③ 세관장은 명령이 이행된 경우에는 물품의 유치를 즉시 해제하고, 명령이 이행되지 않은 경우에는 이를 매각할 수 있다.

4. 통관의 제한

(1) 수출입의 금지

다음 중 어느 하나에 해당하는 물품은 수출하거나 수입할 수 없다.

- 헌법질서를 문란하게 하거나 공공의 안녕질서 또는 풍속을 해치는 서적·간행물·도화·영화·음반·비디오물·조각물 또는 그 밖에 이에 준하는 물품
- 정부의 기밀을 누설하거나 첩보활동에 사용되는 물품
- 화폐·채권이나 그 밖의 유가증권의 위조품·변조품 또는 모조품

(2) 지식재산권의 보호

다음 중 어느 하나에 해당하는 지식재산권을 침해하는 물품은 수출하거나 수입할 수 없다.

• 상표권	• 저작권과 저작인접권	• 품종보호권
• 지리적 표시권 또는 지리적 표시	• 특허권	• 디자인권

🔍 **시험**에 **이렇게** 나온다!

제97회 1급 기출문제

72. 관세법에서 보호되는 지식재산권이 아닌 것은?

① 상표법에 따라 설정등록된 상표권
② 저작권법에 따른 저작권
③ 종자산업법에 따라 설정등록된 품종보호권
④ 특허법에 따라 설정등록된 실용신안권

정답 ④
해설
특허법에 따라 설정등록된 실용신안권은 관세법에서 보호되는 지식재산권에 해당하지 않는다.

5. 통관 후 유통이력 신고

(1) 개요

외국물품을 수입하는 자와 수입물품을 국내에서 거래하는 자(소비자에 대한 판매를 주된 영업으로 하는 사업자는 제외)는 유통이력 신고물품에 대한 유통단계별 거래명세를 관세청장에게 신고하여야 한다.

[용어설명] 유통이력 신고물품: 사회안전 또는 국민보건을 해칠 우려가 현저한 물품 등으로서 유통단계별 거래명세를 확인할 필요가 있어 관세청장이 지정하는 물품

(2) 장부 기록 및 보관 의무

유통이력 신고의무가 있는 자는 유통이력을 장부에 기록(전자적 기록방식을 포함)하고, 그 자료를 거래일부터 1년간 보관하여야 한다.

심화 PLUS⁺ 선하증권의 신고 및 수리

1. 수입신고는 선하증권 1건에 대하여 수입신고서 1건으로 신고 및 수리하는 것이 원칙이다.

2. 다만, 예외적으로 선하증권을 분할 또는 통합하여 수입신고 및 수리를 할 수 있다.

　① 다음 중 어느 하나에 해당하는 경우에는 선하증권의 분할신고 및 수리를 할 수 있다.

- 선하증권을 분할하여도 물품검사와 과세가격 산출에 어려움이 없는 경우
- 신고물품 중 일부만 통관이 허용되고 일부는 통관이 보류되는 경우
- 검사·검역결과 일부는 합격되고 일부는 불합격된 경우이거나 일부만 검사·검역 신청하여 통관하려는 경우
- 일괄사후납부 적용·비적용 물품을 구분하여 신고하려는 경우

　② 보세창고에 입고된 물품으로서 세관장이 보세화물관리에 지장이 없다고 인정하는 경우에는 여러 건의 선하증권에 관련되는 물품을 1건으로 통합하여 수입신고할 수 있다.

03 수출·수입·반송의 신고

기출빈도 ★ ★

1. 신고사항 및 방법

(1) 필수 신고사항

물품을 수출·수입 또는 반송하려면 다음의 사항을 세관장에게 신고하여야 한다.

- 해당 물품의 품명·규격·수량 및 가격
- 포장의 종류·번호 및 개수
- 목적지·원산지 및 선적지
- 원산지표시 대상물품인 경우에는 표시유무·방법 및 형태
- 상표
- 납세의무자 또는 화주의 상호(개인의 경우 성명)·사업자등록번호·통관고유부호와 해외공급자부호 또는 해외구매자부호
- 물품의 장치장소
- 그 밖의 참고사항

참고 수출신고가격은 해당 물품을 본선에 인도하는 조건으로 실제로 지급하였거나 지급하여야 할 가격으로서, 최종 선적항 또는 선적지까지의 운임·보험료를 포함한 가격으로 한다.

(2) 신고생략 또는 간이신고

다음 중 어느 하나에 해당하는 물품은 신고를 생략하거나 관세청장이 정하는 간소한 방법으로 신고할 수 있다.

- 휴대품·탁송품 또는 별송품
- 우편물(수출입신고대상인 우편물은 제외)
- 종교용품·자선용품·장애인용품 등의 면세, 정부용품 등의 면세, 특정물품의 면세, 소액물품 등의 면세, 여행자 휴대품·이사물품 등의 감면세, 재수출면세가 적용되는 물품
- 국제운송을 위한 컨테이너(기본세율이 무세인 것으로 한정)

(3) 신고인

　① 수출·수입 또는 반송의 신고는 화주 또는 관세사 등의 명의로 하여야 한다.

　② 다만, 수출신고의 경우 화주에게 해당 수출 물품을 제조하여 공급한 자의 명의로 할 수 있다.

(4) 신고의 요건

① 수입의 신고는 해당 물품을 적재한 선박이나 항공기가 입항된 후에만 할 수 있다.

② 반송의 신고는 해당 물품이 관세법에 따른 장치 장소에 있는 경우에만 할 수 있다.

(5) 신고 시 제출해야 할 서류

수출·수입 또는 반송의 신고를 하는 자는 과세가격결정자료 외에 다음의 서류를 제출하여야 한다.

- 선하증권 사본 또는 항공화물운송장 사본
- 원산지증명서(관세법에 따라 제출해야 하는 대상인 경우로 한정)
- 기타 참고서류

심화 PLUS✚ 선별검사제도(C/S; Cargo Selectivity)

우리나라는 수입신고물품에 대해 C/S시스템(우범화물 자동선별 시스템)에 의하여 선발된 물품을 집중적으로 검사하는 제도를 시행하고 있다.

2. 입항전수입신고

(1) 입항전 수입신고제도

① 원칙적으로 수입의 신고는 해당 물품을 적재한 선박이나 항공기가 입항된 후에만 할 수 있다.

② 예외적으로 일정한 수입물품에 대해서는 신속한 통관을 위하여 적재한 선박이나 항공기가 입항하기 전에 수입신고를 할 수 있다.

③ 입항전수입신고가 된 물품은 우리나라에 도착한 것으로 보며, 입항전수입신고가 수리된 물품은 내국물품이 된다.

(2) 수입신고의 시기

당해 물품을 적재한 선박 또는 항공기가 그 물품을 적재한 항구 또는 공항에서 출항하여 우리나라에 입항하기 5일 전(항공기의 경우 1일 전)부터 할 수 있다.

(3) 물품의 검사

① 세관장은 입항전수입신고된 물품에 대하여 그 검사의 실시 여부를 결정한다.

② 세관장의 물품검사에 대한 결정 여부에 따라 다음과 같이 처리한다.

검사대상으로 결정된 경우	• 수입신고를 한 자에게 검사대상으로 결정되었음을 통보한다. • 검사대상 물품은 수입신고를 한 세관의 관할보세구역에 반입한다. 　예외 세관장이 적재상태에서 검사가 가능하다고 인정하는 물품은 해당 물품을 적재한 선박이나 항공기에서 검사 가능
검사대상으로 결정되지 않은 경우	• 검사대상으로 결정되지 않은 물품은 입항전수입신고를 수리할 수 있다.

(4) 입항전수입신고 제외대상 물품

다음의 물품은 해당 물품을 적재한 선박 등이 우리나라에 도착한 후에 수입신고하여야 한다.

- 세율이 인상되거나 새로운 수입요건을 갖추도록 요구하는 법령이 적용되거나 적용될 예정인 물품
- 수입신고하는 때와 우리나라에 도착하는 때의 물품의 성질과 수량이 달라지는 물품

(5) 물품의 통관절차

입항전수입신고된 물품의 통관절차 등에 관하여 필요한 사항은 관세청장이 정한다.

[참고] 수입신고의 시기는 출항 전 신고 – 입항 전 신고 – 보세구역 도착 전 신고 – 보세구역장치 후 신고의 순으로 빠르다.

3. 신고의 처리

(1) 신고의 수리

① 세관장은 수출·수입·반송의 신고가 관세법에 따라 적합하게 이루어졌을 때에는 이를 지체 없이 수리하고 신고인에게 신고필증을 발급하여야 한다.

② 국가관세종합정보시스템의 전산처리설비를 이용(P/L; Paper Less)하여 신고를 수리하는 경우에는 관세청 장이 정하는 바에 따라 신고인이 직접 전산처리설비를 이용하여 신고필증을 발급받을 수 있다.

③ 수출·수입·반송의 신고수리 전에는 운송수단, 관세통로, 하역통로 또는 관세법에 따른 장치 장소로부터 신고된 물품을 반출하여서는 안 된다.

(2) 신고사항의 보완

① 세관장은 다음 중 어느 하나에 해당하는 경우에는 수출·수입·반송의 신고가 수리되기 전까지 갖추어지지 않은 사항을 보완하게 할 수 있다.

- 수출·수입·반송에 관한 신고서의 기재사항이 갖추어지지 않은 경우
- 제출서류가 갖추어지지 않은 경우

② 다만, 보완사항이 경미하고 신고수리 후에 보완이 가능하다고 인정되는 경우에는 신고수리 후 이를 보완 하게 할 수 있다.

(3) 신고의 취하 및 각하

① 신고의 취하

- 신고는 정당한 이유가 있는 경우에만 세관장의 승인을 받아 취하할 수 있다.

  [예외] 수입 및 반송의 신고는 운송수단, 관세통로, 하역통로 또는 관세법에 규정된 장치 장소에서 물품을 반출한 후에는 취하할 수 없음

- 수출·수입·반송의 신고를 수리한 후 신고의 취하를 승인하면 신고수리의 효력이 상실된다.

② 신고의 각하

세관장은 수출·수입·반송의 신고가 그 요건을 갖추지 못하였거나 부정한 방법으로 신고되었을 때에는 해 당 수출·수입·반송의 신고를 각하할 수 있다.

[용어설명] · 취하(取下): 신고인이 신청하였던 일이나 서류 따위를 취소하는 것
· 각하(却下): 신고를 받은 행정기관이 신청서·신고서 등의 수리를 거절하는 행정처분

심화 PLUS⁺ 수입신고의 취하 사유

- 수입계약 내용과 상이한 물품, 오송물품, 변질·손상물품 등을 해외공급자 등에게 반송하기로 한 경우
- 재해 기타 부득이한 사유로 수입물품이 멸실되거나 세관의 승인을 얻어 폐기하려는 경우
- 통관보류, 통관요건 불합격, 수입금지물품 등의 사유로 반송하거나 폐기하려는 경우
- 그 밖에 이에 준하는 정당한 사유가 있다고 인정되는 경우

(4) 수출신고수리물품의 적재

수출신고가 수리된 물품은 수출신고가 수리된 날부터 30일 이내에 운송수단에 적재하여야 한다.

4. 통관절차의 특례

(1) 수입신고수리전 반출

① 수입신고를 한 물품을 세관장의 수리 전에 해당 물품이 장치된 장소로부터 반출하려는 자는 납부하여야 할 관세에 상당하는 담보를 제공하고 세관장의 승인을 받아야 한다.

② 수입신고수리전 반출 승인을 받아 반출된 물품은 내국물품으로 본다.

③ 수입신고수리전 반출 승인일은 수입신고 수리일로 본다.

(2) 수입신고전 물품반출(즉시반출)

① 수입하려는 물품을 수입신고전에 운송수단, 관세통로, 하역통로 또는 관세법에 따른 장치 장소로부터 즉시 반출하려는 자는 세관장에게 즉시반출신고를 하여야 한다.

② 즉시반출 대상 물품

> • 관세 등의 체납이 없고 최근 3년 동안 수출입실적이 있는 제조업자 또는 외국인투자자가 수입하는 시설 재 또는 원부자재
> • 기타 관세 등의 체납우려가 없는 경우로서 관세청장이 정하는 물품

③ 즉시반출의 수입신고기한 및 관세의 납부기한

수입신고기한	즉시반출신고를 한 날부터 10일 이내
관세의 납부기한	수입신고를 한 날부터 15일 이내

④ 수입신고전 즉시반출신고를 하고 반출된 물품은 내국물품으로 본다.

🔍 시험에 이렇게 나온다!

제98회 1급 기출문제

63. 수입신고전 물품반출에 관한 설명으로 틀린 것은?

① 즉시반출신고를 하고 물품을 반출하는 자는 즉시반출신고한 날로부터 15일 내 에 수입신고해야 한다.
② 수입신고한 날로부터 15일 내에 관세를 납부해야 한다.
③ 관세 등 체납이 없고 최근 3년간 수출입실적이 있는 제조업자로서 세관장이 지정한 자가 즉시반출을 할 수 있다.
④ 수입신고전에 세관장에게 반출신고하고 반출된 물품은 내국물품으로 본다.

정답 ①
해설
15일 내 → 10일 내

fn.Hackers.com

▌ 빈출포인트

18회분의 기출문제를 분석하여 빈출포인트별로 기출빈도(★~★★★)를 표기하였습니다.

* 0~2회 기출 : ★   3~7회 기출 : ★★   8회 이상 기출 : ★★★ 꼭!

구 분	빈출포인트	기출빈도	페이지
제1절 외국환거래법 총칙	01 목적 및 법령체계	★	p.398
	02 외국환거래법 적용대상	★	p.398
제2절 외국환거래법의 주요내용	01 용어의 정의	★	p.400
	02 지급과 거래	★	p.401

▌ 학습전략

외국환거래법은 출제 비중이 낮으므로 본 교재에 수록한 이론 내용과 기출문제를 위주로 빠르게 학습하는 것이 좋다.

제3장 외국환거래법

제1절 | 외국환거래법 총칙

✎ 본문 내용 중 기출문제로 자주 출제된 부분에 **형광펜**으로 표시하였으니 반드시 학습하시기 바랍니다.

01 목적 및 법령체계
기출빈도 ★

외국환거래법은 외국환거래와 그 밖의 대외거래의 자유를 보장하고 시장기능을 활성화하여 대외거래의 원활화 및 국제수지의 균형과 통화가치의 안정을 도모함으로써 국민경제의 건전한 발전에 이바지함을 목적으로 한다. 외국환거래의 법령체계는 외국환거래법과 그 시행령 및 외국환관리규정으로 이루어져 있다.

02 외국환거래법 적용대상
기출빈도 ★

1. 행위대상

외국환거래법은 다음에 해당하는 경우에 적용한다.

- 대한민국에서의 외국환과 대한민국에서 하는 외국환거래 및 그 밖에 이와 관련되는 행위
- 대한민국과 외국 간의 거래 또는 지급·수령, 그 밖에 이와 관련되는 행위(외국에서 하는 행위로서 대한민국에서 그 효과가 발생하는 것을 포함)
- 외국에 주소 또는 거소를 둔 개인과 외국에 주된 사무소를 둔 법인이 하는 거래로서 대한민국 통화로 표시되거나 지급받을 수 있는 거래와 그 밖에 이와 관련되는 행위
- 대한민국에 주소 또는 거소를 둔 개인 또는 그 대리인, 사용인, 그 밖의 종업원이 외국에서 그 개인의 재산 또는 업무에 관하여 한 행위
- 대한민국에 주된 사무소를 둔 법인의 대표자, 대리인, 사용인, 그 밖의 종업원이 외국에서 그 법인의 재산 또는 업무에 관하여 한 행위

2. 인적대상(거주자와 비거주자)

(1) 거주자

거주자란 대한민국에 주소 또는 거소를 둔 개인과 대한민국에 주된 사무소를 둔 법인을 말하며, 다음의 자는 거주자로 본다.

- 대한민국 재외공관
- 국내에 주된 사무소가 있는 단체·기관, 그 밖에 이에 준하는 조직체
- 다음의 어느 하나에 해당하는 대한민국 국민
  - 대한민국 재외공관에서 근무할 목적으로 외국에 파견되어 체재하고 있는 자
  - 비거주자이었던 자로서 입국하여 국내에 3개월 이상 체재하고 있는 자
  - 그 밖에 영업 양태, 주요 체재지 등을 고려하여 거주자로 판단할 필요성이 인정되는 자로서 기획재정부장관이 정하는 자

- 다음의 어느 하나에 해당하는 외국인
  - 국내에서 영업활동에 종사하고 있는 자
  - 6개월 이상 국내에서 체재하고 있는 자

(2) 비거주자

비거주자란 거주자 외의 개인 및 법인을 말하며, 다음의 자는 비거주자로 본다.

- 국내에 있는 외국정부의 공관과 국제기구
- 미합중국군대 및 이에 준하는 국제연합군의 구성원·군속·초청계약자 등
- 외국에 있는 국내법인 등의 영업소 및 그 밖의 사무소
- 외국에 있는 주된 사무소가 있는 단체·기관, 그 밖에 이에 준하는 조직체
- 다음의 어느 하나에 해당하는 대한민국 국민
  - 외국에서 영업활동에 종사하고 있는 자
  - 외국에 있는 국제기구에서 근무하고 있는 자
  - 2년 이상 외국에 체재하고 있는 자
  - 그 밖에 영업양태, 주요 체재지 등을 고려하여 비거주자로 판단할 필요성이 인정되는 자로서 기획재정부
    장관이 정하는 자
- 다음의 어느 하나에 해당하는 외국인
  - 국내에 있는 외국정부의 공관 또는 국제기구에서 근무하는 외교관·영사 또는 그 수행원이나 사용인
  - 외국정부 또는 국제기구의 공무로 입국하는 자
  - 거주자였던 외국인으로서 출국하여 외국에서 3개월 이상 체재 중인 자

3. 물적대상(외국환, 귀금속, 내국지급수단)

(1) 외국환

외국환이란 대외지급수단, 외화증권, 외화파생상품 및 외화채권을 말한다.

대외지급수단	외국통화, 외국통화로 표시된 지급수단, 그 밖에 표시통화에 관계없이 외국에서 사용할 수 있는 지급수단
외화증권	외국통화로 표시된 증권 또는 외국에서 지급받을 수 있는 증권
외화파생상품	외국통화로 표시된 파생상품 또는 외국에서 지급받을 수 있는 파생상품
외화채권	외국통화로 표시된 채권 또는 외국에서 지급받을 수 있는 채권

(2) 귀금속

귀금속이란 금, 금합금의 지금(地金, 세공되지 않은 금), 유통되지 않는 금화, 그 밖에 금을 주재료로 하는 제품 및 가공품을 말한다.

(3) 내국지급수단

내국지급수단이란 대외지급수단 외의 지급수단을 말한다.

제2절 | 외국환거래법의 주요내용

✎ 본문 내용 중 기출문제로 자주 출제된 부분에 **형광펜**으로 표시하였으니 반드시 학습하시기 바랍니다.

01 용어의 정의

기출빈도 ★

내국통화	• 대한민국의 법정통화인 원화
외국통화	• 내국통화 외의 통화

지급수단	• 다음 중 어느 하나에 해당하는 것
	  – 정부지폐·은행권·주화·수표·우편환·신용장
	  – 환어음, 약속어음, 그 밖의 지급지시
	  – 증표, 플라스틱카드 또는 그 밖의 물건에 전자 또는 자기적 방법으로 재산적 가치가 입력되어 불특정 다수인 간에 지급을 위하여 통화를 갈음하여 사용할 수 있는 것

증 권	• 지급수단에 해당하지 않는 것으로서 자본시장과 금융투자업에 관한 법률 제4조에 따른 증권과 그 밖에 대통령령으로 정하는 것
파생상품	• 자본시장과 금융투자업에 관한 법률 제5조에 따른 파생상품과 그 밖에 대통령령으로 정하는 것
채 권	• 모든 종류의 예금·신탁·보증·대차 등으로 생기는 금전 등의 지급을 청구할 수 있는 권리로서 내국통화, 외국통화, 지급수단, 대외지급수단, 내국지급수단, 귀금속, 증권, 외화증권, 파생상품, 외화파생상품에 해당하지 않는 것

외국환업무	• 다음 중 어느 하나에 해당하는 것
	  – 외국환의 발행 또는 매매
	  – 대한민국과 외국 간의 지급·추심 및 수령
	  – 외국통화로 표시되거나 지급되는 거주자와의 예금, 금전의 대차 또는 보증
	  – 비거주자와의 예금, 금전의 대차 또는 보증
	  – 그 밖에 유사한 업무로서 대통령령으로 정하는 업무

자본거래	• 다음 중 어느 하나에 해당하는 거래 또는 행위
	  – 예금계약, 신탁계약, 금전대차계약, 채무보증계약, 대외지급수단·채권 등의 매매계약에 따른 채권의 발생·변경 또는 소멸에 관한 거래[1]
	  – 증권의 발행·모집, 증권 또는 이에 관한 권리의 취득[1]
	  – 파생상품거래[1]
	  – 거주자에 의한 외국에 있는 부동산이나 이에 관한 권리의 취득 또는 비거주자에 의한 국내에 있는 부동산이나 이에 관한 권리의 취득
	  – 그 밖에 유사한 형태로서 대통령령으로 정하는 거래 또는 행위

[1] 거주자 간 거래는 외국환과 관련된 경우로 한정한다.

02 지급과 거래

1. 지급 또는 수령의 허가

기획재정부장관은 다음 중 어느 하나에 해당한다고 인정되는 경우에는 국내로부터 외국에 지급하려는 거주자·비거주자, 비거주자에게 지급하거나 비거주자로부터 수령하려는 거주자에게 그 지급 또는 수령을 할 때 허가를 받도록 할 수 있다.

> • 우리나라가 체결한 조약 및 일반적으로 승인된 국제법규를 성실하게 이행하기 위하여 불가피한 경우
> • 국제 평화 및 안전을 유지하기 위한 국제적 노력에 특히 기여할 필요가 있는 경우

2. 지급 또는 수령의 신고

(1) 거주자 간, 거주자와 비거주자 간 또는 비거주자 상호 간의 거래나 행위에 따른 채권·채무를 결제할 때 거주자가 다음 중 어느 하나에 해당하면 그 지급 또는 수령의 방법을 기획재정부장관에게 미리 신고하여야 한다.

> • 상계 등의 방법으로 채권·채무를 소멸시키거나 상쇄시키는 방법으로 결제하는 경우
> • 기획재정부장관이 정하는 기간을 넘겨 결제하는 경우
> • 거주자가 해당 거래의 당사자가 아닌 자와 지급 또는 수령을 하거나 해당 거래의 당사자가 아닌 거주자가 그 거래의 당사자인 비거주자와 지급 또는 수령을 하는 경우
> • 외국환업무취급기관을 통하지 않고 지급 또는 수령을 하는 경우

(2) 금액이 소액이거나 통상적인 거래로서 다음에 해당하는 경우에는 사후에 보고하거나 신고하지 않을 수 있다.

> • 거주자와 비거주자가 상계의 방법으로 결제할 때 기획재정부장관이 정하여 고시하는 방법으로 일정한 외국환은행을 통하여 주기적으로 결제하는 경우
> • 기획재정부장관에게 신고한 방법에 따라 채권을 매매, 양도 또는 인수하는 경우
> • 계약 건당 미화 5만달러 이내의 수출대금을 기획재정부장관이 정하여 고시하는 기간을 초과하여 수령하는 경우
> • 거주자가 건당 미화 1만달러 이하의 경상거래에 따른 대가를 외국환업무취급기관을 통하지 않고 직접 지급하는 경우
> • 그 밖에 기획재정부장관이 정하여 고시하는 경우

핵심기출문제

제97회 1급 기출문제

01 대외무역법에서 무역거래의 객체로 규정하고 있는 사례가 아닌 것은?
□
① 국내기업이 미국기업에 스마트폰 프로그램을 수출

② 국내기업이 일본기업에 반도체집적회로의 배치설계권을 유상 양도

③ 국내기업이 미국기업의 주식을 매입

④ 국내기업이 영국 컨설팅사의 경영자문을 받음

제105회 1급 기출문제

02 상의무역은 국내에 있던 생산시설을 중국으로 이전하여, 위탁가공무역방식으로 물품을 생산
□ 하여 거래를 하고 있다. 위탁가공무역방식은 그 거래의 특성에 따라 파생될 수 있는 여러 가지 수출입 거래 형태가 있는데, 다음 중 이렇게 파생될 수 있는 수출거래형태와 관련성이 가장 적은 것은?

① 연계무역   ② 외국인수수입   ③ 외국인도수출   ④ 무환수출입

제108회 1급 기출문제

03 대외무역법 및 관련 법규상 중계무역에 관한 내용으로 옳은 것을 모두 고르면?
□

> ㉠ 수출할 것을 목적으로 물품 등을 수입하여 보세구역 및 보세구역 외 장치의 허가를 받은 장소 또는 자유무역지역 이외의 국내에 반입하지 아니하고 수출하는 수출입을 말한다.
>
> ㉡ 중계무역 물품의 경우 수출입 승인 대상물품으로 지정된 경우에도 해당 물품의 수출입승인에서 제외된다.
>
> ㉢ 중계무역의 경우 대금의 영수 및 지급, 또는 선적 서류의 인수 및 송부는 같은 외국환은행을 통하여 행하여야 한다.
>
> ㉣ 중계무역의 수출실적 인정금액은 수출금액(FOB 가격)에서 수입금액(CIF가격)을 공제한 가득액이다.
>
> ㉤ 중계무역의 수출입실적 인정시점은 선적서류의 발급일이다.

① ㉠, ㉡, ㉢   ② ㉠, ㉡, ㉣   ③ ㉠, ㉢, ㉣   ④ ㉠, ㉢, ㉤

04 수출자 또는 수출 물품 등의 제조업자에 대한 외화획득용 원료 또는 물품 등의 공급 중 수출에 공하여 지는 것으로 수출실적의 인정범위에 해당하지 않는 것은?

① 내국신용장(Local L/C)에 의한 공급

② 내국신용장(Local L/C)의 양도에 의한 공급

③ 구매확인서에 의한 공급

④ 산업통상자원부장관이 지정하는 생산자의 수출 물품 포장용 골판지상자의 공급

05 다음 공란에 들어갈 용어를 올바르게 나열한 것은?

> 우리나라 무역관리를 위한 3대 법규 중 (Ⓐ)은 무역에 대한 기본법으로 무역 및 통상에 관한 진흥법이자 무역에 관한 통합법이다. 동법상 (Ⓑ)는 우리나라 수출입품목을 관리하기 위한 기본공고 체계로 국가경제 목표의 달성을 위한 규제인데 반하여, 개별법에 의한 (Ⓒ)는 국민보건, 환경보호, 사회질서유지, 규격 및 안정성 확보 등 경제외적 목적을 달성하기 위한 규제이기 때문에 해당 품목수도 비교적 많다.

① Ⓐ 대외무역법, Ⓑ 수출입공고, Ⓒ 통합공고

② Ⓐ 무역거래법, Ⓑ 대외무역관리공고, Ⓒ 별도공고

③ Ⓐ 대외무역법, Ⓑ 대외무역관리공고, Ⓒ 통합공고

④ Ⓐ 무역거래법, Ⓑ 수출입공고, Ⓒ 별도공고

06 다음은 내국신용장과 구매확인서의 비교설명표이다. 옳지 않은 것을 모두 고르시오.

구 분	내국신용장	구매확인서
㉠ 관련 법규	대외무역법 시행령	무역금융 규정
㉡ 개설기관	외국환은행	외국환은행
㉢ 개설조건	제한 없이 발급	무역금융 융자한도 내에서 개설
㉣ 수출실적	공급업체의 수출실적 인정	공급업체의 수출실적 인정
㉤ 부가가치세	영세율 적용	영세율 미적용
㉥ 지급보증	개설은행이 지급보증	지급보증 없음

① ㉠, ㉡, ㉤   ② ㉠, ㉢, ㉤   ③ ㉡, ㉢, ㉤   ④ ㉡, ㉣, ㉤

07 전략물자의 국제수출통제체제에서 규정하고 있는 Control List상의 통제품목 여부와 상관없이 대량살상무기(WMD) 및 이의 운반수단인 미사일 개발에 전용될 수 있는 모든 품목을 통제하는 제도는?

① UNSCR   ② PSI   ③ catch-all   ④ IAEA Safeguard

08 대외무역법에서 원산지판정에 관한 설명으로 틀린 것은?

① 수입물품의 전부가 하나의 국가에서 채취되거나 생산된 물품인 경우 그 국가를 그 물품의 원산지로 한다.

② 수입물품의 생산/제조/가공과정에서 둘 이상의 국가가 관련된 경우에는 최종적으로 실질적 변형을 가하여 그 물품에 본질적 특성을 부여하는 활동을 한 국가를 그 물품의 원산지로 한다.

③ 수입물품의 생산/제조/가공과정에서 둘 이상의 국가가 관련된 경우 단순한 가공활동을 하는 국가를 원산지로 하지 않는다.

④ 산업통상부장관이 수출 또는 수입물품의 원산지 판정을 요청 받은 경우 15일내에 원산지를 판정하여 그 결과를 통지하여야 한다.

09 9.11 테러 이후 대량살상무기(WMD) 등이 밀반입되는 것을 차단하고 자국영토를 보호하기 위해 미국관세국경 보호국(CBP)에서 도입한 제도로 외국 항구에 CBP 대표 부를 설치하여 미국으로 수입되는 컨테이너 화물을 사전에 검사하기 위한 제도를 무엇이라 하는가?

① CSI(Container Security Initiative)

② C-TPAT(Customs-Trade Partnership Against Terrorism)

③ AEO(Authorised Economic Operator)

④ ISPS Code(International Code for the Security of Ships and of Port Facilities)

10 관세법의 법적 성격에 대한 설명으로 적절하지 않은 것은?

① 관세법은 행정법의 일종으로 관세의 부과·징수와 통관 절차에 대한 규율을 중심으로 하고 있기 때문에 권력 행위로서 부담적 행정행위가 대부분을 차지한다.

② 관세는 수입되는 물품에 대해 부과된다는 점에서 보통세, 소비행위를 전제로 한다는 점에서 소비세, 다른 조세와 상관없이 과세한다는 점에서 독립세이다.

③ 관세법은 다수의 WTO협정, 세계관세기구(WCO)협약, 특정국과의 협정, 일반적으로 승인된 국제법규가 관세 제도나 관세율로서 반영되어 있다.

④ 관세법은 상품이 국경을 통과하여 이동하는 수출, 수입, 또는 경유하는 과정에서 폭발물 차단, 마약단속 등의 불법적인 차단이라는 점에서 통관절차법적 성격이 있다.

11 관세법상 입국 또는 입항하는 운송수단의 물품을 다른 세관의 관할구역으로 운송하여 출국 또는 출항하는 운송 수단으로 옮겨 싣는 것을 의미하는 용어로 옳은 것을 고르시오.

① 통관(通關)

② 환적(換積)

③ 복합환적(複合換積)

④ 복합운송(複合運送)

12 자유무역협정관세의 적용 시 적용세율에 관한 설명으로 옳지 않은 것은?

① 덤핑방지관세는 일반적으로 적용되는 세율에 더하여 적용된다.

② 한·미 FTA 적용대상 품목과 세율은 자유무역협정 관세특례법 시행령 별표에 규정되어 있다.

③ 농림축산물에 대한 특별긴급관세는 관세율 높낮이에 관계없이 최우선으로 적용한다.

④ 자유무역협정관세율이 상계관세율보다 높은 경우에 한하여 자유무역협정세율을 적용한다.

13

Select the best answer suitable for the blank.

> (　　) are taxes assessed for countering the effect of subsidies provided by exporting governments on goods that are exported to other countries.

① Retaliatory duties

② Countervailing duties

③ Dumping duties

④ Anti-dumping duties

14

관세법상 관세통관에 관한 설명으로 옳지 않은 것은?

① 수입신고의 시기는 출항 전 신고-입항 전 신고-보세구역 도착전 신고-보세구역장치 후 신고의 순으로 빠르다.

② 보세공장에서 제조한 물품을 우리나라로 반입하려는 경우 원료과세 또는 제품과세 등의 방법으로 수입신고를 할 수 있다.

③ 수입신고 시 관세의 과세표준은 실제로 지급했거나 지급해야할 가격에서 가산요소 및 공제요소를 조정한 가격을 기초로 확정하는 것이 일반적이다.

④ 수입신고 후 납세의무자가 신고납부한 세액이 부족한 것을 알았을 경우에는 보정신고를 할 수 있으며, 신고납부한 세액이 과다한 것을 안 경우 수정신고를 할 수 있다.

15

관세법상 입항전수입신고에 관한 설명으로 옳은 것은?

① 입항전수입신고가 된 물품은 우리나라에 도착한 것으로 보지 않는다.

② 입항전수입신고는 당해 물품을 적재한 선박 또는 항공기가 우리나라에 입항하기 7일전(항공기의 경우 1일전)부터 할 수 있다.

③ 검사대상으로 결정된 물품은 수입신고지 관할 세관장이 적재상태에서 검사가 가능하다고 인정하는 경우, 해당 물품을 적재한 선박이나 항공기에서 검사할 수 있다.

④ 입항전수입신고된 물품의 통관절차 등에 관하여 필요한 사항은 세관장이 정한다.

16 우리나라 관세법상 수입신고에 관한 내용으로 옳지 않은 것은?

① 우리 관세법은 수입신고 후에 관세를 납부하도록 하는 점에서 통관절차와 과세절차를 구분하고 있다고 할 수 있다.

② 우리 관세법은 수입신고물품에 대하여 우범성이 높은 물품만 선별하여 집중적으로 검사하는 선별검사제도를 시행하고 있다.

③ 수입신고가 수리되면 외국물품이 내국물품으로 되어 보세구역으로부터 반출이 허용된다.

④ 관세납부 대상이 되는 물품은 관세가 납부되기 전에는 어떠한 경우라도 수입신고가 수리되지 않는다.

17 보세공장에서 보세작업을 위하여 반입되는 보세공장원재료가 아닌 것은?

① 생산하는 제품에 물리적 또는 화학적으로 결합되는 물품

② 보세공장에서 생산하는 제품의 포장용품

③ 보세공장의 기계를 작동하기 위하여 간접적으로 투입되어 소모되는 물품

④ 생산하는 제품을 제조·가공하기 위하여 투입되어 소모되는 계산가능한 물품

| 정답 |

p.402

01 ③	02 ①	03 ②	04 ②	05 ①	06 ②	07 ③	08 ④	09 ①	10 ②
11 ③	12 ④	13 ②	14 ④	15 ③	16 ④	17 ③			

| 해설 |

01   정답 ③

주식은 외국환거래법에서 정하는 증권으로서, 무역거래의 객체가 되는 물품에서 제외된다.

02   정답 ①

위탁가공무역방식은 원료를 유무상으로 수출하거나 외국에서 조달하여 가공한 후 다시 국내로 수입 또는 외국으로 인도하는 것이다. 외국인도수출, 외국인수수입, 무환수출입은 위탁가공무역방식에서 파생되는 방식이며, 연계무역은 구상무역과 같이 어떠한 조건을 충족시켜야 수출입이 이루어지는 방식이기 때문에 관계가 없다.

03   정답 ②

'㉠, ㉡, ㉣'은 옳은 설명이다.
㉢ 중계무역에서 대금의 영수 및 지급, 또는 선적서류의 인수 및 송부는 다른 외국환은행을 통해서도 행할 수 있다.
㉤ 발급일 → 입금일

04   정답 ②

외화획득용 원료 등의 공급 중 수출에 공하여 지는 것으로는 내국신용장 또는 구매확인서에 의한 공급, 산업통상자원부장관이 지정하는 생산자의 수출 물품 포장용 골판지상자의 공급이 있다.

05   정답 ①

Ⓐ 대외무역법
Ⓑ 수출입공고
Ⓒ 통합공고

06   정답 ②

주어진 비교표를 옳게 고치면 다음과 같다.

구 분	내국신용장	구매확인서
㉠ 관련법규	한국은행의 무역금융 규정	대외무역법 시행령
㉡ 개설기관	외국환은행	외국환은행 또는 전자무역 기반사업자
㉢ 개설조건	무역금융 융자 한도 내에서 개설	제한 없이 발급
㉣ 수출실적	공급업체의 수출실적 인정	
㉤ 부가가치세	영세율 적용	
㉥ 지급보증	개설은행이 지급보증	지급보증 없음

07   정답 ③

Catch - All(상황허가)에 대한 설명이다.
① UNSCR(United Nations Security Council Resolution)은 유엔안전보장이사회의 결의안을 말한다.

② PSI(Proliferation Security Initiative)는 테러 및 대량살상무기의 국제적 확산을 방지하기 위한 활동을 말한다.
④ IAEA Safeguard는 국제원자력기구의 안전조치를 말한다.

08   정답 ④

대외무역법령상 원산지 판정을 요청 받은 산업통상자원부장관은 60일 이내에 원산지 판정을 하여 그 결과를 문서로 알려야 한다.

09   정답 ①

CSI(Container Security Initiative)에 대한 설명이다.

10   정답 ②

관세는 수입물품에 부과된다는 점에서 대물세(對物稅)의 성격을 가진다.

11   정답 ③

관세법에서 동일한 세관의 관할구역에서 입국 또는 입항하는 운송수단에서 출국 또는 출항하는 운송수단으로 물품을 옮겨 싣는 것을 환적으로 정의하고 있으며, 문제의 서술은 복합환적에 대한 정의이다.

12   정답 ④

상계관세는 세율적용에서 1순위로 적용되어 자유무역협정세율과 관계없이 우선 적용한다.

13   정답 ②

주어진 지문의 빈칸에 적절한 것을 찾는 유형이다. 상계관세는 외국에서 제조·생산 또는 수출에 관하여 보조금 등을 받은 물품의 수입으로 인하여 국내 산업이 실질적인 피해를 받거나 우려가 있는 경우 혹은 국내 산업의 발전이 실질적으로 지연된 경우에 물가안정 및 국내 산업을 보호하기 위한 세율이다. 따라서 답은 ②이다.

14   정답 ④

수입신고 후 납세의무자가 신고납부한 세액이 부족한 것을 알았을 경우 보정신청 또는 수정신고를 할 수 있으며, 신고 납부한 세액이 과다한 것을 안 경우에는 경정청구를 할 수 있다.

15   정답 ③

① 입항전수입신고가 된 물품은 우리나라에 도착한 것으로 본다.
② 7일 전 → 5일 전
④ 세관장 → 관세청장

16   정답 ④

관세는 수입신고 수리일로부터 15일 이내에 납부하는 것이 원칙이다.

17   정답 ③

보세공장의 기계·기구 등을 작동 및 유지하기 위한 물품 등 제품의 생산에 간접적으로 투입되어 소모되는 물품은 보세공장원재료로 보지 않는다.

금융 · 무역 전문 교육기관 **해커스금융**
fn.Hackers.com

해커스 무역영어 1급 4주 완성 이론+기출문제

4편

무역영어

제1장 영문해석/영작문

1. 유형별 질문 유형을 파악한다.

2. 유형별 문제 공략법을 학습하고, "공략법 적용하기" 및 "유형체크"에 수록된 기출문제를 풀어본다.

3. 9개 유형으로 구성된 영문해석/영작문과 빈출 영어 표현을 모두 학습한 후 기출문제에 유형별 문제 공략법을 적
   용하여 풀어본다.

해커스 무역영어 1급 4주 완성 이론+기출문제

4편 무역영어

제1장
영문해석/영작문

유형 1 추론 문제

- 서신의 앞/뒤에 올 내용이나 이전 서신/답신을 추론하는 유형과 주어진 지문에서 추론할 수 있는 내용을 고르는 유형으로 구분된다.

  *무역실무 이론이 필요한 문제가 많이 출제되는 유형 중 하나로, 최근에 무역실무 이론에 관한 설명이 지문으로 주어지고 지문을 통해 추론할 수 있는 내용을 고르는 문제가 출제되는 추세이다.

- 영문해석 과목과 영작문 과목에서 공통적으로 출제되는 유형이며, 매 회당 평균 12문제가 출제되어 출제빈도가 가장 높다.

01 서신의 앞 / 뒤에 올 내용이나 이전 서신 / 답신을 추론하는 문제

■ 질문 유형 확인하기

- 서신의 앞에 올 내용 또는 이전 서신 추론 문제

  Which of the following is **MOST likely** to come **before** the passage below?
  다음 중 아래 지문 앞에 올 것은 무엇인가?

  Which of the following is **LEAST likely** to be mentioned in the **previous** letter?
  다음 중 이전 서신에서 찾을 수 없을 것은 무엇인가?

- 서신의 뒤에 올 내용 또는 답신 추론 문제

  Which of the following is **MOST likely** to come **after** the passage below?
  다음 중 아래 지문 뒤에 나올 것은 무엇인가?

  Which of the followings is **NOT appropriate** as a part of **the reply** to the letter?
  다음 중 서신에 대한 답신의 일부로 적절하지 않은 것은 무엇인가?

■ 문제 공략법 확인하기

STEP 1 질문을 읽고 질문 유형을 확인한다.

서신의 앞에 올 내용이나 이전 서신을 추론하는 문제인지, 서신의 뒤에 올 내용이나 답신을 추론하는 문제인지 먼저 확인한다.

STEP 2 지문 전체를 읽으며 지문의 핵심 내용을 빠르게 파악한다.

STEP 3 지문을 바탕으로 추론할 수 있거나 추론할 수 없는 내용의 보기를 선택한다.

서신의 앞/뒤에 올 내용 또는 이전 서신/답신으로 적절하지 않은 내용을 고르는 유형은 제시된 지문과 상반된 내용이나 논리적 흐름에 맞지 않는 내용을 정답으로 선택하고, 적절한 내용을 고르는 유형은 제시된 지문의 내용에 근거하여 알 수 있는 내용을 정답으로 선택한다.

공략법 적용하기

Which of the following **CANNOT** be included in **a reply** to the letter?

[제98회 1급 29번]

> As noted in our e-mail dated July 18, the trucks are currently on the port of Busan for shipment. Unfortunately, however, the port-worker's union began a strike yesterday, and **all the loading and unloading works have been cancelled.**
>
> Given this situation shipment delays are inevitable, and we are not sure when the works can be resumed. **We therefore request that your L/C No.3044 be amended** so the validity is extended to August 15.
>
> **We are sorry for the delay** due to circumstances beyond our control.

① We are sorry to hear about the difficulties you have had, and understand the situation.

② We have instructed our bankers today to amend the validity of the L/C to August 15.

③ **Upon checking it, we found that there was indeed a discrepancy between our contract and the L/C.**

④ As requested in your letter of July 21, we are pleased to inform you that we had the L/C amended.

STEP 1
질문을 읽고 질문 유형을 확인한다.

주어진 서신에 대한 답신에 포함될 수 없는 것을 고르는 문제임을 알 수 있다.

STEP 2
지문 전체를 읽으며 지문의 핵심 내용을 빠르게 파악한다.

모든 선적과 양륙 작업이 취소되었고(all the loading and unloading works have been cancelled), 이에 따라 신용장을 수정하여 유효기간을 연장해 주길 요청하고 있고(We therefore request that your L/C No.3044 be amended), 지연 사태에 대해 죄송하다는 내용(We are sorry for the delay)이 지문의 핵심 내용이다.

STEP 3
지문을 바탕으로 추론할 수 없는 내용의 보기를 선택한다.

지문의 핵심 내용은 선적 지연과 관련된 내용인데 보기③은 계약서와 신용장 간 차이에 관한 내용으로 논리적 흐름에 맞지 않다.

해석 다음 중 서신에 대한 답신에 포함될 수 없는 것은 무엇인가?

> 7월 18일 자 이메일에서 언급했듯이, 트럭은 현재 선적을 위해 부산항에 있습니다. 하지만, 유감스럽게도, 항구 노동자 조합이 어제 파업을 시작하여, 모든 선적과 양륙 작업이 취소되었습니다.
>
> 이러한 상황으로 보아 선적지연은 불가피하며, 저희는 언제 작업이 재개될지 확신하기 어렵습니다. 그래서 당사는 귀사께 신용장 No.3044를 조건변경하여 유효기간을 8월 15일까지 연장해 주시길 요청 드립니다.
>
> 당사가 통제할 수 없는 상황으로 인한 지연에 대해 죄송하게 생각합니다.

① 귀사가 겪고 있는 어려움에 대해 듣게 되어 유감이며, 그 상황을 이해합니다.

② 오늘 당사는 거래은행에 신용장의 유효기간을 8월 15일까지 조건변경할 것을 지시하였습니다.

③ 이를 검토하면서, 당사는 계약서와 신용장 사이에 실제로 차이가 있다는 것을 발견하였습니다.

④ 7월 21일 자 서신에서 요청하신 대로, 당사가 신용장을 조건변경했다는 사실을 알리게 되어 기쁩니다.

Which can NOT be inferred from the following correspondence?

[제115회 1급 10번]

Dear Mr. Han,

With reference to your letter, we are pleased to inform you that we have been able to secure the vessel you asked for.

She is the SS Eagle and is docked at present in Busan. She is a bulk carrier with a cargo capacity of seven thousand tons, and has a speed of 24 knots which will certainly be able to make the number of trips in two months.

Once the charter is confirmed, we will send you a charter party.

Yours sincerely

① Shipper has a lot of goods in containers.
② Time charter is appropriate for the transaction.
③ The charter party to be issued is not negotiable.
④ The writer is a chartering broker.

정답 ①

해설
주어진 서신에서 추론할 수 없는 것을 찾는 유형이다. Mr. Han이 필요로 하는 선박으로 7천 톤의 벌크선을 언급하고 있으므로, 송하인에게 컨테이너에 많은 물품이 있다는 것은 추론할 수 없다. 따라서 답은 ①이다.

해석 다음 서신에서 추론할 수 없는 것은 무엇인가?

Mr. Han께,

귀하의 서신과 관련하여, 당사는 귀사가 요청하신 선박을 확보할 수 있었다는 것을 알려드리게 되어 기쁩니다.

그 선박은 SS Eagle호이고 현재 부산항에 정박되어 있습니다. 그 선박은 7천 톤의 적재량을 가진 벌크선이며, 24노트의 속도를 가지고 있어, 확실히 두 달 동안 여러 차례의 항해를 할 수 있을 것입니다.

용선 계약이 확정되면 용선계약서를 보내드리겠습니다.

① 송하인은 컨테이너에 많은 물품을 가지고 있다.
② 정기용선 계약이 이 거래에 적합하다.
③ 발행될 용선계약서는 비유통성이다.
④ 글쓴이는 용선중개인이다.

✔ 유형체크 2

Below is a reply to a letter. Which of the following is LEAST likely found in the previous letter?

[제104회 1급 13번]

> Our foreman visited the above premises on Thursday and reported back to our cost department who have now worked out the following estimate for fixtures and fittings which includes materials and labour.
>
> Fitting 200m of 'Contact' Shelving in main shop and store room - USD 420
>
> Erecting 15 steel stands plus shelves 23m × 6m - USD 780
>
> Laying 3,320 sq.m. 'Durafloor' flooring - USD 29,880
>
> Fitting 3 window frames plus glass 13m × 10m - USD 237

① The work would have to be completed before the end of February and you would be required to sign a contract to that effect.

② We are opening a new branch and would like to know if you could send someone along to give us an estimate for refitting.

③ From our designer's plan enclosed, you can see that the premises were once used as a warehouse.

④ We are sure you will agree that this is a very competitive estimate especially when you consider that the materials we use are of the best quality.

정답 ④

해설
주어진 서신에 대한 이전 서신으로 적절하지 않은 것을 추론하는 유형이다. 부지를 방문하고 견적을 내주고 있으므로, 이전 서신은 견적을 요청하는 발주자가 보낸 것이어야 함을 추론할 수 있다. 따라서 답은 ④이다.

해석 아래는 서신에 대한 답신이다. 다음 중 이전 서신에서 찾을 수 없는 것은 무엇인가?

> 당사의 현장 감독이 상기 부지를 목요일에 방문하였고 자재와 인력을 포함한 고정 설비와 부속품에 대한 다음의 견적을 막 산출해낸 당사의 비용 담당 부서에 보고했습니다.
>
> 주요 매장 및 창고의 'Contact' 선반 200미터 - 미화 420달러
>
> 선반 포함 강철 스탠드 23미터 × 6미터 15개 - 미화 780달러
>
> 'Durafloor' 바닥재 3,320 평방미터 - 미화 29,880달러
>
> 유리 포함 창틀 13미터 × 10미터 3개 - 미화 237달러

① 작업은 2월 말 이전에 완료되어야 할 것이며 귀사는 그러한 취지의 계약서에 서명해야 할 필요가 있습니다.

② 당사는 새로운 지점을 열 예정으로 귀사에서 수리 견적을 내주실 수 있는 분을 보내줄 수 있는지 알고 싶습니다.

③ 동봉된 당사 설계자의 도면을 통해, 귀사는 그 부지가 한때 창고로 사용되었음을 알 수 있을 것입니다.

④ 특히 당사가 사용하는 자재가 최고 품질이라는 점을 고려해 보신다면 귀사는 이것이 매우 경쟁력 있는 견적임에 분명 동의하실 것입니다.

02 주어진 지문에서 추론할 수 있는 내용을 고르는 문제

■ 질문 유형 확인하기

- 세부 정보 추론 문제

  According to the letter, **how much money** is insufficient for the bank for the checks?
  서신에 따르면, 수표 지급을 위해 은행에 부족한 금액은 얼마인가?

  What does the underlined **THIS** refer to?
  밑줄 친 이것이 가리키는 것은 무엇인가?

  Who does the underlined **THEIR** refer to?
  밑줄 친 그것들이 가리키는 것은 무엇인가?

  Who is **Mr. Cox most likely** to be?
  Mr. Cox는 누구인가?

- 전체 정보 추론 문제

  Which of the following **CANNOT be inferred** from the passage below?
  다음 중 아래 지문에서 추론할 수 없는 것은 무엇인가?

  Which **can be inferred** from the correspondence?
  서신에서 추론할 수 있는 것은 무엇인가?

■ 문제 공략법 확인하기

STEP 1 질문을 읽고 질문 유형을 확인한다.

질문에서 핵심 어구가 주어지는 세부 정보 추론 유형인지, 핵심 어구가 주어지지 않는 전체 정보 추론 유형인지 확인한다.

STEP 2 지문에서 질문 또는 보기의 핵심 어구와 관련된 내용을 파악한다.

세부 정보 추론 유형의 경우 질문의 핵심 어구를 파악한 후, 지문에서 질문의 핵심 어구를 그대로 언급한 부분이나 핵심 어구와 유사한 어구를 사용한 부분의 전후를 중점적으로 확인한다.
전체 정보 추론 유형의 경우 각 보기의 핵심 어구를 먼저 확인한 후, 지문에서 보기의 핵심 어구와 관련된 내용을 파악한다.

STEP 3 지문을 바탕으로 추론할 수 있는 내용의 보기를 선택한다.

■ 공략법 적용하기

Samju Company will place an order for **US $50,000 every year. What is the discount rate** this company can get according to the below letter?

[제100회 1급 11번]

> Thank you for your inquiry of EZ Type keyboards series. We are happy to supply you with the information you requested.
>
> Please see our enclosed price-list. The items you referred to in your letter are featured on p.34 under catalog number P01120. For this model, we **offer a special 8% discount** to any customer **whose purchase exceeds USD 3,000**, and an **additional 15%** to all corporate accounts. But if we have firm orders from you in large numbers (**over USD 30,000**), we would be able to allow **extra 10% reduction**.

① 8% ② 15%
③ 23% ④ 33%

STEP 1

질문을 읽고 질문 유형을 확인한다.

질문에서 핵심 어구(discount rate)가 주어진 세부 정보 추론 유형으로, 주어진 서신에 따라 받을 수 있는 할인율(discount rate)이 얼마인지를 묻고 있다.

STEP 2

지문에서 질문의 핵심 어구와 관련된 내용을 파악한다.

질문의 핵심 어구(discount rate)와 유사한 어구를 찾으면 다음과 같다.

8% discount, additional 15%, extra 10% reduction

해당 부분을 중점적으로 확인하면, 3,000달러를 넘게 구매(purchase exceeds USD 3,000)하는 고객에게 8%의 특별 할인을 제공(offer a special 8% discount)하고, 모든 법인계정에 대해서는(to all corporate accounts) 추가로 15%의 할인(additional 15%)을 제공하며, 30,000달러 이상(over USD 30,000)의 확정주문을 받는 경우 10%의 추가 할인(extra 10% reduction)을 제공하고 있음을 알 수 있다.

STEP 3

지문을 바탕으로 추론할 수 있는 내용의 보기를 선택한다.

Samju Company는 8%의 특별 할인 및 15%의 추가할인과 더불어, 30,000달러 이상을 주문할 예정이므로 10%의 추가 할인까지 받을 수 있다.

해석 Samju 사는 매년 미화 50,000달러의 주문을 할 것이다. 아래 서신에 따르면 이 회사가 받을 수 있는 할인율은 얼마인가?

> EZ Type 키보드 시리즈에 관한 문의에 감사드립니다. 귀사가 요청하신 정보를 제공하게 되어 기쁩니다.
>
> 동봉된 당사의 가격표를 봐 주십시오. 귀사의 서신에서 언급된 상품들은 34쪽 카탈로그 번호 P01120에 실려 있습니다. 이 모델의 경우, 당사는 미화 3,000달러 넘게 구매하시는 고객들께 8%의 특별 할인을 제공하고 있으며, 모든 법인계정에 대해서는 15% 추가 할인을 제공하고 있습니다. 하지만 당사가 귀하로부터 대량(미화 30,000달러 이상)의 확정주문을 받게 된다면 당사는 10% 추가 할인을 해드릴 수 있습니다.

① 8% ② 15% ③ 23% ④ 33%

Who is the drawee?

[제110회 1급 27번]

Mr. Chao Wang,

Dragon Corporation

The above order is now on board the Arirang, sailing for Shanghai tomorrow, arriving on Thursday.

As there was no time to check references, we drew a sight draft for the total amount of USD 4,150,000. This was sent to Bank of China and will be presented to you for payment.

If you can supply two business references before your next order, we will put the transaction on a documents against acceptance basis with 30 days credit drawn on you.

Best wishes,

Peter Han

HN Global

---

① Dragon Corporation
② HN Global
③ Bank of China
④ Arirang

정답 ①

해설
주어진 서신에서 추론할 수 있는 것을 찾는 유형이다. HN Global 사에서 발행한 환어음이 Dragon 사로 제시될 것이라고 했으므로 지급인은 Dragon 사임을 알 수 있다. 따라서 답은 ①이다.

해석 (환어음의) 지급인은 누구인가?

Dragon 사의 Mr. Chao Wang께

위의 주문은 이제 Arirang 호에 적재하였으며, 내일 상하이로 출항하여 목요일에 도착합니다.

신용조회처를 확인할 시간이 없었기 때문에, 당사는 총액 미화 4,150,000달러에 대한 일람불 환어음을 발행하였습니다. 이는 중국 은행으로 보내졌고 귀사에 지급을 위해 제시될 것입니다.

귀사의 다음 주문 이전에 두 곳의 신용조회처를 제공할 수 있다면, 당사는 귀사에 30일 신용 조건의 인수인도(D/A)로 거래를 전환할 것입니다.

Peter Han
HN Global 사

① Dragon 사
② HN Global 사
③ 중국 은행
④ Arirang 호

✅ 유형체크 2

What is THIS?

[제114회 1급 47번]

> THIS is the term used to describe the offence of trying to conceal money that has been obtained through offences such as drug trafficking.
>
> In other words, money obtained from certain crimes, such as extortion, insider trading, drug trafficking and illegal gambling is "dirty".

① money laundering
② fraud
③ illegal investment
④ abnormal remittance

정답 ①

해설
주어진 지문에서 추론할 수 있는 것을 찾는 유형이다. 범죄를 통해 얻은 돈을 숨기는 것이라고 했으므로 자금 세탁에 대한 내용임을 알 수 있다. 따라서 답은 ①이다.

해석 이것은 무엇인가?

> 이것은 마약 밀매와 같은 범죄를 통해 얻은 돈을 숨기기 위한 범죄를 묘사할 때 사용되는 용어이다.
>
> 다시 말해, 강탈, 내부 거래, 마약 밀매 그리고 불법 도박과 같은 특정 범죄를 통해 얻은 돈은 "더럽다."

① 자금 세탁
② 사기
③ 불법 투자
④ 비정상 송금

유형 2 Not / True 문제

- 지문을 읽고 그와 일치하는 내용 또는 일치하지 않는 내용을 찾는 유형과 주어진 보기 중 옳은 설명 또는 틀린 설명을 찾는 유형으로 구분된다.

  *무역실무 이론이 필요한 문제가 가장 많이 출제되는 유형으로 CISG, Incoterms®, UCP 600 등 국제무역규칙에서 다루고 있는 내용을 보기로 제시하고 옳은 또는 틀린 내용을 구분하는 문제가 자주 출제된다.

- 영문해석 과목과 영작문 과목에서 공통적으로 출제되는 유형으로, 매 회 14~15문제 정도 출제되고 있다.

01 일치 / 불일치 찾기 문제

■ 질문 유형 확인하기

> - 일치하는 것 찾기 문제
>
>   What is **CORRECT** according to the letter?
>   서신에 따르면 맞는 것은 무엇인가?
>
>   Which of the following is **TRUE** according to the letter?
>   다음 중 서신에 따르면 맞는 것은 무엇인가?
>
> - 불일치하는 것 찾기 문제
>
>   Which of the following is **NOT correct** according to the bill of exchange?
>   다음 중 환어음에 따르면 맞지 않는 것은 무엇인가?
>
>   Which of the following is **NOT true**?
>   다음 중 맞지 않는 것은 무엇인가?

■ 문제 공략법 확인하기

STEP 1 질문을 읽고 질문 유형을 확인한다.
질문을 읽고 일치하는 것을 찾는 문제인지, 불일치하는 것을 찾는 문제인지 확인한다.

STEP 2 각 보기의 핵심 어구를 먼저 확인한다.
지문을 읽기 전에 각 보기의 핵심 어구를 먼저 확인하면 지문 내용을 대략적으로 파악하는 데 도움이 된다.

STEP 3 각 보기와 지문 내용을 하나씩 대조하면서 정답을 선택한다.
일치하는 것을 찾는 문제는 지문과 일치하는 보기를, 불일치하는 것을 찾는 문제는 지문과 일치하지 않거나 지문에 언급되지 않은 보기를 선택한다.

■ 공략법 적용하기

Which statement is **NOT correct** according to the dialogue?

[제98회 1급 15번]

Greene : I have good news for you. **The budget for the research study that you want to do for the new concept you're planning to launch has been approved.**

Chris : **That's really great!**

Greene : I know. Well, you'd better request information from market research agencies to get this project started.

Chris : Yes, I will definitely do that.

Greene : By the way, there's an advertising congress next month. Have you seen the invitation?

Chris : Yes, I have. But I'm afraid I can't make it to the ad congress. It's on the same day as my sister's wedding.

① The invitation to the Advertising Congress has been sent to Chris.

② Chris wants to launch the new concept.

③ Chris is unable to take part in the Advertising Congress because of her personal matter.

④ **The new research study of Chris does not require a financial support.**

STEP 2
각 보기의 핵심 어구를 먼저 확인한다.
① The invitation ~ has been sent to Chris
② launch the new concept
③ unable to take part in ~
④ The new research study ~ not require a financial support

해석   대화에 따르면 옳지 않은 것은 무엇인가?

Greene : 당신에게 좋은 소식이 있어요. 당신이 시작하려고 계획 중인 새로운 컨셉을 위해 원하던 연구 조사 예산안이 승인되었습니다.

Chris : 정말 잘됐네요!

Greene : 그러게요. 음, 이 프로젝트를 시작하려면 시장 조사 대행업체에 정보를 요청하는 것이 좋을 겁니다.

Chris : 네, 꼭 그렇게 해야죠.

Greene : 그런데, 다음 달에 광고전이 있습니다. 초대장을 받으셨나요?

Chris : 네, 받았습니다. 그런데 저는 광고전에 참석하지 못할 것 같습니다. 제 동생의 결혼식과 같은 날이라서요.

① 광고전의 초대장이 Chris에게 발송되었다.
② Chris는 새로운 컨셉을 시작하고 싶어 한다.
③ Chris는 그녀의 개인 사정으로 광고전에 참석할 수 없다.
④ Chris의 새로운 연구 조사는 재정적인 지원을 필요로 하지 않는다.

Which of the following is NOT TRUE according to the letter?

[제109회 1급 2번]

We were pleased to receive your order for 10,000 quarter-inch nuts, part number XK22345JM.
However, we are unable at this time to fulfill the order.
Our present inventory has been depleted, and that nut is now on (1) back order until mid-July. Our supplier of raw materials is unable to supply the materials until July 1, thus (2) purchasing us back to mid-July for possible delivery. We have tried without success to find an alternate source of raw materials. If you like, we could substitute part number XK22346JM. It is a penny higher in price per unit. Otherwise, we will (3) keep your order and rush it to you as soon as we can start production on these nuts again.
Please let us know your (4) preference this week.

① This letter is to acknowledge a customer's order with excuse.
② The seller suggests XK22346JM instead of XK22345JM.
③ The buyer should choose whether to wait longer or to accept the alternative.
④ The delay is caused by force majeure.

정답 ④

해설
주어진 서신의 내용과 일치하지 않는 것을 찾는 유형이다. 주문품의 재고가 없어 생산이 지연된다는 것이 주요 내용이므로, 지연이 불가항력으로 발생되었다는 것은 맞지 않는다. 따라서 답은 ④이다.

해석 다음 중 서신에 따르면 사실이 아닌 것은 무엇인가?

부품 번호 XK22345JM 4분의 1인치 짜리 너트 10,000개에 대한 귀사의 주문을 받게 되어 기쁩니다.
그러나 현 시점에서 당사는 그 주문을 이행할 수 없습니다.
당사의 현재 재고가 대폭 감소했고, 그 너트는 지금 7월 중순까지 (1) 백 오더 상태입니다. 당사의 원자재 공급업체는 해당 자재를 7월 1일까지 공급할 수 없고, 따라서 당사에 가능한 인도를 7월 중순으로 (2) 구매했습니다. 당사는 다른 원자재 공급자를 찾아보려고 노력했으나 구하지 못했습니다. 귀사에서 원하신다면, 부품 번호 XK22346JM으로 대체할 수도 있습니다. 개당 가격은 약간 더 높습니다. 그렇지 않으면, 당사는 (3) 귀사의 주문을 유지해 두어 당사가 이 너트의 생산을 다시 시작할 수 있게 되자마자 귀사에 보내드릴 것입니다. 이번 주에 귀사에서 (4) 선호하시는 것을 당사에 알려주십시오.

① 본 서신은 고객의 주문을 확인하면서 양해를 구하기 위한 것이다.
② 매도인은 XK22345JM 대신에 XK22346JM을 추천한다.
③ 매수인은 더 기다릴 것인지 또는 대안을 받아들일 것인지 선택해야 한다.
④ 지연은 불가항력으로 발생되었다.

✔ 유형체크 2

Which is NOT correct according to the letter?

[제115회 1급 7번]

> Dear Mr. Richardson
> We were pleased to receive your order of 15 April for a further supply of CD players.
> However, owing to current difficult conditions, we have to ensure that our many customers keep their accounts within reasonable limits. Only in this way we can meet our own commitments.
> At present the balance of your account stands at over US $1,800.00 We hope that you will be able to reduce it before we grant credit for further supplies.
> In the circumstances we should be grateful if you would send us your check for half the amount owed. We could then arrange to supply the goods now requested and charge them to your account.

① The writer is a seller.
② This is not the first time that the writer has business with Mr. Richardson.
③ The writer asks the receiver to send the check for current order.
④ This is a reply to the order.

정답 ③

해설
주어진 서신과 일치하지 않는 것을 찾는 유형이다. 글쓴이는 Mr. Richardson에게 신용거래의 잔액을 청산할 것을 요청하며, 잔액의 반을 수표로 보낼 것을 요청하고 있으므로, 현재 주문에 대해 수표를 보낼 것을 요청하고 있다는 내용은 맞지 않다. 따라서 답은 ③이다.

해석 서신에 따르면 맞지 않는 것은 무엇인가?

> Mr. Richardson께
> 당사는 귀하의 4월 15일자 CD플레이어 추가 공급 주문을 받게 되어 기뻤습니다.
> 하지만, 현재의 어려운 상황 때문에, 당사는 우리의 많은 고객들의 (신용)거래를 합리적인 한도 내에서 유지하도록 해야 합니다.
> 이것이 우리 스스로의 약속을 지킬 수 있는 유일한 방법입니다.
> 현재 귀하의 (신용)거래 잔액은 1,800달러 이상입니다. 당사가 추가 물품에 대해 신용한도를 부여하기 전에 귀하께서 그것을 줄일 수 있기를 바랍니다. 이러한 사정을 감안하여 만약 귀사가 당사에 지급해야 할 금액의 반을 수표로 보내주신다면 감사하겠습니다. 그러면 당사는 현재 요청된 상품을 공급하고 그것을 귀하의 (신용)거래로 청구하도록 준비할 수 있습니다.

① 글쓴이는 매도인이다.
② 글쓴이는 Mr. Richardson와 처음으로 거래하는 것이 아니다.
③ 글쓴이는 현재의 주문에 대해 수신자에게 수표를 보낼 것을 요청한다.
④ 이는 주문에 대한 회신이다.

02 옳은 / 틀린 설명 찾기 문제

■ 질문 유형 확인하기

> • 옳은 설명 찾기 문제
> Which of the following is the **most appropriate** one?
> 다음 중 가장 적절한 것은 무엇인가?
>
> • 틀린 설명 찾기 문제
> Which is **NOT correct** in explanation of CIF under Incoterms?
> 인코텀즈에서 다음 중 운임 및 보험료포함인도조건(CIF)에 대한 설명으로 맞지 않는 것은 무엇인가?
>
> Choose one that is **NOT correct** about the remedies regulated in the CISG.
> CISG에 규정된 구제책에 대해 맞지 않는 것을 고르시오.
>
> Choose a **wrong** definition under UCP 600.
> UCP 600에 따르면 틀린 정의를 고르시오.
>
> Which of the following is the **least appropriate** one?
> 다음 중 가장 적절하지 않은 것은 무엇인가?

■ 문제 공략법 확인하기

STEP 1 질문을 읽고 질문 유형을 확인한다.
질문을 읽고 옳은 설명을 찾는 문제인지, 틀린 설명을 찾는 문제인지 확인한다.

STEP 2 보기를 순서대로 확인하여 정답이 아닌 보기를 하나씩 소거한다.

STEP 3 모든 보기를 확인하여 확실한 정답 보기를 선택한다.
TIP 정답이 앞 부분이나 중간 부분에 있다고 하더라도, 모든 보기를 끝까지 확인하여 본인이 고른 보기가 확실히 정답이 맞는지를 점검해야 한다.

■ 공략법 적용하기

Choose one that is **NOT** correct according to the Incoterms®.

[제106회 1급 9번]

① **FCA means that the seller delivers the goods to the carrier or another person nominated by the buyer at the buyer's premises.**

② When CPT and CFR are used, the seller fulfills its obligation to deliver when the seller hands the goods over to the carrier and not when the goods reach the place of destination.

③ DPU may be used irrespective of the mode of transport selected and may also be used where more than one mode of transport are employed.

④ Under DDP, the seller should clear the goods for import and make them ready for unloading at the named place of destination.

STEP 1
질문을 읽고 질문 유형을 확인한다.

질문을 통해 인코텀즈에 따르면 맞지 않는 것을 찾는 문제임을 알 수 있다.

STEP 2
보기를 순서대로 확인하여 정답이 아닌 보기를 하나씩 소거한다.

FCA(운송인인도조건)은 매도인의 영업소 또는 기타 지정장소에서 물품을 인도하는 조건이나, 보기 ①에서 매수인의 영업소에서(at the buyer's premises) 물품을 인도한다고 하였으므로 틀린 보기임을 확인할 수 있다.

STEP 3
모든 보기를 확인하여 확실한 정답 보기를 선택한다.

나머지 보기 ②, ③, ④는 모두 옳은 설명이므로 ①을 정답으로 선택한다.

해석   Incoterms®에 따르면 옳지 않은 것을 고르시오.

① 운송인인도조건(FCA)은 매도인이 매수인의 영업소에서 매수인에 의해 지정된 운송인 또는 다른 사람에게 물품을 인도하는 것을 의미한다.
② 운임비지급인도조건(CPT)과 운임포함인도조건(CFR)이 사용되는 경우, 매도인은 물품이 목적지에 도착했을 때가 아니라 매도인이 물품을 운송인에게 인도할 때 인도의무를 이행한 것이 된다.
③ 도착지양하인도조건(DPU)은 선택된 운송방법에 관계없이 사용될 수 있으며 하나 이상의 운송방법이 채택된 경우에도 사용될 수 있다.
④ 관세지급인도조건(DDP)에서, 매도인은 물품을 수입통관하여 지정 목적지에 양하 준비된 상태로 놓아야 한다.

Which of the following is the least appropriate one?

[제105회 1급 26번]

The last thing we would ever want to do is to (a) notify our valued customers of unpleasant news of price increases. The current economic situation and (b) sharp increases in labor costs allow us (c) no other choice but to (d) decrease our prices by 9 percent across the board.

① (a)　　　　② (b)　　　　③ (c)　　　　④ (d)

정답 ④

해설
주어진 지문에서 적절하지 않은 것을 찾는 유형이다. 경제 상황과 인건비의 증가로 인해 어쩔 수 없이 가격을 인상할 수 밖에 없다는 내용이 문맥상 적합하므로, 가격을 인하하겠다는 내용은 적절하지 않다. 따라서 답은 ④이다.

해석 다음 중 가장 적절하지 않은 것은 무엇인가?

당사는 결코 (a) 우리의 귀중한 고객들에게 가격 인상이라는 불쾌한 소식을 알리고 싶지 않습니다. 현재 경제 상황과 (b) 인건비의 급격한 증가는 당사 가격 전반의 9% (d) 인하 외의 (c) 다른 선택의 여지를 주지 않습니다.

① (a)　　　　　　② (b)　　　　　　③ (c)　　　　　　④ (d)

✔ 유형체크 2

Among the underlined ones(ⓐ~ⓓ), choose one that is CORRECT.

[제105회 1급 44번]

We want to thank you for your initial order for our cell phones, model K-231 and M-468 and want to welcome you as one of ⓐ our valued customers. We are confirming that the items ordering are in stock and available ⓑ at the terms stating in your order so we have already made arrangements for shipment. ⓒ The goods should be reached them by the end of August, provided there is any unforeseen delay. We are confident that ⓓ you will completely satisfy the products and the overall manner in which we handle this order.

① ⓐ our valued customers
② ⓑ at the terms stating in your order
③ ⓒ The goods should be reached them
④ ⓓ you will completely satisfy the products

정답 ①

해설
주어진 지문에서 옳은 것을 찾는 유형이다.
ⓑ~ⓓ에는 문법적 오류가 있어 각각 다음과 같이 수정되어야 한다.
ⓑ on/under the terms stated in your order
ⓒ The goods should reach them
ⓓ you will be completely satisfied with/by the products
따라서 답은 ①이다.

해석 밑줄 친 것(ⓐ~ⓓ) 중에서, 옳은 것을 고르시오.

당사의 휴대폰 K-231 모델과 M-468 모델에 대한 귀사의 첫 주문에 감사드리며, ⓐ 당사의 귀중한 고객 중 한 분이 되신 것을 환영합니다. 주문하신 상품은 현재 재고가 있다는 것을 확인하며 ⓑ 귀하의 주문서에 기재된 조건대로 제공할 수 있어, 당사는 배송 준비를 이미 마쳤습니다. 예측할 수 없는 지연이 발생하는 것을 조건으로, 8월 말에는 ⓒ 상품이 도착할 것입니다. 당사는 귀사가 ⓓ 상품과 당사가 주문을 처리하는 전반적인 방식에 대해 ⓓ 전적으로 만족시킬 것임을 확신합니다.

① 당사의 귀중한 고객
② 귀하의 주문서에 기재된 조건
③ 상품이 도착할 것입니다
④ 상품에 전적으로 만족시키다

문장 순서 찾기 문제

- 주어진 문장의 순서를 나열하거나 주어진 문장이 들어갈 적절한 위치를 찾는 유형으로 구분된다.
- 영문해석 과목과 영작문 과목에서 공통적으로 출제되는 유형으로 매 회 0~1문제 정도 출제되고 있다.

01 전체 문장의 순서 찾기 문제

■ 질문 유형 확인하기

Please **put the following sentences in order.**
다음 문장들을 순서대로 나열하시오.

Put the sentences in the most **appropriate order.**
문장을 가장 적절한 순서대로 나열하시오.

■ 문제 공략법 확인하기

STEP 1 질문을 읽고 질문 유형을 확인한다.
질문을 통해 문장의 순서(Order)와 관련된 유형의 문제임을 확인한다.

STEP 2 각 문장의 핵심 어구를 파악하여 핵심 내용을 확인한다.
제시된 각 (a), (b), (c), (d) 문장의 핵심 어구를 파악하여 핵심 내용이 무엇인지를 확인한다.

STEP 3 연결어와 각 문장의 핵심 내용을 참고하여 순서를 나열한다.
각 문장의 핵심 어구 간의 논리적 흐름을 파악하여 문장의 순서를 나열한다.
TIP 문장과 문장을 연결하는 접속사(after, however, as a result, otherwise 등)로 시작하는 문장은 대개 첫 번째 문장으로 출제되지 않는 경향이 있다.

■ 공략법 적용하기

Please put the following sentences in order.

[제100회 1급 17번]

(a) **The consignment is on Lady Madonna**, which will leave for Incheon on July 1. The wine is packed in 12 crates marked SEOKOA and numbered 1 to 12.

(b) **We hope you will be satisfied** with the smoother taste of Bernini Wine.

(c) **After this shipment, we will negotiate our draft** through Bank of Seoul under your L/C.

(d) We are pleased to inform you that **the consignment was collected this morning** for transport to Korea.

① a - d - c - b
② d - a - c - b
③ a - c - d - b
④ c - a - d - b

STEP 1

질문을 읽고 질문 유형을 확인한다.

제시된 문장을 논리적 흐름에 맞게 순서대로 나열하는 문제이다.

STEP 2

각 문장의 핵심 어구를 파악하여 핵심 내용을 확인한다.

제시된 각 (a), (b), (c), (d) 문장의 핵심 어구를 파악하면 아래와 같다.

(a) The consignment is on Lady Madonna

(b) We hope you will be satisfied

(c) After this shipment, we will negotiate our draft

(d) the consignment was collected this morning

STEP 3

연결어와 각 문장의 핵심 내용을 참고하여 순서를 나열한다.

각 문장이 논리적 흐름에 맞게 나열되려면,

(d) 화물 수거 알림

(a) 선적 정보 제공

(c) 선적 후, 환어음 매입 의뢰

(b) 마무리 문구

순서로 나열되어야 한다.

(c) 문장은 연결어가 포함된 문장이므로 첫 문장으로 나오기 어려움을 알 수 있고, After this shipment를 통해 (c) 문장 앞에는 선적과 관련된 정보가 제공되는 (a) 문장이 나와야 함을 알 수 있다.

해석　다음 문장들을 순서대로 나열하시오.

(a) 화물은 7월 1일 인천으로 출발하는 Lady Madonna호에 (실려) 있습니다. 해당 와인은 SEOKOA라고 표시되고 1부터 12까지 숫자가 붙여진 12개의 상자에 포장되었습니다.

(b) 귀사가 Bernini 와인의 보다 부드러운 맛에 만족하시기를 바랍니다.

(c) 이번 선적 후, 당사는 Seoul 은행을 통해 귀사의 신용장에 의거하여 환어음을 매입의뢰할 예정입니다.

(d) 한국으로 운송하기 위해 오늘 아침 화물을 수거했음을 알려드리게 되어 기쁩니다.

① a - d - c - b　　　　② d - a - c - b　　　　③ a - c - d - b　　　　④ c - a - d - b

Please put the sentences in the most proper order.

[제104회 1급 4번]

> a. As our business relations with you over the past 2 years have been entirely satisfactory, we are prepared to make the transfer, based on a 90-day settlement period.
> b. It will not be necessary for you to supply references.
> c. We hope the expansion of your business leads to increased orders.
> d. We refer to your letter of 18 November requesting payment from invoice to open-account terms.

① a – c – b – d   ② b – a – c – d
③ d – a – b – c   ④ c – a – b – d

정답 ③

해설
주어진 문장을 순서대로 나열하는 유형이다. 지급 방식 변경 요청-변경 요청 수락-변경에 따른 세부 사항-마무리의 순서가 되어야 하므로, d-a-b-c 순서로 와야 자연스럽다. 따라서 답은 ③이다.

해석 문장들을 가장 적절한 순서대로 나열하시오.

> a. 지난 2년 동안 귀사와 당사의 거래 관계가 전적으로 만족스러우므로, 당사는 90일 결제조건으로 변경할 준비가 되었습니다.
> b. 귀사는 신용조회처를 제공할 필요가 없습니다.
> c. 당사는 귀사의 사업 확장이 주문 증가로 이어지길 바랍니다.
> d. 당사는 송장 방식에서 사후송금으로 변경해 달라고 요청하신 11월 18일 서신에 대해 말씀드립니다.

① a – c – b – d   ② b – a – c – d
③ d – a – b – c   ④ c – a – b – d

✔ 유형체크 2

Put the following sentences in order.

[제110회 1급 16번]

Please send us your current catalogue and price list for bicycles. We are interested in importing models for both men and women.

a. This would enable us to maintain the low selling prices which are important for the growth of our business.

b. In return we would be prepared to place orders for a guaranteed annual minimum number of bicycles, the figure to be mutually agreed.

c. If the quality of your products is satisfactory and the prices are reasonable, we would place large orders.

d. We are the leading bicycle dealers in this city where cycling is popular, and have branches in five neighbouring towns.

e. Please indicate whether you will allow us a quantity discount.

① d – e – c – b – a
② d – e – c – a – b
③ d – c – e – a – b
④ d – e – b – a – c

정답 ③

해설
주어진 문장을 순서대로 나열하는 유형이다. 자사 소개–주문 조건 제시–할인 여부 문의–할인 결과–주문 준비의 순서가 되어야 하므로, d–c–e–a–b 순서로 와야 자연스럽다. 따라서 답은 ③이다.

해석 다음 문장들을 순서대로 나열하시오.

귀사의 자전거에 대한 최신 카탈로그와 가격표를 보내주시기 바랍니다. 당사는 남성과 여성용 모델 둘 다 수입하는 것에 관심이 있습니다.

a. 이것은 당사가 사업의 성장을 위해 중요한 낮은 판매가를 유지하게 할 것입니다.
b. 보답으로 당사는 상호 간 합의되는 수량의 보증된 연간 최소 주문 수량을 주문할 준비를 할 것입니다.
c. 귀사의 상품의 품질이 만족스럽고 가격이 적당하다면, 당사는 대량 주문을 할 것입니다.
d. 당사는 자전거 타기가 인기 있는 이 도시에서 선도적인 자전거 판매회사이며, 인접해 있는 다섯 개의 도시들에 지점을 가지고 있습니다.
e. 귀사께서 수량 할인을 허용해 주실 것인지 알려주십시오.

① d – e – c – b – a
② d – e – c – a – b
③ d – c – e – a – b
④ d – e – b – a – c

02 문장이 들어갈 위치 찾기 문제

■ 질문 유형 확인하기

According to the flow of the letter below, **where is the MOST appropriate place for the sentence below?**
아래 서신의 흐름에 따르면, 아래 문장이 들어가기 가장 적절한 곳은 어디인가?

Which of the following is **the best place for the sentence** below to be placed?
다음 중 아래 문장이 들어가기 가장 적절한 곳은 어디인가?

■ 문제 공략법 확인하기

STEP 1 질문을 읽고 질문 유형을 확인한다.
질문을 통해 주어진 문장이 들어갈 위치(Place)를 찾는 유형임을 확인한다.

STEP 2 주어진 문장의 핵심 어구를 파악하여 문장이 들어갈 위치의 전후 내용을 예상해본다.

STEP 3 지문에서 예상한 내용을 찾아 주어진 문장을 삽입해보고, 가장 자연스러운 위치를 정답으로 선택한다.
주어진 문장 내의 핵심 어구와 관련된 내용을 찾아 빈칸이 있는 위치에 주어진 문장을 삽입해보고, 주어진 문장을 삽입했을 때 가장 자연스러운 위치를 정답으로 선택한다.

■ 공략법 적용하기

According to the flow of the letter, **where is the MOST appropriate place for the sentence** below?

[제99회 1급 30번]

I like the quality of your goods and **would welcome the opportunity to do business with you**.

Dear Ms. Hansen

(A) Thank you for your letter of 18 August and for the samples of cotton underwear you very kindly sent to me.

I appreciate the good quality of these garments, **but unfortunately your prices appear to be on the high side** even for garments of this quality. (B) To accept the prices you quote would leave me with only a small profit on my sales since this is an area in which the principal demand is for articles in the medium price range.

(C) **May I suggest that perhaps you could make some allowance on your quoted prices** which would help to introduce your goods to my customers. (D) If you cannot do so, then I must regretfully decline your offer as it stands.

I hope to hear from you soon.

Yours sincerely

---

① (A)   ② (B)   ③ (C)   ④ (D)

STEP 1
질문을 읽고 질문 유형을 확인한다.
주어진 문장이 들어갈 위치를 찾는 문제임을 알 수 있다.

STEP 2
주어진 문장의 핵심 어구를 파악하여 문장이 들어갈 위치의 전후 내용을 예상해본다.
주어진 문장의 아래와 같은 핵심 어구를 통해
like ~ your goods, welcome ~ business with you
주어진 문장 앞에는 귀사의 제품과 관련된 내용, 주어진 문장의 뒤에는 거래와 관련된 긍정적인 내용이 올 수 있음을 예상해 볼 수 있다.

STEP 3
지문에서 예상한 내용을 찾아 주어진 문장을 삽입해보고, 가장 자연스러운 위치를 정답으로 선택한다.
(C)의 전 문장까지는 제품의 높은 가격에 대한 내용이 언급되어 있어 거래 의사를 표시하는 문장과 어울리지 않으나, (C) 다음 문장부터 가격 할인을 해준다면 고객들에게 상품을 소개하는 데 도움이 될 것이라는 거래에 관한 긍정적인 내용이 나오므로 주어진 문장은 (C)에 위치하는 것이 가장 자연스럽다.

해석   서신의 흐름에 따르면, 아래 문장이 들어가기 가장 적절한 곳은 어디인가?

당사는 귀사 상품의 품질이 만족스러우며, 귀사와의 거래를 환영합니다.

Ms. Hansen께

(A) 귀사의 8월 18일 자 서신과 친절하게 발송해주신 면 속옷 견본품에 대해 감사 드립니다.

의류의 훌륭한 품질은 높이 평가하지만, 유감스럽게도 이정도 품질의 의류라 하더라도 귀사의 가격이 다소 높은 것 같습니다. (B) 이 지역에서의 주 수요는 중간 가격대의 품목들이므로, 귀사께서 견적하신 가격을 수용한다면 당사는 적은 판매 수익 밖에는 얻을 수 없게 될 것입니다.

(C) 혹시 견적 가격에 대해 약간의 할인을 해주신다면, 이는 당사의 고객들에게 상품을 소개하는 데 도움이 될 것입니다. (D) 불가능하다면, 유감스럽게도 이대로 귀사의 제안을 거절할 수밖에 없습니다.

곧 답신을 받을 수 있기를 희망합니다.

---

① (A)   ② (B)   ③ (C)   ④ (D)

Which of the following is MOST likely to appear right BEFORE the passage below?

[제115회 1급 13번]

Because we do not sell our garments directly to the consumer, we try to keep our wholesale prices between ourselves and our dealers. It is our way of meriting both the loyalty and good faith of those with whom we do business. Clearly, divulging our wholesale prices to a consumer would be a violation of a trust. However, I have enclosed for your reference a list of our dealers in the Bronx and Manhattan. A number of these dealers sell Maxine Sportswear at discount.
Very truly yours

① If you are interested in importing the products, please feel free to contact us.
② We assure you that our price and quality are the most competitive.
③ We certainly appreciate your interest. Nevertheless, I am afraid I cannot supply you with the information you requested.
④ We regret to inform you that now is not an occasion for price hike.

정답 ③

해설
주어진 지문 앞에 올 문장을 찾는 유형이다. 도매가를 알려 줄 수 없다고 했으므로, 요청한 정보를 줄 수 없다는 내용이 앞에 와야 자연스럽다. 따라서 답은 ③이다.

해석 다음 지문 바로 앞에 올 것은 무엇인가?

> 당사는 의류를 소비자에게 직접 판매하지 않으므로, 도매가를 당사와 딜러 간에만 알고 있으려 합니다. 이는 거래처와의 의리와 신의를 둘 다 받을 만한 당사의 방식입니다. 명백히, 소비자에게 도매가를 누설하는 행위는 신뢰에 대한 위배입니다.
> 그러나, 귀사의 참고를 위해 브롱크스와 맨해튼에 위치한 당사의 딜러 목록을 동봉하였습니다. 이들 중 많은 딜러들은 Maxine 스포츠의류를 할인하여 판매하고 있습니다.

① 상품 수입에 관심이 있으시다면, 언제든지 당사에 연락 주시기 바랍니다.
② 당사의 가격과 품질이 가장 경쟁력 있다고 확실히 말씀드릴 수 있습니다.
③ 귀사의 관심에 정말 감사드립니다. 그렇지만, 귀사께서 요청하신 정보는 드릴 수가 없어 유감입니다.
④ 현재는 가격 인상을 할 시기가 아니라는 것을 알려 드리게 되어 유감스럽게 생각합니다.

✔ **유형체크 2**

Where does the following sentence best fit in the above letter?

[제107회 1급 21번]

We have received the manufacturer's price list and samples you sent us last month. (가) Now enclose our indent number 342 for goods to be shipped by the TJ Prince due to leave Dover for Alexandria, Egypt on 31 May. (나) The indent contains full instructions as to packing, insurance and shipping documents. It is important for the goods to be shipped either by the vessel named, or by an earlier vessel. (다) When we receive the goods we shall pay you the agreed agency commission of 5%. The account for the goods will be settled direct with the manufacturers. (라)

If there are any items which cannot be supplied in time for this shipment they should be cancelled.

① (가)　　　　② (나)　　　　③ (다)　　　　④ (라)

정답 ③

해설
주어진 문장의 위치를 찾는 유형이다. 물품이 적시에 공급될 것을 요청하고 있으므로, 선박을 지정하는 내용 다음에 와야 자연스럽다. 따라서 답은 ③이다.

해석 다음 문장이 위의 서신에 들어가기에 가장 맞는 곳은 어디인가?

지난 달 당사에 보내주신 제조사의 가격표와 견본을 받았습니다. (가) 지금 5월 31일 TJ Prince호로 도버에서 이집트 알렉산드리아로 출발할 예정인 물품들의 342번 주문서를 동봉해드립니다. (나) 주문서에는 포장, 보험 및 선적 서류에 대한 전체 지침이 포함되어 있습니다. 물품은 지정된 선박 또는 그보다 더 빨리 출항하는 선박으로 선적되는 것이 중요합니다. (다) 물품을 수령하면 합의된 대리점 수수료 5%를 지불할 것입니다. 물품에 대한 계정은 제조사들과 직접 정산될 것입니다. (라)

이번 선적에서 적시에 공급될 수 없는 물품이 있다면 취소되어야 합니다.

① (가)　　　　② (나)　　　　③ (다)　　　　④ (라)

유형 4 목적 / 주제 찾기 문제

- 글을 쓴 목적이나 주제 또는 제목을 찾는 유형이다.
- 대부분 영문해석 과목에서 출제되는 유형으로 매 회 1~2문제 정도 출제된다.

■ 질문 유형 확인하기

- 목적 찾기 문제

  What is **the main purpose** of the letter?
  서신의 주된 목적은 무엇인가?

  What type of the document is it?
  이것은 어떤 종류의 문서인가?

- 주제 찾기 문제

  What is **the subject** of the letter?
  서신의 주제는 무엇인가?

  Which of the following is **the BEST title** for the passage?
  다음 중 이 지문에 가장 잘 맞는 제목은 무엇인가?

■ 문제 공략법 확인하기

STEP 1   지문의 목적이나 주제를 나타내는 핵심 문장을 찾는다.
지문의 목적이나 주제를 나타내는 핵심 문장은 주로 지문의 앞부분에서 찾을 수 있는 경우가 많다. 하지만 핵심 문장이 지문의 중간 또는 뒷부분에 있거나, 글 전체를 통해 목적이나 주제를 파악해야 하는 경우도 있으며, 이때는 앞부분부터 재빨리 읽어 가면서 목적이나 주제를 파악한다.

STEP 2   목적이나 주제를 정확하게 나타낸 보기나 가장 적절히 바꾸어 표현한 보기를 선택한다.

■ 공략법 적용하기

Which of the following is **the main purpose of** the letter?

[제98회 1급 20번]

> I deeply regret that at this moment in time I am unable to settle your invoice.
>
> The consignment arrived in good condition and as usual. Unfortunately, two days after the arrival of the consignment, disaster struck. After several centimeters of incessant rain, my stockroom was completely flooded and much of the stock damaged or destroyed.
>
> I am able to inform you that the insurers have promised me to settle the damages within the next four weeks. When I receive this, I will take measures to pay as soon as I can.

① Refusing an order

② Reply to complaint about damage

③ Request for comprehensive insurance

④ **Request for more time to settle an account**

STEP 1

지문의 목적이나 주제를 나타내는 핵심 문장을 찾는다.

첫 문장과 마지막 문장을 통해 대금 지급을 바로 할 수 없다는 것이 전체 지문의 주제임을 알 수 있다.

첫 문장: I am unable to settle your invoice.

마지막 문장: I will take measures to pay as soon as I can.

STEP 2

목적이나 주제를 정확하게 나타낸 보기나 가장 적절히 바꾸어 표현한 보기를 선택한다.

마지막 문장에서 보험금을 받고 난 후에 대금 지급을 한다고 하였으므로, 대금 지급 기간 연장을 요청하는 ④가 이 지문을 작성한 목적임을 알 수 있다.

해석 | 다음 중 서신의 주 목적은 무엇인가?

> 현재로서는 귀사의 송장을 결제할 수 없어 매우 유감입니다.
>
> 화물은 평소처럼 좋은 상태로 도착하였습니다. 유감스럽게도, 화물이 도착한 이틀 후, 재난이 닥쳤습니다. 몇 센티미터나 되는 끊임없는 비가 온 후, 당사의 재고보관실은 완전히 침수되었으며 많은 재고가 손상되거나 파손되었습니다.
>
> 보험자들이 앞으로 4주 이내에 손해액의 지급을 약속했음을 귀하께 알려드립니다. 이것을 수령하면, 가능한 한 빨리 대금 지급을 위한 조치를 취하겠습니다.

① 주문 거절

② 파손 관련 불만사항에 대한 답신

③ 종합 보험 요청

④ 대금 지급 기간 연장 요청

What is the purpose of the letter above?

[제111회 1급 1번]

> Dear Ann,
>
> Please quote for collection from our office and delivery to Busan port.
>
> Our goods are :
> - 6 divans and mattresses, 700cm × 480cm
> - 7 bookcase assembly kits packed in cardboard boxes, each measuring 14m³
> - 4 coffee-table assembly kits, packed in cardboard boxes.
> - 4 armchairs, 320 × 190 × 260cm
>
> The divans and armchairs are fully protected against knocks and scratches by polythene and corrugated paper wrapping, and the invoiced value of the goods is USD 50,500. The freight will be borne by our customer.
>
> I would appreciate a prompt reply, as delivery must be made before the end of next week.

① request for a quotation of delivery
② request to deliver the goods by a deadline
③ offer of goods price being sold out
④ request for proper packing

정답 ①

해설
주어진 서신의 목적을 찾는 유형이다. 열거한 물품들을 부산항으로 인도하기 위한 견적을 요청하고 있다. 따라서 답은 ①이다.

해석 위의 서신의 목적은 무엇인가?

> Ann께
> 저희 사무실에서 수거하여 부산항으로 인도하기 위한 견적을 부탁드립니다.
>
> 저희의 물품은 다음과 같습니다:
> - 침대 의자와 매트리스 6개, 700㎝×480㎝
> - 판지 상자로 포장된 책장 조립 용품 세트 7개, 각 치수 14㎥
> - 판지 상자로 포장된 커피 테이블 조립 용품 세트 4개.
> - 안락 의자 4개, 320×190×260㎝
>
> 침대 의자와 안락 의자는 폴리에틸렌과 골판지 포장으로 부딪힘과 긁힘으로부터 완전히 보호되며 물품의 송장 금액은 미화 50,500달러입니다. 운임은 저희의 고객이 부담하게 됩니다.
>
> 다음 주말까지 인도가 완료되어야 하므로 신속한 답변 부탁 드립니다.

① 인도 견적 요청
② 기한까지 상품의 인도 요청
③ 매진된 상품의 가격 청약
④ 적합한 포장 요청

유형체크 2

What is the main purpose of the letter?

[제112회 1급 18번]

Dear Mr. Edwards,

Thank you for letting us know about the roses that arrived at your company in less perfect condition. I enclose a check refunding your full purchase price.

An unexpected delay in the repair of our loaded delivery van, coupled with an unusual rise in temperatures last Thursday, caused the deterioration of your roses. Please accept our apology and our assurance that steps will be taken to prevent this from happening again.

During the past fifteen years, it has been our pleasure to number you among our valued customers, whose satisfaction is the goal we are constantly striving to achieve. I sincerely hope you will continue to count on us for your needs.

Yours very truly,

Thomas Sagarino

① Goodwill with the customers
② Confirming the order
③ Apology for damaged goods
④ Appreciation for the business

정답 ③

해설
주어진 서신의 목적을 찾는 유형이다. 예상치 못한 지연으로 장미꽃의 품질 저하를 유발한 점에 대해 사과하고 있으므로, 손상된 물품에 대해 사과하기 위한 서신이다. 따라서 답은 ③이다.

해석 서신의 주 목적은 무엇인가?

Mr. Edwards씨께,

귀사에 완벽하지 않은 상태로 도착한 장미꽃에 대해 알려주셔서 감사합니다. 귀하의 구입가 전액에 대한 환불 수표를 동봉 드립니다. 물품을 실은 당사의 배송 밴의 예상치 못한 수리지연과 지난 목요일의 이례적인 기온 상승이 결부되어, 귀사의 장미꽃의 품질 저하를 유발했습니다. 당사의 사과와 이런 일이 다시 생기는 것을 예방하기 위한 조치들이 취해질 것이라는 확약을 받아 주시기 바랍니다. 지난 15년간, 귀중한 고객 중에 귀하를 포함할 수 있어 기쁘고, 고객들의 만족은 당사가 달성하기 위해 끊임없이 노력하는 목표입니다. 귀사의 니즈에 대해 계속해서 당사를 신뢰해 주시기를 진심으로 바랍니다.

Thomas Sagarino 드림

① 고객에 대한 선의
② 주문 확인
③ 손상된 물품에 대한 사과
④ 거래에 대한 감사

What is the main purpose of this letter?

[제113회 1급 43번]

Dear Mr. Cupper,

I am sorry that at present I am unable to settle your invoice dated 9 May for your invoice No.1555. The reason for this is that our stockroom was flooded after recent heavy rain, and much of the stock were damaged or destroyed.

Unfortunately, I am unable to pay any of my suppliers until I receive compensation from my insurer. They have promised me this within the next four weeks. As soon as I receive payment, I will settle the invoice in full.

I hope that you will understand the situation.

Yours sincerely

① Request for more time to settle a debt
② Explain why suppliers do not meet compensation
③ Chase payments for unsettled account
④ Ask claims to insurance company

정답 ①

해설
주어진 서신의 목적을 찾는 유형이다. 홍수로 인해 보상을 받을 때까지 결제를 할 수 없으며, 보험금을 받자마자 정산하겠다고 하고 있으므로, 결제할 시간을 더 요청하고 있음을 알 수 있다. 따라서 답은 ①이다.

해석 이 서신의 주된 목적은 무엇인가?

Mr. Cupper께,

죄송하지만, 현재로서는 귀사의 5월 9일자 송장번호 1555번을 결제할 수 없습니다. 그 이유는 최근 폭우 이후에 당사의 창고가 침수되었고, 많은 재고품들이 손상되었거나 파괴되었기 때문입니다.

불행히도, 당사는 보험자로부터 보상을 받을 때까지 당사의 공급 업체 중 어느 누구에게도 대금 지급을 할 수 없습니다. 그들은 4주 이내로 약속했습니다. 지급 받는대로, 송장 전액을 정산할 것입니다.

상황을 이해해 주시기를 바랍니다.

① 채무를 결제할 시간을 더 요청하기 위해
② 공급업체가 보상금을 받지 못한 이유를 설명하기 위해
③ 미결제 계정에 대한 지불을 독촉하기 위해
④ 보험 회사에 보험금을 청구하기 위해

유형 5 흐름에 맞지 않는 문장 찾기 문제

- 주어진 지문이나 서신의 내용 중 흐름에 맞지 않는 문장을 찾는 문제가 출제된다.
- 대부분 영문해석 과목에서 출제되는 유형으로 매 회 0~1문제 정도 출제되고 있다.

■ 질문 유형 확인하기

Which of the following does **NOT fit** in the letter below?
다음 중 아래 서신에서 어울리지 않는 것은 무엇인가?

Which of the following **fits LEAST** in the letter below?
다음 중 아래 서신에서 가장 어울리지 않는 것은 무엇인가?

Which of the following is **AGAINST the logic** from the passage?
다음 중 지문의 논리에 반대되는 것은 무엇인가?

■ 문제 공략법 확인하기

STEP 1 주어진 지문의 첫 문장을 읽고 전체 지문의 주제를 파악한다.
첫 문장이 보기 (a)로 주어지는 경우, 전체 지문을 읽고 지문의 주제를 파악해야 한다.

STEP 2 보기를 순서대로 읽으며 전체 지문의 주제나 흐름에 어울리지 않는 보기를 찾는다.
전체 지문의 주제나 내용의 흐름에 전혀 반대되거나, 상관 없는 내용이 나오는 보기를 찾는다.

STEP 3 보기를 끝까지 읽고 앞서 선택한 보기가 가장 어울리지 않는지를 점검한다.
어울리지 않는 보기가 앞이나 중간 부분에서 나온다고 하더라도, 전체 지문을 끝까지 읽으며 지문 전체의 내용 흐름에 어울리지 않는지 확인한다.

■ 공략법 적용하기

Which of the following fits LEAST in the letter below?

[제100회 1급 2번]

We extend our sincere apology for the inconvenience this technical trouble must have caused you. (a) Under this circumstance, the best remedy we believe would be having our technical support team in Bangkok immediately visit your company and look into the problem. (b) They will be leaving for Seoul early tomorrow morning and all expenses related to their trip will be borne by us. (c) Your saying is beside the question, and please do find out quickly what caused the quality problem. (d) Please be assured that we are fully committed to preventing recurrence of any problem of this nature.

① (a) ② (b) ③ (c) ④ (d)

STEP 1
주어진 지문의 첫 문장을 읽고 전체 지문의 주제를 파악한다.

첫 문장을 통해 당사 제품에 기술적 결함이 있었다는 문제 상황이 제기되고 있다.

STEP 2
보기를 순서대로 읽으며 전체 지문의 주제나 흐름에 어울리지 않는 보기를 찾는다.

(a)와 (b)에서 당사가 문제 상황을 발생시킨 것에 대한 해결 방안이 제시되고 있는데, 갑자기 (c)에서 문제가 일어난 원인을 귀사에서 알아내라는 내용이 나와 전체 내용의 흐름에 어울리지 않는다.

STEP 3
보기를 끝까지 읽고 앞서 선택한 보기가 가장 어울리지 않는지를 점검한다.

(d)에서 당사가 발생시킨 이번 문제가 재발되지 않도록 하겠다는 약속을 하고 있다. 위 STEP2에서 파악한 대로 문제 발생 원인을 귀사에서 알아내라는 (c)의 내용이 전체 지문의 내용 흐름에 가장 적합하지 않음을 알 수 있다.

해석 다음 중 아래 서신과 가장 어울리지 않는 것은 무엇인가?

당사는 본 기술적 결함이 귀사에 끼쳤을 불편에 대해 진심으로 사과드립니다. (a) 이러한 상황에서, 당사가 생각하는 가장 좋은 해결책은 방콕에 있는 당사 기술지원팀이 즉시 귀사를 방문하여 문제를 조사하도록 하는 것입니다. (b) 그들은 내일 이른 아침 서울로 떠날 예정이며 이동과 관련된 비용 일체는 당사에서 부담할 것입니다. (c) 귀사의 말씀은 문제에서 벗어나 있으며 품질 문제를 일으킨 원인이 무엇인지 신속히 알아내길 바랍니다. (d) 당사는 이런 종류의 어떤 문제도 재발하지 않도록 전념하고 있음을 약속드립니다.

① (a) ② (b) ③ (c) ④ (d)

✔ 유형체크 1

Which of the following does NOT fit with the rest of the passage?

[제104회 1급 2번]

> According to the schedule you emailed on 1/11(attached below), we should be receiving a shipment by late March. Please explain (1) <u>why you are ahead of schedule</u>, as this seriously jeopardizes our large share of CX business here.
>
> I need the shipment to arrive each month in time to give our plant a few days (ideally a week) (2) <u>to manufacture the finished product</u> for shipment to our customers EACH month. If we miss a month of sales, it is very detrimental to our business plan.
>
> If the shipment does not arrive by March 26, (3) <u>our plant won't have enough time to manufacture CX</u> and we will have $0 sales for March. It is very critical for your group to understand that (4) <u>timing is crucial to maintain and grow</u> our business.

① (1) ② (2) ③ (3) ④ (4)

정답 ①

해설
주어진 서신에서 흐름에 맞지 않는 문장을 찾는 유형이다. 1월 11일 서신에 따르면 3월 말까지 선적물을 받아야 하는데 아직 도착하지 않아 기한을 지켜달라는 내용이므로, 일정에 앞서게 되었다는 내용은 흐름과 맞지 않는다. 따라서 답은 ①이다.

해석 다음 중 지문의 나머지 부분과 맞지 않는 것은 무엇인가?

> 귀사가 1월 11일에 이메일로 보낸 일정에 따르면 (아래에 첨부됨), 당사는 3월 말까지는 선적물을 받아야 합니다. 이는 이곳에서의 당사의 CX 사업의 큰 부분을 심각하게 위태롭게 하므로, (1) 왜 일정에 앞서게 되었는지 설명해 주시기 바랍니다.
>
> 매달 당사 고객사에 출하할 (2) 완성품을 제조하기 위해서는 당사 공장에 며칠(이상적으로는 일주일)을 주어야 하므로 선적물은 매달 제시간에 도착해야 합니다. 당사가 한 달 매출을 놓칠 경우, 이는 당사 사업 계획에 큰 불이익을 끼칩니다.
>
> 선적물이 3월 26일까지 도착하지 않는다면, (3) 당사 공장은 CX를 생산할 충분한 시간이 없을 것이고 당사는 3월에 0달러 매출을 기록하게 될 것입니다. (4) 당사의 사업을 유지하고 성장시키는 데 타이밍이 중요하다는 점을 귀사가 이해해 주시는 것이 중요합니다.

① (1) ② (2) ③ (3) ④ (4)

Which of the following is LEAST appropriate?

[제113회 1급 41번]

> Thank you very much for your samples and price list of silk fabrics we received today.
> (a) Upon inspecting them, we appreciate the excellence of your products in both material and finish, but we have to tell you that (b) your prices are substantially high compared with those of Italian origin.
> We are afraid that (c) there is little chance of doing business with you (d) unless five percent discount off your list prices is not granted.

① (a)　　　　② (b)　　　　③ (c)　　　　④ (d)

정답 ④

해설
주어진 서신에서 흐름에 맞지 않는 문장을 찾는 유형이다. 문맥상 가격의 '5% 할인가가 부여되지 않으면 거래할 가능성이 없다'는 내용이 나와야 하는데, 부정의 의미인 unless와 not이 동시에 쓰여서 이중부정 즉 긍정의 의미인 '5% 할인가가 부여되면'이라는 의미가 되었다. "unless five percent discount off your list prices is granted" 또는 "if five percent discount off your list prices is not granted."가 와야 흐름에 맞다. 따라서 답은 ④이다.

해석 다음 중 무엇이 가장 적합하지 않은가?

> 오늘 당사가 받은 견직물의 견본과 가격표에 대해 감사드립니다. (a) 그것들을 검사할 때 재질과 마감 모두에 있어서의 귀사 제품의 우수성은 인정하였으나, (b) 귀사의 가격이 이탈리아 원산지 것들에 비해 상당히 높다는 것을 말해야겠습니다.
> 당사는 (d) 귀사의 표시 가격의 5% 할인가가 부여되면 귀사와 (c) 거래할 가능성이 거의 없음을 유감으로 생각합니다.

① (a)　　　　② (b)　　　　③ (c)　　　　④ (d)

✔ 유형체크 3

Which contains the LEAST proper expression?

[제109회 1급 40번]

We have recently opened an electrical goods store at the above address and (a) have received some enquiries for (b) the following domestic appliances by which at present we hold ample stocks :

Swanson Electric Kettles, 2 litre

Cosiwarm Electric Blankets, single-bed size

When I phoned you this morning, (c) you informed me that all these items are available in stock for immediate delivery. Please let me have your prices and terms for payment 2 months from date of invoicing. (d) If prices and terms are satisfactory, we would place with you a first order for 10 of each of these items. The matter is of some urgency and I would appreciate an early reply.

① (a)　　　　　② (b)　　　　　③ (c)　　　　　④ (d)

정답 ②

해설

주어진 서신에서 흐름에 맞지 않는 문장을 찾는 유형이다. 재고가 없는 상품을 주문하기 위해 가격 및 조건을 문의하고 있으므로, 충분한 재고를 보유하고 있다는 내용은 흐름과 맞지 않다. 따라서 답은 ②이다.

해석 다음 중 가장 적절하지 않은 표현을 포함한 것은 무엇인가?

당사는 최근에 상기 주소에 전기 상품점을 열었고 (b) 현재 당사에서 충분한 재고를 보유하고 있는 다음의 가전제품들에 대한 (a) 몇몇 문의를 받았습니다 :

Swanson 전기 주전자, 2리터

Cosiwarm 전기 담요, 1인용 침대 사이즈

당사에서 오늘 아침에 귀사에 전화했을 때, (c) 귀사는 이 모든 상품들이 즉시인도 되는 재고가 있어 이용 가능하다는 점을 알려주셨습니다. 송장 날짜로부터 2달(후 지급조건)의 귀사의 가격 및 결제조건을 알려주십시오. (d) 가격과 조건이 만족스럽다면, 당사는 이 상품들 각각 10개에 대해 첫 주문을 할 것입니다.

이 문제는 긴급한 것이므로 빠른 답장을 보내주시면 감사하겠습니다.

① (a)　　　　　② (b)　　　　　③ (c)　　　　　④ (d)

빈칸에 적절한 것 찾기 문제

- 주어진 지문이나 서신의 빈칸에 들어가기 적절한 또는 적절하지 않는 내용을 묻는 문제가 출제된다.
- 대부분 영작문 과목에서 출제되는 유형으로 매 회당 평균 14~15문제 정도 출제되고 있다.

■ 질문 유형 확인하기

Which of the following **best fits the blank** in the letter below?
다음 중 아래 서신의 빈칸에 가장 잘 맞는 것은 무엇인가?

Which of the following is **most suitable for the blanks** in the letter below?
다음 중 아래 서신의 빈칸들에 가장 적절한 것은 무엇인가?

Read the letter and **complete its summary in the box using appropriate words**.
서신을 읽고 적절한 단어를 사용하여 박스 안의 요약을 완성하시오.

■ 문제 공략법 확인하기

STEP 1   빈칸의 위치를 확인하고, 빈칸 전후의 내용을 파악한다.

STEP 2   전후 문맥상 가장 적절한 보기를 선택한다.
빈칸에 보기의 내용을 대입했을 때, 전후 문맥이 논리적으로 흐를 수 있는 보기를 선택한다.

TIP 두 개 이상의 빈칸에 적절한 것을 찾는 문제의 경우 첫 번째 빈칸에 들어갈 보기가 같은 뜻이지만 다른 단어를 사용하여 출제되는 경우도 있다. (예를 들어 '빚을 진'이라는 뜻을 나타내는 'in debt'와 'owed'가 각 보기 ①과 ②의 첫 번째 칸에 나란히 나오는 경우가 있다.)
이와 같은 경우 반드시 두 번째 빈칸에 들어갈 내용까지 확인해야 정확한 답을 고를 수 있으므로, 첫 번째 빈칸의 내용만 확인하고 정답을 고르지 않아야 하며, 이와 같은 경우가 아니더라도 첫 번째 빈칸의 내용만으로 정답을 고르지 않는 것이 좋다.

■ 공략법 적용하기

Fill in the blanks with the most appropriate word(s).

[제102회 1급 42번]

Dear Ms. Yoo,

USD 50,000 is _____ in your account. Copies of outstanding invoices are attached.

If we do not receive payment in full by September 7, your account will be closed and service will be cancelled. In addition, this matter will be turned over to our _____.

Please call us within the next three business days to discuss how we can resolve this matter.

Sincerely,

① effective – legal department

② **overdue – collection agency**

③ due – insurance company

④ debt – accountant

STEP 1

빈칸의 위치를 확인하고, 빈칸 전후의 내용을 파악한다.

첫 번째 빈칸 문장 바로 뒤부터, 두 번째 빈칸 문장이 나오기 전까지의 내용을 파악한다.

STEP 2

전후 문맥상 가장 적절한 보기를 선택한다.

첫 번째 빈칸 바로 뒤에 미지급 송장 사본을 첨부(Copies of outstanding invoices are attached)하였고, 그 다음 문장에서 대금 전액을 지급받지 못한다면(If we do not receive payment in full), 계정이 해지(account will be closed)되고, 서비스가 취소(service will be cancelled)될 것임을 말하는 것으로 미루어보아, USD 50,0000이 연체(overdue)되었음을 알 수 있다.

두 번째 빈칸 전까지 대금 지급이 연체된 것에 대하여 언급하고 있으므로, 대금을 대신 받아주는 추심 대행기관(collection agency)으로 넘길 것이라고 말하는 것이 적절하다.

해석   가장 적절한 단어를 사용하여 빈칸을 채우시오.

Ms. Yoo께

미화 50,000달러가 귀하의 계정에 연체되어 있습니다. 미지급 송장 사본을 첨부합니다.

당사가 9월 7일까지 대금 전액을 지급받지 못한다면 귀하의 계정은 해지되고 서비스가 취소될 것입니다. 더불어, 이 사안은 당사의 추심 대행기관으로 넘겨질 것입니다.

이 사안을 어떻게 해결할지 논의하기 위해 영업일 기준 3일 이내로 당사로 전화해 주십시오.

① 유효한 – 법무 부서
② 연체된 – 추심 대행기관
③ 만기의 – 보험사
④ 채무의 – 회계사

Fill in the blank with the best expression.

[제109회 1급 39번]

On 12 August I ordered 12 copies of 'Background Music' by H Lowery under my order number FT567.
On opening the parcel received this morning I found that it contained 12 copies of 'History of Music' by the same author.
I regret that I cannot keep these books as I have an adequate stock already. I am therefore returning the books by parcel post for immediate replacement, as I have several customers waiting for them.
Please _____ with the invoiced value of the returned copies including reimbursement for the postage cost of USD 17.90.

① credit my account
② send me
③ transfer to your account
④ postpone it

정답 ①

해설
주어진 서신의 빈칸에 적절한 것을 찾는 유형이다. 주문한 책과 다른 책이 배송되었다고 했으므로 해당 책의 송장가격과 반송에 사용된 우편 요금을 계좌에 입금해달라는 내용이 와야 적절하다. 따라서 답은 ①이다.

해석 빈칸을 가장 적절한 표현으로 채우시오.

8월 12일에 당사는 H Lowery의 '배경 음악' 12부를 주문 번호 FT567로 주문했습니다.
오늘 아침에 받은 소포를 열자마자 같은 저자의 '음악의 역사' 12부가 들어 있는 것을 발견했습니다. 저는 이미 충분한 재고가 있기 때문에 이 책들을 가지고 있을 수 없는 점을 유감스럽게 생각합니다. 그 책들을 기다리고 있는 여러 명의 고객이 있기 때문에, 즉각적인 교환을 위해 이 책들을 우편 소포로 반송합니다.
우편 요금 미화 17.90달러에 대한 상환금을 포함하여 반송된 책의 송장가격을 제 계좌에 입금해주십시오.

① 당사의 계좌에 입금하다.
② 당사에 보내다.
③ 귀사의 계좌로 송금하다.
④ 미루다.

✅ 유형체크 2

Fill in the blank with suitable word.

[제116회 1급 49번]

> A _____ letter of credit allows the beneficiary to receive partial payment before shipping the products or performing the services. Originally these terms were written in red ink, hence the name. In practical use, issuing banks will rarely offer these terms unless the beneficiary is very creditworthy or any advising bank agrees to refund the money if the shipment is not made.

① simple
② anticipatory
③ black
④ None of the above

정답 ②

해설
주어진 지문의 빈칸에 적절한 것을 찾는 유형이다. 선대(전대)신용장에 대한 설명이며 선대신용장의 영어 명칭으로는 Red Clause L/C, Packing L/C, Advance Payment L/C, Anticipatory L/C 등이 사용된다. 따라서 답은 ② 이다.

해석 빈칸을 적절한 단어로 채우시오.

> 선대 신용장은 수익자가 제품의 선적 혹은 서비스 이행 전에 일부를 결제 받을 수 있도록 한다. 원래 이 조건들은 빨간 잉크로 쓰여졌었는데, 그리하여 (이러한) 명칭이 붙었다. 실무적으로, 수익자가 매우 신용할 수 있거나 선적되지 않았을 때 통지은행이 대금을 상환해 주겠다고 동의하지 않는 한 개설은행은 이 조건들을 거의 제시하지 않을 것이다.

① 단순
② 선대
③ 검정
④ 해당하는 것 없음

Which is best for the blank (A)?

[제112회 1급 35번]

Dear Herr Kim,

We would like to invite you to our annual dinner on 15 February, and wonder if you would consider being one of our guest speakers.

Our theme this year is 'The effects of the USD', and we would appreciate a contribution from your field on how this is affecting exporting companies.

Please let us know as soon as possible if you are able to speak. (A) a formal invitation for yourself and a guest.

Yours sincerely,

① Enclosed you will find
② Attached is our file
③ You may put out
④ We appreciate if you could sign

정답 ①

해설
주어진 서신의 빈칸에 적절한 것을 찾는 유형이다. 초청 연사로 초대하고 싶다고 했으므로, 공식 초대장이 동봉된 것을 발견할 것이라는 내용이 와야 적절하다. 따라서 답은 ①이다.

해석 빈칸 (A)에 가장 맞는 것은 무엇인가?

Herr Kim께,

당사는 2월 15일 연례 만찬에 당신을 초대하고 싶으며, 당신이 우리의 초청 연사 중 한 분이 되어 주실지 궁금합니다.
올해 저희의 주제는 '미화의 영향'이며, 이것이 수출회사에 어떤 영향을 끼치는지에 대한 당신의 분야에서의 공헌을 잘 알고있습니다.

당신이 연설을 하실 수 있으신지 가능한 한 빨리 알려주시기 바랍니다.
당신과 손님을 위한 공식 초청장이 (A).

① 동봉된 것을 발견하실 것입니다.
② 첨부된 것은 우리의 파일입니다.
③ 당신은 꺼내실 수 있습니다.
④ 당신이 서명할 수 있다면 감사하겠습니다.

유형7 다른 문장 / 같은 문장 찾기 문제

- 주어진 문장과 다른 또는 같은 문장을 찾거나, 보기로 주어진 4개의 문장 중 다른 의미를 갖는 문장을 찾는 유형으로, 단어가 주어지고 주어진 단어와 다르게 사용된 단어를 고르는 문제가 출제되기도 한다.
  *한글 문장이 영어로 또는 영어 문장이 한글로 정확하게 번역되지 않은 문장을 찾는 문제 또한 출제되고 있다.
- 대부분 영작문 과목에서 출제되는 유형으로 매 회 6문제 정도 출제되고 있다.

■ 질문 유형 확인하기

- 다른 문장 찾기 문제

Which of the following most INCORRECTLY paraphrase the underlined?
다음 중 밑줄 친 부분을 가장 잘못 바꾸어 쓴 것은 무엇인가?
Which of the followings has a DIFFERENT meaning from others?
다음 중 다른 것들과 의미가 다른 것은 무엇인가?
Which of the following is NOT appropriately rewritten to have the same meaning?
다음 중 같은 의미가 되도록 적절하게 바꾸어 쓰여지지 않은 것은 무엇인가?

- 같은 문장 찾기 문제

Which could be replaced with the underlined?
밑줄 친 것을 대체할 수 있는 것은 무엇인가?

Which of the following is MOST appropriately rewritten to have similar meaning?
다음 중 비슷한 의미로 가장 적절하게 바꾸어 쓰여진 것은 무엇인가?

■ 문제 공략법 확인하기

STEP 1 질문을 읽고 질문 유형을 확인한다.
질문을 읽고 다른 문장을 찾는 문제인지, 같은 문장을 찾는 문제인지 확인한다.

STEP 2 다른/같은 문장을 찾는 기준이 되는 문장의 문맥상 의미를 파악한다.
기준이 되는 문장의 문맥상 의미를 파악하여, 비교 대상이 되는 문장과 비교한다.
기준이 되는 문장이 주어지지 않고 4개의 보기 중 다른 의미를 내포하는 1개의 보기를 선택하는 문제는 각 보기를 순서대로 해석하여 비교한다.

STEP 3 문맥상 가장 다른/같은 의미의 문장을 정답으로 선택한다.

■ 공략법 적용하기

Which of the following most INCORRECTLY paraphrase the underlined?

[제99회 1급 45번]

> Could you please take 10,000 unit auto bikes and make necessary arrangements for them to be shipped to KMH Corp, Seoul, Korea?
>
> Also would you manage documentation of shipping and insurance, and then send us five copies of the bill of lading, three copies of the commercial invoice, and the insurance certificate.

① Please handle all the shipping formalities and insurance.

② Please take care of shipping and insurance matters.

③ Would you take procedure of shipping and insurance?

④ **Would you please be familiar with shipping and insurance?**

STEP 1

질문을 읽고 질문 유형을 확인한다.

most INCORRECTLY paraphrase the underlined를 통해 다른 문장을 찾는 문제임을 알 수 있다.

STEP 2

다른 문장을 찾는 기준이 되는 문장의 문맥상 의미를 파악한다.

기준이 되는 문장 뒤에서 당사에 선하 증권, 상업 송장 및 보험증명서를 송부해달라고 하였으므로, 귀사에서 적적서류와 보험서류를 처리하라는 의미로 파악할 수 있다. 따라서 기준이 되는 문장에서 'manage'는 문맥상 '처리하다'의 의미로 사용되었음을 확인할 수 있다.

STEP 3

문맥상 가장 다른 의미의 문장을 정답으로 선택한다.

문맥상 '처리하다(manage)'와 가장 다른 의미인 '숙지하다(be familiar with)'의 의미를 가진 보기 ④를 정답으로 선택한다.

해석   다음 중 밑줄 친 부분을 가장 잘못 바꾸어 쓴 것은 무엇인가?

> 10,000대의 오토바이를 수령하여, 한국의 서울에 있는 KMH사로 적적되기 위해 필요한 준비를 해주시겠습니까?
>
> 또한, 적적과 보험 관련 서류를 처리하시고, 당사로 선하증권 다섯 부, 상업송장 세 부, 그리고 보험증명서를 송부해 주시겠습니까?

① 모든 적적 절차와 보험을 처리해주십시오.

② 적적과 보험 문제들을 처리해주십시오.

③ 적적과 보험 절차를 맡아주시겠습니까?

④ 적적과 보험에 대해 숙지해주시겠습니까?

✅ 유형체크 1

Choose one that CANNOT substitute the underlined (가) ~ (라).

[제107회 1급 41번]

> We have been exporting travel bags for more than thirty years and (가) <u>willing to open accounts with</u> the most reliable firms in your area.
>
> We shall be pleased, therefore, (나) <u>if you will kindly introduce us any capable concerns</u> in your area that are interested in this line of business. (다) <u>As for our business standing</u> and activities, we are permitted to mention Seoul bank as a reference. (라) <u>Any information with which you may favor us will be much appreciated</u> and we earnestly await your reply.

① (가) would like to start a new business with
② (나) if you provide us with a list of competitive companies
③ (다) With regard to our business position
④ (라) We will be much appreciated for any information about us

정답 ④

해설

주어진 문장과 다른 내용을 찾는 유형이다. 지문에서 당사에 회신해 주시는 정보에 대해 감사드리겠다고 하였으므로, 당사에 관련한 어떠한 정보에 대해서도 감사드린다는 것은 다른 내용이다. 따라서 답은 ④이다.

해석 밑줄 친 (가)~(라)를 대체할 수 없는 것을 고르시오.

> 당사는 30년 이상 여행가방을 수출해 왔으며 귀사의 지역에서 가장 신뢰할 만한 회사들 (가) 과 거래를 시작하고자 합니다.
> 따라서 귀사의 지역에서 이 사업 분야에 관심이 있는 (나) 유능한 업체를 소개해 주신다면 좋을 것 같습니다. (다) 당사의 영업상태 및 활동에 관해서는 서울은행을 신용조회처로 언급하셔도 된다는 허가를 받았습니다.
> (라) 당사에 회신해 주시는 어떠한 정보라도 대단히 감사하겠으며 귀사의 회신을 진심으로 기다리고 있습니다.

① (가) 과 새로운 사업(거래)을 시작하고자 합니다.
② (나) 경쟁력 있는 업체들의 목록을 전해주신다면
③ (다) 당사의 영업상태에 관해서는
④ (라) 당사에 관련한 어떠한 정보라도 대단히 감사하겠습니다.

✔ 유형체크 2

Which has the same meaning with the following sentence?

[제112회 1급 40번]

> Shipment is to be made within the time stated in the contract, except in circumstances beyond the Seller's control.

① Shipment is to be made within the time without exceptions.
② Shipment is allowed to be made later, if the seller is unable to secure promised materials.
③ The seller is not responsible for delay in shipment in the case of force majeure.
④ The buyer is likely to ignore whatever the seller asks for an excuse.

정답 ③

해설
주어진 문장과 같은 내용을 찾는 유형이다. 매도인의 통제를 넘어서는 상황이란 천재지변, 전쟁 등의 불가항력을 의미한다. 따라서 답은 ③이다.

해석 다음 문장과 같은 의미를 가지는 것은 무엇인가?

> 매도인의 통제를 벗어난 상황을 제외하고, 선적은 계약서에 명시된 기간 내에 이루어져야 한다.

① 선적은 예외 없이 기간 내에 이루어져야 한다.
② 매도인이 약속된 자재를 확보하지 못한다면, 선적은 나중에 이루어지도록 허용된다.
③ 불가항력의 상황에서 매도인은 선적의 지연에 책임이 없다.
④ 매수인은 매도인이 어떠한 양해를 요구하든지 무시할 것이다.

✔ 유형체크 3

Which of the following is the MOST appropriate English sentence?

[제115회 1급 35번]

> 하지만 당사는 합작투자보다는 기술이전을 선호합니다. 기술이전 계약을 하는 것이
> 가능한지요? 당사는 기술 지향적인 회사입니다.

① We, yet, prefer technology transfer by joint venture. I wonder whether you are in a position to enter into the technology transfer agreement or not. We are a technology-oriented company.

② We, however, prefer technology transfer than joint venture. I wonder if you are in a position to enter the technology transfer agreement. We are a technology-orienting company.

③ We, however, prefer technology transfer to joint venture. I wonder whether you are in a position to enter into the technology transfer agreement. We are a technology-oriented company.

④ We, however, prefer joint venture of technology transfer. I wonder whether you are in a position to enter the technology transfer agreement or not. We are a technology-orienting company.

정답 ③

해설
주어진 문장과 같은 내용을 찾는 유형이다. 합작투자보다 기술이전을 선호하므로, 기술이전 계약이 가능한지 묻는 내용이다. 따라서 답은 ③이다.

해석 다음 중 가장 적합한 영문장은 무엇인가?

> 하지만 당사는 합작투자보다는 기술이전을 선호합니다.
> 기술이전 계약을 하는 것이 가능한지요? 당사는 기술 지향적인 회사입니다.

① 하지만 당사는 합작투자에 의한 기술이전을 선호합니다. 저는 귀사가 기술이전 계약을 할 수 있는 위치에 있는지 아닌지 궁금합니다. 당사는 기술 지향적인 회사입니다.

② 하지만 당사는 합작투자보다 기술이전을 선호합니다. 저는 귀사가 기술이전 계약을 할 수 있는 위치에 있는지 궁금합니다. 당사는 기술이 지향하는 회사입니다.

③ 하지만 당사는 합작투자보다는 기술이전을 선호합니다. 저는 귀사가 기술이전 계약을 할 수 있는 위치에 있는지 궁금합니다. 당사는 기술 지향적인 회사입니다.

④ 하지만 당사는 기술이전의 합작투자를 선호합니다. 저는 귀사가 기술이전 계약을 할 수 있는 위치에 있는지 아닌지 궁금합니다. 당사는 기술이 지향하는 회사입니다.

유형8 어색한 대화 찾기 문제

- 주어진 보기 중 어색하게 짝지어진 대화나 적절하지 않은 응답을 포함한 것을 묻는 문제가 주로 출제된다.
- 대부분 영작문 과목에서 출제되는 유형으로 매 회 0~1문제 정도 출제되어 출제비중이 낮은 유형이다.

■ 질문 유형 확인하기

Which of the following pairs is the most awkward one?
다음 짝 중 가장 어색한 것은 무엇인가?

Which of the following contains the most INAPPROPRIATE response?
다음 중 가장 적절하지 않은 응답을 포함한 것은 무엇인가?

Which of the following pair has the most inappropriate sentence?
다음 짝 중 가장 적절하지 않은 문장을 가진 것은 무엇인가?

■ 문제 공략법 확인하기

STEP 1　각 보기 순서대로 대화 내용을 확인한다.
　　　　A의 핵심 어구를 파악하고, 그에 대한 B의 응답이 어색하지 않은지 확인한다.

STEP 2　보기 ①~④까지 대화를 모두 확인하고, 가장 어색한 대화를 정답으로 선택한다.
　　　　A의 언급에 대한 B의 응답이 상반되거나, 전혀 무관한 보기를 정답으로 선택한다.

■ 공략법 적용하기

Which of the following pairs is **the most awkward one**?

[제102회 1급 31번]

① A : I feel sorry to say this, but I don't think we can reach an agreement.

　 B : I wish you could be more flexible.

② A : Shall we seal the deal?

　 B : I don't think I can make that decision on my own.

③ A : **Our records show you are late with this month's check.**

　 B : **Your check is unpaid throughout the month.**

④ A : Can you reduce the price if we cover shipping?

　 B : We might be able to work something out.

STEP 1

각 보기 순서대로 대화 내용을 확인한다.

각 보기별 A와 B가 언급한 내용의 핵심 어구는 다음과 같다.

① don't think we can reach an agreement – be more flexible

② seal the deal – don't think I can make that decision

③ you are late with this month's check – Your check is unpaid

④ reduce the price – work something out

STEP 2

보기 ①~④까지 대화를 모두 확인하고, 가장 어색한 대화를 정답으로 선택한다.

보기 ③에서 A가 수표 변제가 연체되었다고 하였는데, B도 마찬가지로 상대방의 수표가 미지급 되었다고 언급하고 있다. 서로 상대방에게 수표가 연체되었다고 하는 것은 두 사람 간의 대화로 어색하다.

해석　다음 짝 중 가장 어색한 것은 무엇인가?

　　① A : 유감이지만, 제 생각에는 합의에 이르지 못할 것 같습니다.
　　　 B : 좀 더 융통성 있게 생각해 주셨으면 합니다.
　　② A : 거래를 확정할까요?
　　　 B : 저 혼자서 결정하기 어려울 것 같습니다.
　　③ A : 저희 기록에 의하면 귀사께서는 이번 달 수표 변제를 연체하셨습니다.
　　　 B : 귀사의 수표는 한달 내내 미지급 되었습니다.
　　④ A : 저희가 운송 비용을 부담하면 가격을 할인해 주실 수 있으신가요?
　　　 B : 아마 무언가 해볼 수 있을 것 같습니다.

Which of the following pairs is the MOST awkward one? [제108회 1급 31번] ① A: So tell me a little more about the various printer models. What are the basic differences? 　 B: Speed and appearance. ② A: Just look at the models. You'll see some are pretty simple while others are really fancy. 　 B: You can say that again. ③ A: The negotiation paid off. 　 B: That's too bad. We need to talk with our boss again. ④ A: From today, we will deliver to you in no more than 30 days one-half of the total order. 　 B: Okay. That's it.	정답 ③ 해설 주어진 보기 중 어색한 대화를 찾는 유형이다. 협상이 성공했다는 말에 안됐다며 상사에게 다시 말해봐야겠다고 했으므로 대화가 어색하다. 따라서 답은 ③이다.

해석 다음 짝 중 가장 어색한 것은 무엇인가?

　① A: 그래서 다양한 프린터 모델에 대해서 좀 더 말해 주십시오. 근본적인 차이가 무엇입니까?
　　 B: 속도와 겉모양입니다.
　② A: 그 모델들을 보십시오. 다른 것들이 아주 화려한 반면에 어떤 것들은 꽤 단순합니다.
　　 B: 정말 그렇군요.
　③ A: 협상이 성공했습니다.
　　 B: 안됐군요. 상사와 다시 말해봐야겠습니다.
　④ A: 오늘부터, 당사는 전체 주문의 반을 30일 이내에 배송할 것입니다.
　　 B: 알겠습니다. 그거면 됐습니다.

✔ 유형체크 2

Which of the following pairs has the LEAST appropriate sentence?

[제106회 1급 39번]

① A : You must have at least twenty buildings here. How many employees work on site?

B : About three thousand. However, that fluctuates on a monthly basis.

A : I see.

② A : Needless to say, we're very proud of everything we make. We stand behind each and every one of our products.

B : That's the primary reason I am here.

③ A : Total product delivery to be accomplished in no more than 90 days from today, and total payment no later than 76 days from today.

B : That interprets to two weeks after final product delivery.

A : Exactly.

④ A : Alternatively we can go with 25% before delivery and the remainder on delivery.

B : We would prefer 50% on both ends.

A : Then we need to discuss more.

정답 ③

해설
주어진 보기 중 어색한 대화를 찾는 유형이다. 대금 지급은 오늘부터 76일 이내로 완료되어야 한다고 했으므로, 제품 인도일을 기준으로 2주 후라고 답변하는 것은 적절하지 않다. 따라서 답은 ③이다.

해석 다음 짝 중 가장 적절하지 않은 문장을 가진 것은 무엇인가?

① A : 이곳에 최소 20개 건물을 소유하고 계시겠군요. 현장에서 근무하는 직원은 얼마나 되나요?
B : 약 3천 명이요. 하지만 매달 변동돼요.
A : 그렇군요.

② A : 말할 필요도 없이, 저희는 저희가 만든 모든 것이 정말 자랑스럽습니다. 저희는 저희의 모든 제품을 지지합니다.
B : 그게 바로 제가 여기에 있는 주요한 이유예요.

③ A : 오늘부터 90일 이내에 모든 제품의 인도가 완료되어야 하고, 대금 지급은 76일 이내로 완료되어야 해요.
B : 최종 제품 인도 이후 2주라는 의미가 되네요.
A : 맞아요.

④ A : 대안으로, 인도 전에 25% 그리고 인도 시에 나머지로 할 수 있습니다.
B : 저희는 양쪽에 50%씩을 선호합니다.
A : 그렇다면 좀 더 논의해야겠네요.

유형 9 다른 의도 찾기 문제

• 주어진 보기 중 다른 의도나 목적을 가지고 있는 것을 묻는 문제가 출제된다.

  *각 보기별로 두 문장을 한 쌍(pair)으로 제시하고 서로 다른 의도를 가지는 보기를 찾는 문제 또한 출제되고 있다.

• 대부분 영작문 과목에서 출제되는 유형으로 매 회 0~1문제 정도 출제되어 출제비중이 높은 유형은 아니다.

■ 질문 유형 확인하기

Which of the following **has a different purpose** from the others?
다음 중 다른 것들과 목적이 다른 것은 무엇인가?

Which of the following does **NOT have the similar intention**?
다음 중 비슷한 의도를 가지고 있지 않은 것은 무엇인가?

Which of the pairs does **NOT have the similar intention**?
다음 짝 중 비슷한 의도를 가지고 있지 않은 것은 무엇인가?

■ 문제 공략법 확인하기

STEP 1   주어진 보기를 순서대로 읽고 핵심 어구를 파악한다.
         핵심 어구를 통해 각 보기 문장의 의도를 확인한다.
         각 보기에서 주어진 핵심 어구에 공통되는 단어가 있다면, 공통되는 단어를 포함한 앞뒤 어구들을 중점적으로 확인한다.

STEP 2   문장의 의도가 나머지 보기들과 어울리지 않는 보기를 선택한다.

■ 공략법 적용하기

Which of the following does NOT have the similar intention?

[제99회 1급 33번]

① We have learned that you are involved in the distribution of merchandise in violation of the intellectual property of Wooriclub.

② **We wholeheartedly respect everyone's right to their trademarks. It is our most heartfelt desire to help protect the trademark you built.**

③ To amicably resolve the matter of your trademark infringement, we hereby demand that within seven business days of the date of this e·mail, you voluntarily cease and desist use of the trademarks.

④ We look forward to receiving from you evidence of your voluntary termination of the infringement of the trademarks.

STEP 1

주어진 보기를 순서대로 읽고 핵심 어구를 파악한다.

각 보기의 핵심 어구는 다음과 같다.

① violation of the intellectual property

② protect the trademark you built

③ your trademark infringement

④ the infringement of the trademarks

STEP 2

문장의 의도가 나머지 보기들과 어울리지 않는 보기를 선택한다.

보기 ①, ③, ④의 각 핵심 어구를 통해 모두 공통적으로 상표 침해(지식 재산권 침해)에 관한 내용을 다루고 있음을 알 수 있고, 각 보기의 전체 문장을 통해 상표 침해 사실에 대한 경고를 하고 있음을 알 수 있다.

보기 ②는 나머지 보기와는 달리 귀사가 만든 상표를 보호(protect the trademark you built)한다고 하였으므로, 나머지 문장과 의도하는 바가 다름을 알 수 있다.

해석 다음 보기 중 비슷한 의도를 가지고 있지 않은 것은 무엇인가?

① 귀사께서 Wooriclub의 지식 재산권을 침해하는 상품 유통에 관련되어 있다는 것을 알게 되었습니다.

② 당사는 모든 이들의 상표에 대한 권리를 전적으로 존중합니다. 귀사가 만든 상표를 보호할 수 있도록 진심으로 돕고자 합니다.

③ 귀사의 상표 침해 문제를 원만하게 해결하기 위해, 당사는 본 이메일 발송일로부터 영업일 7일 이내에, 귀사가 자발적으로 상표의 사용을 중지 및 중단하기를 요구합니다.

④ 당사는 상표 침해에 대한 귀사의 자발적인 종료 증명을 기다리겠습니다.

Which of the following has a different intention from others?

[제112회 1급 24번]

① They deserve your confidence and credit in the sum you mentioned.

② The company enjoys an excellent reputation among the business circles here.

③ You may run the least risk in granting the said credit in this deal.

④ After three months' experience of delay, we were obliged to withdraw credit privileges from them.

정답 ④

해설
주어진 보기 중 다른 의도를 가진 것을 찾는 유형이다. 회사의 신용이 높다는 내용이므로, 신용거래 특혜를 철회했다는 내용은 의도가 다르다. 따라서 답은 ④이다.

해석 다음 중 다른 것들과 의도가 다른 것은 무엇인가?

① 그들은 귀하의 신뢰와 귀하께서 언급하신 총액의 신용을 가질 자격이 있습니다.

② 그 회사는 이곳 사업 분야에서 훌륭한 명성이 자자합니다.

③ 귀하께서는 이 계약에서 전술한 신용을 승인하는 데 위험이 거의 없을 것입니다.

④ 석 달의 지연 경험 이후에, 당사는 그들로부터 신용거래 특혜를 어쩔 수 없이 철회했습니다.

✅ 유형체크 2

Which has a different topic from others?

[제113회 1급 4번]

① It is essential that the goods should be delivered in time before the beginning of November for the Christmas sales period.

② Delivery before 28 February is a firm condition of this order, and we reserve the right to refuse goods delivered after that time.

③ Please confirm that you can complete the work before the end of March, as the opening of the store is planned for early April.

④ We would like to confirm that the 25% trade discount is quite satisfactory.

정답 ④

해설
주어진 보기 중 다른 의도를 가진 것을 찾는 유형이다. 기한 내의 인도 조건을 설명하는 내용으로, 할인에 대한 만족을 표현하는 내용은 의도가 다르다. 따라서 답은 ④이다.

해석 다른 것들과 다른 주제를 가진 것은 무엇인가?

① 크리스마스 판매 기간을 위해 11월 초 이전에 제품이 인도되어야 하는 것은 필수적입니다.

② 2월 28일 이전의 인도는 이 주문의 확고한 조건이며, 당사는 그 이후에 인도된 제품을 거부할 권리가 있습니다.

③ 매장의 개업이 4월 초에 계획되어 있으므로, 3월 말 이전에 작업을 완료할 수 있는지 확인해 주십시오.

④ 25%의 거래 할인이 매우 만족스럽다는 것을 확실히 하고 싶습니다.

빈출 영어어휘 400선과
함께 학습하세요!

시험에 자주 나오는 빈출 표현을 엄선하여 정리하였습니다.
☑ 잘 외워지지 않는 표현은 박스에 체크하여 복습하세요.

빈출 영어 표현

01 subject

☐ **subject to** : ~을 조건으로, ~을 대상으로, ~이 적용되는

A contract of sales needs not be concluded in or evidenced by writing and is not **subject to** any other requirement as to form.
매매계약은 서면에 의하여 체결되거나 또는 입증되어야 할 필요가 없으며, 또 형식에 관하여도 어떠한 다른 요건의 대상이 되지 않는다.

All list prices are **subject to** a 25% trade discount.
기재된 모든 가격들은 25%의 거래할인의 대상입니다.

This L/C is **subject to** UCP.
이 신용장은 UCP의 적용을 받는다.

> 예 Offer subject to prior sale. : 선착순 판매 조건부 청약

☐ **subject-matter** : (계약 등의) 대상

Where the **subject-matter** insured is destroyed, or so damaged as to cease to be a thing of the kind insured, or where the assured is irretrievably deprived thereof, there is an actual total loss.
피보험목적물이 파괴되거나 또는 보험에 부보된 종류의 물건으로서 존재할 수 없을 정도로 손상을 입은 경우, 또는 피보험자가 회복할 수 없도록 피보험목적물의 점유를 박탈당하는 경우에, 현실전손이 있다.

> 예 subject-matter insured : 피보험 목적물
> subject-matter of a contract : 계약의 목적물

☐ **subject** : 제목, 주제, 건(件)

Subject : Complain on Order No. 1234
제목 : 주문번호 1234번에 대한 컴플레인

This is the second time we have had to write to you this **subject**.
이 건에 대해 메일을 드리게 된 것이 두 번째입니다.

02 due

▢ **due** : ~할 예정인

The vessel is leaving London on 6 July and **due** to arrive at Busan on 24th.

그 선박은 7월 6일에 런던을 떠나 24일에 부산에 도착할 예정입니다.

▢ **due** : 만기가 된, 이행(결제)하여야 하는

The company settles promptly on **due** date

그 회사는 만기에 즉시 결제합니다.

⇔ overdue, past due, outstanding : 연체된, 이행기가 지난

I want to call your attention to your overdue account. : 당신의 연체된 계정에 대해 주의를 환기시켜 드리고자 합니다.

Your account has long been past due. : 당신의 계정은 연체된 지 오래되었습니다.

▢ **duly** : 정히, 제때에

This credit will be **duly** honoured on presentation.

이 신용장은 제시하는 때에 정히 결제될 것입니다.

⇔ undue : 부당한

Without undue delay : 부당한 지체 없이

▢ **due to** : ~ 때문에

Due to a recent surge in demand, the product is on back order until mid-October.

최근 수요 급증으로 인해 해당 물품은 10월 중순까지 주문이 밀려있습니다.

03 provide

▢ **provide** : 공급하다, 제공하다

The seller must **provide** the goods and the commercial invoice in conformity with the contract of sale.

매도인은 반드시 매매계약에 일치하는 물품과 상업송장을 제공하여야 한다.

□ **provide** : (계약서나 법규의 조항을) 규정하다, 조항을 두다

The price **provided** in the contract.
계약서에 규정된 가격

〔명〕 provision : 규정
〔예〕 Applicable provisions of UCP : 적용되는 UCP의 규정들

□ **provided (that)** : ~을 조건으로, ~을 전제로

Provided you can offer a favorable quotation, we will order on a regular basis.
귀사가 호의적인 견적을 제안할 수 있다는 것을 전제로, 당사는 정규 주문을 할 것입니다.

04 account

□ **account** : 거래, 계좌, 계정

Thank you for your letter regarding opening an **account** with our company.
당사와 거래를 시작하는 것에 대한 편지에 감사드립니다.

I would like to settle future **accounts** every three months.
앞으로의 계정(거래)을 매 3개월마다 결제하고 싶습니다.

The money had been debited from our **account**.
우리 계좌에서 대금이 차감되었습니다.

The company has applied for an open credit **account**.
그 회사가 신용(외상결제)거래를 신청했다.

〔예〕 credit account : 외상거래 계정
open account : 사후송금 결제방식 (외상거래에 의한 신용결제)
quarterly account : 분기별 결제 계정 (매 3개월마다 결제하는 외상계정)

□ **accounts receivable** : 외상매출채권(계정)

Forfaiting is the financial service consisting of the granting of a cash advance against **accounts receivable** from foreign customers.
포페이팅은 외국의 고객들로부터 발생한 외상매출채권에 대해 현금으로 선금지급을 허용하는 것으로 이루어진 금융 서비스이다.

□ **accounting** : 회계

Please check with your **accounting** department if the said remittance has been made or not.

언급된 송금이 이루어졌는지 아닌지 여부를 귀사의 회계부서에 확인해 주십시오.

예 accounting department : 회계부서, 경리부, accounting ledger : 회계장부

≒ accountant : 회계사, 회계직원

05 effect

□ **effect** : 이행하다, 이루어지다

Shipments were **effected** as arranged.

선적은 합의한 대로 이행되었습니다.

□ **effective** : 효력이 있는, 유효한

An offer becomes **effective** when it reaches the offeree.

청약은 피청약자에게 도달한 때 효력이 발생한다.

≒ take effect : 유효하게 되다, 시행되다

This agreement must be construed and take effect as a contract made in Korea, and the parties hereby submit to the jurisdiction of the court of Korea.

이 합의는 한국에서 체결된 계약으로서 해석되고 효력을 가지며, 당사자들은 이로써 (분쟁이 발생하는 경우) 한국 법원의 재판관할지에 (소송을) 제기한다.

□ **to that effect** : 그러한 취지의, 그러한 취지로

A credit is irrevocable even if there is no indication **to that effect**.

신용장은 (취소불능이라는) 취지의 표시가 없더라도 취소불능이다.

06 consign

□ **consign** : 보내다, 송부하다

The seller **consigns** the goods directly to the buyer.

매도인이 매수인에게 직접 물품을 송부한다.

≒ dispatch, address : 보내다

참고 consignor : 송하인(= shipper), consignee : 수하인

□ **consignment** : 화물

Consignment of 20 computers.
컴퓨터 20대의 화물

□ **on consignment** : 위탁(판매)

Goods sold **on consignment**.
위탁판매계약 조건으로 판매된 물품

07 credit

□ **credit** : 신용(한도)

The company has applied for an open **credit** account.
그 회사가 신용(외상결제)거래를 신청했다.

They deserve **credit** in the sum you mentioned.
그들은 당신이 언급하신 금액의 신용(거래한도)을 받을 만합니다.

K-Sure is the export **credit** insurance agency in Korea.
K-Sure(한국무역보험공사)는 한국의 수출신용(보증)보험(을 제공하는) 기관이다.

> 예 credit line of USD10,000 : 1만 달러의 신용한도
> credit instruments such as drafts : 환어음과 같은 신용증권

□ **credit** : 신용장

UCP 600 are rules that apply to any documentary credit ("**credit**"), (including, to the extent to which they may be applicable, any standby letter of **credit**) when the text of the **credit** expressly indicates that it is subject to these rules.
UCP 600(신용장통일규칙)은 신용장의 문면에 이 규칙들이 적용된다는 것을 명시적으로 표시한 경우 모든 화환신용장("신용장")(위 규칙이 적용 가능한 범위 내에서는 모든 보증신용장을 포함한다)에 적용된다.

08 debit, credit

□ **debit** : 차변(에 기입하다), 차감하다

As our bank statement showed the money had been **debited** from our account.
우리의 은행 거래명세서에서 보여지듯 그 금액이 우리 계좌에서 차감(인출)되었습니다.

> 참고 debit note : 차변표

□ **credit** : 대변(에 기입하다), 입금하다

We assumed that it had been **credited** to your account.
당신의 계좌로 입금되었을 것이라고 추정합니다.

참고 credit note : 대변표

09 facility

□ **facility** : 시설, 설비

We were quite pleased with your **facility** and with the friendly service.
우리는 귀사의 시설과 친절한 서비스에 상당히 만족스러웠습니다.

□ **facility** : 금융 혜택(상품), 신용공여(수단), 금융상의 편의

We will be glad if you can grant us open-account **facilities** with quarterly settlements.
매 분기별 후지급의 신용공여를 해 주신다면 감사하겠습니다.

He advised us to contact you as a referee concerning the credit **facilities** which his company has asked us for.
그가 자신의 회사가 요청한 신용공여와 관련하여 귀사를 신용조회처로서 연락해 볼 것을 통지하였습니다.

□ **facilitate** : 촉진하다, 활성화시키다

A bill of exchange **facilitates** international transactions between buyers and sellers.
환어음은 매도인과 매수인 사이의 국제거래를 활성화시킨다.

10 order

□ **order** : 주문하다, 주문

place an **order**, make an **order**, send out an **order**
주문하다

Take an **order**
주문을 받다

참고 Large order, bulk order, volume order, substantial order : 대량 주문
initial order : 최초 주문, trial order : 시험 주문, regular order : 정규 주문, 정기 주문

□ **in order** : 제대로(제때에), 순서대로, 이상 없는, 유효한

Goods were received **in** good **order** and condition at time of shipment by the carrier.
물품은 선적 시에 운송인에 의해 이상 없이, 양호한 상태로 수령되었습니다.

□ **in order to** : ~ 하기 위하여

In order to secure the business, we tried to reduce the prices to the lowest possible.
거래(실적)를 확보하기 위해 당사는 가능한 한 최저로 가격을 낮추려고 노력했습니다.

늑 In order for : ~ 를 위해
Please note that the amendment notice should reach us by the end of this month at the latest in order for the shipment to be made on time.
선적이 정시에 이루어지기 위해서는 늦어도 이번 달 말까지는 (신용장의) 조건변경 통지가 당사에 도달하여야 하는 것을 유의하여 주십시오.

11 settle

□ **settle** : (분쟁 등을) 해결하다

As a **settlement**, we have arranged to reship the whole goods by the first ship available.
해결방안으로서 우리는 이용 가능한 첫 번째 선편으로 전체 물품이 재선적되도록 조치하였습니다.

Breach of the contract shall be finally **settled** by arbitration.
계약 위반은 중재로써 최종적으로 해결되어야 한다.

Please **settle** the overdue amount.
연체된 금액을 결제하여 주십시오.

Their accounts were always **settled** on time.
그들의 계정(거래)은 항상 제때에 결제되었다.

예 amicable settlement of dispute : 화해(원만한 분쟁의 해결)
늑 resolve : (분쟁 등을) 해결하다
dispute resolution : 분쟁 해결
예 full settlement : 전액 결제, early settlement : 조기 결제
prompt settlement : 즉시 결제, monthly settlement : 월별 결제
quarterly settlement : 분기별(3개월 마다) 결제

12 negotiate

☐ **negotiate** : 협상하다

The parties hereto will use their reasonable best efforts to resolve any dispute hereunder through good faith **negotiations**.
이 계약의 당사자들은 분쟁해결을 위하여 신의성실의 협상을 통해 합리적인 최선을 다한다.

☐ **negotiate** : 매입하다

The **negotiating** bank dispatches the documentary drafts including full set of documents to the issuing bank.
매입은행은 개설은행으로 전통의 서류들을 포함하는 화환 어음을 송부한다.

☐ **negotiate** : 유통하다

A straight B/L is a **non-negotiable** document.
기명식 선하증권은 비유통성의 서류이다.

13 refer

☐ **refer** : 참조하다, 조회하다, 관련되다

As to our credit standing, please **refer** to the ABC Bank which will provide you with details.
당사의 신용상태에 대해서는, ABC은행에 조회하시면 자세히 알려줄 것입니다.

An insurance document may contain **reference** to any exclusion clause
보험서류는 어떠한 면책조항에 대한 참조도 포함할 수 있다.

Please **refer** to General Terms and Conditions on the reverse side hereof.
이 계약서 이면의 일반거래조건협정을 참조하여 주십시오.

Referring to your letter of the 1st August
(= I am writing with **reference to** your letter of the 1st August)
8월 1일자 귀사의 서신과 관련하여

□ **refer (to, as)** : ~이라고 부르다, 일컫다

Commercial credits are also **referred as** documentary credits.
상업신용장은 화환신용장이라고도 불린다.

The term 'perils of the seas' **refers** only **to** fortuitous accidents or casualties of the seas. It does not include the ordinary action of the winds and waves.
'바다의 위험'이란 용어는 오직 바다의 우연한 사고나 재난만을 일컫는다. 그것은 풍파의 통상적인 작용은 포함하지 아니한다.

□ **reference** : 신용조회처

Before we open a business account, it is our policy to ask for **references** from our buyers.
거래를 시작하기 전에, 구매자에게 신용조회처를 요청하는 것이 당사의 방침입니다.

예 bank reference : 은행 조회처, trade reference : 동업자 조회처
늑 Referee : 신용조회처

주제별·상황별 빈출 표현

01 계약의 성립, 이행, 위반

□ **conclude, form** : (계약이) 성립하다

A contract is **concluded** at the moment when an acceptance of an offer becomes effective in accordance with the provisions of this Convention.
계약은 청약에 대한 승낙이 이 협약(CISG)에 따라 효력을 발생하는 시점에 성립된다.

The Convention governs only the **formation** of the contract of sale and the rights and obligations of the seller and the buyer arising from such a contract.
이 협약(CISG)은 매매계약의 성립 및 그 계약으로부터 발생하는 매도인과 매수인의 권리의무만을 규율한다.

□ **perform** : (계약 등을) 이행하다

Seller shall not be responsible for non-**performance** or late **performance** of all or part of the contract due to Force Majeure.
매도인은 불가항력으로 인한 계약의 전부 또는 일부의 불이행이나 이행 지연에 대해서 책임이 없다.

□ **breach** : (계약의) 위반

A **breach** of contract committed by one of the parties is fundamental if it results in such detriment to the other party as substantially to deprive him of what he is entitled to expect under the contract.

당사자 일방의 계약위반은, 그 계약에서 상대방이 기대할 수 있는 것을 실질적으로 박탈할 정도의 손실을 상대방에게 주는 경우에 본질적(근본적)인 것으로 한다.

□ **avoid** : (계약을) 해제하다

The buyer may declare the contract **avoided**.

매수인은 계약의 해제를 선언할 수 있다.

□ **terminate** : 끝내다, 종료하다

This Agreement may be **terminated** at the option of the Buyer.

이 계약은 매수인의 선택에 의해 종료될 수 있다.

The **formation**, **construction**, **validity**, **performance** and the **breach** of this agreement are governed by CISG.

이 계약의 성립, 구성(성립), 유효성, 계약이행 그리고 위반은 CISG에 의해 규율된다.

02 (서류, 계약서 등에) 기재·명시하다

□ **stipulate** : 규정하다, 명기하다

Goods shall be shipped within the time **stipulated** in each contract.

물품은 각각의 계약서에 명시된 기간 내에 선적되어야 한다.

□ **specify** : 명시하다

Under UCP, required documents must be presented within the validity of the credit and within 21 days from the date of shipment, unless the credit **specifies** some other period of time.

UCP 하에서 요구되는 서류는 신용장의 유효기일 이내에 그리고 신용장에서 다른 기간을 명시하지 않았다면 선적일로부터 21일 이내에 제시되어야 한다.

□ **provide** : 규정하다

The Buyer may resort remedies **provided** by the CISG.

매수인은 CISG에 규정된 구제책을 구할 수 있다.

□ **set forth** : 명시하다

Quantity shall be determined by the Seller as **set forth** in shipping documents.
수량은 선적서류에 명시된 대로 매도인에 의해 결정된다.

03 의무이행, 구속

□ **bear** : 부담하다, 담다, 가지다

The buyer **bears** all costs from that moment onwards.
매수인이 그 이후의 모든 비용을 부담한다.

The costs of packaging should be **borne** by your company.
포장비용은 귀사가 부담하셔야 합니다.

□ **bind** : 구속하다

Arbitration decisions are final and **binding** on the both parties.
중재 판정은 종국적이고 모든 당사자들을 구속하게 된다.

□ **be obliged** : 의무가 있다

The seller **is obliged** to clear the goods for export.
매도인은 물품의 수출통관의 의무가 있다.

□ **fulfill obligation** : 의무를 이행하다

The seller **fulfills** his delivery **obligation** by handing over the goods for carriage to the carrier nominated by the buyer.
매도인은 매수인이 지정한 운송인에게 운송을 위해 물품을 인계하는 것으로서 자신의 인도 의무를 이행한다.

□ **meet requirement** : 요구사항을 충족시키다

The bidder fails to **meet** the other **requirements** of the purchasers.
입찰자들이 구매자들의 요구사항을 충족시키지 못한다.

We are afraid to inform you that we are unable to **meet** the **shipping date**.
당사가 선적기일을 지킬 수 없다는 것을 알리게 되어 유감입니다.

Could you **meet orders** of over 500 garments at one time?
한 번에 의류 500점 이상의 주문을 처리하실 수 있습니까?

04 효력

□ **valid** : 유효한

Where there is a **valid** abandonment the insurer is entitled to take over the interest of the assured in whatever may remain of the subject-matter insured, and all proprietary rights incidental thereto.
유효한 위부가 있는 경우에는, 보험자는 피보험목적물에 남아 있을 수 있는 것은 무엇이든 그것에 대한 피보험자의 이익과 그에 부수되는 소유권에 속하는 모든 권리를 양도받을 수 있는 권리가 있다.

We have instructed our bank to open a credit in favor of the Seller **valid** until 15 Aug.
당사는 매도인을 수익자로 하는 8월 15일까지 유효한 신용장을 개설할 것을 거래은행에 지시했습니다.

≒ validity : 유효성, 유효기간

□ **effect** : 유효한

The date of the insurance document must be no later than the date of shipment, unless it appears from the insurance document that the cover is **effective** from a date not later than the date of shipment.
보험서류의 일자는 선적일보다 늦어서는 안 된다. 단, 보험서류에서 보험부보가 최소한 선적일자 이전에 효력이 발생함을 나타내고 있는 경우는 제외한다.

This contract comes into **effect** from signing date.
이 계약은 서명일로부터 유효합니다.

□ **in force** : 유효한

This guarantee remains **in force** until 1st May.
이 보증은 5월 1일까지 유효합니다.

≒ ~까지 유효하다 : remain effective until ~, be available until ~, be valid until ~, expire on ~

□ **invalid** : 무효의

If a credit is transferred to more than one second beneficiary, rejection of an amendment by one or more second beneficiary does not **invalidate** the acceptance by any other second beneficiary.
신용장이 둘 이상의 제2수익자에게 양도되면, 하나 또는 둘 이상의 제2수익자의 조건변경에 대한 거절은 양도된 신용장이 그(조건변경의 수락)에 따라 변경될 다른 제2수익자의 수락을 무효로 만들지 않는다.

□ **null and void** : 무효의

Claims after the elapse of fourteen days shall be considered as **null and void**.
14일이 경과된 후의 클레임은 무효로 간주된다.

05 본인, 대리인

▢ **principal, agent(agency)** : 본인, 대리인

(A) will act at all times as a **principal** in its own name and for its own account and not as an employee or **agent** of the supplier.
(A)는 공급자의 직원이나 대리인으로서가 아니라 항상 자신의 명의와 책임으로 본인으로서 행위한다.

We believe that an **agency** for marketing your products in Korea would be of considerable benefit.
당사는 귀사의 제품을 한국에서 판매하는 대리점이 상당한 이익을 얻을 것으로 믿습니다.

▢ **on behalf** : ~를 대신(대리)하여, 위하여

We would like to place an order **on behalf** of ABC.
당사는 ABC를 대리하여 주문하고 싶습니다.

Issuing bank means the bank that issues a credit at the request of an applicant or **on** its own **behalf**.
개설은행은 개설의뢰인의 신청 또는 그 자신을 위하여 신용장을 개설한 은행을 의미한다.

≒ middleman, intermediary : 대리인, 중개인

06 서류 제출

▢ (서류를) 제출(제시)하다 : **submit, present, tender, surrender**

When **submitting** your draft, please enclose the following documents.
당신의 환어음을 제출하실 때, 다음의 서류들을 포함시켜 주십시오.

Bill of ladings **tendered** under a letter of credit.
신용장 하에서 제시된 선하증권

As soon as the original bill of lading corresponding to the above cargo comes into our possession, we shall **surrender** the same to you whereupon our liability hereunder shall cease.
상기 화물에 대한 원본 선하증권이 당사에 입수되는 대로, 해당 선하증권을 귀사에 제출하겠으며 그로써 이하에 기재된 당사의 책임은 종료됩니다. (L/G 기재문구)

예 tender guarantee (Bid bond) : 입찰보증
surrender(ed) B/L : (원본선하증권을 운송인에게 제출한) 권리포기 선하증권

□ 서류의 통수 : **sole(1), Duplicate(2), Triplicate(3), Quadruplicate(4), Quintuplicate(5), Full-set(전통)**

A transport document covering at least two different modes of transport, however named, must appear to be the **sole** original transport document or, if issued in more than one original, be the **full set** as indicated on the transport document.

최소 둘 이상의 다른 운송방법을 포괄하는 운송서류(복합운송서류)는 어떤 명칭을 사용하든 유일한 운송서류 원본이거나, 복수의 원본이 발행된 경우에는 해당 운송서류에 표시된 전통인 것으로 보여야 한다.

Insurance policy or certificate in **duplicate** blank endorsed for 110% of the invoice value covering Institute Cargo Clause (A).

송장금액의 110%에 대하여 협회적하약관(ICC) (A)로 부보되고 백지배서된 보험증권 또는 보험증명서 2통

07 환어음

□ 기한부 어음 : **usance, time, tenor, term draft**

Time Drafts, also called a **tenor** bill or **usance** bill, are payable at a fixed future time or a determinable future time.

기한부 환어음(Time Drafts)은 tenor bill 또는 usance bill로도 불리며 정해진 장래기일 또는 (계약서 등에 의해) 결정될 수 있는 장래기일에 지급된다.

Draft drawn at 30 days after sight under an Irrevocable Credit

취소불능 신용장 하에서 일람 후 30일로 발행된 환어음

⇔ sight, demand draft : 일람불 어음

□ **We[1) have **drawn** a draft at[2) sight for $10,000 on[3) the Bank of Seoul under[4) the L/C No. 1234.**

: 당사는 신용장 번호 1234 하에서 일람불로, 1만달러의 금액으로, 서울은행을 지급인으로 하여 환어음을 발행하였습니다.

[1) 신용장에서 환어음을 발행하는 당사자이므로 신용장의 수익자이며 매매계약의 매도인이다.

[2) 환어음의 만기는 drawn at ~ 다음에 표시한다.

[3) 발행된 환어음의 지급인(Drawee)은 drawn on ~ 다음에 표시한다.

[4) 환어음을 발행한 근거가 되는 신용장의 정보는 drawn under ~ 다음에 표시한다.

A bill of exchange is an unconditional order in writing, addressed by one person to another, signed by the person giving it, requiring the person to whom it is addressed to pay on demand or at a fixed or determinable future time a sum certain in money to or to the order of a specified person, or to bearer.

환어음은 한 사람이 다른 사람에게 서면으로 서명과 함께 송부하여 그 받는 자가 요구불로 또는 확정일 또는 확정 가능한 장래에 일정 금액을 지정된 자 또는 그의 지시 또는 소지인에게 지급할 것을 요구하는 무조건적인 지시이다.

□ 환어음의 당사자 : **drawer(발행인), drawee(지급인), payee(수취인)**

Drawee under bill of exchange shall pay unconditionally by order of **drawer**. A party who is to be paid is the **payee**.

환어음의 지급인은 발행인의 지시에 의해 무조건적으로 지급하여야 한다. 지급을 받을 당사자는 수취인이다.

We hereby engage with **drawers**, endorsers and bona-fide holders that drafts drawn and negotiated in conformity with the terms of this credit will be duly honored on due presentation.

이로써 당사는 이 신용장의 조건에 일치하게 발행되고 매입되는 환어음의 발행인과 배서인 그리고 선의의 소지인이 정당한 제시 시에 정히 결제를 받을 것임을 약정합니다. (매입신용장의 문구)

[참고] 환어음 등 유가증권의 소지인 : holder, bearer, 선의의 소지인 : bona fide holder

□ 환어음의 배서 : **endorse(배서하다), endorsement(배서), endorser(배서인)**

Blank **endorsement** is an act that the **endorser** signs on the back of an instrument without bearing a specific person.

백지배서는 증권 뒷면에 특정인을 기재하지 않고 배서인이 서명하는 행위이다.

[참고] Blank endorsement : 백지배서, Special Endorsement : 기명식 배서
　　　 Order Endorsement : 지시식 배서

08 신용장의 당사자

□ **An Irrevocable L/C opened in our favor[1]**
: 당사를 수익자로 개설된 취소불능 신용장

[1] in one's favor에 기재된 당사자가 신용장의 수익자이다.

≒ in one's favor : ~에게 유리하게

[예] You should secure the terms of payment in your favor. : 당신에게 유리한 결제조건을 확보해야 합니다.

□ **(A) Bank**[1] **has today issued** a Letter of Credit for USD500,000 on **behalf of** (B)[2] which will be **advised** through (C) **bank**[3] in **your**[4] city within a few days.

: (A) 은행이 오늘 (B)를 위하여 50만 달러의 신용장을 개설하였고, 귀사가 위치한 도시의 (C)은행을 통하여 몇 일 내에 통지될 것입니다.

[1] 신용장을 개설한 당사자이므로 개설은행이다.

[2] 개설은행이 (B)를 위하여(대신하여) 신용장을 개설하였으므로, (B)는 신용장의 개설의뢰인이며 매매계약의 매수인이다.

[3] (C) 은행을 통하여 신용장을 통지하게 되므로 통지은행이다.

[4] 신용장을 통지받는 당사자이므로 신용장의 수익자이며 매매계약의 매도인이다.

09 선하증권의 요건

□ **Full set**[1] of **clean**[2] **on board**[3] ocean bills of lading made out **to order of (A) bank**[4] and **notify applicant**[5]

: 전통의 무고장 본선적재의 A은행의 지시식으로 발행되고 개설의뢰인을 착화통지처로 기재한 선하증권

[1] 발행된 원본 전체 통수를 의미하는 전통

[2] 운송인이 수령 시에 화물의 이상상태에 대해 기재하지 않은 무사고 선하증권

[3] 본선적재가 확인되는 본선적재 선하증권

[4] 선하증권의 수하인이 '(A)은행의 지시식'이어야 함

[5] 선하증권의 착화통지처는 신용장의 개설의뢰인, 즉 매수인으로 요구하고 있음

10 중재

□ **arbitration** : 중재

In comparison with lawsuit case in a court, **arbitration** has advantages of the speedy decision, lower costs, nomination of specialized arbitrators, and international effect of judgement.

법원에서의 소송 사건과 비교할 때, 중재는 신속한 결정, 적은 비용, 전문적인 중재인의 선임 그리고 판정의 국제적 효력을 장점으로 가진다.

□ **(arbitral) award** : 중재판정

Recognition and enforcement of the foreign **arbitral award**.

외국중재판정의 승인과 집행.

제118회 1급 기출문제

01

□

What is the purpose of the following correspondence?

> Dear Mr. Mike, We have organized a series of online coaching clinic for middle schools' table tennis coaches this winter.
>
> For the virtual training, we would like to provide all registered participants with a tablet PC for interactive real-time communication.
>
> I saw a catalogue with my colleague showing your company's ranges of tablets. We are planning to make an order for more than 1,000 sets at a time. Is there a discount package available for a bulk purchase? I will also like to know the minimum price if we order for 15 or more desktop PCs with webcam.

① Request for Proposal(RFP)

② Request for Quotation(RFQ)

③ Purchase Order

④ Firm Offer

[02 ~ 03] Read the following and answer the questions.

We must express surprise that the firm mentioned in your enquiry of 25th May have given our name as a reference.

As far as we know, they are a reputable firm, but we have no certain knowledge of their financial position. It is true that they have placed orders with us on a number of occasions during the past two years, but the amounts involved have been small compared with the sum mentioned in your letter; and even so, accounts were not always settled on time.

_____. We accept your assurance that the information we give will be treated in strict confidence and regret that we cannot be more helpful.

02 According to the context, which is the best sentence in the blank?

□
① Therefore, we find this company to be a good credit rating.

② This, we feel, is a case in which caution is necessary and suggest that you make additional enquiries through an agency.

③ Our company was established in 1970 and has been enjoying steady growth in its business with excellent sales.

④ We regret that the amount of obligations you now carry makes it difficult for us to agree to allow you credit terms.

03 The passage in the box is a reply to the letter. Which of the following is LEAST to be included in the previous letter?

□
① Their requirements may amount to approximately US $200,000.00 a quarter and we should be grateful for your opinion of their ability to meet commitments of this size.

② They state that they have regularly traded with you over the past two years and have given us your name as a reference.

③ We should appreciate it if you would kindly tell us in confidence whether you have found this company to be thoroughly reliable in their dealings with you and prompt in settling their accounts.

④ We would appreciate a prompt decision concerning our order once you have contacted our references.

04

☐

Which of the following CANNOT be inferred from the passage below?

> Dear Mr. Cooper,
>
> Thank you for your letter in reply to our advertisement in EduCare.
>
> Although we are interested in your proposition, the 5% commission you quoted on the invoice values is higher than we are willing to pay. However, the other terms quoted in your quotation would suit us.
>
> Again we do not envisage paying more than 3% commission on net invoice values, and if you are willing to accept this rate, we would sign a one-year contract with effect from 1 August.
>
> One more thing we would like to add is that the volume of business would make it worth accepting our offer.
>
> Yours sincerely,
>
> Peter

① Peter is an agent.

② Cooper is engaged in a commission based business.

③ 3% commission is a maximum to the Principal to go with.

④ Low commission might be compensated by large volume of business.

[05 ~ 06] Read the following and answer.

As we wrote you previously about the delays in the delivery of your order, the situation is still the same, the trade union strike is on-going. We apologize for this occurrence, but there is not much that we can do to (   ) this, as it is out of our hands.

We again apologize and regret the delay in delivery of your order.

Yours faithfully,

---

05 What situation is excused in the above letter?

☐   ① late payment

② force majeure

③ non payment

④ early delivery

06 Fill in the blank with suitable word.

☐   ① rectify   ② examine   ③ arrange   ④ file

[07~08] Read the following and answer.

We are a chain of retailers based in Birmingham and are looking for a manufacturer who can supply us with a wide range of sweaters for the men's leisurewear market. We were impressed by the new designs displayed on your stand at the Hamburg Menswear Exhibition last month.

As we usually (ⓐ) large orders, we would expect a quantity discount in addition to a 20% trade discount off net list prices. Our terms of payment are normally 30-day bill of exchange, D/A.

If these conditions interest you, and you can (ⓑ) orders of over 500 garments at one time, please send us your current catalogue and price list.

We hope to hear from you soon.

07 Which is best rewritten for the underlined sentence?

① If you can meet these conditions,

② Provided that if we can meet these conditions,

③ Should you need interest to these conditions in advance,

④ If the interest brings you to the conditions above,

08 Which is the best pair for the blanks?

① ⓐ take − ⓑ meet

② ⓐ place − ⓑ meet

③ ⓐ take − ⓑ provide

④ ⓐ place − ⓑ provide

[09 ~ 10] Read the following and answer.

Dear Mr. Cox

We are a large motorcycle wholesale chain with outlets throughout Korea, and are interested in the heavy touring bikes displayed on your stand at the Tokyo Trade Fair recently.

There is an increasing demand here for this type of machine. Sales of larger machines have increased by more than 70% in the last two years, especially to the 40–50 age group, which wants more powerful bikes and can afford them.

We are looking for a supplier who will offer us an exclusive agency to introduce heavy machines. At present we represent a number of manufacturers, but only sell machines up to 600cc, which would not compete with your 750cc, 1000cc, and 1200cc models.

We operate on a 10% commission basis on net list prices, with an additional 3% del credere commission if required, and we estimate you could expect an annual turnover in excess of US $5,000,000.00 With an advertising allowance we could probably double this figure.

We look forward to hearing from you.

Steve Kim

09 What can NOT be inferred?

① Steve would like to represent same line of bikes with their current suppliers.

② Mr. Cox's company is engaged in heavy touring bikes.

③ Steve Kim may take endbuyers' credit risk.

④ 40–50 age Korean consumers tend to buy bikes with large engine displacement.

10 Which is NOT related with del credere?

① Del credere agent here guarantees that a buyer is trustworthy.

② Del credere agent here compensates the principal in case the buyer defaults.

③ To cover credit risk, del credere agents charge higher commission rates.

④ A del credere agent is an agent who guarantees the solvency of third parties with whom the agent contracts on behalf of the buyer.

[11~12] Read the following and answer the questions.

We have carefully considered the letter you sent.

It would give us great pleasure to supply you with the marmalade you wish to order. You have noticed that its quality is probably better than that of the marmalade usually sold in your country. You will soon see that your customers notice the difference too, and will want to place repeat orders.

We should like to prove this to you, and are therefore prepared to grant you a special discount of 5% for the quantity of 15,000 jars of A2 orange marmalade. This, with the 2% cash discount which we would allow, should enable you to offer the goods for sale at competitive prices.

May we look forward to receiving your order?

11 What is the type of the letter?

① Reply to a counter-offer

② Counter-order

③ Inquiry

④ Sales letter

12 Which of the following is NOT likely to be mentioned in the previous letter?

① As far as settlement is concerned, we would suggest paying half the amount against your invoice on receipt of the goods.

② Thank you for your letter of 10th November, enclosing your price-list.

③ Would you kindly let us know as soon as possible if you can supply us on the terms mentioned.

④ Therefore, we would ask you to raise the prices quoted for quality A2 by ten percent.

13

☐

This is the first letter of Mary French. After getting the reply, she sends the second letter. Which of the following is LEAST likely to be included in the second letter?

Dear Sirs,

We regularly ship consignments of bottled sherry to Australia by both passenger and cargo liners of the Enterprise Shipping Line. We are interested to know whether you can issue an all-risks policy for these shipments and, if so, on what terms. In particular we wish to know whether you can give a special rate in return for the promise of regular monthly shipments.

Yours faithfully

Mary French

---

① Our first shipment will be on 2 July for 20 cases of sherry valued at USD60,000.

② We understand that these terms will apply to all our shipments of bottled sherry by regular liners to Australian ports and cover all risks, including breakages and pilferage.

③ As you will see from the prospectus, our comprehensive policies provide a very wide range of cover.

④ The terms you quote, namely 0.3% with special discount for regular shipments, are acceptable.

[14~15] Read the following and answer the questions.

I recently purchased from your catalog OEM Toner Cartridge No. 123 for USD74.99 per piece, which was advertised to be 20 percent below the normal price. I received the toner cartridge two days later and felt completely satisfied with my purchase.

While looking through the Sunday edition of THE BOSTON GLOBE yesterday, I noticed the same toner cartridge selling for USD64.99 at Global Computer Outlet.

You say you won't be undersold on any merchandise.

If that's true, I'd appreciate a refund of USD(   ) since we bought 100,000 cartridges. Thank you.

Sincerely,

Skip Simmons

14 What is MOST suitable for the blank?

① 10   ② 1,000,000   ③ 100,000   ④ 6,499,000

15 Which is MOST likely to be enclosed in this letter?

① writer's first inquiry letter

② a copy of invoice and Global Computer Outlet's advertisement

③ a copy of catalog

④ a copy of price list which Simmons sent

[16 ~ 17] Read the following letter and answer the questions.

I have now received our (A)assessor's report with reference to your claim in which you asked for (B)compensation for damage to two turbine engines which were shipped ex–Liverpool on the Freemont on 11 October, for delivery to your customer, D.V. Industries, Hamburg.

The report states that the B/L was **claused** by the captain of the vessel, with a (C)comment on cracks in the casing of the machinery.

Our assessor believes that these cracks were the first signs of the weakening and splitting of the casing during the (D)voyage, and that this eventually damaged the turbines themselves.

(   )

I am sorry that we cannot help you further.

16 Which could NOT be replaced with the underlined (A), (B), (C) and (D) parts?

☐　① A : surveyor　　② B : compliment　　③ C : remark　　④ D : trip

17 Which could not be replaced with the underlined claused?

☐　① commentary　　② dirty　　③ unclean　　④ foul

18 Select the different purpose among the following things.

☐　① The finish is not good and the gilt comes off partly.

　　② By some mistake the goods have been wrongly delivered.

　　③ When comparing the goods received with the sample, we find that the color is not the same.

　　④ All marks must be same as those of invoice in accordance with our direction.

[19~20] Read the following and answer.

> Dear Peter Park,
> I intend to place a substantial order with you in the next few months.
> As you know, over the past two years I have placed a number of orders with you and *settled promptly*, so I hope this has established my reputation with your company. Nevertheless, if necessary, I am willing to supply references.
> I would like, if possible, to settle future accounts every three months with payments against quarterly statements.

19 Which is LEAST similar to *settled promptly*?

① debited per schedule

② paid punctually

③ cleared punctually

④ paid on schedule

20 What can be inferred from the above?

① Peter Park is a buyer.

② The writer wants to place an initial order with the seller.

③ References are to be provided if the buyer is afraid of seller's credit.

④ The seller may send invoices for settlement on a quarterly basis provided that the request is accepted.

21

Select the right words in the blanks (A)~(D).

> We have been very satisfied with your handling of our orders, and as our business is growing we expect to place even larger orders with you in the future. As you know we have been working together for more than 2 years now and we will be glad if you can grant us ((A)) facilities with quarterly settlements. This arrangement will save us the inconvenience of making separate payments on ((B)). Banker's and trader's ((C)) can be provided upon your ((D)). We hope to receive your favorable reply soon.

① (A) open-account – (B) invoice – (C) references – (D) request
② (A) open-account – (B) invoice – (C) referees – (D) settlement
③ (A) deferred payment – (B) check – (C) references – (D) settlement
④ (A) deferred payment – (B) check – (C) referees – (D) request

22

Which word fits best for the blanks?

> Dear Simon Lee,
> I intend to place a substantial order with you in the next few months.
> As you know, over the past two years I have placed a number of orders with you and settled promptly, so I hope this has established my reputation with your company. Nevertheless, if necessary, I am willing to supply (   ).
> I would like, if possible, to settle future accounts every three months with payments (   ) quarterly statements.

① credits – for   ② references – against
③ credits – against   ④ debits – from

23 Which of the following is LEAST inferred?

☐

> Dear Mr. Smith
>
> We appreciate receiving your order for 1,000 XTM–500 linear circuit amplifiers.
>
> Our credit department has approved a credit line of USD10,000 for you. Because the total on your current order exceeds this limit, we need at least partial payment (half up front) to ship the goods to your factory.
>
> If you anticipate more purchases of this size, call me and we'll see what we can do about extending your limit. We value your business, hope this is a satisfactory solution, and thank you for the opportunity to serve you.
>
> Sincerely yours,
>
> John Denver

① John requires minimum USD4,500 cash for accepting this order.

② Mr. Smith must have ordered the products for more than USD10,000.

③ The seller is granting credit, but not in the amount the customer wants.

④ John explains the balance required to deliver the entire order, and invite the customer to further discuss extending the credit limit.

24 What is the most appropriate for the blank?

☐

> We regret to inform you that payment of USD75,000 has not been made for order No. 3038. We sent your company a (   ) notice three weeks ago, and so far we have received no reply from you.
>
> We hope that you can help us to clear this amount immediately.

① shipping   ② payment   ③ check   ④ reminder

25

☐

The following is a part of a letter. Choose one that is NOT appropriate for the blank.

When we received your letter of September 18 enclosing invoice No. W-562, we were surprised to find your letter requesting us to clear our account with you by cash.

For the previous dealings, however, we have settled our accounts with you by banker's draft and you have never raised any objection to this method of payment. Therefore,
(   )

---

① We are afraid that you cannot accept the draft for coming deals and seek your reconsideration.

② We believe there must be a oversight and we can continue our former arrangement using banker's draft.

③ We would like to settle your account by the banker's draft when the payment becomes due.

④ We would like to take a legal action for this and request compensation for this.

[26~27] Read the following and answer.

Dear Herr Kim,

We would like to invite you to our annual dinner on 15 February, and <u>당신이 우리의 초청 연사 중 한 분이 되어 주실지 궁금합니다.</u>

Our theme this year is 'The effects of the USD', and we would appreciate a contribution from your field on how this is affecting exporting companies.

Please let us know as soon as possible if you are able to speak.

(A) a formal invitation for yourself and a guest.

Yours sincerely,

26 What is best written for the underlined part?

① wonder if you would consider being one of our guest speakers.

② doubt if you would be one of our inviting speaker.

③ want you would accept as one of our speakers.

④ question goes for your acceptance as one of our host speakers.

27 Which is best for the blank (A)?

① Enclosed you will find

② Attached is our file

③ You may put out

④ We appreciate if you could sign

28 Select the best answer suitable for the blank.

> We are (A) of being able to send you the (B) by the end of this week. We shall do (C) in our power to see that such an irregularity is not (D).

	(A)	(B)	(C)	(D)
①	convinced	substitute	all	replace
②	convinced	substitution	all	replace
③	confident	substitution	everything	replaced
④	confident	substitute	everything	repeated

29 Which of the following BEST completes the blanks in the letter?

> We would like to send (A)–Heathrow (B) Seoul, Korea, 12 crates of assorted glassware, to be delivered (C) the next 10 days.

① ex － to － within

② ex － to － off

③ from － through － within

④ from － through － above

30 Choose the WRONG English composition for Korean meaning.

> 당사의 정보에 따르면, 해당 상사는 제때에 채무를 변제하고 있습니다.

① According to our records, they are punctually meeting their credits.

② As far as our information goes, they are punctually meeting their liabilities.

③ According to our records, they are punctually meeting their commitments.

④ As far as our information goes, they are punctually meeting their obligations.

31 Which of the following is LEAST correctly written in English?

□　① 제품 No.105와 106호의 즉시 선적이 불가능하다면, 제품 No.107과 108호를 대신 보내주십시오.
- If Nos.105 and 106 are not available for immediate shipment, please send Nos.107 and 108 instead.

② 이 가격이 귀사에게 괜찮다면 우리는 주문양식을 보내 드리고자 합니다.
- If this price is acceptable to you, we would like to send you an order form.

③ 귀사가 제품을 공급해줄 수 없다면, 이유를 알려주시기 바랍니다.
- If you cannot supply us with the products, please let us have your explanation.

④ 당사의 송장은 주문한 안락의자들을 7월 12일 오후 5시까지 설치해줄 것을 구체적으로 명시하고 있습니다.
- Our invoice specifically is stated that the armchairs ordering should be furnished until 5:00 p.m. on July 12.

32 Choose one which is NOT correctly composed into English.

□　① 계약이 체결되기 전까지 청약은 취소될 수 있습니다. 다만 이 경우에 취소의 통지는 피청약자가 승낙을 발송하기 전에 피청약자에게 도달하여야 합니다.
→ Until a contract is concluded, an offer may be revoked if the revocation reaches the offeree before an acceptance is dispatched by offeree.

② 매매계약은 서면에 의하여 체결되거나 또는 입증되어야 할 필요가 없으며, 또 형식에 관하여도 어떠한 다른 요건에 구속 받지 아니합니다.
→ A contract of sales needs not be concluded in or evidenced by writing and is not subject to any other requirement as to form.

③ 보험서류에서 담보가 선적일보다 늦지 않은 일자로부터 유효하다고 보이지 않는 한 보험서류의 일자는 선적일보다 늦어서는 안됩니다.
→ The date of the insurance document must be no later than the date of shipment if it appears from the insurance document that the cover is effective until a date not later than the date of shipment.

④ 송하인의 지시식으로 작성되고 운임선지급 및 착하통지처가 발행의뢰인으로 표시된 무고장 선적해상선하증권의 전통을 제시하십시오.
→ Please submit full set of clean on board bill of lading made out to the order of shipper marked freight prepaid and notify applicant.

33 Which of the following is WRONG?

① 당사의 조사에 의하면 이 곳 시장에서 고가 품목이 진열되지 않을 것입니다.

→ According to our research, this market will not stand a high-priced line.

② 본 기계의 작동 상태를 보시고자 하신다면 현지의 당사 대리점이 찾아 뵙고 시연을 해 드리겠습니다.

→ If you want to see the machines' operation, we will arrange for our representative there to demonstrate it at your place.

③ 당사는 직접 광고를 하고 있으므로 귀사의 판매액이 증가할 것이라고 믿습니다.

→ Since we operate our advertising directly, we believe your turnover will increase.

④ 고객에게 각종 신발을 신속하게 공급하기 위해 홍콩에 대리점 설치를 고려 중에 있습니다.

→ We consider to establish an agency in Hong Kong for the prompt supply of various footwear to our clients.

34 Which pair does NOT have similar meaning?

① Your bank has been given to us as a reference by Brown & Co.

– Brown & Co. have been referred by our bank to you.

② Please inform us of their credit standing.

– Please furnish us with information about their credit status.

③ We will treat your information in strict confidence.

– Your information will be treated as absolutely confidential.

④ We have had no previous dealings with the above company.

– We have not had any business transactions with the above company so far.

[35~37] Please read the following letter and answer each question.

(A) We have instructed our bank, Korea Exchange Bank, Seoul to open an irrevocable letter of credit for USD22,000.00 (twenty two thousand US dollars) to cover the shipment (CIF London). The credit is (a) until 10 June.

(B) Bill of Lading (3 copies) Invoice CIF London (2 copies) AR Insurance Policy for USD24,000.00 (twenty four thousand US dollars)

(C) We are placing the attached order for 12 (twelve) C3001 computers in your proforma invoice No.548.

(D) You will receive confirmation from our bank's agents, HSBC London, and you can draw on them at 60 (sixty) days after sight for the full amount of invoice. When submitting our draft, please enclose the following documents.

Please fax or email us as soon as you have arranged (b).

---

35 Put the sentences (A)~(D) in the correct order.

☐　① (D) – (B) – (A) – (C)

　　② (C) – (A) – (D) – (B)

　　③ (D) – (C) – (B) – (A)

　　④ (B) – (A) – (C) – (D)

36 Which word is Not suitable for (a)?

☐　① invalid

　　② in force

　　③ effective

　　④ available

37 Which word is most suitable for (b)?

☐　① shipment

　　② insurance

　　③ negotiation

　　④ invoice

제112회 1급 기출문제

38 Which of the following is grammatically INCORRECT?

(a) I am afraid I have noticed there is a word missing (b) in the final version of our contract. (c) I would like you to take a look at it and determine (d) whether it is enough big to cause a dispute. Once again, I give you my sincerest apologies for the inconvenience.

① (a)　　　　　② (b)　　　　　③ (c)　　　　　④ (d)

제115회 1급 기출문제

39 What is "This" in the sentences?

- This should be located in a conspicuous place to tell the purchases where the product was produced.
- This is used to clearly indicate to the ultimate purchaser of a product where it is made.

① Packaging
② Country of origin marking
③ Carton number marking
④ Handling caution marking

제106회 1급 기출문제

40 What is THIS?

THIS is the term used to describe the offence of trying to conceal money that has been obtained through offences such as drugs trafficking.
In other words, money obtained from certain crimes, such as extortion, insider trading, drug trafficking and illegal gambling is "dirty".

① money laundering
② fraud
③ illegal investment
④ abnormal remittance

| 정답 |

p.482

01 ②	02 ②	03 ④	04 ①	05 ②	06 ①	07 ①	08 ②	09 ①	10 ④
11 ①	12 ④	13 ③	14 ②	15 ②	16 ②	17 ①	18 ④	19 ①	20 ④
21 ①	22 ②	23 ①	24 ④	25 ④	26 ①	27 ①	28 ②	29 ①	30 ①
31 ④	32 ③	33 ④	34 ①	35 ②	36 ①	37 ①	38 ④	39 ②	40 ①

| 해설 |

01 정답 ②

1,000세트 이상의 대량 구매 시 이용할 수 있는 할인 패키지의 유무와 웹캠이 달린 15대 이상의 데스크톱 PC 구매 시 최저가를 문의하고 있다.

(해석) 다음 서신의 목적은 무엇인가?

> Mr. Mike께,
> 당사는 올겨울 중학교 탁구 코치들을 위한 일련의 온라인 코칭 클리닉을 준비했습니다. 가상 교육을 위해, 당사는 등록된 모든 참가자들에게 대화형 실시간 의사소통을 위한 태블릿 PC를 제공하고자 합니다. 저는 제 동료와 함께 귀사의 태블릿 종류를 보여주는 카탈로그를 보았습니다. 당사는 한 번에 1,000세트 이상 주문을 할 예정입니다. 대량구매를 대상으로 이용할 수 있는 할인 패키지가 있습니까? 당사가 웹캠이 달린 데스크톱 PC를 최소 15대 주문했을 경우의 그 최저가도 알고 싶습니다.

① 제안 요청
② 견적 요청
③ 구매주문서
④ 확정청약

[02 ~ 03]

(해석) 다음을 읽고 질문에 답하시오.

> 5월 25일 자 귀사의 문의에서 언급된 회사가 당사의 이름을 신용조회처로 제공했다는 사실에 놀라움을 표합니다. 당사는 그들이 평판 좋은 회사라는 것을 알고 있지만, 우리는 그들의 재무 상태에 대해 확실히 아는 바가 없습니다. 지난 5년 동안 그들이 여러 차례에 걸쳐 당사에게 주문을 한 것은 사실이지만, 귀사의 서신에 언급된 금액에 비해 관련 금액이 너무 적으며, 그렇다 하더라도 결제가 항상 제시간에 이루어지지도 않았습니다.
> 이는 당사가 느끼기에 신중함이 필수적인 경우이며, 대행사를 통해 추가적인 조사를 할 것을 제안합니다. 당사가 제공하는 정보는 극비로 처리될 것이라는 귀사의 보장을 수령하며, 당사가 더 도움이 되어드리지 못한 점을 유감스럽게 생각합니다.

02 정답 ②

서신에서 그 회사의 재무상태에 대해 확실히 아는 바가 없다고 하였으므로, 신중함이 필요하다는 의견을 제공하고 추가 조사를 할 것을 제안하는 내용이 와야 적절하다.

(해석) 문맥에 따르면, 빈칸에 가장 적합한 문장은 무엇인가?

① 따라서, 당사는 이 회사가 신용등급이 좋다는 것을 알게 되었습니다.

② 이는 당사가 느끼기에 신중함이 요구되는 경우이며, 대행사를 통해 추가적인 조사를 할 것을 제안합니다.

③ 당사는 1970년에 설립되어 빼어난 매출로 꾸준한 사업 성장을 누리고 있습니다.

④ 당사는 귀사께서 지금 부담하고 있는 채무의 액수가 귀사의 신용 조건 허용에 동의하기 어렵게 하는 점에 대해 유감으로 생각합니다.

03
정답 ④

신용조회처로서 대상이 되는 회사에 대한 신용정보를 제공하고 있으므로 우리의 신용조회처에 연락하면 우리의 주문과 관련하여 결정을 내릴 수 있을 거라는 내용은 이전 서신으로 적정하지 않다.

(해석) 박스 안의 지문은 서신에 대한 회신이다. 다음 중 이전 서신에 포함될 수 없을 것은 무엇인가?

① 그들의 요구사항은 분기당 약 20만 달러에 달할 수 있으며, 당사는 그들의 이 정도 규모의 재정적 의무이행 능력에 대한 귀사의 의견을 주시면 감사하겠습니다.

② 그들은 지난 2년 동안 정기적으로 귀사와 거래했다고 하며, 신용조회처로 귀사의 이름을 당사에게 알려 주었습니다.

③ 이 회사가 귀사와의 거래에서 철저히 신뢰할 수 있고, 신속하게 결제하는 회사인지 여부를 당사에게 극비로 상세히 알려주시면 감사하겠습니다.

④ 일단 귀사가 당사의 신용조회처에 연락하시면, 당사는 우리의 주문과 관련하여 신속한 결정을 내릴 수 있을 것입니다.

04
정답 ①

Peter는 수수료를 지급하는 입장이므로, 그가 대리인이라는 것은 추론할 수 없다.

(해석) 다음 중 아래 지문으로부터 추론될 수 없는 것은 무엇인가?

Mr. Cooper께,

EduCare에 실린 당사의 광고에 대한 귀사에 답신에 감사드립니다.

당사가 귀사의 제안에 관심이 있긴 하지만, 송장 가격으로 견적하신 수수료 5퍼센트는 당사가 지급하고자 하는 것보다 높습니다. 하지만, 귀사의 견적서에 견적된 다른 조건들은 당사에 적합합니다.

다시 한번 말씀드리면, 송장 정가에 대해 3퍼센트 수수료 이상을 지급하는 것은 예상하지 않으나, 귀사께서 이 수수료율을 기꺼이 받아들이신다면 당사는 8월 1일부터 효력을 가지는 1년 계약서에 서명하겠습니다.

한 가지 덧붙이고 싶은 것은 해당 거래량이 당사의 제안을 수락할 만한 가치가 있게 할 것이라는 점입니다.

① Peter는 대리인이다.

② Cooper는 수수료 기반 사업에 종사하고 있다.

③ 본인에게 있어 3%의 수수료가 적용할 수 있는 최대치이다.

④ 낮은 수수료는 많은 거래량으로 보상될 수 있다.

[05 ~ 06]

(해석) 다음을 읽고 답하시오.

당사가 귀사의 주문 인도 지연에 대해 이전 서신에서 말씀드린 대로 상황은 여전히 동일하며, 노동조합 파업이 진행 중입니다. 당사는 이 일에 대해 사과드리지만, 이는 당사의 소관 밖이므로, 이를 (바로잡기) 위해 당사가 할 수 있는 일이 많지 않습니다.

다시 한번 사과드리며, 인도가 지연되어 유감입니다.

05
정답 ②

노동조합 파업 진행으로 인도가 지연되고 있는데, 자신들의 소관 밖이므로, 할 수 있는 일이 없다고 했으므로, 불가항력에 대한 설명임을 추론할 수 있다.

(해석) 위 서신에서 설명되고 있는 상황은 무엇인가?

① 연체 ② 불가항력 ③ 지급거절 ④ 조기 인도

06
정답 ①

노동조합 파업이라는 문제가 아직 해결되지 않은 채 진행 중이라고 했으므로 빈칸에는 이 문제를 바로잡는다는 내용이 와야 적절하다.

(해석) 빈칸에 적절한 단어를 채우시오.

① 바로잡다 ② 조사하다 ③ 준비하다 ④ 보관하다

[07 ~ 08]

(해석) 다음을 읽고 답하시오.

저희는 버밍엄에 기반을 둔 소매업체의 체인이고 저희에게 남성 캐주얼복 시장을 위한 다양한 스웨터를 공급해줄 수 있는 제조사를 찾고 있습니다. 저희는 지난달에 함부르크 남성복 전시회에서 귀사의 진열대에 전시되었던 새로운 디자인에 깊은 인상을 받았습니다. 저희가 보통 대량 (ⓐ 주문을 하기) 때문에, 정가에서 20% 거래 할인에 더하여 수량 할인도 예상합니다. 저희의 결제 조건은 보통 30일 환어음, D/A(서류인수인도조건)입니다.

이 조건들에 관심 있고, 귀사가 한꺼번에 500벌이 넘는 주문을 (ⓑ 맞출) 수 있으시다면, 저희에게 최신 카탈로그와 가격표를 보내주십시오.

귀사로부터 곧 소식을 듣기를 바랍니다.

조건들에 관심이 있고, 주문을 맞출 수 있다면 카탈로그와 가격표를 보내달라고 하고 있으므로, 귀사가 조건들을 맞출 수 있다면이라는 내용이 되어야 한다.

해석　다음 중 밑줄 친 문장을 다시 쓴 것으로 가장 잘된 것은 무엇인가?

① 귀사가 이 조건들을 맞출 수 있으시다면,
② 저희가 이 조건들을 맞출 수 있다는 것을 전제로,
③ 사전에 이 조건들에 대한 관심이 필요하시다면,
④ 그 관심이 귀사에 상기 조건들을 가져다주신다면,

주문하다 : place an order
주문을 맞추다, 주문(조건을) 충족시키다 : meet the order

해석　다음 중 빈칸에 가장 잘 맞는 짝은 무엇인가?

① ⓐ (주문을) 받다 – ⓑ 맞추다
② ⓐ (주문을) 하다 – ⓑ 맞추다
③ ⓐ (주문을) 받다 – ⓑ 제공하다
④ ⓐ (주문을) 하다 – ⓑ 제공하다

[09 ~ 10]

해석　다음을 읽고 질문에 답하시오.

> Mr. Cox께
> 당사는 한국 도처에 직판점을 가지고 있는 큰 오토바이 소매 체인이며 최근 도쿄 무역 박람회에서 귀사의 사업장에 전시되었던 heavy touring bike에 관심이 있습니다.
> 이곳에서는 이러한 종류의 machine에 대한 수요가 증가하고 있습니다. 크기가 더 큰 machine의 판매는 지난 2년간, 특히 40 ～ 50대 연령 집단에서 70% 이상 증가해왔으며, 그 연령대는 더 강력한 bike를 원하며, 그것을 구매할 능력이 있습니다.
> 당사는 우리에게 heavy machine을 도입할 독점 판매권을 제공할 공급업체를 찾고 있습니다. 현재 당사는 많은 제조업체를 대표하고 있지만, 귀사의 750cc, 1000cc, 1200cc 모델과 경쟁하지 않는 600cc까지의 machine만을 판매합니다.
> 당사는 정가의 10%의 수수료 조건으로 운영하고, 요청 시 추가의 3%의 대금지급보증 수수료를 적용하며, 당사는 귀사가 연간 미화 5백만 달러 이상의 매출액을 기대할 수 있다고 추산합니다. 귀사의 광고 비용이 더해지면 아마도 이 수치의 두 배가 될 수 있습니다.
> 소식 기다리겠습니다.
> Steve Kim

Steve Kim이 현재 Mr. Cox 회사의 모델과 경쟁하지 않는 배기량의 오토바이들을 판매하고 있다고 하였으므로, 현재 공급업체들과는 다른 종류의 오토바이를 대표하고 싶어함을 추론할 수 있다.

해석　추론할 수 없는 것은 무엇인가?

① Steve는 그들의 현재 공급업체들과 같은 종류의 오토바이를 대표하고 싶어한다.
② Mr. Cox의 회사는 heavy touring bike에 관여하고 있다.
③ Steve Kim은 최종 구매자의 신용 위험을 감수할 수 있다.
④ 40 ～ 50대 한국 소비자들은 엔진 배기량이 큰 오토바이를 구매하는 경향이 있다.

del credere agent는 매도인의 판매대리인이므로 매도인을 대리하여 매수인과 계약을 체결한다. 따라서 뒷부분의 'the agent contracts on behalf of the buyer'에서 buyer를 seller로 고쳐야 한다.

해석　대금지급보증과 관련이 없는 것은 무엇인가?

① 여기서 대금지급보증 대리인은 매수인이 신뢰할 수 있다는 것을 보증한다.
② 대금지급보증 대리인은 매수인이 채무불이행 할 경우 원금을 보상한다.
③ 신용위험에 대처하기 위해 대금지급보증 대리인은 더 높은 수수료율을 부과한다.
④ 대금지급보증 대리인은 대리인이 매수인을 대신하여 계약하는 제3자의 지급 능력을 보장하는 대리인이다.

[11 ~ 12]

해석　다음을 읽고 질문에 답하시오.

> 귀사가 보낸 서신을 신중하게 고려해 보았습니다.
> 귀사가 주문하고자 하는 마멀레이드를 공급해 드릴 수 있다면 당사에 큰 기쁨이 될 것입니다. 귀사의 국가에서 주로 판매되는 마멀레이드보다 저희 것의 품질이 아마 더 좋다는 점을 인지하셨을 것입니다. 귀사의 고객들께서도 차이를 인지하고 재주문을 원하고 있음을 알게 되실 것입니다.
> 당사는 이 점을 귀하에게 증명하고자 하며, 따라서 A2 오렌지 마멀레이드 15,000병 수량에 대해 특별 할인 5%를 승인할 준비가 되어 있습니다. 이는 당사가 허용하는 2%의 현금 할인과 함께 귀사에게 경쟁력 있는 가격으로 판매용 상품을 제공할 수 있을 것입니다.
> 귀사의 주문을 수취하는 것을 고대해도 될지요?

11

정답 ①

상대방의 서신을 검토하고 이에 거래조건을 제시했으므로, 답은 ①이다.

(해석) 이 서신의 종류는 무엇인가?

① 반대청약에 대한 답신
② 역주문
③ 거래제의
④ 세일즈 레터

12

정답 ④

가격할인에 대한 내용을 담고 있으므로, 가격 인상을 요청하는 것은 이전 서신으로 적절하지 않다.

(해석) 다음 중 이전 서신에서 언급되지 않았을 것은 무엇인가?

① 결제에 관한 한, 상품을 받는 즉시 송장의 절반 금액을 지급하는 것을 제안하려 합니다.
② 귀사의 가격표를 동봉한 11월 10일 자 서신에 감사드립니다.
③ 언급된 조건하에 공급해 주실 수 있을지 가능한 한 빨리 알려주시겠습니까?
④ 따라서, 품질 좋은 A2에 대해 견적하신 가격을 10% 인상해 주시기를 요청드리려 합니다.

13

정답 ③

주어진 서신에서 특정 항차에 대한 개별보험의 적하 보험 부보에 대한 견적과 정기선적의 경우 보험요율을 문의하고 있으므로, 종합(포괄)보험조건에 대한 안내는 적절하지 않다.

(해석) 이것은 Mary French의 첫 번째 서신이다. 답신을 받은 후, 그녀는 두 번째 서신을 보낼 것이다. 다음 중 두 번째 서신에 포함될 것 같지 않을 것은 무엇인가?

> 귀하께,
> 당사는 Enterprise 해운 회사의 여객선 및 정기 화물선을 이용하여 정기적으로 셰리주를 호주로 선적하고 있습니다.
> 당사는 귀사가 이 선적품에 전위험 담보로 보험 증권을 발행해 줄 수 있는지 알고 싶으며, 만약 그러하다면 어떤 조건으로 가능한지도 알고 싶습니다. 특히 월별 정기 선적 계약을 할 경우, 이에 대해 특별 요율을 줄 수 있는지 궁금합니다.
> Mary French

① 당사의 첫 번째 선적물은 7월 2일 미화 6만 달러 상당의 셰리주 20상자입니다.
② 당사는 이 조건들이 호주 항구로 가는 정기선들의 모든 셰리주 선적물에 적용되며 파손 및 도난을 포함한 모든 전 위험 담보에 해당할 것으로 이해합니다.

③ 안내서에서 보실 수 있듯이, 당사의 종합 보험은 매우 광범위한 보장을 제공합니다.
④ 귀사가 견적해 준 정기 선적에 대한 특별 할인율 0.3% 조건은 수락 가능합니다.

[14 ~ 15]

(해석) 다음을 읽고 질문에 답하시오.

> 저는 최근에 귀사의 카탈로그에서 OEM 토너 카트리지 No. 123을 개당 미화 74.99달러에 구입했고, 그것은 정상 가격보다 20퍼센트 저렴한 것이라고 광고되었습니다. 저는 토너 카트리지를 2일 후에 받았고 제가 구매한 것에 완전히 만족했습니다.
> THE BOSTON GLOBE지의 일요일 판을 보던 중에, 저는 같은 토너 카트리지가 Global Computer Outlet에서 미화 64.99달러에 판매되고 있는 것을 알게 되었습니다.
> 귀사에서는 어떤 물품도 더 싼 가격에 파는 곳이 없을 것이라고 합니다. 그게 사실이라면, 제가 100,000개의 카트리지를 샀으므로 미화 (1,000,000)달러를 환불해주시면 감사하겠습니다.
> 감사합니다.
> Skip Simmons 드림

14

정답 ②

개당 미화 74.99달러로 총 100,000개의 카트리지를 구입했고 같은 토너 카트리지가 10달러 더 저렴한 미화 64.99달러에 판매되고 있다고 했으므로, 개당 10달러씩 100,000개에 해당하는 가격인 1,000,000달러를 환불해달라는 내용이 와야 적절하다.

(해석) 빈칸에 들어가기 가장 적절한 것은 무엇인가?

① 10 ② 1,000,000 ③ 100,000 ④ 6,499,000

15

정답 ②

작성자가 구입했던 토너 카트리지를 Global Computer Outlet에서 더 싸게 팔고 있어서 차액을 환불해달라는 내용이므로, 송장 사본과 Global Computer Outlet의 광고를 동봉했을 것으로 추론할 수 있다.

(해석) 이 서신에 동봉되었을 것 같은 것은 무엇인가?

① 작성자의 첫 번째 문의 서신
② 송장 사본과 Global Computer Outlet의 광고
③ 카탈로그 사본
④ Simmons가 보냈던 가격표 사본

[16~17]

(해석) 다음 서신을 읽고 질문에 답하시오.

> 당사는 10월 11일 귀사의 고객인 함부르크의 D.V. Industries사로의 인도를 위해 Freemont에서 리버풀에서 선적된 2대의 터빈 엔진에 대한 손상 (B) 보상을 요청한 귀사의 청구에 대한 (A) 손해사정인의 보고서를 지금 받았습니다.
>
> 보고서에는 선하증권은 그 선박의 선장에 의한 조항이 붙어 있으며, 기계 포장의 균열에 대한 (C) 의견이 기재되어 있습니다.
>
> 당사의 손해사정인은 이러한 균열이 (D) 항해 중에 포장이 약해지고 분리되는 첫 번째 조짐이었고, 이것이 결국 터빈 자체를 손상시켰다고 믿습니다.
>
> (당사는 그것들이 무사고로 선적되지 않았다면 상품에 대한 책임을 질 수 없어 유감스럽게 생각합니다.)
>
> 더 도움을 드리지 못해 죄송합니다.

16   정답 ②

보상(compensation)과 칭찬(compliment)은 의미가 다르다.

(해석) 다음 중 밑줄 친 (A), (B), (C), (D) 부분들을 대체할 수 없는 것은 무엇인가?

① A : 조사관 ② B : 칭찬 ③ C : 언급 ④ D : 이동

17   정답 ①

사고부 선하증권의 명칭으로 사용될 수 있는 표현을 묻고 있는데 claused B/L, dirty B/L, unclean B/L, foul B/L은 모두 사고부 선하증권을 의미한다.

(해석) 다음 중 밑줄 친 claused을 대체할 수 없는 것은 무엇인가?

① commentary   ② dirty   ③ unclean   ④ foul

18   정답 ④

송장에 기재된 것과 동일하게 표시를 해야 한다는 당부와 수령 상품의 하자에 대한 나머지 지문들의 내용은 의도가 다르다.

(해석) 다음 중 다른 목적을 가진 것을 고르시오.

① 마감이 좋지 않으며 도금이 부분적으로 떨어집니다.

② 몇몇 실수로 상품들이 잘못 인도되었습니다.

③ 샘플과 함께 수령한 상품들과 비교했을 때, 당사는 색상이 동일하지 않은 점을 발견했습니다.

④ 당사의 지시에 따라 모든 표시는 송장에 기재된 바와 반드시 동일해야 합니다.

[19~20]

(해석) 다음을 읽고 답하시오.

> Peter Park께,
>
> 당사는 앞으로 몇 달 안에 귀사에 상당한 양의 주문을 할 예정입니다.
>
> 아시다시피, 지난 2년간 당사는 귀사에 많은 주문을 해왔으며 *신속하게 결제*했으므로, 이 점이 귀사에 당사의 평판을 쌓았기를 바랍니다. 그럼에도 불구하고, 필요하시다면, 당사는 기꺼이 신용조회처를 제공하겠습니다. 가능하다면, 추후의 거래를 분기별 명세서에 대한 결제로 3개월마다 정산하고 싶습니다.

19   정답 ①

신속하게 처리했다는 의미는 기한 혹은 예정된 시간에 맞춰 지불 혹은 결제를 했다는 의미이며 debit은 '차변에 기입하다' 또는 '차감하다, 출금하다'라는 의미이다.

(해석) *신속하게 결제했다*와 가장 비슷하지 않은 것을 고르시오.

① 예정대로 출금했다.

② 기한을 엄수하여 결제했다.

③ 기한을 엄수하여 결제했다.

④ 예정대로 결제했다.

20   정답 ④

매수인인 작성자는 가능하다면, 이후의 거래에서는 분기별 명세서에 대해 3개월마다 정산하고 싶다고 했으므로, 요청이 승인되면 매도인은 분기별로 송장을 매수인에게 보낼 것이다.

(해석) 위 지문에서 추론할 수 있는 것은 무엇인가?

① Peter Park은 매수인이다.

② 작성자는 매도인과 첫 주문을 하고자 한다.

③ 매수인이 매도인의 신용을 우려하는 경우 신용조회처가 제공된다.

④ 요청이 승인되면 매도인은 분기별 기준으로 결제를 위한 송장을 보낼 것이다.

21   정답 ①

2년 넘게 거래해 오고 있으므로, 분기별 사후송금 방식으로 결제방식을 변경해 줄 것을 요청하면서, 매도인의 요청이 있는 경우 신용조회처를 제공하겠다는 내용이 문맥상 적절하다.

해석 빈칸 (A)~(D)에 맞는 단어를 고르시오.

> 당사는 당사 주문에 대한 귀사의 처리에 매우 만족해왔으며, 당사 사업이 성장하고 있기 때문에 추후에는 귀사에 더 대량의 주문을 할 것으로 예상합니다. 귀사와 당사가 현재 2년 넘게 함께 일해오고 있다는 것을 알고 계시므로, 당사에 분기별 결제방식으로 ((A) 사후송금) 편의를 승인해 주실 수 있다면 감사하겠습니다. 이 조정은 당사에게 ((B) 송장)별로 별도로 결제해야 하는 불편을 덜어줄 것입니다. 은행과 거래처의 ((C) 신용조회처)는 귀사의 ((D) 요청)에 따라 제공해드릴 수 있습니다. 당사는 귀사의 호의적인 답신을 곧 받기를 바랍니다.

① (A) 사후송금 – (B) 송장 – (C) 신용조회처 – (D) 요청
② (A) 사후송금 – (B) 송장 – (C) 신용조회인 – (D) 결제
③ (A) 연지급 – (B) 수표 – (C) 신용조회처 – (D) 결제
④ (A) 연지급 – (B) 수표 – (C) 신용조회인 – (D) 요청

22 정답 ②

지난 2년 동안 신용을 쌓았지만 필요하다면 신용조회처를 제공하겠다는 내용이 문맥상 적절하다. 또한, 분기(3개월)에 한 번씩 결제하겠다는 내용이 적절하다.

해석 어떤 단어가 빈칸에 가장 잘 맞는가?

> Simon Lee께,
> 저는 앞으로 몇 달 안에 귀사에 상당한 주문을 할 예정입니다.
> 아시다시피, 지난 2년 동안 저는 귀사에 많은 주문을 했으며 신속하게 결제했으므로, 이것이 귀사에 저의 평판을 쌓았기를 바랍니다. 그럼에도 불구하고, 필요하다면, 저는 기꺼이 (신용조회처)를 제공하겠습니다.
> 가능하다면, 분기별 명세서(에 대한) 결제로 3개월마다 미래의 거래를 정산하고 싶습니다.

① 신용 – ~를 위해
② (신용)조회처 – ~에 대한
③ 신용 – ~에 대한
④ 채무 – ~로 부터

23 정답 ①

Mr. Smith에게 미화 10,000달러의 신용 한도액을 승인했지만 주문이 이 한도를 초과하며, 절반을 선불로 하는 일부 지불이 필요하다고 했으므로, John이 이 주문을 받아들이기 위해 최소 미화 5,000달러의 현금을 요구한다는 내용이 와야 한다.

해석 다음 중 가장 추론할 수 없는 것은 무엇인가?

> Mr. Smith께
> XTM–500 선형 회로 증폭기 1,000개에 대한 귀하의 주문을 받은 것에 감사드립니다.
> 저희 신용 부서는 귀하를 위해 미화 10,000달러의 신용한도를 승인했습니다.

> 귀하의 현재 총 주문이 이 한도를 초과하기 때문에, 저희는 귀하의 공장에 제품을 선적하기 위해 적어도 (절반을 선불로 하는) 일부 지불이 필요합니다.
> 귀하께서 이러한 규모의 더 많은 구매를 예상하신다면, 저에게 전화 주시면 귀하의 한도를 더 늘리는 것에 대해 저희가 어떻게 할 수 있을지 알아보겠습니다. 저희는 귀하의 사업을 높이 평가하고 있고, 이것이 만족스러운 해결책이기를 바라며, 귀하를 모실 수 있는 기회를 주셔서 감사합니다.
> John Denver

① John은 이 주문을 받아들이기 위해 최소 미화 4,500달러의 현금을 요구한다.
② Mr. Smith는 제품을 미화 10,000달러 이상 주문했음이 틀림없다.
③ 매도인은 신용을 승인하고 있지만, 고객이 원하는 금액은 아니다.
④ John은 전체 주문을 인도하기 위해 필요한 잔고를 설명하고, 고객에게 신용 한도를 늘리는 것에 대해 더 논의할 것을 권한다.

24 정답 ④

주문에 대한 대금이 지불되지 않았다고 했으므로, 귀사에 독촉장을 보냈다는 내용이 와야 적절하다.

해석 빈칸에 가장 적절한 것은 무엇인가?

> 저희는 주문 번호 3038에 대한 미화 75,000달러가 결제되지 않았음을 알려드리게 되어 유감스럽습니다.
> 저희는 3주 전에 귀사에 (독촉장) 통지를 보냈고, 지금까지 귀사로부터 답변을 듣지 못하였습니다. 저희는 즉시 이 금액을 청산하기 위해 저희를 도와주실 수 있기를 바랍니다.

① 운송   ② 지불   ③ 수표   ④ 독촉장

25 정답 ④

대금 지불 방법 변경을 요청한 서신에 대한 답신이므로, 보상을 요구하겠다는 내용은 적절하지 않다.

해석 다음은 서신의 일부이다. 빈칸에 적절하지 않은 것을 고르시오.

> 송장번호 W – 562가 동봉된 9월 18일 자 귀사의 서신을 받을 때, 당사는 현금으로 계정 정산을 요청한 귀사의 서신에 놀랐습니다.
> 왜냐하면, 이전 거래들에서 당사는 은행 환어음으로 대금을 결제했고 귀사가 이 지불 방법에 이의를 제기한 적이 없었습니다. 그러므로, ( )

① 당사는 귀사가 다가오는 거래에 환어음을 인수하지 않아서 유감이고 귀하의 재고를 요청 드립니다.

② 당사는 그것에 실수가 있을 것이라 생각하며 은행 환어음을 이용하여 이전 거래를 지속하겠습니다.
③ 당사는 지불 기한이 만기되었을 때 은행 환어음으로 정산할 것입니다.
④ 당사는 이에 대한 법적 대응을 취하고 보상을 요구하고자 합니다.

[26 ~ 27]

(해석) 다음을 읽고 답하시오.

> Herr Kim께,
> 당사는 2월 15일 연례 만찬에 당신을 초대하고 싶으며, 당신이 우리의 초청 연사 중 한 분이 되어 주실지 궁금합니다.
> 올해 저희의 주제는 '미화의 영향'이며, 이것이 수출회사에 어떤 영향을 끼치는지에 대한 당신의 분야에서의 공헌을 잘 알고 있습니다.
> 당신이 연설을 하실 수 있으신지 가능한 한 빨리 알려주시기 바랍니다.
> 당신과 손님을 위한 공식 초청장이 (A).

26
정답 ①

초청 연사가 되어 줄 수 있는지 여부를 묻는 내용의 보기가 적절하다.

(해석) 밑줄 친 부분이 가장 잘 쓰인 것은 무엇인가?
① 당신이 우리의 초청 연사 중 한 분이 되어 주실지 궁금합니다.
② 당신이 우리의 초청 연사 중 한 분이 되실지 의심스럽습니다.
③ 당신이 우리의 연사 중 한 분으로 받아들여질 것을 원합니다.
④ 질문은 우리의 주 연사 중 한 분으로서 당신의 수락에 대한 것입니다.

27
정답 ①

초청 연사로 초대하고 싶다고 했으므로, 공식 초대장이 동봉된 것을 발견할 것이라는 내용이 와야 적절하다.

(해석) 빈칸 (A)에 가장 맞는 것은 무엇인가?
① 동봉된 것을 발견하실 것입니다.
② 첨부된 것은 우리의 파일입니다.
③ 당신은 꺼내실 수 있습니다.
④ 당신이 서명할 수 있다면 감사하겠습니다.

28
정답 ④

convinced와 confident 모두 '~을 확신하다'의 의미를 가지고 있지만, convinced는 누군가에게 설득되어 확신하는 경우에 사용되므로 문맥상 어색하며, '대체품, 대용품'을 의미할 때 보통 substitute를 사용한다. substitution은 주로 '대용, 대리'의 의미를 나타낼 때 쓰이며, all은 단독으로 '모든 것'의 의미로 쓰이지 않고 보통 뒤에 관계절이 함께 사용된다. 문맥상 불규칙적인 일이 재발하지 않도록 하겠다는 내용이 되어야 하므로, repeated가 적절하다.

(해석) 빈칸에 가장 적절한 정답을 고르시오.

> 이번 주 말까지 (B 대체품)을 보내드릴 수 있음을 (A 확신합니다). 당사는 이러한 불규칙한 일이 (D 반복되지) 않도록 (C 모든 것)을 다하겠습니다.

	(A)	(B)	(C)	(D)
①	확신하는	대체품	모든	대체하다
②	확신하는	대리	모든	대체하다
③	확신하는	대리	모든 것	대체된
④	확신하는	대체품	모든 것	반복된

29
정답 ①

히스로로부터 대한민국 서울로 제품을 보내 10일 이내에 인도되게 하고 싶다는 내용이 와야 적절하다.

(해석) 다음 중 서신의 빈칸을 가장 잘 완성하는 것은 무엇인가?

> 당사는 히스로(A 로부터) 대한민국 서울(B 로) 여러가지 유리 제품 12상자를 보내 10일 (C 이내에) 인도되도록 하고 싶습니다.

① ~로부터 – ~로 – ~ 이내에
② ~로부터 – ~로 – 떨어져
③ ~에서 – ~을 통해 – ~ 이내에
④ ~에서 – ~을 통해 – ~보다 위에

30
정답 ①

제때에 채무를 변제하고 있다는 표현으로 'meet credits'는 사용되지 않는다.

(해석) 한국어 뜻에 대한 영어 작문으로 틀린 것을 고르시오.

> 당사의 정보에 따르면, 해당 상사는 제때에 채무를 변제하고 있습니다.

① 당사의 정보에 따르면, 그들은 시간을 엄수하여 신용을 지키고 있습니다.
② 당사의 정보에 의하면, 그들은 시간을 엄수하여 채무를 이행하고 있습니다.
③ 당사의 기록에 따르면, 그들은 시간을 엄수하여 의무를 이행하고 있습니다.
④ 당사의 정보에 의하면, 그들은 시간을 엄수하여 의무를 이행하고 있습니다.

31   정답 ④

안락의자들(armchairs)은 주문이 된 대상이므로 능동태가 아닌 수동태로 수식해야 하므로, ordering을 ordered로 고쳐야 하며, 당사의 송장이 명시하는 주체이므로 수동태 is stated를 능동태 states로 고쳐야 한다.

(해석) 다음 중 영어로 가장 올바르지 않게 작문한 것을 고르시오.
  ① 제품 No.105와 106호의 즉시 선적이 불가능하다면, 제품 No.107과 108호를 대신 보내주십시오.
    – 제품 No. 105호와 106호가 즉시 선적이 불가능하다면, 제품 No. 107호와 108호를 대신 보내주십시오.
  ② 이 가격이 귀사에게 괜찮다면 우리는 주문 양식을 보내드리고자 합니다.
    – 이 가격이 귀사에 만족스럽다면, 당사는 귀사에 주문 양식을 보내드리고 싶습니다.
  ③ 귀사가 제품을 공급해줄 수 없다면, 이유를 알려주시기 바랍니다.
    – 귀사가 그 제품을 당사에 공급할 수 없다면, 귀사의 이유를 당사에 알려주시기 바랍니다.
  ④ 당사의 송장은 주문한 안락의자들을 7월 12일 오후 5시까지 설치해줄 것을 구체적으로 명시하고 있습니다.
    – 당사의 송장은 주문하는 안락의자들이 7월 12일 오후 5시까지 설치되도록 구체적으로 명시하고 있습니다.

32   정답 ③

③은 보험서류에서 담보가 선적일보다 늦지 않은 일자까지 유효하면, 서류의 일자는 선적일보다는 늦어서는 안 된다는 내용으로 해석과 맞지 않고 어색하므로 if(만약)가 아닌 unless(~이 아닌 한)가 나와야 한다.

(해석) 영어로 잘못 쓰여진 것을 고르시오.
  ① 계약이 체결되기 전까지 청약은 취소될 수 있습니다. 다만 이 경우에 취소의 통지는 피청약자가 승낙을 발송하기 전에 피청약자에게 도달하여야 합니다.
    → 피청약자에 의해 승낙이 발송되기 전에 취소가 피청약자에게 도달하지 아니하면, 계약이 체결되기 전까지 청약은 취소될 수 있다.
  ② 매매계약은 서면에 의하여 체결되거나 또는 입증되어야 할 필요가 없으며, 또 형식에 관하여도 어떠한 다른 요건에 구속받지 아니합니다.
    → 매매계약은 서면에 의하여 체결되거나 또는 입증되어야 할 필요가 없으며, 또 형식에 관하여도 어떠한 다른 요건에 구속받지 않는다.

③ 보험서류에서 담보가 선적일보다 늦지 않은 일자로부터 유효하다고 보이지 않는 한 보험서류의 일자는 선적일보다 늦어서는 안됩니다.
    → 보험 서류에서 담보가 선적일 이전까지 유효하다고 보이면 보험 서류의 일자는 선적일 이전이어야 한다.
④ 송하인의 지시식으로 작성되고 운임선지급 및 착하통지처가 발행의뢰인으로 표시된 무고장선적해상선하증권의 전통을 제시하십시오.
    → 송하인의 지시식으로 작성되고 운임선지급 및 착하통지처가 발행의뢰인으로 표시된 무고장선적해상선하증권의 전통을 제시하십시오.

33   정답 ④

consider 뒤에는 동명사가 와야 하여 consider establishing 형태가 되어야 하므로 consider to establish는 맞지 않다.

(해석) 다음 중 틀린 것은 무엇인가?
  ① 당사의 조사에 의하면 이곳 시장에서 고가 품목이 진열되지 않을 것입니다.
    → 당사의 조사에 따르면, 이 시장은 높은 가격선을 유지하지 않을 것입니다.
  ② 본 기계의 작동 상태를 보시고자 하신다면 현지의 당사 대리점이 찾아뵙고 시연을 해 드리겠습니다.
    → 기계의 작동 상태를 보고싶으시다면, 현지의 당사 직원이 귀사의 사무실에서 시연할 수 있도록 준비하겠습니다.
  ③ 당사는 직접 광고를 하고 있으므로 귀사의 판매액이 증가할 것이라고 믿습니다.
    → 당사는 광고를 직접 운영하고 있으므로, 귀사의 매출이 증가할 것이라고 생각합니다.
  ④ 고객에게 각종 신발을 신속하게 공급하기 위해 홍콩에 대리점 설치를 고려 중에 있습니다.
    → 당사는 고객들에게 여러 가지 신발을 신속하게 공급하기 위해 홍콩에 대리점이 설치될 것이라 간주합니다.

34   정답 ①

Brown사에 의해 은행이 당사에 신용조회처로 제공되었다고 했으므로, Brown사가 은행에 의해 귀사에 참조처로 제공되었다는 내용은 맞지 않는다.

(해석) 유사한 의미를 가지지 않은 짝은 무엇인가?
  ① 귀하의 은행은 Brown사에 의해 당사에 신용조회처로 제공되었습니다.
    → Brown사는 당사 은행에 의해 귀사에 참조되었습니다.
  ② 당사에 그들의 신용 상태를 알려주십시오.
    → 그들의 신용 상태에 대한 정보를 당사에 제공해주십시오.

③ 당사는 귀사의 정보를 극비로 취급할 것입니다.
→ 귀사의 정보는 절대적으로 기밀로 취급됩니다.
④ 당사는 상기 회사들과 이전에 거래를 한 적이 없습니다.
→ 당사는 지금까지 상기 회사들과 상거래한 적이 없습니다.

[35 ~ 37]

(해석) 다음 서신을 읽고 각 질문에 답하시오.

> (A) 당사는 당사 거래 은행인 서울의 한국 외환은행에 (CIF London) 선적에 대한 취소 불능의 미화 22,000 달러(미화 약 2만 2천 달러) 신용장을 개설해줄 것을 지시했습니다. 이 신용장은 6월 10일까지 (a 유효)합니다.
> (B) 선하증권 (3부)
> CIF London 송장 (2부)
> 미화 24,000달러의 전위험 보험증권
> (C) 당사는 귀사의 견적송장 NO.548의 C3001 컴퓨터 12대에 대한 첨부된 주문을 합니다.
> (D) 귀사는 당사 은행 대리인 HSBC London으로부터 확인을 받으실 것이며, 일람 후 60일로 송장의 총액에 대해 환어음을 발행하실 수 있습니다. 당사의 환어음을 제시하실 때 다음 서류들을 동봉해주십시오.
> (b 선적)이 준비되는 대로 당사에 팩스나 이메일을 보내주시기 바랍니다.

35 정답 ②

주문 – 신용장 개설 통지 – 제시서류 조건 – 선적 통지 요청의 순서가 되어야 하므로, (C) – (A) – (D) – (B) 순서로 와야 자연스럽다.

(해석) 문장 (A)~(D)를 올바른 순서로 나열하시오.
① (D) – (B) – (A) – (C)
② (C) – (A) – (D) – (B)
③ (D) – (C) – (B) – (A)
④ (B) – (A) – (C) – (D)

36 정답 ①

신용장이 6월 10일까지 유효하다는 내용이 와야 하므로, '무효한'은 적절하지 않다.

(해석) (a)에 적절하지 않은 단어는 무엇인가?
① 무효한 　　② 효력을 가지는
③ 유효한 　　④ 이용 가능한

37 정답 ①

매수인이 매도인에게 선적준비가 되면 미리 알려달라고 요구하는 내용이다.

(해석) (b)에 가장 적절한 단어는 무엇인가?
① 선적 　② 보험 　③ 매입 　④ 송장

38 정답 ④

충분히 중대한지라는 의미가 되어야 하므로 big enough가 되어야 한다.

(해석) 다음 중 문법적으로 옳지 않은 것은 무엇인가?

> 저는 (b) 저희 계약서의 최종 버전에서 누락된 단어가 있다는 것을 (a) 알아차리게 되어 유감입니다. (c) 저는 귀하께서 그것을 한 번 살펴보시기를 바라고 (d) 그것이 논쟁을 일으키기에 충분히 중대한지 결정해주시기를 바랍니다. 다시 한번, 불편함을 드려 진심으로 사과드립니다.

① (a) 　　② (b) 　　③ (c) 　　④ (d)

39 정답 ②

제품이 생산된 장소를 구매자에게 알려주기 위해 사용된다고 했으므로, 원산지 표기에 대한 설명임을 추론할 수 있다.

(해석) 문장 내에서 '이것'은 무엇인가?

> • 이것은 제품이 생산된 장소를 구매자에게 알려주는 눈에 잘 띄는 곳에 위치해야 한다.
> • 이것은 제품이 만들어진 곳을 최종 구매자에게 명확하게 나타내기 위해 사용된다.

① 포장
② 원산지 표시
③ 상자 번호 표시
④ 취급 주의 표시

40 정답 ①

범죄를 통해 얻은 돈을 "더럽"다고 하고, 이 돈을 숨기는 범죄라고 하였으므로 돈세탁을 의미함을 추론할 수 있다.

(해석) 이것은 무엇인가?

> 이것은 마약 밀매와 같은 범죄를 통해 얻은 돈을 숨기기 위한 범죄를 묘사하는 용어이다.
> 다르게 말하면, 강탈, 내부자 거래, 마약 밀매, 불법 도박과 같은 특정 범죄에서 얻은 돈은 "더럽"다.

① 돈세탁
② 사기
③ 불법 투자
④ 비정상적 송금

해커스
무역영어 1급
4주 완성 이론+기출문제

개정 8판 3쇄 발행 2024년 11월 4일
개정 8판 1쇄 발행 2024년 1월 29일

지은이	진민규, 해커스 무역시험연구소 공저
펴낸곳	해커스패스
펴낸이	해커스금융 출판팀

주소	서울특별시 강남구 강남대로 428 해커스금융
고객센터	02-537-5000
교재 관련 문의	publishing@hackers.com
	해커스금융 사이트(fn.Hackers.com) 교재 Q&A 게시판
동영상강의	fn.Hackers.com

ISBN	979-11-6999-765-2 (13320)
Serial Number	08-03-01

**무역영어 1위,
해커스금융(fn.Hackers.com)**

ⅡⅡ 해커스금융

· 실전을 완벽 대비하는 **무역영어 1급/2급 기출문제 및 해설**
· **CISG, UCP600 원문+해석** 및 무역실무 필수 이론 요약집
· 시험에 나오는 **필수 무역용어 100선** 및 **빈출 영어어휘 400선**
· 현직 관세사 교수님의 **본 교재 인강**(교재 내 할인쿠폰 수록)
· 내 점수와 석차를 확인하는 **무료 바로 채점 및 성적 분석 서비스**

"1분 레벨테스트"로
바로 확인하는 내 토익 레벨! ▶

토익 교재 시리즈

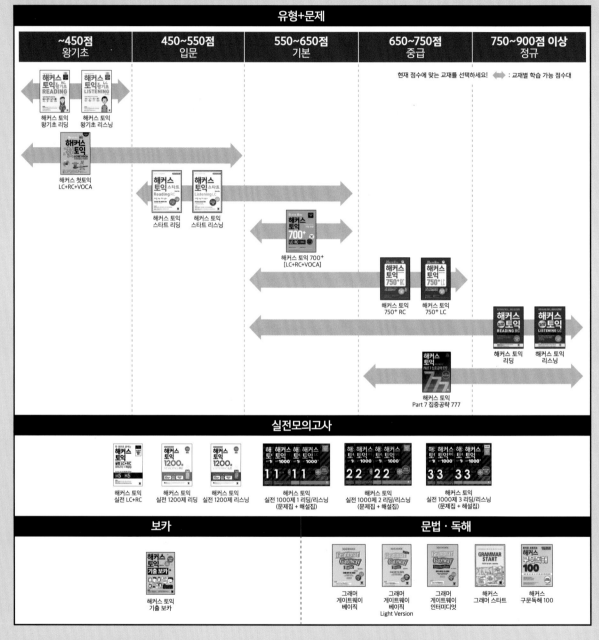

현재 점수에 맞는 교재를 선택하세요! ⬌ : 교재별 학습 가능 점수대

유형+문제				
~450점 왕기초	450~550점 입문	550~650점 기본	650~750점 중급	750~900점 이상 정규

해커스 토익 왕기초 리딩 / 해커스 토익 왕기초 리스닝

해커스 첫토익 LC+RC+VOCA

해커스 토익 스타트 리딩 / 해커스 토익 스타트 리스닝

해커스 토익 700+ [LC+RC+VOCA]

해커스 토익 750+ RC / 해커스 토익 750+ LC

해커스 토익 리딩 / 해커스 토익 리스닝

해커스 토익 Part 7 집중공략 777

실전모의고사

해커스 토익 실전 LC+RC / 해커스 토익 실전 1200제 리딩 / 해커스 토익 실전 1200제 리스닝 / 해커스 토익 실전 1000제 1 리딩/리스닝 (문제집 + 해설집) / 해커스 토익 실전 1000제 2 리딩/리스닝 (문제집 + 해설집) / 해커스 토익 실전 1000제 3 리딩/리스닝 (문제집 + 해설집)

보카

해커스 토익 기출 보카

문법 · 독해

그래머 게이트웨이 베이직 / 그래머 게이트웨이 베이직 Light Version / 그래머 게이트웨이 인터미디엇 / 해커스 그래머 스타트 / 해커스 구문독해 100

토익스피킹 교재 시리즈

해커스 토익스피킹 스타트 / 만능 템플릿과 위기탈출 표현으로 해커스 토익스피킹 5일 완성 / 해커스 토익스피킹 / 해커스 토익스피킹 실전모의고사 15회

오픽 교재 시리즈

해커스 오픽 스타트 [Intermediate 공략] / 서베이부터 실전까지 해커스 오픽 매뉴얼 / 해커스 오픽 [Advanced 공략]

합격의 기준,

준비부터 합격까지,

해커스금융

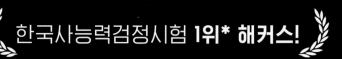

한국사능력검정시험 1위* 해커스!

해커스 한국사능력검정시험
교재 시리즈

빈출 개념과 **기출 분석**으로
기초부터 문제 해결력까지
꽉 잡는 기본서

해커스 한국사능력검정시험

심화 [1·2·3급]

스토리와 **마인드맵**으로 **개념잡고!**
기출문제로 **점수잡고!**

해커스 한국사능력검정시험

2주 합격 **심화 [1·2·3급]** **기본 [4·5·6급]**

회차별/시대별 기출문제로
한 번에 합격 달성!

해커스 한국사능력검정시험

회차별/시대별 기출문제집 **심화 [1·2·3급]**

시대별 기출로 **개념잡고!**
회차별 기출로 **점수잡고!**

해커스 한국사능력검정시험

시대별+회차별 기출 500제 **기본 [4·5·6급]**

빈출 개념과 **기출 선택지**로
빠르게 합격 달성!

해커스 한국사능력검정시험

초단기 5일 합격 **심화 [1·2·3급]**

기선제압 막판 3일 합격 **심화 [1·2·3급]**

해커스금융 단기 합격생이 말하는
무역자격증 합격의 비밀!

해커스금융과 함께해야
합격이 쉬워집니다!

비전공자 3주 이내
단기 합격
**임*주
국제무역사**

**"아무것도 몰랐던 제 합격을 도와주신 교수님,
해커스에 감사드립니다!"**

해커스의 강의와 교재로 무역에 관해 하나도 모르는 사람도 쉽게 공부할 수 있습니다.
강의수강, 개념 복습, 기출문제 풀이 외 전혀 공부하지 않은 제가
한 번에 합격할 수 있었던 비결은 진민규 교수님 강의와 해커스 교재밖에 없다고 생각합니다.

직장인 2주
단기 합격
**김*섭
무역영어**

"시간 부족한 직장인도 합격할 수 있는 강의입니다."

해커스 진민규 교수님은 무역영어 이론을 정말 친절하게 설명해 주십니다. 강의 들으면서
궁금증이 생기면 그것을 질문하기도 전에 캐치하시면서 설명해 주십니다. 또한 목소리
톤 또한 아주 명쾌하게 잘 들립니다.

대학생 2달
초시 합격
**김*연
보세사**

"전반적인 내용이 머릿속에 그림처럼 그려졌습니다."

가장 좋았던 건 임준희 교수님께서 핵심만 짚고 스킵할 건 과감하게 넘어가시는 수업
스타일입니다. 교수님께서 중요하다고 하신 포인트를 몇 번이고 반복하다보니 시험장에서
숫자문제가 가장 쉽고 빠르게 풀렸습니다.

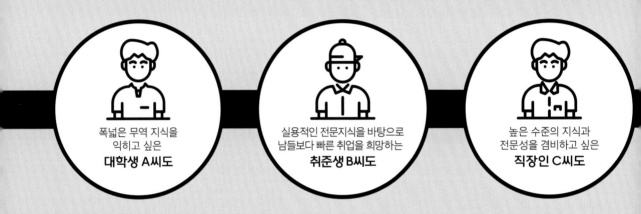

폭넓은 무역 지식을
익히고 싶은
대학생 A씨도

실용적인 전문지식을 바탕으로
남들보다 빠른 취업을 희망하는
취준생 B씨도

높은 수준의 지식과
전문성을 겸비하고 싶은
직장인 C씨도

무역영어로 자신의 꿈에 한 걸음 더 가까워졌습니다.

당신의 꿈에 가까워지는 길
해커스금융이 함께합니다.